SHANGDU YEARBOOK 2019

商都年鉴

（2019）

商都县史志办公室　编

方志出版社
Publishing House of Local Records

图书在版编目（CIP）数据

商都年鉴. 2019 / 商都县史志办公室编 .-- 北京：方志出版社，2020.4

ISBN 978-7-5144-4158-1

Ⅰ. ①商… Ⅱ. ①商… Ⅲ. ①商都县—2019—年鉴
Ⅳ. ① Z522.64

中国版本图书馆 CIP 数据核字（2020）第 065720 号

商都年鉴（2019）

编　　者：	商都县史志办公室
责任编辑：	朱　姝
出 版 者：	方志出版社 地址　北京市朝阳区潘家园东里 9 号（国家方志馆 4 层） 邮编　100021 网址　http：//www.fzph.org
发　　行：	方志出版社图书经销中心 电话　（010）67110500
经　　销：	各地新华书店
排　　版：	北京纺印图文设计制作有限公司
印　　刷：	北京中科印刷有限公司
开　　本：	889 × 1194　　1/16
印　　张：	22
字　　数：	608 千字
版　　次：	2020 年 4 月第 1 版　　2020 年 4 月第 1 次印刷

ISBN 978-7-5144-4158-1　　　　**定价**：278.00 元

序

贫困问题一直是困扰人类社会发展的重大问题。中国作为世界上最大的发展中国家，为解决贫困问题进行了长期不懈的努力。改革开放以来，特别是党的十八大以来，以习近平同志为核心的党中央把脱贫攻坚作为全面建成小康社会的底线任务和标志性指标，纳入“五位一体”总体布局和“四个全面”战略布局，以前所未有的力度推进精准扶贫、精准脱贫，扶贫开发成就举世瞩目，显著改善了贫困地区和贫困群众生产生活条件，具有重大的现实意义和深远的历史意义。身处中华民族几千年发展历史上将首次整体消除绝对贫困现象的伟大时代，如何更好地发挥地方志的存史、育人、资政的作用，是新时代全国地方志系统必须深入研究和着力解决的重大课题。

党的十八大以来，在党中央国务院的正确领导下，全国地方志系统深入学习贯彻习近平新时代中国特色社会主义思想，紧紧围绕党和国家事业发展需要，深入推进地方志改革创新发展，凝心聚力，稳扎稳打，勇于担当，主动作为，全国地方志形势和地方志工作者的精神面貌发生了深刻变化，取得了优异成绩。其中，为贯彻落实《全国地方志事业发展规划纲要（2015—2020年）》，经中国地方志指导小组领导批准，中国地方志指导小组办公室于2015年、2017年先后启动民族地区与贫困地区志书、年鉴出版资助工程（以下简称“志鉴出版资助工程”），对国家级贫困县（区、旗、县级市），中西部地区、少数民族边疆地区面临出版经费困难的志书和综合年鉴给予出版资助。实施志鉴出版资助工程是紧扣时代脉搏、坚持创新发展、传承弘扬中华优秀传统文化的一项创举，不仅有力推动了“两全目标”的实现，而且数十部资助出版的志书、年鉴及时记述了民族地区与贫困地区在全面建成小康社会伟大征程中取得的新成绩和新经验、出现的新情况和新问题、涌现的优秀人物和典型事迹，留住地方文化的“根”和“魂”，为这些地区的经济社会发展、地域文化传播、爱国主义教育、精神文明建设等提供了历史借鉴和智力支持，对全面提升民族地区与贫困地区文化建设水平、确保民族地区与贫困地区和全国其他地区同步全面建成小康社会具有重要意义。

尤为可喜的是，志鉴出版资助工程促成了一批扶贫志书的编纂出版，在文化脱贫攻坚中发挥了独特的作用。例如，《贵州省减贫志》全面系统客观记述了从1978

年至2015年贵州省扶贫、减贫工作的历程及取得的经验，为贵州省实施大扶贫战略提供了有力的资政辅治参考，集中体现了地方志工作因时而动、顺势而为的新作为。前不久，由福建省地方志编委会和人民网共同编纂的《闽宁扶贫协作图志》，是全国首部扶贫协作图志，图文并茂、直观立体、全方位地展现闽宁扶贫协作波澜壮阔的历程，弘扬“闽宁一家亲”“携手奔小康”的深厚情谊和滴水穿石、久久为功的精神，是贯彻落实习近平总书记扶贫工作重要论述精神，服务国家精准扶贫、精准脱贫战略的有力举措。希望各地以此为鉴，编纂出版更多、更好的扶贫志书、年鉴，助力国家精准扶贫、精准脱贫战略的实施，充分展现地方志的独特价值和作用。

当前，我国脱贫攻坚已进入全面决战决胜的关键时期，尚未脱贫的贫困地区集中分布在中西部深山区、极端干旱山区、高寒阴湿地区等，文化建设还比较薄弱，文化产品还不够丰富，文化精品更是少之甚少。同时，这些地区往往是民族文化、历史文化、红色文化、生态文化富集区，具有发展文化旅游、推进文化扶贫的巨大潜在优势，也是繁荣发展地方志事业的巨大文化宝库。要发挥好文化扶贫凝聚人心的优势，善于利用方志文化优势为贫困地区“赋能”，在脱贫攻坚中做出方志人应有的贡献。要发挥好中国名镇志文化工程、中国名村志文化工程的引领作用，大力加强乡镇村志编纂，让百姓记得起乡情、记得住乡愁，凝聚贫困乡镇村庄的强大民心，补齐贫困乡镇村庄的文化短板，以“扶智”的方式“扶志”，践行习近平总书记强调的“扶贫先扶智，扶贫必扶志”的重要理念。

求木之长者，必固其根本；欲流之远者，必浚其泉源。扶贫扶起的是志气骨气，传承的是家国情怀，守护的是绿水青山。扶贫既要富口袋，也要富脑袋。必须坚持文化脱贫和物质脱贫两手抓，筑牢贫困地区文化之基，补足信仰精神之钙，引领脱贫发展之舵。全国地方志系统要围绕中心、服务大局，坚决投入脱贫攻坚这场必须打赢的硬仗，积极参与脱贫攻坚战，发挥优势和特长，深入挖掘文化资源，着力补齐文化短板，努力帮助民族地区与贫困地区的文化建设实现较大的发展提升，在全面建成小康社会、实现中华民族伟大复兴中国梦的征程中贡献方志人的力量。

是为序。

中国社会科学院院长
中国地方志指导小组组长　谢伏瞻

民族地区与贫困地区年鉴出版资助工程领导小组

组　　　长：高　翔

常务副组长：冀祥德

副　组　长：高京斋　邱新立

民族地区与贫困地区年鉴出版资助工程领导小组办公室

主　　　任：冀祥德

副　主　任：邱新立

成　　　员：于伟平　刘永强　冷晓玲　李　静

《商都年鉴（2019）》编纂委员会

编辑说明

一、《商都年鉴》坚持以马克思列宁主义、毛泽东思想、邓小平理论、“三个代表”重要思想、科学发展观、习近平新时代中国特色社会主义思想为指导，坚持辩证唯物主义和历史唯物主义的立场、观点和方法，紧紧围绕县委、县政府的中心工作，全面客观地反映各级党委、政府和各部门、各行业取得的重大成就。力求做到观点正确、框架科学、资料翔实、记述准确、编写规范、特色鲜明，突出实效性，讲求实用性。

二、《商都年鉴》是商都县史志办公室编纂的综合性年鉴。作为权威的地情信息载体，全面、系统、准确地记述全县自然、政治、经济、文化、社会等方面的综合情况，为广大读者了解和研究商都提供基本资料。

三、《商都年鉴（2019）》主要收录2018年发生在商都县内的大事要闻，突出反映商都县的优势、特点和各乡镇、各部门、各行业深化改革、扩大开放的新举措、新进展。为增加信息量、增强实用性，各类目尽可能多地使用相关数据资料，有些资料记述时限适当上溯或下延。

四、《商都年鉴（2019）》共设26个类目：特载、大事记、商都县概况、中国共产党商都县委员会、商都县人民代表大会、商都县人民政府、中国人民政治协商会议商都县委员会、中国共产党商都县纪律检查委员会、群众团体、法治、军事、社会生活、民族　宗教、经济管理与监督、农业、工业与交通、通信、城乡建设　环境保护、商贸、财政　税务、金融、教育　科技　体育、文化　旅游　传媒、卫生　计划生育、乡镇、附录。主题内容一般划分为类目、分目、条目三个层次，个别分目下设子分目。

五、《商都年鉴（2019）》大部分稿件由各乡镇、各部门提供，部分稿件由县史志办公室辑录整理。主要数据以统计公报为准，个别数据出自有关部门。由于统计数据的来源、口径、方式、时间的不同可能有差异，请读者以统计局提供的统计资料为准。

六、部门单位名称一般采用全称，有时也用简称，如“中国共产党商都县委员会”，可简称为“中共商都县委”或“县委”。

七、为《商都年鉴》供稿者，均署名于相关篇目、分目末尾的括号内。

商都县行政区划图

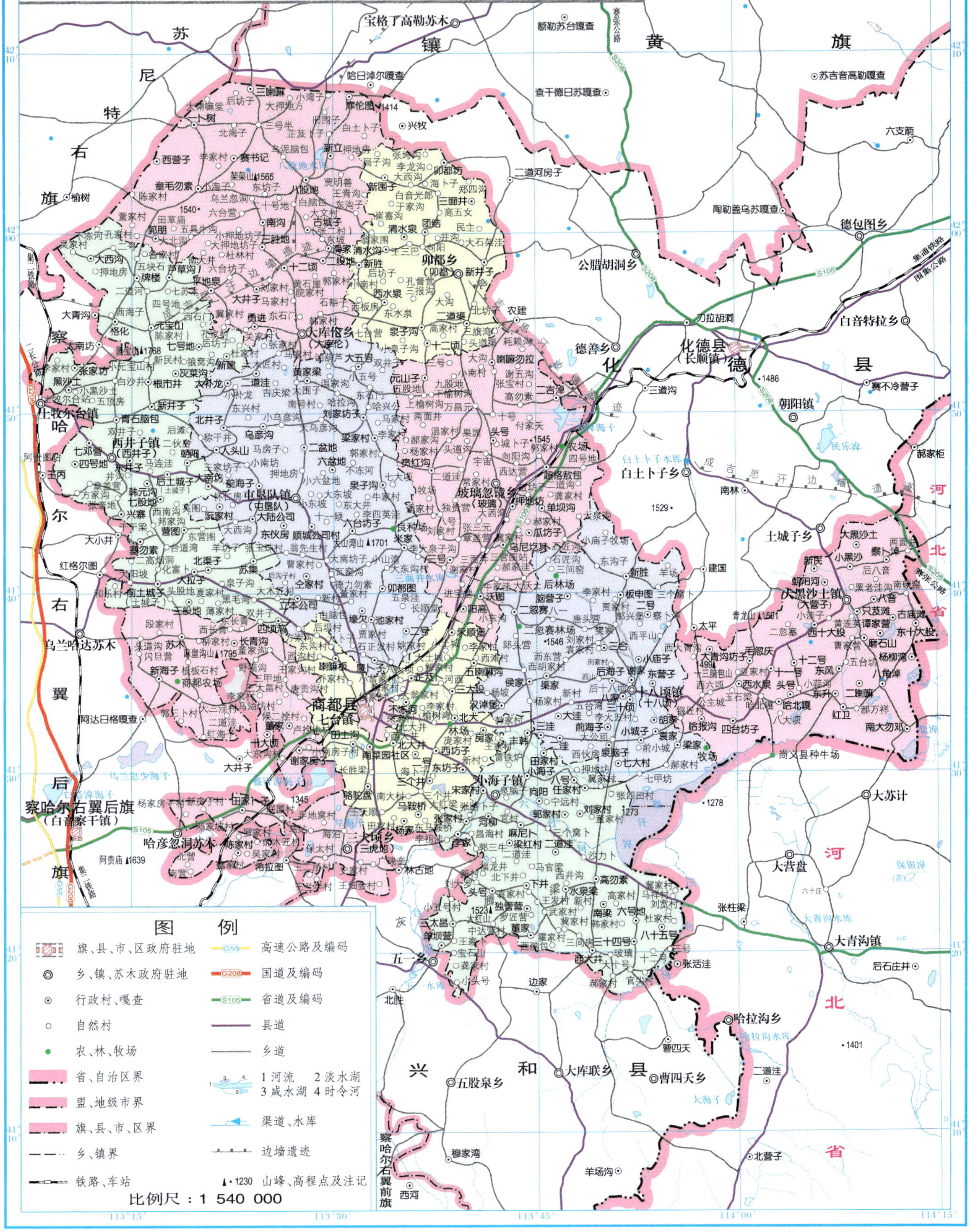

审图号：蒙S（2018）034号

内蒙古自治区地图院编制

2018 数说商都

乡镇 10 个，其中镇 6 个、乡 4 个
村民委员会 208 个、社区居委会 24 个
村民小组 688 个
总户数 15.33 万户
总人口 33.15 万人
其中，男 16.92 万人、女 16.23 万人
其中，城镇人口 7.20 万人
乡村人口 25.95 万人
汉族人口 32.54 万人
蒙古族人口 5030 人
其他少数民族人口 1062 人
辖地面积 4283.49 平方公里
耕地面积 15.74 万公顷
人均耕地面积 0.47 公顷
人均粮食产量 192 公斤
林地面积 19.65 万公顷
森林覆盖率 25%
全年平均气温 4.4℃
年降水量 387.4 毫米
年大风日 63 天
无霜期 258 天

地区生产总值 47.37 亿元
同比增长 1.9%
三次产业比例 25.7 ：33.4 ：40.9
人均地区生产总值 1.43 万元
公共财政预算收入 1.51 亿元
同比增长 –3%
公共财政预算支出 29.2 亿元
同比增长 6.2%
人均公共财政预算收入 456 元
粮食作物总播面积 5.38 万公顷
粮食总产量 6.36 万吨
同比增长 –26.6%
经济作物总播面积 5.12 万公顷
同比增长 22.4%
总产量 92.46 万吨
同比增长 42.59%
牧业年度牲畜存栏 45.09 万头（只）
全年肉类总产量 1.16 万吨
规模以上工业企业 27 家
规模以上工业总产值 37.98 亿元
同比增长 –1.69%

规模以上工业销售产值 37.63 亿元
产品销售率 99.1%
同比增长 4.3%
规模以上工业利税总额 5 亿元
同比增长 61.2%
全社会能源消耗总量 95.69 万吨标准煤
同比增长 23.4%
单位 GDP 能耗变化率 21.12%
社会消费品零售总额 38.0 亿元
同比增长 7.3%
人均社会消费品零售总额 1.15 万元
金融机构人民币存款余额 80.85 亿元
金融机构人民币贷款余额 28.22 亿元
互联网宽带用户 3.1 万户
移动电话用户 17.3 万户
固定电话用户 5293 户
全部单位从业人员 9118 人
同比下降 0.1%
全部单位在岗职工平均工资 7.53 万元
同比增长 5.3%
国有单位从业人员 8224 人
同比增长 5.6%
国有单位在岗职工平均工资 7.58 万元
同比上涨 0.8%
集体单位从业人员 520 人
同比下降 10.5%
集体单位在岗职工平均工资 7.89 万元
同比下降 4.6%
全年全体居民人均可支配收入 1.62 万元
同比增长 8.9%
其中，城镇居民人均可支配收入 2.78 万元，同比增长 7.7%
农村居民人均可支配收入 1.01 万元，同比增长 9.4%
参加城镇职工基本养老保险 1.74 万人
参加城乡居民社会养老保险 14.56 万人
参加失业保险职工 8100 人
参加城乡基本医疗保险 26.10 万人
全县拥有各种社会福利收养性单位 4 个，床位 482 张
城镇居民最低生活保障 8831 人
农村居民最低生活保障 5.06 万人
农村“五保”户供养 3371 人

7 月 3 日，贫困地区产业发展基金战略指导委员会委员、国务院扶贫办原主任范小建（前右三）到商都县调研扶贫工作　　杜　龙　摄

4 月 23 日，自治区副主席、公安厅厅长杨伟东（右中）到商都县调研指导工作　　姚少东　摄

1 月 23 日，中共商都县十三届五次全委（扩大）会议召开
吴少华　摄

3 月 7—8 日，商都县第十五届人民代表大会第二次会议召开
吴少华　摄

3 月 6—7 日，中国人民政治协商会议商都县第十届委员会第二次会议召开
孙佳琪　摄

11月9日，商都县委中心组召开第11次集体学习会　　孙佳琪　摄

9月21日，商都县委全面深化改革领导小组第23次会议召开　　吴少华　摄

3月13日，商都县召开全县党建暨组织、宣传、统战工作会议　　吴少华　摄

6月29日，商都县召开全县领导干部警示教育大会　　吴少华　摄

9 月 17 日，商都县召开干部警示教育大会

吴少华　摄

8 月 17 日，商都县纪委监委召开各乡镇纪委、派驻纪检监察组半年工作汇报会

张　祺　摄

5 月 23 日，商都县召开县委第一巡查组巡察司法局党组、县妇联党组工作动员会

徐　杰　摄

8 月 31 日，商都县召开县委第二巡察组巡察西井子镇党委情况反馈会议

李鹏飞　摄

5 月 8 日，商都县委第三巡察组在县安监局召开巡察反馈会　　　　　　　　　　　任　娜　摄

8 月 23 日，商都县人民政府召开第一次廉政工作会议　　　　　　　　　　　吴少华　摄

1 月 14—15 日，国家精准扶贫工作成效第三方评估组到商都县开展精准扶贫评估工作

任志敏　摄

3 月 30 日，商都县召开全县干部大会暨脱贫攻坚工作推进会　　　　　　　　　　　吴少华　摄

9 月 17 日，商都县召开脱贫攻坚工作推进会　　吴少华　摄

10 月 4 日，商都县召开 2018 年扶贫对象动态管理工作部署培训会
吴少华　摄

6 月 29 日，商都县委召开纪念建党 97 周年主题党日活动暨脱贫攻坚表彰大会　　吴少华　摄

10 月 30 日，商都县召开土地确权暨脱贫攻坚工作推进会

吴少华　摄

8 月 28 日，商都县人民政府与蓝威斯顿公司举行中国联合示范农场签约仪式

吴少华　摄

10 月 18 日，商都县人民政府与山东大海集团有限公司举行太阳能光伏板组件厂项目签约仪式

吴少华　摄

9 月 28 日，工业和信息化部军民结合推进司司长冯长辉（前右二）到商都县调研扶贫工作
吴少华　摄

5 月 10—11 日，北京市平谷区委书记王成国（左二）到商都县调研扶贫工作　　吴少华　摄

9 月 13 日，北京市平谷区委副书记、区长汪明浩（前右二）一行赴商都县开展扶贫协作对接工作　　吴少华　摄

10 月 12 日，商都县委副书记、县长曹凯宏（中）到供热企业调研　　侯　磊　摄

11 月 20 日，内蒙古自治区民委到商都县考察调研民族团结进步示范县创建工作

吴少华　摄

11 月 30 日，商都县“母亲健康快车”公益项目捐赠仪式在商都县医院举行

任志敏　摄

9 月 7 日，商都县召开庆祝第三十四个教师节座谈会　吴少华　摄

商都县举办“12 · 2”全国交通安全日宣传活动　侯　磊　摄

8 月 17 日，商都县召开 2018 年度公共租赁住房分配公开抽签仪式

吴少华　摄

8 月 9 日，北京市平谷区峪口镇与内蒙古商都县十八顷镇对口帮扶工作座谈会在商都县召开　　侯　磊　摄

7 月 20 日，国家税务总局商都县税务局举行挂牌仪式　　韩旭东　摄

7 月 19 日，商都县召开嘎查村、社区“两委”换届选举调度推进会

贾晨辉　摄

7月19日，第二届中国商都马铃薯美食节暨建县100周年活动开幕
吴少华　摄

6月7日，北京市平谷区红十字会一行到商都县开展对口帮扶工作
任志敏　摄

6月6日，北京市平谷区卫计委帮扶商都县扶贫协作推进会在商都县召开
吴少华　摄

3 月 23 日，商都县举行“世界防治结核病日”宣传活动　　　吴少华　摄

3 月 20 日，商都县召开 2018 年全县卫生计生工作会议暨健康扶贫培训会

侯　磊　摄

3 月 19 日，商都县召开 2018 年森林草原防火暨禁牧工作会议

侯　磊　摄

3 月 15 日，商都县举行“3 · 15”国际消费者权益日大型宣传活动　　吴少华　摄

3 月 14 日，商都县召开全县禁毒工作会议　　吴少华　摄

3 月 14 日，商都县召开全县道路交通安全暨消防工作会议　　吴少华　摄

目　录

县政府办公室

政务服务

公共资源交易

信息化

信 访

地方志

中国人民政治协商会议商都县委员会

综　述

主要工作

重要会议

中国共产党商都县纪律检查委员会

纪律检查（监察）

政治巡察

群众团体

商都县总工会

中国共产主义青年团商都县委员会

法 治

政法委及综治

法治政府建设

公 安

检 察

法 院

司法行政

军　事

人民武装

武　警

人防工作

社会生活

民政工作

人力资源和社会保障

社会保险管理

劳动就业服务

医疗保险管理

扶贫开发

民族　宗教

民族、宗教事务

经济管理与监督

发展和改革

国土资源管理

工商质量监督管理

安全生产监督管理

食品药品监督管理

招 商

审 计

工业与交通

经济信息商务

工业园区管理

供　电

交　通

通　信

邮政管理

邮　政

移　动

联　通

电　信

城乡建设　环境保护

住房和城乡建设

房地产管理

城镇管理

园　林

城乡规划

房屋征收与补偿管理

住房公积金管理

商都县医院

商都县中医院

计划生育

商都县计划生育协会

乡　镇

七台镇

小海子镇

特 载

众志成城打赢脱贫攻坚战
为决胜全面建成小康社会而不懈奋斗

——在中共商都县十三届七次全委（扩大）会议上的报告

（2019年3月1日）

县委书记 靳前斌

这次县委全委（扩大）会议的主要任务是：以习近平新时代中国特色社会主义思想为指导，深入贯彻落实党的十九大和中央、自治区、市一系列重要会议精神，报告县委常委会2018年工作，部署2019年工作，动员全县各级党组织和广大党员干部，再接再厉，再鼓干劲，众志成城打赢脱贫攻坚战，为决胜全面建成小康社会而不懈奋斗。

首先，我代表县委常委会，向全会报告工作。

2018年，面对严峻复杂的发展形势和艰巨繁重的工作任务，县委常委会始终高举习近平新时代中国特色社会主义思想伟大旗帜，全面贯彻落实党中央、自治区党委和市委决策部署，统筹推进“五位一体”总体布局，协调推进“四个全面”战略布局，全县经济社会各项工作取得了新成效。全年地区生产总值完成47.37亿元，增长1.9%；规模以上工业增加值增长0.1%；固定资产投资完成22.03亿元，增长27.6%；一般公共预算收入完成1.51亿元；社会消费品零售总额完成37.96亿元，增长7.3%；城乡居民人均可支配收入分别达到27796元和10127元，增长7.7%和9.4%，呈现出经济稳中向好、人民生活水平持续提高的良好势头。

一年来，我们坚持对标看齐，始终与党中央保持高度一致。常委会一班人始终树牢“四个意识”、坚定“四个自信”、践行“两个维护”，牢牢把握正确政治方向，带头深入学习贯彻习近平新时代中国特色社会主义思想和党的十九大精神，认真对标对表，及时纠错纠偏，坚决整改整治，坚决维护习近平总书记党中央的核心、全党的核心地位，坚决维护党中央权威和集中统一领导，始终保持政治上坚定自信、思想上同心同向、行动上高度自觉。

一年来，我们坚持精准发力，“三大攻坚战”取得重大成果。常委会始终把防范化解重大风险作为重大课题，特别是在防范化解政府债务风险方面，通过摸清债务底数、科学制订方案、严控“三公”经费、严把项目审批、盘活闲置资产、拓宽化债渠道，圆满完成年度化债任务。全力以赴推进脱贫攻坚，认真落实“六个精准”“五个一批”总体要求，着力构建专项扶贫、行业扶贫和社会扶贫“三位一体”大扶贫格局，进一步健全脱贫攻坚政策体系，集中抓好国家扶贫考核和区、市督查反馈问题整改。严格落实住房安全要求，改造农村危房10160户；易地搬迁贫困户1950人；全面实施农村安全饮水巩固提升工程，有效解决3.38万人饮水安全问题；进一步加大产业扶贫力度，全县流转土地43万亩、发展订单30万亩，农企利益联结机制更加紧密。继续实施“菜单式”精准到户产业扶贫和资产收益扶贫，为全县14809户符合产业扶持条件的贫困户落实补贴资金3066.8万元。统筹运用金融扶贫、电商扶贫、光伏扶贫、就业扶贫等手段，努力拓宽贫困人口增收渠道。以“万企帮万村”精准扶贫行动为契机，积极推行“村企合作”，不断壮大村集体经济，佰惠生糖业公司、宸景建筑公司、希森公司等一大批企业积极履行社会扶贫责任，拿出真金白银助力脱贫攻坚。目前，全县村集体经济现金总收入1637.4万元、村集体资产达8375万元，其中149个行政村集体经济收入超过5万元，占行政村总数的70%，每个行政村集体资产和现金收入平均达到47万元。全县212个行政村和11个涉农社区全面建立扶贫“爱心公益超市”，贫困群众脱贫内生动力进一步激发。2018年，全县10825人实现脱贫，34个贫困村退出贫困序列，贫困发生率下降为2%，脱贫攻坚取得了重大进展。这一年，我们在脱贫攻坚进程中，花的心思最多，用的精力最多，取得的成效也是最大的，广大干部群众脱贫摘帽的愿望更加强烈，信心更加坚定，方向更加明确，行动更加自觉，干劲更加充足。坚决打好污染防治攻坚战，以高度的政治自觉抓好中央环保督察及“回头看”反馈意见的整改落实，着力打好“蓝天、碧水、净土”保卫战，一批突出环境问题得到有效整治。

一年来，我们坚持转型升级，高质量发展迈出坚实步伐。大力实施园区振兴计划，园区污水处理、集中供热和固废渣场工程顺利推进；加大空头项目清理力度，清退僵尸企业9家、腾退土地1482亩，为项目落地腾出空间。千方百计开展招商引资，不遗余力推进项目建设，全年新签约项目18个，实施亿元以上项目23个，已完成投资19.36亿元，占总投资的66.83%。加快实施“孵化创业”工程，商都县产业孵化园入驻企业3家，累计完成投资1.7亿元。初步统计，全县农畜产品加工产业和新材料、新能源、新兴服务业“三大产业”产值占全县总产值的68.5%。产业结构、产品结构进一步优化，三次产业结构演进为25.7：33.4：40.9，经济发展向着更高质量、更有效益、更可持续方向迈进。

一年来，我们坚持民生为先，积极回应人民群众新期盼。突出以人民为中心的发展思想，着力解决重点领域民生问题，补齐民生事业短板，全年财政用于民生的支出近24亿元，同比增长9.8%。城乡面貌明显改善，在巩固自治区园林县城、自治区卫生县城的基础上，国家农产品质量安全县创建成功；继续推进棚改工程，2018年2400户旧城居民实现“安居梦”。民生事业全面进步，统筹推进创业就业、社会保障、文化惠民等事业，成功创建国家级农村职业教育和成人教育示范县。深入开展扫黑除恶专项斗争，社会大局更加和谐稳定。同时，共青团、红十字、安全生产、食药安全、人民武装、计划生育、民族宗教、妇女儿童、养老助残等工作得到全面加强。

一年来，我们坚持改革创新，发展活力进一步释放。全面深化“放管服”改革，取消行政许可事项12项、取消行政事业性收费项目3项；加快推进“互联网+政务服务”，全市旗县第一张电子营业执照在我县颁发。深入实施“多证合一”登记制度改革，新增各类市场主体1454户。农村重大改革稳步实施，草原确权全面完成，土地确权、农村集体产权制度改革取得重大进展。

不断加强水资源管理，加大超采区治理，累计压减水量995.6万立方米，超额完成上级下达的当年压采水量任务；完成高效节水灌溉面积7.1万亩，取缔喷灌圈126个；大力推进农业综合水价改革，按照“一井一表一卡”原则，安装计量设施262套、机电井控制及农田取水控制系统80套，覆盖农田3.3万亩；城镇居民生活用水阶梯价格改革全面实施。

一年来，我们坚持从严治党，党的建设全面加强。高度重视常委会自身建设，把方向、管大局、做决策、保落实的领导核心作用充分发挥。认真落实管党治党主体责任，以“党的质量提升年”为契机，进一步加强和规范党内政治生活，深入开展主题党日、“评星定级”和“清风干部”评选活动，“两学一做”学习教育常态化制度化取得明显成效。严格落实意识形态工作责任制，舆论引导的有效性不断增强。全面落实“两个责任”，用好监督执纪“四种形态”，持续巩固作风建设成果，集中整治扶贫领域突出问题、“雁过拔毛”式腐败问题，党风廉政建设和反腐败斗争成效更加彰显。认真组织开展全县第四轮、第五轮常规巡察和专项巡察，迎接了市委交叉巡察和自治区党委第八巡视组的全面巡视，政治生态更加清明。积极落实“五级书记抓扶贫”要求，深入开展“三级示范抓引领”，进一步改进了党风政风，凝聚了民心民力。圆满完成了村级“两委”换届工作。

各位委员、同志们，过去的一年，我们以逢山开路、遇水架桥的改革精神，马不停蹄、负重前行的创业精神，真抓实干、脚踏实地的担当精神，连续作战、敢打硬拼的扶贫精神，顶着压力上，迎着困难冲，扛着责任干，经受了方方面面的挑战和考验，取得了来之不易的成绩。这是在不断深入学习习近平总书记系列重要讲话精神过程中实现的，是在党中央、自治区党委和市委坚强领导下取得的，是在全县各族干部群众团结奋斗中创造的，是在社会各界人士鼎力支持中完成的。在此，我代表县委，向所有为商都发展做出贡献的同志们、朋友们，表示衷心的感谢，致以崇高的敬意！

在总结成绩的同时，我们必须清醒地认识到，商都欠发达的基本县情没有根本改变，发展中不充分、不平衡问题依然突出。不充分主要表现在：经济总量小，产业结构不合理，一二三产融合不充分。招商引资精准度不够，经济增长还缺乏大项目支撑和强有力的人才支撑。营商环境不优、服务水平不高，成为影响开发开放的突出问题。不平衡主要表现在：脱贫攻坚进入决战阶段，剩余贫困人口属于贫中之贫、困中之困，贫困程度高、脱贫能力弱，攻城拔寨任务十分艰巨。农村发展欠账较多，城乡二元结构未从根本上改变。公共服务水平较低，人民群众关心的看病就业、城乡管理、物业服务等方面还存在不少问题。同时，党的建设还需不断加强，一些干部担当意识不强、服务意识不足，办事效率不高、作风不实，不敢为、不愿为、不善为问题依然存在。对于这些问题，我们必须坚持问题导向，勇于自我修正。

下面，我就做好2019年工作，讲几点意见。

2019年是中华人民共和国成立70周年，也是全面打赢脱贫攻坚战的冲刺之年，决胜全面建成小康社会的关键之年。县委对今年工作的总体要求是：以习近平新时代中国特色社会主义思想为指导，认真落实中央、自治区、市重大决策部署，以脱贫摘帽统揽经济社会发展全局，以招商引资和项目建设为抓手，持续优化营商环境，坚持打好绿色、资源、区位“三张牌”，延伸丰富“一粒薯、一袋糖、一篮菜、一瓶酒、一头牛、一口猪”“六个一”绿色农字号产业和品牌，培育发展新材料、新能源、新兴服务业“三大产业”，为全面建成小康社会打下决定性基础。

主要预期目标是：地区生产总值增长6%；

规模以上工业增加值增长 6.6%；固定资产投资增长 10%；社会消费品零售总额增长 6.5%；城乡居民人均可支配收入分别增长 7.5% 和 9%。

围绕上述思路和目标，重点做好以下工作。

一、坚定必胜信念，一鼓作气打赢脱贫攻坚战

全县上下务必要不断深入学习贯彻习近平总书记关于扶贫工作的重要论述，务必要把脱贫攻坚作为头等大事和第一民生工程，务必要树立敢打敢胜、愈战愈勇的精神意志，严格落实中共中央、国务院《关于打赢脱贫攻坚战三年行动的指导意见》，坚持精准方略不动摇，坚持脱贫标准不动摇，确保年内实现脱贫摘帽目标。

把握“三个重点”。第一个重点，全面完成农村危房改造任务。

全面完成农村危房改造任务，是实现贫困人口“三保障”的重头戏、硬任务和刚性指标。要针对我县危房存量多、对象分布广、改造难度大的实际情况，下大力气解决好剩余 1193 户常住户的危房改造任务，实现贫困户危房清零。加快农村常住人口危房改造建设进度。各乡镇要在严把住房普查鉴定、危改对象确定、工程建设标准、工程质量、工程验收关的基础上，加快危改工程进度，务必于 6 月底前全部完工，7 月全部入住。同时，要落实好建新必须拆旧政策，加快闲置危旧房拆除，确保 5 月底全部拆除完毕，同步推进建筑垃圾清理和院落整治。推广低成本改造方式。引导农户优先选择加固方式改造危房。鼓励通过入住互助幸福院、置换或长期租赁村内闲置农房、入住公租房等方式解决安全住房问题。健全危房改造“一户一档”台账。及时准确将每一户危房改造对象的家庭情况、房屋改造的进展情况录入信息系统，加强动态维护和管理，切实提高信息录入的准确性。

第二个重点，大力实施健康扶贫工程。我县未脱贫人口中，因病因残致贫人数占 71.67%，我们要继续落实好贫困人口（包括已脱贫不享受政策人口）基本医疗保险政府补贴政策，不断巩固医疗保障水平，努力构建覆盖贫困户和非贫困户的大病重病保障兜底机制，切实解决好因病致贫、因病返贫的问题。要充分发挥乡镇卫生院、村级卫生室的作用，引导优质医疗资源下沉，不断提高基层医疗服务能力，构建“基层首诊、双向转诊、急慢分治、上下联动”的分级诊疗就医格局，形成科学合理的就医秩序，实现“小病不出村、常见病不出乡、大病不出县”的目标。积极开展慢病送药和定期随访服务，加大对签约医生服务质量的监督考核和绩效管理。以创建自治区健康促进县为契机，进一步深化医药卫生体制改革，健全疾病预防和公共卫生服务体系。借助京蒙对口帮扶和区、市帮扶力量，加快“互联网 + 医疗”深度融合，采取专科共建、专家巡诊、医联体、整体托管等形式，加强与北京、自治区知名医院合作，让老百姓在家门口就能享受优质医疗服务。

第三个重点，着力抓好饮水安全巩固提升工程。围绕解决贫困村、贫困户饮水安全问题，逐村逐户摸底排查，列出任务清单，细化责任分工，全力推进涉及 68 个行政村、136 个自然村、14278 户村民的饮水安全巩固提升工程，确保 6 月底前全部完工，并逐户发放安全饮水鉴定书。

突出“两个关键”。第一个关键，加大产业扶贫力度。

发展产业既是实现脱贫的根本之策，又是推动脱贫攻坚的根本出路。要全力打好绿色、资源和区位“三张牌”，不断做大做强特色优势产业，通过发展产业带动贫困人口实现就业，通过就业实现稳定增收。发展壮大“五个农业”。发展订单农业。引导农民树立为龙头企业加工而种植的理念，依托县内龙头企业和合作社，形成覆盖甜菜、蔬菜、马铃薯、小麦、燕麦、荞麦、豌豆、亚麻籽、油菜籽等多个品种的订单农业，推动贫困户订单农业全覆盖。发展规模农业。鼓励农民将土地流转给企业或种植大户，由企业进行规模化集约化经营，农民成为产业工人，实现“土地流转收租金，企业打工挣薪金”，增加财产性收入和工资性收入。发展保险农业。扩大农业保险种类和范围，在继续实施好农作物自然灾害保险的基础上，积极开展贫困户种植马铃薯等特色品种政策性价格指数试点保险，成熟后逐步推开，为农业发展构建多重风险保障。发展节水农业。保护和适度利用地下水资源，压减高耗水作物种植，继续加大水资源税收取力度，确保春耕前完成80个村、214个喷灌圈取缔任务，并将8万亩喷灌面积改造成高效节水灌溉农田。发展品牌农业。推行标准化生产，做好农作物病虫害防治和动物疫病防控，健全农畜产品质量监管体系，从源头上保障农畜产品质量安全。加大“三品一标”认证力度，积极开展商都青豆、商都菠菜、商都南瓜、商都洋葱等商都“一揽子”商标。延伸丰富“六个一”绿色农字号产业和品牌。“一粒薯”上，立足“中国马铃薯产业示范基地”的优势，加强对马铃薯产业发展的深度研究和战略谋划。依托希森公司，扩大种薯种植面积，加大脱毒种薯适用技术推广力度，形成高效、快速、低成本、高质量的马铃薯种薯生产繁育体系，带动农户大规模种植种薯，打造脱毒种薯繁育基地；依托蓝威斯顿，进一步扩大优质专用薯种植面积，满足县内及区内外加工企业对优质专用薯原料的需求。下大力气做好马铃薯主粮化这篇文章，培育壮大蓝威斯顿、希森、科都、富隆泰和溢源马铃薯营养醋、德义水晶粉等一批马铃薯“领军企业”，扩大薯条、全粉、粉丝、精淀粉等产品的产能，积极推动产品向下游延伸，提升马铃薯就地加工转化能力，提高我县马铃薯产品市场占有率，推动国家粮食储备向全粉储备迈进。“一袋糖”上，支持佰惠生糖业公司加大科技创新力度，科学轮作倒茬，提高甜菜含糖量，同时加强与其他企业和乡镇的合作，加快实施中水回用还田灌溉计划，实现中水达标排放和循环利用的双重效应。“一篮菜”上，支持康安利丰、健坤、鑫磊、绿娃等蔬菜加工龙头企业和专业合作社，与北京等地区加强农企、农超、农校对接，打造食材鲜切加工中心，推动优质瓜菜、杂粮等农产品进城、进京。“一瓶酒”上，鼓励奥淳酒业加强企业管理，提升产品质量，提升市场竞争力，稳定市场份额，并加快实施退城入园计划。“一头牛”上，力促中地乳业二期2万头良种奶牛基地加快建设，打造全区县域重要的良种奶牛养殖基地和优质奶源供应基地；加快嘉利1万头肉牛养殖基地建设进度；争取京维福仁万头种牛养殖项目签约落地。“一口猪”上，积极引进国内有实力的生猪养殖企业盘活闲置资产，通过智能化、规模化、标准化生产，促进生猪养殖降本增效；切实做好非洲猪瘟防控工作，保障生猪产业健康发展。“六个一”延伸上，督促北京荣涛豌豆加工及5000亩豌豆种植项目尽快落地实施；支持嘉利公司扩大滴灌设备生产规模，打造微滴灌及农资产品集散基地；推动北京佳华泰产业用纺织品、工矿柔性厂房和设施农业大棚项目尽快建设；积极鼓励和支持蒙德元肉食品加工，内蒙古原生土长石磨白面、莜面，杂粮、杂豆及豆制品加工，中农富源生物肥等农牧业中小加工企业做大做强，打造经济转型升级的生力军。

培育发展新材料产业。依托我县的非金属资源、电力资源和土地资源，大力促进新材料产业集聚发展，带动更多贫困户实现就业。加快推进衡科军民两用特种陶瓷项目建设；以东盛硅藻土科技创新产业园为龙头，推动绿色环保装饰材料升级换代；加快华鑫高纯硅二期建设进度。以迈拓、红阳、同盛、红宇、琪昌、民业等企业为龙头，生产硅酸铝高温隔热材料、建筑保温材料、矿渣棉等产品，发展循环经济。以凯金、恒胜、恒科、集美、丰彦骄等企业为龙头，生产锂电池负极材料，使年产能达到8万吨以上，扩大国内市场占有率，打造锂电池产业基地。依托内蒙古赣商高新医疗科技产业园，引进一批有实力的医疗器械加工企业入驻，实现“抱团发展”。

培育发展新能源产业。立足我县已规划的700万千瓦风电基地和200万千瓦光伏基地，重点推动山路能源500兆瓦平价上网光伏电站、三峡能源200万千瓦平价上网风电站、大海集团光伏板组件厂、晔兆矿热炉尾气余热回收利用等项目加快建设。

培育发展新兴服务业。新兴服务业是促进经济发展方式转变和扩大劳动就业的重要途径。要抓住国家减费降税政策的机遇，激活一切有利因素，创造我县新兴服务业发展的春天。发展商贸流通业。确保农村电子商务体系建设项目建成运营，完善快递物流、城乡配送体系，支持电子商务平台创新创业，发展跨境电商。发展文化旅游业。重点推进不冻河水利风景区、南湖生态园AAA级景区、大石架自治区级地质公园和七彩湖旅游风景区建设区；开发县内地热资源，发展特色旅游；依托云丹嘉措出生地——五台海，打造草原风情旅游；依托特色小镇建设，发展“农家乐”、乡村游、牧家游；支持江西商会建设4星级酒店，确保巨弘宾馆、巨弘3D影院、儿童乐园及青少年培训孵化园和巨弘商业步行街实现运营，引进维多利商场，不断提高全县住宿、餐饮和购物档次，提升旅游接待能力。发展金融业。积极引进金融机构，丰富金融产品，争取中行在我县设立分支机构，推动实现信用联社网点乡镇全覆盖。积极推进县域金融工程试点工作，不断充实完善融资项目库，切实做好项目融资对接服务工作。加大金融扶贫力度，鼓励农业银行、农村信用社等金融部门进一步创新金融服务模式，积极支持贫困户通过小额贷款发展产业，增加收入。发展大数据产业。抓住国家推动大数据产业创新发展的有利条件，支持大唐电信做大服务外包市场，提高就业吸纳能力。

拓宽贫困人口稳定增收渠道。加大“菜单式”产业扶持力度。依据《商都县2019年产业精准扶贫指导意见》，采取“先建后补、先买后补、先种后补、先订后补”的方式，扶持贫困户自主发展种养业和第三产业。加大光伏扶贫力度。积极推广“光伏+扶贫”模式，确保19.301兆瓦村级光伏扶贫一期电站和25.36兆瓦村级光伏扶贫电站二期年内建成并网发电，实现8100名贫困人口长期稳定受益。同时，协调解决好光伏扶贫电站电力消纳问题。加大电商扶贫力度。提升已建成的91个村级电商服务站运行质量，有计划地再培育建设一批乡村站点，通过农产品上行与工业品下行带动贫困户增收。要帮贫困群众算好增收账，特别是叠加享受政策的贫困家庭，所有收入都要体现在“明白卡”上，真正让贫困户一听就明白、一看就清楚。

第二个关键，凝聚决胜脱贫攻坚的强大合力。众人拾柴火焰高，齐心划桨开大船。完成脱贫使命，必须凝聚强大合力。强化组织领导。县脱贫攻坚作战指挥部和脱贫攻坚领导小组要挂图作战，全面做好进度安排、项目实施、资金使用、人力调配、推动落实等各项工作。要压实县级领导的包联责任、乡镇的具体责任、包扶干部的帮扶责任和村级“两委”的直接责任，坚持“县级领导向一线集结、乡镇力量向一线坚守、驻村工作队向一线驻扎、工作重心向一线聚焦”的一线工作法，确保脱贫攻坚各项目标任务落到实处。认真落实县委书记遍访贫困村、乡镇党委书记遍访贫困户、村支部书记遍访贫困户和非贫困户的要求，切实做到村情民情、扶贫政策、措施落实“一口清”。强化驻村帮扶。驻村工作队要严格落实《商都县驻村工作队管理考核办法》要求，切实当好脱贫政策宣传员、脱贫致富组织员、脱贫攻坚战斗员、项目资金监督员、智志双扶引导员、动态调整统计员。派出单位要确保驻村干部脱岗，确保驻村干部既要“身”到、更要“心”到，决不允许出现“两头跑”的现象。各部门应组织帮扶责任人每月至少入户2次，对国家、自治区、市考评督查中出现贫困户对帮扶工作不满意的，严肃追究包扶单位主要领导和相关干部的责任；对“挂名”“走读”“召回”的驻村干部，不得评先评优、提拔任用；对提拔的“第一书记”和驻村干部，要按照“不脱贫不脱钩”的要求，继续做好驻村工作。强化考评问责。严格落实《商都县关于在脱贫攻坚领域进一步加强考评问责的实施意见》要求，对乡镇党委和政府、村“两委”、市委派驻乡镇督导、驻村工作队和帮扶责任人的考评组每季度考评排名一次；对县直脱贫攻坚重点部门和帮扶单位每半年考评排名一次。强化问题整改。整改不力是失职，不抓整改是渎职。各级各有关部门要树立问题整改常态化的意识，全力抓好中央脱贫攻坚专项巡视内蒙古反馈意见、国家和全市年度成效考核发现问题，以及上级各项督查、检查反馈问题的整改工作，尽快分类制订方案、建立整改台账、细化整改责任，明确整改时限，确保10项基本政策、11项主要指标全部达标。强化宣传动员。宣传部门要聚焦脱贫攻坚，及时总结推广脱贫攻坚中形成的好经验好做法，大力宣传扶贫开发先进人物和感人事迹，全面展示我县脱贫攻坚中的生动实践和显著成效，引导各级慈善机构、爱心人士以及成功人士关心关注脱贫攻坚，广泛调动企业和其他社会力量参与扶贫的积极性和主动性。强化内生动力。坚持扶贫与扶志、扶智、扶技相结合，鼓励和支持贫困人口通过创业就业实现稳定脱贫。加大技能培训力度提升脱贫能力，充分激发贫困群众自主脱贫的信心和斗志，鼓励贫困群众通过外出转移就业、到园区企业打工、从事第三产业等渠道自主脱贫。依托已建成的脱贫车间，组织贫困户生产加工编织袋、医用卫生纱布贴等产品，实现就地就业。认真做好易地移民搬迁户的就业工作，利用京蒙对口帮扶资金，实施好京蒙帮扶公益性岗位就业项目，通过设置护林员、保洁员、保绿员、治安员、物业人员等公益性岗位，实现易地移民搬迁户就业岗位全覆盖。同时，要建立健全“爱心公益超市”可持续发展机制，引导群众树牢勤劳致富、脱贫光荣的风向标。强化社会扶贫。充分利用自治区级领导、市级领导联系贫困县的契机，力争把我县更多项目列入自治区发改委和有关厅局项目库，并积极争取帮助协调推进。继续深化京蒙帮扶协作，加大对口帮扶、定点帮扶力度，加强与中国通用技术（集团）公司和北京市平谷区的帮扶合作，充分发挥7个自治区级帮扶部门和17个市级帮扶部门在开展产业合作、市场对接、项目引进、人才支援、资金支持等方面的独特优势，努力提高脱贫成效。大力开展“万企帮万村”活动，引导和支持非公企业通过产业帮扶、就业帮扶、技能帮扶、公益帮扶等渠道主动参与精准扶贫，积极履行社会责任，努力构建“大扶贫”格局。

补齐“两个短板”。补齐第一个短板，基础设施建设。紧盯“水电路讯网、教科文卫保”等国检标准，对照《商都县脱贫攻坚集中会战实施方案》，各专项组要逐村逐项深入摸排、找出差距，倒排工期，确保6月底各项指标全部达标。补齐第二个短板，档案软件建设。主动学习借鉴察右后旗、凉城等已脱贫旗县的经验，做实做细档案软件这个基础。收集完善精准识别、精准帮扶、精准退出等全过程资料，各个环节、各个时段都要有影像、签字等佐证资料，确保环环相扣、有证可依。县级扶贫档案由县扶贫办负责整理完善，行业扶贫档案由专项推进组和业务部门共同负责。具体要求是，各乡镇先分别选一个示范点，原则上要选择完成危房改造任务的行政村，高标准形成完备的扶贫档案。之后，以示范点为标杆，总结经验、形成模板、全面推开。各乡镇督导组要切实发挥作用，确保各乡镇档案软件和工程项目按时完成；县脱贫攻坚领导小组要会同乡镇抽调精通业务、认真负责的人员组建10个档案软件指导组，指导各乡镇规范档案软件。同时，县发改、农牧、工业和信息化部门要负责协调各带贫企业，尽快组建扶贫办公室，完善企业扶贫档案资料，做到企业带贫与人员管理、档案完善同步推进，并认真落实好用工实名登记制度。

实施“一个战略”，即乡村振兴战略。我们必须把脱贫攻坚作为乡村振兴战略的优先任务，统筹推进脱贫攻坚与乡村振兴，实现良性互动。一要科学制定美丽乡村规划。通盘考虑土地利用、产业发展、居民点建设、生态保护、历史文化传承等因素，注重保持风土原貌，编制多规合一的实用性村庄规划，实现行政村规划全覆盖。深入开展美丽宜居示范村创建，在全县选择2个至3个基础条件好、示范作用强、已完成规划编制的行政村开展典型示范，打造美丽商都农村新样板。加强农村建房许可管理，开展“大棚房”问题专项清理整治行动。二要大力开展农村人居环境整治。严格按照《关于认真做好农户室内清洁明亮和室外干净整洁工作的通知》要求，切实抓好农村环境整治工作，巩固农村基础设施和环境建设成果，确保实现农村人居环境整治三年行动目标。严格落实《商都县护林保洁员管理考核办法》，使护林保洁员真正发挥作用。三要加大道路建设力度。开工建设商大公路60公里提标改建项目；争取商都至集宁一级公路、商都至尚义高速公路建设项目、223线省道商都至镶黄旗段86公里二级公路建设项目批准立项，争取223线省道兴和至商都段竣工；推动省际通道改建高速公路项目早日开工建设。四要加快农业农村人才队伍建设。大力实施新型职业农民和农技推广人员培训计划，积极开展农技人员和科技特派员驻村指导服务工作；鼓励龙头企业、种养大户、农民经纪人领办创办各类专业化服务组织，发展托管式、承包式、全程式生产服务；大力培养农村电商服务人才，开展农产品和农资统供统销、直供直销、网上营销服务。五要加强农村精神文明建设。做好农民群众的思想工作，大力宣传党的路线方针和强农惠农富农政策，引导农民听党话、感恩党、跟党走。持续推进农村移风易俗工作，对婚丧陋习、老无所养等不良社会风气进行治理。加强农村公共文化服务体系建设，大力推动乌兰牧骑事业和文艺事业繁荣发展。

二、优化营商环境，提升招商引资竞争力

环境就是生产力，环境就是竞争力，环境就是吸引力。要把2019年作为“招商引资突破年”，下决心打一场营商环境建设的阵地战、攻坚战、大会战。

努力打造一流营商环境。牢固树立“人人都是投资环境”的理念。打造诚信规范、互利共赢、温馨包容、公平公正的投资环境。不论企业规模大小、不论从事什么行业、不论从哪里引进来，只要落地到商都，只要在商都发展，那就是我们自己的企业，就要一碗水端平，不能厚此薄彼，更不能搞开门招商、关门宰客。纪检部门要加大明察暗访力度，深入开展“吃拿卡要”等行业问题专项整治，发现一起，严查一起，以纠风治乱推动招商引资环境的不断优化。深入推进“放管服”改革。继续深化政务服务“一网、一门、一次”改革，积极推行网上受理，不断优化项目审批流程，全面推行限时办结制，凡涉及审批的项目全部进大厅，实现大厅之外无审批。大力支持民营企业发展。全面落实国家减税降费政策，不折不扣落实好中央6个方面、自治区26条措施。结合开展规范性文件备案审查工作，清理规范县委、县政府和乡镇、部门出台的招商引资优惠政策文件、会议纪要，进一步规范招商引资政策。

加大招商引资和项目建设力度。高度重视招商引资工作。把抓招商、抓项目作为促发展的第一抓手，主要领导要亲自上手、亲自洽谈，认

真解决问题，主动对接央企、大型民企，力争引进一批行业领军企业；招商小分队要强化定向招商，要把现有企业作为最大的招商资源，工商联、商会要做好组织联络工作，实现以商招商。突出项目争取。盯紧国家宏观调控政策、产业政策、投资政策动向，掌握政策取向，明确投资重点，主动与上级部门联系对接，积极争取在项目数量上和资金额度上给予更多更大支持。加快项目建设。对今年的重点项目，要倒排工期，加强调度，强力推进，力争早建成、早投产，尽快形成新的增长点。继续推进县级领导包联项目责任制，全力抓好项目推进各环节工作。拓宽招商引资领域。立足我县种养实际，招商项目向农畜产品加工项目和养殖项目倾斜，通过引进企业盘活现有农牧业闲置资产，带动全县农牧业集约化、规模化、产业化发展。

加强产业园区建设。大力实施园区振兴计划。推动产业向园区集中、要素向园区集聚。在已建成的以矿产品加工和装备制造业为主的产业孵化园的基础上，争取再规划建设一个产业孵化园，打造产业落地平台。继续加大园区基础建设，进一步完善燃气工程管网线路，确保轻工业园区220千伏变电站开工建设，已建固废渣场规范运行并新规划建设一处，力争年内污水调节池建成运行。加大园区土地清理力度。重点腾退园区内万象球团、紫鑫化工、硅鑫化工、长盛镍铬、苍狼等“僵尸企业”，盘活存量资产，实现资源优化配置。严格执行土地利用总体规划，开展建设用地专项整治，打击土地违法违规行为，全面清理批而未供、供而未用土地，解决好“半拉子”工程，尽快破解批供未用与供给不足的矛盾。

三、坚持共建共享，不断提高保障民生水平

立足民生需求新期待，既尽力而为、又量力而行，一件接着一件办，一年接着一年干，让广大群众在共建共享中有更多获得感、幸福感。

提升城镇建设管理水平。加大城镇建设力度。扎实推进棚户区改造，要把棚户区改造作为城市建设的先手棋，深入研究国家相关政策，特别是用好棚改金融支持政策，积极向上争取更多差别化政策，在自求平衡、不新增大的债务的前提下，全力做好棚户区改造工作。年内确保完成庆云巷北棚户区二期改造任务，同时，要稳妥做好拆迁安置工作。实施好污水处理厂二期扩建工程，确保七台镇供水水质提升改善工程建成运行；推进西干渠、中干渠河道治理工程，并将其高标准打造成山水绿相融合的景观带。加快城乡配网一体化建设，全面提升城乡供电能力和供电安全水平。加强城镇管理。实施县城道路畅通工程、市场整治工程、城区整洁工程和公用设施提升工程，提高城市管理和公共服务水平，大力营造整洁文明的城市环境。积极开展自治区文明县城创建，争取年内列入评选行列。

办好人民满意的教育。“治贫先治愚、扶贫先扶智”，教育是阻断贫困代际传递的重要途径。要认真贯彻全国教育大会精神，努力办好人民满意的教育。进一步夯实教育教学基础。认真抓好通用小学综合楼、职业技术学校实训基地、公共体育场田径跑道足球场、全民健身中心等8个在建工程项目的后续建设工作，力争年内全部完工；规划新建第九幼儿园。同时，做好县域义务教育均衡发展国家抽检和世纪小学分校综合楼拟建工程的前期准备工作，利用首都、首府优质教育资源，采取联盟托管、引进名校名师等形式，创新办学理念，提升教育教学质量。落实教育扶贫政策。加大偏远中心校师资配备力度，健全完善贫困学生资助体系，不让一个学生因贫失学。不断深化教育综合改革。实施好校长队伍培训计划和校长后备干部培养计划，着力提升校长队伍整体管理能力和职业化水平；加大教师队伍建设力度，通过公开招聘、高层人才引进、免费定向师范生培养计划，形成教师补充长效机制；深入推进课堂教学改革，努力实现课堂教学的“高效性”和“实效性”，不断提升中小学教学成绩；探索实施教育绩效考核，充分调动教师工作的积极性和创造性。努力办好学前教育。坚持公办民办一起抓，全面加强公办幼儿园师资力量建设，着力规范整顿民办幼儿园，确保民办幼儿园有序健康发展。

促进社会和谐共建。健全完善社会保障体系。坚持就业优先战略和积极就业政策，建立和完善农民工工资保障机制。健全完善“8+1”社会救助体系，落实提高各类救助标准，加强残疾人康复服务，做好农村留守儿童、妇女、老人等群体关爱服务工作。深化殡葬制度改革，年内确保殡仪馆建成运行。有效防范化解各领域重大风险。认真学习贯彻习近平总书记在省部级专题研讨班上的重要讲话精神，坚持底线思维，增强忧患意识，统筹做好政治和意识形态领域、经济领域、科技领域、社会领域、外部环境领域和党的建设领域风险防范工作。加大环境治理力度。认真落实中央环保督察“回头看”反馈问题整改要求，聚焦解决突出生态环境问题，重点加大矿山地质环境治理力度，结合国防工程管护，督促矿山企业按时完成地质环境分期治理任务。纵深推进扫黑除恶专项斗争。认真贯彻中央政法工作会议精神，深入开展扫黑除恶专项斗争，加大宣传力度，充分调动人民群众参与扫黑除恶专项斗争的积极性、主动性。严格实行“三长负责制”和“会商研判、协同办案”制度，严密处置各类涉黑涉恶线索，深挖黑恶势力“保护伞”，确保扫黑除恶专项斗争打出声威、打出实效。加强和改进信访工作，严格按照“三到位一处理”原则妥善处理各类信访案件。压实安全生产责任。加大安全隐患排查力度，加强安全监管和风险源头管控。全面加强应急能力建设，建立健全应急管理体制机制。促进民族团结进步。依法加强宗教事务管理，全力维护和谐稳定大局。

全面从严治党，着力加强和改善党的领导。

做好商都工作、办好商都事情，关键在党，关键在党要管党、从严治党。要扎实推进以面对面倾听呼声、心贴心接触交谈、实打实解决诉求为主要内容的党建“实心工程”，推动党的各项事业阔步向前。

深入推进党的政治建设。坚持把政治标准作为第一标准，把践行“两个维护”作为政治建设的首要任务，坚定执行党的政治路线，坚决贯彻党中央的决策部署，进一步抓好习近平总书记对内蒙古重要指示批示贯彻落实情况“回头看”工作，确保党中央和上级党委、政府各项部署在商都落地生根。发挥党委总揽全局、协调各方的领导核心作用。“党政军民学，东西南北中，党是领导一切的”，各级党委（党组）都要牢固树立大抓党建、抓大党建的意识。要加强对人大常委会、政府、政协、法院、检察院党组的领导，充分发挥党委10个专门委员会和4个领导小组的作用，加强党对各项事业的领导，不断提高党委“把方向、谋大局、定政策、促改革、用干部”的能力和水平。加强党对群团和统战工作的领导。发挥好桥梁纽带作用，做好凝聚人心、化解矛盾、增进感情、激发动力的工作。加大党管武装力度。认真完成民兵编组、乡镇武装部达标建设及兵员征集工作。严守政治纪律和政治规矩。崇尚干活听话的执行精神，服从组织安排、认真履行职责，做到听从指挥、令行禁止，坚决反对搞小圈子、小团伙、利益小集体，坚决纠正不让管、不服管、不能管、管不住的现象，坚决杜绝不敬畏、不在乎、喊口号、装样子的问题。

深入推进党的思想建设。继续扎实推进“两学一做”学习教育常态化制度化。以“党支部标准化建设年”活动为载体，认真开展“三会一课”“主题党日”“评星定级”“清风干部”评选和“不忘初心、牢记使命”主题教育，组织党员干部用好“学习强国”学习平台，着力化解精神懈怠、能力不足、脱离群众、消极腐败“四大危险”。严格落实意识形态工作责任制。管好阵地、管好导向、管好队伍，旗帜鲜明反对和抵制各种错误观点，牢牢掌握意识形态工作的领导权、主动权和话语权。强化网络意识形态工作，加强网络舆情监控，营造健康有序的网络环境。加强机关和学校党的建设和思想政治工作，严禁在机关和学校散布错误思想言论和传播宗教、发展教徒。加强对内对外宣传。把握正确舆论导向，汇聚推动发展、打赢脱贫攻坚战的强大正能量。

深入推进党的组织建设。要以提升各级党组织的服务引领能力为重点，把各级党组织建设成为坚强战斗堡垒。在农村，着力建设“富民”党建。通过“三联两解五在村”（县级领导干部联乡、县直部门单位联村、县直机关干部联户，解决群众生产生活问题、化解社会矛盾，实现政策在村落地、资源在村整合、组织在村建强、干部在村成长、成效在村体现），实现村干部素质提升、党员队伍活力提升、集体经济发展壮大，不断增强脱贫攻坚成效。在城镇社区，着力建设“暖心”党建。扎实推进“四项改革”和“智慧社区”建设；以阵地建设为载体，“一站式”服务、“网格化管理”为重点，不断创新社区党建工作。在机关事业单位，着力建设“活力”党建。以推进“城乡融合”为目标，提高机关事业单位党组织围绕中心、服务大局的能力；在非公企业和社会组织，着力建设“连心”党建。努力创建“双强六好”非公企业和社会组织党建品牌，提高开展招商引资、助力脱贫攻坚的能力。同时，还必须抓好干部队伍建设，必须让我们的干部特别是领导干部经风雨、见世面、长才干、壮筋骨，始终保持奋发精神、不断增强过硬本领。要进一步优化干部队伍结构，统筹使用年轻干部、妇女干部、少数民族干部、党外干部，认真做好离退休干部工作。

深入推进党风廉政建设。严格落实党风廉政建设党委主体责任、纪委监督责任，落实党委书记第一责任人责任，推动各级领导干部认真履行“一岗双责”。持之以恒抓好作风建设。严格落实中央八项规定及其实施细则，认真查处“四风”突出问题。充分践行监督执纪“四种形态”，加强对干部的日常教育监管，确保不越“红线”、守住“底线”。标本兼治抓好反腐倡廉。充分发挥县级巡察工作利剑作用，加大机关单位纪律作风整顿力度，重点解决“吃空饷”问题；深化扶贫领域腐败问题专项治理，严格落实财政专项扶贫项目资金监管责任，建好资金“防护墙”，严防“跑冒滴漏”，对挤占、挪用和贪污扶贫资金的行为依法处理；重点查处“雁过拔毛”式腐败行为，集中整治形式主义、官僚主义“十种表现”与懒官、庸官、乖官、巧官“四官”问题。强化政治巡察和审计监督，发挥纪检派驻作用，着力构建不敢腐、不能腐、不想腐的长效机制。建立健全容错纠错机制，旗帜鲜明地为担当者担当、为负责者负责、为干事者撑腰。严格落实“三重一大”事项集体决策制度，通过建机制、严程序、抓关键、强监督，实现科学决策、民主决策、依法决策。切实抓好自治区党委巡视反馈意见整改落实工作。把巡视整改作为全面从严治党的重要抓手，常委会班子成员要按照职责分工，牵头抓好整改；各乡镇、各部门党委（党组）主要负责同志要对本乡镇、本部门巡视整改工作负总责，主动认领、自觉整改。对巡视反馈的问题，按照可量化、可检查、可问责的要求，逐项研究制定整改措施，明确路线图和时间表，一个问题一个问题攻坚，一项制度一项制度建立，解决一个、销号一个、巩固一个。要坚持标本兼治，源头治理，注重从体制机制上查找漏洞和不足，拿出管长远、能治本、可执行的措施办法，强化源头治理，实现巡视成果运用最大化。

要建立全过程、可跟踪、可评价、可问责的督查督办机制，实行周调度、周督查、周报告，密切跟踪整改进度，逐级传导整改压力，形成报账、交账、查账、销账的完整链条。对整改不力、敷衍整改、虚假整改的要严肃问责，该曝光的要曝光，通过震慑极少数来唤醒大多数，确保巡视整改取得实效。

各位委员、同志们，“一分部署、九分落实”，抓落实是一切工作的生命线。实现脱贫摘帽靠落实，完成年度目标任务靠落实，全面建成小康社会靠落实。全县广大党员干部要树立“抓落实、重成效”的工作导向，以时不我待的使命感“急起来”，以慢进也是倒退的危机感“动起来”，以只争朝夕的紧迫感“干起来”，以实实在在的成效兑现承诺、取信于民，以“大落实推动大发展”。各级领导干部要提高站位带头抓落实。“领导带头，万事不愁”。事实证明，凡事只要领导带头，就好发动、好推进、好落实，就容易形成同频共振、上下一心的局面。各级领导干部要始终保持昂扬向上的良好精神状态，充分发挥示范带头和引领带动作用，既挂帅又出征，既当好指挥员、又当好“施工队长”，主动“下深水区”“啃硬骨头”，决不允许当“撞钟和尚”和“甩手掌柜”。要强化责任担当抓落实，主动扛责任、扛任务、扛指标，真正把大事难事做稳妥，把小事易事做精致，把“分内事”做出高水平，把“分外事”做出高境界。对中央和自治区、市委、县委的决策部署扭住不放、一抓到底，一步一个脚印地把工作向前推，真正把嘴上说的、纸上写的、会上定的变为具体行动，体现到实际效果上。要解放思想抓落实，不能一遇到难题，就说明文规定，要注重研究政策，持续不断地打破惯性思维、路径依赖，要以更远的眼光、更广的胸怀、更大的气魄审视谋划商都的工作，探索出“上接中央方针政策、下接商都地气”的战术措施。要锤炼作风抓落实，坚持说实话、谋实事、出实招、求实效，把雷厉风行和久久为功有机结合起来，勇于攻坚克难，以钉钉子精神做实做细做好各项工作。对县委、县政府确定的工作，对领导交办的事情，都要认真去落实，对落实完成情况要及时汇总、反馈汇报，持续跟踪、务求实效。事情做成了、要复命，半途遇到问题做不成、更要复命，决不能把“说了”当作“做了”、把“做了”当作“做好了”。

打赢脱贫攻坚战、实现“人脱贫、村退出、县摘帽”目标，我们责任在身、使命在肩，让我们更加紧密地团结在以习近平同志为核心的党中央周围，在自治区党委、政府和市委、市政府的坚强领导下，握指成拳，众志成城，全力打赢脱贫攻坚战，确保完成全年各项目标任务，为全面建成小康社会打下决定性基础，以优异成绩庆祝中华人民共和国成立 70 周年！

政府工作报告

——在商都县第十五届人民代表大会第三次会议上

（2019 年 3 月 6 日）

商都县人民政府县长　曹凯宏

一、2018 年工作回顾

2018 年，是深入贯彻党的十九大精神及本届政府的开局之年，改革开放 40 周年。面对繁重的改革发展稳定任务和经济下行压力，坚持以习近平新时代中国特色社会主义思想为指引，坚持稳中求进工作总基调，着力打好三大攻坚战，朝着实现全面建成小康社会的目标迈出了坚实步伐。地区生产总值完成47.37亿元，增长1.9%；固定资产投资完成22.03亿元，增长27.6%，增速位居全市第三；社会消费品零售总额完成37.96亿元，增长7.3%；一般公共预算收入完成1.51亿元；城乡居民人均可支配收入达到27796元和10127元，分别增长7.7%和9.4%，增速分别位居全市第四和第二。

——三大攻坚战初战告捷。脱贫攻坚取得新成果。以脱贫攻坚作风建设年为契机，狠抓国家、自治区和市反馈问题整改，开展脱贫攻坚集中整治专项行动，深入研究落实各项扶贫政策措施，2018年脱贫10825人，退出34个贫困村，贫困发生率下降到2%。投入各类扶贫资金4.05亿元，其中整合涉农涉牧资金2.03亿元，同比增长101.2%；212个行政村集体经济现金总收入达1348.1万元，村集体资产达8929.2万元，其中138个行政村集体经济收入超过5万元；37.625兆瓦集中式光伏电站并网发电，覆盖贫困户1505户；易地移民搬迁工程完成年度任务，1950名贫困人口乔迁新居；农村安全饮水巩固提升工程全面实施，有效解决了3.56万人饮水安全问题，惠及贫困人口8183人；农村危房改造9500户，覆盖贫困户3800户，累计解决贫困户安全住房1.8万户；212个行政村和7个涉农社区建立了扶贫“爱心公益超市”，形成“以表现换积分、以积分换物品”的德行评价奖励机制和扶贫扶志同步的激励载体；实施京蒙扶贫协作项目5个，投入资金5073万元。加强与平谷区对口帮扶协作，实现镇镇结对全覆盖，16个贫困村与平谷区乡镇、街道结对帮扶，到位帮扶资金412万元；通用集团、工信部军民结合司分别落实帮扶资金510万元和100万元；教育扶贫、生态扶贫、健康扶贫、兜底扶贫等政策措施全面落实。污染防治取得新进展。2018年《自治区资源环境承载能力试评价》，我县是全区13个大气和水污染物浓度未超标旗县之一、33个资源环境绿色无警旗县之一、55个生态健康度高的旗县之一。中央环保督察反馈市里涉及我县的11项问题整改销号9项，其余2项持续整改问题完成年度整改任务。中央环保督察“回头看”期间，接受了中央环保督察组下沉实地督查检查，及时高效办结9件信访件。开展了全国第二次污染源普查工作。全年环境空气质量平均达标天数达89%，高于全区平均值5.4个百分点。依法处罚1家偷排企业，行政拘留1人，整顿关停相关环保设施不达标的涉水马铃薯企业；完成地下水超采区年度压采目标290万立方米；着力解决污水处理厂“三低”问题，污水处理率达到80%以上，出水水质达标率达到97%以上，中水回用率达到30%左右；加强农业面源污染防治，化肥使用量连续三年实现“零增长”，农药使用量同比下降5%；地膜回收率达到80%以上，同比提高10个百分点；彻底清运处理存量废渣18万立方米，建成了21万立方米容量的标准化固废渣场；清理非煤矿山企业18家，依法拆除2家无手续砖厂；完成生态绿化面积0.5万亩、经济林1.16万亩，建成高标准农田5万亩。防范重大风险取得新成效。加大政府债务化解力度，果断停建、缓建有关举债项目，公务运行费用同比压缩19.7%，圆满完成了全年化解任务。“十个全覆盖”工程债务全部化解完毕，扩面工程债务化解完成59%。彻底销号历史遗留的非预算单位财政借款问题。进一步规范地方举债融资行为，提请县人大常委会撤销了有关无效担保和偿债责任行为。金融机构清收与处置不良贷款1.53亿元，其中清理公职人员不良贷款2388.27万元。积极稳妥防范化解政府隐性债务风险，全面核查隐性债务底数，制定化解存量隐性债务方案。

——经济高质量发展扎实迈进。安全特色农牧业加快发展。国家农产品质量安全县创建成功。申报了商都菠菜、商都青豆、商都南瓜地理标志证明商标；加强农产品质量安全追溯平台建设，26家种养加销主体纳入追溯监管平台；2家屠宰场迁址项目完成，非洲猪瘟防控工作扎实推进。德义水晶粉系列产品项目建成投产，健坤净菜加工项目具备生产条件，荣涛豌豆加工项目签约落地。全县农牧业产业化经营主体新增43家，达到284家，同比增长17.8%。受市场需求拉动引导，种植业结构进一步调整，经济作物种植面积增长22.5%，其中甜菜种植面积增长31%，冷凉蔬菜种植面积增长3.8%。工业转型升级步伐加快。凯金、集美、京能等11家战略性新兴企业工业总产值同比增长28.68%，增速快于全部规模以上工业企业30个百分点。以锂电池负极材料为代表的新材料产业快速成长，实现产值3.22亿元，同比增长312%。衡科特陶军民两用特种陶瓷项目生产线进入调试阶段；集美石墨化生产线扩规技改项目建成投产；凯金、恒科等锂电池负极材料项目相继投产，年产能达到4万吨；琪昌硅酸铝陶瓷纤维、华鑫高纯硅和华腾宝珠砂等项目建成投产。新清退“僵尸企业”5家，腾退土地723亩、累计2205亩。完成长盛工业园区基础设施投资800多万元。申弘碳化硅等3家企业入驻产业孵化园。新入园企业29家，累计93家，产业集聚功能进一步增强。全年完成工业固定资产投资13.1亿元，同比增长170%，增速位居全市第一。新兴服务业快速成长。成功举办了第二届中国商都马铃薯美食节暨建县100周年活动。全年接待游客52万人次，旅游收入1580余万元，同比增长22%。10个重点商贸流通服务业项目扎实推进，完成投资1.88亿元。大唐电信商都服务外包基地项目吸引外地返乡商都籍大中专以上学历人员就业400人，开展了面向天津、山东、新疆等地区的呼叫服务外包业务。华联商厦、巨弘商业步行街项目开始招商。全年农村电商订单达1282.13万单，交易额2.96亿元，同比增长18%。

——城乡统筹发展协调推进。城镇建设水平持续提升。完成了《七台镇控制性详细规划》修编和旧城2平方公里集中拆迁区修建性详规编制工作。实施4项市政基础建设重点工程和9项房建工程，完成投资4.58亿元。七台镇供水水质提升改善工程建成运行；完成红星街西、庆云巷北两个片区的棚户区改造工程，受益群众2400户、5800多人。恒汇热电联产项目建成运营，供热面积达到240万平方米，惠及2万多户居民；恒泰供气工程新铺设管网11公里。加大城镇综合执法力度，集中治理城区“十乱”现象。查扣违法车辆203辆，取缔露天煤炭市场2处，设立工程车辆停车场1处，拆除违法建筑物6000余平方米。“美丽乡村”建设迈出新步伐。加快特色小镇和文明村镇建设，编制完成大黑沙土镇特色小镇规划和小海子镇八十五号村美丽宜居乡村建设规划，大南坊村、西井子村等12个村被评为市级文明村镇。启动农村人居环境整治三年行动，清理填埋垃圾10万余方，拆除农村危土房5.78万间、院墙40万延长米。开展“大棚房”清理整治工作。完成城乡建设用地增减挂钩复垦项目560亩，实施补耕库提质改造项目4000亩。建设特色庭院经济林2000亩，新增高效节水灌溉面积7.06万亩，取缔喷灌圈126套。完成不冻河河道治理工程11公里。完成223线兴和至商都段路基和桥涵工程、商都至张北二级公路提标改建工程测设工作，商都至集宁一级公路进入可研立项阶段、商都至尚义高速公路列入自治区交通厅“十三五”规划。实施了“一户一表”老旧计量改造工程、轻工业园区变电站新建工程等6项城乡电网改造工程。

——重点领域改革开放深入实施。“放管服”改革持续深化。梳理并公布县本级权责清单6220项；行政审批227项“马上办、就近办、一次办、网上办”项目清单全部公布；开展群众办事“百项堵点疏解行动”，解决群众办事堵点问题40项；行政许可事项由186项进一步减少到174项，行政事业性收费项目由19项减少到16项，执行收费部门、依据及标准全部公示；开展“减证便民”专项行动，保留了6个部门48项行政许可证明事项；全市旗县第一张电子营业执照在我县正式颁发；进一步优化营商环境，为市场主体减轻税费负担1.33亿元，为企业发放助保金贷款1500万元，新增市场主体1454户。完成农村集体产权制度改革行政村清产核资工作。土地确权和草原确权登记工作基本完成。实现了村级党务政务财务“三务”公开。农业综合水价试点改革、城镇居民生活用水阶梯价格改革全面实施。国家税务总局商都县税务局挂牌成立。开放发展取得新成绩。把招商引资和项目建设作为推动经济高质量发展的重要引擎，全年引进项目23个，到位资金12.2亿元。23个亿元以上市级重点项目有效推进，完成投资19.36亿元。丰彦骄年产11万吨石墨增碳剂和1万吨锂电池负极材料出口加工项目即将投产。

——社会民生事业全面发展。在政府债务化解工作压力较大、财力紧张情况下，全年财政用于民生方面支出24亿元，占总支出的83%，同比增长11.4%。创业就业成效明显。落实就业优先战略和积极就业政策，城镇新增就业2065人，城镇失业人员再就业320人，城镇登记失业率控制在3.92%；农村劳动力转移就业4.3万人；发放创业贷款493万元。社会保障服务工作持续完善。养老保险实现制度全覆盖，医疗、失业、工伤等社会保险基本实现应保尽保。跨省异地就医直接结算工作全面实施。严格落实农民工工资“两金三制”制度，加大“治欠保支”力度。扎实开展城乡按户施保和扶贫低保两项制度衔接，5374名建档立卡贫困人口纳入低保范围。全年为59425人发放各类救助金2.14亿元。教育事业稳步发展。荣获国家级农村职业教育和成人教育示范县称号。通过公开招考、引进招募等形式吸纳86名各类人才，进一步充实优化了教师队伍。春明小学分校教学楼、通用小学气膜馆等基础设施投入使用，城乡办学条件进一步改善；清理关闭不符合条件的幼儿园10家。按照上级要求为119名民办教师发放辞退金71.13万元。举办了“县长杯”校园足球联赛、全县中小学生田径运动会、第二届幼儿才艺大赛等大型文体活动。卫生健康事业扎实推进。创建自治区健康促进县工作全面启动，建立健康档案居民23万人，占服务人口的99.82%；举办健康教育讲座336场次，覆盖了全部行政村，受众达到3.5万人次。医药卫生体制改革进一步深化，推行按病种收付费，调整医疗服务价格，实行药品采购“两票制”，建立了“基层首诊、双向转诊、急慢分治、上下联动”的分级诊疗制度；医疗救治水平进一步提升，中医院康复中心被评为全市唯一的自治区蒙中医重点专科，县医院成立了胸痛中心和卒中防治中心，并与北京电力医院等国内百家大型医疗机构建立远程会诊。开展了残疾人证清查核销工作，坚决杜绝“假、错、空”持证现象。思想文化建设深入开展。积极贯彻习近平总书记对乌兰牧骑事业发展的指示精神，加快乌兰牧骑建设与发展，乌兰牧骑升格为副科级事业单位，“百团千场”下基层惠民演出105场。强化文化市场监管，扎实开展了“清源”“净网”“护苗”“秋风”“固边”专项行动。全民健身活动深入开展，在全市迎十四运乒乓球选拔赛和“首届职工乒乓球、羽毛球”比赛中分获三个团体第一名。社会治理不断加强。积极解决重点信访事项，在重要时段节点未发生进京赴区到市越级访和群体访。全面深入开展安全生产大检查和重点行业领域专项整治，排查消除各类安全隐患361处。坚持“四个最严”，落实“四有两责”，以企业示范创建工作为抓手，强化食品药品生产、流通、餐饮各环节日常监管。深入开展扫黑除恶专项斗争，打掉涉恶集团1个、涉恶团伙4个，破获涉恶类刑事案件13起，抓获犯罪嫌疑人38人。加强国防教育、国防后备力量及人民防空建设，军民融合发展、“双拥”工作持续推进，妇女儿童、残疾人、红十字、慈善事业健康发展。

一年来，我们以政治建设为统领，不断加强政府自身建设。深入学习习近平新时代中国特色社会主义思想和党的十九大，党的十九届二中、三中全会精神，深入学习习近平总书记考察内蒙古和参加内蒙古代表团审议时重要讲话精神，树牢“四个意识”、坚定“四个自信”、自觉做到“四个服从”和“两个维护”，加强政府系统意识形态工作。自觉接受县人大及其常委会的法律监督、政协民主监督和社会舆论监督，认真办理人大代表建议和政协委员提案，办结率达到100%。加强政府系统党风廉政建设，签订党风廉政建设责任状，认真履行“一岗双责”。37个单位的财会管理统一进驻财政局集中核算中心。进一步严格执行“三重一大”制度，政府预算、部门预算和“三公”经费向社会公开。

回顾过去的一年，我们积极应对经济下行压力和财力运转困难，全面开展精准脱贫、债务化解和污染防治攻坚战，关口一重又一重、硬仗一场接一场，成绩来之不易。这是认真学习贯彻落实习近平新时代中国特色社会主义思想和党的十九大精神的结果，是市委、市政府和县委坚强领导的结果，也是在人大、政协监督支持下，全县广大干部群众苦干实干的结果。在这里，我代表县人民政府，向各位代表、各位委员，向为全县改革开放和现代化建设做出贡献的同志们，向关心支持商都发展的仁人志士，表示衷心的感谢和崇高的敬意！

在肯定成绩的同时，也清醒地认识到我县发展中不平衡不充分矛盾仍然突出。主要表现为：经济发展质量和效益有待进一步提升；种养结构和农牧产业结构调整不及时不到位，农牧产业市场化、品牌化溢出效应不明显，效益好、投资大的工业项目支撑不足，商贸物流产业规模小、层次低；实体企业运行困难，融资难问题仍未有效解决；税基来源单一，财政收入增长后劲不足与民生保障、基础设施建设等刚性支出增加的矛盾日益加剧；个别单位作风漂浮、工作不实，部分干部墨守成规、不敢担当，不会为、不愿为、不敢为、不作为现象禁而未绝，与新时代新任务新要求不相适应。对此，我们必须坚持问题导向，强化责任担当，采取有效措施，认真加以解决。

二、2019年主要任务

2019年是中华人民共和国成立70周年，是决胜全面建成小康社会第一个百年奋斗目标的关键之年，也是我县全面打赢脱贫攻坚战的决战之年，做好各项工作意义重大而深远。今年政府工作的总体要求是：以习近平新时代中国特色社会主义思想为指导，认真落实中央、自治区、市重大决策部署，以脱贫摘帽统揽经济社会发展全局，以招商引资和项目建设为抓手，持续优化营商环境，坚持打好绿色、资源、区位“三张牌”，延伸丰富“一粒薯、一袋糖、一篮菜、一瓶酒、一头牛、一口猪”“六个一”绿色农字号产业和品牌，培育发展新材料、新能源、新兴服务业“三大产业”，继续打好三大攻坚战，努力推动高质量发展，为全面建成小康社会收官打下决定性基础。

主要预期目标是：地区生产总值增长6%，固定资产投资增长10%，社会消费品零售总额增长 6.5%，城乡居民人均可支配收入分别增长 7.5% 和 9%，城镇登记失业率控制在 4.1% 以内。完成上级下达的年度节能减排目标任务。

今年要重点抓好以下五个方面工作。

（一）聚焦三大攻坚战，着力破解高质量发展的瓶颈制约

坚决打赢精准脱贫攻坚战。今年是我县脱贫摘帽出列的决战决胜年，按照习近平总书记“决不让一个贫困群众在全面建成小康路上掉队”的要求，坚持与实施乡村振兴战略相结合，牢守底线思维、下定总攻决心、拧紧责任螺丝、鼓足工作干劲，年内确保实现“人脱贫、村退出、县摘帽”。紧盯任务目标抓脱贫。紧紧围绕“两个确保”“两个实现”，以推进中央脱贫攻坚专项巡视反馈意见整改为契机，以脱贫攻坚十项“清零达标”专项行动为抓手，继续加大 7 个深度贫困村脱贫攻坚力度，紧紧把握 9 月 30 日扶贫年度节点和脱贫摘帽验收时间节点，开展集中会战，全面进行倒计时攻坚。在人脱贫方面，以“一达标、两不愁、三保障”为主要衡量标准，家庭年人均纯收入达到 3596 元以上，确保现行贫困线下 5465 人如期脱贫；在村退出方面，紧盯落实“一低于一达标两有九保障”13 项评估指标，确保 33 个贫困村退出；在县摘帽方面，按照 4 大类 9 项指标，举全县之力确保如期实现目标。即识别退出方面 3 项：综合贫困发生率低于 3%、脱贫人口错退率低于 2%、贫困人口漏评率低于 2%；群众认可度方面 1 项，原则上应达到 90% 以上；公共服务方面 4 项，即农牧民饮水安全、义务教育、基本医疗、城乡居民基本养老保险有保障；收入方面 1 项，农牧民人均可支配收入增幅高于全国平均增幅。“三个落实”保脱贫。责任落实方面，一要回头看乡镇党委、政府和村党支部责任落实情况。按照三年行动指导意见要求，乡镇党委书记遍访贫困户，村党支部书记遍访贫困户和非贫困户，补齐短板；二要回头看各行业部门责任落实情况，查漏补缺；三要回头看驻村结对帮扶责任落实情况，清楚所包村户工作差距所在，迎头赶上；政策落实方面，要回头看饮水安全保障、产业扶贫、就业扶贫、易地搬迁、危房改造、健康扶贫、教育扶贫、生态扶贫、金融扶贫、综合保障十项扶贫政策落实情况，全面加强；工作落实方面，要回头看年度脱贫攻坚目标任务完成情况；建档立卡识别退出动态调整工作开展情况；扶贫资金拨付、使用、管理情况；脱贫攻坚各项监督考核检查发现问题整改落实等情况，逐一落实。突出重点稳脱贫。安全住房方面，在对全县农村常住户住房进行精准摸底和安全等级鉴定基础上，通过置换、维修、新建等方式解决好农村常住户住房安全问题，确保 7 月 31 日前搬迁入住；农村饮水安全方面，摸排水量、水质、用水方便程度和供水保证率等情况，全面完成水质提升工作，确保全县农村人口饮水安全。健康扶贫方面，为所有建档立卡贫困人口提供家庭医生签约服务，对符合慢性病认定的贫困户全部认定到位，对所有鉴定为慢性病且符合送药服务的全部送药。落实好商业补充保险和爱心基金保障作用，确保贫困人口不因病致贫返贫。完善县乡村户和特殊档案工作。县、乡、村档案要按照精准识别、精准帮扶、精准退出和综合类四种模板统一装订成册；户档案按照“一册一卡四书两表”进行整理完善，包括国务院扶贫手册、贫困户“明白卡”和识别告知书、脱贫告知书、安全住房鉴定书、饮水安全鉴定书及贫困户监测表、一卡通收入明细表。一般户档案为“一表两书”，即调查摸底信息采集表和安全住房鉴定书、饮水安全鉴定书；特殊档案要通过持续走访摸排，锁定边缘户、大病户、脱贫不享受政策户等特殊群体，全部建立特殊档案，为第三方评估检查组提出的“疑似漏评户”和“疑似错退户”提供有力佐证。发展产业促脱贫。突出抓好产业扶贫这个根本，统筹谋划好易地搬迁群众后续产业和转移就业，确保贫困搬迁家庭至少1个劳动力实现稳定就业。积极探索农村“三变改革”，鼓励通过企业反哺型、资产盘活型、乡村旅游型等形式壮大村集体经济，确保所有村委会集体经济收入超5万元。要围绕拳头产品、特色产业和大宗种养农畜产品，善于借势发力、因势利导，进一步因地制宜、找准找对、总结完善各乡镇各村组的主导特色产业，为第三方评估检查验收打好基础。切实发挥产业对脱贫攻坚的长效带动作用，依托“六个一”绿色农字号龙头企业和专业合作社，大力发展“菜单式”“资产收益式”“订单式”“保险助推式”和“消费式”扶持，形成“龙头企业（合作社）+贫困户”的农企紧密利益联结机制，实现扶贫产业全覆盖。“菜单式”扶持，突出设施农业、一薯两菜、杂粮杂豆及牛羊养殖等县域特色产业，由贫困户按照产业扶持目录和扶持金额标准自主选择脱贫产业项目。在春耕和牲畜购买前先行发放生产准备金，标准为有劳动能力且从事种养业的贫困人口每人1500元，从事农牧业生产的弱劳动能力且家庭人口已享受社会保障的贫困户每户1500元。项目建成验收后，再兑现超过每户准备金标准部分的10%。“资产收益式”扶持，积极探索资产收益类扶贫项目路径，将无劳动能力和有劳动能力无产业项目贫困人口的产业发展资金注入龙头企业，依据是否享受低保情况，可分别享受人均1000元或户均1000元的资产收益。“订单式”扶持，大力发展“订单”农业，按照“先订后补”的原则，鼓励贫困户与农牧业产业化龙头企业、经销公司、经济人签订生产、购销合同，根据订单数量，对持有订单合同的贫困户，按照产业项目扶持标准可再扶持超出部分的10%。“保险式”扶持，龙头企业（合作社）与贫困户签订购销订单合同后，市场价低于约定目标价格时，由保险公司对贫困户进行价格保险赔付。“消费式”扶持，坚持政府引导、社会参与、市场运作、创新机制，在生产、流通、消费各环节打通制约消费扶贫的痛点、难点和堵点。结合京蒙合作，着力拓宽销售渠道，积极推动我县优质农畜产品进入京津冀乃至全国大市场。引导激发县内外行政机关、企事业单位参与消费扶贫积极性，深度参与我县贫困群体的生产服务活动，通过消费扶贫助力打赢脱贫攻坚战。动员社会力量带脱贫。深入推进与北京市平谷区京蒙扶贫协作，扎实推进、尽早完成8个京蒙协作项目。加强与工信部、中国通用技术集团和24家区市帮扶单位对接帮扶；紧紧抓住省级领导包联契机，促进既定民生项目尽快落地实施。积极开展“万企帮万村”行动，推动91家民营企业“一企帮一村、一企帮多村”结对帮扶活动；鼓励中国泛海控股集团、自治区扶贫促进会和青基会、水漩志愿者协会等社会群团组织开展捐赠帮扶，唱好脱贫攻坚的“大合唱”，构建政府、企业、社会协同推进的合力共赢扶贫格局。

坚决打好污染防治攻坚战。良好生态环境是最普惠的民生福祉。要认真践行绿色发展理念，增加环境“含绿量”，提升发展“含金量”。集中攻克群众身边的突出生态环境问题。要坚守阵地、巩固成果，统筹推进山水林田湖草生态修复治理，持续抓好中央环保督察反馈意见整改工作，确保如期完成年度任务。坚决打赢蓝天保卫战，稳妥推进恒汇热电联产项目管网延伸和小型供热公司改建换热站并网工作，实施旧城棚户区改造和“煤改气”工程，持续开展城区内10蒸吨及以下燃煤锅炉及茶浴炉专项整治，有效减少城镇原煤散烧污染。深入实施水污染防治行动计划，重点推进地下水超采区综合治理，争取春耕前全部淘汰现有263套喷灌圈，改造高效节水灌溉面积8万亩，确保完成年度压减任务。加快实施七台镇污水处理厂扩建工程，完善城区污水收集和中水回用配套管网建设，中水回用率达到35%以上。持续加强集中式饮用水水源地管理与保护，严格落实“河长制”“湖长制”，重点开展“清四乱”和河道采砂整治行动。严禁排放不达标的涉水马铃薯加工企业开工生产，积极推动马铃薯加工企业规范实施淀粉加工肥水还田技术。深入实施土壤污染防治行动计划，充分利用嘉利公司残膜回收平台，推进普力隆复合材料有限公司利用马铃薯渣生产可降解地膜技术研究，加强农业面源污染防治和城中村、城边村环境综合治理。利用专项资金实施整县推进畜禽粪污资源化利用生态循环农业产业项目。借鉴平谷区矿山管理经验，积极探索“乡镇吹哨、部门集合，一门主责、其他配合，部门布置，乡镇落实”的“三协同”联合执法模式，开展打击偷采滥挖矿山专项行动，依法彻底取缔不符合国家产业政策的黏土砖厂。加强生态建设与保护。统筹推进国家重点生态工程和重点区域绿化，年内完成人工造林面积0.5万亩，义务植树1000亩，力争完成经济林1.3万亩；实施小庙子水库除险加固工程，完成田士沟河道一期（西干渠）和二期（中干渠）治理工程，实施田士沟河流域和西山小流域治理31平方公里；坚决执行禁牧制度，加强生态管护，巩固生态建设成果。

坚决打好防范化解重大风险攻坚战。今年是打好防范化解重大风险攻坚战关键之年。认真贯彻落实习近平总书记在省部级主要领导干部坚持底线思维着力防范化解重大风险专题研讨班开班式上重要讲话精神，深刻认识和准确把握外部环境的深刻变化和改革发展稳定面临的新情况新问题新挑战，增强忧患意识。要平衡好稳增长和防风险的关系，未雨绸缪、精准研判、妥善应对、着重防范应对化解政治、意识形态、经济、科技、社会、外部环境及党的建设等领域重大风险。按照自治区统一部署，政府债务化解时限为2021年，要牢牢锁定化债年度任务和化债期限，通过财政预算安排、债券置换、盘活存量资产、土地出让等措施，及时化解政府隐性债务，力保完成年度政府性债务化解任务和“十个全覆盖”工程直接相关项目剩余债务。将政府债券还本付息支出足额列入年度预算，并作为县人大审查重点，切实防止预算外举债融资。通过举债融资的重大建设项目，按照“三重一大”规定，报请县委常委会及县人大按程序进行合法合规审查和审议批准。坚决遏制隐性债务增量，做到“三个严禁”，即严禁违法违规举债融资担保、严禁新增工程欠款、严禁以政府和社会资本合作（PPP）、政府购买服务等名义变相举债。加强政府投资项目和资金管理，认真落实《内蒙古自治区人民政府关于加强政府投资项目管理的规定》，对政府投资项目建设资金、运营成本开展财政承受能力综合评估论证，作为项目立项审批重要依据，有效遏制不具备还款能力项目上马。对无明确资金来源和制定融资平衡方案的项目，一律不得审批，一律不得开工建设。严厉打击各类违法违规金融行为，坚决守住不发生系统性金融风险的底线。

（二）聚焦重点项目建设，推动经济高质量发展

坚持把产业发展、项目建设作为脱贫攻坚、全面建成小康社会的重要抓手，进一步强化抓发展抓扶贫关键是抓产业、抓产业关键是抓项目的意识，打好绿色、资源、区位“三张牌”，重点推进投资亿元以上项目21个，争取当年完成投资34.3亿元。

抓好“六个一”绿色农字号产业及产业链延伸重点项目。督促中地二期奶牛养殖和嘉利种牛养殖项目尽快开工建设，力促荣涛豌豆粉加工项目、送心农业葵花籽加工生产线项目、蒙德元10万只肉羊屠宰深加工项目建成投产，助推平谷味食源公司与我县德义食品公司合作生产调味料项目落地。跟踪河北乾信牧业股份有限公司肉鸡养殖、中国民族经济发展总公司“食安察哈尔”田园综合体等项目。

抓好新材料产业重点项目。加快推进凯金、恒胜、恒科和丰彦骄锂电池负极材料项目建设，力争河南博翔锂电池负极材料落地建设，争取年产能达到8万吨以上，打造锂电池负极材料生产基地；继续推进同盛硅酸铝纤维针刺毯、民业陶瓷纤维毯及纤维板、华腾硅酸铝纤维针刺毯等项目，打造高温隔热材料生产基地；积极推进巴泰医疗设备、衡德康医疗科技、天宏医药等医疗器械及一次性无菌医疗器具等项目早日落地投产，打造医疗器械器具生产基地。力争衡科军民两用特种陶瓷、华鑫高纯硅二期及圣清净化水设备项目年内建成投产；推动佳泰产业用纺织品生产、潮州豪曼卫生洁具等项目开工建设，进一步跟踪石家庄客商陶瓷孵化园等项目。

抓好新能源产业项目建设。稳步发展风电产业，推动三峡能源50万千瓦平价上网风电项目落地实施，争取乌兰察布市200万千瓦平价上网风电项目落户我县。积极推广“光伏＋农牧业＋扶贫”模式，确保村级光伏扶贫电站第一批19.3兆瓦和第二批25.36兆瓦项目年内建成并网发电；积极推进内蒙古山路公司在100个村庄建设500兆瓦平价上网光伏电站项目，年内力争建成300兆瓦；同时，抓好恒汇热电联产后续工程、晔兆矿热炉尾气余热回收利用及大海集团光伏板组件厂项目建设，力争年内建成投产。

抓好新兴服务业项目建设。文化旅游要推动不冻河水利风景区大型游乐场项目建设，力争打造国家AAAA级旅游景区；推进南湖生态园国家AAA级旅游景区建设，积极开发大石架自治区级地质公园和七台—小海子一带地热资源利用项目。依托特色小镇建设，努力打造乡村游、牧家游。加大旅游宣传推介力度，举办好第三届中国商都马铃薯美食节等活动。电子商务要以农村电子商务体系建设项目为抓手，进一步提高电子商务公共服务中心和91个村级电商服务站运行质量，巩固提升国家电子商务进农村示范县建设成果。商贸物流要紧紧围绕完善仓储设备和物流配送体系，推动北京农投食材鲜切加工、明坤1万立方米油库等7个重点建设项目，总投资3.6亿元，计划当年完成投资2.1亿元。

（三）聚焦乡村振兴战略，打好高质量发展基础

深化农牧业供给侧结构性改革。以发展紧缺和绿色优质农产品为导向，合理摆布生产与市场关系，大力调整优化农业种植结构。积极争取轮作倒茬项目资金，合理选择并加大科学倒茬作物比例，减少迎重茬种植面积，提升农牧业应用科技推广力度，稳步提高作物单产和土地产出效率。要抓住我市成为马铃薯主粮化全国试点的契机，提升“中国马铃薯产业示范基地”品牌效应，从品种选育、推广种植、加工销售和市场消费等环节全面研究解决马铃薯产业发展瓶颈制约，支持希森马铃薯种业有限公司现代化组培中心、原原种繁育基地建设项目和蓝威斯顿示范农场项目，加快马铃薯脱毒种薯三级繁育体系建设，提高专用薯种植比例，进一步提升种薯和专用薯本地保障能力，做强做优希森、蓝威斯顿等马铃薯生产加工龙头企业，加快打造马铃薯全产业链。稳定“一薯两菜”面积，扩大以燕麦、荞麦、豌豆等为主的杂粮杂豆面积。

突出抓好人居环境整治。学习浙江“千万工程”经验，从群众反映最强烈需求最迫切的问题入手，按照我县农村牧区人居环境整治三年行动实施方案，完成所有行政村规划编制工作，大力开展“三清一改”行动，积极推进“厕所革命”、垃圾污水处理和村容村貌提升工程，抓好以特色经济林为主的村庄村旁绿化，清理整治“大棚房”和乱搭乱建、私自圈占宅基地行为，进一步完善村庄建设管护机制，巩固建设成果，打造美丽新农村。

加快补齐农村基础设施短板。确保6月底前完成136个自然村安全饮水及水质提升任务。要加快“四好农村路”建设，完成61公里农村公路及深度贫困村街巷硬化任务，实施170公里自然村间道路硬化和53公里街巷硬化。加快推进商大公路和商张公路提标改建项目建设，积极配合做好省际大通道改建高速征地拆迁，力争商集一级公路和商都至尚义高速公路项目获批并全力推动开工。实施数字乡村战略，推动4G网络向行政村和有条件的自然村覆盖。争取大黑沙土镇四台坊村和南大勿邓村土地整理项目开工建设，积极引进社会资金实施十八顷镇补耕库提质改造项目4000亩，力争完成城乡建设用地增减挂钩复垦项目500亩。大力繁荣乡村文化，丰富农民精神文化生活，多渠道、多形式持续推进农村移风易俗，治理不良社会风气。

统筹抓好城乡一体化发展。坚持规划引领，实施庆云巷北棚户区二期改造工程，力争开工建设不冻河供水水质提升改善工程；年内完成七台镇10万平方米既有建筑节能改造工程；加快推进棚户区道路硬化、绿化等基础设施配套工程建设，力争年内完成建设任务；抓好恒汇供热及恒泰供气管道铺设工程，实现城区有序保质集中供热供气。下大力巩固好市容市貌集中整治成果，用足绣花功夫，集中精力研究解决停车、出行、垃圾清运等群众身边问题。全面推行“城管工作进社区”，做好与智慧社区管理平台对接，推动城市网格化管理水平。继续加强全县物业管理，探索建立物业管理综合协调机制和专业化、社会化、市场化的物业服务机制。

（四）聚焦深化改革开放，增强高质量发展新动能

全方位推进重点领域改革。深化“放管服”改革。全面推进行政审批制度改革基础清单标准化体系建设，持续开展“减证便民”行动，继续推行“马上办、网上办、就近办、一次办”。全面推开“证照分离”改革，探索推进“照后减证”，破解“准入不准营”问题。加强事中事后监管，落实“双随机、一公开”监管。加快“互联网+政务服务”建设，推动更多政务服务事项网上办理，推进供水、供电、供气等与人民群众息息相关的事业部门便民化改革。稳步推进政府机构改革，确保今年3月底前基本完成改革任务。深化事业单位改革，全面清理事业单位承担的行政职能，将行政职能划归行政机关。在此基础上对各部门所属事业单位进行整合，重新制定事业单位“五定”方案。深化综合行政执法改革，整合组建市场监督、生态环境保护、文化市场、交通运输、农业5个领域综合执法队伍。推进农村领域改革。进一步深化农村集体产权制度改革，今年6月底前完成改革任务；深化土地制度改革，在基本完成承包地确权登记颁证工作基础上，开展“回头看”，做好收尾工作。建立健全县、乡、村三级土地流转服务体系，引导经营主体发展多种形式适度规模经营。

全力以赴开展招商引资。开展好定向招商选商。以“招商引资突破年”为主题，瞄准京津冀、长江三角洲地区、珠江三角洲地区等产业转移重点地区，全方位、多渠道加强招商引资信息收集筛选跟踪工作，精准研判掌握资本投资流向、原材料流向、产业转移趋向。充分发挥三支招商小分队的作用，主动出击，开展重点招商、精准招商。同时通过在我县落地企业、驻外商会及其他关联企业开展以商招商，主动宣介商都，提高项目引进落地效率。力争集中引进一批带动行业发展、引领产业升级、补齐发展短板、增强保障能力的大项目、好项目。强化要素保障吸引项目落地。要继续推进“腾笼换鸟”，年内争取清退万象球团、长盛镍铬、硅鑫化工、众邦亿兴等“僵尸企业”用地，为新引进项目预留足够空间。全力争取长盛工业园区新建220千伏变电站项目尽快立项建设。加快路网建设，积极研究推进通用机场立项上马工作，依托我县日益凸现的电力电价优势、土地区位优势等，主动融入“一带一路”及京津冀协同发展战略借力发展。争取自治区循环产业园项目，进一步完善提升园区基础设施水平。强化项目跟踪落实工作。依托脱水蔬菜深加工、高档彩印包装纸箱、医用敷材和医疗器械生产、建材陶瓷等20个储备项目开展招商引资工作，跟踪落实张家口客商高温隔热材料、京维福仁种牛养殖等66个洽谈项目。把握国家产业政策及投资方向，认真做好项目的策划、储备、申报等前期工作，年内争取12个申报项目获批实施。

全面优化营商环境。开展“优化民营经济发展环境年”活动，认真贯彻习近平总书记在民营企业座谈会上提出的6个方面政策举措，全面落实自治区26条支持民营经济高质量发展具体措施，推动国家加强金融服务民营企业的15条政策落地，引导农行、信用联社等金融机构对民营企业敢贷、愿贷、能贷。积极引进中国银行等金融机构、投资机构，精准对接民营企业和小微企业融资需求。加强调度我县396家中小微企业的运行状况，主动倾听企业呼声，有的放矢帮助企业解决问题，切实提高全天候、全方位服务水平。规范涉企检查行为，所有涉企检查必须经县分管领导同意，能合并检查的一律合并进行，严禁干扰企业正常生产经营活动。对行政审批过程中出现的“吃拿卡要”及人为设置“玻璃门”“弹簧门”行为绝不姑息。全面落实国家减税降费政策，降低企业用能、物流、用工、中介服务等生产经营成本，推动民营经济更好更快发展。

（五）聚焦民生福祉，提升高质量发展惠及群众的获得感

统筹推动民生各项事业发展。抓好就业这个民生之本。实施就业优先政策，开展促进就业扶贫和京蒙劳务协作等专项活动，加大创业担保贷款发放力度，统筹做好高校毕业生、农民工、就业困难人员、就业扶贫对象等重点群体就业工作，确保年内新增城镇就业1300人。进一步完善社会保障体系。以规上企业、中小微企业、灵活就业人员等为重点，狠抓社会保险扩面征缴工作。加大拖欠农民工工资治理力度。认真贯彻落实“两金三制”等支付农民工工资配套制度，实现在建工程项目劳动合同签订、银行按月代发工资、实名制管理等长效措施指标达到100%。优先发展教育事业。认真贯彻全国教育大会精神，统筹推进县域内城乡义务教育一体化改革发展，继续加强教师队伍公开招聘力度，全面加强乡村学校和乡镇寄宿制学校建设，做好县域义务教育均衡发展国家抽检各项准备工作。进一步整顿规范民办幼儿园办学秩序，坚决取缔不达标幼儿园。加强普惠性幼儿园建设，加强中小学幼儿园教师招聘补充工作，规划新建第九幼儿园。推进世纪小学分校综合楼、通用小学综合楼等8个在建工程项目。进一步规范办学行为，加强校外培训机构综合治理，切实减轻中小学生过重课外负担。大力提升人民健康水平。继续推进自治区健康促进县创建工作，开展健康教育进家庭、进农村（社区）、进学校、进医院、进机关企事业单位、进公共场所“六进”活动。年内全县农牧民健康电子档案建档率达到90%以上。聚焦分级诊疗制度建设，狠抓紧密型县域内医共体建设，县医院和中医院要与所包的乡镇卫生院结成医共体，轮流选派全科医生在乡镇卫生院开展驻诊坐诊，提高基层医疗卫生机构服务能力。加强思想文化建设。自觉承担起举旗帜、聚民心、育新人、兴文化、展形象的意识形态工作使命任务，大力开展习近平新时代中国特色社会主义思想宣传学习，进一步增强干部群众的政治认同、思想认同、理论认同和情感认同。要加强全媒体时代下的媒体融合发展，做大做强主流舆论。要加强青少年的思想政治工作和互联网防范工作，加大舆论引导力度，推进依法治网。深入贯彻习近平总书记对乌兰牧骑的指示精神，选优聘强人员队伍，努力创作一批反映新时代商都发展和人民幸福生活的文艺作品。深入开展文化惠民演出和送戏下乡活动，乌兰牧骑下基层演出确保不低于100场，自治区戏曲进乡村优秀剧目下乡演出60场。进一步完善村级文化室设施，加大广播电视基础设施建设力度，完成七台镇、十八顷及大库伦发射台基础设施改造升级工程。加大文物保护力度，加快实施金界壕国家项目保护和加固工程。

全力构建共建共治共享的社会治理格局。深入推进平安商都建设。今年是扫黑除恶三年专项斗争的攻坚之年，要持续开展扫黑除恶专项斗争，强化“一案三查”，紧盯黑恶势力保护伞，集中攻坚，对已侦破的案件循线深挖、逐一见底，彻底铲除黑恶势力滋生的土壤；全面贯彻《地方党政领导干部安全生产责任制规定》和《内蒙古自治区党政领导干部安全生产责任制实施细则》，强化重点领域重点行业重点部位监管，加强县乡监管执法力量和监管力度，严厉打击危化产业非法生产行为。健全突发事件应急处置机制，提高灾情监测和应急救援能力。全面落实“双安一查”制度，持续加强食药质量安全和生产经营安全监管力度，坚守住不发生重特大安全事故的底线。深入推进法治商都建设，扎实开展“七五”普法工作，加强全民法制宣传教育，构建覆盖城乡的公共法律服务体系。全力做好重点领域、重点群体、重点问题、重点人员信访矛盾排查化解疏导稳控工作，确保不发生进京赴区去市越级访群体访。加强社区治理体系建设，充分发挥网格化社会治理作用，实现政府治理和社会调节、居民自治良性互动。加强民族宗教工作，深入开展民族团结进步教育和创建活动。继续大力发展红十字、慈善、残疾人、老龄事业，重视工会、共青团和妇女儿童工作，继续做好国防、“双拥”、外事侨务、地方志等工作。

各位代表，新目标新任务对政府自身建设提出了新的更高要求。政府系统及其工作人员要牢固树立“四个意识”，坚定“四个自信”，坚决维护习近平总书记核心地位，坚决维护党中央权威和集中统一领导，始终在思想上、政治上、行动上与党中央保持高度一致。

全面加强党的政治建设。以党的政治建设为统领，把政治要求和政治标准贯穿党的思想建设、组织建设、作风建设、纪律建设始终。要坚持问题导向，举一反三，认真做好自治区党委第八巡视组反馈意见整改工作。深入开展“不忘初心、牢记使命”主题教育，持续推进“两学一做”常态化、制度化，深入学习贯彻习近平新时代中国特色社会主义思想和党的十九大精神，全面贯彻落实习近平总书记考察内蒙古及对内蒙古工作的重要指示批示精神，用新思想新理念新战略武装头脑、指导实践、推动工作。把党的政治建设融入落实党和国家重大决策部署全过程，严格执行重大事项请示报告制度，确保政令畅通、令行禁止。

全面推进政府法治建设。坚持法治思维和依法行政，自觉遵法学法守法用法，把政府工作全面纳入法治轨道。坚持民主集中制原则，完善重大行政决策机制，健全决策咨询、专家论证、公示听证等制度，注重发挥法律顾问咨询认证、审核把关作用，进一步提高政府决策的科学化、民主化、法治化水平。强化行政权力运行监督，主动接受人大法律监督、政协民主监督，切实办好代表建议和委员提案。始终把诚信施政作为重要准则，一诺千金、言出必行，用诚实守信之举取信于民、取信于企、取信于社会。

全面加强党风廉政建设。严格落实党章、《准则》、《条例》等全面从严治党的各项要求，严肃党内政治生活，切实履行党组全面从严治党主体责任和党组成员“一岗双责”。坚决执行中央八项规定及实施细则精神，坚定不移纠“四风”、树新风。加强公共资金、国有资产、公共资源交易等重点领域、关键岗位廉政风险防控，强化重点领域和关键环节监督。开展民生领域专项整治，聚焦群众痛点焦点，解决教育医疗、环境保护、食品药品安全等方面侵害群众利益问题。严格遵守政治纪律、组织纪律、廉洁纪律、群众纪律、工作纪律和生活纪律，打造忠诚坚定、担当尽责、遵纪守法、清正廉洁的政府干部队伍。

唯有实干担当，方能铸就辉煌。让我们在县委的坚强领导下，在人大、政协的监督支持下，团结依靠全县各族人民，以昂扬进取的精神、只争朝夕的干劲、唯旗誓夺的标准，凝心聚力再出发，为实现商都县经济社会跨越发展而努力奋斗，以优异成绩迎接中华人民共和国成立70周年！

大事记

1月

14—15日　由宁夏大学教授、中科院专家、宁夏大学学生组成的国家精准扶贫工作成效第三方评估组，到商都县开展精准扶贫评估工作。评估组通过听取汇报、查阅资料、入户核查等方式，对商都县贫困人口精准识别、精准帮扶、稳定脱贫等相关指标进行评估。

20日　商都县委书记靳前斌，县委副书记、县长曹凯宏，县委常委、副县长李晓军陪同市委书记杜学军，市委副书记韩军，市委常委、副市长张爱东，市委常委、办公厅秘书长曹思阳一行赴北京市平谷区对接考察，并参加座谈会。平谷区委副书记、区长汪明浩，区委常委、常务副区长吴小杰陪同。

23日　中共商都县十三届五次全委（扩大）会议召开。会议的主要任务是深入学习贯彻中共十九大和中共十九届二次全会、中央经济工作会议、自治区党委十届五次全会暨全区经济工作会议、市委四届六次全会精神，认真总结2017年工作，部署2018年主要任务，动员全县各级党组织和广大党员干部，践行新理念，抢抓新机遇，奋力开创全面建成小康社会新局面。县委书记靳前斌作题为《践行新理念　抢抓新机遇　奋力开创全面建成小康社会新局面》工作报告。县委副书记、县长曹凯宏主持会议并就贯彻落实好会议精神发表具体意见。

27日　自治区领导到乌兰察布市商都县调研指导精准扶贫工作。深入商都县小海子公安检查站、商都县消防二中队看望慰问执勤、备战的民警、消防官兵，走访慰问小海子镇河柳村贫困户代表，到商都佰惠生糖业有限公司查看了解企业安全生产情况，并与乌兰察布市、商都县相关负责人就扶贫工作座谈交流。

2月

2日　县委副书记、县长曹凯宏深入光荣院、西坊子幸福院，离退休老干部、自治区劳模、优秀教师、优秀科技人员、贫困党员及贫困户家中走访慰问，为他们送去新春的祝福和慰问金，让群众感受到党和政府的关怀和温暖。县委常委、县委办公室主任闫军，政协副主席张占英及相关部门负责人陪同走访慰问。

5日　中共商都县第十三届纪律检查委员会第三次全体会议召开，会议的主要任务是以习近平新时代中国特色社会主义思想为指导，全面贯彻落实中共十九大精神、十九届中央纪委二次全会精神、自治区纪委十届四次全会和市纪委四届三次全会精神，回顾总结2017年纪检监察工作，安排部署2018年工作任务。市纪委第四纪检监察室主任王维兵到会指导。县四大班子领导、法院院长、检察院检察长、公安局政委、武装部政委等出席会议。县委书记靳前斌出席会议并作题为《强化标本兼治，始终挺纪在前，坚定自觉地推动全面从严治党向纵深发展》的讲话。县委常委、纪委书记、监委主任李震作题为《坚守使命，履职尽责，不断把全面从严治党向纵深推进》的工作报告。会上，县委书记靳前斌与各乡镇党委书记签订党风廉政建设责任状。会议审议通过中共商都县第十三届纪律检查委员会常务委员会工作报告和《中共商都县第十三届纪律检查委员会第三次全体会议决议（草案）》。

6日 副县长、县食品药品安全委员会副主任张晓玲率县食品药品监督管理局有关人员对春节期间食品药品进行专项安全检查。

24日 商都县第十五届人大常委会第二次会议召开，审议通过商都县第十五届人民代表大会第二次会议的相关事项、商都县人大常委会工作评议办法、商都县人民政府提请的两宗土地性质变更案，表决通过商都县人民政府提请的人事任免案。

是日 商都县乌兰牧骑新春走基层文化惠民演出拉开帷幕。

3月

6—7日 中国人民政治协商会议商都县第十届委员会第二次会议召开。政协主席吕生金向大会作《政协商都县第十届委员会常务委员会工作报告》，政协副主席张占英作《政协商都县第十届委员会常务委员会提案工作情况的报告》。大会审议通过政协商都县第十届委员会第二次会议政治决议、政协商都县第十届委员会常务委员会工作报告决议、政协商都县第十届委员会常务委员会关于提案工作情况报告的决议、政协商都县第十届委员会第二次会议关于提案审查情况的报告。政协主席吕生金作闭幕讲话。

7—8日 商都县第十五届人民代表大会第二次会议召开。县长曹凯宏代表商都县人民政府向大会作《政府工作报告》，县人大常委会主任叶旺作《商都县人大常委会工作报告》，商都县人民法院院长郭永国作《商都县人民法院工作报告》，商都县人民检察院检察长安世杰作《商都县人民检察院工作报告》。大会审议通过商都县人民政府工作报告的决议、商都县人大常委会工作报告的决议、商都县人民法院工作报告的决议、商都县人民检察院工作报告的决议、商都县2017年国民经济和社会发展计划执行情况与2018年国民经济和社会发展计划的决议、商都县2017年财政预算执行情况和2018年财政预算的决议。县委书记靳前斌在会上讲话，县人大常委会主任叶旺作闭幕讲话。

8日 商都县2018年“青少年校园足球日”公益活动暨“五人制”校园足球和啦啦操联赛启动仪式在商都高级中学体育场举行。县青少年校园足球工作领导小组组长、县委常委、副县长陈耀，领导小组副组长及各成员单位相关人员，县直各中小学校校长、分管副校长、教练员、运动员代表参加启动仪式。

13日 商都县召开全县党建暨组织、宣传、统战工作会议，认真贯彻落实自治区、市有关会议精神，分析当前形势，研究部署2018年全县党建和组织、宣传、统战各项工作任务。县委书记靳前斌出席会议并讲话，县委副书记、县长曹凯宏主持会议。靳前斌与各乡镇党委书记签订党建工作、意识形态工作责任状，县委常委、组织部部长王倩影安排部署2018年组织工作，县委常委、宣传部部长熊威安排部署2018年宣传工作，县委副书记、统战部部长王再华安排部署2018年统战工作。

14日 商都县委书记靳前斌，县委副书记、县长曹凯宏，副县长张日高，政协副主席葛有旺以及相关部门负责人与蓝威斯顿商都工厂管理层就蓝威斯顿商都工厂提产扩能相关事宜进行座谈。

是日 商都县召开全县道路交通安全暨消防工作会议，会议的主要任务是进一步贯彻落实自治区、乌兰察布市道路交通安全、消防工作会议精神，总结2017年工作，分析形势，查找不足，安排部署2018年工作。

是日 商都县召开全县禁毒工作会议，会议主要任务是深入贯彻自治区、乌兰察布市有关加强禁毒工作的决策部署以及相关会议精神，总结2017年全县禁毒工作，分析全县当时面临毒情形势，安排部署2018年禁毒工作。

15日 商都县“3·15”国际消费者权益日大型宣传活动在祥和广场举行，县人大常委会副主任张丽霞出席活动并讲话，政协副主席张占英出席活动。

19日 为部署落实2018年度全区和全市森林草原防火工作电视电话会议精神，商都县召开全县2018年森林草原防火暨禁牧工作会议。副县长张日高、县森林草原防火指挥部和禁牧工作领导小组成员单位相关负责人、各乡镇人民政府主要负责人和分管副乡镇长、森林公安和禁牧办全体人员参加会议。

20日 商都县召开2018年全县卫生计生工作会议暨健康扶贫培训会。总结回顾2017年全县卫生计生工作，部署安排2018年全县卫生计生工作。副县长张晓玲出席并讲话，各乡镇人民政府主要负责人、分管副乡镇长，县卫生和计划生育局全体工作人员，各乡镇（街道）卫生计生办、（中心）卫生院、社区卫生服务中心、县属医疗卫生单位和民营医院主要负责人，共500多人参加会议。

23日 商都县举行“世界防治结核病日”宣传活动，副县长张晓玲出席活动并讲话。活动的主题为“开展终结结核行动，共建共享健康中国”，旨在倡导社会各界力量积极行动起来，采取有效措施，控制结核病疫情、消除结核病的社会危害，为实现健康中国而奋斗。

28日 自治区林业厅党组书记、防火指挥部专职副总指挥王才旺带领各盟市防火办主任到商都县参观、指导森林草原防火工作。县长曹凯宏，副县长张日高陪同。

是日 商都县2018年重大动物疫病防控工作会议在县农牧业局五楼会议室召开。副县长张日高出席会议并讲话。县农牧业局局长、分管副局长，各乡镇人民政府主要领导、分管领导，县兽医局及兽医中心、所负责人，各乡镇兽医站站长，共40多人参加会议。

30日 商都县在青少年活动中心召开全县干部大会暨脱贫攻坚工作推进会，主要任务是学习贯彻全国两会、中共中央总书记习近平参加内蒙古代表团讨论时讲话精神、自治区党委书记李纪恒调研乌兰察布市指示及全市干部大会和农村牧区工作会议精神，安排部署下一步工作。

4月

3日 县政府党组书记、县长曹凯宏主持召开政府党组会议，传达学习全国两会精神和自治区党委书记李纪恒在乌兰察布市调研时指示精神、全市干部大会精神；安排部署环保重点工作，春季禁牧休牧、林业管护、森林草原及城镇绿地防火工作；听取审议2017年县本级财政决算和2018年部门预算安排（草案），政府债务和“十个全覆盖”（一是危房改造工程；二是安全饮水工程；三是街巷硬化工程；四是电力村村通电和农网改造工程；五是村村通广播电视和通信工程；六是校舍建设及安全改造工程；七是标准化卫生室建设工程；八是文化室建设工程；九是便民连锁超市工程；十是农村牧区常住人口养老医疗低保等社会保障工程）工程总体情况、化解方案及2018年一季度债务化解情况；研究中水回用、统筹整合使用财政涉农涉牧资金、人事任免等事项。

4日 副市长王国相率市委组织部、农工部、市扶贫办、财政局、农牧业局等部门有关负责人，到商都县调研督导脱贫攻坚工作。县委书记靳前斌，副县长张日高陪同调研。

是日 自治区卫生计生委副主任伏瑞峰一行到商都县调研检查鼠疫，结核病，布病等重大传染病防治工作。副市长岳艳美、市卫计委主任张贵平，县长曹凯宏、副县长张晓玲，以及相关部门负责人陪同调研。

9日 乌兰察布市委第十巡察组巡察商都县经济信息商务局，商都县教育科技体育局工作动员会分别召开。会上，乌兰察布市委第十巡察组组长师永胜就即将开展的巡察工作讲话，县委巡察工作领导小组组长李震就配合做好巡察工作提出要求，中共商都县经济信息商务局党委书记袁海宏，商都县教育科技体育局党委书记、局长贾益顶作表态发言。乌兰察布市委第十巡察组副组长李新及巡察组全体成员，商都县经济信息商务局、商都县教育科技体育局班子成员、机关全体干部职工出席会议，部分退休干部列席会议。

是日 县委常委、副县长李晓军带领县旅游局负责人与北京市平谷区旅游委对接京蒙旅游合作工作。李晓军一行首先到北京市平谷区挂甲裕乡村旅游点详细了解乡村旅游运营模式，希望借鉴平谷区成功经验、先进做法发展商都县乡村旅游。随后，召开座谈会，两地旅游部门负责人分别介绍各自旅游资源开发及建设情况，并就两地旅游资源共同开发、促进商都县贫困户增收致富和共同携手奔小康等事宜交换工作设想，达成一系列帮扶合作协议。

10日 由乌兰察布市商务局和商都县人民政府共同举办的中国乌兰察布市第二届“惠民促销”购物节商都县分会场开幕。

13日 县委副书记，县长曹凯宏就中水回用及管网建设情况进行专题调研。副县长刘瑞及相关部门负责人陪同。

是日 县政府办公室党支部组织开展主题党日活动。县长曹凯宏，副县长陈耀参加活动。

17日 商都县气象局举办2018年全县气象信息员培训班，全县各乡镇分管领导及212个行政村气象信息员参加培训。

18日 商都县在中心林场开展2018年全县机关干部职工义务植树活动。四大班子领导和县委各部、委，县直各委、办、局，各人民团体，派驻单位及相关企业干部职工和志愿者共计3000余人参加活动。

19日 武川县委副书记、县长靳春亮一行12人到商都县考察专用薯种植加工生产情况。县委副书记、县长曹凯宏，副县长张日高陪同考察。

19—20日 北京市平谷区马坊镇党委书记牛福生、镇长马冬梅一行到商都县小海子镇就对口帮扶工作进行沟通对接，双方就下一步帮扶项目达成初步意向。县委常委、副县长李晓军，小海子镇党政领导陪同。

19—21日 北京市平谷区农业委员会副主任史长利带领农委技术人员、沱沱公社相关负责人、绿谷汇德社社长、北京林森有机果蔬种植有限公司经理等9人到商都县对接，并在种植、销售等方面达成意向协议。

23日 商都县举行“4·26”世界知识产权日和知识产权宣传周活动，副县长张晓玲出席活动并讲话。宣传活动的主题为“倡导创新文化、尊重知识产权”，旨在贯彻落实中共十九大精神，加强版权知识宣传普及，有效提升版权保护意识。

是日 自治区副主席、公安厅厅长杨伟东到商都县调研指导工作。公安厅党委委员、副厅长成映泽、王树泉，副巡视员梁临年，办公室主任孙海涛等陪同调研。

23—24日 北京市平谷区峪口镇党委书记见国柱、纪委书记关凤荣、宣传部部长黄晓慧、副镇长赵雪松及峪口村、西营村、樊各庄村书记一行与商都县十八顷镇对接，就两地产业合作、企业带动、技术指导方面达成初步帮扶意向。商都县人大常委会主任叶旺，县委常委、副县长李晓军及十八顷镇党政班子成员参与。

25—26日 商都县委组织部举办为期两天的脱贫攻坚驻村干部强化素质提升培训会。县委常委、组织部部长王倩影出席开班仪式并讲话。

27日 由商都县委政法委牵头，在祥和广场开展以“不忘初心、牢记使命”为主题的全县综治扫黑除恶集中宣传活动。县委常委、政法委书记荆喜，副县长、公安局党委书记、局长王晓东，公安局党委委员、副局长逯志远，及县人民法院、人民检察院、安监局、质监局等有关部门领导出席宣传活动。宣传活动由县人大常委会副主任李生智主持。

5月

4日 县委副书记，县长曹凯宏参加所在党支部的主题党日活动。参加该次活动的还有副县长张美、陈耀、张日高、商德勇。

8日 副市长雷儒鑫一行到商都县调研指导棚户区和农村危房改造，污水处理厂建设运营等工作。县委副书记、县长曹凯宏，副县长刘瑞陪同调研。

是日 县委第三巡察组在县安监局召开巡察反馈会。会议由县委常委、副县长张美主持，县委第三巡察组组长邢喜云宣读县委第三巡察组巡察安监局反馈意见。县委常委、纪委书记、监察委主任、县委巡察工作领导小组组长李震作讲话，县委第三巡察组全体成员出席会议。

9日 县委第一巡察组在县国土资源局召开巡察反馈会。县委第一巡察组副组长翁淑峰代表县委向县国土资源局反馈巡察情况，县委常委、纪委书记、监委主任、巡察工作领导小组组长李震就做好整改工作提出具体要求，县国土资源局党组书记、局长逯吉元作表态发言。

是日 县委第一巡察组在县食品药品监督管理局召开巡察反馈会。县委第一巡察组副组长翁淑锋代表县委向县食品药品监督管理局反馈巡察情况，县委巡察工作领导小组成员、巡察办主任邢喜云就做好整改工作提出具体要求，县食品药品监督管理局党组书记武举作表态发言。

是日 县委第二巡察组分别在县工商质监局、县民族宗教事务局召开巡察反馈会。县委第二巡察组组长张朝代表县委巡察组向县工商质监局、县民族宗教事务局反馈巡察情况，县委巡察工作领导小组成员、巡察办主任邢喜云就做好整改工作提出具体要求，县工商质监局党委书记、局长李德胜，县民族宗教事务局党支部书记、局长高河分别作表态发言。

是日 县委第三巡察组在县环保局召开巡察反馈会。县委第三巡察组副组长王新利代表县委巡察组向县环保局宣读反馈意见，县委巡察工作领导小组成员、巡察办主任邢喜云就做好整改工作提出具体要求，县环保局党组书记、局长田文生作表态发言。

10—11日 北京市平谷区委书记王成国一行20余人到商都县调研对接京蒙对口扶贫协作工作。乌兰察布市委书记杜学军，市委副书记、市长费东斌参加相关活动。5月10日，北京市平谷区委书记王成国一行在乌兰察布市委常委、副市长张爱冬，商都县委书记靳前斌，县委副书记、县长曹凯宏的陪同下，到旧城棚户区、县医院、城乡居民服务中心、京蒙幼儿园和屯垦队镇人头山村实地查看相关帮扶项目并慰问贫困户。5月11日，举行平谷区—商都县扶贫协作座谈会暨帮扶资金捐赠仪式。座谈会上，双方就资金项目、人才支持、产业合作、社会动员、劳务协作、结对帮扶、信息宣传和创新创优等内容进行讨论。平谷区委书记王成国代表平谷区委、区政府向商都县捐赠扶贫协作款130万元；平谷区政协副主席、工商联主席田禾代表平谷区工商联向商都县工商联捐赠扶贫协作款10万元。

12日 县委副书记、县长曹凯宏就2018年教育系统项目建设及城镇环卫工作进行专题调研。县委常委、副县长陈耀及相关部门主要负责人陪同。

18日 商都县2018年中小学生田径运动会在商都县第二中学开幕。县委常委、副县长陈耀出席开幕式并宣布运动会开幕，组委会委员、各中小学校长、各学校代表团等参加开幕式。该次运动会历时两天半，设4×100米、跳远、跳高等48个比赛项目，有12支代表队224名运动员进行198块奖牌的角逐，同时设团体奖5名、优秀组织奖3名、体育道德风尚奖4名，评选优秀运动员、优秀教练员、优秀裁判员若干名。

22日 北京市平谷区经济和信息化委员会副主任孙士民一行对商都县发展产业促进扶贫等情况进行实地考察。县委常委、副县长李晓军，副县长商德勇等相关人员陪同考察。

23日 县委第二巡察组巡察西井子镇党委工作动员会召开。县委第二巡察组组长就巡察工作讲话，县委巡察工作领导小组成员就配合做好巡察工作提出要求，县委第二巡察组副组长宣读《县委第二巡察组工作实施方案》，西井子镇党委书记邢福主持会议并作表态发言。县委第二巡察组全体成员及西井子镇党委班子成员出席会议，镇全体干部职工和各村“两委”班子成员、驻村第一书记等列席会议。

是日 县委第二巡察组召开巡察共青团县委党组（支部）、供销合作社联合社党支部工作动员会。县委第二巡察组组长就巡察工作作动员讲话，县委巡察工作领导小组成员就做好本轮巡察工作提出要求，县委第二巡察组副组长宣读《县委第二巡察组工作实施方案》，共青团县委党组（支部）书记、供销合作社联合社党支部书记分别作表态发言。会议由供销社联合社党支部书记主持召开，县委第二巡察组全体成员，共青团县委党组（支部）班子成员、供销合作社联合社党支部领导班子成员出席会议，机关全体干部职工列席会议。

是日 商都县委第一巡察组巡察三大顷乡党委工作动员会召开。县委常委、组织部部长、县委巡察领导小组副组长王倩影并讲话，县委第一巡察组组长作动员讲话，三大顷乡党委书记翁彦君作表态发言。县委第一巡察组全体成员，三大顷乡领导班子成员、全体干部职工，各村委会主要负责人参加会议。

是日 县委第一巡查组巡察县司法局党组、县妇联党组工作动员会召开。县委巡察办主任、县委第一巡察组组长作动员讲话，副组长宣读《县委第一巡察组工作实施方案》，就配合做好巡察工作提出要求，县司法局党组书记和县妇联党组书记分别作表态发言，县司法局、县妇联班子成员出席会议，县司法局、县妇联全体干部职工及部分退休老干部列席会议。

是日 副市长于海宇到商都县调研工业经济运行和环保工作。县委副书记，县长曹凯宏率相关部门负责人陪同调研。

是日 副市长岳艳美率市卫生计生委有关负责人到商都县调研健康扶贫和基层医疗卫生服务能力建设工作。副县长张晓玲，县卫生和计划生育局负责人陪同调研。

31日 北京市平谷区马坊镇党委书记牛福生一行10人再次到小海子镇推进扶贫协作工作，并在多个项目达成协作意向。县委副书记王再华，县委常委、副县长李晓军和县人大常委会副主任张云参加对接活动。

6月

4日 县政府党组书记、县长曹凯宏主持召开政府党组会议。会议传达学习中共中央总书记习近平在中共十九届中央政治局第五次集体学习时的讲话精神、《中共中央办公厅关于加强调查研究提高调查研究实效的通知》精神、《中共中央办公厅、国务院办公厅关于印发〈地方党政领导干部安全生产责任制规定〉的通知》精神；听取中央环保督查反馈问题整改推进情况汇报，并安排部署当前工作；通报扶贫审计整改情况；研究商都县投融资平台公司实体化转型发展工作方案、2018年村集体经济财政资金投入、2018年大额资金支付及调整部门预算、人事任免事宜和县长、副县长工作分工等事项。

5日　商都县召开全县整治打击非法占用和破坏林草地暨禁牧工作会议。副县长、专项领导小组组长张日高，两个专项行动领导小组各成员单位成员及责任单位业务股室负责人参加会议。

6日　北京市平谷区卫计委副主任张玉国一行7人对商都县卫计系统京蒙对口帮扶工作等情况进行实地考察。县委常委、副县长李晓军，副县长张晓玲等相关人员陪同考察。

7日　北京市平谷区红十字会负责人到商都县开展对口帮扶工作。商都县委、县政府有关领导参加帮扶对接活动。

8日　北京市平谷区兴谷街道办事处党支部书记安青带领上纸寨、中罗庄、中胡家务3个村党支部书记及相关扶贫干部一行7人再次到商都县七台镇，深入结对帮扶的西坊子村、三个井村、骆驼盘村开展扶贫调研。

12日　自治区党委书记、人大常委会主任李纪恒率纪委监委、组织部、农牧业厅、扶贫办等部门负责人，深入商都县督导调研三大攻坚战推进情况。

13日　商都县纪委监委召开安全文明办案工作会议，全面部署落实上级领导机关关于执纪监督审查调查工作中的各项工作制度和要求，县委常委、纪委书记、监委主任李震出席会议并讲话，纪委机关及县委巡察办全体干部、各乡镇纪委书记、派驻纪检组组长参加会议。

14日　县政府组织召开县域金融工程推进工作座谈会，市金融办主任王海军、自治区股权交易中心总经理孙枫等应邀出席座谈会。

22—23日　北京市平谷区旅游委副主任路大勇、中国旅游协会民宿客栈与精品酒店分会会长张小军等一行6人，到商都县就乡村旅游扶贫、旅游市场营销推介工作进行对接。副县长张晓玲及商都县文化旅游新闻出版广播电影电视局（以下简称县文旅新广局）相关人员陪同。

24日　自治区召开打赢精准脱贫攻坚战旗（县）委书记第一次述职交流视频会，自治区党委书记、人大常委会主任李纪恒主持召开第一次述职交流视频会。商都县作典型发言。

26日　商都县禁毒委在七台镇祥和广场举行“抵制毒品，参与禁毒，共筑美好生活”为主题的“6·26”国际禁毒日大型禁毒宣传活动。

29日　商都县委纪念中国共产党建党97周年主题党日活动暨脱贫攻坚表彰大会召开，会议重温入党誓词，县委书记靳前斌领誓，1000余名参会人员共同跟诵入党誓词。县委书记靳前斌讲话，县委副书记、县长曹凯宏主持会议并作总结讲话，县委副书记王再华宣读《关于表彰全县脱贫攻坚先进集体和优秀个人的决定》。全县在脱贫攻坚一线涌现出的62个先进集体和227名优秀个人受到表彰。县四大班子党员领导干部，法院院长、检察院检察长、公安局政委，全县副科级以上领导干部，先进集体负责人和优秀个人，驻县工作总队、驻乡镇督导组全体领导，全县驻村工作队队长（第一书记）参加会议。

是日　商都县召开全县领导干部警示教育大会，特邀自治区纪委监委宣传部部长郝朝暾作警示教育专题讲座。

7月

3日　贫困地区产业发展基金战略指导委员

会委员、国务院扶贫办原主任范小建一行，在自治区扶贫办副主任曹思阳、乌兰察布市副市长王国相陪同下，深入商都县就产业扶贫进行实地调研，县委副书记、县长曹凯宏，县委副书记王再华、副县长张日高等陪同调研。

4日 县委副书记、县长曹凯宏先后到污水处理厂、西干渠、中水加压站、宗申小学、小海子镇高家村进行实地调研，听取相关部门负责人关于中水回用、燃煤锅炉等环保方面的情况汇报，并实地对项目进展中存在的问题进行现场处理。副县长刘瑞、张日高及相关部门负责人陪同。

5日 县委书记靳前斌到中国通用技术（集团）控股有限责任公司（以下简称中国通用技术集团）总部进行定点帮扶座谈，中国通用技术集团党组副书记、副总经理谭星辉与部分下属部门负责人参加座谈。

16—17日 为贯彻落实北京市平谷区、商都县人民政府签署的《精准扶贫对口支援友好合作协议》精神，北京市平谷区工商联到商都县深入卯都乡十二顷、新井子两个深度贫困村开展帮扶对接活动。平谷区政协副主席、工商联主席田禾，区委统战部副部长、工商联党组书记王东日，区工商联副主席尹长利和平谷区相关企业家一行8人出席帮扶对接活动。商都县委副书记、统战部部长王再华，县委常委、副县长李晓军和工商联主席及县政府办、扶贫办分管副主任参加帮扶对接活动。

19日 第二届中国商都马铃薯美食节暨建县100周年活动开幕。市人大常委会主任徐志明、副市长王国相，市妇联、经信委、商务局、发改委等部门负责人，县四大班子领导，部分商会负责人、知名企业家、村企合作帮扶企业负责人出席。县委副书记、县长曹凯宏主持开幕仪式。县委书记靳前斌致辞，副市长王国相讲话，徐志明、王国相和靳前斌共同启动第二届中国商都马铃薯美食节暨建县100周年启动仪式。全体领导及嘉宾参观商都县农产品展、厨艺大赛、建县100周年成就展，观赏马铃薯采风活动，举行招商引资洽谈会及项目签约仪式。

是日 商都县召开嘎查村、社区“两委”换届选举调度推进会，总结前一阶段嘎查村、社区党组织换届工作，安排部署下一步嘎查村委会和社区居委会换届选举。县委常委、组织部部长王倩影，县人大常委会副主任高加林，副县长、公安局局长王晓东，副县长张日高出席会议。各乡镇党委书记和纪委书记、分管民政工作的副乡镇长、组织委员、民政助理，社区服务管理中心负责人，全县村、社区“两委”换届选举工作领导小组全体单位成员，换届选举各督导组全体成员以及换届选举工作领导小组办公室全体成员参加会议。

20日 国家税务总局商都县税务局举行挂牌仪式。县委副书记、县长曹凯宏，国家税务总局乌兰察布市税务局联合党委委员、纪检组组长禹俊峰共同为新机构揭牌。县人大常委会主任叶旺，县政协主席吕生金，县委常委、常务副县长郭玉广，县委常委、政法委书记荆喜出席挂牌仪式。

是日 县委副书记、县长曹凯宏组织县防汛指挥部各成员召开现场会，指导全县防汛工作。在不冻河水库、屯垦队壕欠村、三面井水库防汛现场，曹凯宏详细了解各处防汛物资储备、堤防建设和安全隐患排查等方面情况。县委副书记王再华、常务副县长郭玉广参加会议。

是日 市纪委监委在商都县召开全市“清风干部”评选工作推进会，总结推广商都县“清风干部”评选试点工作经验，印发《关于在全市各苏木乡镇（街道）开展“清风干部”评选试点工作的实施意见》，在全市107个苏木乡镇（街道）、1543个嘎查村（社区）全面启动评选工作。自治区纪委监委宣传部部长郝朝暾到会指导，市委常委、纪委书记、监委主任云春生出席会议并讲话。

21日 乌兰察布消防支队副支队长赵晓东一行对商都县防汛抢险工作进行督导检查，详细了解全县防汛抢险工作部署安排、防汛抗洪预案制订、值班带班和安全隐患排查等方面情况，对商都县防汛抢险工作给予高度评价。副县长张日高及相关人员陪同。

23日 县委书记靳前斌率县委常委、副县长陈耀、李晓军及县委办、发改局、扶贫办等部门领导一行6人，赴北京市平谷区开展京蒙协作考察及对口帮扶对接活动。考察团一行先后深入到北京康安利丰农业有限公司、马昌营镇沱沱工社、北京林森有机果蔬种植有限公司、北京金通远建筑工程公司、北京荣涛食品有限公司进行考察。商都县在北京市平谷区挂职的县委常委、县委办公室主任闫军等4人参加考察；平谷区委副书记、区长汪明浩出席帮扶对接活动，平谷区委常委、常务副区长吴小杰及平谷区相关部门负责人陪同考察。

24日 县委副书记、县长曹凯宏带领民政、人社等部门主要负责人到武警中队走访慰问武警战士，送去节日的问候和祝福，送上慰问金。

是日 县委书记靳前斌率县委常委、办公室主任闫军，县委常委、副县长陈耀以及县委办、发改局和扶贫办相关人员陪同乌兰察布市委书记杜学军参加中国通用技术集团定点扶贫推进会。

26日 县委书记靳前斌在北京市考察中国新高教集团有限公司，并与该公司及北京黄庄学校负责人分别举行会谈。考察期间，靳前斌详细了解北京民办教育发展情况，以推进社会资本积极参与商都县普惠教育事业。县委常委、县委办主任闫军，县委常委、副县长陈耀及县教育科技体育局等有关部门主要负责人参加考察和座谈。

27日 县委副书记、县长曹凯宏深入南明热力、华泰热力、宏宁热力、紫瑞热力等企业就管网铺设、换热站建设相关情况进行调研，实地查看企业工程进展情况，听取企业下一步工作汇报。副县长刘瑞、县住建局等有关部门负责人陪同调研。

是日 北京市平谷区人力资源和社会保障局、商都县人力资源和社会保障局在商都县祥和广场联合举办“推进转移就业、助力脱贫攻坚”为主题的专项就业活动。县委常委、副县长李晓军出席并讲话。

30日 市委常委、纪委书记、监委主任云春生在县委书记靳前斌的陪同下，到商都县光荣院看望优抚对象，并与他们亲切交谈，向他们致以节日的问候并送上慰问金。

8月

3日 县妇联在通用小学举行京蒙扶贫协作妇女服装缝纫培训班开班仪式。七台镇、西井子镇有缝纫基础的贫困妇女50人参加为期10天的培训。

4日 清华附中一体化学校、友好学校的师生72人到商都县，与商都县小学生200人共同联谊，举行“微公益、梦启航”紫光助学行动。

8日 “迎十四运”2018年全民健身启动仪式暨全县健身操等展演活动在商都县祥和广场举行。县委常委，副县长陈耀出席活动并致辞。共有50支队伍参演，参演运动员达一千余名，包含有健身操表演、舞龙、柔力球、“迎十四运”安代舞等节目。

是日 内蒙古自治区“迎十四运”乌兰察布市火炬传递在乌兰察布市集宁区举行，商都县火炬手张暐（玻璃忽镜乡党委书记）、李宝兵（县统计局副局长）、朱旭升（县规划局副局长）、武瑞清（大黑沙土镇中心校教导主任）参加火炬传递。

是日 “中国下一代教育基金会中华英才培养计划内蒙古工作总结培训会暨爱起航公益项目走进商都县”活动在商都县青少年活动中心举

办。教育部关心下一代工作委员会顾问、中国下一代教育基金会第一届理事会理事长田淑兰，中国关心下一代工作委员会副主任、教育部关心下一代工作委员会副主任、中国下一代教育基金会理事长王萍，清华大学附属中学校长，清华大学教授、博士生导师王殿军到会指导并讲话、授课。与会的还有清华附中一体化学校的9位校长。乌兰察布市教育局关工委常务副主任赵丹军，县委副书记、县长曹凯宏，县委常委、副县长陈耀出席会议。曹凯宏致辞，对“中华英才培养计划”项目在商都县实施表示感谢，并再次发出邀请，希望2019年继续开展类似交流活动。会上，清华大学附中向商都高级中学授予友好学校牌匾。县教育科技体育局负责人及各中小学、幼儿园管理人员、教研组组长、骨干教师参加上述活动。

9日 北京市平谷区峪口镇与商都县十八顷镇对口帮扶工作座谈会在商都县召开，北京市平谷区组织部部长王林，平谷区峪口镇镇长刘堃，副镇长赵雪松、王振宇等参加会议，商都县人大常委会主任叶旺，县委常委、县委办公室主任闫军等出席会议。峪口镇为十八顷镇捐赠对口帮扶资金15万元。双方签订《携手奔小康助力打赢脱贫攻坚战对口帮扶合作协议》。

17日 商都县2018年度公共租赁住房分配公开抽签仪式在商都高级中学举行。县人大常委会副主任李生智、副县长刘瑞、政协副主席任笑春出席抽签仪式，县政府办、县住建局、县民政局等部门负责人参加。127户住房困难家庭参加抽签仪式并获新居。

21日 商都县召开创建国家农产品质量安全县工作推进会，副县长张日高出席会议并讲话，创建国家农产品质量安全县工作领导小组成员单位负责人及各乡镇乡镇长参加会议。

22日 由中国人民银行商都县支行联合县金融办、县经济信息商务局（以下简称县经信商务局）举办2018年“金融服务乡村振兴战略助力小微企业发展银企对接签约仪式暨金融产品与服务推介会”。副县长呼群以及县金融办、县经信商务局、人民银行及各金融机构和驻县企业主要负责人参加。

是日 北京市平谷区人力资源和社会保障局与商都县人力资源和社会保障局联合举办平谷—商都劳务协作“手工编织培训班”和“社区保洁培训班”，培训群体以商都县建档立卡贫困人员为主。培训共两期，每期两个班次，由平谷区人力资源和社会保障局聘请师资力量携带教材教具入村进行培训，第一期为七台镇东坊子村28人手工编织培训，其中建档立卡人员14人；七台镇骆驼盘村建档立卡人员20人社区保洁培训。

23日 商都县人民政府与内蒙古环保投资集团有限公司签订战略合作协议。县委书记靳前斌，县委副书记、县长曹凯宏，县委常委、副县长陈耀，内蒙古环保投资集团有限公司党委副书记、总经理陈世杰出席签约仪式。县相关部门负责人参加签约仪式。

是日 商都县人民政府召开第一次廉政工作会议。县委副书记、县长曹凯宏出席会议并讲话，纪委监委通报全县政府系统党风廉政建设和反腐败工作情况，县财政局、县审计局、县扶贫办主要负责人发言，县委常委、常务副县长郭玉广主持会议。

27日 县政府党组书记、县长曹凯宏主持召开政府党组会议。会议传达学习《乌兰察布市党政领导干部生态环境损害责任追究具体实施办法（试行）》《关于在全县建立意识形态工作“六个纳入”机制的通知》《中共中央、国务院关于打赢脱贫攻坚战三年行动的指导意见》和《中共中央、国务院乡村振兴战略规划（2018—2022年）》等文件精神。会议听取近期安全生产及环保工作、农民工工资清欠工作情况汇报，研究讨论政府系统2018年党风廉政建设工作要点、商都县落实全市脱贫攻坚集中整治“回头看”任务分解事宜、2018年农村危房改造及村容村貌整治、村级电站项目推进、统筹整合财政涉农涉牧资金、调整财政预算等事宜。

28日 商都县人民政府与蓝威斯顿公司举行中国联合示范农场签约仪式。县委书记靳前斌，县委副书记、县长曹凯宏，县委常委、县委办主任闫军，副县长张日高，蓝威斯顿公司首席供应链执行官马丁·里克，蓝威斯顿制造业副总裁布莱尔·约翰出席签约仪式，县直相关部门和先正达（中国）投资有限公司、拜耳作物科学（中国）有限公司、北京多宝路农业机械贸易有限公司、耐特菲姆（广州）农业科技有限公司等企业、供应商代表参加仪式。

29日 自治区党委第八巡视组巡视察右后旗、卓资县和商都县工作动员会召开。会前，自治区纪委常委、监委委员、巡视工作领导小组成员、巡视办主任苑瑞先主持召开与察右后旗旗委书记纪全富、卓资县委书记王晓军、商都县委书记靳前斌，察右后旗旗委副书记、旗长高永斌，卓资县委副书记、县长李英，商都县委副书记、县长曹凯宏的见面沟通会，传达中央纪律检查委员会书记赵乐际在黑龙江省主持召开的巡视整改落实工作座谈会讲话精神和自治区党委书记李纪恒在书记专题会议听取十届自治区党委第三轮巡视情况汇报时的讲话精神。动员会上，自治区党委第八巡视组组长高鹏就巡视工作讲话，苑瑞先就配合做好巡视工作提出要求。乌兰察布市委副书记、统战部部长韩军主持会议，乌兰察布市纪委书记、监委主任云春生参加会议。

31日 县委第一巡察组、第二巡察组分别向三大顷乡党委、妇女联合会党组、司法局党组、西井子镇党委、供销合作社联合社党支部和团县委党组，反馈巡察情况。县委常委、纪委书记、监委主任、县委巡察工作领导小组组长李震，纪委副书记、监委副主任高鸿，县委巡察工作领导小组成员、办公室主任邢喜云分别向被巡察党委（党组）传达县委书记靳前斌听取十三届县委第四轮巡察情况汇报后的讲话精神，县委第一、第二巡察组组长分别向被巡察党委（党组）反馈巡察情况。会上，各巡察组组长分别代表县委巡察组向被巡察党委（党组）领导班子进行反馈，县委巡察工作领导小组成员对巡察整改工作提出要求。被巡察单位负责人主持会议并作表态讲话。

9月

3日 自治区人民政府组织召开乌兰察布市商都县脱贫攻坚项目推进会，会议以实地观摩和座谈交流的形式召开。自治区副主席杨伟东出席会议并讲话。

7日 商都县召开全县非洲猪瘟等重大动物疫病防控和2018年秋防工作暨培训会议，副县长张日高出席会议并讲话，培训会聘请市农牧业局推广研究员、市疾控中心主任梁金富作讲座，各乡镇乡镇长、分管畜牧业工作的副乡镇长、涉及非洲猪瘟疫病监管的县直单位负责人、农牧业局兽药监察所、动检所、质检站、疾控中心及县乡两级兽医工作站负责人参加会议。

是日 商都县庆祝第三十四个教师节座谈会在商都高级中学会议室召开。县委书记靳前斌，县委副书记、县长曹凯宏，县委常委、副县长陈耀出席会议。县财政、人社、编办、发改、教育科技体育、扶贫等部门负责人以及部分中小学校长、幼儿园园长和教师代表参加座谈会。县委书记靳前斌作讲话。会议通报2018年全县教育工作开展情况；教师代表发言，有关部门负责人对支持教育、协调推进教育综合发展作表态发言。县委副书记、县长曹凯宏宣读《关于表彰2018年度优秀教师、优秀教育工作者、优秀班主任、师德标兵和课堂教学改革先进个人的决定》，并就教师代表提出的建议和意见给予解答。会议对

30名优秀教师、10名优秀教育工作者、15名优秀班主任、10名师德标兵和32名课堂教学改革先进个人进行表彰。

10日　北京市平谷区纪委副书记、监委副主任见莉欣带队到商都县与县纪委监委开展扶贫协作领域监督工作进行对接交流，市纪委副书记、监委副主任赵师军应邀出席交流座谈会。11日，北京市平谷区纪委监委一行与京蒙扶贫援配干部进行对接，并实地查看对口帮扶项目京蒙幼儿园项目及北京市平谷区医院对口帮扶商都县医院医疗互助项目落实情况。

11日　商都县在祥和广场举行第21届全国推广普通话宣传周商都活动启动仪式。县委常委，副县长陈耀出席活动并讲话。

12—14日　共青团北京市委副书记杜跃、共青团平谷区委书记李大杰带领北京市青年企业家协会部分会员企业、平谷区青年联合会部分委员到商都县就助力脱贫攻坚进行项目对接。12日，县委副书记、县长曹凯宏与共青团北京市委青年企业家一行座谈。13日，县委书记靳前斌与共青团北京市委副书记杜跃、共青团平谷区委书记李大杰、北京青年企业家协会副会长汪曙峰等座谈。杜跃一行在共青团乌兰察布市委副书记魏玮，县委常委、宣传部部长熊威的陪同下，先后深入商都县卯都乡三面井村、大库伦乡勇进村、屯垦队镇人头山村、七台镇喇嘛板村、三大顷乡新海子村5个深度贫困村、2个脱贫车间和长盛工业园区实地走访调研。14日，共青团北京市委、共青团平谷区委、北京市青年企业家协会助力商都县脱贫攻坚项目对接会在县人大会议室举行，县委常委、副县长李晓军出席会议，县发改局、扶贫办、经信商务局、农牧业局、工业园区管委会、团委、工商联、就业局和七台镇、屯垦队镇、大库伦乡、卯都乡、三大顷乡负责人参加会议。

13日　北京市平谷区委副书记、区长汪明浩一行6人到商都县开展扶贫协作对接工作。市委常委、副市长张爱冬，县委副书记、县长曹凯宏，县委常委、常务副县长郭玉广，县委常委、副县长李晓军以及相关部门负责人陪同。

13—14日　中国通用技术集团团委书记王妘，共青团中央青年志愿者工作部项目管理处处长杨业功，内蒙古青年创业联盟秘书长、内蒙古青年志愿者协会负责人杨国奇一行到商都县参加西部计划支教团项目启动仪式。9月13日，到通用小学调研并就西部计划参与综合教改召开专题座谈会。会议对西部计划参与综合教改提升商都县农村教学质量提出合理性建议。9月14日，在小海子镇中心校召开商都县西部计划志愿者支教团动员部署会，县教育科技体育局相关人员介绍西部计划志愿者支教活动情况。县委常委、副县长陈耀，副县长呼群参加以上活动。

14日　商都县委第一巡察组巡察发改局党委、总工会党支部、科学技术协会党支部工作动员会召开。会前，县委常委、纪委书记、监委主任、县委巡察工作领导小组组长李震主持召开与发改局党委书记燕志军、总工会党支部书记曹利和、科学技术协会党支部书记姚学云的见面沟通会，并对该次巡察工作提出要求。动员会上，县委第一巡察组组长王健通报巡察任务和工作安排，就深化政治巡察、配合巡察工作开展提出要求，李震作讲话，燕志军主持会议并作表态发言，曹利和、姚学云相继作表态发言。

是日　县委第二巡察组巡察统计局党组、工商联党组和县委党校党支部工作动员会议召开。会前，县纪委副书记、监委副主任、县委巡察工作领导小组成员高鸿主持召开与统计局党组书记闫德民、工商联党组书记杜霄鹰和党校党支部书记郝文的见面沟通会，传达十三届商都县委第五轮巡察动员会议精神。动员会上，县委第二巡察组组长张朝通报巡察任务和工作安排，高鸿就深化政治巡察、配合巡察工作开展提出要求。县委党校党支部书记主持会议并作表态发言，统计局党组书记闫德民和工商联党组书记杜霄鹰相继作表态发言。

是日 自治区粮食局局长张天喜到商都县调研，先后深入内蒙古希森马铃薯种业有限公司、商都县国家粮食储备库实地了解种薯生产、全粉加工及粮食收储情况。市委常委、副市长苏和，县委副书记、县长曹凯宏，县委常委、常务副县长郭玉广陪同调研。

是日 市委常委、副市长苏和到商都县就政务服务，棚户区改造，项目建设等情况进行调研。县委书记靳前斌陪同。

16日 商都县召开全县开展设施农业用地清理整治专项行动工作部署会，副县长张日高出席会议并讲话。县纪检委、农牧业局、国土局、发改局、财政局、规划局负责人及各乡镇乡镇长和分管工作的副乡镇长参加会议。

17日 全县干部警示教育大会召开，特邀市纪委监委宣传部部长邢明作专题讲座。县委书记靳前斌主持，全县副处级以上领导干部，自治区驻县脱贫攻坚工作总队成员，市派驻乡镇督导组全体成员，各乡镇、各单位副科级以上领导干部，全体村支书及驻村第一书记等820余人聆听讲座。

是日 商都县在青少年活动中心召开脱贫攻坚工作推进会。会议的主要任务是聚焦当前存在的问题，进一步夯实责任、传导压力，扎扎实实完成年度脱贫攻坚工作任务。县委书记靳前斌，县委副书记、县长曹凯宏等县四大班子领导，法院院长，检察院检察长，公安局、人武部政委以及其他副处级领导干部，自治区派驻商都县脱贫攻坚工作总队全体人员，市派驻乡镇督导组全体人员，县直各单位副科级以上领导干部，各乡镇副科级以上领导干部，各行政村支部书记，驻村第一书记参加会议。县委书记靳前斌主持会议并讲话。

19日 天津大站集团有限公司书记王文祥、董事长王福来一行8人到商都县考察调研，对接阀门生产加工项目。县委书记靳前斌，县委副书记、县长曹凯宏，县委常委、副县长陈耀和县相关科（局）负责人陪同调研。市经信委主任王镇海、市经合办副主任张瑞宾和市经信委、市经合办、市环保局相关人员参加考察调研。考察团先后考察长盛工业园孵化产业园和内蒙古商都县长盛镍铬材料有限公司。考察后，召开座谈会。

19—20日 北京市平谷区总工会党组书记，常务副主席杨宝刚带队到商都县开展对口帮扶精准对接活动。商都县委副书记王再华，县总工会主席曹利和等参加对接活动。

21日 县委全面深化改革领导小组第23次会议召开。县委书记、县委全面深化改革领导小组组长靳前斌，县委副书记、县长、县委全面深化改革领导小组副组长曹凯宏和县委全面深化改革领导小组其他成员以及领导小组各专项小组成员参加会议。县委常委、县委办公室主任、县委改革办主任闫军简要介绍中共十九大以来中央关于全面深化改革的有关精神摘要汇总；传达9月20日习近平主持召开的中央全面深化改革委员会第四次会议精神；传达自治区党委全面深化改革领导小组第35次会议和全面深化改革领导小组第20次会议精神；简要通报商都县的改革工作成果。县委书记、县委全面深化领导小组组长靳前斌主持会议并就全县全面深化改革工作讲话。

25日 县政府党组书记，县长曹凯宏主持召开政府党组会议。曹凯宏以学习贯彻习近平扶贫思想为主题讲党课；传达学习《中国共产党纪律处分条例》、全国宣传思想工作会议和全国教育大会、乌兰察布市分类处理环境信访问题相关内容等精神；部署9月末及国庆期间安全生产工作；研究财政预算调整和支付公共文化服务与信息化建设项目工程款事项；听取经济体制和生态文明体制改革推进情况及2018年贫困户“明白卡”相关内容的汇报。

28日　工业和信息化部军民结合推进司司长冯长辉一行7人到商都县调研扶贫工作。自治区经信委副主任张德、国防科工处处长汤嘉凤、项目规划处处长彭武华；乌兰察布市委组织部副部长刘永忠、市经信委主任王镇海；县委书记靳前斌，县委副书记、县长曹凯宏等领导参加会议并陪同调研。调研团先后到商都县村级光伏扶贫项目、内蒙古东盛硅藻土科技创新产业园有限公司、内蒙古衡科特陶新材料有限公司、内蒙古实创精工科技有限公司、商都县职业技术学校实训工厂进行实地调研。

30日　商都县举行烈士纪念日公祭活动。共同祭奠先烈英灵，缅怀英雄功绩，继承革命遗志，表达对革命先烈的无限敬仰和深切哀思。县四大班子领导，县直部门主要负责人，县直机关单位、乡镇和学生代表参加活动。

10月

4日　商都县召开2018年扶贫对象动态管理工作部署培训会，会议的主要任务是安排部署全县扶贫对象动态管理、迎接考核评估和扶贫专项巡视工作。县委书记靳前斌出席会议并讲话。县四大班子领导，自治区派驻商都县脱贫攻坚工作总队全体成员，市委派驻各乡镇督导组组长，县直单位主要负责人，各乡镇党政主要负责人、分管扶贫工作的副乡镇长、扶贫工作站站长，驻村工作队长、第一书记、村党支部书记、村级扶贫档案专管员参加。县委副书记，县长曹凯宏主持会议并发表意见。

11日　中国通用技术集团党组副书记、总经理陆益民，党组副书记、副总经理谭星辉，党组成员、副总经理周明春一行到商都县就脱贫帮扶协作工作进行调研。县委书记靳前斌，县委副书记、县长曹凯宏，县委常委、副县长陈耀，副县长张日高陪同调研。

12日　县委副书记、县长曹凯宏深入恒汇热电、南明热力、欣安热力、华泰热力、恒胜热力、紫瑞热力等企业就城镇供热情况进行调研，现场查看各企业供热设备出水温度、流量、压力等数据，详细了解机组运行、供热管网等情况。副县长刘瑞，县住建、房管等有关部门负责人陪同调研。

是日　商都县召开全县秋冬季森林防火工作会议。副县长张日高出席会议并讲话，各乡镇乡镇长、分管防火工作副乡镇长、林工站站长，林业局防火办、森林公安局全体工作人员，森林草原防火指挥部各成员单位负责人参加会议。

是日　商都县召开农村集体产权制度改革“清产核资”工作推进会，副县长张日高出席会议并讲话，县农牧业局负责人，县财政局分管负责人，县农牧业局相关股室负责人，各乡镇分管副乡镇长、财政所所长、经管站站长参加会议。

15日　商都县在都山社区举行消费者投诉站挂牌暨“月月‘3·15’”宣传活动。活动的主题是“品质消费、美好生活”，旨在倡导树立品质消费理念，充分反映消费者对品质消费和美好生活的向往和要求，提倡绿色、共享、文明、理性消费。

是日　商都县召开全县农村住房状况普查工作会议，自治区派驻商都县脱贫攻坚工作总队队长宋国义、副县长张日高出席会议并讲话，市派驻各乡镇脱贫攻坚督导组组长，各乡镇党委书记、分管副乡镇长，县住建局主要负责人、分管副局长及相关人员、驻村第一书记参加会议。

16日　县委副书记、县长曹凯宏深入屯垦队镇六台坊，七台镇骆驼盘、永顺堡等村就扶贫工作进行指导调研。在所到的村委会详细询问户籍档案、动态识别调整、土地确权、危房改造和驻村工作队等相关工作的进展情况，并实地查看危房改造情况。

17日　由自治区保密技术检查测评中心主

任安东升带队的保密检查组，在锡林郭勒盟国家保密局局长巴日斯、乌兰察布市国家保密局局长青格勒等陪同下，对商都县“七五”保密法制宣传教育工作及“十三五”保密工作落实等情况进行检查。县委常委、办公室主任、县委保密委员会主任闫军，商都县国家保密局局长肖建忠陪同检查。

是日 县委副书记、县长曹凯宏深入所包扶村西坊子党支部参加“全国扶贫日”主题党日活动。强调，开展以“全国扶贫日”为主题的党日活动，目的就是进一步凝聚力量，坚定必胜的信念和攻坚拔寨的决心，坚决如期打赢脱贫攻坚这场硬仗。

是日 在第五个“国家扶贫日”之际，为积极响应国家精准扶贫的号召，贯彻落实脱贫攻坚的决策部署，商都县在祥和广场开展第五个“全国扶贫日”活动。县委副书记、统战部部长王再华，内蒙古自治区派驻商都县脱贫攻坚工作总队副总队长宗灵山，县人大常委会副主任李生智，副县长、公安局局长王晓东，政协副主席葛有旺，公安局政委闫佩出席活动，县直单位部分领导干部参加，副县长张日高主持活动。

18日 商都县人民政府与山东大海集团有限公司举行太阳能光伏板组件厂项目签约仪式，县委书记靳前斌，县委副书记、县长曹凯宏，县委常委、常务副县长郭玉广出席签约仪式。

23日 内蒙古财经大学党委书记杨劼一行到商都县开展精准帮扶，就帮扶项目进行商量对接。县委书记靳前斌，县委常委、副县长陈耀，副县长张日高出席座谈会，县相关单位负责人参加座谈会。

30日 商都县召开土地确权暨脱贫攻坚工作推进会。县委书记靳前斌，县委副书记、县长曹凯宏，县人大常委会主任叶旺，政协主席吕生金，自治区驻商都县脱贫攻坚工作总队成员，市委派驻各乡镇督导组组长，各乡镇党委、政府领导班子全体成员，各行政村支书，自然村村主任，派出所所长，县直各单位主要负责人以及承担土地确权工作任务的人员参加会议。会上通报全县脱贫攻坚当前重点工作；部分乡镇围绕土地确权工作表态发言；副县长张日高通报各乡镇土地确权进展情况，并安排部署当前工作任务；曹凯宏与各乡镇签订《土地确权工作责任状》。靳前斌就农村土地确权和脱贫攻坚工作提出要求，曹凯宏主持会议并总结讲话。

是日 商都县举行2018年度政务公开培训会。县委常委、常务副县长郭玉广出席并讲话，各乡镇、县政府各工作部门政务公开负责人参加会议。

31日 乌兰察布市委常委、副市长张汝江及市教育、编办等部门相关人员一行到商都县就教育扶贫工作、东西部协作对口帮扶工作和机构编制改革工作等进行调研，商都县委副书记、县长曹凯宏，县委常委、副县长李晓军以及相关单位负责人陪同调研。

11月

1日 县政府党组书记、县长曹凯宏主持召开政府党组会议，传达学习中共中央总书记习近平在中央政治局第八次集体学习时的重要讲话精神、中共中央总书记习近平对脱贫攻坚工作的指示精神、中央第二环境保护督察组向内蒙古自治区反馈“回头看”及专项督察情况、中共中央政治局10月31日会议精神；研究商都县财政性资金管理办法、商都县财政专项资金管理办法、财政资金使用，七台镇居民生活用水阶梯价格、水费、污水处理费调整及明确水资源费改税政策，解决抚顺工业学校毕业生等3个群体参加社会保险，卯都乡增减挂钩项目进行政府采购、申请新立乙类矿山等事宜；听取隐性债务情况并宣读政府党组成员调整名单等相关内容的汇报。会议还研究其他事项。

9日 商都县召开2018年第11次中心组集体学习会，系统学习中共中央总书记习近平精准扶贫重要论述，为打好打赢脱贫攻坚战提供思想理论指导和方针政策遵循，为推动全县脱贫攻坚工作再上新台阶再加力。中央定点帮扶商都县单位中国通用技术公司帮助邀请中央党校教授樊继达以“学习习近平扶贫重要论述打好打赢脱贫攻坚战”为题作讲座。中国通用技术（集团）控股有限责任公司党群工作部党建研究部经理许学银列席会议。县四大班子领导，公安局、检察院、法院领导干部；自治区派驻商都县脱贫攻坚工作总队全体成员，市派驻乡镇脱贫攻坚督导组全体成员；县直各单位各部门及条管单位主要负责人；各乡镇党委书记、乡镇长及分管扶贫工作副乡镇长，各村委会支部书记、社区支部书记；县驻村办、乡镇驻村办全体人员；驻村第一书记及驻村工作队全体成员参加会议。

20日 中共商都县委组织部举办全县脱贫攻坚驻村干部能力素质提升培训会。县委常委、组织部部长王倩影出席开班仪式并讲话，副县长张日高主持会议，特邀市扶贫办副主任李献作专题讲座。自治区派驻商都县脱贫攻坚总队队长宋国义，市委驻商都县10个乡镇督导组全体成员，全县各驻村工作队全体成员，共650多人参加培训。

是日 内蒙古自治区民族事务委员会（以下简称自治区民委）社会发展处处长陈平一行深入商都县就民族团结进步创建工作进行考察并调研。县委副书记、县长曹凯宏，县委副书记、统战部部长王再华，县人大常委会副主任张云，副县长、公安局局长王晓东，县政协副主席任笑春及市民委、县民族宗教事务局等部门相关负责人陪同调研并出席座谈会。创建自治区民族团结进步示范县工作领导小组成员单位相关负责人等列席座谈会。调研组一行先后深入小庙子嘎查、新世纪小学、七台古驿民俗博物馆、嘉利公司，通过听取汇报、查阅资料等方式，对商都县民族团结进步创建工作进行深入了解。

30日 “母亲健康快车”捐赠仪式在商都县医院举行。中国建设银行内蒙古分行、乌兰察布市分行，乌兰察布市妇联相关负责人出席捐赠仪式。商都县委常委、副县长宗灵山，副县长呼群，县妇联、县卫生和计划生育局、县医院相关负责人参加捐赠仪式。“母亲健康快车”公益项目是由中国妇女儿童基金于2003年7月特设的公益项目。该次捐赠活动是由内蒙古公安厅协调推进，中国建设银行出资“母亲健康快车”公益项目捐赠给商都县医院。

是日 商都县交管大队在商都县汽车站举行主题为“细节关乎生命，安全文明出行”的“全国交通安全日”专题宣传活动启动仪式。副县长、公安局局长 、道路交通安全领导小组组长王晓东，县公安局政委闫佩，市公安局交管支队副支队长郝斌，县道路交通安全领导小组各成员单位负责人以及商都县职业中学师生参加。

12月

3日 县委副书记、县长曹凯宏带领相关部门负责人和各乡镇乡镇长到北京市平谷区对接扶贫协作工作。县委常委、县委办主任闫军，县委常委、副县长李晓军陪同。平谷区委常委、常务副区长吴小杰主持座谈会。平谷区发展改革委副主任齐立行介绍2018年平谷—商都两地京蒙结对帮扶进展情况及2019年工作计划。曹凯宏代表县委、县政府对平谷区给予商都县的支持和帮助表示衷心感谢。在吴小杰及区有关部门领导的陪同下，考察组先后到平谷区生活垃圾综合处理厂、沱沱工社，北京平谷味食源食品科技有限责任公司实地参观考察。

5日 县委副书记、县长曹凯宏到共青团中央青年志愿者行动指导中心，就商都县招募西部计划志愿者支教事项与指导中心领导进行汇报交流。共青团中央青年志愿者行动指导中心主任刘剑波表示，将继续关注西部计划志愿者参与商都县综合教改工作，加大对商都县的支持力度。县委常委、副县长陈耀，团县委、县经信商务局、县教育科技体育局、县招商局相关负责人参加。

7日　中国农业银行捐赠仪式在商都县春明小学北校区会议室举行。中国农业银行乌兰察布市分行副行长巴特尔和相关负责人出席捐赠仪式。商都县委常委、副县长陈耀，副县长呼群，县教育科技体育局、中国农业银行商都县支行、春明小学相关负责人参加捐赠仪式。中国农业银行内蒙古分行向商都县春明小学捐赠10万元，用于学校基础设施建设。

21日　县政府党组书记、县长曹凯宏主持召开政府党组会议，传达学习中共中央总书记习近平在中央政治局第十次集体学习时的讲话精神、《中国共产党支部工作条例（试行）》、庆祝改革开放40周年大会会议精神、《中国共产党农村基层组织工作条例》、习近平总书记在民营企业座谈会上的重要讲话精神、《关于促进民营经济高质量发展若干措施》；研究《商都县村级光伏扶贫电站收益分配管理实施办法》和《商都县集中式光伏扶贫电站收益分配管理办法》、拨付大唐融合通信股份有限公司商都服务外包基地项目扶持资金、七台镇旧城棚户区国有土地上房屋征收与补偿安置方案，安排部署全县安全生产工作，听取商都县扫黑除恶工作进展情况汇报。

（编辑　魏　兆）

商都县概况

基本情况

【地理区位】 商都县位于内蒙古自治区中部、乌兰察布市东北部，地理坐标为北纬41°18′—42°09′，东经113°08′—114°15′。东与化德县和河北省康保县、张北县、尚义县连接，南与兴和县接壤，西与察右后旗交错，北与锡林郭勒盟的苏尼特右旗、镶黄旗毗邻。县境东西宽约50公里，南北长约90公里，总面积为4283.49平方公里。

商都县人民政府所在地七台镇是清代阿尔泰军台驿路（张家口—科布多）上的第七个军台驿站，距张家口市180公里，距北京市380公里，距呼和浩特市220公里，距二连浩特市280公里，是北接蒙古、东连京津冀地区的重要交通枢纽，也是塞外高原通往东北三省的一个节点重镇。

【历史沿革】 商都县建县时间较晚，从商朝起历经西周、东周、秦、汉、三国、两晋、南北朝、唐、宋、元、明直至清朝，一直是“天苍苍、野茫茫、风吹草低见牛羊”的大漠草原，先后有鬼方、匈奴、鲜卑、契丹、女真、蒙古等北方少数民族入主称雄，并以游牧方式创造了独特、古老的草原文明。清末放荒招垦“垂三十年”后，开始步入现代社会，先后于民国4年（1915年）、民国6年（1917年）设置商都垦务行局兼设治局和招垦设治局，以催生农业开发。至民国7年（1918年），随着草场的不断开发，商都人口迅速膨胀，经济社会日益发育，经中华民国政府批准，正式建县。

民国14年（1925年），商都县被划为察哈尔特别区之五警区；民国17年（1928年），察哈尔特别区改为察哈尔省，商都县直接隶属于察哈尔省；下年，商都实行区域自治。民国23年（1934年），取消区域自治，改行县制。民国25年（1936年），商都被日本侵略军占领。其间，由于民国时期军阀混战、国民党专制统治和日军侵华等诸多政治因素的影响，这片刚刚开发的土地很快陷入社会混乱、经济萎缩、民生凋敝的泥潭，从而迟滞了前进的步伐。

为了争取民族独立和人民解放，商都县各族人民在中国共产党的领导下，同日伪等各种反动势力进行英勇的抗争，民国34年（1945年）8月，商都县获得第一次解放。民国36年（1947年），为适应敌后斗争形势，中国共产党分别于1月和9月成立商化联合县和商化康联合县，民国37年（1948年）12月，商化康联合县建制撤销。1949年1月，商都县第二次解放，中国共产党商都县委员会暨商都县政府成立，商都县延续县级建制并划归察哈尔省，隶属于察北地区。

中华人民共和国成立后，1950年7月1日，商都县政府改为商都县人民政府。1952年11月，察哈尔省撤销，商都县划归河北省张家口专区管辖。1962年7月，商都县划归内蒙古自治区，属乌兰察布盟管辖。2004年8月，乌兰察布盟改称乌兰察布市，商都县隶属于乌兰察布市。

【区划人口】 商都县辖6个镇、4个乡，208个村民委员会、24个社区居委会、688个村民小组。2018年，全县总户数15.33万户，总人口33.15万人，其中男16.92万人、女16.23万人。其中，城镇人口7.20万人，乡村人口25.95万人。蒙古族人口5030人，汉族人口32.54万人，其他少数民族人口1062人。

【自然环境】 商都县地势自西北向东南逐渐倾斜，呈不规则图形；地貌以低山丘陵为主，间布山间盆地、丘间宽谷、波状高原和冲积平原，海拔在1300—1600米。较高山脉有麻黄山、青石脑包山、马鬃山、公鸡山、黄龙洞山、元宝山、铜顶山等，较大的季节性河流有不冻河、五台河、十八顷河、六台河、铜钴辘河等，相对规整的平原有十八顷平原、小海子平原、八十五号平原、大黑沙土平原、玻璃忽镜平原等，较大的湖淖有察汗诺尔、田士沟海、二吉淖，较小的湖淖39处，有八股地中型水库1座，三面井和不冻河小型水库2座，较小型水库10余座。全县海拔最高点麻黄山1795米，最低点察汗诺尔1273米。

商都县属中温带半干旱大陆性季风气候，2018年，年平均气温4.4摄氏度，最高温度34.1摄氏度（6月23日），最低温度-29.6摄氏度（12月27日），年降水量387.4毫米，年平均蒸发量约2020毫米，年无霜期258天，年平均日照2701.5小时，年大风63天，平均风速约2.4米/秒。

【耕地作物】 全县实有耕地面积150万亩，其中水浇地34.2万亩，农作物主栽品种为马铃薯、玉米、小麦、豆类、杂粮和蔬菜，正常年景粮食总产15万吨。全县马铃薯种植面积稳定在50多万亩，其中315套喷灌圈面积15万亩，膜下滴灌5万亩，旱作覆膜20万亩，年总产鲜薯70万吨。

【草场家畜】 全县实有草场面积235.2万亩，其中可利用草场面积134.5万亩。养殖业以奶牛、肉羊、生猪为主，年家畜饲养量200多万头（只）。

【林　地】 全县有林面积137.9万亩，其中灌木林100多万亩，各类活立木总蓄积量为76.98万立方米，森林覆盖率为25%。

【矿产资源】 全县已探明的矿产资源有20多种。其中，二氧化碳气体开采范围500平方公里，储量约50亿立方米，二氧化碳含量97.5%；石英石在全县80%的区域不同程度地裸体外露，储量约13亿吨，二氧化硅含量在96%以上，部分矿体达到99.9%；石灰石储量约1.3亿吨，氧化钙含量在52%以上；硅藻土储量约1780万吨，二氧化硅含量61.29%—70%；白泥储量约60万吨，三氧化二铝含量17.4%，氧化硅含量52.5%；高岭土储量约30万吨；长石储量约1000万吨，氧化钾、氧化钙含量在10%—13%。

【风能资源】 全县风能资源极为丰富，境内规划有吉庆和常胜梁两大风场。吉庆百万千瓦级风场位于县境北部，距县城35公里，海拔高度1346—1508米，规划面积777平方公里，规划装机容量240万千瓦，风场70米高年平均风速在8.56米/秒左右，风功率密度572.6瓦/平方米。常胜梁风场位于县境南部，距县城12公里，海拔高度1332—1497米，规划面积20平方公里，规划最高装机容量为10万千瓦，风场70米高年平均风速在7.04米/秒左右，风功率密度369.9瓦/平方米。吉庆和常胜梁两大风场风能资源丰富，地势平坦，林木及建筑物少且不易产生风的紊流现象，破坏性风速几乎没有。风场内已安装测风塔22座，其中70米高测风塔21座、40米高测风塔1座，为规模建设风电场奠定了良好的基础。全县风场接入系统靠近蒙西电网，入网条件优越。

【植　物】 植物种类较多。药用植物有甘草、黄芪、麻黄、黄芩、防风、知母、苍术、柴胡、桔梗、秦艽、远志、车前子、玉竹、王不留行、芦根、漏芦、白茅根、苦甘草、百合、地榆、狼毒、苦参、山大黄、板蓝根、党参、枸杞、牛蒡子、天仙子、牵牛子、葶苈子、苍耳子、地肤子、刺蒺藜、沙棘、杏仁、红花、野菊花、洋金花、旋复花、山川柳、艾叶、荆芥、茵陈、青蒿、薄荷、蒲公英、小蓟、大蓟、扁蓄、败酱草、益母草、仙鹤草、卷柏、石苇、画眉草、石竹、多叶棘豆、鸡冠花、马兰等。纤维植物有芨芨草、芦苇、猪鬃草、马兰、野麻子等。淀粉植物有灰菜、沙蓬、野麦子、野荞麦、野豌豆、山葱葱、萹蓄等。食用菌及副食植物有蘑菇、发菜、地皮菜、山韭菜。牧草植物有营草、冰草、羊草、冷蒿、针茅、隐子草、小叶锦鸡儿、百里香、禾草、苔草、柄扁桃、山榆、苜蓿、盐爪爪、白刺、杂草类等。用材植物有杨树、柳树、榆树、松树、山杏树。

【动　物】 由于区域面积小、环境单调、气候寒凉的自然条件，天然上不能为动物的生存和生活提供优越的环境。因此，全县动物数量、种类都很少，有些迁徙性动物“来也匆匆、去也匆匆”，算不上商都土生土长的动物。从类别上分，有兽类、鸟类、爬行类、两栖类、昆虫、鼠类等。主要动物有狼、狐狸、獾、黄鼬、沙狐、黄羊、野兔、黄鼠、跳土、蛇、青蛙、蜥蜴、天鹅、丹顶鹤、石鸡、地甫、沙鸡、鹌鹑、白灵子、画眉、山雀、黄鹂、麻雀、鹞子、燕子、喜鹊、布谷鸟、山燕、啄木鸟、蓝靛、大雁、半翅、水鸭、乌鸦、杜鹃、雕、小翠鸟、蜻蜓、水蛭、萤火虫、蜈蚣、虻、蟋蟀、壁虎、蜘蛛、蝗虫、蝴蝶、蜜蜂、苍蝇、蚊子、蚰蜒、蝼蛄、斑蝥、蚯蚓、蝙蝠等。

2018年经济社会发展情况

【概　况】 2018年，中共商都县委、商都县人民政府带领全县干部群众深入贯彻落实中央、自治区、市决策部署，深入贯彻中共十九大精神，坚持以习近平新时代中国特色社会主义思想为指引，坚持稳中求进工作总基调，着力打好三大攻坚战，朝着实现全面建成小康社会的目标迈出坚实步伐。

【人　口】 2018年年末，全县户籍人口33.15万人。其中，城镇人口7.20万人、乡村人口25.95万人；男性人口16.92万人，女性人口16.23万人；蒙古族人口5030人，汉族人口32.54万人，其他少数民族人口1062人。全年出生人口2327人，死亡人口1092人。

【生产值】 初步核算，2018年，全县实现地区生产总值47.37亿元，按可比价格计算（下同），同比增长1.9%；其中第一产业增加值12.19亿元，同比增长1.9%；第二产业增加值15.83亿元，较上年持平；第三产业增加值19.35亿元，同比增长3.3%。三次产业比例为25.7∶33.4∶40.9。

【农　业】 全县农作物播种面积157.35万亩，同比下降1.4%。粮食作物播种面积80.7万亩，同比下降16.8%；经济作物播种面积76.8万亩，同比增长22.4%。粮食总产量6.36万吨，同比下降26.6%；油料产量5.54万吨，同比增长42.4%；甜菜产量78.49万吨，同比增长46.6%；蔬菜产量8.13万吨，同比增长19.0%。全县马铃薯播种面积82155亩，同比下降47.84%，产量1.88万吨，同比下降27.39%。

全县牧业年度（6月末）牲畜存栏45.09万头（只），全年肉类总产量1.16万吨。

全年完成营造林面积7500余亩，其中人工造林3300余亩。年末全县森林面积161.83万亩，森林覆盖率达25.1 %。

【工　业】 全县规模以上工业企业27家，实现总产值37.98亿元，同比增长–1.69%。按登记注册类型分：内资企业26家，实现工业总产值34.90亿元；港澳台商投资企业1家，实现工业总产值3.08亿元；按行业分：制造业17家（农副产品加工业4家，酒、饮料和精制茶制造业1家，非金属矿物制造业 4 家，黑色金属冶炼和压延加工业 8 家），实现工业总产值 31.82 亿元；电力、热力、燃气及水生产和供应业 10 家，实现工业总产值 6.13 亿元。工业企业产品销售率达 99.0%，同比上涨 4.3 个百分点。

主要工业产品产量：全县白酒产量达 259.0 千升；发电量达到 11.10 亿千瓦时，其中，风力发电量 8.58 亿千瓦时、太阳能发电 2.52 亿千瓦时；耐火材料制品成品 2.50 万吨；铁合金 24.32 万吨；糖产量达 8.15 万吨；水泥产量达 13.37 万吨；水泥熟料产量为 85.02 万吨；鲜、冷藏肉 337.50 吨。

全社会能源消费总量 95.69 万吨标准煤，同比增长 23.4%。单位 GDP 能耗变化率 21.12%。全社会用电量 21.19 亿千瓦时。

【固定资产】 全县 500 万元以上项目固定资产投资完成 22.17 亿元，同比增长 27.6%。按行业分，房地产完成投资 0.44 亿元，农林牧水项目完成投资 3.42 亿元，城市建设项目完成投资 4.35 亿元，工业项目完成投资 13.10 亿元，其他项目完成投资 0.86 亿元。

【建筑业】 建筑业增加值实现 3.40 亿元，同比增长 –0.4%。全县具有建筑业资质等级的建筑企业 3 家，施工企业房屋建筑施工面积 9.78 万平方米。

【社会消费品零售额】 全年社会消费品零售总额 38.0 亿元，同比增长 7.3%。其中，城镇消费品零售额完成 24.7 亿元，同比增长 7.5%；乡村消费品零售额完成 13.3 亿元，同比增长 6.9%。

【财政、金融】 全年完成公共财政预算收入 1.51 亿元，同比增长 –3.0%，公共财政预算支出为 29.2 亿元，同比增长 6.2%。

年末，全县金融机构人民币存款余额 80.85 亿元。年末，全县金融机构人民币贷款余额 28.22 亿元。年末，人寿保险承保人数 69143 人，保险总额 9127 万元，各种保险费收入 5140 万元，意外险给付金额 961 万元，退保 213 万元。财产保险收入 830.12 万元，赔付率 84.09%。

【邮电、电信】 全年完成邮政行业业务总量 1781 万元，快递业务总量 382.2 万元，电信业务总量 3.09 亿元。

年末，互联网宽带用户 3.1 万户，移动电话用户 17.3 万户，固定电话用户 5293 户，通宽带的行政村比重达到 100%。

【教育、文化、卫生】 年末，全县有普通中学 5 所、职业中学 1 所、小学 15 所，公办幼儿园 7 所、民办幼儿园 23 所。年末，中小学在校学生 1.55 万人。全县幼儿园在园幼儿人数 3570 人。

年末，全县拥有文化馆 1 座，美术馆 1 座，图书馆 1 座，文物管理所 1 座，民俗博物馆 1 座，文化市场综合执法大队 1 个，乌兰牧骑 1 个，广播电视台 1 个，发射台及转播塔 3 个，文化旅游机关 1 个，广电网络公司 1 个。

年末，全县拥有医疗卫生机构 23 个。其中，县直医院 2 个、乡镇卫生院 18 个、疾控中心 1 个、卫生监督所 1 个、妇幼保健计划生育技术服务中心 1 个。拥有医疗卫生机构床位 882 张，卫生技术人员 758 人。

【人民生活、社会保障】 年末，全部单位从业人员 9118 人，同比下降 0.1%，全部单位在岗职工平均工资 7.53 万元，同比增长 5.3%；年末，国有单位从业人员 8224 人，同比增长 5.6%，国有单位在岗职工平均工资 7.58 万元，同比增长 0.8%；集体单位从业人员 520 人，同比下降 10.5%；集体单位在岗职工平均工资 7.89 万元，同比下降 4.6%。

全年全体居民人均可支配收入 1.62 万元，同比增长 8.9%。其中，城镇居民人均可支配收入为 2.78 万元，同比增长 7.7 %；农村居民人均可支配收入为 1.01 万元，同比增长 9.4 %。全年全体居民人均消费支出 9993 元，同比增长 7.3%。其中，城镇居民人均消费支出 1.56 万元，同比增长 2.9%；农村居民人均消费支出 8149 元，同比增长 7.5%。

年末，参加城镇职工基本养老保险 1.74 万人，参加城乡居民社会养老保险14.56万人。参加失业保险职工8100人。参加城乡基本医疗保险26.10万人。

年末，全县拥有各种社会福利收养性单位4个，床位482张。城镇居民最低生活保障8831人，农村居民最低生活保障5.06万人，农村“五保”户供养3371人。

（编辑　魏　兆）

中国共产党商都县委员会

县委重要决策

【概　况】 中共商都县委内设机构：办公室、政研室、督查室、机要局、保密局、县委全面深化改革领导小组办公室（2014 年 5 月 5 日成立，以下简称县委改革办）。行政编制 20 人，事业编制 11 人，工勤编制 10 人。

【重要会议】 1 月 23 日，中共商都县十三届五次全委（扩大）会议召开，会议的主要任务是深入学习贯彻中共十九大和中共十九届二次全会、中央经济工作会议、自治区党委十届五次全会暨全区经济工作会议、市委四届六次全会精神，认真总结 2017 年工作，部署 2018 年主要任务，动员全县各级党组织和广大党员干部，践行新理念，抢抓新机遇，奋力开创全面建成小康社会新局面。县委书记靳前斌作题为《践行新理念　抢抓新机遇　奋力开创全面建成小康社会新局面》的工作报告。

3 月 13 日，商都县召开全县党建暨组织、宣传、统战工作会议，认真贯彻落实自治区、市有关会议精神，分析当前形势，研究部署 2018 年全县党建和组织、宣传、统战各项工作任务。县委书记靳前斌出席会议并作重要讲话，县委副书记、县长曹凯宏主持会议。会上，县委书记靳前斌与各乡镇党委书记签订党建工作、意识形态工作责任状；县委常委、组织部部长王倩影安排部署 2018 年组织工作；县委常委、宣传部部长熊威安排部署 2018 年宣传工作；县委副书记、统战部部长王再华安排部署 2018 年统战工作。

3 月 30 日，商都县在青少年活动中心召开全县干部大会暨脱贫攻坚工作推进会，主要任务是学习贯彻全国两会、中共中央总书记习近平参加内蒙古代表团讨论时讲话精神、自治区党委书记李纪恒调研乌兰察布市重要指示及全市干部大会和农村牧区工作会议精神，安排部署下一步工作。

6 月 29 日，商都县委召开纪念中国共产党建党 97 周年主题党日活动暨脱贫攻坚表彰大会，会议重温入党誓词。县委书记靳前斌代表县委提出三点要求：回顾中共九十七年光辉历程，不忘初心、牢记使命，凝聚全县上下干事创业的强大合力；发挥全体共产党员的先锋模范作用，紧盯目标，压实责任，坚决打好打赢“三大攻坚战”；深入贯彻落实中共十九大精神，党要管党、从严治党，全面推进党的建设新的伟大工程。县委副书记、县长曹凯宏主持会议并作总结讲话。全县在脱贫攻坚一线涌现出的 62 个先进集体和 227 名优秀个人受到表彰。

为深入贯彻中共十九大和十九届中央纪委二次全会精神，进一步加强反腐倡廉警示教育工作，提高全县党员领导干部拒腐防变能力，筑牢思想道德防线。6 月 29 日，商都县召开全县领导干部警示教育大会，大会特邀自治区纪委监委宣传部部长郝朝暾作警示教育专题讲座。9月17日，特邀市纪委监委宣传部部长邢明作警示教育专题讲座。

9月17日，商都县在青少年活动中心召开脱贫攻坚工作推进会。会议的主要任务是聚焦当前存在的问题，进一步夯实责任、传导压力，扎扎实实完成年度脱贫攻坚工作任务。县委书记靳前斌主持会议并讲话。

10月4日，商都县召开2018年扶贫对象动态管理工作部署培训会，会议的主要任务是安排部署全县扶贫对象动态管理、迎接考核评估和扶贫专项巡视工作。

10月30日，商都县召开土地确权暨脱贫攻坚工作推进会。通报各乡镇土地确权进展情况，签订《土地确权工作责任状》。安排部署全县脱贫攻坚当前重点工作任务。

11月9日，商都县委召开2018年第11次中心组集体学习会，由中央定点帮扶商都县单位中国通用技术公司帮助邀请中央党校教授樊继达以“学习习近平扶贫重要论述打好打赢脱贫攻坚战”为题作讲座。

【重要活动】 1月13日，为了更好地学习和宣传中共十九大精神，在青少年活动中心举办“中华魂”辉煌与梦想青少年主题演讲比赛。

1月22日，商都县举办就业推荐会，为易地移民就业搭平台。

1月27日，自治区公安厅领导一行到商都县调研指导精准扶贫工作。

3月9日，由商都县和北京市平谷区联合举办的“2018平谷—商都对口支援就业合作专场招聘会”在商都县祥和广场举行。

3月15日，商都县“3·15”国际消费者权益日大型宣传活动在祥和广场举行。

4月18日，商都县在中心林场开展2018年全县机关干部职工义务植树活动。

4月23日，商都县举行“4·26”世界知识产权日和知识产权宣传周活动。

4月27日，由商都县委政法委牵头，在祥和广场开展以“不忘初心、牢记使命”为主题的全县综治扫黑除恶集中宣传活动。

5月18日，商都县2018年中小学生田径运动会在商都县第二中学开幕。

6月5日，商都县开展主题为“美丽中国，我是行动者”的世界环境日宣传环保活动。

6月26日，商都县禁毒委在七台镇祥和广场举行“抵制毒品，参与禁毒，共筑美好生活”为主题的“6·26”国际禁毒日大型禁毒宣传活动。

7月19日，第二届中国商都马铃薯美食节暨建县100周年活动开幕。

7月27日，北京市平谷区人力资源和社会保障局、商都县人力资源和社会保障局在商都县祥和广场联合举办“推进转移就业、助力脱贫攻坚”为主题的专项就业活动。

7月30日，县委书记靳前斌陪同市委常委、纪委书记、监委主任云春生一行开展“八一”走访慰问活动。

8月8日，“中国下一代教育基金会中华英才培养计划内蒙古工作总结培训会暨爱起航公益项目走进商都县”活动在商都县青少年活动中心举办。

8月8日，“迎十四运”2018年全民健身启动仪式暨全县健身操等展演活动在商都县祥和广场举行。

8月15日，平谷区—商都县文化体育交流及捐赠仪式在商都高级中学举行。

9月11日，商都县在祥和广场举行第21届全国推广普通话宣传周商都活动启动仪式。

9月19日，北京市平谷区总工会党组书记、常务副主席杨宝刚带队到商都县开展对口帮扶精准对接活动。

9月30日，商都县举行烈士纪念日公祭活动。

10月17日，商都县在祥和广场开展第五个

“全国扶贫日”活动。

11月30日，商都县交管大队在商都县汽车站举行主题为“细节关乎生命，安全文明出行”的“全国交通安全日”专题宣传活动启动仪式。

（供稿　王子江）

县委办公室工作

【概　况】 中共商都县委办公室有行政编制26人，实有工作人员26人。

【信息工作】 全员狠抓信息，拓宽参谋渠道。2018年，为解决办公室信息工作人员少、任务重的矛盾，办公室打破科室壁垒，整合壮大信息工作力量，确立所有文秘人员都有收集、编发、报送信息的职责。制定出台乡镇、部门党委信息目标管理考核办法，拓宽信息渠道，加大考核力度，做到目标到位、责任到位，使文秘人员人人成为“信息员”，信息工作力量得以成倍增加。在及时、准确、全面提供信息的前提下，狠抓信息的收集和反馈工作，抓住重点、难点、热点、特点，突出超前性、苗头性、综合性、指导性，为领导决策提供高质量的信息。商都县的信息工作在全市名列前茅，得到市委办公厅领导的充分肯定。2018年，向市委信息科报送各类信息2894篇，编发《信息工作通讯》12期，被自治区党委信息处采用169篇，被市委信息科采用405篇。

【调研工作】 创新调研方法，提高参谋质量。2018年，在调研内容上，围绕全县大局和县委的中心工作，抓住党委决策的重大问题和关注点，捕捉社会经济生活方面的热点和难点问题，随时抓住当前工作的新情况、新问题，有目的、有计划、有组织地深入基层、深入群众、深入实际中去调查研究，掌握第一手资料，准确反映客观真实情况，敏锐地发现问题，为党委政府和领导决策献计献策。在调研方法上，实现由被动型调研向主动预测型调研转变，由随机调研向规范化调研转变，把信息、调研、督查等工作有机结合起来，强化中心意识、超前意识、创新意识和精品意识，增强调研工作的全局性、前瞻性，发展性和对策性。2018年，先后开展调研活动80余次，形成一批有情况、有分析、有建议、有价值的调研报告。

【督查工作】 强化督查督办，促进决策落实。督查工作深入实际，突出规范性、实效性、权威性。2018年，采取灵活多样的督查方式，抓重点、突热点、攻难点，形成“议必决、决必行、行必果、果必报”的督查制度。前后组织督查人员深入现场，对乡村道路建设、土地整理、机关干部勤政廉洁等八项规定执行情况，精准扶贫、为民办实事等一系列全县重点工作、重点工程项目和领导批示进行跟踪督查督办，保证县委、县政府安排部署的重点工作得以有序推进，充分发挥督查室抓决策落实的“主力军”“左右臂”作用。2018年，开展督查134次，编发《督查工作》45期，答复网民留言11条，上报招商信息15期、专项工作督查报告40篇、督查与调研134篇，开创政研督查工作新局面。

【机关管理】 完善内部管理，细化工作制度。2018年，县委办公室在坚持以习近平新时代中国特色社会主义思想为指导，自觉做到“两个维护”，不断增强“四个意识”（政治意识、大局意识、核心意识、看齐意识）的前提下，修订完善《县委办公室考勤制度》《县委办公室公务用车管理制度》《县委办公室理论学习制度》和《县委办公室值班制度》等一系列工作制度。坚持按章办事，建立科学的管理方法和工作手段，形成以制度约束人、用机制管理人的工作格局。合理确定分工，理顺工作关系，健全运行机制，使办公室工作进一步规范化。

【办文办会】 规范办文办会，改进机关作风。2018年，县委办公室在综合协调上下功夫，全体干部职工端正服务态度，改进工作作风，牢固树立“四个意识”和服务观念。工作上热情细致、高度负责、步调一致、配合默契，齐心协力地完成领导交办的任务。公文处理严格按照上级的要求，严格控制数量，规范办文程序，提高质量，做到及时、准确、安全、高效，努力实现科学化、制度化、规范化。办会加强预见性和计划性，细致周密地做好会前筹备和服务工作，做到各环节联系紧密细致、无疏漏，会议紧凑，秩序好、效果佳，保证会议顺利召开，圆满完成。

【后勤保障】 提高工作效率，改善后勤服务。2018年，办公室借助建制度、强管理、抓改革“三条主线”，狠抓后勤保障的优质服务建设。积极搞好协调，认真安排县委领导的各类公务活动，妥善解决县委领导和干部职工在生活上的各种困难，使县委领导能够安心工作。加强车辆管理，强化安全教育，办公室用车全部实行派车制度，要求“服务平台”定期对车辆进行检查维修，做到安全、高效、清洁。

【接待工作】 塑造良好形象，提高接待质量。随着商都县对外开放的日益扩大，招商引资的不断加强，接待量逐步增大。2018年，办公室接待工作人员，在面对接待工作人手少、条件差、任务重等具体情况下，树立“接待无小事，接待也是树形象、也是生产力”的观念，重点从提高服务质量上下功夫，认真研究如何加强和改进接待工作，精心编制接待方案，妥善处理每个细节，做到让客人满意、让领导放心，做到少花钱多办事，花了钱办大事，充分展示商都人的礼仪风范和对外形象。

【机要工作】 实现安全运转，狠抓机要工作。2018年，机要工作重点围绕“重投入、建网络、强队伍、严管理、优服务”的工作思路，采取有效措施，加强对密码通信网络的使用和管理。机要局坚持24小时值班制度，做到全方位、全天候服务，认真做好机要文书的及时传递工作。保密工作扎实开展，2018年，在全县范围内加大保密法规的宣传力度，切实增强各级干部的保密意识。层层落实党政领导干部保密工作责任制，加强对涉密文件、涉密会场和重要考试的保密管理。特别注重计算机网络的安全保护，2018年6月、12月，先后两次对涉密人员和涉密计算机进行督导检查，对违规问题限期进行整改，有效防止网上失泄密事件的发生。

【党建工作】 转变工作作风，抓好机关党建。2018年，以深入学习贯彻中共十九大精神为指引，先后组织办公室党员干部集中学习60余次，积极开展主题党日活动，观看《厉害了，我的国》《榜样》《红海行动》《湄公河行动》等正能量影片，深入学习中共中央总书记习近平系列重要讲话精神，并在每次学习完组织专题讨论，结合自身、身边和办公室具体工作积极发言，把学习的效果推向更深层次。通过学习，进一步提高全体党员干部的思想觉悟，转变作风，树立社会主义核心价值观，增强反腐倡廉意识，激发扎实工作、奋发有为、乐于奉献的工作热情。

【班子建设】 领导以身作则，强力打造“钢班子”。2018年，办公室班子坚持民主集中制原则，定期召开主任办公会。班子成员讲团结、顾大局，大事讲原则，小事讲协调，重大事项集体研究，民主决策。在日常工作中，班子成员模范带头、勇挑重担，除完成联系、分管的大量工作，还主动深入信息调研、督查督办、办文办会、后勤保障等具体环节。在自身要求上，班子成员严于律己、秉公办事，认真执行《中国共产党廉洁自律准则》的各项规定，个个勤政务实、处处率先垂范，充分发挥“主心骨”与“核心堡垒”作用，带动办公室全体干部职工思想上合拍、感情上和谐、工作上合力，相互尊重、相互信任、相互支持，完成各项工作任务。县委办公室班子充分发挥牵头揽总作用，加强与人大、政府、政协办公室班子的协调，保证四大班子办公室有序协调运转。

【人才培养】 加速人才培养，锻造“铁队伍”。2018年，按照“班长抓班子，班子带队伍，队伍促发展”的思路，2018年，在人才队伍建设上，办公室狠抓思想政治、业务提高、结构优化三项建设。首先，思想政治工作重实际、求实效，既加强干部职工的理论学习、党性锻炼和人格修养，教育干部职工树立正确的世界观、人生观、价值观，又积极创造条件，主动帮助干部职工解决生活、住房等实际困难，最大限度地发挥干部职工的主观能动性。其次，对办公室工作人员，有针对性地进行业务培训，重点培养干部职工的实际工作能力和做好本职工作的能力，有效避免工作吃“老本”，任务来了才查资料甚至闭门造车的现象。通过努力，办公室造就出一支思想素质好、业务能力强，守得住清贫、耐得住寂寞，吃得下大苦、打得赢硬仗的队伍，出色地完成上级和县委领导下达的各项任务。

（供稿　王子江）

接待工作

【概　况】 2006年3月，商都县接待办公室（以下简称县接待办）成立，与党政机关事务管理中心合署办公，是隶属于党委序列的正科级事业单位，核定科级领导职数一正二副，实有在编人数14人。

2018年，县接待办以“内强素质、外树形象”为目标，不断提高接待工作服务水平。按照县委、县政府的要求，服务大局、积极配合，形成强有力的工作合力，全年共接待公务商务来宾336批次、2463人次，实现接待量次稳中有降的目标。

【接待规定制度】 2018年，严格执行中央八项规定及自治区、市相关文件精神，认真落实《党政机关国内公务接待管理规定》、自治区《关于进一步加强和改进公务接待工作的实施意见》《乌兰察布市党政机关公务外出和公务接待实施细则》及自治区、市、县对接待工作的具体要求，探索完善接待管理体制，规范接待程序。在不折不扣地贯彻中央和自治区、市有关规定的同时，参照执行《乌兰察布市党政机关公务外出和公务接待实施细则》文件，进一步明确接待程序和标准，并通过建立长效机制，切实转变工作作风，加强接待经费的使用和管理，有效控制接待经费增长。

【公务接待管理】 2018年，在日常接待中，严格执行公务接待制度和标准，规范接待行为。依据县委（包括常委部门）、人大、政府、政协各办公室主任审签的《公务接待通知单》或接待公函安排接待，保证每一单接待任务都有单可查、有据可依，在接待任务结束后，由工作人员填写《接待结算单》并制作接待消费清单，由接待办经办人、负责人审签，财务根据经办人提供的接待通知单、财务票据、接待消费清单和《公务接待结算单》予以报销。

【综合素质与业务水平提升】 为加强接待工作，2018年年初，新选派2名退伍军人充实到接待员队伍中。为提高接待人员的修养与素质，加强接待人员对现代礼仪、文明接待等相关内容的培训。在具体工作中，接待人员始终做到热情大方、主动服务，不断营造和谐舒适的氛围，并以此推动其他工作的开展，构建“大接待”的良好格局。

【办公用房和住房清理】 县接待办是办公用房清理整顿工作牵头单位，按照职能和分工，在相关部门的配合下，并在摸清底数的基础上，积极进行清理整顿。2018年，全县各单位编制总人数6008人，在职县级正处5人、副处31人（包括挂职领导4人）、正科203人（其中乡级正科30人）、副科447人（其中乡级副科90人）、科级以下5131人。按照要求，县公务人员应核定办公用房面积5.68万平方米、服务用房面积4.66万平方米。经清理自查，全县实际拥有办公用房使用面积3.90万平方米、服务用房使用面积3.87万平方米、业务用房16.55万平方米。经清理整改，全县各类办公用房总面积由清理前8.45万平方米减少到8.31万平方米，整改后节约办公面积1417平方米。清理后全县办公用房使用面积为3.78万平方米，编制人员办公用房人均使用面积6.3平方米，全部符合办公用房使用标准。

【公务用车改革】 公务用车制度改革启动以后，认真贯彻市、县有关精神，努力配合其他牵头部门，按照市车改领导小组批复商都县的公务用车制度改革总体方案，紧盯关键步骤和重点环节，积极稳妥地推进各项改革任务。改革后，共保留各类公务车辆253辆。其中，实物保障车22辆、调研车3辆、特种车6辆、机要应急通讯车99辆、一般执法车81辆、综合执法车42辆。封存超编超配车辆55辆。

对封存车辆采取两种方式进行处置。（1）报废。经评估共有31辆已达到报废标准，不能继续使用，已由原单位与国资部门履行相关手续。（2）调剂。对其他未达到报费标准的24辆公务用车，考虑全县扶贫任务重、乡村交通网络欠发达的实际情况，调剂10辆作为每个乡镇扶贫工作站的公务用车，有效推动全县的扶贫工作；调剂14辆（其中9辆拍卖流拍后调剂）充实到公务用车租赁平台，用于解决平台车辆不足的问题。截至年底，全县封存车辆全部处置完毕。

【物业监管工作】 2018年，为做好城乡居民服务中心、党政大楼的服务工作，县接待办采取多项具体措施，加强对物业公司管理，确保各类设备设施安全运行；强化环境整治工作。

【公共机构节能工作】 2018年，切实加大对机关节能的宣传，积极开展节能宣传周、全国低碳日等活动，通过展板展示、张贴海报、发放宣传单、悬挂横幅等形式，传播节能理念，普及节能知识，为全县公共机构节能营造良好氛围。根据上级主管部门要求，顺利完成全县公共机构能耗网上直报工作，并推广使用节能新技术、新产品，抓好以节水、节电为重点的节能工作，以示范带动全县节能工作的扎实开展。

【机关食堂管理服务工作】 2018年，为改善机关就餐环境，提高饭菜质量，县接待办对食堂餐厅进行维修，更换增添现代厨房用具、餐具。完善制定相关管理制度，加强对工作人员的管理，整体提升机关食堂服务水平。

（供稿　逯文博）

保密工作

【概　况】 2018年，商都县国家保密局（以下简称县保密局）深入贯彻落实中国共产党的各项保密工作方针政策，围绕县委中心工作和上级保密部门的工作部署，充分发挥“保安全、保发展、促和谐”的职能作用，深入开展保密宣传教育，努力提高保密干部队伍业务水平，切实开展保密保障服务工作，狠抓各项工作落实，较好地完成各项工作任务。在2018年全区保密工作检查中，商都县代表乌兰察布市迎接检查，得到检查组领导一致好评，认为商都县的保密工作走在全市乃至全区各旗县前列。2018年，商都县国家保密局在全市各旗（县）年终考核排名第一。

【保密部署落实】 2018年，严格落实党管保密要求，不断提高保密工作整体水平。始终坚持以习近平新时代中国特色社会主义思想为指导，组织商都县国家保密局机关全体干部深入贯彻中共十九大精神，坚决落实中共中央关于保密工作的决策部署和自治区保密工作会议、市保密工作会议要求，牢牢把握新时代对保密工作提出的新要求、面临的新挑战，充分认识做好新时代保密工作的极端重要性和现实紧迫性。坚持把政治建设摆在首要位置，把政治过硬作为第一要求，牢固树立“四个意识”，坚定“四个自信”（道路自信、理论自信、制度自信、文化自信）。坚持总体国家安全观，努力在提高保密工作法治化、规范化、科学化水平上下功夫，着力造就一支忠诚可靠、勇于创新、业务精湛、作风优良的现代保密人才队伍，以优良的作风、过硬的本领，确保各项保密任务万无一失，2018 年，全县未发生一起失密泄密问题。切实加强局机关意识形态工作，突出保密机要工作特点，把握好“意识形态工作是党的一项极其重要的工作”的内涵，找准立足点，发挥思想引领、舆论推动、精神激励的重要作用，深入做好意识形态工作，牢牢掌握意识形态工作的领导权、主动权、管理权和话语权。

【保密组织领导】 加强组织领导，提升服务能力。2018 年，按照县委统一要求，对县保密局两间办公用房进行整改，全部符合要求；分批次购置办公桌椅、保密柜、手机信号屏蔽器、手机屏蔽柜、保密检查整改工具箱、非涉密网络临检版（管理端和客户端），为顺利开展保密工作奠定扎实基础。根据人事变动情况，及时对县委保密委员会成员进行调整，由县委常委、办公室主任任保密委员会主任，切实加强组织领导和保密队伍建设。2018 年 11 月 30 日，召开县委保密委员会全体会议暨保密工作培训会议。认真做好机构改革过程中的保密工作，专门下发文件，要求涉改部门认真学习《中华人民共和国保守国家保密法》（以下简称《保密法》）、《国家机关工作人员保密守则》等各项保密工作有关规定，深化全体干部对机构改革工作涉密性的认识，增强保密意识，不断提高保密工作管理水平，严格防范重大失泄密事件的发生。

【保密宣传教育】 2018 年，开展保密宣传教育，切实提高保密意识。为进一步提高各级干部特别是涉密人员的保密意识，县保密局与县委党校密切配合，督促党校将保密教育列入党校教学工作计划，开展授课、讲座、交流等多种形式的保密宣传教育。加大保密宣传教育力度，对党政机关工作人员和全县涉密人员进行保密知识测试，将保密法规知识和保密基础知识装订成册，发至个人手中进行学习，进一步增强党政机关工作人员和涉密人员的保密意识和保密能力。在县委党校设立保密教育基地，通过举办保密宣传漫画展，用生动形象的保密漫画来增强干部职工的保密意识。先后组织县四大班子领导观看保密教育宣传片《胜利之盾》《红线》等警示教育片，县直部门特别是涉密单位征订《保密工作》和《保密科学技术》学刊杂志，征订量居全市各旗（县）之首。2018 年 4 月 15 日“全民国家安全教育日”，在全县范围内开展《中华人民共和国保守国家保密法》宣传活动；10 月，组织开展保密宣传月活动，在《商都报》开辟《应知应会的保密知识》专栏，局主要领导就如何做好新时期的保密工作接受县门户网站记者的采访。

【各项保密规章制度修订完善】 2018 年，对《商都县党政领导干部保密工作责任制规定》《办公室保密制度》《公文流转过程中的保密管理》《涉密会议保密制度》《秘书人员保密制度》《涉密移动存储介质管理规定》《计算机上网安全保密管理规定》《计算机维修维护管理规定》《笔记本电脑安全保密管理规定》《国际互联网上发布信息的管理规定》《计算机信息系统保密规定》《密级文件销毁管理制度》等一系列管理制度进行修订完善，并发至重点单位和重点涉密人员手中。

【保密安全管理】 加强对保密要害部门、重点部位的安全管理。2018 年 6 月，在全县范围内组织开展“七五”保密法治宣传教育中期检查督导工作。7 月，组织人员对全县重点涉密单位的涉密文件资料、涉密电子文档和计算机信息系统进行保密检查，针对发现的问题，及时制订下发《关于进一步加强办公自动化和计算机信息系统保密管理工作的通知》，加强对各单位机要室涉密文件和各类涉密文件的印制、保管、清理、归档、销毁工作的保密安全管理，要求各单位严格执行《机关公文处理办法》，从工作流程上杜绝纸质文件泄密事件的发生。对各机关、单位计算机及各种移动磁介质进行全面检查，并对办公使用的计算机、笔记本电脑、移动磁介质等办公设备均建立详细准确的台账。要求各单位根据业务工作特点对涉密与非涉密计算机予以明确区分，确定办公文件制作专用电脑为单位内部保密信息涉密计算机，做到与局域网脱离连接，规定不准上因特网以防失泄密；加强电脑资料的保管，未经单位主要领导同意，严禁将单位软件资料打印或拷贝给外单位人员。对全县所有注册网站进行浏览检查，并要求有注册网站的单位和部门依据《国家秘密及其密级具体范围的规定》，对互联网站内容进行全面自查。依据各单位上报注册网站域名进行浏览检查，未发现注册网站刊登国家秘密信息。不断加强对重点涉密人员的管理，准确界定重点涉密岗位和涉密人员的涉密等级，对涉密人员进行岗前审查和培训，根据各涉密部门的涉密等级，明确涉密人员类型；组织全体涉密人员签订《保密承诺书》。

【重要会议和重大活动的保密工作】 2018 年，强化会议涉密文件资料的保密管理、场所保密管理，做好保密设备配备、网络保密管理和保障工作，确保全县召开的重要会议和重大活动未发生一起失泄密事件。是年高考前夕，专门对相关部门开展专项检查，并全程做好高考试卷的押运和保管工作，完成全县 2018 年度高考保障工作。

（供稿　吕彦平）

全面深化改革

【概　况】 2018 年，是改革开放 40 周年，是全面深化改革向纵深推进的关键之年。商都县委全面贯彻落实中共中央和自治区党委、市委改革决策部署，紧密结合商都县实际推进改革发展，把改革作为工作的重中之重。按照“领导挂帅、典型引领、重点突破、整体推进”的工作方略，进一步强化改革举措，改革工作呈现出鼓点紧、步履实、成效好的良好态势，为全县经济社会稳步发展注入新活力、释放新红利。

统筹谋划组织领导

【安排部署】 2018 年，县委主要领导高度重视全面深化改革工作，及时梳理县内重要领域改革事项，列出专题事项，不定期组织召开县委全面深化改革领导小组会议，研究出台县内重点领域改革方案，并形成专题会议纪要，推动改革工作深入开展。累计召开领导小组会议 24 次，研究制定各领域改革文件 26 个；是年，组织召开领导小组会议 5 次，研究制订改革文件方案 6 个。累计召开办公室会议 43 次，是年，召开办公室会议 12 次。

【组织机构、工作制度】 2018 年，根据人事变动情况，及时调整深改办组成人员，由县委办公室主任兼任县委改革办主任，县发改局局长兼任副主任，配备常务副主任（正科级）1 人、专职副主任 1 人、工作人员 4 人，确定 6 个专项小组联络员和工作人员，并明确责任分工。进一步完善工作制度，制定领导小组工作规则、专项小组工作规则、领导小组办公室工作细则、督察实施办法和工作考核评价办法等各项制度，健全完善深化改革事项会议研究、资料备案、信息报送等制度。

按照市委深化改革的整体安排，结合商都县实际，按季度排出改革事项任务清单，明确任务内容、任务时限、牵头单位和责任单位；依据各专项组工作开展情况，随时掌握各个小组改革动态，安排部署下一阶段改革工作。县委深化改革领导小组定期听取汇报、审议改革方案、部署改革任务、解决改革难题。县领导将上级改革任务与业务工作有机融合，做到以改革促工作，以工作落实改革，形成强劲的改革合力，有效促进各项改革工作任务的落实。

【宣传工作】 2018年，积极配合市委改革办，围绕中共中央总书记习近平对内蒙古提出三项先行先试改革试点，由中央电视台11套的记者拍摄《重托》纪录片，宣传内蒙古希森马铃薯种业有限公司马铃薯产业。及时收集汇总县内改革动态信息，第一时间报送给市委改革办、市委信息科、乌兰察布日报社等部门。累计上报各类改革信息45篇。利用县人民政府网、商都电视台、《新商都》报社等媒体平台，加大改革工作宣传力度，不定期转发、播放、刊发上级最新改革会议精神，以及县内各单位改革动态、改革经验、改革成效等。累计在政府网、《新商都》刊发各类改革文章38篇，通过电视播放各类改革视频23次，有效地提升群众对改革的知晓度和满意度。

2018年年初，研究制定《商都县全面深化改革领导小组2018年工作要点》，明确2018年县本级要实施改革任务306条。并细化分解落实到各专项小组和责任单位，扎实推进各项改革工作任务。制订出台方案或推进落实161条，正在推进82条，等待顶层设计63条。

经济体制和生态文明体制改革

2018年，制订出台方案或推进落实119条，正在推进62条，等待顶层设计52条。

【农业供给侧结构性发展】 2018年，围绕发展壮大以“六个一”绿色农字号为主导的农畜产品加工产业，全面推进市场化、规模化、品牌化和安全化建设。“三品一标”（无公害农产品、绿色食品、有机农产品和农产品地理标志）建设持续推进，新认证面积7.29万亩，累计达78.89万亩；新认证有机和绿色农产品32个，累计达43个；“商都西芹”在获批农产品地理标志认证基础上，又成为国家地理标志证明商标和中华人民共和国生态原产地保护产品。新增著名商标1个、知名商标4个。奥淳酒业绵柔型白酒等3个产品被评为“内蒙古名牌产品”。围绕创建国家农产品质量安全县，建立县、乡、村三级农畜产品质量安全监管网格化管理体系，新纳入自治区农畜产品质量安全监管追溯信息平台企业或合作社7家，累计达10家。“一薯两菜”（马铃薯、冷凉蔬菜、甜菜）优势特色作物种植比重由45%提高到51%。“六个一”绿色农畜产品加工业整体实力进一步提升，农畜产品就地加工转化率达58%，累计创建自治区级和市级农牧业产业化龙头企业10家。

【乡村振兴战略行动】 2018年，完善“三权分置”改革，引导土地经营权有序流转，稳步推进农村土地承包经营权确权登记颁证工作，有力、有序地推进土地确权工作。全面启动农村人居环境整治三年行动，配置垃圾箱、垃圾池、垃圾车等设备，配齐卫生管护员。引导农民发展小菜园、小果园等庭院经济，让村民院落景观化，带动提升村容村貌，“美丽乡村”建设成果得到进一步巩固。以建设国家电子商务进农村综合示范县为契机，依托建成的县级电子商务服务中心、农村快递物流集散中心和91个村级电商服务站，培育发展电子商务业。国家、自治区验收商都县国家电商进农村综合示范县建设项目全区排名分别位列第二和第一。

【商事制度改革】 2018年，严格开展“证照分离”改革，按要求减少办理要件、压缩办理时限、简化审批程序，切实提高服务企业载体的有效性。深化“多证合一”综合性改革，加强窗口人员配备，主动与其他部门协作，提升注册登记便利化水平。推进“互联网+政务服务”，实现全程电子化，商都县在全市发出第一张电子营业执照。推行服务前移，对招商引资项目提前介入，前移登记注册窗口服务，确保市场主体增势不减、保持活跃。推进企业名称登记管理改革，实行名称自主申报试点，简化申请流程。推行企业登记注册规范化。统一规范经营范围、规范企业登记申请文书和提交材料，落实名称登记制度，规范“双告知”流程。推行审核合一、一人通办，规范经营范围用语。在扶持小微企业方面，着力降低制度性交易成本，同时鼓励符合小微企业标准的个体工商户转型升级为企业。2018年，共核发多证合一营业执照533户，核发电子营业执照20份，各类市场主体总量达到300户。

【国税地税体制改革】 2018年7月20日，国家税务总局商都县税务局正式合并成立，标志着国税地税征管体制改革工作进入实质性推进阶段。2018年，商都县进一步深化“放管服”改革，推动征管方式转变，优化营商环境。推进简政放权工作制度化、规范化、程序化，持续为企业松绑，为市场腾位。合并后统一纳税申报平台，统一归口管理，统一大数据信息处理系统。日常办税业务统一对接，一个办税大厅可同时办理所有税收业务，电子申报渠道、税控器具、数字证书等实现完全统一。2018年，商都县累计组织入库各项税收4.39亿元，其中，增值税1.99亿余元、消费税309万元、企业所得税1.07亿元、个人所得税2772万元、车辆购置税1393万元、营业税460万元、资源税377万元、城市维护建设税1148万元、房产税828万元、印花税391万元、城镇土地使用税1984万元、土地增值税175万元、车船税831万元、耕地占用税548万元、契税644万元、环境保护税80万元、非税收入1209万元，为商都县经济社会发展提供可靠的财力保障。

【“放管服”改革】 2018年，全县增设公积金自助查询、出入境申办自助、机动车违章查询、“三务公开”查询、自动感应语言播报指引服务等电子自助设备。根据进厅事项重新分类设区，设置市场准入与监管综合服务区、投资建设项目综合服务区、社会民生事务综合服务区、预约受理综合服务区，并印制服务指南，制作服务窗口引导指示牌。为特殊人群提供便捷服务，开辟残疾人通道，配备残疾人及突发应急事件物品等。清理规范厅内收费事项，对进厅的23个收费项目进行备案登记，并在大厅内公告，接受群众监督。协调配合各有关部门梳理并公布“就近办”审批服务事项23项、“马上办”审批服务事项34项、“网上办”审批服务事项29项、“一次办”审批服务事项141项。年内，办理各类审批服务事项28.13万件、办结率99.2%。交易中心共完成58项政府采购业务，预算评审价3040.9万元，中标成交价2938.3万元，节约资金102.6万元，节约率3.37%；共完成14宗国有土地使用权挂牌出让业务，面积23.76万平方米（356.4亩），起始价2338万元，成交价2370万元。

【健康商都建设】 2018年，全县调整深化医药卫生体制改革领导小组，制订《商都县“三医”联动工作实施方案》，积极推进“三医”（医疗、医保、医药）联动改革。出台《商都县医疗卫生分级诊疗工作方案》，实施不同级别医疗机构、医保新农合报销补偿差异化支付政策。县医院、县中医院分别与内蒙古中医院、乌兰察布市中心医院、北京电力医院、北京市平谷区医院以及各乡镇卫生院签订医联体、医共体协议书。相关专家和医师定期不定期地到全县两所医院坐诊、义诊，并接受县、乡医疗人员的咨询和学术交流指导。两所公立医院都积极开展临床路径管理诊疗，县医院临床路径管理病种9个、出院病例为4981例，临床路径管理率达61.6%。实行乡村医疗卫生机构药品由县卫生和计划生育局集中采购，严格执行“两票制”对医疗机构药品使用进行规范，基层医疗卫生机构基本药物使用率达65%，县医院基本药物使用率达19%，中医院基本药物使用率达21%。对医疗机构药品、耗材网上采购行为进行规范，医疗机构药品及通用高分子耗材网上采购参与率及采购率均100%。

【教育“三项改革”】 2018年，深入推进校长职级制改革，进一步完善校（园）长交流轮岗常态化机制，细化校长职级评定办法和校长任期考核制度，稳步实施校长挂职锻炼和培训学习活动。加大教师交流力度，完善教师交流办法，实现教师交流制度化和常态化，全面落实乡村教师支持计划和“国培计划”送教下乡活动，实施乡村教师提升工程。加强名师队伍培养，建立名师培养梯队，成立名师工作室，设立培养人才库，对培养对象实施定向扶持、订单培训、跟踪培育。加大教师招聘引进力度，公开招聘教师37人，引进高层人才7人，通过免费定向师范生培养计划与大学本科师范生10人签约。深入开展课堂教学改革、教学评比、校长论坛、励志讲堂等活动。课堂教学改革实现全员、全学科覆盖，并借助《中国教师报》第二轮课改培训机遇，深入推进课堂教学改革。在全市“第四届课堂教学改革好课堂大赛”活动中，商都县获得中学组第三名。加大教师表彰奖励力度，召开全县课堂教学改革暨教学质量总结表彰大会，对全县课堂教学改革先进集体和课堂教学改革好课堂大赛及全县教学质量先进集体、个人以及2017年评选出的“中国通用技术集团教育奖励基金”优秀教师和学生进行表彰。累计完成各级各类师资培训5559人次，投入资金44.67万元，有效促进教师专业化发展。

【生态文明体制改革】 2018年，坚持实行最严格的环境保护制度，建立全县大气污染防治动态工作台账，淘汰10蒸吨及以下燃煤锅炉17台，严格执行“三线一单”（生态保护红线、环境质量底线、资源利用上线和环境准入清单）和环保部“四个不批”（国家明令淘汰、禁止建设不符合产业政策的一律不批；环境污染重，产品质量低，能耗、物耗消耗高，特别是污染物排放不能达标的项目一律不批；环境质量不能满足环境功能要求的，尽管是好项目，但是当地的环境质量已经不能满足环境功能要求的，已经没有总量指标了的，也一律不批；建设项目如果位于自然保护区、核心区、缓冲区的项目一律不批），严格执行企业进园政策，出台城乡人居环境治理办法，推行市场化运作模式，环境卫生管理长效机制逐步形成。编制完成环城区生态经济圈规划，2018年，实施重点区域绿化1000亩、京津风沙源治理造林5000亩，完成建设任务的100%。加强重点流域水污染治理，巩固和改善全县水环境质量。贯彻落实国务院《水污染防治行动计划》（以下简称“水十条”）规定，加强饮用水水源地保护，严格控制水资源管理“三条红线”（水资源开发利用控制红线、用水效率控制红线、水功能区限制纳污红线），完成河长制改革，建立县、乡、村三级河长体系。

【“枫桥经验”先行试点】 2018年，坚持“以人民为中心”的发展理念，立足全县实际，学习“枫桥经验”，以西坊子派出所作为试点打造“和为美”调解室，及时化解矛盾纠纷。充分调动社会资源参与调解工作，组建兼职调解员人才队伍，邀请基层司法所主任担任调解室主任，抽调有法律服务从业资格、基层群众工作经验的派出所民警任专职调解员，聘请各村、社区、企事业单位有资历、有威望、有话语权的干部、群众及人民调解员等担任兼职调解员。规范调解室调解规章、制度、程序，确保调解工作依法依规。针对发生矛盾纠纷，及时查询调解员人才库，挑选与当事人有亲情、友情、乡情等血缘、地缘关系的调解员，发挥其人熟、地熟、情况熟的优势，让“自己人”参与调解矛盾纠纷，给矛盾纠纷“降温”，给当事人“降火”，达到疏通引导、快速化解、平息事态的目的。针对疑难复杂纠纷调解，邀请部分群众代表参加旁听，通报案情及处理结果，实行“阳光调解”依法、公开、公正、透明。改“案件民事赔偿诉讼”为“调解室现场调解”，直接启动人民调解程序，减少告知、中转环节，群众不打官司、受惠受益。建立健全调解工作长效机制，落实司法、公安领导责任、专兼职调解员责任，严明工作纪律，做到“门常开、灯常亮、事常办”。“和为美”调解室成立运行以后，实现“1+1>2”多方共赢的社会效果。先后成功调解纠纷18起，收到群众送去的锦旗5面。

【农业综合水价改革】 国家投资1550万元，对水价改革项目的小海子镇和七台镇实施规划，项目区控制面积3.25万亩，涉及项目区262眼机电井，按照“一井一表一卡”的原则，安装计量设施262套、机电井控制及农田取水控制系统80套。逐步加快实施高效节水灌溉工程，对耗水较高的喷灌灌溉方式和传统大水漫灌方式进行彻底改造，2018年，全县完成高效节水灌溉面积7.06万亩，取缔喷灌圈175个。严禁开采地下水，农田已淘汰的机电井不再增补，并对超采区内的机井，按比例实行封停，完成封井任务100眼。在县政府引导下，减少蔬菜、甜菜等高耗水作物的种植比例，增加高附加值、低耗水的经济作物，提高农民收入，节约地下水，全县缩减高耗水作物种植面积达1.8万亩。

民主法制领域改革

2018年，制订出台方案或推进落实7条，正在推进2条，等待顶层设计1条。

【人大审查监督工作】 2018年，制订《关于本级财政预算审查监督办法（暂行）（草案）》，加强人大常委会对本级财政预算的审查监督工作，规范预算行为，促进经济和社会事业持续健康发展。办法包括预算草案的初步审查、预算执行的监督、预算调整方案和决算的审查批准、听取和审议审计工作报告。行使监督预算的编制和执行，审查和批准预算调整方案，审查和批准决算，撤销县人民政府关于预算决算不适当的相关决定四项职权。坚持依法监督，政策主导，突出重点，公开民主，集体决定的原则。建立财政预算重大事项报告制度和备案制度。县人民政府严格按照有关法律法规规定，向县人大常委会报告并备案财政政策、财政预算。

【公安改革工作】 2018年，严格按照上级有关工作要求，推进公安体制改革各项工作。及时研究制订商都县公安执法改革实施方案，明确政工、纪检、法制等十多个部门为重点单位，分工落实各项职责任务。合理配置公安执法权力，逐步将刑事案件审核职责及其人员由预审部门调整到法制部门，编制部门争取在法制部门设立专门的刑事案件审核机构。推进人民警察管理制度改革，统计上报警员分类统计数据，组织开展公务员招录有关问题调研、辅警（协警）队伍基本情况调研等，做好禁毒辅警及监管场所工作人员招聘工作。结合全县实际情况，出台《商都县人民政府关于进一步推进全县户籍制度改革的实施意见》，进一步放宽进城落户的户籍准入条件，鼓励、引导农村剩余劳动力有序向城镇转移。围绕户籍制度改革，落实便民利民措施。将户籍管理办证中的审批权限能下放的就放权下放，使办证程序更加简化，群众办事更为方便。凡是符合当地户籍准入条件的居民，申请人可持相关证明材料，在拟迁入地公安派出所和行政服务中心户籍窗口提交落户申请、办理户口迁出、落户登记的全部手续。

【检察改革工作】 充分履行批捕、起诉职责，全面贯彻宽严相济的刑事政策，依法惩治刑事犯罪。2018年，共受理公安机关提请批准逮捕案件54件77人，其中涉恶案件6件14人，经审查，批准逮捕54人，对涉嫌犯罪但无逮捕必要的，依法决定不批准逮捕18人；办理立案监督3件，侦查活动监督案件2件，均于法定时限内办结；向公安机关发出《逮捕案件继续侦查取证意见书》38份和《纠正违法通知书》2份，均得到及时回复与整改；适时提前介入公安机关刑事案件，参与讨论重大、疑难复杂案件10件次，依法引导公安机关做好证据收集、固定工作，减少和杜绝违法取证现象的发生。受理移送审查起诉的各类刑事案件100件132人，其中3件4人为未成年人犯罪案件，1件1人为强制医疗案件，其中向法院提起公诉93件120人，正在审查起诉5件10人，报送市人民检察院2件2人。

【法院改革工作】 2018年，在推进基层基础建设方面逐步加强，完善健全各项管理制度，创新举措狠抓落实，为规范法院管理提供切实有效的保障。建成诉讼服务中心，并依托大数据、云计算等现代信息技术，积极拓展服务功能。设置开放式工作台，有诉讼引导、判后答疑等8个窗口，全方位“一条龙”式地对诉讼的整个流程进行引导和帮助，集中办理除庭审之外的其他诉讼事务。对重大民生案件建立“绿色通道”，坚持立案、审判、执行“三优先”。新建执行指挥中心，网络连接公安、房管、银行、工商、税务等单位端口，实现实时查询。配备执行指挥车，通过高科技手段实现异地执行信息化。执行指挥中心实现视频、音频的实时传输、录音录像，可将执行工作现场实时传送到执行指挥中心，提升执行工作的快速反应能力。积极探索建立与岗位、职责、工作实绩相结合的绩效考核机制。实行结案审限预警制度，对接近审限期的案件，督促相关案件承办人及时结案。加强裁判文书校核工作，防范带错出门。完善庭审和案件定期评查机制，规范庭审行为，提高案件质量。法定审限内结案率100%。

【法制改革工作】 2018年，出台《商都县人民政府关于深入推进依法行政加快建设法治政府的实施意见》，对当前和今后一个时期商都县法治政府建设提出目标、任务和要求。全县10个乡镇人民政府以及县直行政执法部门普遍建立法律顾问制度。把公众参与、专家论证、风险评估、合法性审查和集体讨论决定作为重大决策的必经程序，充分发挥政府法制机构对政府重大决策事项的合法性审查职能，提高行政决策科学民主和法制化水平。严格规范性文件规范管理和备案审查，共审查人民政府对外招商合作意向书、重大项目合同书的拟订审查269件，审查修改人民政府和县直部门报送的规范性文件草案12件；对部门制发的规范性文件审查备案7件。积极推进商都县城市管理综合执法改革，切实做好行政执法人员资格考试工作，认真开展重点领域行政执法监督检查，取得行政执法资格1044人。利用仲裁化解社会矛盾纠纷，组织仲裁员进行仲裁业务知识培训4期，与百色学院共建仲裁实训基地，与市工商联组建工商联仲裁服务部，加大仲裁宣传。2018年，共受理仲裁案件45件。

文化体制改革

2018年，制订出台方案或推进落实12条，正在推进8条，等待顶层设计1条。

【文明创建组织机制】 2018年，推进文明办网和网络诚信建设，成立领导小组，制订下发相关实施方案，在县属媒体、乡镇街道利用专题专栏、条幅标语等多种形式对依法文明上网和网络诚信进行宣传，定期对监督区域内网络网站、电子阅览室进行实时监控。设立专人24小时动态监督管控网络舆情，对县属微信公众号、手机报等新媒体加强管理和监督。针对创建攻坚之年任务，制订《2018年创城工作方案》等文件，调整工作领导小组，突出首问制。加快发展对外文化贸易、文化交流。商都曲艺家协会、商都书画家协会均正式成立，正在广泛组织动员全县文艺工作者、爱好者创作展现风貌的作品，并参与市文联、市书画院等文化艺术作品对外展示、交流活动。

【打造特色创建品牌】 2018年，以培育和践行核心价值观为根本，建立“四评选、四推荐”（评选依据、评选原则、评选程序、评选方法，会议推荐、书面推荐、口头推荐、网络推荐）好人评选机制，开展身边好人评选活动。以社区为细胞积极开展“邻里守望”志愿服务。抓住学雷锋、庆“七一”等时间节点，组织青年团员、中共党员等志愿服务队到基层、学校开展“一对一”志愿服务活动。以社区为核心，辐射周边，打造风清气正的楼道文化。扎实开展道德实践活动，组建青年队伍，加强网络文明传播。借助工地围墙、祥和广场，将核心价值观宣传立体化、生动化。改版提升各类县属媒体，充分利用政府公众微信号等新媒体平台，主动设置议题，开展微话题、微观点讨论。围绕全县先进有特色的生态商都主题活动，以小切口呈现大主题，展示美丽商都形象。2018年，在市级以上媒体发稿300余篇，其中国家级媒体用稿30余篇、自治区级媒体用稿40余篇，在《乌兰察布日报》刊发专版11期。

【文化服务阵地建设】 2018年，进一步推进公共文化服务标准化、数字化建设，制定出台《商都县文化强县规划及远景目标》等文件，加大公共文化基础设施投入力度，先后建成文化体育广场、电子图书馆、6个乡镇标准综合文化站、212个农家书屋。开展农家书屋读书活动562次，惠及群众近2万人。2018年，县图书馆、文化馆、美术馆累计接待群众10万余人次。乌兰牧骑惠民演出累计100余场次。励志电影下乡放映2568场，受益群众观众共达5万人次。继续实施好“三馆一站”（图书馆、美术馆、科技馆，文化站）免费开放，积极推动公共文化服务向社区和农村延伸。在乡村公共文化活动中，以扭秧歌、广场舞、传承演艺东路二人台或者棋牌等形式，全县10个乡镇、211个行政村共开展公共文化活动8904场次、培训295场次、展览157场次、讲座226场次，全年参加人数约为1万人次。投资700余万元，对212个村委会及八股地国有林场全部配套“村村响”，全部进行维修排查，保证正常使用。共安装实施“户户通”地面卫星接收机4.85万套，基本实现全县农村牧区的广播电视覆盖任务。

社会体制改革

2018年，制订出台方案或推进落实7条，正在推进8条，等待顶层设计4条。

【就业体制改革】 2018年，消除城乡、行业、身份、性别等一切影响平等就业的制度障碍和就业歧视，促进以高校毕业生为重点的青年就业和农村转移劳动力、城镇困难人员、退役军人就业，形成大众创业、万众创新的新局面。增强失业保险制度预防失业、促进就业功能，完善就业失业监测统计制度。创新劳动关系协调机制，畅通职工表达合理诉求渠道。深化就业体制改革和实施就业优先的政策，全县就业形势和城镇失业率在经济增长下行的情况下保持总体稳定。免费发放招工信息等宣传资料1万份，组织大型招聘会1场，提供2297个就业岗位供劳动者选择，组织参加职业技能培训135人。

【社会保障制度改革】 2018年，推进实现基础养老金全县统筹，正式启动机关事业单位养老保险制度改革。整合城乡居民基本养老保险制度、基本医疗保险制度。建立健全合理兼顾各类人员的社会保障待遇确定和正常调整机制。建立公开规范的住房公积金制度，改进住房公积金提取、使用、监管机制。加快发展企业年金、职业年金、商业保险，构建多层次社会保障体系。研究制定渐进式延迟退休年龄政策。

【社会治理体制改革】 2018年，改进社会治理方式，加强党委领导，发挥政府主导作用，鼓励和支持社会各方面参与，实现政府治理和社会自我调节、居民自治良性互动。坚持依法治理，加强法治保障，运用法治思维和法治方式化解社会矛盾。建立畅通有序的诉求表达、心理干预、矛盾调处、权益保障机制。全县社会秩序保持总体稳定。

【社区矫正制度改革】 2018年，商都县社区矫正中心严格按照《社区矫正实施办法》开展日常工作。通过搭建平台，进一步拓展社区矫正中心职能。按照自治区司法厅社区矫正中心“三区九室”（“三区”为执法监管区、教育矫正区和综合办公区，“九室”为报到登记室、宣告室、监控指挥中心、集中教育室、个别谈话室、心理矫正室、档案室、办公室和检察机关派驻联络室）建设标准，正式挂牌成立社区矫正中心，设置办公室、档案室、报到登记室、执法监管室、宣告室、远程探视室等功能室，对社区服刑人员进行统一教育、统一管理。进一步完善社区矫正中心的职能，形成监管、执法、教育、技能培训“一站式”工作新平台，各功能室全部投入运行，为全面履行工作职责提供基础保障。加强规范教育，在按照犯罪类型、矫正类别分类管理教育的基础上，积极探索按照职业、爱好等进行分类教育，不断提高教育的适应性和实效性。

【扫黑除恶专项斗争】 2018 年，全县制订《商都县公安局扫黑除恶专项斗争工作方案》，进一步分解目标任务，细化工作措施，落实责任分工。坚持“打早打小、露头就打，有黑打黑、无黑除恶、无恶整风”的原则，横扫各类黑恶势力，彻底摧毁黑社会性质组织，坚决打掉恶势力团伙。全面铲除把持基层组织的黑恶“村官”和黑恶势力“保护伞”。通过开展专项斗争，扫黑除恶工作法治化、规范化、专业化水平得到全面提高，线索排查、侦查打击、协作配合等工作机制建立健全，人民群众对社会治安的安全感和满意度明显提升。每月对聚众斗殴、寻衅滋事、敲诈勒索、非法拘禁等 7 类案件进行研判，对涉案人员的前科劣迹及结伙作案情况进行综合分析、关联比对，注意从中发现隐藏的黑恶势力，有效提升一般涉恶案件的侦办效率。

党的建设制度改革

2018 年，制订出台方案或推进落实 7 条，正在推进 2 条，等待顶层设计 5 条。

【干部教育培训制度】 2018 年，出台干部教育培训规划，有针对性地提出干部教育培训的目标任务、改革举措和保障措施，系统提出、分类实施六项干部教育培训重点工程，深化四项机制改革，推进干部教育培训向纵深发展。（1）推进办学体制改革。推进党校和行政学院办学体制改革，探索建立党校教学科研统筹工作机制，鼓励部门、行业培训机构合作办学，实现优质资源共享互用。（2）推进运行机制改革。全面推进需求调研制度，建立健全以需求为导向的培训计划生成机制、办班申报制度、干部学习培训考核评价和激励约束机制等制度，积极推行领导干部上讲台授课制度，积极推动领导干部、专家学者、先进典型、优秀企业家和基层干部上讲台。（3）推进内容方式改革。实施精品课程建设工程，定期开展精品课评选，探索建立精品课程库，逐步提高主体班次精品课占比，提高培训针对性。（4）推进质量评估机制改革。探索建立干部教育培训质量评估机制，把评估结果作为衡量县委党校办学水平的重要标准，作为其承担培训任务的重要依据。

【作风建设长效机制】 2018 年，针对党的群众路线教育实践活动查摆出来的问题，深入开展“为官不为”“为官慢为”行为专项整治，研究制定《专项整治的实施意见》，并开展专项整治，确定 4 个方面的目标任务，强化保障措施，通过实施 4 个方面 12 项具体措施，各级领导班子和领导干部大局意识明显增强、服务水平明显提升、办事效率明显加快、工作作风明显转变、发展环境明显优化、群众满意度明显提高。集中对党政机关、党员干部及公职人员“吃喝风、红包风、赌博风、走读风”等“小四风”行为开展排查整治，进行承诺践诺，严格约束党员干部行为。

【干部人事制度改革】 2018 年，按照新修订的《党政领导干部选拔任用工作条例》提出的科学规范、有效管用、简便易行的选人用人要求，在充分调研、广泛征求意见的基础上，及时废止《选拔任用乡镇党政正职试岗制试行办法》。进一步完善干部考核评价制度，认真贯彻好干部“20字”标准（信念坚定、为民服务、勤政务实、敢于担当、清正廉洁）和“五个褒奖重用、五个警醒惩戒”（让那些胸怀远大理想，政治立场坚定，自觉在大局下想问题、做工作，始终与中央和党委保持一致的干部得到褒奖和重用，使那些理想信念动摇，缺乏政治定力，关键时刻经不起考验的干部受到警醒和惩戒；让那些对群众感情真挚，密切联系群众，倾心服务群众，深得群众拥护的干部得到褒奖和重用，使那些群众观念淡薄，严重脱离群众，甚至与民争利的干部受到警醒和惩戒；让那些坚持求真务实，对上对下实实在在、不玩虚招，说话有灼见、办事有效率的干部得到褒奖和重用，使那些欺上瞒下、作风漂浮，热衷于形式主义的干部受到警醒和惩戒；让那些紧要关头敢于负责，重大问题勇于担当，奋发有为、敢抓敢管的干部得到褒奖和重用，使那些碰到矛盾往后缩，遇到问题绕道走，拈轻怕重、明哲保身的干部受到警醒和惩戒；让那些严于律己、廉洁奉公、一身正气，公众形象好的干部得到褒奖和重用，使那些享乐思想严重，习惯于耍特权，甚至以权谋私、贪赃枉法的干部受到警醒和惩戒）的用人要求，强化干部德的考核，对干部在年度考核时实行作风专项测评。深入推进干部队伍聚力活动，开展单位交流轮岗工作问卷调查。加强和改进优秀年轻干部培养和选拔工作，拟定具体实施办法，健全选拔方式和制度建设，不断提高培养和选拔年轻干部工作科学化水平。

【干部队伍管理制度】 2018年，坚持把严格监督贯穿于干部选拔任用的全过程，着力建立健全选人用人管理监督机制，建立领导干部报告个人有关事项信息管理系统，强化干部考核管理监督作用。凡年度责任制考核位居县委、县政府最后一名、县直单位最后三名的，对第一责任人进行廉政谈话或诫勉谈话。对党政正职存在执行政治纪律不严，贯彻上级部署打折扣、搞变通；不严格执行中央八项规定，在作风、效能、纪律等方面存在苗头性、倾向性问题；不严格执行干部人事纪律，搞临时动议、暗箱操作等情形，实行县委、纪委负责人约谈制度，约谈情况记入干部廉政档案，并作为干部提拔任用、评先评优的重要参考依据。认真开展裸官、超职数配备干部和党政领导干部在企业兼职（任职）问题专项整治。

【人才工作体制机制】 2018年，认真落实中共中央办公厅印发的《关于进一步加强党管人才工作的意见》，健全和完善人才工作领导小组和县级领导干部专家联系制度。认真开展人才目标责任制考核，及时解决人才工作开展中遇到的实际困难和问题。重点引进中国科学院院士、中国工程院院士，国家级重点学科、重点实验室、工程技术研究中心的学术学科带头人等八类人才。积极推进专业技术拔尖人才评选表彰。通过基层单位推荐、异地组织专家评选，教育、卫生、农业、工程技术与管理、社科群艺五类共评选表彰40人。计划用3年时间选拔500名高层次后备人才，进行动态管理、重点培养，以促进优秀青年人才快速成长。

【基层党组织建设制度】 2018年，深入推进基层服务型党组织建设，进一步完善推进基层党建工作的政策措施，加强对基层党建工作的宏观指导。县委组织部组成调研组，重点围绕基层领导班子状况、党员队伍现状、活动场所、组织制度以及考核考评共5个重点方面开展调研，形成调研报告。建立健全领导干部深入基层蹲点调研、随机调研，领导干部基层联系点、定点帮扶等制度，采取“1+4”（“1”即党的建设总引领，“4”包括镇村治理“一张网”、政务服务“一窗口”、综合执法“一队伍”、指挥调度“一中心”）模式，全县部门、单位和部分企业党组织与212个村委会、社区及社会组织开展联合共建。开展村党组织带头人“523”工程（培育示范村党组织书记500人、市级示范村党组织书记2000人、县级示范村党组织书记3000人），采取开展学历教育、选优配强村党组织带头人、“双技”（职业技能和实用技能）培训、挂职锻炼、完善奖惩激励机制、加大政策扶持等措施，继续优化村党组织带头人队伍。对全县软弱涣散的基层党组织开展集中整顿，截至是年年底，全面完成整顿。完成全县211个村“两委”换届选举工作，基层党组织战斗堡垒作用进一步加强。制订发展党员工作规划，明确全县党员数量。出台加强新形势下党员管理工作实施办法，强化党员日常管理，激发党员队伍活力。

纪律检查体制改革

2018年，制订出台方案或推进落实9条。

【主体责任落实】 2018年，围绕党要管党、从严治党要求，进一步加大压力传导，下发《2018年惩治和预防腐败工作要点》《商都县廉政风险防控工作要点》《关于2018年党风廉政建设和反腐败工作要点重点任务的分解意见》等文件，对全县各级党组织开展相关工作和纪律遵循进行规范和要求。成立两个专项督查组，对全县各级党组织落实党风廉政建设主体责任情况督查2次，共发现问题107个，对履职不力的单位主要负责人和直接责任人给予党政纪处分6人、诫勉谈话4人、批评教育7人、谈话提醒3人、约谈1人。通过问责，进一步提高党员领导干部从严治党的政治自觉、思想自觉和行动自觉，有力推进全县各级党组织主体责任的落实。

【整治“四风”工作】 2018年，围绕中央八项规定精神，深入开展正风肃纪，紧盯重要时间节点及“关键少数”，深挖细查严纠，持续巩固深化整治“四风”（形式主义、官僚主义、享乐主义、奢靡之风）成果。2018年，全县各级纪检监察机关开展督导检查66批次，发现并解决问题43个，点名通报曝光5起6人。对22个单位28名工作人员不遵守工作纪律行为在全县进行点名通报批评，对违规发放津补贴、公车私用问题立案5起，处分3人，并在全县进行通报批评。对1个乡镇、7个科局16名干部不遵守工作纪律问题进行通报并责令其作出深刻的书面检查。

【执纪审查】 2018年，挺纪在前，用纪律的戒尺管住多数。坚持问题线索集体排查，集体研究处置，认真落实《中国共产党纪律检查机关监督执纪工作规则》，建立起“信访调度、以室办案、案管督办、案件排查”的执纪审查机制，形成线索、研判、批办条理化、程序化。2018年，共受理信访举报问题线索308件，公、检、法、审计机关移送问题线索40件，上级转交办问题线索74件；处置问题线索233件，立案77件79人，结案65件，给予党纪政务处分62人、诫勉谈话1人、其他组织调整2人。充分践行“四种形态”运用，第一种形态处置71人次，占处置总数的55%；第二种形态处置52人次，占处置总数的40.3%；第三种形态处置5人次，占处置总数的3.9%；第四种心态处置1人，占处置总数的0.8%。

【政治巡察】 2018年，按照上级关于构建巡视巡察上下联动的监督网的相关要求，选派优秀干部到自治区党委巡视组调训，积极组织人员参与市委交叉巡察，支持市委扫黑除恶专项巡察，全力配合自治区党委巡视组对商都县巡察工作的专项检查。在线索查办方面，对第三轮移交的问题线索快查快结，其中，了结1件、责令整改2件、组织处理3件、立案3件，给予党内警告处分1人，正在办理2件，巡察达到发现问题、形成震慑的目的。聚焦“六个围绕一个加强”（“六个围绕”，即围绕党的政治建设，重点检查维护党中央权威和集中统一领导情况；围绕党的思想建设，重点检查学习贯彻习近平新时代中国特色社会主义思想情况；围绕党的组织建设，重点检查选人用人和基层党组织建设情况；围绕党的作风建设，重点检查整治“四风”问题的情况；围绕党的纪律建设，重点检查党规党纪执行情况；围绕夺取反腐败斗争压倒性胜利，重点检查领导干部廉洁自律和整治群众身边腐败问题情况；“一个加强”，即加强对巡察反馈问题的整改落实），积极开展第四轮和第五轮巡察，采取常规与专项结合的方式，进一步拓展巡察的覆盖面，共发现问题79条，提出意见建议39条，移交问题线索3件。

【机制完善创新】 2018年，对内设机构进行有效整合，将原来10个内设机构调整为14个，其中监督执纪审查一线科室占11个；将21个派驻纪检监察组整合为12个，划转派驻纪检组组长7人到纪委监委任室主任，对室主任5人、乡镇纪委书记2人进行轮岗交流；将检察院10人整体划转纪律检查委员会监察委员会，商都县纪律检查委员会监察委员会正式对外挂牌。商都县监察委员会成立以后，充分发挥监察职能，对监察对象进行梳理统计，监督对象由原来的1314人增加到6049人，实现对全县行使公权力的公职人员全覆盖；在案件办理过程中，积极试用12种调查措施，共采取谈话、讯问、询问46次，查询30次，调取45次，为全要素使用12种调查措施奠定基础，商都县监察委员会共立案8起，处分7人。

（供稿　董　裴）

政研督察工作

【概　况】 2018年，全年共开展督查83次，编发《督查工作》29期，答复网民留言7条，上报招商信息11期、专项工作督查报告24篇、督查信息与调研87篇。

【重大决策督察】 2018年，围绕县委全委（扩大）会议、全县经济工作会议、党政联席会议和各专项会议精神的贯彻落实，从增强工作预见性、计划性入手，明确全年政研督察工作重点和方向，把问题考虑在前，确保督察工作有的放矢。针对县委、县政府各项重点工作，制订任务分解表和分工方案，列出督察清单，明确责任领导、牵头单位和完成时限等情况，努力形成层层抓落实的责任机制。2018年，政研督察室将全县重点工作任务逐条分解，按照类别形成工作任务责任清单，不定期开展督察工作，以《督察工作》形式向县委、县政府及各有关单位和部门通报工作进展情况，及时发现存在的问题，并提出有针对性的解决意见建议，保持高压、跟进督察态势，形成比超赶帮的浓厚氛围，有力地促进各项工作的落实。

【专项督察工作】 主要有领导批示查办和网民留言办理两个方面。2018年，对领导批示交办事项，进一步优化督察程序，提前参与介入，主动与承办单位联系沟通，及时转达县委、县政府领导批示精神，并通过查阅资料、实地调查等形式，深入了解事项办理进展情况及存在的问题和困难，积极主动帮助协调解决。起草督察报告过程中，加强与承办单位沟通，对未查清的问题，及早提醒承办单位拾遗补阙，把好审核关。在网民留言办理方面，进一步建立健全留言筛选、主要领导批阅、转办、督办、留言反馈机制，进一步明确受理、办理时限，对情况较复杂或需多部门联合处置的网民留言，采取明确牵头部门、相关单位协同办理的措施，及时反馈处理意见和结果，努力使网民留言在最短时间内得到答复。

【督察调研工作】 2018年，政研督察室着重加强与人大、政协、政府部门的联系沟通，共同选定课题，联合组织开展调研工作。按照确定的调研课题，共同拟定调研提纲，进一步明确调研目的、要求、对象、范围、方法、步骤、内容等，并组成联合督察调研组，通过召开座谈会、走访群众、实地察看等形式，全面、系统掌握第一手资料。先后完成龙头企业与农民利益联结机制、土地确权工作、农村集体经济等多个课题的调研工作，通过广泛征集意见建议，选派专业技术人员、人大代表等典型代表人群参与调研等方式，分析找准问题症结，为领导决策提出具有可行性、操作性的对策建议。

【全程跟踪督察】 2018年，在督察工作中，坚持把过程督察和结果运用放在同等重要位置，对工作推进中的每个环节进行全程跟踪，坚持“反复督、督反复”，使督察工作向现场化和纵深化发展。商都县政研督察室对脱贫攻坚、土地确权、重点项目建设、会风会纪等工作进行跟踪督察，并联合相关责任单位组成联合督察工作组，制订工作方案，明确督察任务内容、人员地点、方式方法、时间安排等，提高跟踪督察的可操作性。抓住民生工程进度、部门监管、工程质量等重点环节，根据需要采取随时到现场督察、随机走访、明察暗访、反馈意见等相结合的督察手段，及时向县委、县政府主要领导反馈情况，确保跟踪督察不走过场、不留死角。

【多种方式督察】 通过不打招呼、不要陪同，直接深入基层实地察看，有效杜绝弄虚作假情况的出现，便于掌握第一手的情况和资料，为县领导决策提供准确翔实的数据和资料支撑。如在督察脱贫攻坚工作中，政研督察室采取不打招呼、突击检查的方式，直接进村入户对驻村第一书记、工作队员的到岗情况开展督察，着力解决个别驻村干部责任主体不清、缺乏沟通联系、工作推诿等问题，有力地促进农村扶贫工作的顺利推进。

【联合督察】 2018年，在开展专业性较强、涉及面广的督察活动时，商都县委督察室与县纪委监委、组织部等部门密切配合，形成上下联动、横向配合、多方参与、齐抓共管的联合督察督办机制，推动县委、县政府重大决策部署和重大事项的落实，提升督察工作的实效。如在督察驻村第一书记、工作队工作开展情况中，督察室与县纪检委、组织部等部门将业务工作与督察工作有机结合起来，开展联合督察，由组织部门抓好第一书记工作的日常督察，纪检监察机关抓好第一书记的干部纪律作风建设，督察室对第一书记的工作、生活、经费保障等情况进行督察，起到以点带面的督察效应，确保驻村第一书记工作取得实实在在的效果。

【政研督察报告】 2018年1月10日，形成政研督察报告《全县驻村第一书记、工作队住村过夜情况》。2018年3月30日，形成政研督察报告《会纪会风情况》。2018年4月3日，形成政研督察报告《贯彻落实第60次常委会会议精神情况》。2018年4月3日，形成政研督察报告《贯彻落实第61次常委会会议精神情况》。2018年4月4日，形成政研督察报告《各乡镇包扶县领导和县直科局、部门下乡工作情况》。2018年4月13日，形成政研督察报告《全县国有资产管理工作情况》。2018年4月21日，形成政研督察报告《老干部座谈会议定事项进展情况》。2018年5月9日，形成政研督察报告《全县土地确权工作进展情况》。2018年5月21日，形成政研督察报告《部分乡镇脱贫攻坚工作进展情况》。2018年7月5日，形成政研督察报告《全县脱贫车间生产运营情况》。2018年7月6日，形成政研督察报告《全县安全生产、环境保护专项检查工作情况》。2018年7月9日，形成政研督察报告《全县土地确权工作进展情况》。2018年7月20日，形成政研督察报告《大库伦乡土地确权工作进展情况》。2018年7月21日，形成政研督察报告《大黑沙土镇土地确权工作进展情况》。2018年7月24日，形成政研督察报告《西井子镇土地确权工作进展情况》。2018年7月25日，形成政研督察报告《屯垦队镇土地确权工作进展情况》。2018年7月26日，形成政研督察报告《玻璃忽镜乡土地确权工作进展情况》。2018年7月27日，形成政研督察报告《卯都乡土地确权工作进展情况》。2018年8月1日，形成政研督察报告《十八顷镇土地确权工作进展情况》。2018年8月3日，形成政研督察报告《三大顷乡土地确权工作进展情况》。2018年8月3日，形成政研督察报告《三大顷乡农危改工程进展情况》。2018年8月7日，形成政研督察报告《七台镇土地确权工作进展情况》。2018年8月7日，形成政研督察报告《七台镇农危改工程进展情况》。2018年8月9日，形成政研督察报告《小海子镇土地确权工作进展情况》。2018年8月9日，形成政研督察报告《小海子镇农危改工程进展情况》。2018年8月20日，形成政研督察报告《2018年上半年全面深化改革任务推进情况》。2018年12月28日，形成政研督察报告《2018年全面深化改革任务推进情况》。

（供稿　燕　勇）

组织工作

【概　况】中共商都县委组织部内设机构：办公室、干部组、组织一组、组织二组、人才组、党建研究室、党员教育管理中心、考核办、信息中心。部机关行政编制19人，工勤事业编制6人。2018年，全县基层党委22个，其中乡镇党委10个、县直党委12个；党总支16个，党组30个；党支部467个，其中村级党支部211个、社区党支部22个、非公有制企业党支部46个。全县有中共党员1.218万人，其中农牧民中共党员6204人。

【基层党建工作】扎实开展“党的建设质量提升年”工作。按照市委要求，确定2018年为“党的建设质量提升年”，深入开展“三个教育”（“两学一做”学习教育，“不忘初心、牢记使命”主题教育，“六大纪律”专题教育），实施“十二项行动”（推进“两学一做”学习教育常态化制度化，推进“落实管党治党责任”行动，开展“落实意识形态责任”行动，推进统战群团“凝心聚力”行动，开展“干部素质提升”行动，实施基层党建“提质增效”行动，实施集体经济“清零递增”行动，推进人才发展“体制机制改革”行动，实施形式主义、官僚主义“十种表现”专项整治行动，推进监督执纪“零容忍”行动，推进惩治基层腐败专项行动，实施“制度执行落地见效”行动）。（1）抓好部署推进。研究制订《商都县“党的建设质量提升年”实施方案》，印发《2018年全县集中整治形式主义、官僚主义“十种表现”的实施方案》《关于在“党的建设质量提升年”中开展“落实意识形态责任制”行动的工作方案》《在“党的建设质量提升年”中开展基层党建“提质增效”行动的实施方案》等14个配套文件。召开“党的建设质量提升年”动员部署会、工作推进会，从事前、事中、事后进行全方位部署推进。（2）抓好机制建设。成立由县委书记抓“党的建设质量提升年”工作领导小组，并下设综合协调、宣传教育、督查指导3个工作组，负责各项具体工作的协调推进。建立一个工作方案、一套工作制度、一本任务落实台账、一套文字影像档案“四个一”的工作机制，推进各项任务的落实。全县531个基层党组织按要求每月上报自查报告。（3）抓好督查指导。印发《关于成立全县“党的建设质量提升年”督查指导组的通知》，成立6个督导组，加强对各乡镇各单位“党的建设质量提升年”工作进行督查指导，实行一月一督查、一月一通报、一月一调度。10个乡镇党委和9个县直党委派出督导组，对所属党组织进行定期督导通报，确保督导工作覆盖到每一个党支部。

【农村党建工作】2018年，在农村，以“富民党建”为主题，制订《关于进一步加强村级组织活动阵地建设的意见》《关于进一步充分发挥村级组织活动场所主阵地作用的指导意见》，以“三联两解五在村”（县级领导干部联乡、县直部门单位联村、县直机关干部联户，解决群众生产生活问题、化解社会矛盾，实现政策在村落地、资源在村整合、组织在村建强、干部在村成长、成效在村体现）党建引领机制为抓手，积极推进党建“实心工程”（以面对面倾听呼声、心贴心接触交谈、实打实解决诉求为主要内容的党建“实心工程”）。结合村“两委”换届，持续整顿软弱涣散党组织，发挥党员干部和包联单位的推动作用，154个活动阵地达到200平方米以上，党组织运转经费达到10万元。健全完善驻村干部在岗、请销假、考勤、民情日记、工作报告、调整召回、纪律约束、工作例会、工作督查9项制度，全面推进脱贫攻坚。结合中国共产党建党97周年举办表彰大会，对脱贫攻坚一些涌现出的62个先进集体和227名优秀个人进行表彰，发挥典型引领作用。制订《发展壮大村级集体经济实施方案》，采取压实“三级职责”（包乡领导示范引领职责、乡镇党委总体规划职责、村党组织具体实施职责）、开辟“五种途径”（入股企业保本分红、壮大龙头企业基地、盘活集体资源资产、引导创办服务产业、发展特色乡村旅游）、建立“三项机制”（财务监管机制、利益奖励机制、风险防控机制）的方式，推进集体经济“清零递增”。2018年，全县村集体经济总收入累计达到1348.1万元，村集体资产达8929.2万元，全县村集体经济全部实现“清零”目标，其中138个村集体经济收益达5万元以上，占211个行政村总数的65.4%。

【城镇党建工作】 2018年，在城镇社区，利用“智慧社区”云平台，充分发挥14家联席成员单位作用，扎实推进城乡社区协商工作，上传各类事件5522件，协商解决的共4724件，办结率达96%以上，位居全市前列，切实提高为民办事的实效性和针对性。创新社区组织设置，在南门社区试点建立青松艺术团临时党支部，扩大党员教育管理的覆盖面，填补退休党员组织生活建设上的“薄弱点”和“空白点”。2018年，全县新公开招录社区网格信息员133人，切实加强社区服务力量。

【非公企业和社会组织党建工作】 2018年，在非公企业和社会组织，以“连心党建”为主题，制订下发《商都县非公企业和社会组织党建工作手册》，为非公企业和社会组织规范党建工作提供导向。通过单独和联建的方式，共建立49个党组织。在未建立党组织的非公企业和社会组织，选派县工商联、经信商务局、工商质监局、民政局的党务工作者担任党建工作指导员，与企业结成帮扶对子，加强党建，助企发展。

【机关单位党建工作】 2018年，在机关单位，以“活力党建”为主题，全面推行“星级化”管理机制，各单位紧扣“建设队伍、服务中心”两大任务，结合工作实际，科学设置“评星定级”内容，不断深化拓展“六型十好”（学习型、廉洁型、服务型、创新型、法治型、效能型，思想引领好、关系理顺好、班子建设好、队伍建设好、基础保障好、作风改进好、载体设计好、制度执行好、活动开展好、服务中心好）机关创建。全县100多家单位深入基层一线，帮助村党组织宣传中国共产党的政策、建强支部堡垒、精准落实扶贫措施、化解矛盾纠纷、推动集体经济发展，全县机关党员干部3000多人在基层一线助力脱贫攻坚，促进城乡融合发展。

【基层组织建设】 完成村、社区“两委”换届工作。（1）夯实换届基础。及时研究制订工作方案，召开换届工作动员部署会，成立换届选举工作领导小组和5个督导组，通过召开调度会、推进会等方式，倒排工作时序，层层传导压力，确保时间到天、任务到人。专门组成分析研判组，深入211个村和22个社区，进行全面调查摸底，整顿村情复杂、管理薄弱的重点难点村。并对全县村、社区“两委”正职任期经济责任进行全面审计。（2）规范换届程序。按照“三增三减”（“三增”，即新满十八周岁的、恢复政治权利的、新迁入的；“三减”，即迁出的、依法剥夺或者停止政治权利的、死亡的）原则，登记选民做到不错不重不漏，有选举权和被选举权的村民名单在选举日前20天进行张榜公布。严格按照“五选十不选”（“五选”，即一是政治素质过硬，严格遵守政治纪律和政治规矩，认真贯彻执行中国共产党的路线方针政策；二是发展本领过硬，适应乡村振兴战略和城市化发展需要，有见识、有头脑、有闯劲，能够带领群众共创美好生活；三是协调能力过硬，作风民主，办事公道，善于做群众工作；四是服务水平过硬，有较强的宗旨意识，对群众有感情，热心为群众办实事好事；五是作风品行过硬，为人正派、品行端正，严于律己、遵纪守法，勇于负责、敢于担当，自身形象好。“十不选”，一是被判处刑罚、现实表现不好的；二是欺压群众、横行霸道、群众反映强烈，涉及“村霸”、宗族恶势力、黑恶势力的；三是参加邪教组织，从事地下宗教活动，组织封建迷信活动的；四是受到党政纪处分尚未超过有关任职限制期限，以及涉嫌严重违法违纪正在接受立案调查处理的；五是参与或指使他人以暴力、威胁、欺骗、贿赂等违法手段参选的；六是长期无理上访或组织、蛊惑群众上访，影响社会稳定的；七是有恶意失信行为被法院纳入失信被执行人名单且至今未撤销的；八是道德品行低劣，在群众中影响较坏的；九是原村干部近3年内被责令辞职和民主评议连续两次不称职的；十是患有严重疾病，不能正常工作等其他不宜提名的）、“十一条禁令”［一是严禁以暴力、威胁、欺骗、伪造选票、虚报选举票数等不正当手段，妨碍党员和村（居）民行使选举权和被选举权；二是严禁拉票贿选，搞非法串联；三是严禁以砸毁票箱、撕毁选票、冲击选举会场等手段破坏和妨害选举；四是严禁利用宗教、宗族、家族势力或者黑恶势力干扰、操纵、破坏选举；五是严禁参与或指使他人操纵选举、避讳抵制、跟踪监视、虚假委托、张贴大字报、分发传单等不正当活动；六是严禁采用诬告陷害、诽谤中伤他人，或制造和传播小道消息扰乱换届工作；七是严禁对选举工作中存在违纪违法行为检举、控告的人员进行打击、报复；八是严禁借换届之机，突击花钱或私分公款公物、滥发奖金、补贴或纪念品，进行公款旅游、公款吃请，或向候选人、当选人员索要钱财、吃请等行为；九是严禁在换届前频繁接转党员组织关系、突击发展党员；十是严禁换届后不移交工作、印章、账本、档案和有关事务；十一是严禁党员干部隐瞒、包庇、袒护换届选举中的违纪违规行为］要求进行推荐，在乡镇党委初步审核的基础上，统一由县委组织部书面征求纪委监委和公安、法院、检察院、农牧业、信访等联审部门的意见，对正式候选人审核把关。党组织换届选举中，全面实行“两推一选”（党员推荐、群众推荐，党内选举），并严把党内民主选举参会人数关，达不到参会要求的不进行选举；村委会换届选举中，重点加强对流动票箱使用的控制，确保大会选举合法有效。（3）选优配强班子。全县共选举产生村党组织书记211人，支委636人；城镇社区党组织书记22人，支委60人。其中，13类回村任职人员当选村党组织支委65人，其中当选书记52人，超额完成市委要求的村“两委”正职中，新当选的13类人员所占比例不低于嘎查村数的20%。党组织书记和村委会主任“一肩挑”127人，比例达60%。超额完成市委提出的“一肩挑”比例不得低于35%要求。

【干部教育培训】 2018年，印发《2018年全县党员干部教育培训方案》，充分发挥县委党校主阵地作用，举办学习中共十九大精神集中学习培训班1期、全县正科级领导干部中共十九大精神专题培训班2期、妇女干部专题培训班1期、入党积极分子培训班2期和党员发展对象培训班1期，并运用“北疆先锋党建直通车”视频网络学习平台，实现培训站点58个、县乡村三级干部

2500多人主会场、分会场同步参加培训。制订《关于实施“干部素质提升”行动的工作方案》，举办2次脱贫攻坚驻村干部素质提升培训会和1次村“两委”干部素质提升培训会，并巡回10个乡镇举办专题培训，培训2300余人。把实践锻炼作为提升干部专业化能力的重要方式，选派干部任驻村第一书记220人，后备干部78人充实到驻村工作队。科级及以上干部5人到北京市平谷区挂职锻炼，优秀驻村第一书记11人到丰镇市、兴安盟学习考察，县乡驻村办成员9人到安徽省泗县学习考察。

【教育平台建设】 2018年，投入20多万元，对基层党组织建设展厅部分内容进行更新完善，实现集党建党史展厅、爱国主义教育基地和党员干部培训课堂“三位一体”式综合教育平台的筹建目的。投入80多万元，新建54个“党建直通车”村级客户端，配备附属硬件设备，全县共建成125个客户端网络，实现县、乡、村、部门的多层级联动和常态化沟通党员教育平台。加大党员教育宣传片的制作力度，制作“党员教育发展集体经济专题片”和15个视频教育课件，其中3个视频教育课件入选“全区党课100讲”。

【干部选任工作】 2018年，认真贯彻《党政领导干部选拔任用工作条例》，把脱贫攻坚实绩作为使用选拔干部的重要依据，注重在脱贫攻坚一线考察识别干部。坚持“凡提四必”（讨论决定前，对拟提拔或进一步使用人选的干部档案必审、个人有关事项报告必核、纪检监察机关意见必听、线索具体的信访举报必查，坚决防止“带病提拔”），严格执行干部选拔任用全程纪实制度，切实把好动议提名、民主推荐、组织考察、讨论决定、公示任用等关口，提拔重用驻村干部20人，进一步提升选人用人公信度。

【干部监督管理】 2018年，深入开展领导干部违规兼职情况“回头看”工作，认真执行干部“一报告两评议”、离任检查等制度。不断推进提醒、函询、诫勉工作，对2名领导干部进行提醒，对1名领导干部进行函询。严格执行“12380”举报受理工作制度，实行一单、一档、一记、一盒、一人“五个一”管理工作法，对受理时间、受理内容、办理程序、保密程序、查核原则、结果运用等进行规范。

【干部考核评价】 2018年，对58个科级领导班子和领导干部683人进行2017年度考核，印发《关于全县科级领导班子及领导干部2017年度考核结果的通报》，制定《2018年乡镇和县直单位领导班子和领导干部年度综合考核办法》。

【组团服务脱贫攻坚】 2018年，制订印发《专家服务基层实施方案》，遴选抽组教育、科技、卫生等领域专业人才40人，组成专家团队，建立帮扶计划与工作台账，对全县10个乡镇开展帮扶，现场培训科技示范户、种植带头人、农村实用人才8000多人次，为脱贫攻坚提供技术支撑。全年引进高层人才7人，服务扶贫工作。

【京蒙人才交流合作】 2018年，采取“教育培训”与“岗位锻炼”相结合的形式，组织公开招聘教师37人，到北京市平谷区教育局进行岗前培训；组织医护人员17人到北京电力医院进行短期培训。通过与中共北京市平谷区委组织部对接，分别从平谷区教育、医疗、农牧部门抽调高级专业人才3人、中学教师6人，到商都县挂职服务，为双方在技术共享方面搭建平台。

（供稿　戎国风）

宣传工作

【概　况】 中共商都县委宣传部内设机构5个，分别是办公室、文明办、网信办、外宣办、理论文艺科。核定行政编制12人，实有10人；工勤编制2人，实有2人。核定部门正职1人、副职2人，文明办主任1人，实有正职1人、副职3人，网信办主任1人，电视台、电台台长1人。

【学习讲堂】 2018年，全县各乡镇、村、社区、县直机关单位共建立“学习讲堂”261所，所有讲堂均制订学习计划，配备专职管理人员负责讲堂的日常管理和档案收集，做到管理严格、制度上墙、分类教学。其中60%的学习讲堂配备投影仪、电脑、音响等设备。县委宣传部与全县10个乡镇的党委书记、宣传委员建立“商都县网上‘学习讲堂’微信群”并投入运行。各乡镇（街道）与村（社区）也分别建立网上“学习讲堂”微信群，做到微信矩阵的逐级延伸，覆盖农牧民和社区群众。

【“大学习、大讨论”活动】 2018年，开展“大学习、大讨论”活动，全县各级党组织和广大党员干部通过对习近平新时代中国特色社会主义思想系统性、理论性的学习研讨，在思想观念、精神状态、工作作风、服务效能等方面有较大提升，活动取得预期效果。

【“扶贫扶志”宣讲活动】 2018年，以全县各乡镇、村“学习讲堂”为宣讲主阵地，深入开展理论宣讲活动，宣传学习习近平新时代中国特色社会主义思想、中华传统优秀文化常识、社会主义核心价值观、惠民政策、精准脱贫政策、乡村振兴战略等内容。在脱贫攻坚中，深入开展“扶贫扶志”活动，举办乌兰察布市脱贫攻坚先进典型事迹报告会，通过广泛的宣讲，贫困群众树立正确的思想观念和价值取向，转变生活方式，增强创业致富本领，激发脱贫致富的内生动力，促进形成自强自立、争先脱贫的精神风貌。

【意识形态工作责任制】（1）加强组织领导，落实主体责任。成立意识形态工作领导小组，制订下发《商都县党委（党组）意识形态工作责任制实施细则》《商都县意识形态分析研判制度》《商都县意识形态联席会议制度》等一系列文件，明确意识形态工作是各级党委（党组）的主体责任，县委与各乡镇党委和县直党委签订《意识形态工作责任状》，制订《全县建立意识形态工作“六个纳入”机制》，强化考核督查问责力度，进一步完善《商都县意识形态工作考核评价细则》。（2）强化理论学习，提高思想认识。狠抓各级中心组学习制度化、规范化。2018年年初，制订下发《商都县委中心组学习安排》，发挥中心组学习的引领作用。全县各级党组织和广大党员干部对中共十九大精神和习近平新时代中国特色社会主义思想入心入脑，“四个意识”进一步增强，干部群众“想事、谋事、干事”的氛围进一步形成，在全县经济社会建设、脱贫攻坚和打好污染防治攻坚战等诸多方面，思想统一，思路清晰，表现出极大的工作热情。（3）注重舆论导向，做好宣传工作。在舆论引导和内外宣工作中，始终坚持团结稳定鼓劲，牢牢掌握主流宣传文化阵地，对所属电视台、报纸、微信公众平台、政府门户网站等媒体平台和《不冻河》刊物，严格落实新闻和出版物采编播刊审查制度，确保主流阵地的舆论引导作用。对全县属地网站备案信息进行全面清查整顿，适时掌握网站运营状态，强化社会宣传作用，制作社会主义核心价值观主题宣传文化墙，社会主义核心价值观深入人心。

【文明创建活动】（1）深入广泛开展创建文明城市宣传活动，各乡镇、各部门、各单位组织开展形式多样的群众性文化活动，宣传创建自治区文明城镇的重大意义、目标要求和具体措施；在城区醒目位置、主要街道制作张贴创建文明县城公益广告，形成浓厚的创建氛围。（2）多层次多领域对干部群众进行“文明礼仪引导”“职业道德规范”“规范经营行为”“践行道德准则”四项主题教育活动，广泛发动干部群众从身边做起，说文明话、做文明事、当文明人，不断提高全县广大干部群众的思想道德素质和社会文明程度。（3）开展专项整治，着力解决交通秩序、市场秩序、环境卫生、市容市貌、窗口服务环境等方面存在的突出问题，加强市政基础设施建设，不断提升县城品位，切实营造干净、有序、畅通、文明的城镇环境。经过层层推荐，评选出县级文明单位6个、文明乡镇5个、文明村庄40个。文明校园创建有序开展，2018年，全县有7所学校申报市级文明校园。

【网络安全宣传周活动】 2018年，网信办牵头举办2018年网络安全宣传周活动。活动期间，“活力商都”转发相关宣传视频9条、相关法律法规2条，制作网络安全宣传周原创H5作品1个；县电视台滚动播放宣传标语10条、播放宣传视频3个。属地新媒体政务微信公众平台播放宣传视频25家，共推送播放视频100次。政府网推送播放宣传视频4个，在首页制作宣传周标识飘窗，政务中心大厅等LED循环播放网络安全相关资料，县教育科技体育局开展网络安全进校园活动，县司法局出动宣传车2辆，各银行网点LED播放宣传标语。网络宣传周活动普及网络安全知识，增强网民的网络完全意识，提高网络安全防护技能，提升商都县网络安全工作水平。

（供稿　田　野）

统战工作

【概　况】 2018年，中共商都县委统战部核定人员编制12人，实有人员9人。其中，实有行政编制4人、工勤编制1人、事业编制4人；有正科级领导2人、主任科员1人。根据相关规定及实际工作需要，中共商都县委统战部内设5个职能机构：办公室、党外干部股、民族宗教股、经济统战股和台办侨联。

2018年，围绕贯彻落实县委部署要求，深入贯彻市委统战部年度工作安排，按照年初工作计划，学习贯彻习近平新时代中国特色社会主义思想，贯彻落实中共中央关于统一战线的各项重大决策部署，扎实推进县委和县政府重点工作任务，始终坚持问题导向，突出巩固优势，弥补短板、培育亮点、彰显特色，持续推动全县统战各领域工作的创新发展。

【大统战工作格局】 2018年3月，召开全县统战工作会议，深入宣传贯彻习近平新时代中国特色社会主义思想，坚决贯彻落实中央关于统一战线重大决策部署，推动全县统战工作创新发展。是年上半年，健全完善由县委统一领导、统战部门牵头、有关单位和人民团体各负其责的大统战格局；调整全县统一战线、民族宗教、非公经济3个领导小组，明确工作职责、工作要求和工作目标，有效解决统战工作中的诸多难题。

【民主监督协商格局】 构建协商格局，积极发挥协商民主作用。（1）加强民主监督，促进多党合作。围绕县委和县政府的中心工作，加强社会主义协商民主建设，聚焦中共十九大重大决策部署，深入开展调研活动，形成多篇高质量调研报告，为县委和县政府科学决策提供有价值的参考。（2）努力构建广泛多层的协商格局。重点加强政党协商、政府协商、政协协商，积极开展人大协商、人民团体协商、基层协商，努力构建广泛多层、制度化的协商格局。

【民族政策宣传】 2018年，联合县委宣传部、县民族宗教事务局深入小海子等乡镇，继续开展马克思主义民族观和党的民族政策宣传教育活动。该活动累计参与群众达8000人次，张贴宣传标语20多条，印发宣传资料3000余份，有效地推动民族理论政策、法律法规宣传普及力度。

【蒙汉文并用监督检查】 为促进蒙古语言文字的规范化，对乡镇、社区路面指示牌及街面商铺蒙汉文并用情况进行督查；继续加强对党政群机关、窗口单位的蒙汉两种文字并用情况的检查，并对存在的问题限期进行整改。

【宗教法规宣传】 2018年5月，采取多种形式手段，继续开展爱国主义教育活动，宣传贯彻各级宗教工作会议精神，学习宣传新修订的国务院《宗教事务条例》；在全县各宗教活动场所开展升挂国旗、张贴社会主义核心价值观展板等“四进”活动。

【宗教理论政策培训】 加强理论政策培训，坚持宗教中国化方向。2018年12月初，邀请市委党校教授郝永洁重点讲解中共中央总书记习近平关于宗教工作的重要论述和重要讲话精神，县四大班子领导，各乡镇党委书记、分管宗教工作的副书记及统战委员，县直各单位分管宗教工作负责人，村（社区）支部书记、三级宗教工作网络信息员，共计380余人参加培训学习。

【"三级"宗教网络规范管理】 2018年，制订《商都县2018—2022年宗教工作"三支队伍"培训规划》，切实加大培训力度，提升工作人员政策理论水平和业务工作能力；更新各乡镇宗教工作领导小组、专兼职宗教委员、联络员数据库。拿出4.62万元宗教特需经费，为231名宗教联络员发放通信补助资金。

【宗教领域管理】 加大宗教领域排查力度，营造和谐稳定社会氛围。（1）扎实推进市委统战部下达的整治任务。2018年7月，深入全县各中小学开展集中排查，引导广大师生全力抵御和防范宗教向校园进行渗透活动。11月，全面落实市委关于田家村居士林整改任务，多次召开专项会议，成立整改工作机构，出台整改工作方案，全面落实居士林整改工作任务。（2）加大对全县宗教领域的摸排整治力度。圣诞节期间，县委统战部联合县民族宗教事务局、县公安局国家安全保卫大队组成专项检查组，深入全县12处宗教活动场所，对消防设施、食品卫生、用水用电、建筑物安全等进行重点检查，全力确保宗教活动的安全有序。

【佛教商业化排查治理】 2018年5月起，组织召开全县宗教联席会议，成立领导小组，协同县民族宗教事务局、县公安局国家安全保卫大队，深入全县佛教活动场所进行佛教商业化摸底排查活动。6月，按照市委要求，再次对全县大型露天宗教造像进行全面的再排查、再梳理活动。

【人事考察申报】 做好乌兰察布市光彩事业促进会第二届理事会理事人选的申报考察工作。3月，会同工商联对拟推荐人选进行严格考察，推荐张金等13人作为理事人选。5月底，再次对张金等4名非公经济人士进行考察谈话，进行客观公正、深入细致的评价考察，上报乌兰察布市。

【非公有制经济发展调研】 2018年，围绕全县热点、难点问题，以促进非公有制经济健康发展及非公有制经济人士健康成长为宗旨，深入开展调查研究，形成《关于非公有制经济的调查与思考》调研报告，供县委、县政府参考。

【党外人士和知识分子工作】 落实政策、协调推进，加强党外代表人士和党外知识分子工作。（1）做好新社会阶层人士统战工作。制定《新的社会阶层人士统战工作实施贯彻意见》，对新的社会阶层人士进行培训，全面提高他们的政治把握能力、参政议政能力。12月底，着手筹备成立商都县新的社会阶层人士联谊会。通过学习考察，完善章程制度、明确步骤流程、落实民政审批，确保各项环节的有序推进。（2）切实加强对党外代表人士管理。继续健全完善组织部、统战部门协作配合机制；调整完善党政党员领导与党外代表人士交友联系制度。协调县委组织部，更新科级副职党外后备干部和中长期培养对象名单；调整充实3名县处级副职党外后备干部及中长期培养对象。继续落实好党外代表人士工作政策，做好党外干部的发现、培养、使用和管理工作。

【港澳台海外统战工作】 深入摸底排查，扎实推进港澳台海外统战工作。（1）做好全县台胞的摸排工作。4月底，针对是否存在流浪台胞进行认真的摸底排查活动。8月底，联合县公安局、县教育科技体育局，对是否存在常住或临时居住的台胞进行深入的摸底排查。（2）加强全县侨联、台办工作。5月，开展对侨联工作调研，进一步了解全县华侨侨属的基本情况，形成调研报告。12月，重新开展全县台属普查工作，更新基本信息库，为做好对台统战工作奠定坚实基础。

【精准扶贫】 扎实推进非公经济工作，助力精准扶贫行动。（1）积极引导、创新手段，推动光彩事业发展。制订《社会组织参与精准扶贫脱贫攻坚三年行动实施方案》，积极引导全县民营企业、社会组织及非公经济人士积极参与全县精准脱贫工作，为全面建设小康社会发挥应有的作用。（2）继续开展“泛海助学”（在中央统战部的关心支持下，中国泛海控股集团发起“泛海助学行动”，从2017年到2020年，4年内捐资2亿元，每年5000万元，资助内蒙古自治区当年参加高考并被高校录取的贫困家庭大学新生、残疾学生和残疾家庭新生每人5000元）活动，救助贫困大学生。由县委统战部牵头，协调县教育科技体育局、县扶贫办、县残联，同时积极联络各乡镇，确保符合条件的困难大学新生能够公平得到救助。经审核，全县符合资助条件的新生232人，每人获得资助金5000元，资助金额达116万元。

（供稿　许丽娟）

机构编制

【概　况】 商都县机构编制委员会办公室（以下简称县编办）挂商都县行政审批制度改革领导小组办公室和商都县事业单位登记管理局牌子，内设综合办、行政事业管理股。机关行政编制6人，工勤事业编制3人。核定科级领导职数3人（一正二副）。下设商都县事业单位登记中心，机构规格为正股级，核定事业编制4人。下设商都县电子政务中心，机构规格为副科级，核定事业编制3人、科级领导职数1人（副科）。

2018年，深入贯彻落实中共十九大精神，坚持把“团结、务实、创新、廉洁、高效”作为县编办建设的总要求，突出工作重点，明确责任分工，狠抓学习教育，严格机构编制管理，努力推进全县机构改革工作，积极参与精准扶贫工作。

2018年，上级机构编制部门批复和县委、县政府、县编委议定事项全部予以落实。按照“严格把关、总量控制、盘活存量、优化结构、动态调整、有增有减”的原则，采取“职能有转有变、机构有设有撤、编制有增有减、人员有进有出”的动态管理办法，解决编制紧缺问题，确保重点领域和行业发展需要，较好地发挥机构编制资源使用效益。办理的各项机构编制事项均符合上级规定程序。

【人员录用调配】 2018年，按照自治区第七巡视组对商都县提出违规借调教师的整改意见，为县教育科技体育局工作人员24人办理调动手续；为县内单位调动工作人员21人、县外对调工作人员4人办理相关手续；将2017年、2018年退役大学生士兵安排到县直各单位进行岗前培训；为2018年退役士官安置办理入编手续；为2018年高层次人才引进聘用人员办理聘用、入编手续和县公安局录用公安院校应届毕业生办理录用、入编手续。

【编制管理】 2018年，完成纪检委、监察委相关人员编制划转和机构编制调整工作。为县委巡察办增加行政编制6人，收回事业编制6人；为县教育科技体育局系统增加事业编制17人，工勤编制1人。

【新机构设置】 2018年，为县委巡察办增设2个巡查组，机构性质明确为行政机构。成立6家事业单位。将商都县计划生育协会列入群众团体序列；商都县乌兰牧骑机构升格为副科级；为4家行政单位加挂牌子，为4家行政单位增设内设机构。按照《内蒙古自治区党委办公厅关于机构改革期间进一步严明机构编制和人员管理纪律的通知》文件要求，严格遵守机构改革期间各项纪律，办理的各项机构编制事项均符合上级规定程序。

【党政机构改革工作】 2018年，领导班子积极做好党政群机构改革前期准备工作。认真学习中共十九大和中共十九届二中、三中全会精神，深入学习领会《中共中央关于深化党和国家机构改革的决定》和《深化党和国家机构改革方案》相关精神，准确把握本轮机构改革的目的、原则和要求。机构改革工作正式进入实施阶段后，领导班子带领相关负责人认真推敲预演，多次参加自治区、市机构改革工作培训会，讨论和统一旗（县）机构改革方案，确定党政机构数和具体名称，完成《商都县机构改革方案（送审稿）》，经县委全委会审议通过《商都县机构改革方案（送审稿）》，向市委和政府提交《商都县机构改革方案（送审稿）》。自治区党委批复《商都县机构改革方案》后，商都县召开县委全委会议审议并通过《商都县机构改革实施意见》。全县召开机构改革工作推进会，印发《关于认真做好商都县机构改革有关工作的通知》，提前介入涉改部门的办公用房、牌匾制作和印章刻制工作。全县部分涉改部门领导班子已配备齐全，18家工作部门相继挂牌成立，协调落实办公地点。印发《关于机构改革人员转隶有关事宜的通知》，以“两办”名义印发《商都县机构改革职责和人员转隶工作实施方案》，以机构改革协调小组名义对需要转出职责和人员的部门下达《关于职责和人员转隶的通知》。明确人员转隶工作步骤、时间节点和注意事项，明确部门需要转出的职责和人员编制，开始为转隶人员办理转隶手续。召开全县机构改革工作培训会，着重对“三定”规定制定工作进行培训。职责划转工作与“三定”规定制定工作正在同步进行。

【“放管服”改革工作】 围绕转变政府职能、调适政社关系、规范社会管理，深化改革。建立清单管理制度，落实简政放权政策。结合2017年行政审批事项清理规范、2017年行政职权梳理，对照自治区编办发布的市县通用目录，取消或调整的行政职权，规范到位。编制完成县级权责清单，并且向社会公布，建立权力清单调整机制，根据机构改革、政府职能转变和法律法规的调整，及时组织县直相关部门对权力清单进行动态调整，保证权力的正常运行和依法运行。开展“红顶中介”治理，规范中介服务。根据《关于开展行政许可中介服务专项整治的工作方案》文件要求，对县直部门中介服务事项开展专项整治。对存在的问题进行整改，全县涉及政府行政审批的中介服务事项已经全部公开。对照《国务院关于取消一批行政许可等事项的决定》文件，2018年，新取消5项行政许可事项，其中工商质监局4项、农牧业局1项。

【事业单位网上登记】 2018年，商都县持续做好事业单位设立、变更、注销，证书补领，重新申领证等基础性登记工作。从1月开始，开展2017年度事业单位法人年度报告工作，截至3月30日，事业单位登记管理局完成全县148家事业单位法人年度报告的公示工作，并在商都县机构编制网上进行公示，公示率为100%。中文域名和党政机关网站审核工作开展顺利，为人大、县医院新开办网站做了备案。

【精准帮扶工作】 按照县委、县政府的安排，2018年，县编办在全县精准扶贫工作中对七台镇永顺堡、小海子镇刘家村、七台镇田士沟村、三大顷乡苏木村进行帮扶，共帮扶21户47人。各帮扶责任人认真负责，细心帮教，积极协助乡镇党委、政府和村委会认真做好精准扶贫的各项工作，经常深入所包贫困户家中，帮助他们分析致贫原因、制定脱贫措施、寻求脱贫项目，并适时开展进村入户“送温暖、献爱心”慰问活动，为三大顷乡苏木村常住户每户送去化肥2袋、米面各1袋，为七台镇永顺堡村“爱心超市”赠送价值3000元的生活日用品。受到乡镇领导、村干部和广大农民群众的一致好评。2018年，商都县共脱贫5户11人。

【“两学一做”学习教育活动】（1）打牢“学”的基础。梳理内容，制订学习计划，严格落实上级规定的学习内容，注重运用多种有效方式开展学习，以周一集中学习与自学相结合的形式灵活开展。建立党员领导干部个人自学、分头领学、专题研讨、外出调研等制度，健全完善督学、评学、考学等制度。开展经常学、长期学的安排部署，做到年度有安排、月月有计划，党员领导干部制订年度个人自学计划，保障学习常态长效。学习宣传中共十八届六中全会、中共十九大精神，解读新颁布的《中国共产党纪律处分条例》（以下简称《条例》）、《中国共产党廉洁自律准则》（以下简称《准则》）有关内容。（2）把握“做”的关键。深入引导党员做到“四个合格”，把握“四个意识”、做到“四个自信”。不断拓展“做”的平台，推动学习教育与编办文明创建、扶贫、结对共建等中心工作深度融合。每月至少扶贫走访2次，了解贫困户所想所急，对他们在生活中存在的困难认真进行分析，帮助他们理清解决困难和进行脱贫的思路，寻找脱贫途径和办法。充分发挥党员先锋模范作用，真正深入群众，察民情、听民意、解民忧。（3）突出效果延伸。把“两学一做”学习教育作为加强党组织建设、落实基层党建重点任务的有力抓手，统筹用力，突出重点，推动县编办党建工作达标升级。组织党员赴党史党建展厅开展革命传统教育，重温入党誓词活动。

【队伍建设】 领导班子始终保持和发扬团结守纪、拼搏向上的良好作风，着力在提高班子的凝聚力和战斗力上下功夫。在日常工作和党内生活中，班子成员自觉遵守党的组织原则，从“班长”到成员，都能够把自己置于党支部领导之下，自觉做到“两讲、两不”，即大事讲原则、小事讲风格，不利于团结的话不说、有损于团结的事不做，自觉维护领导班子在党员干部中的良好形象。班子成员民主意识较强，都能摆正自己的位置相互配合，相互支持，相互补台，精诚团结，互帮共进。在人事安排、机构编制等重大事项上，班子成员始终坚持做到集体研究、共同决策，确保各项决策科学、民主和集中。坚持理论学习，着重统一思想认识。领导班子抓住思想理论建设不放，着力提高班子成员领导水平和决策能力。在理论学习中，班子结合保持共产党员先进性教育活动，坚持做到突出学习重点，统一思想认识，按照“理论—实践—再理论”的学习循环模式，努力用科学的理论武装头脑，进一步积累班子成员的实践经验，积极鼓励班子成员深入思考、探索商都县机构编制管理工作的新思路、新方法、新形式，通过深入、系统的学习，班子成员的政治敏锐性、鉴别力进一步提高，理论水平和工作能力进一步增强，班子成员工作认真负责，求实高效。

（供稿　宁　河）

老干部管理与服务

【概　况】 商都县老干部局（以下简称县老干部局）是县委的职能部门，主要任务是贯彻执行上级关于老干部工作的方针、政策，落实好老干部的各项待遇。内设办公室、生活待遇股、关心下一代工作委员会办公室。核定编制6个，实配人数7人（其中政策离岗1人）。核定科级正职1人、副职1人，实配科级正职1人、副职1人，办公室1人，生活待遇股2人，关心下一代工作委员会办公室1人。

【老干部工作机制】 2018年，中共商都县委按照中共中央办公厅、国务院办公厅印发的《关于进一步加强和改进离退休干部工作的意见》和内蒙古自治区党委、政府出台的《关于进一步加强和改进离退休干部工作的实施意见》精神，召开会议专题研究、全面部署。成立以县委副书记为组长，常务副县长、组织部部长、县委办公室主任、财政局局长为副组长，相关科局负责人为成员的离退休干部工作领导小组。结合全县实际制定中共商都县委《关于进一步加强和改进离退休干部工作的实施意见》和《关于全面组织开展离退休干部为党的事业增添正能量活动的意见》。县委要求各单位、各部门认真贯彻落实，全面开展老干部各项工作。

【离休干部生活待遇】 完善保障机制，落实离休干部生活待遇。按时足额发放全县离休干部的离休费，并按规定及时增补艰苦地区津贴；建立门诊费每年增加500元的长效机制，2018年，人均累计达到6800元，加上年底为80周岁以上有伤残的离休老干部每人增发100元，每人达到6900元，9月初，全部足额发放到老干部手中；聘用懂老年人理发技术的理发员，免费为老干部理发；列入县财政的医药费150万元，用于离休干部看重病住院治疗，按时下拨县老干部局，进行实报报销；按照《关于进一步加强和改进离退休干部工作的实施意见》，不断完善离休干部生活保障机制，主动为离休干部办实事、做好事、解难事，对长期生活不能自理的离休干部，每人每月护理费增加到2500元；组织全县离休干部进行一次健康体检，做到无病早预防、有病及时看；从县老干部局经费中给每位离休干部200元洗澡补贴及120元的收视费补贴。

【老干部政治待遇】 2018年，县老干部局做好思想政治工作，落实老干部政治待遇。坚持学习常态化，结合开展的"两学一做"学习教育，组织离退休干部学习中共十九大以来系列会议精神和中共中央总书记习近平系列重要讲话特别是考察内蒙古时重要讲话精神以及市、县两级政府的各项政策和规定，使老干部坚定理想信念，不断增强政治意识、大局意识、核心意识、看齐意识，坚定正确的政治方向。在学习中，实行"送学上门"，为行动不便的老干部送去学习资料，并按照老干部的意愿，建立学习长效机制，定期邀请党校老师为老干部作专题讲座。应邀参加重要会议；每遇县委召开重要会议，都安排老干部代表列席、参加。春节前特别是迎春座谈会，县委、县政府向老干部通报一年来全县经济和社会发展情况，并就全县今后的发展向老干部们广泛征求意见。

【老干部慰问走访】 2018年，县老干部局坚持"六必访"（老干部生病住院必访、重要寿辰必访、新春佳节必访、矛盾纠纷必访、生活困难必访、丧葬大事必访）慰问、走访老干部。春节前，看望慰问离休老干部及遗属。每遇节日，县老干部局都要逐户登门看望慰问所有居住在县城七台镇的离休干部及遗属，并为外地居住的离休干部寄去慰问金。2018年，专门对部分离休干部和部分特殊困难的退休干部进行走访和回访，征求意见和建议，了解思想动态，帮助他们解决生活上存在的一些具体问题。对老干部提出的建议，诚恳接受；对提出的困难，尽全力给予解决。县老干部局专门对老干部的生日进行造册登记。每当有离休老干部过生日时，都由局领导班子把生日蛋糕送到老干部家中为老人祝寿。

【报纸杂志订阅工作】 2018年，在保证阅览室报纸、杂志订阅的同时，县老干部局为每位全县离退休干部订阅《新周报》《读友报》《北方新报》《中国剪报》《参考消息》《人民日报》《内蒙古日报》《乌兰察布日报》《老年世界》和《半月谈》等多种报纸杂志，进一步丰富老干部们的精神文化生活。

【老干部活动】 加强阵地建设，开展丰富多彩活动。坚持以活动中心为依托，采取灵活多样的形式，开展适合老年人特点、丰富多彩、健康向上的文体活动。为方便老干部活动，制定《2018年商都县老年人主要活动安排的通知》，详细列出活动时间、地点、方式、内容等，有效保证老干部文体活动的正常开展，丰富老干部的精神文化生活。

【老干部社会文化待遇】 2018年，县老干部局加大社会化服务工作，落实老干部社会待遇、文化待遇。随着社区建设的不断完善、功能不断健全，社区已成为老年人活动的主要平台。商都县老年大学分校在都山街、奥淳、商海、文化街、南门、公园等社区开办，有书画班、太极拳班、模特班等，招收学员300余人。课程内容丰富、形式多样、社会反响热烈，切实发挥出就近学习、就近活动、就近得到关心照顾和就近发挥作用的“四个就近”作用，丰富老干部的精神文化生活，使老干部心情舒畅地安度晚年。

【老干部文化事业】 2018年，以各类文化活动为载体，进一步推动全县老年文化事业健康发展，教育引导老干部以积极心态，正确看待和适应社会发展。按照中央、自治区和市、县统一部署，庆祝改革开放40周年和商都县建县100周年，充分发挥广大老干部的余热和经验优势，为商都县经济社会建设增添正能量，号召全县广大干部向老干部学习，坚定颂党恩、听党话、跟党走的信心。商都县委老干部局在全县范围内开展“不忘初心，牢记使命”主题教育和老党员“讲入党故事，践入党初心”老党员专访活动。通过广大老党员现身说法，用亲身经历，如历经百年磨砺而初心不改的丰玉美、把法律观念坚守到底的景占明、干一行爱一行的好干部张鸿、工作处处乐于争先的刘义仁、坚定信念跟党走的田泽民、一生勤勉工作的解凌霄、戎马半生朴实无华的李自成，用生动事例告诉年轻一代热爱共产党和社会主义祖国，激励广大党员干部，以老一辈为榜样，不忘初心，为全县经济社会发展做贡献。

【老干部工作格局】 各项工作有序开展，做到年初有工作计划、年中有督促检查，年终有总结，机关各项内部制度健全，按时完成上级交办的党风廉政建设及各项工作任务。逐步形成“重要工作重点抓，中心工作集中抓，常规工作分头抓”的工作格局。积极开展党内帮扶工作。2018年年初，对特困离退休干部帮扶对象进行调查摸底，对申请人员严格把关，为生活困难的离退休老干部给予及时帮扶。根据调查摸底情况，有些老干部还需要一些生活辅助器材，因此特向县残疾人联合会申请轮椅、多功能拐杖、助听器等辅助器具8件，由单位领导带队送到有需要的老干部家中。

【精准扶贫工作】 2018年，聚焦精准脱贫，认真开展好驻村扶贫工作。把精准扶贫工作摆上重要日程，县老干部局按照自治区、市、县工作部署，局领导牵头，全体人员俯下身子，深入贫困户所在地调查了解情况，找出致贫原因，从而有针对性地制定帮扶措施，经常深入贫困户家中解贫困户之难、想贫困户所想，贫困户把工作人员当成亲人看待，扶贫工作得到上级领导的肯定，受到贫困户的欢迎。重阳节期间，走访慰问贫困老人，帮助他们切实解决生活、医疗问题。

【学习培训工作】 2018年，抓好政治思想教育和业务知识培训，提高干部业务能力。为了便于学习，将学习内容汇编成册，印发给离退休干部及单位的每一个干部职工手中。为了达到“学懂以致用”的目标，对于自学所难理解的内容，邀请县党校老师给予讲解。2018年，各支部都组织“不忘初心、牢记使命”专题组织生活会。局领导干部积极参加市县举办的各类培训，先后参观兴和县、化德县和察右前旗老年大学，把学习到的先进经验用于自身的建设与发展。

（供稿　王睿雄）

关心下一代工作

【概　况】 商都县关心下一代工作委员会（以下简称县关工委）内设办公室、法制工作部、科技工作部、学校工作部、文体工作部、社区工作部。

2018年，充分发挥各级关工委组织的作用和“五老”（老干部、老战士、老专家、老教师、老模范）的优势，挖掘红色资源，开展传承红色基因活动，坚持“急党政所急、想青少年所需、尽关工委所能”，抢抓机遇、真抓实干、与时俱进、开拓创新，积极开展以加强思想建设为重点的青少年精神文明创建活动和形式多样的理想信念教育活动。

【中国梦主题教育活动】 为更好地开展中国梦主题教育活动，2018年，县关工委与县文明办、县教育科技体育局、团县委、县妇联等单位，在全县未成年人中广泛开展“我的中国梦”主题教育活动。围绕立德树人这一根本任务，坚持集中活动与经常活动相结合，广泛组织青少年开展清明祭英烈、红心永向党、祖国在心中等活动，引导未成年人牢固树立社会主义核心价值观，继承和弘扬中华传统美德，争做美少年，把个人梦想和中国梦联系起来，从小立志为实现中国梦而奋斗。在开展五好小公民“阳光校园，我的好伙伴”主题教育读书活动中，县关工委购买图书1800余册，结合学校的读书节、读书周，进行读书宣讲、读书指导、撰写心得、主题演讲，把读书活动与核心价值观、理想信念、遵纪守法结合起来。全县共收到征文3096篇、书画208件、微视频22个。经评选，186篇送乌兰察布市参评，获特等奖2篇、一等奖6篇、二等奖27篇、三等奖31篇，名列全市前茅。县教育科技体育局关工委第三次获得部级先进集体称号，平安小学、育苗小学获得部级示范学校称号。在参加全国华人作文竞赛中，获一等奖的1名，二等奖的6名，三等奖的17名，有3名同学被邀进京参加华人作文竞赛颁奖典礼。在参加“中华魂”读书活动中，县关工委免费提供读本，各学校积极开展征文、演讲、知识竞赛等活动。在征文比赛中，有2名同学在全国比赛中获一等奖，16名同学获二等奖，88名同学获三等奖；有2名同学代表乌兰察布市参加自治区演讲比赛获三等奖；有2名小学成绩突出的校长应邀参加在人民大会堂召开的全国表彰会。在参加乌兰察布市第二届“我的梦、中国梦”十佳少年评选活动中，春明小学何昌源、宗申小学池苗霞被评为乌兰察布市十佳少年。继续开展励志大讲堂活动，邀请商都籍成功人士回家乡进行励志讲学，分别邀请北京理工大学博士生导师王成、内蒙古师范大学文学院副教授杨熙民、中国国电集团煤炭行发处处长熊崇山讲学，受益学生达3300多人次。利用小海子废旧学校改造成全县青少年实践活动基地的基础上，年内，把县农牧业局杨家地的基地改造成青少年实践活动基地二部。2个基地的建立，使全县所有的中小学生都有机会到基地参观实践，提高学生的动手动脑能力。这些活动对培养青少年敢于筑梦、追梦、圆梦的良好品质起到促进作用。

【传帮带主题活动】 关心下一代工作，老干部是一支不可替代的重要力量。老干部具有政治优势、威望优势、经验优势、时空优势、亲情优势。为他们搭建平台，发挥他们的余热，为推动青年教师的成长、成熟添砖加瓦。2018年年初，县关工委牵头成立讲师团，由教育、法院、检察院、公安、司法、卫生等有关部门老领导、业务资深人员、特级教师等16人组成。授课内容菜单式网上公布，宣讲报告18场次，受益学生、家长、教师5400多人次。采取“走出去、请进来”的方式，培养青年教师和校长的成长。全年共派出22批次65人次校长到全国各地的名校参观学习。邀请凉城县教育局原副局长高草原，对商都县教师进行师德师风专题讲座；北京市平谷区对口帮扶为商都县培训新教师5期86人；邀请北京的专家对42名新招聘的教师进行培训；新入职的20名幼儿教师到北京市平谷区示范幼儿园现场培训，提高教师的思想道德水平和业务能力。为了提升老教育工作者参与关工委工作的积极性，弘扬正能量，9月6日教师节前夕，县关工委、县教育科技体育局组织教育系统离退休的老领导、老教师，开展“薪火相传办教育、砥砺前行育新人”活动，参观各学校的教育成果和青少年实践活动基地。各学校都成立家长学校，并开通手机家长学校。对提高家长的素质和能力，起到一定的作用。各学校邀请全国知名专家为家长讲学，世纪小学邀请全国教育专家韩立福，每学期开展2次讲座；幼儿园邀请全国知名的幼儿教育专家进行专题讲座；全县家长教育做到全覆盖。各学校还免费为家长订购2000册价值6万余元的由教育部编写的《家庭教育》教材。

【献爱心助学活动】 2018年，在实施好政府层面的教育惠民政策的基础上，广泛宣传扶贫助学工作，努力在全社会营造捐资助学的良好氛围，积极倡导社会团体和爱心人士开展慈善助学活动。“泛海助学行动”资助大学新生249人，资助标准每生5000元，资助金额125万元。其中，资助建档立卡贫困家庭大学生190人，金额95万元；资助残疾家庭大学生59人，金额30万元。龙湾国际花园小区第六届“点燃希望、放飞梦想”公益捐赠活动，资助贫困家庭大学生20名，资助标准每生5000元，资助金额10万元。商都县京韵水漩助学公益协会在商都县设立“京韵水漩助（奖）学金”，资助商都县宗申小学学生15人、商都一中学生5人、商都二中学生6人、商都五中学生8人、商都高级中学学生8人，家庭困难和学习优秀的学子共计42人得到资助；按小学每生600元、初中每生1500元、高中每生2000元标准发放，资助金额5.35万元。内蒙古社会扶贫工作促进会资助普高建档立卡贫困生379人，每人1500元，资助金额56.85万元。

【荣　誉】 2018年，商都县关心下一代工作委员会获乌兰察布市“关爱工程进校园　我为孩子捐本书”活动优秀组织奖。

（供稿　李凤岐）

党校教育

【概　况】 1960年，中共商都县委党校由中共商都县委批准建立。1996年9月，中共商都县委第十二次常委会研究决定，由商都县委党校兼办商都县行政干部学校，实行一个机构、两块牌子。2010年，县委党校参公。有在职人员12人，其中，在职领导正职1人、副职2人，专职教师8人。离退休人员共13人，其中离休1人、退休12人。在职党员7人，女3人、男4人。离退休党员9人，其中女2人、男7人。中共商都县委党校、商都县行政干部学校为科级事业单位，内设机构6个：校长室、副校长室、办公室、教务室、教研室、后勤室。

【干部培训主体班次】 按需施训，精心谋划主体班次。突出干部在学习培训中的主体地位，做到经济社会发展需要什么就培训什么，干部履职尽责和健康成长需要什么就培训什么。2018年，举办全县学习贯彻中共中央总书记习近平系列重要讲话精神、《中国共产党章程》、《中国共产党党内监督条例》、《关于新形势下党内政治生活的若干准则》、《中国共产党廉洁自律准则》、《中国共产党纪律处分条例》、中共十九大精神等为内容的入党积极分子培训班；全县妇女干部培训班；全县党外干部、少数民族干部培训班；全县各乡镇党委书记、镇长，县直各单位党组织书记学习中共十九大精神培训班；全县各乡镇的社区、村委会书记及驻村第一书记培训班等。通过集中培训学习，统一广大党员、干部、群众思想，坚持以习近平新时代中国特色社会主义思想为指导，为推进县域经济大发展、全面建成小康社会宏伟目标提供强大的精神动力和思想保证，有效提高全体党政干部组织、开展意识形态工作的水平和能力。

【“党建直通车”培训】 2018年，通过“党建直通车”创新培训方式，丰富培训内容，完成对全县各乡镇、社区、村委会书记及驻村第一书记的集中培训。充分发挥县委党校培训主阵地的作用，创新培训方式，丰富培训内容，精心组织，以分级培训、分类指导的原则抓好培训工作，干部教育培训的主渠道作用进一步凸现。全县干部“党建直通车”培训班通过视频学习平台，开展中共十九大精神集中学习，围绕县委、县政府的中心工作。视频学习在县委党校五楼会议室设立主会场，在全县10个乡镇、19个村委会、20个社区设立分会场，同步现场培训。主会场参训的有县直各单位党组织专职副书记、党务工作者、非公企业党务工作者；分会场参训的有各乡镇副科级以上领导干部、村“两委”成员、驻村第一书记、在村党员、社区全体党员干部，共有2100多人参加“党建直通车”集中学习培训。

【深入基层巡回宣讲】 2018年，深入基层，灵活开展巡回宣讲，把主体班学习下设到各乡（镇）、部门（单位）。按照中央政策先行宣传、县委决策先行解读、重大部署先行落实的要求，以宣传解读中共中央及自治区党委、市委、县委的重要会议精神、重大决策部署和干部群众关心、关注的热点、难点问题为重点，充分发挥“流动党校”的作用，分季度深入各乡（镇）、部门（单位）开展以中共中央总书记习近平在意识形态领域的重要讲话、中共十八届六中全会精神、扶贫攻坚政策、《中国共产党党内监督条例》、民族政策、中共十九大精神等为内容的巡回宣讲十余讲，培训人次达2500多人，确保中国共产党和国家以及地方党委、政府的“声音”能及时、准确地宣传到基层，传递到干部和老百姓的心中。意识形态工作宣传遍地开花，宣传阵地充满主旋律和正能量，广大党员、干部、群众经常受到正确思想的教育影响和组织的关怀温暖，不断坚定信仰信念，树立正确价值观念。

【党建工作】 2018年，县委党校认真开展主题党日、“三会一课”活动，坚持推进“两学一做”学习教育常态化制度，坚持先进基层党组织和优秀党员“五个好”（领导班子好、队伍素质好、制度建设好、工作业绩好、群众反映好）的基本要求，以“五个好”“五带头”（带头学习提高、带头争创佳绩、带头服务群众、带头遵纪守法、带头弘扬正气）为标准，结合全县宣传工作实际，坚持与“四群”（群众观点、群众路线、群众利益、群众工作）教育结合起来，与发挥职能作用、服务领导科学决策结合起来。始终坚持“围绕民生抓党建、抓好党建促发展”的党建工作理念，全面落实班子成员党务工作职责，不断夯实党建工作组织基础。为了讴歌中华民族实现伟大复兴的奋斗历程，追寻革命先辈光辉足迹，颂扬中国共产党的丰功伟绩，引导党员干部增强民族自尊心、自信心和自豪感，认识时代赋予的崇高责任，热爱祖国，热爱中国共产党，党校建立党建文化教育宣传长廊、党建文化展厅，购置“党建直通车”，旨在增强党员干部对党和社会主义祖国的认同和热爱，积极传承党的优良传统，踊跃投身全面建成小康社会的伟大实践中去，努力营造党建文化氛围，搭建党情、党史学习交流平台，使“学党史、知党情、跟党走”成为县委党校党员干部的响亮口号和自觉行动。

【扶贫工作】 深入基层，做好联户工作。坚持把包村联户工作作为密切党群、干群关系的重要途径，重心下移、关口前移，及时了解群众所需、所急、所盼，对群众反映的问题千方百计帮助解决。本着办一件实事，暖一片人心，结合党校驻村工作队特点，主动为农民解决生产、生活中的实际困难。驻村蹲点，做好帮扶工作。积极响应上级号召，党校驻村第一书记和驻村工作队共5名骨干到大营子村、磨石山村驻村蹲点，主动为群众排忧解难、真帮实促，努力做好村民的贴心人。按照精准帮扶工作要求，结合中国共产党的群众路线教育实践活动和基层组织服务体系建设工作，摸清帮扶贫困户基本情况，找准帮扶办法，制订帮扶脱贫计划，按照“不脱贫不收队”的工作要求进行帮扶。通过扶贫工作队进行实地调研、进村入户走访、分析致贫原因并找准帮扶突破口，结合实际认真制订出具有可操作性的工作方案。

（供稿　贺　宏）

档案管理

【概　况】1960年，商都县档案局（馆）成立。2012年10月迁入档案办公大楼，大楼位于呼海通道东、十八顷路北。大楼建筑面积2197平方米，其中库房面积620平方米。2013年8月23日，晋升为国家二级综合档案馆。县档案局（馆）受县委、县政府双重领导，由一套人员、两个机构组成。机构为正科级一级全额拨款参公单位。内设二级机构5个，即综合办公室、社会辅导技术处理股、编研股、现行文件查阅中心、爱国主义教育基地。核定编制11人，实有在编在册人员8人。单位领导3人（一正二副），增加副主任科员1人。有中共党员7人、专业技术人员5人，年龄在30—50周岁之间，学历全部为大专以上。

【馆藏档案】商都县综合档案馆是集中统一保管商都县党政机关、团体、企事业单位档案资料的综合性管理机构。2018年，综合档案馆馆藏档案13.44万卷（册）（民国年间珍贵历史档案24卷、革命历史档案20卷），73个全宗。其中，文书档案9.9万卷、科技档案518卷、会计档案1.66万卷（册）、专业档案6873卷、人事档案1.08万卷，另存资料1.61万卷（册）、实物档案267件、声像档案376卷（册）。档案各种检索工具齐全。

【档案法律法规宣传】2018年6月9日国际档案日，县档案局（馆）按时开展档案宣传活动，制作大型展板，展示馆藏珍贵档案和黑白照片，以及“6·9”国际档案日宣传挂图。发放档案法律法规宣传手册、档案馆指南，以及档案宣传纪念品。利用媒体等多种形式对档案法律法规以及商都县档案征集、接收、管理等办法规定进行广泛宣传。

【档案工作社会辅导】2018年，重点对已晋升自治区一级单位的中国人民银行商都支行的档案工作进行“回头看”。对财政局、检察院、交通局等机关单位档案工作进行专业辅导。经市档案局测评验收，县财政局达到自治区一级单位标准。

【档案资料收集接收】2018年内，县档案馆（局）接收县公安局15个派出所个人原始档案1374卷、原始户籍底册36卷、户籍资料1351卷、常住人口登记表418卷、治安案卷291卷，合计3470卷。

【民生档案全文数据库建设】2018年，开展馆藏永久档案数字化外包业务，与呼和浩特市胜势软件技术有限公司签订协议，采集案卷目录1530条，卷内目录1.41万条，扫描档案20.5万页，刻录备份光盘54份。年内，共接待机关、企事业单位人员，特别是离退休干部、职工、转复退军人800人次，档案利用卷数5000卷，出具有效证件1000多件。

【编研工作】继续开发利用档案资源。2018年内，编研出版商都县档案管理局档案开发利用丛书之六《商都·1958》、之八《影片〈北国江南〉往事》、之九《商都文学档案辑览》，整理印刷《百年商都》大型展览照片。

【重要事件】3月，档案开发利用丛书之六《商都·1958》交付印刷。该书取材于馆藏1958年文书档案、资料《展览文稿》《沃塞红花》《张北县报》等。诉诸文字，编研成册。

4月，县档案局全体干部到六盆地村进行对口帮扶，为贫困户送去春耕化肥。

6月，中共商都县委宣传部退休干部陈加圣向商都县档案局（馆）捐赠黑白照片220幅，并捐赠1台黑白胶片放大机。商都县档案局（馆）向陈加圣颁发收藏证书。

7月，纪录片《西迁戍边察哈尔人》摄制组一行在商都县察哈尔研究会负责人陪同下到商都县档案馆采访，重点就第一批西迁新疆察哈尔人起程地的具体位置进行交流。

8月，商都县档案局与呼和浩特市胜势软件技术有限公司签订协议，开展档案目录采集及数字化扫描。

12月，乌兰察布市档案局测评组到商都县财政局测评档案工作，县财政局晋升为自治区一级单位。

12月，档案开发利用丛书之八《影片〈北国江南〉往事》、之九《商都文学档案辑览》、大型展览《百年商都》交付印刷。

（供稿　薛银山）

党史工作

【概　况】 2017年9月，商都县史志编纂工作人员增加到2人，2018年，担负商都县党史编研、改革开放实录编纂、网络宣传以及上级部门部署的任务。

【党史基本著作编修】 2018年1月，开始编纂《中国共产党商都县历史》第二卷文稿。继2017年9月启动《中国共产党商都县历史》第二卷编修工作之后，经过3个月查阅档案资料，进入编纂初稿阶段，比方案计划提前3个月。

按照《中国共产党商都县历史》第二卷编纂工作方案及编目安排，《中国共产党商都县历史》第二卷共分四编，到2018年6月完成第一编、第二编初稿，又经过2个月查阅档案资料，9月开始撰写第三编、第四编，到2018年12月，全书四编初稿完成，大约28万字，有待于进一步修改完善。编修进度整体上比原计划提前6个月。

【改革开放实录编纂出版发行】 2018年11月，《商都县改革开放实录》出版印刷，向中国改革开放40周年、商都县建县100周年献礼。《商都县改革开放实录》编纂工作从2017年9月启动，经过查阅档案资料、走访调研、编纂修改，到2018年10月完成文稿，比原计划提前2个月。申请并获得内蒙古自治区新闻出版广电局准印，2018年11月印刷出版，12月向全县各乡镇、县直各部门单位发行。

《商都县改革开放实录》是内蒙古自治区出版的第一部“改革开放实录”专题书籍，深受全区史志人青睐，该书发行后，自治区党史研究室、自治区地方志办公室，呼和浩特市、包头市、鄂尔多斯市、乌海市、巴彦淖尔市、阿拉善盟、乌兰察布市、锡林郭勒盟、赤峰市、通辽市、兴安盟、呼伦贝尔市及其部分旗（县、市、区）史志工作者纷纷请求阅读该书，商都县史志办从2018年12月30日开始，用4天时间向各地读者免费赠送邮寄70多册，以便互相交流、互相借鉴。

【党史信息网络宣传】 2018年，在商都县人民政府网站“地方资料库”网页《党史》专栏公布党史信息条目24条，浏览次数34952人次，内容包括《中国共产党商都县历史大事记》连载、《中国共产党商都县历史》第二卷编纂动态、《商都县改革开放实录》编纂进度及出版发行、《乌兰察布市革命遗址遗迹通览》出版、商都县革命遗址简介、《1945年，乌兰夫及绥蒙政府机关在商都》、全区党史系统业务培训班举行、中共中央党史研究室主任曲青山关于反对历史虚无主义的文章、中共中央及国务院关于“鼓励乡村史志修编”规划等。

截至2018年12月31日，《党史》专栏累计公布党史信息条目60条，浏览次数突破15万人次，共计15.29万人次。

（供稿　魏　兆）

商都县人民代表大会

综　述

【概　况】 商都县人大常委会下设办公室（内设规范性文件备案审查服务中心和计划预算审查服务中心）、财政经济工作委员会、教育科技文化卫生工作委员会、法制工作委员会、选举任免代表联络工作委员会。

人大机关共核定行政编制数20个，事业编制数十个，工勤编制数2个。2018年年底，在职干部职工27人、退休36人。

2018年，商都县人大常委会深入学习贯彻中共十九大精神，坚持以习近平新时代中国特色社会主义思想为指导，以“四个全面”战略布局和“五大发展理念”为引领，围绕中共商都县十三届五次全委（扩大）会议的决策部署，依法履职尽责，勇于担当作为，为推动全县民主法治建设、促进经济社会全面发展做出积极贡献，实现新一届人大工作的良好开局。

重要会议

【代表大会会议】 2018年3月6—8日，召开商都县第十五届人民代表大会第二次会议。会前，对全体县人大代表进行履职培训。大会听取和审议商都县人民政府工作报告；审查商都县人民政府关于商都县2017年国民经济和社会发展计划执行情况与2018年国民经济和社会发展计划草案的报告；审查和批准商都县2017年国民经济和社会发展计划执行情况的报告与2018年国民经济和社会发展计划；审查商都县人民政府关于商都县2017年财政预算执行情况和2018年财政预算草案的报告；审查和批准商都县2017年财政预算执行情况的报告与2018年财政预算；听取和审议商都县人大常委会工作报告、商都县人民法院工作报告、商都县人民检察院工作报告。大会审议通过相关报告的决议。

【常委会会议】 2018年2月24日，召开商都县第十五届人大常委会第二次会议。会议审议通过商都县第十五届人民代表大会第二次会议相关事项、《商都县人大常委会工作评议办法（试行）》；商都县人民政府《关于提请变更聚业路路南和水漩公园西侧两宗地用地性质的议案》。会议还进行人事任免。

4月26日，召开商都县第十五届人大常委会第三次会议。上午，会议听取和审议县人民政府2017年财政预算收支调整情况的报告和2018年部门预算情况的报告；向县人民政府交办县十五届人大一次、二次会议收集的代表建议和意见；进行人事任免。下午，会议听取和审议县人民政府关于卫生城市创建工作情况的报告，关于新型农牧业经济实体与农户利益联结情况的报告；审议人大常委会工作评议组关于对国土资源局工作评议情况的报告。

6月28日，召开商都县第十五届人大常委会第四次会议。会议听取和审议县人民政府《关于商贸物流发展情况的报告》；听取和审议县人大常委会工作评议组《关于对县经信商务局工作评议情况的报告》；听取和审议县人大常委会专题调研组《关于对文化市场建设管理工作情况的专题调研报告》；听取和审议县人民法院《关于民事案件审理执行情况的报告》；听取和审议县人民检察院《关于司法监督工作情况的报告》；会议进行人事任免。

8月21日，召开商都县第十五届人大常委会第五次会议。会议听取和审议县人民政府《关于2018年国民经济和社会发展计划上半年执行情况的报告》；听取和审议县人民政府《关于2018年财政预算上半年执行情况的报告》《关于2017年财政本级决算情况的报告》《关于2018年上半年财政预算调整方案的报告》《关于2017年财政预算执行及其他财政财务收支情况的审计工作报告》《关于工业园区建设运行情况的报告》；审议县人大常委会执法检查组《关于〈中华人民共和国义务教育法〉贯彻实施情况的执法检查报告》。

10月16日，召开商都县第十五届人大常委会第六次会议。会议听取和审议县人民政府《关于“七五”普法推进情况的报告》；听取和审议县监察委员会《关于监察工作开展情况的报告》；听取和审议县公安局《关于青少年禁毒预防治理工作情况的报告》；听取和审议县人大常委会执法检查组《关于〈中华人民共和国环境保护法〉贯彻实施情况的执法检查报告》；会议进行人事任免。

12月14日，召开商都县第十五届人大常委会第七次会议。会议听取和审议县人民政府《关于商都县第十五届人大一次、二次会议代表建议和意见办理情况的报告》《关于县人民政府提请撤销部分融资议案的报告》《关于2018年下半年预算调整方案的报告》；审议县人大常委会专题调研组《关于全县乡村道路交通建设情况的专题调研报告》；审议通过《商都县人大常委会2019年工作要点（审议稿）》；会议进行人事任免。

主要工作

【监督工作】 2018年，商都县人大常委会坚持围绕中心、服务大局，聚焦经济社会发展、民生持续改善、司法体制改革和生态文明建设等工作中的重大问题开展监督，促进“一府一委两院”依法行政、公正司法。

加强工作监督，促进经济发展、社会繁荣。坚持稳中求进工作总基调，密切关注全县经济运行情况。听取和审议县人民政府2017年本级决算、预算调整和财政财务收支审计情况的报告，作出相关决议。听取和审议县人民政府2018年分部门预算及上半年计划预算执行情况的报告，提出合理化建议，增强预算的约束力。听取和审议县人民政府关于卫生城市创建、商贸物流发展、新型农牧业经济实体与农户利益联结情况的报告，听取和审议县人民政府关于县人大常委会审议意见整改落实情况及商都县十五届人大一次、二次会议代表建议意见办理情况的报告，听取和审议县监察委员会关于监察工作开展情况的报告，对乡村道路交通建设、工业园区建设、文化市场建设管理等工作进行专题调研，分别形成审议意见，促进相关工作顺利开展。对县国土资源局、县经信商务局开展工作评议，全面督促被评议部门改进工作作风，提高工作效率，增强服务能力。配合自治区、市人大常委会对脱贫攻坚、债务化解、环境治理等重点工作进行专题调研，为打赢“三大攻坚战”聚焦发力。

加强法律监督，促进依法行政、公正司法。坚持以法治为根本，以推进依法治县为目标，全面加强法律监督。听取和审议县人民法院关于民事案件审理执行情况的报告，推动社会公平正义；听取和审议县人民检察院关于法律监督工作情况的报告，促进文明规范执法；听取和审议县公安局关于青少年禁毒预防治理工作情况的报告，保障青少年健康成长；听取和审议县人民政府关于“七五”普法规划推进情况的报告，推动普法工作向纵深发展。坚持常委会组成人员、部分人大代表旁听案件庭审，促进案件审理的公开、公平、公正。对《中华人民共和国环境保护法》（以下简称《环境保护法》）进行执法检查，推动环境质量持续改善；对《中华人民共和国义务教育法》（以下简称《义务教育法》）进行执法检查，促进教育事业均衡发展。配合自治区、市人大常委会对《中华人民共和国文物保护法》（以下简称《文物保护法》）、《中华人民共和国统计法》（以下简称《统计法》）、《中华人民共和国城乡规划法》（以下简称《城乡规划法》）等7部法律法规开展执法检查，保证法律法规在商都县的贯彻实施。

规范任免程序，促进依法履职、务实勤政。坚持党管干部和人大依法任免干部相结合的原则，严格按照法律程序进行人事任免，保证党委意图和人民意愿的有机统一。2018年，先后任命副县长7人，接受辞去副县长职务2人；任命政府组成部门负责人26人，免去政府组成部门负责人2人；任命人大常委会委办主任、副主任各1人，免去人大常委会委办副主任1人；任命县人民法院审判员1人、法庭庭长1人、人民陪审员28人，免去人民陪审员1人。切实加强对被任命人员的任后监督，促进被任命人员信守承诺、依法履职。继续组织实施宪法宣誓制度，增强被任命人员的宪法意识，激发他们务实勤政、甘于奉献的热情。

【代表工作】 2018年，商都县人大常委会始终坚持代表的主体地位不动摇，密切联系指导，丰富活动内容，努力为人大代表履职搭建平台、找准题目、创造条件。

加强代表能力建设，发挥代表主体作用。坚持把加强代表培训、提升代表素质作为做好代表工作的重要抓手，全面提高代表的履职能力。（1）加强学习培训。积极采取集中学习、以会代训、参与活动、外出培训、印发资料、订阅报刊等方式，加强对代表的经常性培训，提高代表依法履职能力。（2）搭建履职平台。按照便于联系选民、便于开展活动的原则，将县、乡两级人大代表混编为55个代表活动小组，建立完善代表小组活动制度和记录档案，促进代表活动的规范化、制度化。指导乡镇人大对人大代表之家和人大代表活动室进行巩固和完善，组织代表在“家”中开展形式多样的活动，进一步拓宽代表工作领域，丰富代表工作内容，提高闭会期间代表活动的实效性。

健全代表联系制度，拓宽代表联系渠道。积极开展“双联双述双评”工作，即建立常委会组成人员和乡镇人大主席团成员联系代表、代表联系原选区选民制度，常委会组成人员向常委会述职、代表向原选区选民述职制度，常委会评议组成人员、原选区选民评议代表制度，进一步调动代表的履职积极性。充分发挥人大代表之家和代表活动室的主阵地作用，定期组织代表与选民见面，直接听取选民意见，自觉接受选民监督。坚持邀请代表列席人大会议、参与人大活动，充分听取代表建议和意见，进一步拓宽代表的知情知政渠道，提高代表的民主议事能力。

强化代表建议督办，提高办理工作质量。为推动办理工作由“答复满意”向“结果满意”转变，激发代表的履职热情，进一步健全代表建议意见办理工作机制。（1）完善督办制度。按照人大代表重点建议督办工作办法的要求，进一步明确代表建议意见办理工作程序，保证办理工作层层有人管、件件有落实。（2）强化督办方式。采取重点督办、跟踪检查、专项视察、专题调研等形式，对代表建议意见办理情况进行督查，推动解决实际问题。（3）形成督办合力。人代会闭幕后，及时召开交办会，向政府集中交办代表建议意见，形成人大、政府及各承办单位齐抓共管的良好局面。

【自身建设】 2018年，商都县人大常委会坚持与时俱进，切实转变工作作风，不断加强自身建设，努力提高依法履职能力。

加强思想政治建设。继续以建设“学习型、服务型、务实型、效能型、法治型、廉洁型”机关为目标，全面加强常委会自身建设，切实担负起党和人民赋予人大的新使命。充分发挥常委会党组的引领作用，通过集中学习、专题讲座、上党课等多种方式，深入学习贯彻中共十九大精神和习近平新时代中国特色社会主义思想。组织常委会组成人员和机关干部学习政治理论，提高人大干部队伍的政治素质和依法履职能力。扎实推进主题党日活动，严肃党内政治生活，不断提高人大干部的政治觉悟和政治站位，确保人大工作正确的政治方向。认真落实意识形态领域责任制，牢牢掌控意识形态工作的主动权。密切与新闻媒体的沟通联系，切实做好信息宣传工作，提高宣传质量。加强和完善人大网站建设，通过网站发布重大决定、重要决议、重大决策，进一步拓宽人大工作宣传渠道。

改进机关工作作风。认真执行中央八项规定和自治区、市、县的相关配套规定，坚决反对“四风”，弘扬求真务实、艰苦奋斗、勤政为民、清正廉洁的优良作风。认真落实党风廉政建设责任制，切实增强机关党员干部的责任意识和担当意识。自觉践行“三严三实”，扎实推进“两学一做”活动，密切联系群众，深入调查研究，人大机关干部的思想观念、组织纪律、法纪意识、工作作风有大幅提升，工作质量和效率有明显提高。

推动乡镇人大建设。认真贯彻落实中央、自治区、市、县关于加强县乡人大工作和建设的一系列文件精神，积极开展“县乡人大工作规范强化年”活动。按照总结、继承、完善、提高的原则，指导乡镇人大对人大代表之家和代表活动室进行规范，使人大代表的活动阵地得到巩固提高。指导乡镇人大召开本年度人民代表大会第二次会议，听取和审议精准扶贫工作专项报告和代表建议意见办理情况报告，并进行分组审议，促进乡镇人代会制度化、程序化、规范化。

【重要事件】 1月5—9日，商都县人大常委会组织商都县代表团参加乌兰察布市第四届人民代表大会第一次会议。

2月7日，商都县人大常委会党组召开2017年度民主生活会，党组班子成员参加会议并开展对照检查和相互批评。

3月中旬，商都县人大常委会副主任李生智带领工作评议组，对县国土资源管理局进行工作评议。

3月下旬，商都县人大常委会副主任张云带领专题调研组，对新型农牧业经济实体与农户利益联结情况进行专题调研。

3月下旬，各乡镇人大陆续召开乡镇人民代表大会例会。

4月下旬，商都县人大常委会副主任高加林带领工作评议组，对县经信商务局进行工作评议。

4月下旬，商都县人大常委会副主任张云带领专题调研组，深入小海子镇张士田村、屯垦队镇壕欠村、三大顷乡东长青村对精准脱贫工作进行专题调研。

5月10日，自治区人大常委会副主任王波带领调研组会同市人大常委会有关人员，到商都县对全区人大联动打好精准脱贫攻坚战相关工作进行专题调研。

5月下旬，商都县人大常委会副主任李生智带领专题调研组，对文化市场建设管理工作情况进行专题调研。

5月27—29日，商都县人大常委会组织各乡镇人大主席团主席参加全市苏木乡镇人大主席培训班。

6月7日，市人大常委会副主任翟辰文带领专题调研组，对商都县农业土壤环境污染综合治理情况和建设用地利用情况进行调研。

7月12日，市人大常委会副主任尉世林带领执法检查组，到商都县对《中华人民共和国职业教育法》(以下简称《职业教育法》)贯彻实施情况进行执法检查。

7月24日，市人大常委会副主任尉世林带领调研组，对市本级2017年决算和审计工作情况及全市2018年计划、预算上半年执行情况进行专题调研。

7月下旬，商都县人大常委会副主任张云带领执法检查组，对《义务教育法》贯彻实施情况进行执法检查。

7月下旬，商都县人大常委会副主任高加林带领专题调研组，对全县工业园区建设运行情况进行专题调研。

7月下旬，商都县人大常委会组成执法检查组配合自治区人大常委会开展《城乡规划法》《内蒙古自治区城乡规划条例》执法检查工作。

7月下旬，商都县人大常委会组成执法检查组配合自治区人大常委会开展《中华人民共和国民族区域自治法》(以下简称《民族区域自治法》)执法检查工作。

8月6日，商都县人大常委会召开乡镇人大代表之家工作推进会。

9月中旬，商都县人大常委会副主任李生智带领执法检查组，对《环境保护法》贯彻实施情况进行执法检查。

9月26日，市人大常委会主任徐志明带领部分全国、自治区和市三级人大代表到商都县开展集中视察。

9月下旬，各乡镇陆续召开2018年度乡镇人民代表大会第二次会议。

11月下旬，商都县人大常委会副主任张云带领专题调研组，对乡村道路交通建设情况进行专题调研。

(供稿　薛　美)

商都县人民政府

县政府施政要略

【概　况】 商都县人民政府主要职能部门（共24个）分别是政府办公室，发展和改革局，经济信息商务局，教育科技体育局，民族宗教事务局，公安局，民政局，司法局，财政局，人力资源和社会保障局，国土资源局，住房和城乡建设局，交通运输局，水利局，农牧业局，林业局，文化旅游新闻出版广电局，卫生和计划生育局，审计局，环境保护局，统计局，安全生产监督管理局，食品药品监督管理局，工商质量技术监督管理局。

重要会议

【县政府党组会议】 2018年，县政府共召开9次县政府党组会议，其中较为重要的有以下5次。

1月18日，召开第一次县政府党组会议，开展“贯彻落实习近平新时代中国特色社会主义思想，担当作为谋发展，尽责实干促跨越”大学习大讨论；研究讨论《中共商都县人民政府党组民主生活会会议方案（讨论稿）》和2018年一般公路建设需求建设项目配套资金等事宜。

2月6日，召开第二次县政府党组会议，学习中共十九届二中全会精神，安排全县安全生产、环境保护工作，研究政府债务化解和PPP项目、大黑沙土镇补充耕地储备库项目等事宜。

4月3日，召开第五次县政府党组会议，传达学习全国两会精神，听取近期环保重点工作、禁牧休牧、林业管护及森林草原、城镇绿地防火工作安排，研究中水回用、扶贫整合资金事宜，听取2017年本级财政决算和2018年分部门预算情况，政府债务和“十个全覆盖”工程债务总体情况、化解方案和一季度进展情况。

8月27日，召开第七次县政府党组会议，研究商都县落实全市脱贫攻坚集中整治“回头看”任务分解、2018年农村危房改造及村容村貌整治、村级电站项目推进、调整财政扶贫资金整合方案等事宜，听取农民工工资清欠工作情况汇报。

11月9日，召开第八次县政府党组会议，听取隐性债务情况汇报，研究商都县财政性资金管理办法，七台镇居民生活用水阶梯价格、水费、污水处理费调整及明确水资源费改税政策，研究卯都乡增减挂钩项目进行政府采购等事宜。

【县长办公会议】 2018年，县政府共召开24次县长办公会议，其中较为重要的有以下6次。

3月15日，召开第三次县长办公会议，研究垃圾无害化处理项目事宜。

3月27日，召开第五次县长办公会议，研究金融扶贫有关事宜。

5月17日，召开第九次县长办公会议，研究工业园区固废渣场建设相关事宜。

6月19日，召开第十三次县长办公会议，研究深度贫困村基础设施建设有关事宜。

8月15日，召开第十四次县长办公会议，专题研究城镇集中供热和垃圾无害化处理项目事宜。

12月24日，召开第二十三次县长办公会议，专题研究东西部扶贫协作事宜。

主要工作

【政府工作概况】 2018年，面对繁重的改革发展稳定任务和经济下行压力，坚持以习近平新时代中国特色社会主义思想为指引，坚持稳中求进工作总基调，着力打好三大攻坚战，朝着实现全面建成小康社会的目标迈出坚实步伐。地区生产总值完成47.37亿元，增长1.9%；固定资产投资完成22.03亿元，增长27.6%，增速位居全市第三；社会消费品零售总额完成37.96亿元，增长7.3%；一般公共预算收入完成1.51亿元；城乡居民人均可支配收入达到27796元和10127元，分别增长7.7%和9.4%，增速分别位居全市第四和第二。

【脱贫攻坚】 以脱贫攻坚作风建设年为契机，狠抓国家、自治区和市反馈问题整改，开展脱贫攻坚集中整治专项行动，深入研究落实各项扶贫政策措施，2018年，脱贫1.08万人，退出34个贫困村，贫困发生率下降到2%。投入各类扶贫资金4.05亿元，其中整合涉农涉牧资金2.03亿元，同比增长101.2%；212个行政村集体经济现金总收入达1637.4万元，村集体资产达8375万元，其中149个行政村集体经济收入超过5万元；37.625兆瓦集中式光伏电站并网发电，覆盖贫困户1505户；易地移民搬迁工程完成年度任务，1950名贫困人口乔迁新居；农村安全饮水巩固提升工程全面实施，有效解决3.56万人饮水安全问题，惠及贫困人口8183人；农村危房改造9500户，覆盖贫困户3800户，累计解决贫困户安全住房1.8万户；212个行政村和7个涉农社区建立扶贫“爱心公益超市”，形成“以表现换积分、以积分换物品”的德行评价奖励机制和扶贫扶志同步的激励载体；实施京蒙扶贫协作项目5个，投入资金5073万元。加强与北京市平谷区对口帮扶协作，实现镇镇结对全覆盖，16个贫困村与平谷区乡镇、街道结对帮扶，到位帮扶资金412万元；中国通用技术集团、工信部军民结合司分别落实帮扶资金510万元和100万元；教育扶贫、生态扶贫、健康扶贫、兜底扶贫等政策措施全面落实。

【污染防治】 2018年，自治区开展资源环境承载能力试评价，商都县是全区13个大气和水污染物浓度未超标旗县之一、33个资源环境绿色无警旗县之一、55个生态健康度高的旗县之一。中央环保督察反馈市里涉及商都县的11项问题整改销号9项，其余2项持续整改问题完成年度整改任务。中央环保督察“回头看”期间，接受中央环保督察组下沉实地督查检查，及时高效办结9件信访件。是年，开展全国第二次污染源普查工作。全年环境空气质量平均达标天数达89%，高于全区平均值5.4个百分点。依法处罚1家偷排企业，行政拘留1人，整顿关停相关环保设施不达标的涉水马铃薯企业；完成地下水超采区年度压采目标290万立方米；着力解决污水处理厂“三低”（负荷率低、再生水利用率低、达标排放率低）问题，污水处理率达80%以上，出水水质达标率达97%以上，中水回用率达30%左右；加强农业面源污染防治，化肥使用量连续三年实现“零增长”，农药使用量同比下降5%；地膜回收率达80%以上，同比提高10个百分点；彻底清运处理存量废渣18万立方米，建成21万立方米容量的标准化固废渣场；清理非煤矿山企业18家，依法拆除2家无手续砖厂；完成生态绿化面积0.5万亩、经济林1.16万亩，建成高标准农田5万亩。

【重大风险防范】 2018年，加大政府债务化解力度，果断停建、缓建有关举债项目，公务运行费用同比压缩19.7%，完成全年化解任务。“十个全覆盖”工程债务全部化解完毕，扩面工程债务化解完成59%。彻底销号历史遗留的非预算单位财政借款问题。进一步规范地方举债融资行为，提请县人大常委会撤销有关无效担保和偿债责任行为。金融机构清收与处置不良贷款1.53亿元，其中清理公职人员不良贷款2388.27万元。积极稳妥防范化解政府隐性债务风险，全面核查隐性债务底数，制订化解存量隐性债务方案。

【安全特色农牧业】 2018年，成功创建国家农产品质量安全县。申报商都菠菜、商都青豆、商都南瓜地理标志证明商标；加强农产品质量安全追溯平台建设，26家种养加销主体纳入追溯监管平台；2家屠宰场迁址项目完成，非洲猪瘟防控工作扎实推进。德义水晶粉系列产品项目建成投产，健坤净菜加工项目具备生产条件，荣涛豌豆加工项目签约落地。全县农牧业产业化经营主体新增43家，达到284家，同比增长17.8%。受市场需求拉动引导，种植业结构进一步调整，经济作物种植面积增长22.5%，其中甜菜种植面积增长31%，冷凉蔬菜种植面积增长3.8%。

【工业转型升级】 2018年，凯金、集美、京能等11家战略性新兴企业工业总产值同比增长28.68%，增速快于全部规模以上工业企业30个百分点。以锂电池负极材料为代表的新材料产业快速成长，实现产值3.22亿元，同比增长312%。衡科特陶军民两用特种陶瓷项目生产线进入调试阶段；集美石墨化生产线扩规技改项目建成投产；凯金、恒科等锂电池负极材料项目相继投产，年产能达到4万吨；琪昌硅酸铝陶瓷纤维、华鑫高纯硅和华腾宝珠砂等项目建成投产。新清退“僵尸企业”5家，腾退土地723亩、累计2205亩。完成长盛工业园区基础设施投资800多万元。申弘碳化硅等3家企业入驻产业孵化园。新入园企业29家，累计93家，产业集聚功能进一步增强。全年完成工业固定资产投资13.1亿元，同比增长170%，增速位居全市第一。

【新兴服务业】 2018年，成功举办第二届中国商都马铃薯美食节暨建县100周年活动。全年接待游客52万人次，旅游收入1580余万元，同比增长22%。10个重点商贸流通服务业项目扎实推进，完成投资1.88亿元。大唐电信商都服务外包基地项目吸引外地返乡商都籍大中专以上学历人员就业400人，开展面向天津、山东、新疆等地区的呼叫服务外包业务。华联商厦、巨弘商业步行街项目开始招商。全年农村电商订单达1282.13万单，交易额2.96亿元，同比增长18%。

【城镇建设】 2018年，完成《七台镇控制性详细规划》修编和旧城2平方公里集中拆迁区修建性详规编制工作。实施4项市政基础建设重点工程和9项房建工程，完成投资4.58亿元。七台镇供水水质提升改善工程建成运行；完成红星街西、庆云巷北两个片区的棚户区改造工程，受益群众2400户、5800多人。恒汇热电联产项目建成运营，供热面积达到240万平方米，惠及2万多户居民；恒泰供气工程新铺设管网11公里。加大城镇综合执法力度，集中治理城区“十乱”现象。查扣违法车辆203辆，取缔露天煤炭市场2处，设立工程车辆停车场1处，拆除违法建筑物6000余平方米。

【“美丽乡村”建设】 2018年，加快特色小镇和文明村镇建设，编制完成大黑沙土镇特色小镇规划和小海子镇八十五号村美丽宜居乡村建设规划，大南坊村、西井子村等12个村被评为市级文明村镇。启动农村人居环境整治三年行动，清理填埋垃圾10万余立方米，拆除农村危土房5.78万间、院墙40万延长米。开展“大棚房”清理整治工作。完成城乡建设用地增减挂钩复垦项目560亩，实施补耕库提质改造项目4000亩。建设特色庭院经济林2000亩，新增高效节水灌溉面积7.06万亩，取缔喷灌圈126套。完成不冻河河道治理工程11公里。完成223线兴和至商都段路基和桥涵工程、商都至张北二级公路提标改建工程测设工作，商都至集宁一级公路进入可研立项阶段，商都至尚义高速公路列入自治区交通厅“十三五”规划。实施“一户一表”老旧计量改造工程，轻工业园区变电站新建工程等6项城乡电网改造工程。

【“放管服”改革】 2018年，梳理并公布县本级权责清单6220项；行政审批227项“马上办、就近办、一次办、网上办”项目清单全部公布；开展群众办事“百项堵点疏解行动”，解决群众办事堵点问题40项；行政许可事项由186项进一步减少到174项，行政事业性收费项目由19项减少到16项，执行收费部门、依据及标准全部公示；开展“减证便民”专项行动，保留6个部门、48项行政许可证明事项；全市旗（县）第一张电子营业执照在商都县正式颁发；进一步优化营商环境，为市场主体减轻税费负担1.33亿元，为企业发放助保金贷款1500万元，新增市场主体1454户。完成农村集体产权制度改革行政村清产核资工作。土地确权和草原确权登记工作基本完成。实现村级党务、政务、财务“三务”公开。农业综合水价试点改革、城镇居民生活用水阶梯价格改革全面实施。是年，国家税务总局商都县税务局挂牌成立。

【开放发展】 2018年，把招商引资和项目建设作为推动经济高质量发展的重要引擎，全年引进项目23个，到位资金12.2亿元。23个亿元以上市级重点项目有效推进，完成投资19.36亿元。丰彦骄年产11万吨石墨增碳剂和1万吨锂电池负极材料出口加工项目即将投产。

【创业就业】 2018年，在政府债务化解工作压力较大、财力紧张情况下，全年财政用于民生方面支出24亿元，占总支出的83%，同比增长11.4%。落实就业优先战略和积极就业政策，城镇新增就业2065人，城镇失业人员再就业320人，城镇登记失业率控制在3.92%；农村劳动力转移就业4.3万人；发放创业贷款493万元。

【社会保障服务】 2018年，养老保险实现制度全覆盖，医疗、失业、工伤等社会保险基本实现应保尽保。跨省异地就医直接结算工作全面实施。严格落实农民工工资“两金三制”（工资保证金、应急周转金，农民工实名制、工资专户制、银行代发制）制度，加大“治欠保支”力度。扎实开展城乡按户施保和扶贫低保两项制度衔接，5374名建档立卡贫困人口纳入低保范围。全年为5.94万人发放各类救助金2.14亿元。

【教育事业】 2018年，商都县被评为国家级农村职业教育和成人教育示范县。通过公开招考、引进招募等形式吸纳86名各类人才，进一步充实优化教师队伍。春明小学分校教学楼、通用小学气膜馆等基础设施投入使用，城乡办学条件进一步改善；清理关闭不符合条件的幼儿园10家。按照上级要求为119名民办教师发放辞退金71.13万元。举办“县长杯”校园足球联赛、全县中小学生田径运动会、第二届幼儿才艺大赛等大型文体活动。

【卫生健康事业】 2018年，创建自治区健康促进县工作全面启动，建立健康档案居民23万人，占服务人口的99.82%；举办健康教育讲座336场次，覆盖全部行政村，受众达到3.5万人次。医药卫生体制改革进一步深化，推行按病种收付费，调整医疗服务价格，实行药品采购“两票制”，建立“基层首诊、双向转诊、急慢分治、上下联动”的分级诊疗制度；医疗救治水平进一步提升，县中医院康复中心被评为全市唯一的自治区蒙中医重点专科，县医院成立胸痛中心和卒中防治中心，并与北京电力医院等国内百家大型医疗机构建立远程会诊。开展残疾人证清查核销工作，坚决杜绝“假、错、空”持证现象。

【文化建设】 2018年，积极贯彻中共中央总书记习近平对乌兰牧骑事业发展的指示精神，加快乌兰牧骑建设与发展，乌兰牧骑升格为副科级事业单位，“百团千场”下基层惠民演出105场。强化文化市场监管，扎实开展“清源”“净网”“护苗”“秋风”“固边”专项行动。深入开展全民健身活动，在全市“迎十四运”乒乓球选拔赛和“首届职工乒乓球、羽毛球”比赛中分获三个团体第一名。

【社会治理】 2018年，积极化解重点信访事项，在重要时段节点未发生进京赴区到市越级访和群体访。全面深入开展安全生产大检查和重点行业领域专项整治，排查消除各类安全隐患361处。坚持“四个最严”（最严谨的标准、最严格的监管、最严厉的处罚和最严肃的问责），落实“四有两责”（有职责、有岗位、有人员、有手段，落实日常监管责任和监督抽检责任），以企业示范创建工作为抓手，强化食品药品生产、流通、餐饮各环节日常监管。深入开展扫黑除恶专项斗争，打掉涉恶集团1个、涉恶团伙4个，破获涉恶类刑事案件13起，抓获犯罪嫌疑人38人。加强国防教育、国防后备力量及人民防空建设，持续推进“双拥”工作，妇女儿童、残疾人、红十字、慈善事业健康发展。

【政府自身建设】 2018年，深入学习习近平新时代中国特色社会主义思想和中共十九大，中共十九届二中、三中全会精神，深入学习中共中央总书记习近平考察内蒙古和参加内蒙古代表团审议时重要讲话精神，树牢“四个意识”、坚定“四个自信”、自觉做到“四个服从”和“两个维护”，加强政府系统意识形态工作。自觉接受县人大及其常委会的法律监督、政协民主监督和社会舆论监督，认真办理人大代表建议和政协委员提案，办结率达到100%。加强政府系统党风廉政建设，签订党风廉政建设责任状，认真履行“一岗双责”。37个单位的财会管理统一进驻财政局集中核算中心。进一步严格执行“三重一大”（重大问题决策、重要干部任免、重大项目投资决策、大额资金使用）制度，政府预算、部门预算和“三公”经费向社会公开。

（供稿　王小龙）

县政府办公室

【概　况】 2018年，商都县人民政府办公室（以下简称县政府办）围绕全县中心工作，不断深化服务意识，改进服务方式方法，进一步发挥参谋助手作用，全面履行各项工作职责。

【调研工作】 2018年，县政府办围绕脱贫攻坚、民生保障、安全生产、干部作风等全县经济社会发展的重点、难点、焦点问题，着力把县委、县政府各项决策部署落到实处，转化成科学发展、跨越发展的实际成果。对《政府工作报告》确定的2018年全县经济社会发展主要指标和重点工作任务进行分解下达。对这些督查重点，即时即办、限时完成、全程跟踪、确保落实。

【办文办会】（1）严格收发文办理制度。建立完善收发文办理流程，明确收发文各个环节的职责要求。发文方面，充分发挥“以文辅政”职能，严格按照流程严把每个关口，力求写精品文、发管用文，做到及时、准确、有效、优质行文，切实做到严控发文总量和规格，克服“文山”现象，2018年，起草审核县政府、县政府办发布的公文280余件。收文方面，严格按照来文单位级别分层分类建立电子登记簿，实行办文限时制和全程跟踪制，确保每一份来文有源头、有编号、有去向、有过程、有结果，做到公文处理不过夜，规范、高效运转各类公文2000余件，无文件丢失、误时、误事等情况发生。（2）会务办理工作。进一步精简会议活动，严格控制会议规模和时间，坚持少开会、开短会、开解决问题的会。精心做好会议通知、参会人员确认、会议材料收集、会场布置等会务准备工作，确保重大会议到会率达100%。认真做好县政府常务会议、县长办公会议、县政府专题会议等重要会议的承办工作，抓好会前准备、会中服务、会后落实三大环节，进一步提高办会水平。密切把握议程动态，认真、规范地做好会议记录。

【政务信息】 2018年，围绕县政府中心工作，深度挖掘经济社会建设、安全生产、生态治理、民生工程、招商引资等领域的重点信息，全面宣传全县经济社会发展和反映政府重大决策部署落实情况，为政府科学决策提供预警性、趋势性、深层次的信息支撑。全年报送政务信息1119条，信息工作在全市名列前茅；上报、发布调研类信息50余篇，为领导决策提供有价值、多角度、深层次的决策参考。

【应急值守】 2018年，县政府办严格执行24小时值班和领导带班制度，及时向领导报告当天发生的重要信息，提高应急反应和处置能力，确保各类突发事件的报告和处理不在县政府办环节出现失误。保持电话、传真等设备处于良好状态，实行“事前预警报、事发及时报、事中随时报、事后统一报”工作法，全年上报《应急快讯》35期。针对群体性非正常上访事件、食品药品安全等重点领域修订完善专项应急预案40个，全面提升应急处置能力。

【督办问效】 2018年，县政府办抓住一些关键环节，大胆督查、跟踪督查，问题不解决不放过，群众不满意不放过；特别是对久拖不决的事，紧盯不放，一抓到底。创新工作方法，积极探索明察与暗访相结合、发现问题与树立典型相结合，形成科学有效、简易便捷的督查方式与措施，推动重大决策部署“件件有落实、事事有回音”。2018年，牵头和会同有关部门对落实政府工作报告、政府常务会议议定事项、安全生产、脱贫攻坚等重点工作开展多次督办检查，编发《督查专报》15期。政府网站受理县长信箱92件、市长信箱3件、新华网2件，及时督促相关部门进行答复处理，办理率达100%。

【信访工作】 2018年，县政府办围绕打造“阳光信访”“责任信访”“法治信访”工作目标，开通“商都县信访局”微信公众号，拓宽群众诉求表达平台的基石，真正做到让数据多跑腿、让群众少跑路。把工作的重心从事后处理转移到事前排查化解上来，努力做到早发现、早化解、早控制、早处理。在矛盾排查化解中，重点排查群众反映强烈的热点、难点问题，对排查出来的问题，逐案建立工作台账。全年接受上级交办信访案件78件，接待来访群众116批次1391人次，完成历年来信访人员基础数据采集工作，共采集5个群体256人信息报市维稳办和市联席办。

【人防工作】 2018年，把人防宣传教育工作摆在突出位置，坚持以增强广大干部群众国防观念和人防意识为目标，围绕“战时防空、平时服务、应急支援”的使命任务，以夯实基础为根本，以宣传教育为先导，以警报通信建设和“结建”工作为重点，以疏散基地建设为突破口，创新举措，狠抓落实，各项工作取得新进展、新成绩。会同县教育科技体育局在县城中小学校开设人防知识教育课程，并编印《中小学生防空防灾知识读本》，教育部门将各学校开设课程情况列入年度考核内容，深入开展“五进”（进社区、进企业、进学校、进农村、进家庭）活动，建成人防示范社区4个、示范学校4个，在重要地段安装人防户外多媒体报警器。截至是年年底，完成2018年度人防建设任务指标。

（供稿　王小龙）

政务服务

【概　况】 商都县政务服务中心（以下简称县政务服务中心）编制8人，实有工作人员6人，内设综合科、管理监督科、网络信息科。

2018年，进一步完善服务设施，方便群众办事；深入推进“放管服”改革，持续落实“互联网+政务服务”各项措施。

【便民服务设施】 建成电子终端自助服务区，增设公积金自助查询、出入境申办自助、机动车违章查询、“三务公开”查询、自动感应语言播报指引服务等电子自助设备；根据进厅事项重新分类设区，设置市场准入与监管综合服务区、投资建设项目综合服务区、社会民生事务综合服务区、预约受理综合服务区，并印制服务指南，制作服务窗口引导指示牌；为特殊人群提供便捷服务，开辟残疾人通道，配备残疾人及突发应急事件物品等。

【政务服务改革】 2018 年，完成全县 155 项行政许可类审批事项的流程梳理编制工作，协调配合各有关部门梳理并公布“就近办”审批服务事项 23 项、“马上办”审批服务事项 34 项、“网上办”审批服务事项 29 项、“一次办”审批服务事项 141 项。清理规范厅内收费事项，对进厅的 23 个收费项目进行备案登记，并在大厅内公告，接受群众监督。为优化营商环境，解决群众办事堵点问题，商都县政务服务中心印发《关于简化审批流程提供办理效率的建议函》《关于对驻厅单位办理事项进行备案登记的通知》等，积极协调各部门优化事项流程、解决群众办事堵点、难点问题 67 项。

（供稿　张飞鹏）

公共资源交易

【概　况】 商都县公共资源交易中心（以下简称县交易中心）编制 10 人，实有 4 人，内设政府采购部、土地交易部、国有产权交易部。

2018 年，规划增设远程电子评标室、投标报名（候标）室、专家抽取室、评委休息室，并配备相应的办公、监控设备，保证日开展交易业务量 4 项以上。基础设施的改善从根本上保证交易业务能够有序高效进行。

【公共资源交易】 截至 12 月底，县交易中心共完成 70 项政府采购业务，预算评审价 3770.9 万元，中标成交价 3624.9 万元，节约资金 146 万元，节约率 3.9%；共完成 21 宗国有土地使用权挂牌出让业务，面积 29.22 万平方米，起始价 3157.3 万元，成交价 3202.3 万元，增价 45 万元。

（供稿　张飞鹏）

信息化

【概　况】 2018 年，商都县认真贯彻落实上级关于政府信息公开的部署要求，坚持以“公开为常态、不公开为例外”原则，以深化公开内容为重点，以推进依法行政、建设法治政府为目标，充分发挥政府信息对人民群众生产生活和经济社会发展的服务作用，进一步加强组织领导，建立健全机制，拓展公开领域，强化建设管理，不断提高政府公信力，切实保障人民群众的知情权、参与权和监督权。

【组织领导、制度建设】 2018 年，县政府高度重视信息公开工作，将政府信息公开工作作为建设法治政府的重要举措，强化领导队伍建设，推进制度改革，成立由常务副县长任组长、县直部门负责人为成员的政务公开工作领导小组。各乡镇各部门成立相应机构，全县上下形成主要领导牵头、分管领导具体负责、各方参与、共同推进的政务信息公开领导机制。根据全市关于政府信息公开工作要求，年初，下发《商都县 2018 年政务公开工作要点》，有效地指导和规范全县政府信息公开工作。修订完善《商都县信息公开规定》，进一步完善公开目录，规范相关工作流程，规范信息采集、审核、发布，确保发布信息的及时、准确、安全。

【公开载体、受理渠道】 2018 年，商都县创新政府信息公开形式，在充分发挥政府网站政府信息公开第一平台作用的同时，积极拓展政府信息公开的载体，通过政务微信等各类新媒体公开政府信息，畅通受理渠道，完善工作机制，提高工作效率，满足人民群众的信息公开需求，不断提升政府信息公开服务能力。

【重点领域主动公开】 重点领域是信息公开工作的重点，2018年，商都县主动公开政策法规、政府文件、食品药品安全、财政预决算、生产安全、人事信息、环境保护、保障性住房、重大项目、价格与收费等重点领域信息及政策法规、政府文件、规划计划、人事任免等政府信息公开目录栏目。各乡镇、各部门积极配合，持续推进民生改善等重点信息公开，不断提升政府工作的透明度。

【信息平台建设】 2018年，商都县加大网站建设监管力度，不断完善各项功能，保障服务需求。加强网站服务器和安全防护工作，增加防篡改设备，组织专人参加网络安全知识培训，确保政府网站运行安全。高标准建设政府公报系统，并于12月30日前上线运行。截至是年年底，编辑政府公报1期。完成政府网站蒙文版建设。引进蒙汉兼通高层次人才1人，负责政府网站蒙文版翻译及日常维护管理工作，进一步畅通蒙古族群众参政议政渠道。调整充实政府网站信息员队伍。将文秘人员4人充实到政府办信息中心，负责政府网站的日常维护管理工作，进一步提高网站建设水平。

【政府信息公开情况】 2018年，全县各单位主动公开政府信息8374条，其中工作动态、视频新闻2657条，政务微信公开政府信息142条。网站安全正常运行，全年总浏览量达55.55万次，平均每天点击量1522次。满足社会公众对政府公开信息的查询需要。

【社会关切回应交流】 2018年，县政府门户网站开展网上调查3次，办理回复“县长信箱”“公众留言”信件94件，主要涉及脱贫攻坚、城乡建设、社会保障、安全饮水、教育卫生、创业就业、危房改造等方面，截至是年年底，已全部办理回复。发布热点信息162条。通过“商都县人民政府发布”微信公众平台等新媒体加强政民之间的沟通交流。

【政府信息公开保密审查】 2018年，根据《中华人民共和国政府信息公开条例》（以下简称《政府信息公开条例》）等有关规定要求，按照“谁公开谁审查”“谁审查谁负责”和“先审核后公开”的原则，明确保密职责，严格审查程序。是年，全县未发生因政府信息公开审查不当或保密审查机构未履行保密审查职责而引起的失泄密情况。

（供稿　吴少华）

信　访

【概　况】 商都县信访局内设办信办案室、信息室、督查督办室、综合办公室、联合接访中心，有编制人数14人，其中大学以上学历4人、大专以上学历10人。

2018年，县信访局认真贯彻落实中央、自治区、市关于信访工作的一系列会议及文件精神，按照“三到位一处理”（群众诉求合理的解决问题到位、诉求无理的思想教育到位、生活困难的帮扶救助到位、行为违法的依法处理）的总要求，“打攻坚、推法治、行有效、强自身”创新信访工作方式，依法及时解决群众的合理诉求，全力打好“四个攻坚战”，切实增强防范风险能力，维护群众合法权益，维护社会和谐稳定。

【信访受理】 2018年，群众进京到非接待场所上访，均为涉法涉诉信访事项；群众进京正常访、群众赴自治区访、群众到市上访、群众到县上访均已受理。

【网上信访】 2018年，按照保证“信访事项及时受理率、按期办结率、群众满意率”的工作原则，接收上级交办网上信访案件104件，全部按期办结。截至年底，全县网上信访事项信访部门受理率、及时受理率和责任单位受理率、办结率均为100%；网上信访量占比达50%以上。

【信访工作组织领导】 2018年，县委、县政府高度重视信访工作，年初，召开全县信访工作会议，明确提出：减少总量、控制增量、遏制非访、打好“四个攻坚战”的总体工作目标，全面部署2018年的信访工作，落实各乡镇、县直各单位主要领导作为信访工作的第一责任人、分管领导为直接责任人、其他领导“一岗双责”的工作责任制。2018年，县委、县政府主要领导先后5次主持召开会议安排部署信访工作，先后召开13次信访工作联席会议和20次信访调度会，研究解决重点疑难复杂信访事项。

【县级领导干部接访下访活动】 2018年，建立信访接待日制度，每天安排2名县级领导到信访接待场所接待群众来访，做到群众随到随接，随接随处理，对所接待信访事项要全程负责，一盯到底，避免问题积累、矛盾激化、信访上行。2018年，26名县级领导共接待来访群众116批次1391人次（包括重复访）。按照《县级领导干部入户走访重点信访群体和重点信访人员活动工作方案》要求，32名县级领导干部对重点群体和重点人员，特别是对军队退役人员、20世纪90年代末未分配大中专毕业生、外出返乡要地农民及民办教师进行入户走访。

【“四个攻坚战”专项行动】 加强组织领导，坚持和落实“主要领导负总责、分管领导具体负责、其他领导一岗双责，一级抓一级、层层抓落实”的领导体制，把工作责任分解到每一个具体单位、每一个具体人头上。畅通信访工作渠道，建立健全领导接访、领导包案、带案下访、“一岗双责”、信访工作责任追究制度、社会稳定风险评估制度等信访工作长效机制，切实把信访矛盾化解在萌芽状态。建立健全化解信访矛盾工作台账，按照“五个一”的要求，对自治区交办商都县的19件信访案件（重点领域2件、重点群体2件、重点问题7件、重点人员8件），全部明确包案领导、责任单位和责任人，建立信访矛盾工作台账，分期分批进行化解，已全部化解，并上报结案报告。

【重点领域和重点群体矛盾化解】 针对军队退役人员、20世纪90年代末大中专和技校毕业生、外出返乡要地农民、民办教师等重点信访事项，一方面按照“三到位一处理”的原则，开展化解与稳定工作，避免问题积累，矛盾激化，信访上行；另一方面，加强对不稳定因素重点排查和相关信息的收集、研判、汇总工作。

【社会矛盾纠纷排查化解工作】 按照自治区信访联席办《关于对全区社会矛盾纠纷排查化解专项行动工作方案》的要求，2018年，商都县排查出的矛盾纠纷主要表现在军队退役人员、20世纪90年代末大中专和技校毕业生、土地确权问题、农民工讨薪、历史遗留问题。针对排查出的矛盾纠纷，从建立健全矛盾纠纷排查化解长效机制入手，继续把工作的重心从事后处理转移到事前排查化解上来，努力做到早发现、早化解、早控制、早处理。对排查出来的问题，逐案建立工作台账，落实包案领导，限期予以化解，实实在在把矛盾和问题解决在萌芽状态、化解在基层。特别是对上级交办的重点案件，要求落实责任、强力攻坚，推动问题彻底解决，切实做到案结事了、息诉罢访。坚决防止和杜绝基层对信访问题“推、躲、等、靠”，上交矛盾纠纷。

【市级领导包案化解信访事项】 2018年，按照《关于建立健全市级领导同志常态化包联指导旗县市区工作制度的通知》要求，市委常委、纪检委书记、监察委主任云春生带案包联商都县，3名市级领导包商都县3件重点信访事项，已全部化解。

【中央第八扶贫类专项巡视组交办的信访事项】 中央第八扶贫类专项巡视组共转办交办商都县扶贫类、非扶贫类信访事项共10件，其中扶贫类信访事项1件、非扶贫类信访事项9件，按照巡视组工作要求，对转办交办的信访事项责任单位和乡镇均出具处理意见书和情况说明，并在规定的时限内给予办结。

【自治区党委第八巡视组交办的信访事项】 自治区党委第八巡视组巡视期间共转办交办信访事项6批140件，按照巡视组工作要求，对转办交办的信访事项责任单位和乡镇均出具处理意见书和情况说明，并在规定的时限内给予办结。

【历年信访人员基础数据采集】 为有效提高信访工作预警和维稳工作预防能力，增强做好信访维稳工作的主动性，按照《关于全面采集历年来信访人员基础数据的通知》要求，建立全县信访、涉稳人员智能分析系统。

【信访部门自身建设】 根据信访工作的需要，2017—2018年，先后调入工作人员8人从事接待、文秘和网上信访工作，配齐配强工作人员，实现新老交替、以老带新；结合信访先进文化建设，继续加大对信访干部的学习培训力度，每周五组织开展业务学习，不断提高信访干部的整体素质和业务水平，造就一支高素质的信访干部队伍。从工作和生活上关心、关爱信访干部，2017—2018年，改善办公条件，配备先进的办公设施，进一步调动全体工作人员的积极性，使其以更加饱满的热情投入到工作中。

（供稿　张国祯）

地方志

【概　况】 2017年9月，商都县史志编纂工作人员增加到2人，担负商都县地方志编修、综合年鉴编研、网络宣传以及上级部门部署的任务。

【综合年鉴编修】 2018年1月，《商都年鉴（2018）》编纂工作启动，到3月底，各乡镇、县直各部门单位的稿件征集大部分完成。按照中国地方志指导小组办公室年鉴处及方志出版社专家有关指导和要求，开始编辑文稿，到8月完成初稿，经过修改，10月，《商都年鉴（2018）》定稿。

根据中国地方志指导小组办公室（以下简称中指办）2018年《关于民族地区与贫困地区年鉴资助工程的通知》精神，经内蒙古自治区地方志办公室、乌兰察布市地方志办公室审核批准，《商都年鉴（2018）》申报资助。2018年11月，《商都年鉴（2018）》被纳入中国地方志指导小组办公室年鉴资助工程2018年首批资助名单。内蒙古自治区年鉴共有5部旗县年鉴被纳入民族地区与贫困地区年鉴资助工程。《商都年鉴（2018）》由方志出版社出版。

【建县100周年展览编制】 2018年是商都县建县100周年，根据中共商都县委、商都县人民政府决定举办建县100周年大型展览，由商都县政协牵头主办，商都县史志办具体承办，展览定名为《百年商都》。展览内容分三大部分。第一部分：艰难历程 。内容包括1918—1949年，新民主主义革命时期主要是抗日战争、解放战争时期的重要事件纪略。第二部分：艰辛探索。内容包括1949—1978年，中华人民共和国成立后，县委、县政府领导全县人民艰辛探索、艰苦奋斗，取得重要成果。第三部分：光辉业绩。内容包括1979—2018年，改革开放40年商都县在经济、政治、文化、社会、生态文明建设等方面的重大变化、重大成就、重大发展。重点突出中共十八大以后的内容。

从2018年5月下旬开始，经过编写纲目、设计方案、编辑文字、收集图片，到7月中旬，完成全部布展内容。该展共采用图片300多幅，编辑文字1万多字，并编辑解说词7000多字，培训解说员，接待7月19日来自全市各地参加第二届中国商都马铃薯美食节来宾200多人参观。此后，接待社会各界群众参观。

【志鉴信息网络宣传】 2018年，在商都县人民政府网站“地方资料库”网页《地方志》专栏公布地方志、年鉴信息条目23条，浏览次数34516人次，内容包括商都县第一部专业志《商都物语志》出版发行，《商都年鉴（2018）》稿件征集进度及向中指办申报资助，商都县建县100周年大型展览《百年商都》制作，《内蒙古年鉴》2018卷撰稿人培训会议及2018年全区地方志业务培训，自治区地方志办公室“三全目标”攻坚动员及专项督查，《中华人民共和国史志法》立法建议稿专家研讨会，中央电视台专访“走进新时代的地方志”，中国地方志指导小组领导谢伏瞻和中指办领导冀祥德有关地方志工作的讲话，党和国家领导人毛泽东、周恩来、习近平、李克强关于地方志事业和编修的重要指示、批示等。

截至2018年12月31日，《地方志》专栏累计公布地方志、年鉴信息条目62条，浏览次数突破15万次。

【重要事件】 1月20日，中共商都县委、商都县人民政府在北京举行《商都物语志》签名赠书仪式，中共商都县委书记靳前斌，中共商都县委副书记、商都县人民政府县长曹凯宏出席在北京举行的《商都物语志》签名赠书仪式，该书由中国广播影视出版社出版。

（供稿　魏　兆）

中国人民政治协商会议商都县委员会

综　述

【概　况】政协商都县委员会常务委员会设置办公室，提案委，社会事务委，经济委，民族宗教和文史委。

主要工作

【办公室工作】2018 年，办公室组织委员培训，走访慰问委员，开展调研、视察，接待自治区、市政协及各旗（县）政协组织的考察调研。

【调研工作】2018 年，组织开展调研工作内容：关于全县乡村教师队伍状况的调查；全县柠条管理保护与开发利用的调查与建议；关于商都县城镇公办幼儿园办学情况的调研；关于对全县生猪定点屠宰企业建设运行情况的调查。

【提案工作】2018 年，县政协提案委员会收到委员提案 73 件，经提案审查委员会审查立案 60 件。按提案类别分：经济建设方面 5 件；科教文卫方面 23 件；城镇建设与管理方面 24 件；其他方面 8 件。

【文史资料工作】2018 年，县政协组织编辑出版《商都文史资料集锦》（上、下册）、《走近金界壕》、《商都县改革开放实录》等历史书籍。

【经济工作】2018 年，政协机关积极参与全县中心工作，积极争取资金为屯垦队镇二号村扩建党员活动场所，新建村民文化广场，出资 5 万元帮助屯垦队镇东伙房村、二号村建起爱心公益超市。

重要会议

【常委会会议】3 月 1 日，政协商都县十届一次常委会会议召开，会议审议通过关于召开政协商都县第十届委员会第二次会议决定的建议（草案）；审议通过政协商都县第十届委员会第二次会议议程（草案）；审议通过政协商都县第十届委员会第二次会议日程（草案）；审议通过政协商都县第十届委员会第二次会议秘书长建议名单（草案）；审议通过政协商都县第十届委员会第二次会议各次大会、常委会议执行主席值日分工和主持人建议名单（草案）；审议通过政协商都县第十届委员会第二次会议提案审查委员会建议名单（草案）；审议通过政协商都县第十届委员会第二次会议讨论组召集人及编组建议名单（草案）；审议通过十届政协常委会工作报告；审议通过十届政协常委会工作报告人建议名单；审议通过十届政协提案工作情况报告；审议通过十届政协提案工作情况报告的报告人建议名单。

3 月 7 日，政协商都县十届二次常委会会议召开，会议听取各讨论组情况汇报；审议通过政协商都县第十届委员会第二次会议政治决议（草案）；审议通过政协商都县第十届委员会常务委员会工作报告决议（草案）；审议通过政协商都县第十届委员会常务委员会关于提案工作情况报告的决议（草案）；审议通过政协商都县第十届委员会第二次会议关于提案审查情况的报告（草案）。

12月29日，政协商都县十届三次常委会会议召开，集中学习《关于加强新时代人民政协党的建设工作的若干意见》，审议通过增补政协委员名单。

【全委会会议】 3月6—7日，中国人民政治协商会议商都县第十届委员会第二次会议召开。会议应出席委员129人，实出席委员115人，符合《中国人民政治协商会议章程》规定。政协主席吕生金向大会作《政协商都县第十届委员会常务委员会工作报告》，政协副主席张占英作《政协商都县第十届委员会常务委员会提案工作情况的报告》。会议听取县委副书记王再华代表中共商都县委在开幕大会上的重要讲话。全体委员列席商都县第十五届人民代表大会第二次会议，听取并赞同商都县人民政府县长曹凯宏所作的《政府工作报告》，赞同商都县人民法院、商都县人民检察院工作报告及其他报告。大会审议通过政协商都县第十届委员会第二次会议政治决议；审议通过政协商都县第十届委员会常务委员会工作报告决议；审议通过政协商都县第十届委员会常务委员会关于提案工作情况报告的决议；审议通过政协商都县第十届委员会第二次会议关于提案审查情况的报告。

【重要事件】 2月5日，政协机关党支部召开集中整治形式主义、官僚主义“十种表现”工作动员部署会。

2月7日，政协党组召开民主生活会，学习有关文件，开展批评与自我批评。

3月26日，县政协召开政协委员提案交办会议，将政协委员提案转交县人民政府办理。

4月13日，政协机关召开“党的质量提升年”动员大会。

5月16日，政协机关召开“六大纪律”专题教育活动动员会。

7月12日，政协秘书长、办公室主任带领机关全体帮扶责任人深入屯垦队镇东伙房村开展扶贫工作。

9月18日，县政协副主席任笑春率农牧界政协委员，先后深入县林业局、小海子镇、屯垦队镇，就全县柠条管理保护与开发利用情况开展调研。

10月12日，县政协副主席任笑春率共青团、妇女联合会、教科文卫界部分委员，深入县教育科技体育局和城镇11所公办幼儿园，对城镇公办幼儿园办学情况和师资情况开展专题调研。

12月5日，县政协副主席张占英组织相关人员，深入商都县福鑫、利萍两家企业，对全县生猪定点屠宰企业建设运行情况开展调查。

2018年，县政协积极争取资金，为屯垦队镇二号村扩建党员活动场所，新建村民文化广场。出资5万元帮助屯垦队镇东伙房村、二号村建起爱心公益超市。

2018年，商都县政协被评为全市政协系统社情民意信息工作先进单位，并受到表彰。

（供稿　李占建　翁志康）

中国共产党商都县纪律检查委员会

纪律检查（监察）

【监察体制改革】 深化国家监察体制改革，着力推进体制机制完善创新。2017年12月，商都县纪律检查委员会、商都县监察委员会（以下简称县纪委、县监委）对内设机构进行有效整合，将原来10个内设机构调整为14个，其中监督执纪审查一线科室占11个；将21个派驻纪检监察组整合为12个，划转派驻纪检组组长7人到纪委、监委任室主任，对室主任5人、乡镇纪委书记2人进行轮岗交流；将商都县人民检察院人员10人整体划转中国共产党商都县纪律检查委员会、监察委员会，商都县纪律检查委员会、商都县监察委员会正式对外挂牌。商都县监察委员会成立以后，充分发挥监察职能，对监察对象进行梳理统计，监督对象由原来的1314人增加到6049人，实现对全县行使公权力的公职人员监察全覆盖。开展监察职能向基层延伸试点工作，在各乡镇设立监察办公室。

【执纪审查】 挺纪在前，用纪律的戒尺管住大多数。坚持问题线索集体排查，集体研究处置，认真落实《中国共产党纪律检查机关监督执纪工作规则》（以下简称《监督执纪工作规则》），建立起“信访调度、以室办案、案管督办、案件排查”的执纪审查机制，形成线索、研判、批办条理化、程序化。2018年，共受理信访举报问题线索308件（其中重复件95件），公、检、法、审计机关移送问题线索40件，上级转交办问题线索74件；处置问题线索233件，立案77件、79人，结案65件，给予党纪、政纪处分62人，诫勉谈话1人，其他组织调整2人。充分践行“四种形态”（经常开展批评和自我批评、约谈函询，让“红红脸、出出汗”成为常态；党纪轻处分、组织调整成为违纪处理的大多数；党纪重处分、重大职务调整的成为少数；严重违纪涉嫌违法立案审查的成为极少数）运用，第一种形态处置71人次，占处置总数的55%；第二种形态处置52人次，占处置总数的40.3%；第三种形态处置5人次，占处置总数的3.9%；第四种心态处置1人，占处置总数的0.8%。

【主体责任问责】 强化问责，推进主体责任落实。2018年，商都县纪委、监委围绕党要管党、从严治党要求，进一步加大压力传导，协助县委下发《2018年惩治和预防腐败工作要点》《商都县廉政风险防控工作要点》《关于2018年党风廉政建设和反腐败工作要点重点任务的分解意见》等文件，对全县各级党组织开展相关工作和纪律遵循进行规范和要求。成立2个专项督查组，对全县各级党组织落实党风廉政建设主体责任情况督查2次，共发现问题107个，对履职不力的单位主要负责人和直接责任人给予党政纪处分6人、诫勉谈话4人、批评教育7人、谈话提醒3人、约谈 1 人。通过问责，进一步提高党员领导干部从严治党的政治自觉、思想自觉和行动自觉，有力推进全县各级党组织主体责任的落实。

【正风肃纪】 正风肃纪，巩固深化整治“四风”成果。围绕中央八项规定精神，深入开展正风肃纪，紧盯重要时间节点及“关键少数”，深挖细查严纠，持续巩固深化整治“四风”成果。2018 年，全县各级纪检、监察机关开展督导检查 66 批次，发现并解决问题 43 个，点名通报曝光 5 起 6 人。对 22 个单位 28 名工作人员不遵守工作纪律行为，在全县点名通报批评；对违规发放津补贴、公车私用问题立案 5 起，处分 3 人，在全县通报批评。对 1 个乡镇、7 个科局 16 名干部不遵守工作纪律问题进行通报并责令其作出深刻的书面检查。

【专项治理】 深化专项治理，严查群众身边违法违纪问题。（1）深入贯彻落实集中整治形式主义、官僚主义“十种表现”安排部署。2018 年 1 月，印发《全县集中整治形式主义、官僚主义“十种表现”实施方案》，对整治内容、工作措施进一步明确，成立 5 个领域专项督查组，针对脱贫攻坚、政府债务化解、政府资金管理、党内政治生活、基层社会管理五大领域进行专项督查，严肃查处“十种表现”和“四种行为”。截至年底，全县各级纪检、监察机关共进行督查 5 轮 82 批次，受理发现问题 78 件，立案 45 件，其中慢作为行为立案 3 人、不作为行为立案 3 人、乱作为行为立案 3 人、其他问题立案 2 人，给予党政纪处分 30 人，追缴金额 14.03 万元，点名道姓通报曝光 15 人。（2）统筹推进全县“雁过拔毛”式腐败问题集中整治，不断加大整治力度，严肃查处侵害群众利益行为。截至年底，共受理“雁过拔毛”式腐败问题线索 40 件，立案 24 件，给予党政纪处分 17 人，追缴资金 14.03 万元，对 12 起典型案例通报曝光。（3）自觉担当起助力脱贫攻坚的政治责任，不断加强扶贫领域监督执纪问责工作力度，出台《关于脱贫攻坚腐败和作风问题专项整治工作方案》《2018 年至 2020 年开展扶贫领域腐败和作风问题专项治理的实施办法》，进一步严明纪律，为全县脱贫攻坚提供有力保障。2018 年，共对扶贫领域监督检查 13 批次，发现问题 24 个，并责令进行整改，追责问责 37 人，其中，给予党政纪处分 13 人，采取批评教育、提醒谈话、约谈、通报等组织措施问责 24 人；全县各级纪检、监察机关共受理扶贫领域问题线索 38 件，立案 13 件，给予党纪政务处分 13 人，诫勉谈话 2 人，持续释放问责必严的强烈信号。（4）按照中共中央、国务院《关于开展扫黑除恶专项斗争的通知》要求和中央纪委，自治区党委、政府，乌兰察布市党委、市政府，商都县党委、县政府的安排部署，自觉找准职能定位、发挥职能作用，把扫黑除恶同反腐败斗争和基层“拍蝇”相结合，作为整治群众身边腐败问题的一个重点，制订《关于落实在扫黑除恶专项斗争中强化监督执纪问责的实施方案》，先后召开商都县扫黑除恶联席会议 2 次，研究解决畅通案件线索渠道问题，为打赢扫黑除恶专项斗争攻坚战提供有力保障。截至年底，受理涉黑涉恶问题线索 5 件，了结 5 件。

【农村牧区“三务”公开】 2018 年，认真落实全市农村牧区“三务”公开现场会会议精神，不断推动基层党务、政务、村务公开。下发《进一步加强全县农村牧区嘎查（村）“三务”公开监督检查的实施意见》，细化责任落实，明确责任担当。对原有的民生补贴公开公示平台进行升级改造，推动“三务”从“上墙”到“上网”公开的转型升级，采用互联网架构，实现手机、电脑、电视、显示屏、触摸屏多载体公开，利用便民服务大厅、乡镇民生大厅、党建直通车等硬件载体，实现全县 10 个乡镇、208 个村委会及 24 个社区居委会、688 个村民小组“三务”公开全覆盖。在查询平台投入运行后，对各乡镇、村上传数据信息情况进行再监督，对公开的形式大于内容、公开不及时、拖拖拉拉等问题进行责令整改，以群众看得见、看得全、看得懂、能监督为目的，进一步推进“三务”公开的规范化、制度化、程序化。截至年底，对“三务”公开工作进行监督检查11次，发现问题28个，即时整改问题26个，发现问题线索2件次，对“三务”不公开的村党支部书记1人予以立案，对“三务”公开不及时的村支部书记1人给予免职处理，对七台镇三大股村“三务”不公开的村干部2人进行诫勉谈话。

【村级“两委”“清风干部”评选】 2018年，弘扬正气，率先开展村级“两委”“清风干部”争上“清风榜”评选活动。选取玻璃忽镜乡为试点，对“清风干部”评选工作进行先行先试。县纪委出台《关于在玻璃忽镜乡村级“两委”开展“清风干部”争上“清风榜”试点工作意见》，全力推动“清风干部”评选试点工作开展，在3个试点村开展评选“清风干部”活动取得阶段性成果后，多次深入试点村进行走访调研，不断总结经验，查找不足，为在全县推开奠定基础。7月20日，全市“清风干部”评选工作推进会在商都县召开，按照会议精神，进一步加大“清风干部”评选工作的宣传力度，共张贴宣传标语2000余条，发放宣传单3万余份，在全县主要干道两侧设立大型宣传牌6处，在各乡镇主要街道两侧粉刷宣传标语100余条，并在商都电视台轮回播放“清风干部”评选公告，营造舆论氛围，引导群众积极参与评选工作，群众的知晓率、参评率、认可度、满意度得到提升，评选工作在全县顺利推进。全县10个乡镇、211个村级“两委”评选出“清风干部”1916人、“标杆清风干部”307人。

【信访工作】 主动化解基层矛盾，认真开展“上访变下访”活动。根据自治区、市纪委要求，制订印发《关于在全县纪检监察机关开展“上访变下访”活动的实施方案》，成立以县委常委、纪委书记、监委主任为组长的“上访变下访”活动工作小组，召开由各乡镇纪委、各派驻纪检监察组、县纪委监委全体工作人员参加的动员部署会，对下访工作进行安排部署和任务分解，细化“下访”工作责任。县委常委、纪委书记、监委主任和分管信访工作的县纪委副书记、监委副主任带件下访，率先带头深入基层化解矛盾，截至年底，共梳理出群众反映强烈的突出问题件30余起，通过纪委班子成员、乡镇纪委、各纪检监察室带件下访，息诉罢访或了结处理23起，其中，班子成员共处理重复访5起，答复人数12人。

【政治巡察】 2018年，坚持问题导向，深入开展政治巡察。按照上级关于构建巡视巡察上下联动的监督网的相关要求，选派优秀干部到自治区党委巡视组调训，积极组织人员参与市委交叉巡察，支持市委扫黑除恶专项巡察，全力配合自治区党委巡视组对商都县巡察工作的专项检查。在线索查办方面，对第三轮移交的11件问题线索快查快结，其中，了结1件、责令整改2件、组织处理3件（通报批评2人、诫勉谈话1人）、立案3件，给予党内警告处分1人；正在办理2件，巡察达到发现问题形成震慑的目的。聚焦“六个围绕、一个加强”（“六个围绕”，即围绕党的政治建设，重点检查维护党中央权威和集中统一领导情况；围绕党的思想建设，重点检查学习贯彻习近平新时代中国特色社会主义思想情况；围绕党的组织建设，重点检查选人用人和基层党组织建设情况；围绕党的作风建设，重点检查整治“四风”问题的情况；围绕党的纪律建设，重点检查党规党纪执行情况；围绕夺取反腐败斗争压倒性胜利，重点检查领导干部廉洁自律和整治群众身边腐败问题情况；“一个加强”，即加强对巡察反馈问题的整改落实），积极开展第四轮和第五轮巡察，采取常规与专项结合的方式，进一步拓展巡察的覆盖面，共发现问题79条，提出意见建议39条，移交问题线索3件。

【警示教育】 弘扬清风正气，传递社会正能量。

2018年，县纪委监委共组织召开全县领导干部警示教育大会2次，分别邀请自治区纪委、监委宣传部部长郝朝暾及市纪委、监委宣传部部长邢明作专题警示教育讲座，600余名领导干部接受再教育、再洗礼。加强对外宣传，向市纪委、自治区纪委内网、外网信息平台报送信息51篇，被市纪委采用13篇，被自治区纪委采用5篇，被各类新闻媒体采用30余篇，通过“清风商都”微信公众号发布信息68条、文章164篇。为进一步教育引导党员干部提高政治站位，牢固树立“四个意识”，坚决做到“两个维护”，制订警示教育下基层活动方案，由县纪委、监委、宣传部牵头，协助县委深入各乡镇、县直各单位组织召开警示教育宣讲活动，以发生在身边的典型案例为反面教材，以案示警、以案明纪。深入7个乡镇、2个县直科局开展巡回宣讲。

【组织建设】 加强自身建设，不断提高纪检干部履职能力。2018年，商都县纪委、监委始终将党的建设摆在首位，不断强化党组织基层建设，经县直属机关党委批准，设立总支部委员会和3个基层党支部，7月5日，召开商都县纪委、监委总支委员会选举大会，选举产生党总支、党支部班子成员，并开展工作。2018年，商都县纪委、监委党组织严格按照“党的建设质量提升年”活动要求，将七项重点工作作为从严治党的重要抓手，融入日常工作和学习中，认真贯彻落实“三会一课”、组织生活会等组织生活基本制度，严格按照“两学一做”常态化、制度化要求，深入学习中共十九大新修订的党章、习近平《谈治国理政（第二卷）》等重要论述。共开展主题党日活动12次，召开组织生活会2次，开展以每周二为集中培训日、每周五为集中实训日的常规“两训”活动，共开展现场实训48次，开展专题学习、集中授课辅导89次，推进《中华人民共和国监察法》（以下简称《监察法》）及新修订的《中国共产党纪律处分条例》的学习和运用，党纪、国法的学习贯彻得到有效衔接。建立健全内控机制和风险防控机制，制定执纪监督专题会议制度、执纪审查调查专题会议制度和案件审理协调会议制度，不断提升自身建设的组织能力。

（供稿　李　伟）

政治巡察

【概　况】 根据内蒙古自治区党委《关于开展盟市、旗县（市区）巡察工作的意见》和市委《关于开展巡察工作意见》精神，县委主要领导先后多次召开县委常委会议，研究部署巡察工作，及时组建巡察机构，选优配强巡察工作人员，为巡察工作的正常开展奠定坚实基础。2017年3月27日，县委巡察工作领导小组成立，县委巡察工作领导小组接受市委巡察工作领导小组和县委领导，向县委负责并报告工作，县委承担巡察工作的主体责任。领导小组组长由县纪委书记担任，是巡察工作的第一责任人，副组长由县委组织部部长担任，成员由县纪委副书记、县委组织部副部长和县委巡察工作领导小组办公室（以下简称县委巡察办）主任等组成。领导小组下设办公室，2017年5月28日正式挂牌，列为县委工作部门，属正科级常设机构，设在县纪委，核定事业编制8人，设主任1人（正科级）、副主任1人（副科级），干事6人。主要职责是承担巡察工作的统筹规划、综合协调、组织指导、政策研究、制度建设、监督管理和服务保障等工作，同时承担巡视巡察整改协调联络办公室的职责，一套人马、两块牌子。根据自治区、市关于推进巡察工作的相关要求，2017年8月12日，县委两个建制巡察组正式成立，承担具体巡察工作任务，对县委巡察工作领导小组负责并报告工作。每个巡察组核定事业编制5人，设组长1人（正科级）、副组长1人（副科级），巡察员3人。

2018年8月16日，县编办印发《关于商都县巡察机构编制事项的批复》，为县委巡察机构增加行政编制 6 人（收回原核定的事业编制 6 人），并明确县委巡察办、巡察组为行政机构，其余编制事项，将在机构改革时统筹考虑，一并规范整改到位。巡察办和 2 个巡察组，即“一办两组”共核定编制 18 人（行政编 6 人、事业编 12 人），科级领导职数三正三副。其中，巡察办 8 人，领导职数一正一副；2 个巡察组共 10 人，领导职数二正二副。县委巡察办和巡察组在岗人员 18 人。

【巡察工作制度】（1）健全完善工作机制，依纪依规开展巡察。出台指导性文件，为开展巡察工作提供依据。2017 年 1 月 13 日，县委印发《开展巡察工作的意见》，明确成立县委巡察工作领导小组、组建县委巡察办和巡察组、巡察机构设置和具体职能，以及巡察范围、内容、工作方式和结果运用。2017 年 4 月 17 日，县委印发《巡察工作实施细则（试行）》，规范开展巡察工作的职责和流程，为开展巡察工作提供具体依据；新巡视工作条例出台后，2017 年 10 月 20 日，商都县作出《中共商都县委员会关于修改〈巡察工作实施细则〉的决定》，对细则进行修订。（2）下发意见规定，明确被巡察单位和巡察协作单位的职责。出台《被巡察党组织配合县委巡察工作规定》，明确要求被巡察党组织要积极配合巡察组开展工作，按照巡察组反馈的意见，积极落实落实整改工作；下发《关于建立商都县委巡察工作协作机制的意见》，明确 16 个协作单位的职责任务，以及巡察前、巡察中、巡察后的工作程序。（3）印发五年规划，明确开展县委巡察工作的目标和任务。为深入贯彻落实中共中央、自治区党委和市委关于加强巡察工作的部署和要求，聚焦全面从严治党，突出党风廉政建设和反腐败斗争，推动巡察工作深入开展，根据《内蒙古自治区党委巡视工作规划（2017—2021 年）》，结合商都县实际，制订《中共商都县第十三届委员会巡察工作规划（2017—2021 年）》，规划包括巡察工作的总体思想、基本原则、目标任务、重点工作、保证措施等内容，为十三届商都县委巡察工作的开展提供框架性指导和依据。

【政治巡察工作】 坚持问题导向，开展政治巡察，推动全面从严治党向基层延伸。截至年底，十三届商都县委共开展六轮巡察。巡察把握政治巡察方向，聚焦“六个围绕一个加强”开展巡察，共发现问题 560 个，反馈问题总数 454 个，已整改 364 个，占 80%，建章立制 119 条，移交问题线索 78 件，立案 13 件，涉及 22 人。达到发现问题、形成震慑的效果。针对被巡察党组织存在的一些共性问题，为强化巡察成果运用，发挥巡察监督实效，县委印发《关于商都县委巡察发现共性问题的通报》，通报巡察发现的坚持党的领导、加强党的建设、全面从严治党等方面的共性问题，要求全县各级党组织对照巡察发现的共性问题，及时开展自查自纠，查找漏洞和风险点，不断强化制度建设，做到未巡先改、即知即改，达到以整改促党建、以党建促发展的目的。

靶向基层，巡“小”察“微”，开展第一轮巡察。按照全面从严治党向基层延伸的宗旨，2017 年 6 月 22 日至 7 月 22 日，县委派出 2 个临时巡察组对 2 个乡镇的 6 个行政村党组织开展为期 1 个月的常规巡察。

聚焦民生，深化政治巡察，开展第二轮巡察。县委坚持政治导向，准确定位，2017 年 9 月 5 日，县委开展第二轮巡察工作，派出 2 个建制巡察组对县民政局党组、人力资源和社会保障局党组开展常规巡察。

坚决落实政治巡察，开展第三轮巡察。本着深入贯彻中共十九大精神，落实全面从严治党政治责任，2017 年 12 月 5 日，十三届商都县委第三轮巡察工作动员部署会召开，本轮巡察，县委派出 3 个巡察组，采用“一托二”（一个巡察组巡察两个单位）的方式，对 6 个县直单位党组织（国土资源局党组、食品药品监督管理局党组、工商质量技术监督管理局党委、环境保护局党组、安全生产监督管理局党组和民族宗教事务局党支部）开展为期2个月的巡察监督。

上下联动，开展第四轮巡察。2018年5月23日，县委派出2个巡察组，采取“一托三”的方式，对西井子镇和三大顷乡两个乡镇党委和团委、妇联、供销社、司法局4个县直单位党组织开展为期两个半月的常规巡察。配合市委“交叉巡察”，对县教育科技体育局和县经信商务局进行常规巡察，以实际行动推动全面从严治党向纵深发展。

常规和专项结合，开展第五轮巡察。2018年9月7日，召开十三届商都县委第五轮巡察工作动员部署会，派出3个巡察组（2个常规、1个专项）对发改局、科协、总工会、统计局、党校和工商联6个县直单位党组织开展常规巡察，对涉及扶贫领域和农业大棚改建“私家庄园”的相关部门及乡镇开展专项巡察。

（供稿　邢喜云）

群众团体

商都县总工会

【概　况】 商都县总工会有行政编制8人，工勤编1人，核实科级领导职级3人，其中正科1人、副科2人。依照县编办批复，下设“三部一室”，即组宣部、经保部、财务部、办公室。办公地点在县党政综合大楼四楼，办公面积共有近200平方米。另有一处占地面积3493平方米、建筑面积3296平方米的职工文化活动中心。该中心共有羽毛球场5个、乒乓球案18张、舞蹈排练厅1个、文化阅览室1个、棋艺室2个，是一个集职工健身、体育比赛、文艺演出与读书阅览为一体的多功能建筑厅。

【工会队伍建设】 商都县总工会结合深入开展的党的群众路线教育实践活动，每月召开一次主题党日学习活动，深入学习新时期党的基本路线、方针、政策，增强职工新时期的发展意识，提高职工队伍整体综合素质，进一步增强职工的责任意识和大局观念，旨在以更新的观念、更优的作风、更强的本领更好地肩负工会新使命，走好工会新长征。为了深入学习贯彻习近平新时代中国特色社会主义思想和中共十九大精神，坚定中国特色社会主义“四个自信”，进一步加强党性教育，培养爱国主义情怀，商都县总工会组织全体干部职工集中观看大型纪录片《厉害了，我的国》，使其经历一次深刻的思想武装和强烈的精神洗礼，深感坚持党的领导是实现国家繁荣昌盛的根本，进一步激发热爱中国共产党、热爱祖国、热爱新时代的信心和决心。全体职工能够更加自觉地主动立足岗位工作，脚踏实地，勤奋工作，勇于创新，不断提升自身综合素质，争做优秀共产党员。

【精准帮扶】 商都县总工会驻小海子镇下井行政村扶贫工作队认真贯彻县委、县政府脱贫攻坚决策部署，强化责任，转变作风，针对部分贫困户对政策不了解、不明白的问题，集中在5月上旬开展扶贫政策宣传讲解活动，为大家宣传解读当前扶贫形势和政策要求，提高贫困户和群众对脱贫攻坚重要意义的认识和精准扶贫政策的知晓度。自精准脱贫攻坚打响以后，商都县总工会高度重视联系村帮扶工作，立足实际精准扶贫，把帮助贫困村修建扶贫公路作为农民群众脱贫解困的切入点，2018年6月，由县总工会出资，为下井村、赵家地、郝二举梁3个自然村修建3条4米宽的混凝土公路，总长4135米；为赵家地进行街巷硬化工程；为下井村委会所在地修建文化广场2100平方米，搭建文化舞台100平方米，累计总投资100万余元。为了进一步加深驻村工作队和群众之间的感情，进一步做好精准扶贫工作，商都县总工会扶贫工作队在端午节、中秋节等节日多次到小海子镇定点帮扶村慰问贫困户，为贫困户送去粽子和月饼等慰问品。每走访一户，都要促膝谈心、嘘寒问暖，对扶贫工作开展以后的生产、生活和健康情况进行深入细致的询问，了解他们当下所面临的迫切困难和要求，全面掌握贫困人口家庭、生产基本状况，分析致贫原因，了解贫困户的发展意愿，帮助贫困户制定分类扶贫计划，取得较好的工作成效。

【对口帮扶】 2018 年 9 月，北京市平谷区总工会党组书记、常务副主席杨宝刚一行到商都县就扶贫工作进行对接，与商都县总工会签订对口帮扶合作协议。针对商都县小海子镇下井村贫困户急需帮助解决冬季采暖问题，县总工会和平谷区总工会研究决定为小海子镇下井村每户贫困户帮扶 1 吨“暖心煤”。下井村实现人畜安全饮水全覆盖，建成标准化卫生室、文化活动室、便民超市等公共设施并投入使用。广播电视网络户户通实现全覆盖，常住人口养老保险参保率，新农合参合率均达 100%。村危房改造，房屋维修，土地确权工作还在继续进行中。

【基层和产业工会工作】 2018 年，县总工会与县包商银行联合，共计发放工会会员普惠制银行卡 4500 张，增强企业工会会员的归属感。新组建镇（苏木）街道和工业园区工会 12 家，组建工会率达 100%。对重化工业园区行业联合工会、县餐饮住宿行业联合工会、税务局工会三家基层工会开展“双创优”活动，收到较好的示范效应和典型引路作用。广泛开展基层工会会员评选职工之家的活动，评选职工之家率达 76%。培养树立市级“模范职工之家”2 个、市级“模范职工小家”2 个。

【金秋助学活动和阳光就业行动】 按照全国总工会安排，根据《关于开展 2018 年金秋助学活动和困难职工家庭高校毕业生阳光就业行动的通知》文件，为缓解困难职工家庭子女上学难、就业难问题，进一步推进做好困难职工解困脱困工作，2018 年 7—9 月，在全县范围内开展金秋助学活动和困难职工家庭高校毕业生阳光就业行动。商都县总工会通过对全县困难职工（包括农牧民工）家庭的生活状况及子女上学、就业需求等情况一个月的详细调查摸底，掌握困难职工子女在校人数、毕业生规模、助学和就业帮扶需求等综合信息，分门别类制定具体的帮扶措施，提高工作的精准度。2018 年，全县共有大学生 34 人得到救助，救助资金 12.41 万元。

【劳模困难帮扶】 2018 年 9 月，县总工会将做好困难劳模帮扶工作当作一项重要的政治任务，切实落实好各项劳模待遇政策，重点面向职工老劳模、企业“关停并转”中失业劳模、农村老劳模做好帮扶工作，切实解决好劳模困难问题，使劳模充分享受经济社会发展成果。通过协调劳模所在单位或乡镇，充分发挥现有社会保障制度作用，通过最低生活保障、临时救助等多种渠道给予劳模及时救助；并且安排专项劳模帮扶资金，对收入偏低的劳模、意外灾害致困的劳模给予适当补助。2018 年，为自治区劳模 31 人发放津贴 2.38 万元，为困难劳模 16 人发放困难救助金 19 万余元。对于就业困难劳模，充分发挥工会再就业培训与帮扶机制的作用，协调有关部门，采取鼓励企业吸纳、自谋职业和自主创业、公益性岗位安置等途径帮助其实现就业，解决他们的燃眉之急。对于符合住房保障条件的劳模家庭，协调有关部门在同等条件下予以优先保障。

【困难职工帮扶】 为加强全县困难职工帮扶工作，加大困难职工解困脱困的帮扶和保障力度，2018 年，县总工会继续加大对困难职工的帮扶力度，让困难职工真切地感受到来自党和政府的温暖和关怀。在组织开展帮困送温暖活动方面，继续开展“四送”（春送岗位、夏送清凉、秋送助学、冬送温暖）活动。在困难职工的帮扶工作中，真正实现救助条件公开、救助结果公开，全程接受广大困难职工监督的“两公开一监督”（“两公开”，即决议公开、实施结果公开；“一监督”，即对重大事项的决议和决议的实施进行全过程监督）工作制度。保障将有限的救助资金真正用于困难职工身上，真正起到解危救困的救急应急作用。2018年，共救助困难职工1060人，救助资金128.02万元。

【工会爱心传递环卫工人】 商都县总工会从健康关爱、爱心驿站建设、困难职工子女助学、营造关爱氛围多个方面出台措施，开展环卫工人关爱行动，让环卫工人感受到工会组织的温暖。2018年8月，县总工会开展"夏送清凉"活动，为顶烈日冒酷暑坚守在商都县大小街道工作岗位上的环卫工人700余人送去毛巾、绿豆、白糖等降温慰问品，把党和政府的关怀送到他们的心坎上，保障他们过一个安全、健康的夏季，让他们体会到工会"娘家人"的温馨。

【会员代表大会】 2018年4月24日，商都县总工会第七次代表大会召开。会上，县总工会主席曹利和代表县总工会第六届委员会作工作报告，报告总结过去五年县总工会的各项工作，并提出今后五年工会工作的奋斗目标和主要任务，审议通过《商都县总工会财务工作报告》《商都县总工会经费审查委员会工作报告》。会议选举商都县总工会第七届委员会主席、副主席、常委，选举商都县总工会第七届经费审查委员会委员、主任委员，表决通过《商都县总工会第六届委员会工作报告决议》《商都县总工会第六届委员会财务工作报告决议》《商都县总工会第六届委员会经费审查工作报告决议》。会议强调，全县各级工会组织和广大职工群众要重新审视和高度认识所面临的新环境、新使命，把做好新形势下职工群众工作、调动职工群众积极性和创造性作为中心任务，竭诚为职工群众服务，坚守服务职工这个出发点，充分发挥职工组织的桥梁纽带作用，竭诚为职工服务是工会一切工作的出发点和落脚点。

【荣　誉】 商都县绿娃农业科技有限责任公司工会委员会获得市级模范职工之家称号。国家税务总局商都县税务局工会委员会获得市级模范职工之家称号。商都供电分局生产部工会小组获得市级模范职工小家称号。中国移动通信集团内蒙古有限公司商都县分公司工会小组获得市级模范职工小家称号。商都市政建设开发中心职工李继林获得自治区五一劳动奖章。商都县绿娃农业科技有限责任公司获得自治区"工人先锋号"称号。

商都县总工会主席曹利和、内蒙古奥淳酒业有限责任公司工会组织委员宋平、商都供电分局分会工会主席肖东晔、商都县广播电视台采编室主任张爱华、商都高级中学工会主席李尧、中国移动通信集团内蒙古有限公司商都县分公司工会小组组长景学敏、商都县都山社区委员会社会化工会工作者张静、商都县职业技术学校工会主席张振润，分别获得市级优秀工会工作者称号。

（供稿　李　鑫）

中国共产主义青年团商都县委员会

【概　况】 中国共产主义青年团商都县委员会（以下简称团县委）内设3个部门，行政编制6人，工勤事业编制1人。

【"两学一做"学习教育活动】 2018年，为扎实推进"两学一做"专题教育、强化党的意识形态领域工作、规范党的建设质量提升年各项活动，把每月第一、二、三周的星期四作为党员干部集体学习日，集中开展学习活动。学习采取"两学一做"专题学习、中心组学习、书记讲党课、所有干部都是主讲人的方式，通过认真备课、摘录学习笔记、开展讨论交流、听取专题讲座等形式，促进学习内容入脑入心。

【意识形态领域工作】 为加强正面教育引导，规避网络舆情风险，明确意识形态领域工作责任，树立正确的舆论导向。2018年，制订《共青团商都县委员会意识形态工作责任制实施方案》，明确共青团党组领导班子意识形态工作主体责任，党组书记是意识形态工作第一责任人，党组其他成员根据各自工作分工抓好分管部室意识形态工作，进一步规范《共青团商都县委员会信息发布制度》《共青团商都县委员会网络安全制度》，明确团委各部室意识形态职责，强化意识形态“一岗双责”要求，在各级团组织中建立网宣员、网评员和网络志愿者队伍，有效加强网络正能量传播，抵制网络不良倾向影响。规定每季度至少召开一次意识形态工作推进会，会上对上季度意识形态工作作出总结和对下季度工作作出安排。

【“一岗双责”制度】 2018年，加强监督管理，落实“一岗双责”。严格执行“一岗双责”制度，实行主要领导对党风廉政建设工作负总责，分管领导对党风廉政建设工作直接负责，分工明确、责任明晰，建立一级抓一级、层层抓落实的责任机制，并签订党风廉政建设目标责任书。

【“三重一大”制度】 2018年，严格执行“三重一大”制度。认真贯彻执行纪委“三重一大”民主决策制定，严格管好职权范围内的人和事，制定《商都县团委“三重一大”决策制度》，领导班子以身作则，抓好廉洁自律工作，凡涉及“三重一大”，一律上会讨论决定。

【组织生活会制度】 2018年，认真落实组织生活会制度。坚持落实好“三会一课”、组织生活会、民主评议等制度，有计划地组织学习，促使党员干部不断提高政治思想水平和政策法规水平；坚持开好组织生活会，征求意见、查找问题、开展批评与自我批评、落实整改措施，促进党员干部综合能力的提升；坚持做好党务公开，自觉接受党员群众的监督。

【主题党日活动】 2018年，积极开展主题党日活动。每月第一个周的星期五按时举办支部主题党日活动，以书记带头讲党课、重温入党誓词、联合帮扶村召开主题党日活动、邀请青年党员参与团委党支部活动、志愿服务、聘请党校老师讲党课等各类特色鲜明、成效显著的形式开展主题党日活动，使主题党日活动更有吸引力、针对性、实效性。

【共青团改革攻坚】 全国团组织深化改革以来，团县委高度重视、积极行动，多次组织全县各级团组织和团干部深入学习领会中共中央总书记习近平对共青团工作的重要论述；学习中央、自治区、乌兰察布市群团工作会议和三级共青团改革方案精神，弘扬改革精神，强化改革意识，通过多种途径学习改革、宣传改革，把改革的精神吃透、悟透，引领广大团干部、团员青年进一步凝聚起改革共识。经多方征求意见并报团市委审核，《商都县共青团改革方案》（以下简称《方案》）于2018年2月由县委办公室正式印发。《方案》主要从改进团的组织体系、完善团的运行机制、加强团干部管理、创新团的工作、加大支持保障力度等方面明确共青团事业各项改革的具体举措。抓住该次共青团改革契机，以“党建带团建”为统领，依托“以点带面、全盘推进”的方法全面加强团的自身建设，在调整和完善全县机关企事业单位团组织机构的基础上，采取抓大促小、分类指导的办法和行业建团、产业建团的模式，积极推进区域团建工作。在加强组织建设的同时，强化团的工作作风和机制建设，深入开展“五级示范抓引领”工作，建立健全“常态化联系服务青年在基层”、团干部“4+1”（机关全体干部处每周在机关工作4天外，还至少拿出1天时间到基层报到）和“1+100”（1名团干部联系团员青年100名）联系服务青年制度，引导广大团干部将工作重心放在基层，放在后进团组织，与各行各业青年建立起广泛联系。线上，全力推进网上共青团建设，线下，组建青少年法律维权站、心理咨询室、就业培训室、志愿者服务站等多个服务机构，对青年问题给予面对面解答和帮助。依托社区“青年爱里”建设、机关企事业单位“青年文明号”创建等载体，全面夯实区域化团建工作基础，构建起多重覆盖、联动发展的共青团线下网络体系，通过改革使基层共青团组织建设更加坚强有力，更加充满活力。2018年年初，先后制订并印发《商都县中学共青团改革实施方案》《〈中学共青团改革实施方案〉中学中职任务分解》《商都县少先队改革实施方案》，建立督导机制，全面推动各级共青团领域团队改革向纵深迈进。

【从严治团工作】 按照共青团中央《关于新形势下推进从严治团的规定》文件精神，团县委及时组织全县各级团干部集中学习从严治团的相关内容，领会文件精神，并利用青年之声、微信、微博公众平台和团干部交流工作群等媒介全面地将工作信号传到基层、传递给广大团员青年，引导基层团组织、广大团干部进一步树立管团、治团的责任意识。（1）团干部队伍建设。在严格按照标准和程序选配团干部的基础上，认真落实团干部分类培训计划，对新调任的团干部和团的工作者进行集中学习培训，教育引导广大团干部坚定理想信念、转变工作作风、严守团的纪律，带头密切联系青年，带头遵守团章团规，以身示范，做出表率。（2）团干部作风建设。以“三会两制一课”（指支部大会、支部委员会、团小组会、团员教育评议制度、团员年度团籍注册制度和团课）为抓手，督促团干部认真开展对照检查，认真查摆问题，认真开展批评与自我批评，坚决抵制和纠正发生在身边的“四风”问题；认真贯彻执行团干部“4+1”“1+100”直接联系服务青年工作机制，切实做到深入青年、融入青年。广大团干部深入基层团组织和联系点举团旗、唱团歌、讲团课，增强团组织的影响力和凝聚力。（3）团员队伍建设。严把团员入关口，认真执行发展团员必须把政治标准放在首位的规定，严格控制团员发展数量，统一使用自治区团委制作和下发的入团志愿书，严格执行团员编号制度。改进团员的教育管理，动员全县各级团组织广泛开展团员入团宣誓教育和实践教育活动，认真落实好集中性教育和经常性教育，不断增强团员的先进性和光荣感。（4）团的组织管理。强化抓基层、打基础、严制度工作导向，及时整顿软弱涣散的基层团组织，为各基层团支部统一印制《团组织工作手册》，规范“三制两会一课”制度实施，过好团的组织生活。对基层团组织工作台账、团员档案、青年花名册以及青年之声、青年爱里工作的开展情况进行摸底调查，对存在的问题责令其限期整改。在年度工作会上集中对优秀团组织进行表彰奖励，激励先进、鞭策后进。

【学习教育实践活动】 2018年，全县各级团组织结合《“学习总书记讲话，做合格共青团员”教育实践实施方案》，认真有序地开展学总书记重要讲话、学团章团史、学共青团改革精神等专题学习活动和“怎样做一名合格共青团员”主题团课实践活动。通过召开学习教育推进会，规范学习教育活动流程；通过开展组织生活会，广大团员青年在参与教育实践的过程中重新审视自己、认识自己，坚定理想信念，锤炼高尚品格。围绕各项活动的开展，团县委印发《习近平关于青少年和共青团工作论述摘编》《习近平总书记考察内蒙古重要讲话精神青年学习读本》《内蒙古自治区第十次党代会青年学习读本》《团员手册》等学习读本，为各级团组织和广大团员青年认真学习总书记讲话精神营造良好氛围。

党、团会议召开和中共中央总书记习近平重要讲话发表之后，为提高青年对中国共产党和国家的认知，凝聚青年力量，团县委积极行动，通过聘请专业讲师授课、书记讲党团课、“喜迎党的十九大·不忘初心跟党走”主题活动、“砥砺奋进的五年”系列话题活动等多种形式，多次组织全体共青团干部、青年代表进行集中学习，把党的精神、期望和团的主张、行动及时传达到各基层组织和广大团员青年当中，及时转化成广大团员青年学习、工作的指引和动力。通过学习，广大团干部和青年团员坚定信念，明确目标，为做好下一步共青团工作打下良好的理论基础。围绕五项专题学习全县各级团组织共开展教育活动

74场次，覆盖团员青年近1.5万人次。为进一步加深广大团员青年对习近平新时代中国特色社会主义思想、中共中央总书记习近平“7·2”重要讲话精神、中共十九大和共青团中央十八大精神的学习、理解，更好地凝聚思想、倍增动力，激励广大团员青年不忘初心，牢记使命，砥砺奋进，担当作为，2018年12月，商都县团委联合县教育科技体育局共同筹办全县中学生学习中共十九大、共青团中央十八大精神知识竞赛。

【网上舆论引导】 以“青年之声”和“智慧团建”为平台，重点提升团的服务青年能力，实现团网深度融合、团青充分互动、线上线下一体运行。商都县“青年之声”组建专家服务队45人，浏览量累计达到275.44万次。运用新媒体强化共青团网上宣传，积极转发、跟帖，发布团中央、区、市团委微博、微信和商都县共青团工作信息，主动参与清朗网络空间建设，持续传播青春正能量。

【“脱贫攻坚青春建功”行动】 团县委多次召开精准扶贫动员部署会和工作推进会，选派两名干部为驻村第一书记，剩余两名干部作为包扶责任人沉入村镇，频繁出入包扶贫困户家中，宣传扶贫政策，为他们送去米面粮油、衣服等生活必需品，与贫困户规划商讨种养殖计划，为三大顷乡新海子村改进居民饮水安全工程筹款5000元。组建精准扶贫志愿者队伍，聘请扶贫办领导对志愿者进行扶贫相关理论政策培训，并组织志愿者进村入户，实地了解掌握村级扶贫工作开展情况、评选流程、软件档案等，深入农户家中熟悉扶贫工作具体措施。国务院扶贫办第三方评估组入驻商都县后，团县委组织10名志愿者开展志愿服务，得到第三方成效评估组的认可和赞扬。为推进共青团助力脱贫攻坚工作，帮助更多贫困家庭青少年成长成才，团县委与内蒙古自治区青少年发展基金会（以下简称内蒙古青基会）沟通，通过开展“希望工程助力脱贫攻坚”捐赠活动，为商都县贫困家庭子女捐赠云教育全科王学习卡700张，总价值62.93万元，已全部发放到贫困家庭子女手中。

【“京蒙牵手”扶贫助困活动】 按照共青团中央《关于做好脱贫攻坚对口支援工作的通知》和国家东西部扶贫协作的总体部署和工作要求，团县委与北京市平谷区团委对接、沟通、协商，本着聚焦贫困青少年健康成长、体现共青团工作特色的原则，从人才扶贫、教育扶贫、公益扶贫和贫困地区共青团基层基础团建工作方面入手，为东西部扶贫协作取得实效，北京市平谷区团委与商都县团委携手，为共同打赢脱贫攻坚战贡献青春力量。为此，商都县团委与北京市平谷区团委就脱贫攻坚事宜签订对口支援合作协议，建立对口支援机制，制订年度计划，形成帮扶措施，确定帮扶项目，推进项目落地。1月4日，团县委携手北京市平谷区团委在屯垦队镇中心校开展“京蒙牵手”扶贫助学行动，北京市平谷区团委为该校全体在校贫困户家庭子女和留守儿童捐赠的价值1万多元的书包、笔盒、钢笔等学习用品和团县委自购的20多件棉衣发放到所有学生手中。经与共青团北京市委员会（以下简称北京团市委）沟通协作，8月21日，30名商都县建档立卡贫困中学生赴京参与北京团市委组织的“第三届VSE绿色能源车夏令营”活动，以进一步促进结对帮扶地区青少年的交流交往，帮助他们开阔视野、增长知识，提升综合素质。为进一步贯彻国家东西部扶贫协作战略部署，积极落实《北京内蒙古扶贫协作三年行动框架协议》，推动“万企帮万村”脱贫攻坚行动，9月12—14日，北京团市委、北京市平谷区团委带领北京市青年企业家协会部分会员企业、平谷区青年联合会部分委员对商都县5个深度贫困村进行实地了解，并签订帮扶合作协议。12月，团县委携手北京市平谷区团委为实验小学的94名贫困户家庭子女和留守儿童捐赠价值3万元学习生活用品。

【基层团组织换届工作】 按照自治区、市相关文件要求，为推动《共青团商都县委员会改革方案》的进一步落实，不断强化党建带团建力度，切实加强基层团组织建设，进一步发挥嘎查村、社区团组织凝聚基层青年、服务党政大局的战斗堡垒作用，团县委联合县委组织部、县民政局下发《关于在全县嘎查村、社区“两委”换届中统筹推进基层团组织换届工作的通知》，就嘎查村、社区团组织换届工作作出具体安排。团县委两名书记督导换届工作，与乡镇主要领导沟通换届方案、为乡镇团组织负责人分别做培训，使其明确方法、熟悉流程、掌握步骤。6月29日，商都县七台镇田士沟村团支部团员大会召开，顺利完成支部换届选举工作，成为自治区首个完成村级换届选举的行政村。至9月底，全县208个行政村、4个农村社区、19个城镇社区全部完成村级（社区）团支部换届工作。

【“学雷锋”志愿服务】 2018年“学雷锋”活动月期间，除组织基层团组织开展主题班队会、清理环境卫生、关爱空巢老人、义务理发、义诊等常项“学雷锋”志愿服务活动，还带领司法局、检察院、法院等政法战线的志愿者对问题青少年和服刑在教人员子女开展心理疏导和关爱慰问活动；组织志愿者参与文明城市创建、维护交通安全活动；组织自行车俱乐部开展“践行雷锋精神，低碳出行、护卫蓝天公益骑行”等多项特色活动。县职中等7个单位开展的学雷锋活动图文信息被自治区、市共青团网站采纳。

【清明祭奠活动】 2018年清明节期间，组织共青团员、少先队员开展线上线下清明节祭奠烈士活动。线上，2500余名共青团员、少先队员在网上通过敬献花篮、发表感言等途径表达自己的爱国之情和报国之志；线下，县直中小学校2000余名共青团员、少先队员到烈士陵园，通过默哀、宣誓、敬献花圈等形式表达对革命烈士的哀悼与敬意，各中小学校也通过举办主题团日、队日活动，以朗诵、征文、读革命故事、唱红色歌曲等多种形式开展祭奠活动。

【植树护绿活动】 4月，参与并组织商都县水漩志愿者协会40余名青年志愿者开展植树护绿、增绿减霾植树活动，栽植山杏苗木100余株，为商都生态文明建设增添一份绿色。

【青年就业创业服务】 2018年，着眼于为“双创青年”提供低成本、全方位、专业化服务，团县委在众创空间设立创客加油站，联合就业、经信、发改、金融、工商、税务等部门成立专业服务团队，为创业青年提供良好的工作空间、网络空间、社交空间和资源共享空间，培育创客青年文化，达到通过“聚合”产生聚变的效应，让创新创业在青年领域蔚然成风。7月，组织2名青年创业带头人参加“助力乡村振兴战略·培养双创青年才俊”2018年内蒙古青年创新创业人才训练营锡林浩特站培训；同月，组织商都县2家特色农产品企业赴北京市石景山区喜隆多新国际购物中心参加乌兰察布市特色产品展销会；8月，组织2组青年创新创业团队和个人参加第五届“创青春”中国青年创新创业大赛——内蒙古乌兰察布市青年创新创业大赛。为进一步服务全县青年创业就业，引导广大青年投身脱贫攻坚、乡村振兴青春建功行动，团县委积极向上级争取邮储银行“青创易贷”青年创业贷款项目资金300多万元，有效地为商都县青年创业提供资金保障。11月，争取市团委“青春助力脱贫攻坚　京蒙携手共促发展”项目的支持，为8名贫困青年提供为期4天的创新创业免费培训。

【青年爱里创建运行】 2018年，团县委线下依托社区青年爱里青少年法律维权站、心理咨询室、就业培训室、志愿者服务站等多个服务机构，从青少年思想教育、文体娱乐、就业创业、法律援助等方面入手，通过时事学习、开通绿色通道、举办技能培训和创业指导等服务项目，积极开展各类培训、服务活动达35场，服务青年1003人，对青年问题给予面对面解答和帮助，为社区广大青年提供全面细致的服务。结合共青团改革，为进一步扩大青年爱里覆盖面，更多更好地服务广大青年，团县委在全县10个乡镇新建青年爱里23个，全县累计达38个，实现中心镇社区全覆盖、每个乡镇至少建2个村级青年爱里的目标。截至2018年年底，各乡镇社区、村青年爱里创建申报表已全部上报，正在实地查验中。

【“关爱留守儿童送温暖”活动】 3月，团县委联合乌兰察布市青年志愿者协会为商都县各乡镇中心校免费安装“一千零一夜”故事软件6套、安装音响35套，每天午间和晚间休息时间，学校都会为住宿生播放由中央电视台播音员讲述的经典励志故事，为学生提供学习普通话的机会，培养他们的睡前好习惯，让他们在聆听故事的过程中陶冶情操、立志奋发。4月，团县委将青基会发放的价值9000元的30件爱心礼包送到西井子镇中心校和玻璃忽镜中心校留守儿童手中，为他们送去学习、生活用品，送上团队组织的关爱，活动号召社会各界爱心企业和人士共同参与公益扶贫，参与到关爱留守儿童队伍中来。5月，信用联社团委响应团县委号召，发动企业员工捐款，为西井子中心校全体学生购买“六一”儿童节的新衣服和新鞋，让孩子们切身感受到少先队组织的温暖，过上一个快乐难忘的节日。

【预防青少年违法犯罪、保护未成年人合法权益工作】 为全面维护青少年合法权益，努力实现青少年权益工作新突破，团县委扎实推进重点青少年群体服务管理和预防犯罪工作，进一步加强对社会闲散青少年的教育、帮助和管理工作，完善预防青少年违法犯罪工作机制，深入推进社会管理创新。为切实保护未成年人身心健康、培养未成年人良好品行、有效预防和减少未成年人犯罪，团县委印发《中华人民共和国未成年人保护法》（以下简称《未成年人保护法》）、《中华人民共和国预防未成年人犯罪法》（以下简称《预防未成年人犯罪法》），集中发放到各中小学和社区，为青少年学法用法提供有效服务。5月，团县委组织团员代表参观县人民检察院，开展“关爱祖国未来”未成年人法制教育活动，并联合县人民检察院开展青少年保护和维权讲座2场，受益青少年600多人。

（供稿　吴　昊）

商都县妇女联合会

【概　况】 商都县妇女联联合会（以下简称县妇联）有行政编制7人，在岗人员6人。内设机构4个，即办公室、家庭儿童部、组宣部和权益发展部。

【纪念表彰活动】 2018年，县妇联召开纪念“三八”国际妇女节108周年表彰大会，对2017年度先进集体和先进个人进行表彰，其中“巾帼文明岗”先进集体5个、“三八红旗”先进集体3个、“三八红旗手”46人、“优秀妇干”20人、“最美家庭”17户，并代市妇联向受到市级表彰的“三八红旗手”3人、“优秀妇干”6人颁发荣誉证书。

【提高妇女素质活动】 开展“巾帼心向党·建功新时代”主题宣讲会，由县委党校老师为妇联干部和先进个人130多人宣讲中共十九大精神。开展“学习十九大，建功新时代”为主题的学习教育活动，由县委党校老师为县妇联九届全体执委详细解读中共十九大报告内容。开展“大学习、大调研、大改进”主题党日活动，各乡镇妇联主席、鹿王社区妇女党员参加活动。在各乡镇全面开展学习贯彻中共十九大精神学习宣讲活动。开展家庭教育讲座、妇女法律知识讲座、健康知识讲座和“话我家、说变化、谈梦想”女性恳谈会，参加活动的妇女达200人次。召开商都县九届三次执委会议，学习中国妇女第十二次全国代表大会精神和习近平在庆祝改革开放40周年大会上的讲话。开展“法治惠民生·关爱妇女”法律知识讲座进社区活动，参加讲座的社区居民有40多人，并为其发放《中华人民共和国反家庭暴力法》

（以下简称《反家庭暴力法》）、《未成年人权益维护服务》、《妇女“两癌”防治知识》等宣传资料。利用“北疆先锋”网，对211个行政村、22个社区的妇女进行为期20天的种养技术培训，共培训妇女3816人次。

【寻找“最美家庭”活动】 继续推进寻找“最美家庭”活动常态化，在开展寻找“最美家庭”活动过程中，强调只能增强不能减弱，不设门槛但要保质保量，在基层推选16户“最美家庭”的基础上，经过筛选共上报市妇联10个“最美家庭”、1个“最美家庭”标兵。2018年，商都县推选的1个“最美家庭”获全国“最美家庭”荣誉称号。

【“两纲要”实施工作】 召开全县妇儿工委工作暨“两纲要”[《中国妇女发展纲要（2011—2020年）》《中国儿童发展纲要（2011—2020年）》]监测统计培训会，对2017年度“两纲要”工作进行总结，安排部署2018年妇女儿童“两纲要”监测工作。由县统计局工作人员对“两纲要”统计监测分析系统的运用进行培训，并布置2016年、2017年统计网上年报工作，为准确反映“两纲要”目标进展情况，确保2011—2020年妇女儿童“两纲要”的各项指标顺利完成奠定基础。

【妇女儿童活动】 组织志愿者开展义务植树活动，用实际行动为商都县生态文明建设贡献一分力量。组织广大妇女观看人民网直播的“书香飘万家”2018全国家庭亲子阅读主题活动，观看人数300多人。选送优秀节目参加“弘扬好家风　共筑中国梦”亲子讲故事大赛，参赛的2个家庭分别获得一等奖和优秀奖。组织优秀选手参加第六届中俄蒙国际美食节暨首届乌兰察布美食文化节“百名大妈搓莜面大赛”，参赛的20名选手获得不同奖项。选拔100名擅长搓莜面妇女，参加第二届中国商都马铃薯美食文化节暨建县100周年庆祝活动，参加搓莜面比赛的妇女展示技艺和自信，展示商都县丰富的饮食文化，对商都县莜面美食的认知和传承起到助推作用。

【关爱贫困母亲儿童活动】 县妇联陪同市妇联慰问商都县3位贫困母亲——20世纪60年代的“三八红旗手”，送去慰问金，表达对老一辈工作者的关爱与敬意。联合中和农信商都营业部、妇幼保健所开展“关爱留守妇女　共创健康生活”义诊活动，为留守妇女30人进行大生化、彩超等检查。携手商都县医院走进祥和社区，为妇女开展健康检查和“两癌”筛查的公益便民活动，为150人免费进行内科、外科和妇科检查，发放“两癌”宣传手册200多份。向上级妇联争取项目，为“两癌”患病妇女争取政策上的帮助。为2016年度患“两癌”的贫困农牧民妇女32人发放每人1万元的救助金，为2017年度患“两癌”的贫困农牧民妇女86人发放每人1万元的救助金。9月14日，北京市平谷区妇联为商都县通用小学捐赠爱心图书，共捐赠158册，价值9800元。

【妇女儿童合法权益维护】 加强法律、法规的普法宣传。继续加强乡镇维权站和“12338”维权热线的建设。婚姻家庭纠纷调解室实现乡镇的全覆盖，在原有七台镇1个婚姻家庭纠纷调解室的基础上，新建9个婚姻家庭纠纷调解室，共计10个。由各乡镇妇联联合司法所开展调解工作，发挥司法部门法律工作者的专长，方便妇女群众就近解决问题。认真接待妇女群众来信来电来访，对来信来访事件做到件件有记载、事事有回音，共接待来访35件，其中“两癌”患者来访26件、家庭暴力来访6件，其他上访3件，都逐一处理或转介。

【精准扶贫工作】 深入所包扶的贫困村小海子镇西大井村，为贫困妇女发放“母亲邮包”30份，价值9000元。开展“送化肥进贫困户”活动，为小海子镇西大井村所包扶的贫困户每户送去1袋复合肥，总价值3000多元，有效解决群众的燃眉之急。举办京蒙扶贫协作巾帼脱贫妇女缝纫培训班3期，共培训妇女122人，其中建档立卡的贫困妇女72人。培训结束后，有16人被服装厂录用，还有10多人准备2019年到七台镇商都县塞喜雅利服装厂工作。与北京市平谷区妇联进行帮扶对接，该区妇联向商都县贫困妇女儿童捐赠人民币1.9万元，该区妇联创业带头人为贫困妇女捐赠乳腺贴60盒，价值1.2万元，为贫困儿童捐赠内裤200条，价值5000元。北京市平谷区“妇”字号基地负责人王丹对商都县电子商务公共发展中心的全体工作人员进行电商基础知识培训，建立微信群，互通商品信息，促进产品销售，助推脱贫工作。开展刺绣培训，对贫困妇女20人进行为期5天的刺绣培训，使妇女们掌握特色技艺，提升刺绣技能，实现居家灵活就业，增加收入。培训结束后，有合格绣娘9人直接被安排刺绣订单，并销售达标的刺绣作品。

【巡视整改意见落实】 5月23日至8月8日，县委第一巡查组对妇联党组织开展巡查工作，8月30日反馈巡查意见，县妇联根据巡查组反馈的意见，及时召开专题会议，成立整改工作领导小组，认真制订整改实施方案，建立问题清单、任务清单、责任清单，逐项明确责任领导、责任部门、责任人和整改时限，做到任务到人、责任到岗，认真抓好整改落实。整改工作取得明显成效。

【党建工作】 2018年，切实抓好“两个责任”的落实，加强党的政治建设，维护党的集中统一领导。牢固树立“四个意识”，严格落实“三会一课”、主题党日等制度，认真执行民主集中制。加强意识形态领域工作，开展“话我家·说变化·谈梦想”活动，分别在县、乡、村组织开展22场恳谈活动，参与妇女达600多人。

【基层组织建设改革】 2018年，响应上级妇联的号召，推进嘎查村“会改联”工作，安排和部署基层妇联组织建设改革的新探索、新尝试。选举产生嘎查村妇联主席211人，副主席354人，执委1413人，其中进入“两委”的妇女193人，为更好地推进妇女儿童事业的发展奠定坚实基础。

【荣　誉】 七台镇西坊子村翁喜荣被评为乌兰察布市“脱贫光荣之星”。

世纪小学教师刘建勋，七台镇妇联主席吴艳玲，十八顷镇小庙子嘎查书记乌仁被评为乌兰察布市“三八红旗手”。

七台镇妇联主席吴艳玲被评为乌兰察布市“三八红旗手标兵”。

七台镇便民服务中心被评为乌兰察布市“三八红旗集体”。

县妇联副主席赵俊霞，屯垦队镇妇联主席孙志荣，卯都乡妇联主席史淑娴，大库伦乡妇联主席薛荣，小海子镇向阳村妇联主席王荣，西井子镇赛勿素村妇联主席刘爱花被评为乌兰察布市“优秀基层妇联干部”。

小海子镇秀霞苗圃基地被评为自治区级“巾帼脱贫示范基地”。

（供稿　赵俊霞）

商都县科学技术协会

【概　况】 商都县科学技术协会（以下简称县科协）内设机构：办公室和科学技术普及工作部；人员编制3人，实有3人，核定科级领导职数2人（一正一副），领导实有2人，一正一副。

【精准扶贫工作】 2018年，县科协在精准扶贫脱贫攻坚工作中，驻村工作队每月驻村不少于20天，为包扶村提供科技科普图书1000册，建立绿色科普书屋，为贫困户开展科技科普培训；完成菜单式补贴工作；完善贫困户档案，帮扶信息上传工作任务全部完成；完成土地确权工作；督促危房改造工程；入户宣传扶贫政策。年终，县科协为包扶村大库伦乡西营子村送去户均1份共计80份、价值近1万元的生活必需品，为帮扶村农户解决实际困难。

【科技助力精准扶贫】 2018年，县科协科技助力精准扶贫专家团队负责县、乡、村三级科技培训指导，协助贫困乡、村、户制订脱贫攻坚计划，并为贫困农户提供决策咨询与信息服务。2018年，订购《北方蔬菜种植实用技术》《马铃薯高产栽培技术》《农业减灾实用技术手册》《肉牛规模生产经营》《常见猪病防治有问必答》《马铃薯高产栽培技术》《肉牛标准化规模养殖技术》等适用技术手册；4月，组织举办春季科技助力精准扶贫培训会；8月，组织举办果蔬种植专题讲座培训活动，对县城周边的近100多户种养殖户开展农牧业适用技术的集中培训，深入枳儿卜村养鸡场开展现场观摩培训，现场解决技术难题。

【科普活动】 2018年，县科协坚持面向农村、面向社会、面向学校、面向基层，积极与相关部门密切配合，充分利用各部门的业务专长，广泛深入地开展多种形式的科普宣传活动，通过“第23届科普宣传周”“全国科普日”以及各类宣传月、周、日，共计开展科普宣传活动20次，现场观摩培训8次，印发科普宣传资料10多种，发放科普宣传材料1万余份，科普宣传覆盖全县10个乡镇。展出科普挂图300多幅、各类宣传图板90多块，发放科普宣传材料1万余份，宣传、咨询、服务群众达6500多人次。

【基层科普行动计划项目】 2018年，利用农村中学科技馆，切实加强对青少年的科学普及。科协将农村中学科技馆建在商都一中，设立科普展品20件，内容包括“声光体验”“电磁探秘”“运动旋律”“科普活动体验箱”“机器人”等六大主题和“移动球幕影院”。主要通过互动的方式展示和模拟科学原理，寓教于乐。科技馆免费开放，开馆时间星期一至星期五下午4点至4点50分，星期天全天。各校师生、社会青年等参观并体验科普展品，参观人数约7429人次。从2018年9月20日起，还免费向全县青少年及社会公众开放两个月，整个活动期间，参观人数达5940人次。为了保证科普信息化工作正常有序地进行，县科协成立由10名社区书记组成的科普信息员队伍。负责解答群众的各种科普难题，建立一支300人的科普志愿者队伍，负责收集日常的科普知识，520人注册科普中国App，确保信息化工作能够正常有序开展。

【参加全市第三十四届青少年科技创新大赛】 2018年，县科协组织全县中小学生参加乌兰察布市第三十四届青少年科技创新大赛。商都高级中学2项作品、希望小学2项作品分别获青少年科技创新成果竞赛奖；商都高级中学老师褚金军获优秀科技辅导员奖，希望小学牛勇获科教论文二等奖，这些成绩的取得为商都县深入开展青少年科技创新活动起到良好的示范和推动作用。

【科技培训】 县科协与相关单位协作，组织开展多形式、多层次的科技培训和宣传，培训乡镇师资20人，农技协会员500人，养殖户2000户，马铃薯及反季节蔬菜种植户2000户，普及性培训3万人次。

【协会支部接受县委第一巡察组巡察】 按照县委统一部署，2018年9月14日至11月7日，县委第一巡察组对科学技术协会党支部进行常规巡察。12月8日，县委第一巡察组向科学技术协会党支部反馈巡察情况，严肃指出巡察发现的问题，提出客观中肯的意见建议和明确的整改要求。科学技术协会党支部就县委第一巡察组反馈意见全力进行整改。

（供稿　孙利芳）

商都县工商业者联合会

【概　况】 商都县工商业联合会（以下简称县工商联）内设机构4个，即办公室、会员部、经济部和非公有制企业党建办。有行政编制4个、事业编制1个。在职干部5人，分别是主席、副主席各1人，副主任科员1人，干部2人。党组书记的编制在县委统战部。

2018年，商都县工商联在顺利完成授予民营企业荣誉称号、开展上规模民营企业调研、组织民营企业家参加专题培训、加大与区内外工商界的交流合作力度等项本职工作的同时，作为全县脱贫攻坚领导小组成员单位之一，积极投身于全县脱贫攻坚的主战场，为“村企合作”精准扶贫、发展壮大村级集体经济、与北京市平谷区工商联开展脱贫攻坚对口支援合作等方面工作中做出应有努力、取得一定成绩。认真开展党风廉政建设，筑牢拒腐防变的思想道德防线，使党支部自身建设取得明显成效。配合县委接受自治区第八巡视组的巡视，并接受县委第二巡察组的巡察。为切实加强机关党建工作、推进非公有制经济健康发展和引导非公有制经济人士健康成长、打赢全县脱贫攻坚战、促进商都县经济和社会的全面发展做出新的贡献。

【民营企业培训】 4月，组织商都县部分优秀企业家，参加由市委统战部、市工商联在贵州联合举办的为期5天的全市非公有制经济人士培训暨“万企帮万村”研讨班学习，并实地观摩恒大集团在贵州省毕节市的精准扶贫基地。通过该次活动，进一步提升新形势下商都县非公有制经济的党建工作和非公有制经济人士理想信念教育实践活动的新水平，为推进“万企帮万村”精准扶贫行动提质增效创造良好条件。

【民营企业调研】 3—4月，按照自治区、市两级工商联的安排和部署，由经济部牵头，各部、室配合，在全县范围内进行为期一个月的2017年度上规模民营企业调研工作，并确保调研企业的广泛性、上报数据的真实性和准确性。通过调研，分析商都县民营经济发展趋势和民营企业发展规律，发现民营企业在发展中存在的困难和问题，提高工商联经济服务的针对性和实效性。

【区内外交流合作】 3—9月，先后与中国天楹股份有限公司、安徽省阳光电源股份有限公司、北京商都企业商会等多次接洽，并分别就商都县PPP环卫项目、光伏项目以及通过加大开拓商都无公害绿色产品销售渠道、提升产品附加值以助力家乡精准扶贫等方面达成初步意向，取得一定成效。

【村级集体经济发展规划与实施】 2018年，积极配合县委组织部，做好全县村级集体经济发展规划与实施情况的各项具体工作。3月底至5月上旬，先后深入全县10个乡镇及重点村委会进行实地调研，并完成《关于全县发展村级集体经济的分析研判报告》。6月上旬和7月上旬，确定两批发展壮大村级集体经济的可行性项目。其中，第一批项目13个，覆盖6个乡镇、26个村委会；第二批可行性项目11个，覆盖9个乡镇、64个村委会。上述项目经县人民政府党组会议先后审批后予以正式实施。从7月中旬起，工商联被商都县发展壮大村级集体经济领导小组指定为牵头单位，专门负责上述项目中投资2500万元的“六台滩肉牛养殖基地”建设的组织和协调工作。经过近3个月的努力，工商联协调该基地固定资产拥有十八顷、屯垦队、西井子、大库伦、卯都共5个乡镇和县财政局、农牧业局、林业局、国土局、规划局、水利局、环保局共7个相关单位，顺利完成该项目的选址、测绘、征地、联审、招投标、协议签署等前期工作，确保该基地于10月中旬顺利开工。12月中旬，该基地承包方已预付承包期第一年度承包费250万元，有力地推动上述5个乡镇发展壮大村级集体经济、带动贫困户和贫困人口脱贫致富的进程。

【“村企合作”精准扶贫工作】 10月中旬，按照县委、县政府要求，制订《商都县工商联打好打赢脱贫攻坚战三年行动的实施方案（2018—2020年）》，为扎实推进“村企合作”精准扶贫行动，坚决打好打赢脱贫攻坚战，完成县委、县政府交给工商联的脱贫攻坚任务明确努力方向。截至2018年年底，商都县工商联按照县委、县政府指示精神，积极组织和协调全县64家民营企业踊跃投身到“村企合作”精准扶贫开发行动中，为所帮扶的160个村委会提供有偿服务费685.2万元、捐助生产和生活物资11万元、投入生活服务资金3.35万元，发展壮大贫困村村级集体经济、带动建档立卡贫困户和贫困人口脱贫致富。

【脱贫攻坚对口支援合作】 1月，商都县工商联与北京市平谷区工商联正式签署《对口支援合作协议书》(以下简称《协议》)。按照《协议》精神，后者每年向所帮扶的商都县2个深度贫困村捐赠扶贫协作款10万元。7月，北京市平谷区工商联一行到商都县，与县委、县政府分管领导，工商联主要负责人及商都县民营企业家代表就帮扶对接工作召开座谈会，并深入所帮扶的卯都乡2个深度贫困村（十二顷和新井子）进行帮扶对接、签署帮扶协议、开展慰问贫困户活动，与该乡党委、政府初步达成由北京市平谷区企业家出资在卯都乡建设集面粉加工、牲畜销售市场、发展旅游于一体的综合性项目，以及下一步帮扶计划的意向性协议。8月，商都县工商联将北京市平谷区工商联于5月捐赠的10万元扶贫协作款转交卯都乡政府，分别划拨给十二顷、新井子2个深度贫困村，用作建档立卡贫困户的扶贫补贴资金。10月，县工商联主席与卯都乡党委书记对北京市平谷区工商联进行回访，并就下一步帮扶计划再次进行座谈和交流，为2019年脱贫攻坚对口支援合作工作的进一步发展奠定坚实基础。

【帮扶贫困工作】 县工商联为所帮扶的七台镇田士沟村委会拨付1万元精准扶贫帮扶资金，用以发展壮大村级集体经济、带动建档立卡贫困户和贫困人口脱贫致富。县工商联继续派出干部2人分别出任田士沟村委会第一书记和驻村工作队员，为所包村贫困户因地制宜、因人施策、制定脱贫措施、寻求脱贫项目、开展“送温暖、献爱心”活动做出应有努力。作为单位帮扶责任人的工商联主席和驻村干部2人，继续包扶东坊子和田士沟2个村委会总共9户贫困户。截至2018年年底，9户中稳定脱贫户2户、正常脱贫户6户，占所包贫困户总数的88.9%。

【党建工作】 2018年，县工商联坚持以习近平新时代中国特色社会主义思想为指导，认真学习贯彻中共十九大精神，牢固树立党组、党支部最大的政绩是抓好党建，首要职责是管党治党的理念，坚持抓管理、立规矩、严问责，推动党组、党支部主体责任的刚性落实，发挥党组织的领导核心责任，增强党支部的凝聚力、向心力、战斗力。坚持中心组学习和民主生活会制度、党支部“三会一课”和组织生活会制度，严格执行“三重一大”决策制度，认真开展“两学一做”学习教育、“不忘初心、牢记使命”主题教育和主题党日活动，切实践行社会主义核心价值观，贯彻落实意识形态领域工作。通过不懈努力，全体党员干部牢固树立“四个意识”、坚定“四个自信”、做到“两个维护”，为工商联管理和服务非公有制经济提供坚强的组织保障。

【党风廉政建设】 工商联党支部严格落实中央八项规定精神，认真查处“四风”问题，集中整治形式主义、官僚主义“十种表现”，始终保持全面从严治党的高压态势。2018年，工商联进一步严格财经纪律，“三公”经费开支继续实行全面公开，正式实行经费开支向县财政局月报制度。9—11月，先后接受自治区巡视组、县委巡察组的两次监督检查，从源头上遏制违规违纪现象的发生。党支部班子成员始终保持清醒头脑，以心有敬畏、手握戒尺、慎独慎微、勤于自省、遵守党纪国法、做到为政清廉的标准，严于律己、严守底线；以党的政策这条“生命线”自持、以法律这条“高压线”自危、以纪律这条“警戒线”自律，时刻把自己置于组织、干部和群众的监督之下，自觉养成在“聚光灯”下行使权力、在“放大镜”下开展工作的习惯，坚持做到没有因私利而废公事、不为私事而弃公道。工商联风清气正的政治环境已经形成。

【巡视、巡察整改工作】 9月19日，工商联党组和党支部接受自治区党委第八巡视组的政治巡视。随之，对巡视组指出的党建工作中存在的两个主要问题进行认真整改：调整党组和支部班子中已退休的成员，组建新的党组和支部班子，将单位退休党员8人的组织关系分别转到户籍所属社区党支部；认真开好2018年度党组民主生活会，通过开展批评与自我批评，充分发扬民主，加强党内监督，转变工作作风，切实解决问题，加强党组领导班子思想政治建设，保证党组的团结统一，保持党组的先进性和纯洁性。

10月22日至11月7日，商都县委第二巡察组对工商联党组党的建设工作开展为期17天的全面巡察。其间，10月30日，巡察组就“会议室、主席室墙上图板内容未及时更新，收发文、干部签到表不规范”等5个问题对党组下达《立行立改通知书》。10月31日，党组召开专门会议，制订整改措施、落实具体整改责任，认真按照巡察组的要求，于11月5日前完成立行立改任务，将《整改落实情况报告》报送巡察组并获得通过。

【重要事件】 1月，商都县宸景建筑有限责任公司、内蒙古奥淳酒业有限责任公司、科都薯业有限责任公司3家民营企业成功申报为全市“爱心企业”，并获得“2017年度乌兰察布市民营企业公益之星”称号。

（供稿　张建国）

商都县文学艺术界联合会

【概　况】 商都县文学艺术界联合会（以下简称县文联）核定事业编制7人，设主席1人、副主席1人，工作人员5人。

商都县文联切实履行“团结引导、联络协调、服务管理、自律维权”的基本职能。2018年，认真学习宣传中共中央总书记习近平关于文艺工作的系列重要讲话精神，认真贯彻中央、自治区、市、县宣传工作要求，坚持以文艺兴县为己任，以推动文艺繁荣为目标，团结带领广大文艺爱好者高举旗帜、围绕中心、服务人民、创新发展，机关建设求实效，文艺创作求业绩，为繁荣全县文艺事业，促进全县文化事业的繁荣发展做出积极贡献。

【文艺作品获奖】 2018年5月2日，乌兰察布市摄影家协会会员、县文联办公室主任梁旭东的摄影作品《青春无限美》在第二届乌兰察布市冰雪节摄影展中展出，并获优秀奖。5月15日，乌兰察布市摄影家协会会员梁旭东的摄影作品《青春无限美》在2018首届“骑士奖”国际摄影大赛中获入围奖。5月31日，乌兰察布市文学艺术界联合会工作会议召开，会上，表彰2017年度文学艺术工作先进集体和先进个人。商都县文艺工作者王爱贤、赵润林被评为2017年度先进个人；赵润林、王爱贤、张聪、梁旭东的剪纸、文学、绘画、摄影作品分别获得三类、五类、六类乌兰察布市文艺创作发展基金作品资助。

【文艺作品刊发】 2018年5月14日，乌兰察布市美术家协会会员、文联美编王晓凤的工笔画作品《风》在《中国纪检监察报》文艺副刊刊登。内蒙古作家协会会员、县文联主席王爱贤创作的诗歌《父亲手中的那半节香烟》刊登在《老年世界》2018年第5期；6月1日的《乌兰察布日报》“大青山”副刊刊登王爱贤创作的诗歌《中年记忆》。7月26日，乌兰察布市美术家协会会员、文联美编王晓凤的国画作品《荷韵》刊登在《乌兰察布市日报》“大青山”副刊。

【榜书作品展示】 2018年7月18日，新时代“金雕杯”首届华夏榜书大展赛暨颁奖典礼在乌兰察布市美术馆举行，该次展览共展出195幅作品，商都县入展7人。其中，冀录军获一等奖，高培武获三等奖，王爱贤的榜书作品特邀入展。8月19日，由商都县文学艺术界联合会举办的“商都县首届‘笔中情’榜书展”在教师进修学校综合楼开幕。该次展览共展出40幅榜书作品，其作者“老、中、青”三结合，作品质量上乘，风格各异，彰显作者对书法艺术的不同理解和阐释，推动全县艺术事业不断发展和进步。

【主题征文活动】 2018年9月25日，为全方位、多角度宣传商都县扶贫工作成就，深刻体现帮扶成果，营造打赢脱贫攻坚战的舆论氛围，挖掘一批扶贫开发一线的感人事迹和先进典型，为脱贫攻坚提供强大的精神动力，由县委宣传部、县扶贫办和商都县文联联合举办以“凝聚全民正能量·打好脱贫攻坚战”为主题征文大赛。《不冻河》杂志开辟专栏，刊登优秀作品。组织专家评审，综合微信投票结果，评选出各类奖项，颁发荣誉证书，汇编成册。

【诗词学会成立】 2018年11月18日，商都县诗词学会成立。诗词学会坚持诗词文艺为人民服务、为社会主义服务的方向，贯彻百花齐放、百家争鸣的方针，继承和发扬中华诗词的优良传统，繁荣诗词创作、吟唱、吟诵，开展诗学研究，团结、引领全体会员和广大诗词爱好者开创社会主义时代精神文明新纪元，为繁荣商都县诗词创作，活跃群众文化活动做出贡献。

2018年6月25日，商都县诗词爱好者一行5人参加乌兰察布市诗词学会第三次会员代表大会。会上，任福财、王爱贤、王小龙、胡梅芳、韩俊美当选为诗词学会理事，其中任福财还当选为第三届市诗词学会常务理事。

（供稿　王晓凤）

商都县残疾人联合会

【概　况】 商都县残疾人联合会（以下简称县残联）内设就教部、康复部，综合办公室。正科级机构，行政编制2个，事业编制9个，在编在岗11人，其中正科级1人、副科级2人。

全县持证残疾人13974人，其中农业人口9100人、非农业人口4874人；全县建档立卡贫困残疾人2091人，其中已脱贫1496人、未脱贫502人、返贫93人。享受资产收益扶贫项目3589人，享受生活困难补贴3543人。60周岁以上残疾人3692人；一级残疾444人，占12.03%；二级残疾1142人，占30.93%。

2018年，县残疾人工作紧扣年初制定的残疾人工作要点，围绕全面建设小康社会目标，进一步健全残疾人权益保障机制，扎实推进残疾人康复服务、精准扶贫、巡视整改、党建等工作，开拓创新，求真务实，完成各项任务。

【残联服务工作】 2018年，商都县残联本着为残疾人服务的理念，认真为残疾人办实事，残疾人基本状况日益改善。残疾人康复工作全面展开，输送贫困孤独症儿童4人实施康复训练，为贫困家庭聋儿3人免费配戴助听器，并给予康复训练；输送智障儿童11人到特殊教育学校进行康复训练；常态化开展残疾人假肢装配工作，认真做好假肢装配对象的摸底，共摸底13人；继续实施贫困精神病患者免费服药救助和重症贫困精神病患者住院救助项目，共完成贫困精神病患者免费服药12人，住院救助治疗6人；继续开展残疾人辅助器具免费发放活动，为残疾人适配助听器，发放轮椅、拐杖等辅助器具，配置2480件。实施残疾人无障碍改造，千方百计争取多方支持，为全县各类残疾人先后建成残疾人康复无障碍通道2000余米。实施残疾人无障碍改造100户，改善他们的生存状况，初步实现残疾人“人人享有康复服务”的工作目标。投资建设残疾人托养中心，2016年，争取中央预算内投资480万元、政府配套资金120万元，总投资600多万元，为节约土地，采取购买商品房的方式，年内购置1604平方米，建成床位52张的残疾人托养中心。

【残疾人证清理办理工作】 2018年，残疾人证清理工作稳步推进，按照《乌兰察布市残疾人证清理办理工作实施方案》精神，制订《商都县残疾人证清理工作实施方案》，成立商都县残疾人证清理工作领导小组，首先对残联系统非残持证工作人员15人给予清理，将残疾人证予以收缴注销，对相关人给予批评，并责成其作出书面检查。对机关事业单位干部职工持有残疾人证进行全面清理。

残疾人办证实行“一站式”服务，2018年6月起，协调中医院将每周二、周五作为集中办理“残疾人证”日，县残联新购置照相、复印机等设备，实现一个场所完成办证，简化之前办证的烦琐流程，实行“一站式”服务，对于情况特殊的残疾人，县残联还组织医生集中上门鉴定。

【残疾人劳动就业帮扶】 劳动就业帮扶实现新突破，2018年，始终把落实按比例安排残疾人就业办法作为为残疾人办实事、支持残疾人事业发展的重要举措，安排残疾人就业1752人，其中集中安置残疾人就业885人。在各乡镇多次开展上门送政策、送岗位、送服务活动。举办就业培训班7期，有组织地向外地输出农村残疾人124人，全部落实三个保险。农村和城镇残疾人在“三免”（实行免费培训、免费住宿、免费就餐）政策的推动下，自谋职业、自主创业发展势头良好，自主就业增加212人。

【残疾人文体工作】 2018年，县残疾人联合会先后为祥和社区、菜场社区、南菜园社区和牧机社区购置健身器材，组织社区残疾人开展康复训练，活跃和丰富残疾人精神文化生活。

【残疾人脱贫工作】 在兜底扶贫方面，对无业可扶和无力脱贫的贫困残疾人，全部纳入社会救助范围，由社会保障兜底。有重度残疾人154人纳入社会救助范围。在产业扶贫方面，立足县情，实行残疾人“点菜”、残联“买单”的扶持方式，在春耕备耕、牲畜购买、产业发展项目建设上给予适当补贴。享受村企合作资金项目收益422人。在健康扶贫方面，对16周岁以上有照料护理要求的贫困重度残疾人301人和符合特困人员救助供养条件225人给予政策普惠救助。对不符合救助供养条件的，通过政府补贴、购买服务、公益岗位等方式，为重度残疾人76人提供日间照料和邻里照护。在教育扶贫方面，2018年，入学残疾儿童达239人，送教上门1人，残疾儿童义务教育入学率达85.17%，普通高校上线生全部录取入学就读。在第28次全国助残日活动现场，困难家庭残疾学生16人，每人领取2000元助学金，减轻家庭负担和学生压力。积极组织“泛海助学行动”，残疾家庭2018年新入学大学生52人和2018年新入学残疾人家庭大学生2人，享受每人5000元的助学金。2017—2018年，县财政共安排助学经费100多万元，全县残疾学生230人得到救助。

【党建工作】 2018年，针对原党支部书记离职卸任、党员无法过组织生活、一些组织活动也无法正常开展的情况，报请县委组织部调整党支部书记及成员，及时召开党员大会，通过无记名投票选出党支部组成人员。之后，相继完善《党组议事规则》《民主生活会制度》《三会一课制度》等规章制度；出台《主题党日活动实施方案》《党风廉政建设实施方案》《“评星定级”实施方案》等行动准则，确保党建工作不断深化、制度不断完善、党风廉政建设责任制不留“死角”。

（供稿　王广祥）

商都县红十字会

【概　况】 商都县红十字会是从事人道主义工作的社会救助团体，有专职工作人员4人，内部机构设置2个，即赈济救援部、筹资培训部，人员编制5人。基层组织89个，团体和个人会员达5000余人，志愿工作者300多人。

2018年，商都县红十字会弘扬“人道、博爱、奉献”的红十字精神，深入开展造血干细胞捐献、应急救护培训、红十字博爱家园建设、“学雷锋”志愿服务、预防艾滋病宣传。2018年，在学校、社区、机关、农村开展应急救护培训宣传、预防艾滋病宣传、造血干细胞宣传等活动，惠及4.5万人；在农村地区和幸福院的群众享受免费义诊人数6500多人；实施“博爱送万家”活动，共发放救助物资价值12万元；登记入中华骨髓库的捐献造血干细胞志愿者27人。坚持不懈传播红十字基本知识；举办红十字自纠自查工作总结；努力为群众办实事、办好事。

【筹资募捐】“博爱一日捐”活动是县红十字会坚持开展的一项公益募捐活动。在县委、县政府大力支持下，2018年，实现“博爱一日捐”募捐收入88万元，注入贫困人口大病慢病扶贫爱心基金50万元，用于救助全县参加城乡居民基本医疗保险的建档立卡的贫困人口，受益人数达7529人

【人道救助】 2018年，县红十字会本着“量入为出”的救助原则，精打细算，确保每一分救助款用到真正需要救助的人和事。积极利用春节前深入贫困户家庭开展救助活动，为贫困户送去救助金和生活用品。在全县10个乡镇开展“博爱送万家”慰问活动，活动期间，发放棉衣、棉被、面粉等物质，共计价值12万余元；平时，主动发现和了解发生重大疾病、火灾、天灾、事故的家庭，并进行救助，直接救助贫困具体183人次，共计19万元。在大病救助方面，利用商都县建卡立档贫困户医疗救助“一站式”服务平台实施爱心救助50万元。

【红十字知识宣传】（1）人道文化建设。先后在商都县职业技术学校、商都县第二中学、商都县平安小学建立“人道文化传播点”和“应急救护点”，在十八顷镇袁家村村委会郝家村和泉脑子村委会建立文化传播基地，配套设施齐全，宣传人道文化精神。各个人道文化传播点有红十字运动知识宣传，有应急救护知识等核心业务工作内容，有宣传品展架，经常开展人道文化宣传活动。（2）人道文化宣传。在文化广场、超市、综合办公大楼等群众比较集中的场所进行人道文化宣传活动。2018年，在学校、社区、项目村、车站等基地开展人道文化相关知识培训9场次，培训人员达3500多人，所有活动都有课件和宣传资料。通过一系列的人道文化宣传活动，“人道、博爱、奉献”的红十字文化得到广泛的传播，达到红十字运动基本知识普及率的要求。在火车站、汽车站、综合政务服务中心新设立募捐箱，加强对社会人士人道主义的培养，积极开展对外交流活动。2018年，给各级部门提供简报46篇，较好地报道红十字会的全年工作动态，充分展示县级红十字会的公共形象。县红十字会撰写题目为《关于商都县红十字示范学校项目建设社会效益的调查报告》的调研文章、题目为《县级红十字会当前工作重点定位存在的问题及对策》的论文，向《中国红十字报》投稿，并上报市红十字会。

【备灾救灾工作】 2018年，为了深入贯彻实施突发事件应对法律法规，完善应急管理预案体系、体制、法制建设，县红十字会能够及时利用灾害管理系统和纸质两种形式对自然灾害进行上报。根据自治区、市两级规定标准，对备灾物资库加大仓储面积、容积，对各类物资进行分类存放；与民政部门建立灾情信息共享机制，能够对本辖区内发生的灾害根据应急预案开展救援工作；把“博爱一日捐”捐款的20%转入备灾基金。

【红十字志愿服务】 2018年，为加强和规范志愿者服务工作，健全和完善志愿者服务规程，县红十字会将所有志愿者经过专门培训后，签订服务协议，队员照片上墙，然后开展各项活动。截至2018年年底，在原有三营图互助幸福院、汽车站、永泰社区、十八顷马栈幸福院、职业技术学校、第二中学6个志愿服务队的基础上，建立平安小学、十八顷郝家村、十八顷泉脑子村志愿服务队，对志愿者进行培训，并在十八顷郝家村建立志愿服务基地。2018年4月18日，全体志愿者参加义务植树，为商都县增添一片新绿。2018年6月8日，组织志愿者20多人为学生高考服

务；在考场外搭起凉棚，准备矿泉水；免费接送学生，为高考学生及家长服务。2018 年 10 月 18 日，和北京市平谷区红十字事业部杨连义率领志愿者到屯垦队镇人头山开展红十字志愿服务活动，为村民免费理发、修家电，医疗志愿者为村民免费体检，倍受村民欢迎和感激。2018 年 10 月，七台镇菜场社区红十字志愿者服务队以“温暖夕阳红，幸福度晚年”项目顺利入围“内蒙古自治区红十字会 2018 年志愿服务项目”，是全乌兰察布市唯一入围的项目，获取支持资金 1 万元，项目对社区 65 周岁左右老人 15 人进行培训，然后由这些老人对辖区内老人 30 人进行应急救护培训，并建立居民健康档案，老人志愿者入户走访慢性病老人，为居民普及应急救护常识和自救互救技能，让 70% 的以上的老人掌握应急救护知识。2018 年，县红十字会招募志愿者 41 人，并为志愿者购买人身意外保险。志愿服务队能够依托服务基地开展常态化的志愿服务活动。

【器官及造血干细胞捐献】 2018 年，新增造血干细胞血样采集入库的志愿者 27 人，开展造血干细胞捐献登记工作后，县红十字会组建造血干细胞志愿服务大队，负责日常宣传动员和回访工作，电话回访率达 97%，入户回访率达 91%。印制发放宣传单 3 万余份，制作宣传栏。

【基层组织建设拓展】 为切实做好 2018 年的各项工作，商都县红十字会积极争取各级政府的支持。主动向政府有关领导进行专题请示汇报，县政府办公室把与北京市平谷区红十字会对口扶贫的工作任务交给县红十字会，2018 年 5 月，由常务副会长带队与北京市平谷区红十字会对接，北京市平谷区红十字会为屯垦队乡人头山村捐赠猪仔、米、面、油等物资，总价值 7 万元，并组织村民进行防灾避险、应急救护培训，发放纪念品，经过密切配合协作，村民对红十字精神有了充分的认识，扩大红十字影响力，吸纳红十字会员和部分志愿者，为村级组织建设创造条件。2018 年，在巩固 2017 年 122 个基层组织的基础上，新增设十八顷郝家村、泉脑村子 2 个基层组织，并确定为示范基层组织。2018 年 7 月 17 日和 10 月 17 日，分别在十八顷镇郝家村、泉脑子村召开红十字会第一次代表大会，会上选出村级红十字会理事会成员及会长、副会长等，并部署本届红十字会的具体工作。红十字会“五进”（进农村、进社区、进学校、进企业、进机关事业单位）、“六有”（有健全的组织机构和热心的红十字事业的带头人、有稳定的会员和志愿者队伍、有规范的管理制度、有稳固的服务平台、有红十字特色的活动、有稳定的经费保障）工作成果良好，达标率稳中有升。截至 2018 年年底，共建立 124 个基层组织，吸纳会员 3645 人、常务理事 39 人，常务理事、专职干部全部缴纳会费。

【学校红十字会活动】 2018 年，县红十字会对学校红十字会工作十分重视，认真贯彻中国红十字总会和教育部《学校红十字会工作规划》，积极创建红十字示范学校。在强化职业技术学校、第二中学、平安小学、宗申小学 4 个示范校管理的同时，为职业技术学校、第二中学和平安小学申请“老牛生命学堂——救在身边”项目，各项目学校已经高质量、高标准地完成。2018 年度，在学校阵地组织开展一系列红十字青少年活动。用班（队）会、板报宣传栏等多种形式宣传红十字精神；组织防灾减灾知识竞赛，增强青少年防灾减灾的自我保护意识；在红十字示范学校组织红十字青少年灾害应急演练活动和卫生救护知识普及培训。利用国旗下讲话、红十字中队会议、板报等方式，开展红十字章程、捐献造血干细胞尝试、消防知识、救护知识的学习。在全县中小学开展“红十字会宣传月”、无偿献血宣传、卫生救护知识培训、预防艾滋病讲座等活动。1 月 17 日，在商都县第二中学举办“商都二中首届班主任红十字知识竞赛”；5 月 30 日，县红十字会派

3名老师赴通辽参加“老牛生命学堂”项目启动会和2018年第一期应急救护师资培训班，为“老牛生命学堂——救在身边”项目建设打下坚实基础；6月5日，县红十字会受邀参加平安小学庆“六一”表彰展演活动，学校结合红十字会提供的防灾避险知识竞赛试题和奖品，师生及家长进行现场抢答、现场奖励，趣味浓厚，效果良好，得到社会各界人士的好评；10月26日，县红十字会应邀参加商都县职业技术学校举行的防震、防火、应急救护疏散演练，学校聘请消防队的教官现场指导，让参演学生学到逃生技能。

（供稿　王文静）

法 治

政法委及综治

【概　况】中共商都县委政法委内设机构：办公室、政治办、执法督察室。综治办、防范办、维稳办与政法委合署办公。核定行政编制 11 人，工勤编制 6 人，事业编制 4 人。

2018 年，县委政法委始终以“稳定是一切的基础、平安是一切的前提”为指导思想，切实履行“保一方稳定、促一方发展”的政治责任。为确保全国两会等重要节日和重大时间节点期间社会政治稳定，维稳办积极组织安全保卫工作，累计协调出动人员 2849 人次，出动车辆 402 辆次，检查车辆 2.29 万辆，检查人员 8.26 万人，劝阻涉稳重点人员 195 人，查获管制刀具 72 把，劝返运输危爆物品车辆 267 台次，充分发挥首都护城河第一道防线作用，确保特防期全县社会稳定。

【维护稳定工作】组织动员全县综治、维稳力量进村入户，深入开展矛盾纠纷排查化解工作，及时掌握苗头性、倾向性信访问题，发现问题采取有效措施就地化解，1—10 月，全县共排查各类矛盾纠纷 1851 件，化解 1816 件，化解率达 98%。协调司法行政部门加强行业性、专业性调解组织建设，协调县劳动仲裁法律援助工作点、道路交通事故人民调解委员会、医患纠纷调解委员会、环境保护纠纷调解委员会、物业管理纠纷调解委员会、法律援助工作站等调委会开展民事调解工作，共受理 242 件，成功化解 235 件，化解率达 97%，进一步发挥社会矛盾排查化解工作专业性、行业性的职能作用。坚持全面落实社会稳定风险评估制度，组织相关部门对商都县化德工业（康德）220 千伏变 3 号、4 号主变扩建工程线路路径项目等 6 项工程进行社会稳定风险评估，努力预防和减少因决策和处置不当引发的矛盾纠纷，取得良好的社会效果。县委宣传部网信办、公安局网安大队上报群体性预警信息 3 期，并开展网上侦查。县委政法委、维稳办高度重视信访维稳、信息收集分析研判工作，实行 24 小时值班制度，及时收集和报送维稳信息，每月通报各社区维稳信息报送工作情况。共发出预警信息 33 条，开展周研判 37 期。对维稳工作中存在的突出问题定期、不定期地进行分析研判和工作通报，提出具体措施和要求。避免群体进京和越级上访事件的发生。

【防范敌对势力渗透破坏】县委政法委坚持树立“防范与处理邪教工作无小事”的思想和“真抓实干才是硬道理”的理念，把防范工作作为一项重要工作来抓。县防范办积极贯彻落实《关于加强反邪教协会工作的意见》文件精神，组织各乡镇、县直有关部门，通过召开座谈会、收看警示教育片、开展集中宣传活动等形式，积极开展反邪教警示教育活动，组织开展《中华人民共和国国家安全法》（以下简称《国家安全法》）、《中华人民共和国反恐怖主义法》（以下简称《反恐怖主义法》）的学习宣传活动，在全县营造良好的宣传氛围，广大人民群众对邪教危害性的认识进一步提高，树立起“珍爱生命、远离邪教”的意识。协调县政协、县委统战部、公安局、民族局组成联合工作组，5月7—11日，开展为期一周的“敲门行动”和回访工作。对全县涉邪人员24人进行回访，严防已转化人员出现反弹。县防范办与涉邪人员所在地乡镇、村签订24份包保责任书。抓好“商都县反邪教协会”建设，2018年，将协会扩大至乡村一级。在大库伦和西井子2个乡镇、37个村建立起反邪教协会，进一步壮大基层反邪教力量。在全县各自然村建立反邪教信息员队伍，共发展村级反邪教信息员628人。

【综合治理建设】 2018年，县综治工作以强化基层基础建设为核心，以构建治安大防控体系建设为重点，全力推进扫黑除恶专项斗争，为新一轮的发展创造良好条件。截至10月，全县刑事案件共立案460起，同比上升40%，破案165起，同比上升56%，破案率36%，同比上升23%；其中破获八类案件9起，同比下降53.8%，抓获刑事作案成员56人，同比下降1.7%，提请逮捕46人，同比上升7%，移送审查起诉64人，同比下降23%。共查处治安案件511起，行政拘留213人。由综治办抽组县教育科技体育局、公安局、安监局、食药局、文广局、交通局、城管局、消防支队，5月15—22日，对全县中小学及幼儿园进行联合检查，共发现安全隐患200处，完成整改190处，其余10处需要长期整改的问题，相关部门正在整改中。开展非煤矿山清理整顿工作。为巩固近年来全县非煤矿山的清理整顿成果，5月20—30日，由县委政法委牵头，组织县国土资源局、安监局、环保局、电力公司、森林公安分局、矿山派出所等组成联合执法组，对全县范围内私自生产的39家矿点进行清理整顿，39家矿点全部关停，杜绝县境内私挖滥采的违法现象。2018年，县综治办协调政法部门对全县社区矫正人员进行全面检查。保证在册矫正的110人无脱管漏管，并顺利解除矫正人员53人，全年无影响恶劣的严重再犯罪案件发生。将全县重症精神病人26人全部录入重症精神病人管控平台，其中重点重症精神病人2人由家属和辖区派出所民警全天候看管，其他易肇事肇祸精神病人落实管控措施，确保平时有人管，特殊时期专人管。

【视频监控系统建设】 通过三期“平安城市”视频监控系统建设，建成22处卡口监控、18个电子警察、18处红绿灯抓拍、重型云台摄像机2台、鹰眼摄像机4台、治安监控探头662个，基本实现全县城区监控全覆盖、无死角。强化网格化巡逻防控工作，全面推行常态化和加强网格化巡防模式，科学划分巡逻区域，优化防控力量布局，充分利用七台镇6个屯警点和1个火车站联勤点，推行交特警联勤联动和站地联勤联动模式，社会面控制能力明显提升。1—10月，累计出动巡逻警力8800余人次，巡逻警车2700余台次。强化交通和消防安全管理，共查处各类交通违法行为8.72万起；办理刑事案件26起，其中交通肇事案件6起、危险驾驶案件20起，办理行政案件563起，行政拘留330人。消防部门火灾事故报警74起，抢险救援5起，检查消防重点单位1706家次，发现隐患4682家处，排除隐患4593家处，责令“三停”（停产停业、停止施工、停止使用）整改25家，临时查封25家。按照矛盾纠纷解决在基层的要求，整合多方资源，高起点、高标准建成县、乡、村三级综治中心，都按照“六个有”（有机构、有牌子、有制度、有负责领导、有工作人员、有基础台账）的标准，全面完成5个乡镇综治中心标准化建设。进驻中心的各职能部门对窗口及有关工作人员进行充分授权，按照“实体化运作”要求，建立健全首问负责、工作例会、信息报送、形势研判、情况通报、台账登记、群众评议、督查督办、责任追究、考核奖惩等运行机制，在方便群众办事、提高服务水平、化解矛盾纠纷、促进社会和谐等方面发挥重要作用，提高为民办事的能力和水平。加强整合“五员合一”（同时担负起信息员、调解员、安全员、治安员、平安员责任）基层网格员职能作用，依托县社管中心网格化管理服务平台，统筹推进社会治理等各项工作，实现力量整合资源共享，进一步完善城区网格化管理工作。

【扫黑除恶专项斗争】 扫黑除恶专项斗争开展以后，坚决落实中央、自治区党委和市委、县委关于开展扫黑除恶专项斗争的决策部署及会议精神，本着“有黑打黑、无黑除恶、无恶治乱”的总要求，积极地开展工作。领导重视，全县参与扫黑除恶专项斗争。县委政府主导，政法委牵头，纪检组织部门同步，有关部门参与。县委、县政府出台《全县扫黑除恶专项斗争实施方案》，成立由县委常委、政法委书记任组长，公、检、法主要领导任副组长，全县28个部门单位为成员的全县扫黑除恶专项斗争领导小组，领导小组下设办公室及侦查打击、纪检监察、基层建设、大案要案、宣传工作5个职能组并成立工作专班，分工负责相关工作。财政拨款80万元的专项资金作为扫黑除恶专项斗争宣传、奖励经费，确保坚决打赢这场硬仗。积极动员，全力备战，扎实开展扫黑除恶专项斗争。建立扫黑除恶专项斗争“周例会”“月调度”“季汇报”工作制度，将扫黑除恶专项斗争作为一项重大政治任务摆到全县工作突出位置，通过高站位谋划、高规格部署、高标准保障、高要求压责“四个高度”，确保打赢扫黑除恶专项斗争。截至年底，共召开联席会议7次，工作调度会议6次，专门研究扫黑除恶工作。强化宣传、全民动员，营造全县扫黑除恶浓厚氛围。多渠道、多角度地开展宣传工作，流动宣传车每日在全县主要街道、火车站、汽车站等人员密集地段通过音视频向老百姓宣传15类涉黑涉恶犯罪及举报电话；在公共场所和各乡镇村张贴《通告》2000余份；在广场和人员密集的场所开展街头宣传活动，悬挂条幅，发放宣传单5000余份；在全县700多个自然村主要街道墙上书写扫黑除恶标语；在县城出入口、车站等人员密集场所制作固定标语。在城内所有宾馆旅店和出租车利用LED显示屏滚动播出扫黑除恶宣传标语；通过“平安商都”等微信公众平台进行大量宣传，号召广大人民群众检举揭发，积极提供涉黑涉恶线索，切实做到家喻户晓、人人皆知，积极动员社会力量和广大人民群众参与到专项斗争中来。截至年底，惩治涉恶类集团1个，惩治涉恶类团伙3个，破获涉恶类个案4起，抓获犯罪嫌疑人18人，已判决5人。在侦线索23条。7—9月全市扫黑除恶工作进展中，商都县排名第一。

【依法治县工作】 全面推进依法治县、司法体制改革和监察体制改革工作，围绕中心工作加强对全县政法机关执法活动的监督与指导。认真贯彻落实县委、县政府“七五”普法依法治县精神，始终把法治宣传教育、依法治县工作作为一项重要的政治任务。通过开展“法律进企业”“法律进学校”“送法进乡村”等活动，广泛宣传法律法规，进一步加强全县法律援助工作。全面推进以司法责任制为核心的司法改革，夯实司法公正基石。积极构建职权明确、运行规范、开放透明、权责统一的审判权和审判权监督规范运行模式，为“让审理者裁判，由裁判者负责”的改革模式奠定基础。在年初召开的政法工作会上，严格要求政法各部门围绕“党建质量提升年”活动，全县政法系统认真开展“不忘初心、牢记使命”主题教育和贯彻落实习近平新时代中国特色社会主义思想大学习大讨论活动，进一步加强政法队伍建设。同时加强对党风廉政建设的动态管理，6月、7月，对政法各部门进行有关党风廉政建设的专题督导调研，把全面从严治党的各项任务落实到工作的全过程，使各项反腐倡廉制度得到全面落实，确保党风廉政建设工作扎实推进。政法各部门认真贯彻中央八项规定及实施细则精神，持之以恒正风肃纪，围绕“四风问题”开展常态性督查，对日常监管中发现的问题全部做到及时整改。按照中央、自治区、市关于加强党委政法委对执法机关的执法活动进行监督的精神，结合全县实际，对几起多年未能结论的案件，统一思想，落实办案单位，取得满意结果。2018年，转给政法各部门办理案件9件、直接处理上访案件1件、督办2件、巡视组转办5件、市政法委转办2件，全部办结。

【精准扶贫工作】 2018年，围绕“两不愁、三保障”（不愁吃、不愁穿，义务教育、基本医疗、住房安全有保障）总体目标，按照“六个精准”（扶贫对象精准、项目安排精准、资金使用精准、措施到户精准、因村派人精准、脱贫成效精准）、“五个一批”（发展生产脱贫一批、易地扶贫搬迁脱贫一批、生态补偿脱贫一批、发展教育脱贫一批、社会保障兜底一批）要求，严格执行全县扶贫工作统一安排部署，县委政法委所包三大顷乡田家卜村委会完成各项扶贫任务。按照“帮扶到户、责任到人”的总体思路，包扶责任人配合乡村干部对全村9个村民小组、375户728人的产业状况、致贫原因、收入现状等情况进行详细摸底，分析致贫原因，认真填写扶贫手册，制订科学脱贫计划，真正做到“有卡、有簿、有册、有档”，对贫困人口、贫困家庭实行信息化管理。对识别出来的贫困户制订帮扶措施，通过分析致贫原因，对扶贫对象逐户确立帮扶项目，建立脱贫规划“明白卡”、台账，明确帮扶责任单位、帮扶人员。采取扶贫项目拉动、发展生产、就近务工等扶贫模式，集中力量予以扶持。组织包扶干部开展“送温暖、献爱心”活动，为田家卜村委会的贫困户、产业扶持贫困户每户捐赠化肥二胺2袋，为社会保障兜底贫困户每户捐赠白面、大米各1袋，共计2万多元，以解决贫困户生活问题。

【政法队伍建设】 2018年，围绕“党建质量提升年”活动，利用支部“三会一课”和开展意识形态领域的学习研讨活动，认真开展“不忘初心、牢记使命”主题教育和贯彻落实习近平新时代中国特色社会主义思想大学习大讨论活动，组织机关干部集中学习以宪法为统领的中国特色社会主义法律体系，做到领导带头，教育引导党员干部学法、用法、守法，进一步加强政法队伍建设。10月，积极响应中央号召，开展学习郑德荣等7名“全国优秀共产党员”活动，开展以“学习先进　弘扬精神，见贤思齐　争做先锋”为主题的组织生活会。11月12日，组织机关干部统一观看深入宣传贯彻习近平新时代特色社会主义思想和中共十九大精神，以“不忘初心、牢记使命”为主题的专题节目《榜样3》，通过撰写心得体会和观后感，进一步坚定全委党员干部的理想信念。严格按照发展党员的有关规定，以高度负责的精神做好党员管理工作，认真把好党员“入口”关。2018年，接收预备党员1人，预备党员转正2人。围绕机关作风建设制定12条规章制度，在机关内部形成严肃党内政治生活、加强机关作风建设的长效机制。

（供稿　丁　超）

法治政府建设

【概　况】 2018年，商都县制订《2018年度法治政府建设工作计划》，严格按照《乌兰察布市法治政府建设考核指标》确定的目标任务，进一步加强对全县法治政府建设工作的统筹安排，切实增强全县各级干部参与法治政府建设工作的积极性。

【部署培训】 6月底，组织召开全县法治政府建设工作会议，全面总结2017年法治政府建设工作，安排部署2018年度法治政府建设工作。健全完善政府党组会议学法制度、法制专题讲座和集中培训制度。政府党组会每季度安排1次集中学法活动，上半年举办1次政府系统领导干部法制专题知识集中培训；学习国务院办公厅《关于加强行政规范性文件制定和监督管理工作的通知》精神。

【“八张清单”标准化建设】 按照自治区审改办《关于开展行政审批制度改革“八张清单”标准化体系建设工作的通知》和市审改办对行政审批制度改革“基础清单”标准化工作的要求，依据自治区编办发布的《旗县级权力事项通用清单》，商都县召开行政审批制度改革“基础清单”标准化工作部署会，县审改办及时印发《关于开展行政审批制度改革“基础清单”标准化工作的通知》文件。全县涉及25个单位，将各单位梳理完毕的行政权力事项清单报送县法制办审查合法性。

【简政放权】 按照上级关于简政放权的要求，不断精简行政审批事项，规范审批环节，压缩审批时限，优化审批服务。印发《商都县关于在市场体系中建立公平竞争审查制度的实施意见》，确保全县各类市场主体平等使用生产要素、公平参与市场竞争、同等受到法律保护，进一步激发市场活力，提高资源配置效率，营造出有利于大众创业、万众创新的市场环境。

【商事制度改革】 商都县把商事制度改革作为政府简政放权的“突破口”，2017年6月，在“五证合一、一照一码”的基础上颁发“多证合一、一照一码”营业执照。截至2018年年底，全县共换发“多证合一”营业执照97户，新领100户。严格落实工商登记后置审批事项，解决“先照后证”后各部门监管无缝衔接问题。

【事中事后监管工作】 2018年，在简政放权的同时，以实施“双随机”（随机抽取检查对象、随机选派执法检查人员）为入口，梳理编制县级部门随机抽查事项清单。各部门积极与上级业务主管部门衔接“双随机”抽查事宜，完成“一单两库一细则”建设，并开展“双随机”抽查，加强抽查结果运用。对抽查发现的违法违规行为，纳入经营异常名录或严重违规违法名录，并将随机抽查结果纳入市场主体社会信用记录。截至年底，全县在自治区企业信用信息公示系统上报送行政许可信息5539条，行政处罚信息219条，随机抽查事项859条。

【政府服务改进优化】 2018年，商都县审批服务项目全部进驻政务大厅办理，做到应进必进，同时解决“名进实不进”和“体外循环”的问题。入驻49个部门、184项审批服务事项。截至年底，共办结各类行政审批服务事项128611件、办结率98.8%。积极探索“互联网+”政务服务。商都县行政审批项目线上审批系统已开发、建设完毕，具备“外网申报、内网审批”功能。全面拓展三级便民服务体系。商都县所辖的10个乡镇全部建成100平方米以上的便民服务中心，20个社区全部建成80平方米以上的便民服务站，劳动就业、社会保障、福利救助、计划生育、涉农补贴等惠民便民政策纳入基层服务机构办理。乡镇便民服务中心和社区便民服务站办公室设备齐全，视频动态监控系统都已启动运行，行政效能监察部门通过网络可以随时查看便民服务工作情况。

【行政执法】（1）执法公示制度。2017年，商都县印发《行政执法公示制度工作实施方案的通知》。文件明确公示主体、公示内容、公示方式及程序依据等，并进一步明确各环节的实施步骤，要求全县各行政执法单位按照方案的要求进行行政执法公示。由于公示平台还未进行统一规范，县政府门户网站通知公告栏共公示各类执法信息15条。（2）执法全过程记录制。2016年5月17日，商都县制订并印发《行政执法全过程记录制度》。明确执法人员要求通过文字、音像记录等方式对执法程序、调查取证、审查决定、送达执行、归档管理等行政执法整个过程进行全程记录；按照执法程序进一步统一执法文书，明确执法文书制作规范和要求，明确执法过程中现场拍照记录入卷规范、执法记录仪及其他录音录像设备录制的音像资料保管方式、记录入卷办法和要求。确保每件行政执法案件有记录、有案卷，保障执法全过程文字记录完整，执法文书规范，案卷完整齐全。（3）重大行政执法决定法制审核制。2017年，商都县制定《重大执法决定法制审核制度》，明确重大执法案件范围，审理程序、法制审核等要求，规定经法制审核存在超越职权、事实不清、证据不足、适用法律不正确、程序不合法、处罚不适当的案件一律不得作出处罚决定。截至2018年年底，全县未发生重大行政执法案件。（4）行政执法人员平时考制度。根据商都县2017年制定的《商都县行政执法人员平时考制度》，按照要求组织开展该项工作，该项工作正在规范完善当中，待考核方案进一步完善后，由县委组织部统一进行考核。

【社会矛盾纠纷依法化解】（1）认真做好行政复议工作。通过广播电视媒体，面向社会广泛宣传行政复议制度的特点和优势，使广大人民群众广泛知晓并运用行政复议这一法定救济渠道，以事实为依据，以法律为准绳，进行公平、公正、公开的执法和裁量，从执法的源头上，有效杜绝少数执法不公、错案现象的发生。截至年底，全县未接收到部门或者群众申请行政复议案件。（2）认真开展行政执法监督工作。根据工作安排，商都县通过集中检查和不定期检查相结合的方式对全县行政执法工作开展监督检查。截至年底，县法制办共开展执法监督检查工作2次，组织行政执法义务监督员开展执法监督检查1次。（3）严把规范性文件审查备案关。为切实加强对规范性文件的审核和监督，从源头上确保行政行为的合法性，商都县进一步明确政府规范性文件的范围、程序、要求，建立计划管理制度、“四审”（起草部门初审、法制办审查、政府审议审定、文件审签）制度、发布制度、备案制度、跟踪评估制度和清理制度。凡需政府法制办审查规范性文件，一律不得存在违法设定行政许可、行政处罚、行政强制措施和行政收费的情形，并按照要求及时向市政府法制办和县人大常委会法工委报送备案。各乡镇、各部门出台的规范性文件按要求及时上报备案，确保合法、有效。2018年，审核备案规范性文件3件。

（供稿 张树彬）

公 安

公安工作

【概 况】 2018年，商都县公安局在职民警172人，离退休民警87人（其中离休1人、退休86人），地方事业编制人员284人，聘用人员25人。全局专项编制191人。在职民警中，副处级干部3人，正科级干部30人（三级警长1人、四级警长1人），副科级干部79人（一级警员15人、一般干部40人）。全局大专以上学历374人。

公安局内设机构24个：政工监督室、纪检监察室、督查大队、指挥中心、警务保障室、情报中心、法制大队、国内安全保卫大队、治安管理大队、刑事犯罪侦查大队、禁毒大队、特警大队、基层基础工作科、经济犯罪侦查大队、网络安全保卫大队、出入境管理大队、安保特勤大队、校园安全保卫大队、城管治安大队、看守所、行政拘留所、反恐侦查大队、食品药品资源环境犯罪侦查大队、信访办公室。派出所21个：东都派出所、中都派出所、西都派出所、西坊子派出所、小海子派出所、十八顷派出所、大黑沙土派出所、玻璃忽镜派出所、三面井派出所、卯都派出所、屯垦队派出所、大南坊派出所、大拉子派出所、三虎地派出所、西井子派出所、格化司台派出所、大库伦派出所、矿山派出所、工业园区派出所、广兴建材派出所、小海子治安检查站。

2018年，公安机关深入贯彻落实中共十九大精神，开始全面推进扫黑除恶专项斗争。全县公安机关坚持以习近平新时代中国特色社会主义思想为指导，围绕“五抓五提升”（狠抓忠诚铸警，不断提升政治鉴别力；狠抓素质强警，不断提升工作执行力；狠抓科学用警，不断提升履职内生力；狠抓从严治警，不断提升制度约束力；狠抓从优待警，不断提升队伍向心力）的总目标，打开路、巩固基础、力求创新、确保稳定，有力地维护全县经济发展、社会稳定和民生和谐，在维稳处突、打击整治、治安掌控、规范执法、队伍管理五个方面取得显著成效。

【维稳处突】 立足网上、网下两个战场，全方位收集上报各类情报信息。开展火车站安全联勤防范工作，围绕重点车次执行摸排、站外广场武装巡逻 740 趟次，盘查旅客 3600 余人次，管控有关人员 2 人，确保不漏管、不失控。

【打击整治】 2018 年，全县刑事案件共立案 519 起，同比上升 28%，破案 183 起，同比上升 48%，破案率 35%，同比上升 16%；其中破获八类案件 11 起，同比下降 18%，破“盗抢骗”侵财产案件 99 起，同比上升 22%；抓获刑事作案成员 79 人，同比上升 16%，提请批准逮捕 49 人，同比上升 2%，移送审查起诉 75 人，同比下降 22%。共查处治安案件 565 起，同比下降 33%，行政拘留 266 人，同比下降 36%。破获涉恶类刑事案件 13 起，惩治涉恶类集团 1 个，打掉涉恶类团伙 4 个，破涉恶类个案 6 起，抓获犯罪嫌疑人 38 人。“治爆缉枪”专项行动查处非法使用危险物质案件 2 起，行政拘留 10 人。查处危险物品肇事案件 1 起，临控 1 人。收缴火药枪 5 支、军用子弹 992 发、非制式炸药 53.5 公斤、非制式雷管 13 枚。重拳整治涉黄涉赌违法犯罪行为，办理涉黄行政案件 4 起，行政拘留 5 人，罚款 1.9 万元；办理涉赌行政案件 20 起，行政拘留并处罚款 35 人，罚款 9.87 万元。全县开展“查踪、控源、除患”禁毒专项行动，破获涉毒刑事案件 9 起，抓获犯罪嫌疑人 11 人，移送审查起诉 7 起 9 人，提请批准逮捕 8 人，取保候审 2 人，缴获毒品冰毒 0.6 克、盐酸哌替啶 45.5 克。查处涉毒行政案件 64 起，行政拘留 72 人，强制隔离戒毒 29 人，社区戒毒、康复 18 人。

【治安治理】 2018 年，建成 22 处卡口监控、18 个电子警察、18 处红绿灯抓拍，购置 2 台重型云台摄像机、4 台鹰眼摄像机，形成 662 个治安监控探头的“平安城市”视频监控系统，基本实现全县城区监控全覆盖、无死角。查处各类交通违法行为 10.14 万起；办理刑事案件 40 起，其中交通肇事案件 14 起，危险驾驶案件 26 起，刑事拘留 10 人，逮捕 8 人；办理行政案件 696 起，其中查处无证驾驶 350 起，涉牌涉证 15 起，酒后驾驶 250 起，吸毒驾驶 4 起，其他违法行为 77 起，行政拘留 380 人。检查消防重点单位 2288 家次，发现隐患 2259 处，排除隐患 4287 家处，责令“三停”整改 29 家，临时查封 30 家。

【规范执法】 2018 年，深入开展规范执法“大反思、大整改”活动，梳理出五大类 43 个执法突出问题，办案单位对照执法突出问题清单，查找解决问题的方法，对存在的问题进行整改。由熟悉平台办案流程、办案经验丰富的民警编写《行政案件平台流程指引及常用文书制作》和《刑事案件平台流程指引及常用文书制作》，供民警在办案过程中参考、学习。建设高标准案管中心，网上监督受、立案信息 607 起，提出整改意见 590 条。深入推进执法公开，网上考评各类刑事、行政案件 602 起，通报网上案件考评情况 22 次，案卷评查 334 卷，提出整改意见 1405 条。在网上及全局例会进行案件办理执法公开通报 50 次，执法公开整改通报 27 次，案件公开率达到 100%。

【队伍管理】 2018 年，通过开展“大学习、大提升”活动和“党建质量提升年”工作，全力抓好“三会一课”、主题党日活动和民主生活会，教育引导民警牢固树立“四个意识”特别是核心意识、看齐意识，努力解决思想认识问题。积极开展“三校一拜”（微警校、业余警校、网上警校、拜师学艺）活动，微警校、业余警校、网上警校累计学习培训 73 次，受教人数 5133 人次，全局拜师学艺 186 对师徒结对，努力从根源上解决人才匮乏问题和“本领恐慌”。

【大要案件侦破】 案件一：2018年2月9日10时50分，商都县七台镇居民薛某某到商都县公安局刑警大队报案称：2017年3月25日，其被一位名叫刘某某的人以办理低保为名诈骗，该人共诈骗70余人，合计37.5万元。接报后，局领导高度重视，立即召开紧急会议，并成立专案组，开展侦破工作。2018年3月19日10时许，在商都县七台镇隆盛社区将犯罪嫌疑人刘某某抓获，经审讯，犯罪嫌疑人刘某某对犯罪事实供认不讳。

案件二：2018年1月15日11时许，商都县公安局刑警大队接到110指令称：邬某在商都县十八顷镇胡家村将本村的哑巴打死。接报后，局领导高度重视，迅速组织侦技人员赶到现场，及时开展现场访问和现场勘验工作。

经查，犯罪嫌疑人邬某（男，47周岁，商都县十八顷镇胡家村人）与被害人邬某（男，64周岁，商都县十八顷镇胡家村人）平日就有矛盾，15日上午，两人在街上相遇后发生争执，并互殴，导致被害人邬某颅骨骨折、蛛网膜下腔出血，当场晕死。18时许，被害人因伤势过重抢救无效死亡。经审讯，邬某对故意伤害他人性命的违法犯罪行为供认不讳。

【重要事件】 1月10日，商都县公安局根据市局统一安排，积极行动，精心部署“110宣传日”宣传活动。在繁华闹市、人流量密集的农行大楼前开展以“110守护新时代的美好生活”为主题的集中宣传活动。副县长、公安局局长王晓东，副政委霍高俊、副局长景秀平全程参加宣传活动，并现场为群众发放宣传资料、解答疑难问题。县局指挥中心、特警大队、食药大队、国安大队、交警大队和铁路派出所等相关部门结合本部门的实际参与宣传活动。

3月9日，商都县公安局召开全县公安工作会议，副县长、公安局党委书记、局长王晓东出席会议并回顾总结2017年公安工作，全面部署2018年全县公安工作任务。县委常委、政法委书记荆喜，县人大常委会副主任李生智，县政协副主席任笑春，局党委全体成员、全体民警，交警、消防、武警、森林公安、铁路公安等单位的负责人，以及新闻媒体的记者参加会议。会议由公安局党委副书记、政委闫佩主持。

3月8日，自治区公安厅副巡视员梁临年一行深入商都县调研扶贫工作，督导检查全国两会安保工作。

4月18日，为积极响应县委、县政府植树造林的号召，增强全民建设生态和造林绿化意识，巩固树立绿色发展理念，商都县公安局按照县委、县政府的统一安排部署，抽调民警200余人在县植树造林统一规划点中心林场参加义务植树活动。

4月27日，为深入宣传扫黑除恶专项斗争，扩大专项斗争影响，进一步增强扫黑除恶的舆论氛围。由商都县委政法委牵头，在祥和广场开展以“不忘初心、牢记使命”为主题的全县综治扫黑除恶集中宣传活动。县委常委、政法委书记荆喜，副县长、公安局党委书记、局长王晓东，局党委委员、副局长逯志远，及法院、检察院、安监局、质检局等有关部门领导出席宣传活动，宣传活动由县人大常委会副主任李生智主持。

5月7日，商都县公安局党委在三楼会议室召开党委中心组学习会，集中学习中共中央总书记习近平在纪念马克思200周年诞辰大会上的重要讲话，重温《共产党宣言》。副县长、公安局党委书记、局长王晓东主持会议并讲话，全体党委成员参加学习会。

7月8—9日，为深入推进公安机关扫黑除恶专项斗争，乌兰察布市副市长、市公安局党委书记、局长、市公安局扫黑除恶领导小组组长洪赪颙一行深入商都县公安局各派出所调研指导基层基础工作，副县长、公安局党委书记、局长、县公安局扫黑除恶领导小组组长王晓东，局党委副书记、政委闫佩，党委委员、副政委霍高俊，副局长景秀平陪同调研检查。

9月2日，自治区副主席、公安厅厅长杨伟东深入商都县公安局特警大队督导检查工作。副市长、公安局局长洪赪颢，公安厅办公室主任孙海涛等陪同检查。

11月1日，以“无毒青春、健康生活”为主题的第二届全市青少年禁毒知识竞赛在乌兰察布市民族艺术学校大礼堂拉开序幕，商都县参赛队员精心备战，历经两天的初赛、决赛，在全市各旗县市（区）12支代表队中获得第一。

11月8日，为进一步贯彻国家移民管理局及公安厅出入境提升出入境服务效能，深入推进“放管服”改革，更好地服务群众，方便群众随时自助办理港澳台通行证签注业务，商都县公安局出入境窗口港澳台自助签注机正式启用。

12月17日，商都县公安局利用“业余警校”专题组织学习杨雪峰先进事迹。会议由局党委副书记、政委闫佩主持，局党委成员、各科（所、队）负责人及局直（所、队）全体民警参加会议。

12月24日，为进一步贯彻落实中共中央总书记习近平关于推动全面从严治党向纵深延伸系列指示精神，贯彻落实中央和国家机关警示教育大会和全区、全市公安局关党风廉政建设会议精神，结合公安厅党委在全区公安机关开展“警示教育月”活动部署工作和正在开展的扫黑除恶专项斗争，商都县公安局召开“警示教育月”活动动员部署会，局党委副书记、政委闫佩主持会议，局党委班子成员和全体民警、辅警参加。

12月27日，为了进一步加强《反恐怖主义法》的宣传和贯彻实施，严格落实《反恐怖主义法》宣传“七进”（进校园、进村寨、进社区、进机关、进企业、进军营、进宗教场所）要求，在《反恐怖主义法》实施三周年之际，商都县公安局以“筑牢祖国北疆安全稳定屏障，实现人人能识恐、人人会防恐、人人参与反恐的目标”为主题组织开展反恐怖宣传活动。局党委副书记、政委闫佩，局党委委员、副局长郭震出席，特警大队、火车站派出所及城镇三所共50名民警参加活动。

【荣　誉】 集体荣誉。

商都县公安特警大队被评为全区公安系统优秀公安基层单位。

商都县公安局团总支被评为内蒙古自治区“五四”红旗团支部。

商都县公安局获2017年度全区公安宣传工作优秀新闻作品电视类三等奖。

商都县公安局被评为内蒙古公安系统基层公安文化工作示范点。

商都县公安局被评为2018年度全市扫黑除恶专项斗争实绩突出集体。

商都县公安局特警大队立全市集体三等功。

商都县公安局拘留所立全市集体三等功。

商都县公安局东都派出所受全市集体嘉奖。

商都县公安局刑警大队受全市集体嘉奖。

商都县公安局食品药品资源环境犯罪侦查大队受全市集体嘉奖。

商都县公安局看守所受全市集体嘉奖。

中共商都县公安局委员会被评为全县先进基层党委。

商都县公安局拘留所党支部被评为全县先进基层党支部。

个人荣誉。

（1）获公安部部属部门、自治区公安厅等自治区有关部门、市委、市政府表彰的先进个人：索占坡、刘龙军立个人二等功。

（2）获自治区公安厅厅直各部门、市直有关单位表彰奖励的先进个人：安元申、陈伟、侯宝君、张彦立个人三等功；黄志萍、乔国兵、姚少东、赵怡静、朱利辉、乔永生、于英受个人嘉奖；孙存伟被评为三级警务辅助先进个人。

（3）获县委、县政府、县直有关单位表彰奖励的先进个人：姚少东、胡俊被评为先进帮扶责任人；高立被评为优秀党务工作者；母庆国、范曾被评为优秀共产党员；姚少东、张占粉被评为优秀通讯员。

（供稿 傅雅然）

交管工作

【概 况】 商都县交通管理大队共设公路巡逻中队3个（三面井中队、小海子中队、屯垦队中队）、城镇中队1个、事故中队1个、车管所1个、法制宣传中队1个、综合办公室1个。大队实有警力79人（其中正式干警15人、警务辅助人员64人），平均年龄44周岁。

2018年，商都县交通管理大队以中共中央总书记习近平“十六字”（对党忠诚、服务人民、执法公正、纪律严明）总要求为引领，统一全警思想，凝聚全警共识，聚全警之力，凝全警之智，不断回应人民群众新期待，不断提升向党和人民交付答卷的质量，不断推动辖区道路交通管理工作和队伍建设双促进、共发展。

【队伍建设】 政治建警、提升素质，以“最强信念”铸牢队伍对党忠诚的政治灵魂是大队党支部始终的坚持。种好党建工作“责任田”。牢固树立党建工作统领一切工作的思想，坚持“抓党建、提素质、促队建、创一流”从严治党不放松。大队党支部深入开展“两学一做”、“党的建设质量提升年”、“领导干部素质提升”、“三化一高”（规范化、智能化、精细化、高质量）、“转作风、优服务、促发展”等学习教育活动。软件建设不手软，党建工作软件实做。制作中央八项规定、公安部三项纪律、《中国共产党廉洁自律准则》、“十六字”总要求等规章制度图表，悬挂在办公大楼走廊两侧，做到警示教育天天面对面，警钟在心间的无声教育常态化；先后组织党建工作专职民警深入辖区社区，到中旗、后旗、考试大队参观学习，大队支部党建档案进一步得到充实和完善；开展“三会一课”“大讲堂”党的政治理论教育学习和“不忘初心，牢记使命”“重温党史”专题教育活动。制作《信仰铸警魂，担当保畅通》和《激发潜能，提升素质》专题片。

【安保工作】 精准施策、精准管控、精准打击、同步发力，坚持日常管理与精准整治相结合。大队围绕主管部门专项行动工作部署，完成“保春运”“百日会战”“亮剑砺剑”“两会”“中非论坛”“十四运”“北戴河”等系列专项行动安保任务；加强春节、元宵节、清明、“五一”、高考、中秋、国庆的疏堵保畅安保工作；启用“黎明行动”“夜间巡查”“两站两员”等模式，对城区道路堵点、乱点、学校周边秩序、电动车乱象，农村农用车、面包车非法超员超载等违法行为，严防、严查、死守、严打不手软，重拳出击，确保辖区城乡道路交通安全形势持续稳定、向前向好。全年共现场查处各类交通违法行为10.14万起，非现场查处5.47万起，缉查布控成功拦截318起，共办理行政案件696起。其中，无证驾驶350起、酒后驾驶机动车250起、涉牌涉证15起、无保险36起、吸毒驾驶4起、其他违法行为41起。行政拘留380人。采集指纹756条、DNA 775人。

【合成共治、源头预防】 2018年，大队积极发挥道交小组职能作用，推动交通管理工作纳入政府工程，着力推动政府主导、部门共管、全民共治、源头防治机制。开展行之有效的道路交通管理集中隐患排查、集中整治行动，常态化开展事故多发路段、公路危险点段的滚动排查集中行动，实现“动态排查、定期复查、减少存量、不增数量”的目标。全年大队接处警1623起，当场处理交通事故571起，发生逃逸案件11起，破获11起，破案率达到100%。人民调解委员会调解案件245起，“12123”互联网系统处理交通事故147起。

【惠民便民服务】 “放管服”改革见实效。车管所服务以人民为中心，以人民的新期待、新需求为抓手，全力推进车管所科技应用，不断推出更多接地气、惠民生的新政策、新举措，开展摩托车上门办证服务、车管所服务窗口延伸至小海子、屯垦队中队；城区车管所购置自动照相机、自助业务机、自助选号机，构建查验区、查验室等新兴服务场所，实现“网上办”“一次办”“就近办”一窗式服务模式，回应群众的幸福感、满意度。全年共办理机动车业务6718笔。其中，注册小型机动车1218笔、注册摩托车38笔、注销黄标车辆506笔、检验机动车4021笔、其他业务1752笔；办理驾驶人业务5034笔。其中，驾驶证补换证3713笔、驾驶人审验1014笔、驾驶证注销38笔，满分学习173笔、其他驾驶人业务82笔；办理互联网面签2021人、互联网选号940笔。发送重点车辆及驾驶人隐患清零告知短信2980条，发送临近车辆检验、驾驶证临近期满换证告知短信共4.96万条。

【宣传模式创新】 积极创新宣传载体，开拓宣传渠道，牢牢守住宣传主阵地。组织宣传小分队、搭司法宣传车、乌兰牧骑演出舞台，开展“七进”宣传活动，进农村45次，进社区19次，进企业39家，进机关15次，进学校58次，进家庭21次，进公共场所36次；集中客货运、外卖等企业驾驶人员培训29次。精心宣传策划，创造有思想、有温度、接地气的宣传精品。年内，在全国主流媒体发表稿件177篇。其中，国家级媒体5篇、自治区级媒体71篇、市级媒体61篇、县级媒体40篇。3月，大队列入全国政务直播排行榜第七名；8月，列入全国政务直播排行榜第九名；在全市一、二季度交通安全宣传考核中，排名均为第一。

【重要事件】 2018年，商都县交通管理大队“干部素质提升行动”考核办法、细则、措施、学习计划在全市交管系统活动中率先出台。

大队针对季度转换变“黎明行动”为“夜间巡查”行动。

大队搭县司法宣传车、乌兰牧骑“百村千场”下乡惠民演出舞台，开展交通安全知识宣传，延伸宣传触角。分别在客运汽车站、运输公司、华惠公交公司建立“商都县交通安全宣传群”，增强道路交通监管力度，提升交通安全宣传的时效性，拓展交通安全宣传的深度与广度。

大队与友邻旗（县）及辖区特警、禁毒等警种建立S105、S314“百日整治”期间的“联勤联动”常态化机制，有效推进相邻路段结合处安全管控与整治工作。

积极推动保险公司理赔员与交警、辅警共同上路巡查，快速处置财产损失交通事故。为8家保险公司共12名理赔员、54名路勤人员授权“12123”事故快处系统辅警版，与辖区县医院、县中医院、13家保险公司、派出所、路政、司法所等部门联合组建“快处快赔”机制，为事故处理提供方便，受百姓点赞。年内，快速支付医疗费3笔。

在小海子和屯垦队中队设立农村交管服务站，延伸农村交管服务。城镇车管所增设1台自助照相机、2台自助业务机、1台自助选号机，开展24小时不间断服务，并构建车辆查验区和查验室。

抽调各科室民警开展“护学岗”活动，坚持常态化。

【荣　誉】 2018年，县交通管理大队被评为全市交管系统“实绩突出单位”。

2018年，被市支队评为道路交通安全宣传“先进集体”。

2018年，被市支队评为“双百专项整治”第二名。

商都县交通管理大队党支部被市公安局党委评为“优秀基层党组织”。

车管所被自治区公安厅交通管理局评为“一等车管所”。

车管所被县妇联评为“三八红旗先进集体”。

（供稿　李少辉）

消防工作

【概 况】 商都县消防大队下设2个消防中队。大队共有官兵23人，其中干部8人、战士15人。有执勤消防车8台（水罐、泡沫消防车4台，城市主战车1台，抢险救援车1台，25吨重型水罐消防车1台，登高平台车1台），总载水量57吨，载泡沫量2吨。

2018年，消防大队按照全年重点工作任务的安排，对照“两个责任状”的目标，围绕部队改革新形势和新要求，扎实推进各项工作。

【队伍管理】 队伍安全形势稳定。2018年，是消防队伍历史上的关键之年，面对部队体制改革的新形势，大队党委高度重视队伍的“两个稳定”建设，关键时期采取关键措施，通过紧盯重点人、重点事，认真查摆内部隐患，一旦发现苗头，及时予以化解，决不允许苗头有扩大的趋势，通过全体指战员的共同努力，队伍思想平稳，秩序正规，顺利完成改革任务，未发生任何安全事故。实战练兵扎实推进。大队严格按照冬、夏练兵方案，开展体技能训练，强化实战演练，完善数字化预案，不断提高指战员实战能力。年内，代表支队迎接总队冬训考核，对所有重点单位逐一开展一次灭火实战演练，且重点单位数字化预案制订率达100%。完成各类重大安保活动和灭火救援作战任务。2018年，大队共接警129起，出动129次，出动消防车260辆次，消防员903人次，疏散人员47人，抢救财产价值200余万元，比2017年接警起数上升34.38%。

【政治教育工作】 加强党（团）组织建设。充分发挥党（团）组织的战斗堡垒和先锋模范作用，加强班子建设，提高班子成员的政治觉悟，带动全体指战员牢固树立“四个意识”，坚定“四个自信”，并将爱党、忧党、兴党、护党落实到工作中。深入开展改革教育学习活动。大队开展中共十九大精神学习与消防体制改革教育活动30余次；按计划、按要求落实集中教育整训工作，及时开展谈心谈话，为改革的顺利进行奠定扎实的基础。强化警营文化建设。落实“从优待警”政策，资助2名困难战士家属，合理安排所有士官轮休，完成娱乐室的装修改造，拍摄消防题材微电影《闪耀》。

【后勤保障工作】 保持良好的经费保障。2018年，在政府财政极其困难的情况下，大队积极协调各方关系，争取预算经费200万元。加强训练设施建设。二中队新建成室外塑胶训练跑道和足球场，同时新建一座训练塔和真烟真火模拟训练室，进一步完善训练的场地和设备。夯实战勤保障基础。大队全年共采购价值62万余元的个人防护装备和灭火救援器材，城市主战消防车配发到位，队伍战保能力再上新台阶。

【防火监督工作】 强化政府部门责任落实。多次推动政府通过各种形式召开会议，安排部署消防工作，推动有关部门落实责任。县领导多次带队，各职能部门参与，对全县各类场所开展联合检查20余次。提高监督执法水平。2018年，共检查单位2788次，下发责令改正通知书2659份，督促整改火灾隐患或违法行为5287处，下发行政处罚决定书65份，下发临时查封决定书30份，责令“三停”单位29家，罚款42万元。执法数据与同期对比稳中有升，执法质量继续稳步提高，无行政复议变更或者撤销案件，无行政诉讼败诉案件，无国家赔偿案件。深化“放管服”改革。按照要求，大队在县政府服务中心设置受理窗口，及时组织各类单位召开座谈会，就“放管服”政策进行宣讲，自改革工作开始以后，共受理各类建设工程项目12个。完善基层基础建设。由县委组织部、七台镇牵头，为社区招录安排130余名网格员，经过培训，分片负责消防安全，共发现各类火灾隐患400余处，张贴电动车火灾防范通告2000余张；进一步规范派出所消防监督工作，开展帮扶指导，统一消防工作档案，逐步推进派出所达标建设；2018 年，全县共新建消防水鹤 4 个、消火栓 2 个，并对已建成的消火栓进行维修保养，完成消防水源建设任务。加强宣传培训。大队对城区和集商公路上的 3 块大型宣传图板进行更新，官微每日更新消防知识，先后 5 次组织各类人员进行集中培训，重点学习《消防安全责任制实施办法》，全县大型人员密集场所全部张贴消防安全“三提示”图板，县消防科普教育馆已建成，并定期开放。

【重要事件】 2018 年 10 月 9 日，按照《深化党和国家机构改革方案》，公安消防部队不再列入武警部队序列，全部退出现役，大队集体转制为行政编制。

【荣 誉】 2018 年，商都县公安消防中队被内蒙古自治区公安消防总队评为 2018 年内蒙古自治区先进中队。

（供稿 李勇强）

检 察

【概 况】 商都县人民检察院有内设机构 11 个，派出机构 4 个。内设机构分别是办公室，政工科，侦查监督科，公诉科，监所检察科，控告申诉检察科，民事行政检察科，检察技术科，法律政策研究室，案件管理办公室，法警大队。派出机构分别是小海子检察室，屯垦队检察室，玻璃忽镜检察室，卯都检察室。全院核定编制数 40 人，其中行政编制 34 人、事业编制 6 人；实有人数 39 人，其中行政编制 34 人、事业编制 5 人。

2018 年，县人民检察院围绕全县工作大局，深入实践“强化法律监督，维护公平正义”的工作主题，努力为全县经济社会发展营造和谐稳定的社会环境和良好的法治环境。

【刑事案件办理】 充分履行批捕、起诉职责，全面贯彻宽严相济刑事政策，依法严厉惩治刑事犯罪。2018 年，共受理公安机关提请批准逮捕案件 54 件 77 人，其中涉恶案件 6 件 14 人，经审查，批准逮捕 54 人（其中追捕 1 人、涉恶案件 2 件 2 人），对涉嫌犯罪但无逮捕必要的，依法决定不批准逮捕 18 人；办理立案监督 3 件（应立案不立案 2 件、不应立案而立案 1 件），侦查活动监督案件 2 件，均于法定时限内办结；向公安机关发出《逮捕案件继续侦查取证意见书》38 份和《纠正违法通知书》2 份，均得到及时回复与整改；适时提前介入公安机关刑事案件，参与讨论重大、疑难复杂案件 10 件次，依法引导公安机关做好证据收集、固定工作，减少和杜绝违法取证现象的发生。受理移送审查起诉的各类刑事案件 100 件 132 人，其中 3 件 4 人为未成年人犯罪案件，1 件 1 人为强制医疗案件，其中向法院提起公诉 93 件 120 人（涉恶案件 2 件 2 人），正在审查起诉 5 件 10 人，退回补充侦查 0 件，报送市人民检察院 2 件 2 人。为认真贯彻落实中共十九大精神和中共中央总书记习近平重要指示，深入开展扫黑除恶专项斗争，切实履行检察机关职责，3 月 12 日，经院党组研究决定，制订《商都县人民检察院扫黑除恶专项斗争实施方案》，成立商都县人民检察院扫黑除恶专项斗争领导小组，由检察长担任组长、各副检察长担任副组长、各部门负责人组成成员，领导小组办公室设在侦查监督科。为贯彻落实自治区院召开的全区检察机关深入推进扫黑除恶专项斗争电视电话会议精神，10 月 19 日，检察院积极召开扫黑除恶专项斗争工作推进会，进一步部署安排扫黑除恶专项斗争工作，设立扫黑除恶专项斗争举报箱，在“两微一端”、门户网站等信息平台上多次公布“12309”举报电话，在车辆密集、主要街道和各乡镇悬挂扫黑除恶标语，并在《新商都》报刊登扫黑除恶通告，积极鼓励群众举报黑恶势力犯罪线索。综合运用刑事和解、检调对接等手段，全力化解社会矛盾，构建法律文书说理机制，对案件加强释法说理。深化未成年人权益保护，落实涉罪未成年人帮教、矫正和监管工作。按照上级院统一安排部署，开展法治进校园活动，进行法治进校园宣讲活动2场次，受教育人数达800余人；开展以“关爱祖国未来，擦亮未检品牌”为主题的“检察开放日”活动，在未成年人教育、引导上起到促进作用。

【诉讼监督】 坚持惩治犯罪与保障人权并重，坚持实体公正与程序公正，将日常监督和专项监督相结合，保持监督韧劲。控告申诉检察积极排查化解社会矛盾，稳妥处理各种来信来访。监所检察进一步强化刑罚执行和监管活动的监督，共办理羁押必要性审查案件4件，发出变更强制措施建议3份，办案机关已采纳，已变更强制措施3人；深化社区矫正监督，提请收监执行审查案件1件，意见被采纳，收监1人；对监管机关执法活动和社区矫正工作中存在的问题发出检察建议共计9份，全部得到及时回复与整改。民事行政检察不断强化民事和行政诉讼监督，办理公益诉讼案件15件，发出诉前检察建议书12份，行政单位均作出书面回复并得到相应整改，终止审查3件。办理督促行政机关履行职责案件3件，发出检察建议书3份，行政单位均作出书面回复并得到相应整改。办理对民事执行活动监督案件9件，发出检察建议书12份，均收到回复。

【信息工作】 2018年，院党组大力支持、全院干警共同努力，综合行政、信息调研及检务保障等方面的工作取得阶段性成果，为全院检察工作的顺利开展奠定坚实基础。截至年底，共发表微博3164条，转载微博2085条、微信1036期，转载检察信息768条，门户网站更新检察信息57期，转载检察信息56期，检察内网网站更新检察信息238期，向上级院转发检察信息90期。

【队伍建设】（1）切实加强思想政治建设。严格按照县委和上级人民检察院的要求，扎实开展“两学一做”学习教育、“忠诚、干净、担当”为主题整顿建设专项行动和检察机关开展的精细化管理活动等，认真学习贯彻中共十九大以及中共中央总书记习近平系列重要讲话精神，通过集体观看视频资料，深入学习各大会议精神，学做结合，全体干警党性觉悟进一步提高，政治意识、大局意识进一步增强。（2）切实加强领导班子建设。坚持民主集中制和批评与自我批评，通过各种形式广泛征求意见和建议，不断加强和改进法律监督工作。坚持每月一次党组中心组学习，健全领导干部廉政档案。班子成员遵循集体领导和个人分工相结合的原则，能够真诚相待，开诚布公，相互支持，密切协作，尽心尽职地履行职责。（3）切实提高干警能力素质。加快高层次、复合型人才的培养，加大教育培训和岗位练兵力度，搭建“传、帮、带、练”人才培育模式，落实实训练兵、业务竞赛等人才培养举措。鼓励支持干警积极参加业务培训，尤其是上级院组织的各类培训，指定专人参加。积极鼓励干警参加司法考试、岗位培训、技能比赛等，从时间和物质上给予支持。（4）进一步强化机关党建工作。形成以机关党支部为中心，党务干部为骨干，党务工作为支点的新的党建工作格局；扎实开展每月一次的丰富多彩、多种形式的主题党日活动。

【精准扶贫】 2018年，围绕县委精准扶贫攻坚战略，选派干警5人担任扶贫村党支部第一书记和驻村工作队队长，干警37人担任“一对一”帮扶责任人，认真梳理每个贫困户的致贫原因，制订切实可行的帮扶方案，真正做到“一户一策”精准扶贫。竭尽所能为扶贫对象提供帮助，为帮助他们早日脱贫尽心尽力尽责。

【信息化建设】 进一步强化科技手段在执法办案、队伍建设中的应用。打造设施先进，功能齐全的现代化“检委会会议系统”。推进网上统一业务系统的应用，严格规范网上办案流程操作。推进检务公开信息化建设，建立检察门户网站、检察“两微一端”平台，为人民群众及时准确提供检察信息。通过延伸案件信息公开工作，拓展检务公开内容，完善检务公开形式。2018年，共导出案件程序性信息235件，发布重要案件信息7条，公开法律文书98份；接待辩护人13人次；共制作电子卷宗100卷。

【“检察开放日”活动】 2018年，坚持党对检察工作的领导，适时向县委汇报检察工作重大部署、重大案件和重要情况，取得领导和支持，确保中国共产党的路线方针政策在检察工作中不折不扣地贯彻执行。认真落实监督法，自觉接受人大及其常委会的法律监督和政协的民主监督，及时通报检察工作情况。不断加强与人大代表、政协委员的联系，截至年底，共开展代表委员联络活动12次，开展以“关爱祖国未来，擦亮未检品牌”“走近12309，检察为民新体验”等为主题的“检察开放日”活动，邀请人大代表、政协委员、新闻媒体、教育部门代表、学校教师、学生代表和其他社会各界人士视察检察工作，进行座谈并征求意见和建议，促进与人大代表、政协委员的沟通，深化检察宣传工作，增强检察工作的透明度、公正性和亲和力，对检察工作的监督更加具体。

【党风廉政建设】 司法体制改革以后，参照上级院制订的绩效考核实施细则，专门制订《绩效考核实施细则》，制订落实“两个责任”实施办法。院党组定期召开党风廉政建设专题会议，研究部署党风廉政建设工作，不断强化党风廉政建设主体责任和监督责任。纪检监察部门在工作中不断总结和探索，健全常抓不懈的廉政教育机制，真正用铁的纪律规范好检察人员的各种行为。通过邀请县党校教师讲授党课、领导班子成员轮流讲党课、开展各类党纪党规学习教育活动等，努力营造风清气正、干事创业的良好氛围。推进信息化建设，加强队伍管理，构建案管抓业务、纪检抓作风、办公室抓行政、政工抓队伍“四位一体”督查体系，继续保持干警零违纪、案件零差错。

【重要事件】 1月24日，乌兰察布市人民检察院工作组到商都县人民检察院对全年工作进行实地考评。

3月19日，自治区检察院专题调研组专委李建平率第十小组一行4人到商都县人民检察院调研。市人民检察院副检察长王永新及技术处、计财局负责人陪同。

4月9日，乌兰察布市人民检察院党组书记、检察长郭志贞一行3人到商都县人民检察院调研。

5月22日，市人民检察院副检察长、党组工作组长朱宏侠一行7人，对商都县人民检察院重点工作落实情况进行督察指导。

5月30日，商都县人民检察院积极开展以“关爱祖国未来，擦亮未检品牌”为主题的“检察开放日”活动。

6月27日，商都县人民检察院副检察长师占军带领6名干警组成普法宣传小组，深入商都县十八顷镇小庙子嘎查开展蒙文普法丛书送基层活动。

7月3日，乌兰察布市扫黑除恶第四巡察组一行4人到商都县人民检察院巡察扫黑除恶专项斗争工作进展情况。

10月26日，市人民检察院扫黑除恶专项斗争巡察组组长、副检察长马世和一行深入商都县人民检察院，对扫黑除恶专项斗争工作进行督导检查。

11月16日，商都县人民检察院邀请自治区、市、县级人大代表、政协委员和人民监督员参加“走近‘12309’，检察为民新体验”活动。

12月4日，商都县人民检察院召开首届工会委员会选举大会，并成立工会组织。

【荣　誉】 侯彬立自治区检察院个人三等功；李宁宁被评为全县“脱贫攻坚先进党务工作者”。

（供稿　那仁图雅）

法　院

【概　况】 商都县人民法院设民事一庭、民事二庭、刑事庭、行政庭、执行局、法警大队、立案庭、玻璃忽镜法庭、屯垦队法庭、西坊子法庭、格化司台法庭、十八顷法庭、研究室、政工科、审管办、审监庭、办公室、监察科18个机构和机关事务管理中心1个。核定各类人员编制78人，聘用人员42人。

2018年，法院共受理各类案件1876件，审（执）结案件1643件，结案率87.58%，基本完成审判执行各项任务。

【刑事案件受理】 受理刑事案件96件，审结87件，给予刑事处罚109人。判处危害公共安全类犯罪38件38人，破坏社会主义市场经济类犯罪4件4人，侵犯公民人身权利类犯罪10件12人，侵犯财产类犯罪15件20人，妨害社会管理秩序类犯罪14件27人，贪污贿赂类犯罪3件5人，其他类案件3件3人，有力地惩治犯罪，维护社会安定。

【民商事案件受理】 受理各类民商事案件1219件，审结1097件，其中撤诉247件、调解337件、判决457件、其他方式结案56件，结案率89.99%，民事案件调撤率55%。审结的民商事案件中，婚姻家庭类案件328件、经济合同等类型案件589件、涉民生类案件180件。

【行政案件受理】 2018年，受理行政案件4件，通过调动各种有利因素，多方协调，全部撤诉。

【执行案件受理】 受理各类执行案件557件，执结455件，执行金额1150万元。法院加大执行力度，向“执行难”全面宣战。全区法院“基本解决执行难”决战决胜“三大歼灭战”开展以后，法院全力以赴，狠抓各项措施的具体落实，确保系列活动取得显著成效。2018年，有财产可供执行案件法定期限内实际执结率91.59%，终本合格率100%；2017年，终本合格率94.74%；2016年，终本合格率95.83%；3年案件整体执结率达到91.87%。未发生信访案件。采取司法拘留措施共18人，公布失信被执行人名单19人次，限制消费107起。

【巡回审判】 开展巡回审判，实现司法便民。由5个派出法庭、29个固定巡回审判点、2个社区联络点、2辆巡回审判车为载体，组成覆盖商都县全境的审判服务网络，开展巡回审判，全年巡回结案75件，有效地落实司法便民要求。

【大调解格局构建】 学习“枫桥经验”，与辖区律师事务所签订协议，在诉讼服务大厅设立律师工作室，免费为群众提供法律服务。由人民调解员对事实清楚、证据单一、争议不大、标的额较小的民事案件，在受理时征询当事人同意的情况下进行调解，2018年，共有200多件案件由人民调解员参与调解。在公安局、检察院、司法局等13个单位特邀调解员，人民法庭在村委会特邀调解员，在法官的帮助、指导下开展矛盾纠纷化解工作和法律、法规的宣传。

【普法宣传渠道】 深入贯彻“谁执法谁普法”理念，2018年，法院建起50平方米普法演播室，选择对群众有教育意义且适合公开的案例26件，组织专门力量整理编辑，制作成电视普法专题节目，命名为《法官讲法》，由干警解说，在商都电视台播出，截至年底共播出6期。通过生动的法治案例，以案释法，将普法宣传与法治实践有机结合，使案件审判、执行过程成为向群众弘扬法治精神的过程。这一做法在乌兰察布电视台《百姓关注》栏目中宣传播出。商都县人民法院有2个司法案例入选央视《法律讲堂》栏目。

【便民渠道】 推行网上立案、预约立案，充分利用电子邮箱、微信等平台送达、调解案件，方便当事人，节约司法资源，提高办案效率，用科技智慧便民利民，缓解“送达难”问题。2018年，通过微信送达5起、调解结案1起。

【精准扶贫】 多措并举，助力扶贫。将精准扶贫作为一项重要工作来抓，制订方案、明确目标、责任到人，法院帮扶玻璃忽镜乡3个行政村、13个自然村、196户困难群众。针对贫困户分析梳理其当前最急迫需要解决的现实困难，制定脱贫的具体措施，派出7人驻村工作，扎根贫困村。2018年，法院第三次为玻璃忽镜乡中心学校全体学生购置价值5000元的衣物、书籍。争取联络自治区高级人民法院，由北京海关、北京市红十字会募捐总价值108万元的衣物，11月7日，该批定向捐赠的扶贫物资发放到法院帮扶的玻璃忽镜乡3个村委会的贫困群众手中；为3个贫困村筹资6万元新建爱心超市。

【荣　誉】 集体荣誉：立案庭立2018年度集体三等功。

个人荣誉：魏继光被评为全区法院“办案标兵”；金磊获得全区司法警察竞赛第二名；孙广栋立2018年度个人三等功；孙涛被评为全县“巾帼建功标兵”。

（供稿　王学吾）

司法行政

【概　况】 商都县司法局下设8个股室、10个基层司法所，在职工作人员69人，核定专项编制44人，其中局长1人、副局长2人、科级领导13人（主任科员2人、副主任科员2人、副科级司法所长9人）。干警中，大学本科学历16人、专科学历52人。

【基层工作】 组织基层司法所及人民调解委员会集中开展矛盾纠纷隐患排查化解活动3次，重点就涉及土地、农民工工资、邻里纠纷等问题进行排查化解工作。2018年，累计排查并受理人民调解案件2016件，调解成功1998件，调解成功率99%。

2018年，在基层司法所建设方面，打造4个一级司法所、4个二级司法所、2个达标司法所，分别按照自治区的建设标准进行软硬件改造升级，基本建设完成，等待上级的统一验收，司法所建设的信息化、规范化、标准化迈上新台阶。继续组织参与全县信访维稳工作，在重点节假日和全国两会期间，组织信访维稳工作组和维稳工作队，分别到北京市、二连浩特市和七台镇重要交通检查点参与信访维稳工作。

【普法宣传】 2018年，深入开展“法律六进”（法律进机关、进乡村、进社区、进学校、进企业、进单位）活动。以发放宣传资料的形式进行法律宣传，分别向农牧民发放《农牧民法律知识读本》1万余册，向机关单位干部职工发放新修订的《中华人民共和国宪法》（以下简称《宪法》）1.5万余册，向全县公务员发放《公务员法律知识读本》2000余册；调整全县法治副校长，组织全县中小学法治教育授课活动。利用普法宣传车深入闹市、乡镇进行多次以春耕备耕和依法惩治违法犯罪等主题的法治知识的宣传。制订和下发国家机关“谁执法谁普法”的普法责任清单，督促各执法单位按照普法责任清单进行普法依法治理活动的开展，既有工作依据，又便于工作成绩考核。继续组织开展国家工作人员网络学法用法考试活动，全县行政事业单位工作人员6200余人进行实名网上在线学法和考试。建立全县普法依法治理微信群，便于发布普法通知和与各单位的普法依法工作专管员进行沟通和交流。继续完善法治文化阵地建设，修缮祥和广场的普法长廊；充实乡村法治文化图书室内容；联合县乌兰牧骑编排法治文化小戏并进行演出。

【社区矫正】 2018年，社区矫正工作依托各乡镇司法所和学习教育基地、公益劳动基地、劳动技能培训基地，对全县社区矫正对象进行严格的管理教育。全国两会期间，在七台镇司法所召开全县社区矫正对象警示教育大会，对全县在矫人员进行警示教育。各司法所每个月集中开展在矫人员公益劳动和警示教育一次，并集中学习新修订的《宪法》。5月，召开全县社区矫正工作联席会议，县委政法委、县人民法院、县人民检察院、县公安局、县司法局分管领导及各业务科室等负责人参加，会后进行全县在矫人员大摸底大排查活动，切实做到底数清、情况明，扎实推进在矫人员的教育管理工作，严防重新犯罪现象的发生。截至年底，累计接收社区服刑人员 78 人，顺利解除矫正 85 人，年底在册矫正对象 99 人。

【法律服务】 2018 年，按照《关于完善法律援助制度的实施意见》的相关要求，在县人民法院设立律师值班窗口，成立法律援助工作站，延伸法律援助的职能阵地，扩大法律援助面，更好地为广大人民群众提供免费的法律援助工作。把原来设在司法局业务用房的一楼的法律援助中心进行重新装修和布置，设立商都县公共法律服务中心，集中法律服务、人民调解等职能部门，更全面、更方便地为广大群众提供大量的法律援助工作，全年共代理法律援助案件 108 件，其中刑事案件 37 件、民事案件 18 件、非诉案件 53 件，代书 89 件，提供法律咨询 300 多人次。

加强对全县职业律师及律师事务所的管理，组织和申报律师事务所及律师的注册年检工作，商都县法律援助中心新注册援助律师 3 人，5 人达到援助律师条件。完成以刑事案件法律援助全覆盖，律师制度改革等司法行政改革目标。

2018 年 2 月，商都县公证处由行政体制变更为事业体制，经过进一步整改，8 月 1 日正式开始办理业务。改制后的公证处实现网上公证业务全覆盖，进一步简化公证业务手续、提高工作效率、加强服务监督；进一步转变服务方式，打开公证业务新局面。截至年底，累计办理民事类公证 119 件，业务收费 71570 元，其中为困难群众、残疾群众办理法律援助公证 23 件，减免公证收费 1 万余元。

【精准扶贫】 县司法局积极响应上级关于精准扶贫工作的各项具体部署，深入开展脱贫攻坚工作。把年轻优秀的干部充实到扶贫一线，共派出 2 个驻村工作队 4 名第一书记，局领导班子成员多次带队深入精准扶贫包扶点开展帮扶工作，与贫困户面对面交流，调研存在的困难和问题，宣传解读精准扶贫政策，完善扶贫档案，为贫困户制定生产计划，与贫困户交流感情，把党的关怀送到老百姓的心里。2018 年，累计为包扶村发放大米 400 袋、蔬菜 350 箱，为 3 个村的爱心超市捐款捐物价值 1 万余元。

【队伍建设】 坚持把党风廉政建设工作与司法行政工作结合起来，扎实开展“两学一做”教育制度化常态化，严格落实“两个责任”原则，以“党建质量提升年”活动为统领，全面抓好党风廉政建设和队伍建设工作。年初，局党支部召开专题会议，制订并下发《司法局 2018 年党风廉政建设和反腐败工作要点》，与各股室司法所签订《司法局 2018 年党风廉政建设和反腐败责任书》，把纪律、作风、反腐倡廉和队伍自身建设任务分解到各职能股室和司法所，并逐级签订责任书，层层压实责任，确保党风廉政建设主体责任落实。组织党员干部认真学习开展整治“党建质量提升年”建设方案，召开动员会，进行全面部署安排。以开展“两学一做”教育制度化常态化、召开主题党日活动、深化六大教育活动等方式，对全体干部的综合素质、廉政意识、政治意识进行教育提升。加强党员干部业务和政治学习活动，认真组织参加全国政法干警集中学习活动和自治区司法厅、市司法局组织的各类学习活动。组织党员干部认真学习新修订的《宪法》，分批派出各司法所所长到司法厅集中学习，树牢宗旨意识、服务理念，真正做有信念、讲规矩、守纪律、懂业务的合格干部。积极配合完成县委巡察组、自治区第八巡视组的巡视巡察工作。对巡察组反馈的问题，专门制订整改方案和整改台账，针对每一项问题，拟定整改责任人和整改措施及整改时限。能立即整改的已整改到位，不能立即整改的将在拟定时间内保质保量完成整改。

（供稿 简 广）

军 事

人民武装

【概　况】2018年，商都县人民武装部（以下简称县人武部）通过“两学一做”教育实践活动的常态落实，班子成员党员意识进一步增强，思想作风、工作作风有较大转变，集体领导作用得到较好发挥，国防后备力量建设得到明显增强，人武部建设呈现出协调发展、整体提升的良好态势。

【领导班子建设】（1）理论武装。部党委始终把深入学习中共十九大精神、习近平新时代强军思想和党规党纪作为党委的第一政治责任抓紧抓实。严格落实理论学习和党委中心组学习制度，突出抓好习近平新时代强军思想的学习贯彻，倡导“学报刊评论、学上级指示精神、学规定理论书目”，推动理论武装具体化深入化。在大是大非和重大问题面前，始终保持清醒的政治头脑，言论始终与中共中央一致，每周交班，主动辟谣，做到没有红头文件不说、没有通知不讲，增强干部职工的鉴别力。对上级机关通知要求，第一时间传达学习，对上级机关指出的问题进行深刻剖析；针对房某辉案、张某案，第一时间研究部署，第一时间展开教育，第一时间肃清影响。（2）民主集中。工作中，班子成员都能顾大局、识大体，主动想事、谋事、干事，自觉置于党委集体领导之下，自觉维护党委集体领导的权威。始终坚持集体领导、民主决策，严格按照程序规矩办事，大家都能把团结作为个人的素质、品德修养来看，无论主官之间、科室之间，都能够互相学习、互相信任、互相理解、互相帮助、互相支持、互相合作。（3）责任担当。每一名委员都能肩负起自己责任，以昂扬的精神状态，把热情、心思和精力用在抓工作、干事业上，以对单位建设高度负责的精神，扎实抓好各项工作的落实。工作中，时刻保持创先争优的荣誉感，把工作落实的标准、完成任务的质量作为检验班子荣誉心的基本尺度，作为推动县人武部科学发展的根本保证，完成各项工作任务。（4）廉洁自律。部党委在大项经费开支、兵员征集、评功评奖等敏感问题上，严格执行议事程序，充分酝酿，深入讨论，共同当家、集体把关；坚持把政策法规作为把关定向、当家理财的根本依据，坚持公务卡结算、量财办事，干部、职工没有报销过一张违规发票。部党委始终把部队利益、群众利益看得高于一切，维护军人形象、树好军人样子。2018年，县征兵工作中没有发生违规、违纪和责任退兵现象。积极参加地方扶贫帮困、生态林建设，主动帮助有困难的学生、职工，与驻地关系融洽，受到驻地党委、政府的高度评价和大力支持。

【思想政治工作】2018年，坚持把党委班子和思想政治建设，作为加强党对军队绝对领导的首要任务来抓。认真制订党委中心组理论学习计划，严格落实学习制度，每当有文件、精神下发，都要在第一时间以不同形式组织传达；每周三的党课、每月的党委中心组学习，始终坚持干部职工一个标准，做到全方位，无死角，定期批阅干部职工笔记督促学习。利用早交班时间抓好基本观点的解读，做到人人关注、人人学习、人人了解创新理论。通过长期的坚持，培养和增强每名干部职工学习兴趣和热情。在乌兰察布军分区（以下简称军分区）“传承红色基因，担当强军重任”主题教育动员展开后，部党委第一时间专门召开会议研究，进行认真筹划和再动员部署，结合人武部实际，认真分析形势，科学制订教育活动计划。紧跟分区节奏步伐，采取统分结合的方式，开展学习教育和“和平积弊大起底大扫除”讨论活动。部领导坚持每月与所属人员谈一遍心，及时摸清干部职工思想现状，有针对性地做好教育引导。定期召开干部职工恳谈会，真心实意倾听心声，对大家提出的意见建议，部党委逐一给予公开答复，有效解决干部职工在工作、生活方面遇到的实际困难，营造和谐向上、团结进取的良好氛围。认真落实中央军委党的建设会议精神和开展肃清张某、房某辉流毒影响活动。接到军分区通知后，部党委高度重视，及时召开党委会和组织生活会，传达上级指示精神，研究部署贯彻落实和清查清理工作，成立领导小组，迅速形成组织健全、责任明确、要求具体的工作态势。按照事事有人抓、处处有人管的原则，将工作细化到人、责任到人、督查到人，确保取得实效。

【战备训练工作】 着眼真打实备要求，认真抓战备训练工作落实。2018 年，以提升战斗力为根本标准，以民兵比武和贯彻落实红山区人武部现场观摩会内容为契机，修订完善以“半岛局势保障”为主的 14 种战备方案，在“两节”、两会等重要时期，组织七台镇民兵应急分队重点对组织登车、快速机动和处理突发性事件等课目进行实案化演练。研究制订年度首长机关军事训练计划，召开军事训练任务部署会；完成基础体能训练和基本指挥技能等训练，3 次组织干部进行情况处置演练，进一步提高干部体能、技能和综合处置情况能力。3 月，召开民兵整组工作会议专门进行动员部署，重新对县民兵应急分队进行编组调整。把整组工作作为基层武装部全面建设的重点突出出来，在全面建设考核中量化打分，有效地推动工作落实。认真开展国防工程管理现状专项普查工作。接到军分区通知后，迅速进行动员部署，建立以部长为组长的领导小组，按照要求对商都县境内所有坑道、工事以及各类附属设施设备的现状进行摸底，对普查中发现的问题及时上报。

【兵员征集工作】 坚持以《中华人民共和国兵役法》（以下简称《兵役法》）和《征兵工作条例》为依据，强化“一季征兵、全年准备”的理念，围绕提高征兵“五率”（报名率、上战率、合格率、择优率、退兵率），严密组织征兵工作。做到“参加兵役登记的适龄青年联系到位，登记报名的大学生走访到位，在校高中生发动到位，合格青年及家长全部见面到位”，讲清政策、讲清程序、讲清注意事项，讲明有关规定，从源头上发动，从源头上杜绝不正之风。集中开展“三项培训”（征兵机构业务培训、班长教练员集训、预征青年适应性训练），有效提升征兵工作的质量。实施阳光征集工程，做到“五公开、一集中、三监督”。“五公开”，即公开政策规定、公开征兵纪律、公开体检合格人员名单、公开政审合格人员名单、公开初定新兵名单；“一集中”，即落实“八方”定兵会成果，坚持由县政府分管领导、兵役机关、公安、卫生、教育、民政等部门参加，集体研究，择优审定新兵；“三监督”，即全体征兵工作人员一律挂牌上岗，自觉接受组织监督、群众监督和新闻舆论监督。2018 年，全县未发生一起责任退兵。

【扶贫和“双拥”共建工作】 2018 年春节期间，投入 7000 元对贫困户进行走访慰问；按照《省军区系统参与打赢脱贫攻坚战的实施意见》，与七台镇北大村结成精准脱贫对子，派出1名职工担任驻村第一书记，协助做好党建和扶贫工作；坚持每月走访贫困户制度，适时调整包扶措施；紧贴实际，多措并举解决包扶户实际困难，雇佣1名包扶户担任人武部种植员，协调民政部门为4户包扶户办理低保，为3名包扶人员办理残疾证，协调教育部门为1名失学少年重返校园。3月，组织民兵500余人参与县里组织的植树造林活动；利用“八一”慰问之机，协调县政府为县人武部购买健身器材，建起活动室。

【后勤保障工作】 坚持把做好后勤保障工作摆在县人武部工作的重要位置，在强化管理、开源节流、提高效益上下功夫。严格落实财经制度，严格财经管理规定和财务公开，坚持经费开支联审会签制度，认真落实公务卡结算报销，积极落实依法管财、科学理财、节俭用财的新常态。坚持每月一次党委理财制度。科学规划农副业生产。2018年，共有大田地1.3亩，“43型”大棚0.2亩，共种植蔬菜15个品种，夏季蔬菜基本做到自给并补充部分冬储菜。下大力改善基础设施。重点对营房设施和办公用房进行整治，按上级要求改造军地联合作战室，更换维修供暖设施和下水管道，对楼顶做防水处理。春季，协调地方园林局补种树木10棵。

【安全稳定工作】 以“安全年”活动为契机，突出查纠整改、突出抓细抓小、突出兜底保稳，持续保持安全发展的良好态势。注重安全教育，广泛开展“条令学习月”“学法规用法规守法规”和“百日安全”活动，深化对条令条例和法规知识的系统学习、常态落实，强化学法知法用法守法的自觉性，认真落实司机警示日和节日战备教育，及时进行经常性安全常识提醒和组织观看安全警示片等，不断提升规避安全风险的自我管控能力。注重制度落实，重点加强一日生活、请示汇报和请销假制度，军区车辆安全管理30条措施、手机网络“双十条禁令”（严禁涉密计算机连接互联网，严禁私人计算机连接涉密网，严禁涉密移动载体存储私人信息，严禁私人移动载体存储涉密信息，严禁存储或曾经存储过涉密信息的移动载体连接互联网，严禁在连接互联网的计算机上存储、处理或传递涉密信息，严禁计算机在涉密网和互联网之间交叉连接，严禁移动载体在涉密计算机和连接互联网计算机之间交叉使用，严禁私人手机、数码相机、播放器等电子设备连接涉密计算机，严禁以军人身份在互联网上开设博客、聊天交友、应聘求职；严禁涉密计算机连接国际互联网，严禁涉密计算机安装、使用无线上网卡，严禁涉密计算机开通红外、蓝牙等无线连接、传递功能，严禁将使用无线上网卡的私人计算机带入涉密场所，严禁在连接国际互联网的计算机上使用涉密或者曾经涉密的移动存储载体，严禁在连接国际互联网的计算机上存储、处理或者传递涉密信息，严禁在连接国际互联网的计算机上存储显示军人身份的资料，严禁在国际互联网上发布、传播涉密信息，严禁计算机在军队涉密网和国际互联网之间交叉连接，严禁存储载体在涉密计算机和连接国际互联网的计算机之间交叉使用）、中央军委禁酒令“十一个严禁”［严禁在工作时间和工作日饮酒；严禁在值班、备勤中饮酒；严禁在执行危险救灾、反恐维稳、海外护航、安保警戒等重大任务期间宴请喝酒；严禁在会议、集训、培训、检查、调研等期间宴请喝酒；严禁在组织庆典成功、“双拥”共建、走访慰问、接待老干部等活动中宴请喝酒；严禁干部提升调动、转业交流、退休安置、士兵退役、协调家属就业和子女上学等时机宴请喝酒；严禁工作（操作）场所、集体宿舍和内部食堂喝酒；严禁领导干部相互宴请喝酒、参与可能影响公正执行公务的宴请喝酒；严禁免职、离退休领导干部以谋取利益为目的地组织或者参与军地人员宴请喝酒；严禁接受地方慰问赠酒；严禁在任何时间、任何地点酗酒］和军区从严控制饮酒“六项规定”（严禁值班和执行任务期间喝酒，严禁工作日喝酒，严禁机关干部到基层喝酒，严禁官兵聚众到地方饭店喝酒，严禁基层节假日会餐喝酒，严禁任何时机场合酗酒）等落实力度。按分管工作，将职工定位到各科室，进一步明确管理权限和请销假程序手续，切实把人员管住管好。注重排查整改，围绕国防动员部安全检查实施细则，采取“拉单列表、挂账销号、跟踪问效”方法，建立隐患排查长效机制。部领导每半月带领干部职工进行一次全面隐患排查，坚决做到遇有问题立即整改，扼杀隐患苗头。规范保密室、文印室，对个人手机使用、家庭微机联网和私家车管理等情况登记排查，对职工和雇佣地方人员进行政治考核。通过采取这些有针对性的措施，保持安全稳定的良好局面，为年度各项工作任务的完成奠定基础。

【重要事件】 5月24日，在县人武部二楼会议室召开征兵政审工作培训会议。部长彭学奎、副部长杨启武、军事科参谋以及全县各乡镇专武干部，授课人为政工科科长。培训中，讲解征兵工作的各种政审政策法规和重点注意事项，为下一步征兵政审工作打下良好基础。

6月21日，军分区副司令员带工作组一行3人，到商都县人武部指导召开党委民主生活会。工作组专题听取年度工作开展情况和民主生活会准备情况的汇报，副司令员与党委委员逐人谈心，组织其他人员进行民主测评和集体谈话。会上，政委吴长军带头发言，详细汇报个人思想和工作情况，深入进行自我批评，重点围绕“六个必须”（必须对党忠诚、听党指挥，必须善谋打仗、能打胜仗，必须锐意改革、勇于创新，必须科学统筹、科学管理，必须厉行法治、从严治军，必须作风过硬、作出表率，以饱满的精神状态和奋斗姿态为党工作，忠实履行好职责）进行对照检查。各委员开展思想交锋，深刻反思党委班子建设和个人自身存在的突出问题。副司令员围绕“理清思路、紧跟时代、科学统筹、有效落实”作出重要指示，给部党委教方法、传经验，为加强人武部全面建设明确目标要求和努力方向。

7月31日，商都县召开2018年征兵工作会议，县长曹凯宏、副县长张晓玲出席会议并讲话，县人武部部长彭学奎传达学习上级2018年征兵工作电视电话会议精神，总结商都县2017年征兵工作，部署2018年征兵任务。县长曹凯宏强调，各级要认真学习落实全国征兵工作会议精神，切实从讲政治、顾大局的高度，充分认清做好2018年征兵工作的重大意义，加强组织领导，创新工作方法，以严、细、实作风研究解决征兵工作遇到的矛盾问题，保质保量完成征兵任务。部长彭学奎就做好2018年征兵工作提出要求。

9月3日，商都县2018年度定兵会议在县人武部会议室召开，会议由县人武部部长彭学奎主持。出席会议的有县征兵领导小组副组长、县人民政府常务副县长郭玉广，县征兵工作领导小组副组长、县人武部政委吴长军，征兵领导小组成员单位领导、各乡镇武装部部长以及征兵办公室全体工作人员。会上，县征兵领导小组成员、县人武部副部长杨启武简要介绍组织学习廉洁征兵和审批定兵有关规定，县征兵工作领导小组副组长、县人武部政委吴长军介绍征兵工作开展情况，体检组、政审组、纪检组分别对征兵体检、政审、学历和纪检监督情况进行逐一审定。会议严格按照集体定兵、好中选优的原则，确保兵员质量。通过集体审定，确定新兵。会上，郭玉广讲话，对全县征兵工作给予充分肯定，并就下一步征兵工作提出明确要求。

【荣　誉】 2018年，商都县人民武装部被内蒙古军区分别评为先进团级单位、安全管理先进单位、征兵工作先进单位。

（供稿　张鹏成）

武 警

【概 况】2018年，武警商都中队编制54人，其中干部3人、战士51人。设1个应急班，4个执勤班，1个后勤班。共有中共党员14人，团员33人，青年7人。武警商都中队主要担负看守所外围巡逻警戒任务。

【支部班子建设】2018年，全面深入贯彻中共十九大精神，牢固确立习近平强军思想根本指导地位，调整改革军队编制体制后高效运行，结合中队任务与实际，高举习近平新时代中国特色社会主义思想伟大旗帜，全面落实习近平新时代强军思想和新形势下军事战略方针，按照“多能一体、有效维稳”战略要求，着眼有效履行维护国家安全和社会稳定、保卫人民美好生活和维护政治安全特别是政权安全、制度安全的使命任务，认真落实武警总部党委、总队党委、支队党委扩大会议精神，坚持政治强军、改革强军、科技强军、依法强军，突出强化抓班子强队伍、抓执勤保中心、抓训练谋实战、抓思想铸军魂、抓传统求创新、抓法治强管理，踏踏实实干工作、老老实实抓部队，确保以执勤处突为中心、反恐维稳为重点的多样化任务圆满完成，确保部队高度集中统一和安全稳定，努力争创“四铁”（铁一般的信仰、铁一般的信念、铁一般的纪律、铁一般的担当）先进执勤中队。

【思想政治教育】2018年严格落实教育制度，学习贯彻中共十九大和三级党委扩大会议精神，紧盯整治工作时代主题，扭住铸魂育人这一理念，扎实开展“不忘初心、牢记使命”“传承红色基因、担当强军责任”主题教育，坚定官兵政治信念，确保官兵忠诚核心、拥戴核心、维护核心，确保官兵绝对忠诚、绝对纯洁、绝对可靠，听中央军委主席习近平的话、读习主席的书、做习主席的好战士。切实利用好干部每月讲评制度等有效机制，激发干部的工作积极性。坚持不懈地抓好中央军委主席习近平系列重要讲话精神的学习贯彻，持续培育当代革命军人核心价值观，在增强时代性和感召力上下功夫。（1）抓好理论学习。以总部下发的《军委主席负责制学习读本》《习近平论强军兴军》《习近平谈治国理政》和新年开训动员讲话、授旗训词为基本教材，常态开展学习教育，灵活采取听广播、看报纸、聆听授课、讨论交流、参观见习、撰写体会、视频辅导等形式，突出理论普及、突出入心入脑，重在读原著、悟原义、明原理，在真信真学上下功夫。充分发挥学习骨干的示范引领作用，科学制订学习计划，配合相关活动，增强官兵的理论文化水平。（2）抓好集中教育。围绕持续学习中共十九大精神和中共中央总书记习近平系列重要讲话精神，严格落实新的教育规范，抓好总队“双五条”（政治忠诚、政治定力、政治担当、政治能力、政治自律，对党忠诚、善谋打仗、敢于担当、实绩突出、清正廉洁）的贯彻落实，增强思想教育的时代性、群众性、时效性。深化党史军史武警史为学习载体的军魂教育，持续传承中队精神，开展“喊队训、树队风、凝队魂”活动，切实提升中队建设质量和效益。扎实开展“根除和平积习、培育新时代战斗精神”教育，加强“舆论、法理斗争和心理攻防”分队建设，扎实做好官兵心理工作、预防犯罪工作和一人一事的思想工作，确保官兵思想时刻处于掌控之中、时刻处于稳定状态。坚持支部每月议教制度，合理分配教育时间，在组织集中教育的基础上，开设网上“荣誉室”，充分利用驻地爱国主义教育基地、红色资源等场所，不断增强官兵爱国主义情怀。（3）抓好文化育才工作。按照“有内涵、有内容、有品位、有特色的”的要求，结合个人兴趣爱好，组建板报书法兴趣小组、“旗舞”特色文化队伍，以及官兵喜闻乐见的运动类、棋牌类、乐器类、文艺类等文体兴趣小组，不断打牢文化基础，丰富军营文化建设，结合支队组织的职业技能培训，中队利用现有资源搭建平台，推动学习成果转化。广泛开展“卫士风采”活动，开设士兵讲堂，开展“身边的典型、身边的文明、身边的感动”系列活动，深入学习党史、军史、武警史，继承优良传统，传承红色血脉，同步参加总部“学训词、铸军魂、开新篇”学习教育。开展好看战斗影片、唱革命歌曲、讲强军故事系列文化活动。积极挖掘中队学历高的战士担任小教员，通过“文化互助”“心理帮扶”“兵兵同乐”，缓解官兵心理压力和烦躁情绪，进一步提升思想境界，密切内部关系，陶冶道德情操，增长知识才干，使官兵得到全面发展。广泛开展“学习主席强军思想，做习主席的好战士”主题宣传实践活动，引导官兵传承红色基因、当好红色传人、永葆军人本色。（4）启发群众性自我教育。集中群体智慧，鼓励官兵走上舞台表演、走上讲台授课，从一个小的自我介绍开始、一个小的故事开始、一次小的演讲开始，讲解周围的事情、家乡的美景、故乡的往事、身边的小事，锻炼官兵的语言表达能力和心理素质，传授官兵更多的知识，满足官兵成长成才的需求，每月利用时间组织一次活动。

【中心工作】 2018年，中队始终把执勤工作摆在中心位置，坚持狠抓执勤不放松，确保中心任务圆满完成。遵照中央军委主席习近平“要把备战打仗作为全军工作重心”的新年训令，牢固树立领袖决心就是全军意志、统帅训令就是练兵命令，持续掀起大练兵热潮，切实把“训练有为、训练有位”的鲜明导向立起来，坚持以“广西会议”精神为指导，以“两个不经、一个保持”（不经人员装备补充，不经临战训练，确保以执勤处置突发事件为中心的各项任务圆满完成）为目标，紧贴“多能一体、有效维稳”战略要求，切实加强战备训练，提升军事训练水平，努力实现“全员、全域、全候”战备建设目标。（1）搞好执勤战备教育。结合形势任务和中队实际，引导官兵牢记职能使命，认清形势任务，增强战备观念，消除“上和平岗、站和平哨”的麻痹思想，筑牢“哨位就是战场，执勤就是战斗”的思想观念。（2）抓好执勤技能训练。以确保执勤目标绝对安全为中心，突出抓好重要节日、敏感时期执勤战备工作。严格落实新“十六字”（整体建设、全面规范、勤训结合、确保安全）执勤思路，突出抓好专勤专训、专哨专训，着力提升哨兵的执勤能力素质，并采取现场出题、实案拉动等形式，努力提高哨兵的应对突发事件能力。确保遇有情况能够快速反应，有效处置，提升“两个不经、一个保持”水平。（3）着力提高执勤质量。着眼“多能一体、有效维稳”战略要求，深入推进科技强勤工程，进一步加强“五防一体化”（人防、物防、技防、联防、犬防一体化）建设，深入开展“三共”（思想共建、队伍共管、安全共保）、“八联”（队伍联建、勤务联管、矛盾联调、隐患联治、演练联抓、考评联组、情况联处、平安联创）、“三个一遍”（专题辅导聆听一遍、经典好书细读一遍、红色故事重温一遍）、正规化执勤等级评定和“三铁”（铁心跟党、铁骑当先、铁骨铮铮）评选活动，深化执勤岗位哨法战法研究，扎实开展“正秩序、抓规范、强能力、保安全”勤务专项整治、执勤等级评定和执勤安全教育整顿活动，认真规范执勤模式，全面提高经常性执勤正规化、标准化、精细化水平。（4）严格落实战备制度。加强人员和战备物资管理，以“两个不经、一个保持”为检验标准，牵引编携配装，向实战靠拢。以处突维稳、反恐突击、抢险救援为主要内容，从实战出发，加强应急能力建设，落实战备工作，确保拉得出、打得赢。

【安全管理】 2018年，中队始终把握稳中求进总基调，守住安全管理底线，切实把安全工作摆上重要位置，抓实群众性创安、安全大检查和百日安全竞赛等系列活动，开展安全隐患排查治理常态化，持续夯实中队安全发展基础。进一步落实安全工作“八个规范”（安全教育深入、安全训练到位、安全组织健全、安全制度落实、安全环境良好、安全设备齐全、安全活动经常、安全责任明确），牢固树立依法治安创安理念，结合“贯彻新条令，树立新形象”活动，纠治军容不整、萎靡不振、管理松懈、有禁不止等问题，坚持按条令管、按大纲训、按纲要建的工作常态，深入贯彻新的共同条令和安全条令，抓好经常性法治学习，不断强化法治理念，依靠法治开展工作，依据条令条例管理部队。坚持严字当头，一抓到底，对不作为、乱作为和自身要求不严的官兵，从严执纪问责，真正把法规制度作为不可逾越的红线和带电的高压线。狠抓“八个规范”常态化落实，广泛开展“争当安全标兵、争创安全单位、确保安全稳定”系列安全活动，强化官兵安全意识和安全责任。严格落实全员安全责任体系，抓实经常性安全警示教育、安全法规学习、安全常识普及和安全技能训练，组织群众性创安活动。按照“全员额纳入、全时空覆盖、全过程管控”要求，构建中队安全工作小组、排安全小组、班安全员为主体的安全工作责任网，实行安全工作责任制和问责制。严格落实《日、周、月、季经常性工作规范》，把人、车、枪、弹、酒、水、火、电、毒、密作为管理工作的重点，扎实抓好新兵“第二适应期”“暑期百日安全竞赛”“季节性安全事故预防”“补选退”等重要时期的安全稳定工作。建立健全安全工作长效机制，每日学习安全提示，讲评安全工作；每周指定安全监督员，召开安全分析会，部署安全工作；每月组织支部会，分析讨论安全形势，制定安全策略；每季观看警示录像片，自查安全隐患，落实安全措施；每年签订安全责任书，确立安全目标，承诺安全责任。不断加强中队精细化管理，严格落实一日生活制度，突出加强八小时以外对零散人员和课余时间、节假日的管理，管住官兵嘴不饮酒、手不动车、腿不乱跑、心不乱想，落实休假“三卡一书一信”制度，加强在外人员的管理，全程跟踪检查，确保不失控、不出事，绝对安全。

（供稿　冯文斌）

人防工作

【概　况】 始终把人防宣传教育工作摆在突出位置，坚持以增强广大干部群众国防观念和人防意识为目标，围绕“战时防空、平时服务、应急支援”的使命任务，以夯实基础为根本，以宣传教育为先导，以警报通信建设和“结建”工作为重点，以疏散基地建设为突破口，创新举措，狠抓落实，各项工作取得新进展。

【人防宣传教育】 2018 年，开展人防宣传教育工作。按照人防“五进”（进学校、进社区、进机关、进企业、进网络）要求，高标准多样化新建人防宣传教育示范学校 4 所，累计达 13 所，覆盖城镇中小学校；新建示范社区 3 个，累计达 13 个，占城镇社区的 65%；在政务服务大厅、县医院、县中医院、国际酒店、南湖公园和政府门户网站开设人防知识宣传专栏；在县城中小学校开设人防知识教育课程；向 20 个社区居民发放防空防灾知识材料 4 万余份，营造人防宣传教育的浓厚氛围。

【人防知识进校园】 聚焦青少年，聚力进学校。秉持“教育一个学生，带动一个家庭，辐射整个社会”的理念，始终把学校作为人防宣传教育的主战场，把中小学生作为人防宣传教育的主对象，常抓不懈。从 2015 年以后，县人防办会同教育科技体育局在县城中小学校开设人防知识教育课程，并编印《中小学生防空防灾知识读本》，教育部门将各学校开设课程情况列入年度考核内容，促进人防教育工作在学校深入推进。在县城打造11所人防宣传教育示范学校，占到城镇学校总数的70%。在每所学校建设标准上，除做好规定动作外，还根据学校特点进行自选动作。小学注重以图文并茂的形式，建设人防知识宣传教育长廊，同步配备多媒体宣传机，实现多样化宣传。在中小学生中连续举办三届国防人防知识竞赛；围绕学习贯彻中共十九大精神，举办“人防杯”书法展，中小学生踊跃参与，营造关注人防、了解人防、支持人防的浓厚氛围，推动宣传教育向纵深发展。

【人防宣传进社区】 聚焦城镇居民，聚力进社区。针对和平时期广大群众人防意识不强的现状，坚持以点突破、整体推进，先行建设人防宣传教育示范社区，截至年底，共建成11个，占社区总数的50%以上。为每个社区配备人防应急柜和应急包，提供防空防灾知识宣传资料，累计发放6万余份，基本达到每户一份；设立宣传栏，定期更换宣传教育内容。指导社区利用活动室、阅览室等场所开展宣传、咨询和教育活动；指导社区每年至少组织一次防空防灾知识学习和应急技能培训。会同消防、地震等部门，指导有条件的社区进行人口疏散演练，让社区居民了解、知晓应急疏散的步骤和程序。截至年底，城镇累计受教育人数达到7万余人，占到城镇常住人口的70%。

【人防知识普及】 2018年，在推进学校和社区两个重点的同时，着力抓好人防宣传教育进机关、进企业、进网络工作。建成3家示范企业，并在火车站、客都超市、南湖公园、祥和广场和政府门户网开设人防知识宣传专栏，在党校建设党员干部人防宣传教育长廊，使广大干部群众了解掌握新时期人民防空战略地位、作用和政策法规。

【信息化建设】 2018年，围绕信息化条件下城市人民防空行动要求，推进人民防空统一高效的通信警报及信息化建设。新上户外多媒体警报器，实现警报信号无线统一控制播放，通过“9·18”防空试鸣，警报鸣响率100%，中心城区防空警报音响覆盖率达95%以上。在建成“三合一”视频会议系统的基础上，借助全县党建直通车网络建设，投入资金20万元，建设社区人防工作站视频指挥体系，购置北斗手持机。

【人防工程建设】 2018年，有效推进建设项目人防工程“结建”管理前置审批工作，全年收缴易地建设费80多万元。进一步完善人口疏散基地功能设施，结合风景区配套建设人口疏散基地。结合城镇总体规划，编制执行《商都县人防工程专项规划（2015—2030年）》，修订完善《商都县城市防空袭应急预案》。加强抢险抢修、医疗救护等7支专业小分队建设，如期完成在编专业队员在岗训练任务，达到组织健全、指挥明确、人员定位，有效应对平时救灾和战时防空的需要。

（供稿 栗 祥）

社会生活

民政工作

【概　况】商都县民政局内设机构6个，分别是综合办公室、规划财务股、优抚安置股、救灾救济股、基层自治组织和行政区划地名股、社会福利和社会事务股。核定二级事业单位6个，分别是商都县光荣院、商都县城市居民最低生活保障中心、商都县殡葬管理所、商都县中心敬老院、商都县区域敬老院和商都县婚姻登记管理所。

民政局核定行政编制8人，实有7人；工勤编制10人，实有10人。核定部门正职职数1人、副职3人，实有正职1人、副职3人；其他领导1人，专职党支部副书记1人。核定股室正职职数6人，实有6人。商都县光荣院：单位核定（全额拨款）事业编制9人，实有9人（含2018年8月新进军队转业士官5人）。商都县城市居民最低生活保障中心：参公事业单位，核定（全额拨款）事业编制18人，实有18人（其中参公人员9人、事业人员9人）。商都县殡葬管理所：单位核定（全额拨款）事业编制4人，实有4人。商都县中心敬老院：单位核定（全额拨款）事业编制2人，实有2人。商都县区域敬老院：单位核定（全额拨款）事业编制2人，实有2人。商都县婚姻登记管理所：单位核定（全额拨款）事业编制3人，实有2人（2018年9月辞退1人）。

2018年，认真贯彻落实中共十九大和自治区、市民政工作会议精神，牢牢把握“民政为民、民政爱民”的服务理念，围绕全县中心工作，坚持讲大局、惠民生、重管理、强服务，有效保障服务对象的基本生活，努力改善民政基础设施建设，全县民政民生工作取得明显成效。

【社会兜底保障工作】按照“六个精准”“五个一批”的总体要求，认真履行民政职责，积极开展兜底扶贫工作，较好地完成各项任务。2018年，全县建档立卡贫困人口4.38万人，累计享受低保1.68万人、临时救助3567人、散居“五保”527人、残疾人2108人，孤儿、事实无人抚养儿童、困境（家庭）儿童47人。救助建档立卡贫困户医疗费956人次、1280.95万元。各项救助资金全部按时发放。

【按户施保工作】根据市民政局和县委、县政府的统一安排，按照入户调查、摸排、公示、审批等程序，城镇低保分三类五档，农村低保分三类四档。全县城镇低保共5081户8792人，其中A类119户149人，每人每月607元；B1类345户546人，每人每月546元；B2类836户1377人，每人每月486元；B3类2384户4232人，每人每月395元；C类1397户2488人，每人每月304元，按户施保率达100%。农村低保共3.56万户5.17万人，其中A类825户972人，每人每年4226元；B类5197户6810人，每人每年3500元；C1类1.48万户2.46万人，每人每年2800元；C2类1.47

万户1.93万人，每人每年2000元，按户施保率达82.6%。11月，同步进行平台录入工作，并按新标准发放第四季度低保金。2018年，共为城镇低保对象8973人发放低保金5262.6万元；为农村低保对象5.07万余人发放低保金1.64亿元。

【农村低保专项治理】 认真落实全国农村低保专项治理工作会议精神，坚持以问题为导向，以信息比对为抓手，专门抽组6人组成3个督查组，定期不定期地进行督查。先后下发通知5份，核对信息3504条，对50条信息及时进行整改。2018年，共追缴违规低保金13.2万元，并对具体责任人进行通报批评。

【社会公共服务】 认真做好第二次全国地名普查工作，按时完成第二次全国地名普查的上报验收工作，并完成普查成果转化；累计办理结婚登记1596对、离婚登记724对、补办结婚手续2627对；全年共救助流浪乞讨人员374人次，发放救助金2.3万元；公墓管理逐步规范健全，殡葬领域突出问题专项治理有序开展，殡葬基础设施建设逐步完善，正在筹备新建的商都县殡仪馆，已完成前期各类批复及工程招投标，计划2019年4月开工建设。

【“双拥”工作】 充分利用“双拥”工作的政治优势、组织优势、载体优势，深入开展军民创建活动。春节、“八一”建军节前后，县级领导带领相关单位负责人深入驻地部队、光荣院以及重点优抚对象和生活困难退役军人家中走访慰问，2018年，共发放慰问款20万元，促进军民融合发展。

【优抚工作】 组织伤残国家机关工作人员67人进行复检。除因病5人和80周岁以上5人外，其余人员分3次参加复检，10人主动双退，退交抚恤金121.1万元。将无残痕、伤残部位不符、缺少三要件等7人移交纪检委。严格落实重点优抚对象抚恤金自然增长机制，达到每月130元。全年，共为全县享受抚恤补助的优抚对象1637人，发放抚恤补助1443.4万元。建立优抚对象管理电子数据库，截至年底，基本完成二代身份证信息采集认证，优抚对象数据采集率达95%以上。针对新申报的优抚对象，严格按照区、市规定审核，符合规定的按程序上报。

【安置工作】 将2017年度转业士官全部安置到全额拨款事业单位，并完成2018年度退役大学生士兵及普通退役士兵的接收工作；为2016年度、2017年度现役军人家属发放优待金256万元。对2017年退役的军人发放地方经济补助金292万元；针对2017年度不符合安排工作条件的退役士兵进行职业教育培训，自愿参加退培训的36人，完成学业4人、正在培训32人。

【退役军人信息采集和建档立卡工作】 按照上级要求，8月，成立商都县退役军人服务管理工作领导小组办公室，并抽组工作人员10人对退伍军人进行摸排、登记。依据安置存根和人社部门人事档案，建立“一人一档”档案资料库和电子数据库，为下一步落实政策奠定基础。分别在乡镇、社区设立14个集中采集点，完成对军队转业干部、退役士兵、军队离休干部和退休士官、复员军人、残疾军人、享受国家抚恤的伤残民兵民工、烈士遗属、因公牺牲军人遗属、病故军人遗属、现役军人家属共10类人员的信息采集工作。协调解决应安置未安置人员、非个人原因未上岗人员以及安置后下岗再就业困难人员等历史安置遗留问题。

【防灾救灾体系】 建立完善救灾工作统一指挥、综合协调、分类管理、分级负责的管理机制，不断修订应急预案，加强救灾物资储备库管理，严格报送各类灾情的信息，确保上级部门及时准确了解灾情的发展情况。县财政每年预算安排50万元自然灾害应急资金，用于突发灾情的应急处理，救灾资金全部通过“一卡通”发放。冬春救助资金严格按照“户申、村评、乡审、县定”程序发放，并由各乡镇留存档案。

【社会自治和社会管理】 2018年，完成嘎查村换届选举工作，按期换届率达100%。全县共选举产生嘎查村村委员796人，其中新任293人、连任503人，党员507人，妇女委员182人，交叉任职的237人，“一肩挑”的127人；不断完善农村社区服务体系，扩大农村社区建设试点覆盖面，截至年底，全县共上报拟建农村社区69个；持续规范社会组织直接登记制度，创新管理体制，加强监管力度，全县全年登记社会组织5家，年检社会组织29家。

【社会福利保障】 围绕全区养老服务质量提升年活动要求，民政局出台《商都县养老服务机构质量提升实施方案》，不定期地开展隐患排查及整顿治理。及时填报全国养老机构业务管理系统，管理服务质量类指标合格率都在90%以上，并全部完善上报。按时足额为高龄老人7747人发放高龄津贴888.48万元。2018年，共为6.88万名老年人缴纳意外伤害保险。8月上旬，按照市局要求，对全县享受残疾人两项补贴的残疾对象366人进行抽查，并做抽查备案。投入资金100万元，完成中心敬老院室内外装修、大门改造、电路检修更换及标准化养殖场修建工程，区域敬老院完成下水改造和窗户更换工作，光荣院完成搬迁。正在新建医养院1处，建筑面积8000平方米，总投资3200万元，内设床位170张，配套有医疗护理、保健康复、生活休闲、娱乐活动、餐饮等功能区建设及相关设备配置，已完成主体工程。

【安全管理工作】 按照“谁主管、谁负责”的原则，对安全生产实行严格管理、责任到人。局机关与两个敬老院和一个光荣院分别签订安全生产目标责任状，形成人人身上有担子、个个身上有责任的安全生产工作机制。2018年，专门邀请消防部门3次对民政局进行教育培训。不定期地对敬老院、幸福院、光荣院、福利院等民政集中管理服务场所进行消防安全、食品安全等检查，确保各区域安全无事故。

【党风廉政建设】 全面把握党建的新任务、新要求，主动适应党建面临新形势，牢固树立“不抓党建是失职，抓不好党建是不称职”的意识，按照县委“党的质量建设提升年”要求，以学习教育为抓手，认真落实党组的主体责任和党组书记的第一责任人职责，将党建工作纳入民政重点工作综合评估内容，强化督促检查，推动党建和党风廉政建设全面提升。（1）认真落实党风廉政建设责任制。健全完善“一岗双责”工作机制，实现党风廉政建设“两个责任”全覆盖。坚持把维护党的权威、严守党的纪律作为党风廉政建设的第一项任务，自觉担负起执行和维护党的纪律的责任。（2）扎实推进学习教育常态化。保证学习时间，完善学习平台，丰富学习内容，注重学习质量，切实筑牢党员干部的思想意识。（3）意识形态责任制落到实处。局党组把意识形态工作作为党的建设和政权建设的重要内容，坚持“六个纳入”（纳入理论学习计划、纳入年度工作要点、纳入党建责任范畴、纳入综合目标管理、纳入年终绩效考评、纳入党纪督查范围），与民政中心工作、党的建设工作紧密结合，一同部署、一同落实、一同检查、一同考核。（4）整治形式主义、官僚主义“十种表现”。落实中共中央总书记习近平重要批示精神，集中整治形式主义、官僚主义“十种表现”。根据“十种表现”内容，详细制订工作方案，扎实开展学习教育，建立健全各类工作台账，认真落实“三务”公开制度，从讲政治的高度对待集中整治工作，自加压力、主动出击，做到思想认识到位、行动措施到位，确保集中整治工作效果明显、落地有声。

（供稿　曹学飞）

人力资源和社会保障

【概　况】 商都县人力资源和社会保障局机关内设8个职能科室：综合办公室、社会保险股、公务员管理及干部教育培训股、事业单位人事管理及工资福利和退休人员管理股、专业技能及职业技能培训股、人力资源市场管理股（人才交流中心）、档案管理室、仲裁办（劳动关系股）。下属4个参公事业单位：商都县社会保险事业管理局、商都县劳动就业服务局、商都县医疗保险管理局、商都县劳动保障监察大队。核定行政编制12人，事业编制83人。

【就业任务完成情况】 2018年，共发放“就业失业登记证”383个，城镇新增就业人员2065人；城镇失业人员再就业320人，其中就业困难人员154人；城镇登记失业率控制在3.92%；城镇技能培训1231人；农牧民转移技能培训985人；创业培训317人，培训后成功创业202人；农民工转移就业4.32万人。

【创业就业各项工作进展】 3月，开展以“促进转移就业，支持返乡创业，助力增收脱贫”为主题的“春风行动”，其间，发放招工信息等宣传资料1万多份；在祥和广场举办平谷—商都对口支援就业合作专场招聘会，为求职者提供2297个就业岗位。招聘会期间，有200人参加技能培训，15人参加创业培训，为37人给予劳动维权和法律援助。实现县内就地就近转移就业281人。创业培训317人，培训后成功创业202人；完成砌筑工、电工技能培训100人；“以师带徒”培训5人；京蒙劳务协作专项培训147人。在城镇登记失业人员中认定就业困难人员133人，通过公益性岗位安置到社区担任网格信息员，实行非全日制用工模式，就业困难人员全部实现就业。“创业培训+创业指导+创业贷款+创业咖啡”四位一体形式促就业。把创业贷款工作作为落实新一轮就业优惠政策的重点、解决创业者融资难的突破口，积极筹措专项资金，为想创业无资金的创业者提供启动资金和经营周转资金。2018年，共为108人发放创业贷款493万元。

【就业扶贫工作】 对法定劳动年龄内的建档立卡未脱贫人口通过乡、村两级精准识别出就业扶贫对象1212人，并对其进行清单化、台账化管理，通过技能培训、劳务输出、就近就地转移、公益性岗位托底安置等措施，2018年，848人实现就业。为了多渠道开发就业岗位，分别举办易地移民就业推荐会、平谷·商都对口支援就业合作专场招聘会、平谷·商都劳务协作专项就业活动，有35家企业参加招聘活动，累计提供就业岗位2297个，达成就业意向的有586人，其中13人到北京市平谷区企业工作。对在劳动力范围内就业难的建档立卡贫困人口1105人进行公益性环卫岗位托底安置，实行非全日制用工形式，每人每年给予岗位补贴3600元。京蒙帮扶就业项目开发公益性岗位380个，全部用于易地移民劳动力范围内建档立卡贫困人口从事保洁、保绿、物业等工作。建立脱贫车间，促进贫困人口就地转移就业。在5个乡镇建成6个脱贫车间，共吸纳农村富余劳动力134人，其中贫困劳动力58人。就业局联合扶贫办在祥和广场举办以“就业扶贫，帮困脱贫”为主题的“就业扶贫行动日”活动。活动期间，走访贫困户49户，提供政策咨询人数146人，发放政策宣传材料2600份，18家企业提供就业岗位5481个，签订就业协议人数15人，为78人提供职业介绍、职业指导服务。

【养老保险】 2018年，全县城镇职工基本养老保险参保总数达1.77万人（其中机关事业单位职工参保人数6667人）；基本养老保险基金征缴收入1.2亿元。按时为企业离退休人员及遗属1.41万人足额发放养老金2.8亿元。城乡居民社会养老保险参保人数14.56万人，城乡居民养老保险到龄领取待遇人数为5.2万人，按时足额发放养老金1.03亿元。全力做好“五险合一”稽核工作，核定参保单位72户，参保缴费2857人，征缴合计3604万元，其中，养老保险2090万元、失业保险83.6万元、基本医疗1314万元、大额医疗41.8万元、工伤保险39.6万元、生育保险35万元。

【医疗保险】 全县参保职工1.9万人，城镇职工医疗保险基金收入6352万元，基本医疗保险支出5823万元。全县城乡居民参保人数26.1万人，城乡居民医疗保险基金收入1.74亿元，支出金额1.76亿元，享受待遇3万余人次。全县参加工伤保险企业72家。参保职工人数为1.06万人。收入176万元，支出实行市级统筹。全县参加生育保险人数为1.23万人，收入95万元，支出45万元。

【失业保险】 2018年，失业保险参保8100人，征缴失业保险金259万元。

【人事人才工作】 2018年，接收项目生59人，分别是人才储备20人、“三支一扶”8人、社区民生31人，拓展就业渠道鼓励基层就业。加强公务员日常管理，完善绩效考核机制，认真做好考核奖励工作。对全县干部5027人（包括事业单位工作人员）进行考核，其中优秀732人、合格4292人、不定等次3人。2018年，通过全市统一组织考试，经县事业单位公开招聘工作人员领导小组组织面试，为教育系统公开招聘教师37人。为充实商都县教师队伍，根据《关于报送2018年乌兰察布市事业单位引进高层次人才面试及考察方案的通知》精神，通过面试、考察，引进高层次人才26人，其中教育系统19人。

【拖欠农牧民工工资问题源头治理】 5月24日，县委常委、常务副县长郭玉广组织相关单位及各乡镇负责人，召开2018年全县保障农牧民工工资支付工作联席会议，对商都县2018年农牧民工工资支付保障工作进行安排部署，并与各乡（镇）长及各行业监管部门、项目建设单位负责人签订《商都县全面治理拖欠农牧民工工资问题责任状》。积极贯彻全市全面落实农牧民工工资“两金三制”制度会会议精神，7月10日，组织召开全县全面清理拖欠农牧民工工资工作会，对商都县治欠保支工作进行安排部署。定期开展在建工程农牧民工工资保证金、农牧民工实名制管理、工资支付专用账户、工资按月发放等制度建立及落实督促检查。建立健全治理拖欠农牧民工工资问题长效机制，完善农牧民工工资支付保障制度，为切实维护农牧民工合法权益提供制度保障。经查，全年未发生拖欠农牧民工工资问题。

【劳动人事争议调解仲裁】 2018年，共处理劳动争议案件9件，其中不予受理案4件。所受理的5件案件涉及劳动者人数48人，金额47.64万元。其中，劳动报酬类争议2件，涉及劳动者人数45人，金额19.26万元；工伤赔偿类争议2件，涉及劳动者人数2人，金额27.68万元；二倍工资类争议1件，涉及劳动者人数1人，金额0.7万元。从案件处理方式看，该期受理的案件裁决（终局）结案1件，立案调解结案2件，案外调解结案2件，结案率为100%。

2018年，共接待咨询300多人次。对咨询的当事人，切实贯彻“仲裁为民、服务至上”的指导思想，热情接待，倾听当事人的陈述和要求，揣摩当事人心理，以掌握当事人需求并予以耐心解答，力争使每位当事人了解仲裁、选择仲裁。

【信访工作】 扎实做好信访工作，努力维护社会稳定。2018年，共办理群众来信及上级转办信访事项14件，均按有关政策规定作出处理意见。

【外出务工人员综合服务管理工作】 结合全县土地确权工作，抽调专人深入各乡镇对当地外出务工人员进行信息核对，进一步细化外出务工人口的动态管理，共录入外出务工人员电子信息13.1万人，占外出总人口的84%。通过呼和浩特、包头、二连浩特、北京等外出务工服务中心年检惠农“一卡通”2300多人。通过全力协调，二连浩特外出务工服务中心各项业务工作顺利开展，累计年检各类人员1546人。配合信访、公安等部门做好全县外出要地农民的信访维稳工作。

【精准扶贫工作】 为做好精准扶贫工作，组建扶贫工作队，常年深入所帮扶乡、村，了解贫困户的致贫原因、家庭状况、收入情况。结合人社部门工作职能，为贫困户提供用工信息、技能培训、小额贷款、劳务输出等方面帮扶措施，对有劳动力且有就业和创业意愿的贫困户，通过技能培训和创业培训帮助其实现就业；对于需要提供政策扶持的贫困户，积极帮助提供政策对接，确保措施落实到位。

【党建工作】（1）加强组织领导。严格按照县委、县政府及县纪委的有关文件精神，认真安排部署2018年党风廉政建设和反腐败工作，制订《人社局2018年党风廉政建设和反腐败工作实施方案》和主体责任清单。成立以党组书记为组长的县人社局党风廉政建设工作领导小组。为使党风廉政落在实处，县人社局党组相继召开关于集中整治形式主义、官僚主义“十种表现”动员部署会和人社系统党风廉政建设暨集中整治形式主义、官僚主义“十种表现”工作推进会。在推进会上，派驻县人社局纪检组组长与党组成员、局属各单位主要负责人和各股室负责人进行集体廉政谈话。局党组书记与班子成员、局属各单位负责人签订党风廉政建设责任书。党组成员、局属各单位主要负责人都作出廉政承诺。（2）建立意识形态责任制。县人社局党组将意识形态工作纳入全面从严治党重要组成部分，建立起党风廉政建设、意识形态工作、机关党建三大主体责任链条。成立意识形态工作领导小组，制订人社系统意识形态工作方案，出台意识形态工作意见及相关制度，将意识形态工作纳入重要议事日程，纳入党建工作责任制，并将单位党建和人社各项业务工作紧密结合，同部署、同落实、同检查、同考核。（3）强化责任担当，推动“两个责任”落地生根。2018年，县人社局把党风廉政建设与业务工作同安排、同部署，认真贯彻落实《党风廉政建设责任书》和《廉洁自律承诺书》，使党风廉政建设工作责任明确到每个人，形成人人肩上有担子、个个身上有责任的齐抓共管格局。抓好“两个责任”的落实。积极履行好主体责任，党组织“一把手”始终把管党治党主体责任放在心上、扛在肩上、抓在手上，做到思想认识不含糊、推动落实不打折、服务发展不懈怠，保持常抓的韧劲和长抓的耐心。履行“一岗双责”。各分管领导按照各自分管的工作，积极主动履行“一岗双责”，在认真抓好分管业务工作的同时，抓好分管领域、分管部门的党风廉政建设工作，定期研究、布置、检查和报告党风廉政建设情况，把管事与管人、抓业务与抓党风廉政建设有机结合起来，确保党风廉政建设与业务工作两手抓、两不误、两促进。抓好监督责任体系建设。健全党组织从严治党任务清单和责任清单，完善一案双查、责任倒查机制，推动责任落实向基层延伸。贯彻落实党内监督条例，领导班子成员带头在职责范围内履行监督职责，主动接受监督。（4）党内政治生活。“党的建设质量提升年”开展以后，县人社局以习近平新时代中国特色社会主义思想为指导，依照《商都县“党的建设质量提升年”实施方案》的要求，结合重点工作，以树立“一个意识”（“不抓党建是失职，抓不好党建是不称职”的意识）、开展“三个教育”、推进“十个行动”（“落实管党治党责任”行动，“落实意识形态责任”行动，统战群团“凝心聚力”行动，“干部素质提升”行动，基层党建“提质增效”行动，人才发展“体制机制改革”行动，形式主义、官僚主义“十种表现”专项整治行动，监督执纪“零容忍”行动，惩治基层腐败专项行动，“制度执行落地见效”行动）为抓手，切实抓好党的建设每一项工作，全面提高“七个质量”（新时代“党的政治建设”质量、新时代“党的思想建设”质量、新时代“党的组织建设”质量、新时代“党的作风建设”质量、新时代“党的纪律建设”质量、新时代“反腐败斗争”质量、新时代“党的制度建设”质量）。

【荣　誉】 2018年2月，商都县人力资源和社会保障局被内蒙古自治区人力资源和社会保障厅授予“全区人力资源和社会保障系统先进集体”荣誉称号。

（供稿　张秀英）

社会保险管理

【概　况】 商都县社会保险事业管理局（以下简称县社保局）内部设置办公室、财务室、退管股、城乡居民股、机关事业股、五险中心。人员编制 24 人。

2018 年，按照“保增长，保民生，保稳定”的总体原则，统一思想，加大各项工作力度，围绕目标任务，狠抓落实，以确保发放为中心，以巩固城乡居民基本养老保险制度覆盖成果为重点，全面加强养老保险工作依法办理，以规范化、标准化、信息化、专业化建设为标准，全面提升管理水平，为服务对象提供更加优质、高效、便捷的服务，为促进全县社会稳定和各项事业发展发挥积极作用。

【养老保险扩面工作】 2018 年，继续以大型企业、中小企业、灵活就业人员、农牧民工、中断缴费人员和行政事业单位聘用人员为重点，狠抓扩面工作。创新宣传方式，推动养老保险制度宣传。通过深入乡镇发放城乡居民社会养老保险制度宣传提纲、百问百答手册、面对面答疑解惑等多种形式，灵活多样的强力推进城乡居民社会养老保险制度的宣传，使社会保险政策深入人心。认真研究政策，降低养老保险参保门槛，鼓励吸引更多的灵活就业人员参保缴费；及时做好做实各类参保人员信息核定工作，简化办事程序，提高办事效率，加大稽查力度，积极协调地税部门做好征缴工作。狠抓政风行风建设，优化服务，加强监管，不断提高服务水平，统一办事程序，明确窗口服务项目，统一文明用语，坚持首问责任制，限时办结制，制作工作牌，公布办事人员姓名、电话、岗位职责，挂牌上岗，自觉接受社会的公开监督，真正建立起前台参保“一站式”，后台管理“一户式”，咨询服务“开放式”的管理服务模式。

【养老金按时足额发放】 把养老金按时足额发放始终作为养老保险工作的第一要务，严格执行收支两条线管理规定，强化支出预算的执行力，规范基金管理行为，确保基金安全运行。按照国家和自治区要求，做好企业退休人员基本养老金的调整工作。全县共有企业离退休人员 1.44 万人，其中离休 18 人；享受遗属生活补助 357 人，平均每月发放养老金和遗属生活费 2329 万元，人均养老金水平每月达到 1689 元。

【养老保险费源核定工作】 严格落实《社会保险费申报缴纳管理规定》，依法核定缴费基数，做到应核尽核，促进养老保险费的征缴。抽组专人与劳动监察、工商、税务、工经委等相关部门全力合作，多次深入各类企业进行监督检查，核实企业用工情况和参保缴费情况，查阅企业用工花名册、企业会计发放工资表，财务报表和会计凭证等相关账册，核实缴费基数和缴费总额，之后移交地税征缴。督促没有参加养老保险的企业参保，将养老保险参保登记、缴费与工商年检、税务登记相衔接。

【“五险合一”稽核工作】 对县辖范围内用人单位及其职工基本养老保险、基本医疗保险、失业保险、工伤保险、生育保险以及大病医疗保险等险种统一稽核征缴。“五险合一”核定参保单位 38 户，参保缴费 1425 人，征缴合计 1221 万元，其中养老保险 740 万元、失业保险 24 万元、基本医疗 410 万元、大额医疗 12 万元、工伤保险 18 万元、生育保险 17 万元。

【领取待遇资格认证工作】 按照《内蒙古自治区养老保险待遇资格认证办法》，加强领取养老保险待遇资格认证。4—6 月，抽组专人，对全部离退休人员及遗属进行生存认证，年检率 100%。

宣传“内蒙古12333”手机年检在线识别系统，使退休人员足不出户完成年检，方便外地居住退休人员。有力地促进离退休人员死亡后按时如实申报，有效地堵塞养老金发放漏洞，防止养老金流失，打造“安全”社保。

【养老保险档案管理】 按照人社部和自治区人社厅下发的《社会保险业务档案达标验收实施方案》要求，聘请档案局业务人员指导，整理、规范城镇职工和城乡居民养老保险业务档案。

【社保政务服务】 县社保局所有业务进入政务大厅办公，实现“一站式”管理、“一条龙”服务，真正达到“让参保对象少跑一次路，少排一次队，少等一分钟”的作风建设目标，保证资金安全，实现便民高效服务，赢得参保群众好评。

【精准扶贫】 县社保局先后深入十八顷镇三合行政村范家村自然村贫困户家中，填写《工作手册》，了解贫困户实际情况，制定扶贫办法。单位共帮扶贫困户48户，坚持工作队天天下乡，局干部职工每月至少2次深入贫困户家中了解生产生活中遇到的问题，切实把社会养老保险扶贫工作落实到实处。按照《关于切实做好社会养老保险扶贫工作的通知》《城乡居民养老保险脱贫攻坚评价方案》要求的工作节点，在8月底前将8860人符合参加城乡居民养老保险代缴条件的贫困人口底数摸清核准，在10月底前按规定为其代缴城乡居民养老保险费，做到不漏一人。对符合享受城乡居民养老保险待遇的贫困人口，按时足额支付其养老保险待遇。

【党建工作】 认真落实《党风廉政建设责任制》，加强重点岗位、关键业务环节的监督检查，落实廉政风险防控机制。提高党员干部党性修养和廉洁自律意识，切实加强对党员干部的监督管理，按照上级要求，从源头上防止腐败案件发生。做好教育实践活动整改落实和巩固行风治理成果。针对教育实践活动中查找出的问题，整改落实、建章立制，认真履行“一岗双责”，严守政治、组织和廉政纪律。巩固窗口治理成果，努力创建优质服务窗口单位，树立为民务实清廉的良好形象。开展好“两学一做”系列教育活动，认真学习中共中央总书记习近平系列重要讲话，认真贯彻总书记的指示精神，坚持学用结合、知行合一。

（供稿　王文倩）

劳动就业服务

【概　况】 2004年6月，商都县劳动就业服务局成立，准科级建制的参公单位。县编办核定编制15人，在编人员13人，内部设置办公室、财务室、综合业务办公室、职业介绍中心及就业创业服务窗口2个。

【全年任务指标完成情况】 2018年，“就业失业登记证”发放383个，城镇新增就业人员2065人，城镇失业人员再就业320人，其中，就业困难人员就业154人，城镇登记失业率控制在3.92%，城镇技能培训1231人，农牧民转移技能培训985人，农民工转移就业4.32万人，其中转移6个月以上3.51万人，家庭服务企业人员培训35人，创业培训317人，培训后成功创业人数202人，发放创业贷款108人，发放创业贷款金额493万元，失业保险参保人数8100人，共征缴失业保险金259万元。

【就业扶贫】 2018年，针对全县具有劳动能力的建档立卡贫困人口1212人进行清单化、台账化管理，通过技能培训、劳务输出、就近就业转移、公益性岗位托底安置等措施帮助857人实现就业。开发公益性岗位促贫困劳动力就业，针对全县劳动力范围内的建档立卡贫困人口，开发村镇公益性环卫工人就业岗位1105个，每人每年补贴4000元；开发京蒙帮扶就业项目公益性岗位380个，每人每年岗位补贴3300元，用于安置异地移民进城的贫困劳动力实现就业。

【京蒙劳务协作】举办平谷·商都劳务协作专项培训活动，该项活动组织4期保洁培训和手工编织培训，参加培训人数147人，其中贫困人口102人，有效地帮助贫困劳动力增加生活技能，改善生活条件。举办专项招聘会两场，共69家企业参与招聘，提供就业岗位3985个，现场达成就业意向536人（贫困劳动力8人）。举办“就业扶贫日”活动期间，商都县组织帮扶责任人与贫困户对接，并提供政策咨询，共发放政策宣传材料2600份，18家企业提供就业岗位5481个，提供职业介绍、职业指导人数78人，签订就业协议人数15个。

【创业园打造】2018年，打造温宁·巨弘创业园，该创业园总占地面积5.76万平方米，总建筑面积为4.76万平方米，项目总投资2.5亿元，可容纳290余家创业团队及创业者入驻，创业就业人员可达2300多人。截至年底，共入住123家创业团队及创业者，创业就业人员达到970多人。

【众创空间建立】2018年，建立众创空间，该空间建设面积1320平方米，内设创业咖啡、“互联网+”、商务洽谈、创业指导孵化、头脑风暴、创想空间、多媒体训练营及项目路演等服务设施，为创业者提供良好的工作空间、网络空间、社交空间和资源共享空间。

【荣　誉】2018年，商都县劳动就业服务局获乌兰察布市妇联颁发的2018年“巾帼建功先进集体”奖。

（供稿　张　宏）

医疗保险管理

【概　况】商都县医疗保险局（以下简称县医保局）机关内设7个职能股室：综合办公室、财务室、职工医疗保险股、工伤保险股、生育保险股、城乡居民医疗保险股、基金稽核股。核定编制30人。

【城镇职工基本医疗保险】2018年，对城镇职工医疗保险基金征缴工作进行全面梳理，严格审核城镇职工医疗保险缴费基数，确保医疗保险应保尽保、应收尽收、减少流失。进一步扩大单位参保人数。截至12月底，全县参保职工人数1.9万人。城镇职工医疗保险基金收入6352万元，基本医疗保险支出5823万元。

【生育保险】截至2018年12月底，全县参加生育保险人数为1.23万人，完成市下达任务数的100%。收入95万元。报销101人次，支出45万元。

【工伤保险】截至2018年12月底，全县参保企业72家。参保职工人数为1.06万人。收入176万元，支出实行市级统筹。

【城乡居民基本医疗保险】2018年，努力抓好城乡居民基本医疗保险工作，全面完成目标任务，医保局通过不断向县委、县政府汇报，积极与各相关单位部门协调，集中力量广泛进行宣传，克服任务重、人手少的具体困难，各司其职、多管齐下，截至12月，全县城乡居民参保人数26.1万人，城乡居民医疗保险基金收入1.74亿元，医疗保险支出1.76亿元，享受待遇3万余人次。

【医保参保率】2018年，为使全县居民切实得到基本医疗保障，共享改革发展成果，医保局加大宣传力度，全力扩大医保覆盖面。采取各种方法，深入开展“进学校、进乡镇、进企业”宣传医疗、工伤保险的意义和作用，使企业、个人更多地了解医疗、生育、工伤保险的政策以及法规，做到人人皆知，提高企业、个人参保自觉性，形成积极参保的良好氛围。

【精准扶贫医疗保障工作】2018年，商都县召开会议，印发《商都县建档立卡贫困户医疗报销救助“一站式”服务实施方法（试行）的通知》，将医保、民政、新华保险、人险、财险集中办公的“一站式”服务进行优化，即建档立卡贫困患者2017年12月31日后入院结算的住院医疗费用和慢病送药费用，由医保局用爱心基金按95%

的比例先行支付，然后由各业务经办机构分别进行记账的办法加快报销速度。县域内发生的医疗费用可在就医医院即时报销；县域外发生的医疗费用到政务大厅精准扶贫“一站式”报销窗口受理，3个工作日内将报销款支付给患者。截至12月，通过爱心基金为县域外就医1576人次先行支付2293万元。

乌兰察布市人民政府印发《乌兰察布市建档立卡贫困人口医疗保障管理办法（试行）的紧急通知》后，医保局高度重视，及时召开会议研究部署建档立卡贫困户人口报销政策，保证从受理开始每个环节都不能出现半点差错，并将政策内容做成宣传页2万张，发放到贫困户每个人的手中，让每个贫困户及时了解当前医疗报销政策。按文件要求，2018年7月7日后贫困户住院和门诊慢性病都按总费用的90%报销。

【网络信息化办公】 扩展信息网络服务功能，2018年，充分发挥网络技术优势，以“金保工程”为载体，整合现有网络和信息资源，改造升级应用软件，提高经办效率。跨省异地就医直接结算工作作为国务院重点民生工程，自该项工作启动以后，县医保局认真对待，高度重视，组织相关业务人员在国家和自治区以及乌兰察布市规定的时间内相继完成联网测试、登记备案等工作，根据商都县人民政府办公室《关于做好跨省异地就医人员备案工作的通知》要求，针对异地居住人员、异地转诊进行统一的备案登记，住院患者住院前只需要在医保服务大厅异地备案窗口做备案处理，在外就医就可以在就医医院直接报销。

【大病慢病医疗扶贫】 为了切实解决贫困户因病返贫的现象，2018年，商都县通过社会捐赠、整合扶贫资金、基金利息收入和其他合法来源等方式筹集资金，设立大病慢病扶贫爱心基金。不足部分由县财政兜底。2018年，商都县为建档立卡贫困对象设立500万元扶贫爱心基金。对建档立卡贫困对象医疗费合规费用经各种政策报销后比例仍不足90%给予补足，降低因病返贫的现象。

【党风廉政建设】 2018年，县医保局全面贯彻“五个不许”（不许违反规定收送现金、有价证券和支付凭证；不许“跑官、要官”；不许放任、纵容身边工作人员利用领导干部职权和职务影响经商办企业、谋求非法利益；不许利用婚丧嫁娶等事宜收敛钱财；不许赌博，严于律己，清正廉洁），严格执行党风廉政建设、廉洁自律各项规定。坚决贯彻落实自治区纪委提出的“四项工作”，严格按照县委出台的公务活动接待标准进行公务接待，杜绝奢侈浪费，防止用公款大吃大喝。坚决禁止用公款外出旅游。坚决禁止领导干部利用职务之便为自己谋取私利。坚决禁止弄虚作假，虚报浮夸，渎职、失职，造成不必要的损失。

【定点医疗机构和定点药店的监督检查】 2018年，完成对3家定点医疗机构和68家定点零售药店的检查，进一步加强对定点医疗机构和药店稽核力度。对违反医保政策的违规行为，查实一例、处罚一例，坚决规范医保服务行为，切实维护参保人员的合法权益，有效地堵塞医保基金流失漏洞。

（供稿　张国华）

扶贫开发

【概　况】 1986年，商都县扶贫开发办公室（以下简称县扶贫办）成立，规格为正科级单位，为商都县政府常设机构。下设扶贫服务中心。内设5个科股室，分别为办公室、财务室、产业金融股、信息监测股、社会扶贫股。扶贫办有编制人员107人，其中行政编10人、事业编97人。

【扶贫成效】 2018年，按照中央和自治区党委、政府及市委、市政府关于脱贫攻坚工作的各项决策部署，围绕精准扶贫、精准脱贫的基本方略，全面落实“六个精准”和“五个一批”总体要求，着力构建专项扶贫、行业扶贫和社会扶贫“三位一体”的大扶贫格局，健全脱贫攻坚的政策体系，完成年度减贫任务。全县贫困人口由年初的5712户、1.34万人减少到年底的2584户、5465人；贫困发生率由5.15%下降为2%；贫困村退出34个，剩余33个；脱贫攻坚取得阶段性成果。

【精准识别工作】 2018年4月22日至8月底，在全县范围内，对所有农户进行一次摸底清查和信息采集，对建档立卡工作开展动态调整。通过新一轮动态调整，新识别共计41户、98人；返贫3户、7人，回退12户、34人；标注脱贫不享受政策154户、425人；脱贫享受政策4738户、1.08万人；清退13户、50人；自然增加149人，自然减少343人；贫困村退出34个，剩余33个。剩余未脱贫户2584户、5465人。贫困发率由2017年年底的5.15%下降为2%。

【项目库建设】 按照“聚焦精准扶贫、聚焦建档立卡贫困户、符合项目实施条件”的要求，认真组织相关部门和乡镇梳理、筛选扶贫项目，建立扶贫项目库。2018—2020年，商都县脱贫攻坚项目共计3356个，计划投资规模26.14亿元。其中，农牧业发展生产类项目1828个，计划投资规模8.57亿元；农牧区基础设施类项目1280个，计划投资规模17.18亿元；能力建设类项目248个，计划投资规模0.39亿元。

【“菜单式”产业扶贫】 2018年，按照《商都县产业精准扶贫实施方案》和《关于2018年产业精准扶贫项目补贴的补充通知（试行）》，制定产业扶持名录和奖补标准，对贫困户进行产业扶持。全县10个乡镇均符合“菜单式”产业扶贫，3066.8万元扶贫款全部到位。按照人均1500元、户均不超4500元，超出部分按10%进行补贴的标准，对有劳动能力贫困人口予以扶持，共计5560户、1.32万余人，资金1886万元；按照户均1500元，超出部分按10%进行补贴的标准，对弱劳动能力贫困人口予以扶持，共计5121户、1.14万余人，资金768万元；按照每户1000元的资产收益标准，对无劳动能力和有劳动能力没有产业项目的贫困户进行扶持，共计4128户，资金412.8万元。

【金融扶贫】 按照《商都县加强金融扶贫工作实施意见》，抓住商都县被列入自治区第二批县域金融试点旗县的机遇，加强与各家金融机构的合作，建立扶贫贷款贴息政策，引导金融机构将贷款向贫困户、龙头企业和扶贫领域投放。对建档立卡贫困户发放额度5万元以下、3年期以内、免抵押免担保、执行基准利率的小额扶贫贷款，贫困户贷款年龄放宽到65周岁，贷款期限与脱贫攻坚期同步，在脱贫攻坚期内建档立卡贫困户小额贷款每年给予不超过5%的全程全额贴息，使符合贷款条件的建档立卡贫困户做到“应贷尽贷”。坚持贫困户自愿参与的原则，采取“以社带户、以企带村”的方式，通过订单包底、资产收益、流转租用、托管分红、就业创收等形式，使贫困户融入产业发展并长期受益，增强贫困户内生发展动力。1—10月，为1368户贫困户发放贷款6059.97万元。

【光伏扶贫】 对没有劳动力的贫困户和残疾人贫困户通过建设光伏电站的资产收益模式带动增收，上级下达商都县1个集中电站光伏指标37.63兆瓦和39个村级电站光伏指标19.30兆瓦。2018年，集中电站并网发电，后续工程正在加紧建设。项目全部并网发电后，计划覆盖全县贫困户1505户，每户每年收益3000元，持续扶持20年。完成39个村级电站的选址及可研、招投标等前期各项手续，并开工建设，计划12月30日并网发电。建成后可带动5364户贫困户，户均年增收1500元，持续扶持25年。第二批光伏扶贫项目，经初步统计，计划新建49个村级光伏电站（包括联村电站6个），建设规模约25.22兆瓦，资金需求 1.65 亿元，涉及贫困人口 1.04 万人。

【村集体经济】 按照“村级主导、市场主体，因地制宜、分类指导，培植典型、示范带动，整体联动、部门配合”的原则，创新思路、强化举措，2018 年年底，75% 以上的村集体经济收入超过 5 万元。共争取市级集体经济发展资金 1500 万元，并利用扶贫整合资金 4000 万元，完成 10 个乡镇、22 个村集体经济发展试点项目建设。通过资金托管保本分红、龙头企业反哺、村企帮扶协作、盘活资源资产、创办服务产业、开发乡村旅游等途径，实现村级集体经济现金总收入 936 万元，村集体资产达 8545 万元。

【东西部扶贫协作和中央单位定点帮扶工作】 京蒙对口帮扶合作两地签订各类协议 25 个；共开展深层次对接 35 次；共实施项目 13 个，投入资金 1.08 亿余元。工信部军民合作司派人多次到商都县进行调研，在 2014 年投资 20 万元用于商都县产业发展的基础上，2018 年，计划投资 100 万元，支持商都县村级光伏电站建设。中国通用技术集团定点帮扶商都县，累计投入帮扶资金 2353 万元；先后选派干部 3 人到商都县挂职，援建通用小学，设立“中国通用技术教育发展基金”，推动所属企业北京机床研究所与商都县职业技术学校联合打造“实用型高水平机床专业”，争取共青团中央“西部计划”支教老师到商都县支教，委托通用咨询公司完成《长盛工业产业园区发展规划》的咨询报告，帮助引进电信科学技术研究院所属大唐融合通信股份有限公司在商都县建设以大数据为技术支撑的呼叫中心项目，并出资支持商都县互助幸福院建设和基层党组织阵地建设。2018 年 11 月 9 日，中共商都县委召开中心组集体学习会，集团帮助邀请中共中央党校教授樊继达到商都县进行专题讲座，并给予资助。

（供稿　郭伟宁）

民族　宗教

民族、宗教事务

【概　况】 商都县民族宗教事务局（以下简称县民族局）设立综合办公室、民族事务股、宗教事务股，有工作人员 5 人。

2018 年，认真按照上级党委对新时期民族宗教工作的新要求，围绕全县经济社会发展大局，积极开展民族宗教和蒙古语文等工作，积极为促进全县经济发展、民族团结和社会稳定做贡献。

【民族工作】 深入贯彻落实中共十九大及中共中央总书记习近平系列重要讲话精神，以及中央、自治区党委和市委民族工作会议精神、全国宗教工作会议精神，牢牢把握各民族“共同团结奋斗、共同繁荣发展”的工作主题，贯彻实施好国家针对民族地区发展的政策存量，充分激发民族地区自身潜力，攻坚克难、真抓实干、开拓创新，强化法治理念，坚持改革精神，弘扬优良传统，积极作为，敢于担当，做实安全稳定基础，做好城市民族工作，做精宗教事务管理，做优社会服务品牌，做强民族宗教团体，做美民族宗教部门形象，团结广大少数民族群众、宗教界人士和信教群众为建设经济强、百姓富、环境美、社会文明程度高的商都贡献力量。

【示范创建活动】 2018 年，全面贯彻落实自治区党委、乌兰察布市委和商都县委关于创建民族团结进步示范单位的精神要求，不断巩固和发展平等、团结、互助、和谐的社会主义民族关系，为推动全县民族团结进步创建活动，制订 2018 年创建自治区级民族团结示范单位工作情况创建计划：拟报商都县人民政府、商都县人民检察院为 2018 年自治区级示范单位；商都县公安局、商都县人民法院、商都县农村信用联社为市级学习蒙古语文示范单位；十八顷镇、小海子镇、商都县委办、商都县政府办为市级民族团结示范单位。利用新闻媒体、报刊、宣传栏等形式，将有关法律法规宣传教育进机关、进企业、进学校、进社区、进乡村、进寺庙，使活动真正转化为促进民族团结进步、宗教和谐、社会稳定的正能量。

【精准扶贫工作】 2018 年，把握“各民族共同团结奋斗，共同繁荣发展”这一新时期民族工作主题，认真贯彻中国共产党的民族政策和《民族区域自治法》，全县呈现出政治安定、经济发展、民族团结、社会进步的大好局面。按照县委、县政府关于精准扶贫工作的各项部署要求，把精准脱贫工作作为头等大事和头号民生工程来抓，按照自治区民委下达商都县 2018 年度少数民族发展项目资金的要求，通过各乡镇申报、实地考察，将 260 万元少数民族发展资金捆绑用于小海子镇道路硬化项目，共受益自然村 6 个、受益人口 2580 人（其中少数民族人口 59 人、贫困人口 358 人）。组织全体包扶干部职工多次开展走访慰问活动，及时为困难群众送去慰问金，为帮扶村村民捐赠米、面以及电视机等，并鼓励村民树立自强不息的精神支柱，倡导文明健康的生活方式。

【党风廉政建设】 2018 年，认真开展党建及党风廉政建设工作，组织召开局党员干部会议数次，认真学习中共十九大精神、中央八项规定等有关文件。全局党员干部职工无违法违纪现象发生。

【宗教工作】 2018 年，坚持党的宗教信仰自由政策，依法管理宗教事务，坚持独立自主自办原则，积极引导宗教与社会主义社会相适应的基本工作方针。局干部经常性地深入宗教活动场所进行检查指导，加强宗教活动场所的依法管理。2018 年，在重点活动场所落实各项规章制度，形成图板上墙并且在场所升挂国旗，进行爱国主义教育和社会主义核心价值观教育活动。进一步体现宗教中国化方向。在宗教事务管理方面，始终坚持“保护合法、制止非法、遏制极端、抵御渗透、打击犯罪”的原则。

【清真饮食管理】 2018 年，会同县食品药品监督局，对清真饮食市场进行检查，对不合格的屠宰点、清真餐馆进行停产整顿，要求及时整改，直至合格为止。进一步净化清真饮食市场，给穆斯林群众提供安全放心的清真饮食环境。

【蒙古语文工作】 县民族局围绕民族团结的工作大局，认真贯彻落实《内蒙古自治区蒙古语言文字工作条例》《内蒙古自治区社会市面蒙汉两种文字并用管理办法》等党的民族语言文字政策，有力地维护民族团结、社会发展和政治稳定的良好局面。2018 年，共翻译蒙古语文牌匾 800 多条、社会市面牌匾 600 多条、室内牌匾 100 多条、会议会标 100 多条。全县 12 家有一定规模的装潢部安装蒙古语文翻译软件。按照市民委的要求，商都县 4 家装潢部在集宁市民委进行蒙汉并用管理系统专业培训，并建立蒙古语言文字翻译 QQ 群，要求所翻译的蒙文必须由县民族局统一负责翻译管理，确保从源头上杜绝牌匾标识、户外广告等蒙汉文不规范问题。加强蒙汉文并用的监督检查力度，继续加强对党政群机关、窗口单位、公共服务行业等重点单位的蒙汉两种语种文字并用情况的监督检查，对存在的突出问题依法进行整改和规范。

（供稿　斯　琴）

经济管理与监督

发展和改革

【概　况】 商都县发展和改革局（挂粮食局牌子）（以下简称县发改局）核定编制52人，其中，行政编制24人、工勤编制9人、事业编制19人。局领导一正五副。内设7个股室，实有在职干部39人。

【项目争引工作】 2018年，把争资引项作为发改工作的重头戏，坚持问题导向，强化责任担当，促进项目和投资稳定增长。（1）资金争取力度不断加大。紧盯上级投资动态，围绕保障性安居工程、教育、卫生、文化、农牧林水等领域，全面做好中央预算内投资项目的申报工作，全年争取上级预算内投资项目19项，总投资3.31亿元，其中上级投资2.23亿元。（2）重点项目进展顺利。全年实施亿元以上重点项目23个，总投资68.38亿元，2018年完成投资19.36亿元。其中，农林水工程项目3项，总投资19.62亿元；重大产业项目13项，总投资39.13亿元；社会事业项目和民生工程3项，总投资3.73亿元；城镇化建设项目4项，总投资5.9亿元。注重项目的搜集、储备工作，会同农牧、经信、教育和卫生等部门，结合全县实际情况，合理谋划、积极储备。共列入国家发改委重大项目库三年滚动计划的项目共计183项，总投资195.52亿元。重点项目建设拉动投资与促进县域经济发展。（3）投资环境不断优化。全面落实国务院《企业投资项目核准和备案管理条例》，优化项目报建审批流程，加强投资项目在线审批平台的利用，推进项目投资领域“互联网+政务服务”的实现，2018年，共审批、核准、备案各类项目63个，项目总投资33.6亿元。

【易地扶贫搬迁工程】 全面落实国家易地扶贫搬迁政策要求和规范标准，积极探索易地扶贫搬迁与工业化、新型城镇化相结合的搬迁方式。“十三五”期间，商都县实施易地扶贫搬迁建档立卡贫困人口5150人，同步搬迁3336人，其中，2018年实施易地扶贫搬迁2619人（包含提前实施2019年的132人），包括建档立卡贫困人口1950人、同步搬迁人口669人。上级共下达资金1.29亿元，已拨付8901.38万元，原渠道退回上级财政1345万元，县弘信公司平台账余2675.62万元。

【各项改革深入推进】（1）认真做好降成本、补短板工作。降成本方面，全面清理规范涉企行政事业性收费，强化涉企收费清单监管责任，全县行政事业性收费项目由19项减少到16项，经营性服务收费保留11项，行政审批中介服务收费涉及4项。补短板方面，坚持既利当前又利长远，既重硬设施又重软实力，全年实施农牧林水、基础设施建设、生态环境、重点社会事业和民生工程等领域补缺短板项目29项，完成投资4.2亿元。

（2）稳步推进价费体制改革。根据上级有关阶梯水价改革要求，经过充分调研和广泛征求意见，结合全县实际情况，按照定价程序，分别召开水价听证会和社会稳定风险评估论证会。经商都县维护稳定工作领导小组批复同意，综合消费者和有关部门意见建议，报请县政府党组会议研究通过。

【脱贫攻坚】 始终坚持把脱贫攻坚当作大事要事来抓，对标国家、自治区政策，积极做好各项扶贫工作。（1）全力实施好光伏扶贫工程。37.63兆瓦集中式光伏电站，项目总投资约2.5亿元，2019年1月12日全部并网发电，可带动贫困户1505户年均增收3000元，持续扶持20年。19.30兆瓦村级扶贫电站，覆盖10个乡镇的43个贫困村，项目总投资约1.05亿元，建设地点为三大顷乡海沿村，中标单位为山东省东营市科源节能技术有限公司。2018年，共完成打桩0.55兆瓦，安装光伏组件0.3兆瓦，计划2019年6月30日前全容量并网发电。（2）全力做好部门帮扶工作。按照县委、县政府要求，县发改局在西井子镇七邓营村派驻扶贫驻村工作队，在十八顷镇汉淖堡村派驻扶贫驻村工作队员。全局39名党员干部结对帮扶126户贫困户，结对帮扶的党员干部每月至少走访两次贫困户，宣传中国共产党的扶贫政策，全面准确掌握贫困户的家庭情况和致贫原因，建立帮扶档案，量身定做脱贫计划，并在春耕生产等环节积极为其排忧解难，开展“送温暖、献爱心”活动。组织驻村工作队、驻村第一书记及帮扶责任人，为西井子镇七邓营村和三大顷乡新海子村354户农民每户送去大米2袋；筹资15万元，为西井子镇七邓营村委会硬化院落1200多平方米；捐资3万元，帮助村委会发展集体经济，新建温室大棚1座；对接“澳大利亚魏基成慈善列车”，组织全体帮扶责任人为贫困户送去冬衣、棉被共计126套。

【招商引资工作】 县委、县政府主要领导带领招商小分队到北京、浙江、山东、河北等地区开展招商引资和承接产业转移项目对接工作，先后参加乌兰察布市2018“长三角”企业家交流会、乌兰察布市承接雄安新区产业转移招商推介会、乌兰察布市（北京）投资推介会、乌兰察布市人民政府与北京市国资委产业扶贫协作项目对接座谈会等会议。与浙江省内蒙古商会、河北地坪行业协会、北京地坪产业协会等协会进行对接，并就相关企业进行考察洽谈。通过实地考察、座谈交流等方式进行承接产业转移和招商引资工作50多次。对重点招商项目和跟踪在谈项目实行县级领导和科（局）领导包联责任制。截至年底，招商引资新签约项目18个，协议总投资50.34亿元。2018年，招商引资建设项目共36个，其中续建项目13个，项目总投资29.53亿元，累计完成投资5.2亿元；新落地开工项目23个，项目总投资40.67亿元，累计完成投资12.2亿元。跟踪在谈招商项目56个，其中农牧业项目21个、工业项目30个、服务业及其他项目5个。

【粮食流通工作】（1）强化监管，提升粮食流通水平。加大对秋粮收购市场专项监督检查力度，制订实施方案，组织力量深入基层收购点对粮食收购资格、价格、质量等级等进行督查，确保全县秋粮收购流通顺畅。（2）落实粮食安全责任制，全力保障安全储粮和安全生产。建立健全粮食安全部门协调联动机制，统筹解决粮食安全工作中遇到的困难和问题。顺利通过全市粮食安全旗县区长责任制考核，在全市11个旗（县、区）中，商都县排名第一位；制订《安全储粮和安全生产大检查工作实施方案》，成立安全处理和安全生产大检查工作领导小组，定期会同相关部门组织全县安全储粮和安全生产大检查，对发现问题进行督促整改。（3）深化粮食行业转型发展。积极推进“产购储加销”一体化发展，加快“优质粮食工程”产后服务中心建设。充分利用现有的仓房、场地、设备等设施资源建立市场化专业化的有偿为种粮农民提供代清理、代干燥、代储存、代加工、代销售“五代”服务，推动粮食流通体制改革和粮食产业化转型升级。

【党风廉政建设】（1）落实党风廉政建设“两个责任”（党委履行主体责任、纪委落实监督责任）。成立由党委书记任组长、分管领导为副组长、各支部负责人为成员的党风廉政建设领导小组，建立健全廉政责任体系和考核办法，制订县发改局《党风廉政建设责任制度》，印发年度《党风廉政建设工作计划》和《党风廉政建设工作责任分工》，逐级签订廉政责任状和承诺书。认真落实“一岗双责”要求，严格执行中央八项规定，落实自治区28项配套规定、市委和县委关于作风建设有关规定。坚持挺纪在前，严肃查处形式主义、官僚主义“十种表现”，开展“雁过拔毛”式腐败问题专项整治。进一步规范党内政治生活，严格落实“三会一课”制度，定期召开党员大会、支部委员会、党小组会，要求党员领导干部参加所在支部组织生活，带头上党课；及时召开民主生活会，开展批评与自我批评。（2）不断强化意识形态工作措施。制订县发改局《开展“落实意识形态责任制”行动工作方案》，明确局领导班子对意识形态工作负主体责任，书记负第一责任，分管领导负直接责任，主要领导同分管领导、各股室负责人之间分别签订意识形态工作责任书。做到“一把手”抓网络意识形态安全，牢牢掌握网络意识形态的主导权。

（供稿　孙通宇）

国土资源管理

【概　况】 商都县国土资源局是2002年机构改革中，由原乌兰察布盟土地管理局商都分局和地质矿产局合并组建而成的，是代表县政府管理土地、矿产资源和测绘工作的行政职能部门。全局干部职工共114人，其中在职干部职工79人、退休人员34人、遗属1人。具有大专以上学历的39人；机关工作人员平均年龄为36周岁；中共党员55人。局领导班子配备党组书记、局长1人，副局长1人，党组成员5人；内设股室共16个，即办公室、党建室、储量与环境股、规划与测量股、土地利用股、地籍管理股、地质矿产股、耕地保护股、土地登记中心、土地整理中心、土地矿业权交易中心、卫片检查室和4个乡镇国土资源所。二级单位有商都县土地储备中心、商都县不动产登记中心和商都县国土资源监察大队。

【土地出让】 2018年，通过公共资源交易中心挂牌出让土地15宗，总面积367.31亩，成交价款2870万元。

【地籍管理】 2018年，完成第三次土地调查和“房地一体”修补测公开招标工作，并实施登记管理。

【不动产登记工作】 2018年，共受理不动产登记资料约8310件，颁发不动产权证书3759本，颁发不动产登记证明3063本；完成土地抵押11宗，房地一体抵押1430宗；预告登记及抵押权预告登记受理47件，面积4682.61平方米；协助法院查封受理2件，面积5.93万平方米，出具各类房产查询证明共计4300件。为避免不动产错误登记，外出权籍权属调查50余次。共完成档案整理归档6700余份。实现房产交易、税务、不动产登记“一窗受理”。

【耕地保护】 完成2013年大黑沙土镇补充耕地储备库项目提质改造工程，项目建设规模4271亩，投资731.04万元，由市场投资方投入资金改良土壤、补打机井、进行排盐排碱工程，种植柳树、沙柳，通过市局专家组签字验收。

【土地整治】 完成2011年以来实施的4个土地整理项目、补充耕地储备库项目和高标准基本农田建设项目的验收；完成2015年商都县大黑沙土镇四台坊村和南大勿邓村土地整治项目招投标工作。该项目规划设计建设规模498.39公顷；做好

2013年补充耕地储备库项目提升改造工程项目建设规模4000亩。

【增减挂钩项目】 完成废弃居民点复垦面积560亩，其中国家级任务240亩、超额完成320亩。为全县“美丽乡村”建设和易地扶贫搬迁项目建设调整规划132.75亩，组卷1个批次，面积43.194亩。

【土地卫片违法用地查处情况】 2017年度土地违法图斑110个、83宗地，违法面积1203亩，违法占用耕地面积191.6亩。其中，精准扶贫项目涉及图斑76个，53宗，面积966.2亩（其中耕地面积136.3亩）；一般违法用地项目涉及图斑30个，27宗地，面积228.8亩（其中耕地面积52.4亩）；非立案处理（空地）涉及图斑4个,3宗地，面积8亩（其中耕地面积2.9亩）。违法案件查处整改情况：83宗违法用地案件，立案27宗，已全部下达行政处罚决定书，结案27宗。其中，没收26宗，违法建筑面积共计15.02万平方米；拆除1宗，拆除面积共计0.11万平方米。处理相关责任人，履职到位率100%。未立案处理53宗，全部为精准扶贫异地搬迁项目。除非立案处理的3宗违法用地之外，其余80宗均已组卷，正在报批完善用地手续中。

【矿产卫片违法督查情况】 矿山卫片立案15宗，全部下达行政处罚决定书并结案，已处理相关责任人，已全部履职到位，结案率100%。整改到位9宗，整改到位率60%。2018年，全域土地例行督查。违法图斑12个，12宗地，已全部履职查处到位，12宗违法用地中9宗为精准扶贫异地搬迁项目，正在组卷报批中，其余3宗分别为外环路（为杨家地移民楼向北至巨弘酒店，巨弘酒店丁字路口向东250米结束，商都县交通局修建）、嘉利公司及民宇水泥厂。外环路违法占地面积39.8亩，其中林地3.1亩待林地批复后组卷报批；嘉利公司违法占地面积19.9亩和民宇水泥厂违法占地面积10.1亩，正在准备报批材料中。

【地质环境治理项目实施情况】 完成2012年省际通道两侧地质环境治理项目和2017年主要交通干道两侧地质环境治理项目（一期）建设并通过验收。督促7家矿产企业完成矿山地质环境分期治理任务并通过验收。贫困地区找水项目，完成西井子镇、屯垦队镇、玻璃忽镜乡、大库伦乡、卯都乡缺水地区3个找水项目的立项工作；完成屯垦队镇、大库伦乡、卯都乡缺水地区2个项目的外业勘探工作并通过验收。

【执法监察】 6月，分别对屯垦队镇大南坊村一带及西井子镇头股地、大木匠、大阳坡、黑毛湾等13家矿山进行治理。其中商都县商源经贸有限责任公司、商都县精品石英砂矿区等6家矿山，共出动钩机近80台次，装载机60台次，自卸车100台次，对矿区进行清理废渣、削坡、平整、回填矿坑等治理工作。清运并回填土方量约4万立方米，废石场削坡整理面积近110亩。西井子镇大阳坡村南以采代探石灰石矿、西井子头股地村北硅石矿点、西井子大木匠村北硅石矿、西井子镇黑毛湾一带有2家矿山等6家矿山，进行平整回填，并种植樟子松、柠条苗、柠条籽。7月，根据《商都县安全生产、环境保护专项大检查工作方案》文件精神，第五专项检查组组长、副县长刘瑞在商都县实发矿业公司现场组织县国土、环保和安监相关部门专门召开动员部署会。该次专项大检查共检查矿山企业21家，其中井下开采15家（玻璃忽镜乡7家、卯都乡8家），露天开采家5家（玻璃忽镜乡1家、西井子镇2家、屯垦队1家、三大顷乡1家），存在的主要问题是证照不全、越界、不按开发利用方案开采及井下支护不符合安全规定开采，存在一定安全隐患。检查中出动执法人员21人次，执法车辆5台次，下达《责令改正违法行为通知书》9份。9月13日，县矿产资源依法治理整顿领导小组召开紧急会议，由副县长刘瑞牵头，责令县矿产资源依法治理整顿领导小组成员单位国土、公安、环保、安监、林业、交通、森林公安、电力等有关部门和乡镇政府集中1周时间，对非法开采矿产资源行为进行集中专项整治。对非法开采矿山采取拉闸限电、拆除供电设备等措施予以强制关停。专项行动中共出动执法人员120多人次，车辆50余台次。强制关停数十处违法矿点。共拆除变压器21台（其中七台镇政府保管6台、三大坝乡政府保管3台、玻璃忽镜乡政府保管3台、卯都乡政府保管1台、西井子镇政府保管3台、矿山自行拆除5台），扣押发电机1台（七台镇政府保管），扣押装载机1台（玻璃忽镜乡政府保管）。

【党风廉政建设】 加强党风廉政建设组织领导。2018年，认真执行民主集中制，对干部选拔、任用等重要事项均提交党组会讨论决定，确保权力规范运行。党风廉政建设真正做到层层签订、层层承诺、层层落实。认真进行党风廉政建设责任分解。制订下发组织领导、责任制分工及牵头任务书，把党风廉政建设工作任务，落实到每个股室，落实到每一位干部职工。

【"两学一做"教育】 2018年年初，根据市局党组及商都县委组织部关于"两学一做"常态化、制度化学习教育的安排部署，召开全局党员动员大会，成立"两学一做"常态化、制度化学习教育协调小组，制订"两学一做"常态化、制度化学习教育实施方案，制订全局党员、局党组、各支部学习计划并进行严格落实。

【精准扶贫】 立足实际，紧扣落实新理念、强化新作为，通过"六个精准""五个一批"，做到精准脱贫"四个清"（底数清、责任清、办法清、工作要求清），完善精准扶贫机制，落实产业扶持，结合职能推进扶贫工作。投资19万元，在大南坊村建设一处果园；投资9万元，为其他帮扶村农户提供果树苗，发展庭院经济，增加贫困户年度收入；为29个光伏项目、6个旅游项目调整规划182公顷；为异地扶贫搬迁及美丽新农村建设项目调整规划132.75亩，组卷1个批次。对补耕库进行盐碱地改造，面积近4000亩，农民人均增加收入80元，共增收32万余元。为严重缺水的贫困地区申请自治区及市级基金找水项目3个，覆盖范围793平方公里；实施增减挂钩复垦项目560亩，通过验收303.27亩。通过加强自身业务工作，助力全县脱贫攻坚事业稳步推进。

【荣　誉】 李晓东被市国土资源局评为优秀共产党员。

王秀芳被市国土资源局评为优秀党务工作者。

（供稿　孙吉龙）

工商质量监督管理

【概　况】 商都县工商质量技术监督管理局（以下简称县工商质监局）内设机构18个，共有办公室7人；人事教育股3人；财务装备股2人；法规股2人；公平交易和消费者权益保护股4人；市场规范股3人；企业注册监督管理股4人；基层工作股3人；商标广告监督管理股2人；综合执法稽查股2人；质量管理股1人；标准化股1人；计量股2人；产品质量监督股2人；特种设备监察股5人；计量所2人；信息中心3人；私营经济党建办3人。

下设工商所6个：城关南工商所、城关北工商所、新区工商所、园区工商所、小海子工商所、屯垦队工商所。

【商事制度改革】 县工商质监局作为市场准入第一道门槛，充分发挥牵头部门作用，简化办事流程，把企业"引进来""留下来"。认真落实上级"证照分离"改革措施，按要求减少办理要件、压缩办理时限、简化审批程序，切实提高服务企业载体的有效性。深化"多证合一"综合性改革，2018年，加强窗口人员配备，主动与其他部门协作，提升注册登记便利化水平。推进"互联网+政务服务"，实现全程电子化，商都县在全市发出第一张电子营业执照，截至是年年底，共发放16张电子营业执照。完善市场主体退出制度。推行服务前移，对招商引资项目提前介入，前移登记注册窗口服务，确保市场主体增势不减、保持活跃。推进企业名称登记管理改革，实行名称自主申报试点，简化申请流程。推行企业登记注册规范化。统一规范经营范围、规范企业登记申请文书和提交材料，落实名称登记制度，规范“双告知”（向企业告知审批许可事项、向审批部门告知登记信息）流程。推行审核合一、一人通办规范经营范围用语。在扶持小微企业方面，着力降低制度性交易成本，鼓励符合小微企业标准的个体工商户转型升级为企业。为解决小微企业融资困难，开展动产抵押，探索股权出资、商标质押业务。

【企业信息公示工作】 督促市场主体开展年报公示工作，通过加强年报宣传、培训、咨询、督查，实施“点对点”服务，建立微信群等方式，加强年报公示力度。2018年，全县企业年报率达99.30%，农民专业合作社年报率达90.45%，个体工商户年报率达99.10%。年报率在全市排名第二位。结合“企业年报公示”工作开展市场主体活跃度调查，对长期停业未经营、未注销的市场主体，引导办理注销手续；对符合吊销条件的市场主体依法吊销营业执照。引导各类市场主体办理注销118户，依法吊销各类企业28户。

【市场监管】 加强市场监管创新，营造公平有序的市场竞争环境。（1）推行涉企信息统一归集公示、互联共享和联合惩戒。全县29个相关部门间签署联合惩戒备忘录，明确各部门工作职责。截至年底，有10个部门在协同监管平台上归集各类涉企信息6.85万条。（2）实施“双随机，一公开”（随机抽取检查对象，随机选派执法检查人员，抽查情况及查处结果及时向社会公开）抽查机制。建立工商质监部门“一单两库一细则”（“一单”指随机抽查事项清单；“两库”指市场主体名录库、执法检查人员名录库；“一细则”指规范“双随机”抽查工作细则），对市场主体进行“双随机”抽查检查。2018年，对28家企业、26户农民专业合作社和170家个体工商户进行抽查，将抽查结果全部上报公示，接受社会监督。（3）开展专项执法行动。对农资市场、成品油市场、无照经营行为等工作开展专项执法行动，有力维护市场公平竞争秩序和群众切身利益。在农资市场专项执法行动中共检查农资经营户40户，抽检7户18个批次，全部合格；在成品油市场专项执法行动中，抽检6家6个批次；在煤炭市场监管中，检查煤炭经营户32家，煤炭经营户建立购销台账，进供检验报告，签订质量承诺书；对2户无照经营户责令改正，限期办理营业执照。（4）在打击传销，规范直销监管中，对商都县华星汽贸有限责任公司通过销售北汽绅宝轿车，加盟云联惠商城消费全返的高额回报形式涉嫌传销违法行为予以取缔；在加强直销监管工作中，主要对荣格、绿叶等直销企业进行重点监管，对销售人员登记备案在册，全部资料实行备案登记，签订禁止传销责任书，切实维护直销市场秩序。

【消费者权益保护】 加强消费者权益保护，畅通消费维权渠道。充分发挥“12315”投诉举报中心、消费者协会作用，开展消费者权益保护系列活动。在全县举行“3·15”消费者权益日宣传活动，邀请县人大、政府、政协及相关部门和企业参加宣传活动，出动人员110人次，宣传车辆20车次，发放宣传册2000余册，现场对8家单位颁发“消费者信得过单位”荣誉牌匾。开展“月月‘3·15’”宣传活动。1月，召开部分经营者和消费者代表参加的“月月‘3·15’”宣传咨询座谈会；5月，开展“月月‘3·15’”进校园活动；10月，开展“月月‘3·15’”进社区活动，受到中国消费者协会和自治区消费者协会的高度评价。开展“一会两站”和“五进”活动，建立“消费者维权服务站”和“消费者咨询站”。

【商标品牌战略】 实施商标品牌战略，推动品牌经济发展。以“现代化、规模化、标准化、品牌化”为方向，围绕“一粒薯、一袋糖、一篮菜、一瓶酒、一头牛、一口猪”的“六个一”绿色农字号产业，积极培育全县知名度高的商标品牌，加强对注册商标专用权的保护工作，形成良好的商标发展环境，全县商标品牌战略实施取得显著成效。在2017年12月“商都西芹”被国家工商总局核准注册为国家地理标志证明商标基础上，2018年，根据海拔较高、气温较低、昼夜温差大等自然地理条件，选择南瓜、青豆、菠菜等种植品种，科学施用农家有机肥料，确保绿色、有机、无公害，确保味美、营养、高质量，对商都南瓜、商都青豆、商都菠菜申报国家地理标志证明商标，已被国家工商总局商标局正式受理。截至年底，全县共有地理标志证明商标1件、驰名商标1件、著名商标7件、知名商标8件，有效商标注册量为575件。内蒙古嘉利农牧业装备有限责任公司、商都县鸿远轨枕有限责任公司2家企业被评为市级“守合同、重信用”企业；内蒙古嘉利农牧业装备有限责任公司获得乌兰察布市标准化良好行为企业称号；商都县生态不冻河旅游标准化项目被评为自治区级示范项目；推荐3家企业参加全市的“十大名牌”评选活动。

【特种设备安全监管工作】 特种设备安全监管工作中，继续坚持“安全第一、预防为主、综合治理”的方针，有效开展特种设备安全生产专项整治工作，进一步落实特种设备使用单位的主体责任，强化特种设备安全承诺制。对特种设备从安装、使用到检验、修理和改造等环节实施全方位全过程监察，并把工作重点放到使用环节。加大现场检查力度，严格特种设备使用登记，定期检验和操作人员持证上岗的监管，进一步完善《特种设备重大安全事故应急预案》。采取日常监察、专项整治、集中检查相结合的方式，加大安全监管力度。按季度开展特种设备安全大检查，节假日期间还进行节日期间特种设备安全专项检查。2018年，共检查特种设备使用单位98家次，设备164台，对存在特种设备安全隐患单位下达《安全监察指令书》49份。6月，联合公安、安监等部门对全县9家各类气体经销点、2家气体充装站进行专项检查，强制送检185只超期未检气瓶，扣押乙炔、氧气115只（空瓶），存放在商都县晔兆冶金有限责任公司。

【标准计量定量包装工作】 标准化工作方面，积极为企业和社会提供标准咨询和标准化信息，提供标准服务指导，继续开展企业产品标准网上自我声明公开制度，2018年，在国家标准委企业标准信息公共服务平台，全县生产和服务性企业自主公开产品和服务标准的达40项。

计量工作方面，坚持抓好在用计量器具的周期检定工作。重点开展以“民生计量”为主的集贸市场、眼镜店、医疗卫生、加油站等强制检定计量器具的检定和监督管理。2018年，检定汽车衡13台，拌和站配料秤9台，超市电子秤120台，血压计47台件，集贸市场台秤、电子秤600多台件，压力表410多块。配合乌兰察布市产品质量计量检测所（以下简称市质计所）对全县加油站在用的120台加油机进行周期检定，并与其签订承诺书22份。结合“3·15”消费者权益日和“5·20”世界计量日积极开展计量法律法规和诚信计量宣传活动，加强用于煤、水、电、气等在用计量器具的监督和管理。开展县内超市商品量、定量包装生产企业、贸易市场的专项检查，对经营水产品净含量抽样检查10个批次，开展与老百姓生活密切相关的大米、面粉、食用植物油、牛奶相关食品定量包装商品的净含量检验。对全县经营的种子、化肥、农药、地膜进行抽样检查，合计共抽样150个批次。

【扶贫攻坚工作】 在推进精准扶贫工作中，局党委按照县委、县政府的安排，选配5名年富力强的中共党员驻村任第一书记开展工作，组建驻村工作队，组织全体干部职工各自与包扶户进行面对面座谈，详细了解包扶户的生产生活情况，给包扶户带去最新的扶贫政策，根据各个行政村的特点，协同各个村委会制定土地流转和发展庭院经济相结合的扶贫措施，2018年，经过和村委会共同努力，多方联系，赛乌素行政村实现土地流转3000亩，打机电井24眼；新寨行政村土地流转1200亩，打机电井4眼，实现部分村民土地流转和就近打工的稳定收入。为了发展村民的庭院经济增加收入，2018年年初，局投资6.8万元为包扶的5个行政村常住户每户发放仔鸡8只，共计发放6800只，增加村民的庭院收入；服务村民，增加感情沟通。年初，局投资7.2万元为包扶的5个行政村常住一般户每户发放大米1袋、小米1袋，贫困户大米1袋、小米2袋。投资1万元为新包扶的东井子行政村常住户每户发放瓜果1件。为前土城、台道湾2个村购买水泵2台，共投资8000元，并通过多方协调联系为赛乌素村打人畜饮水井3眼，为大拉子村打井1眼，彻底解决包扶村的饮水安全问题。

【重要事件】 7月23日，开始颁发企业登记全程电子化营业执照。

11月10日起，开始实行“证照分离”改革。

（供稿　王天祥）

安全生产监督管理

【概　况】 商都县安全生产监督管理局（以下简称县安监局）内设综合办公室、非煤矿山股、综合股、危化股、职业卫生和应急救援股、执法监察大队。局机关核定行政编制7人、工勤事业编制5人；执法监察大队核定编制15人。共有干部职工27人（其中政策性离岗1人、退休2人），在职人员25人（其中本科学历7人、大专学历16人、高中学历2人）。

【安全监管执法】 制订2018年行政执法计划，规范执法检查的数量、频次、内容和形式。严格执行《内蒙古自治区安全生产监管执法手册》《内蒙古自治区安全生产行政执法指南（试行）》，明确执法程序，细化执法内容，量化执法标准，规范执法方式，统一执法文书，实现闭环执法。创新监管执法方式，突出重点领域，抓住突出问题，转变工作思路，严格落实企业主体责任，监督、督促企业通过聘请专家及自查等形式进行隐患排查整改，补齐短板、堵塞漏洞、消除隐患。

【行业领域专项整治】 2018年，开展有限空间专项整治、非煤矿山专项整治、危险化学品专项治理及烟花爆竹专项整治等多次整治行动，进一步落实企业安全生产主体责任，完善安全生产管理体系，提高企业员工的安全意识，规范现场安全生产行为，改善现场安全生产状况，着力解决安全生产的突出问题和安全隐患，减少企业从业人员违章违规行为，坚决消除事故隐患，遏制重大事故和多发性事故的发生。

【冶金行业安全生产监管】 在常态化安全检查的基础上，聘请专家对全县生产企业，特别是可能造成群死群伤事故的冶金工贸企业进行安全生产大检查工作，共检查企业28家，发现隐患154条，并对隐患整改情况定期开展“回头看”督查复查。对全县工贸行业涉及有限空间作业的24家企业进行全面的隐患排查治理，提升企业危险因素管控能力，严厉杜绝有限空间违规作业行为，有效预防生产安全事故的发生。督促企业进行安评验收，对拒不整改验收的企业，责令停产整顿。年内，安全评价验收企业6家，停产停业整顿企业3家。积极推进安全生产标准化建设工作，年内，全县有13家企业开展安全标准化建设工作，1家企业完成二级标准化建设工作。

【非煤矿山企业监管】 积极开展非煤矿山企业复产验收、隐患排查治理、打非治违、安全教育培训、矿山主体责任落实等一系列工作，保证全县非煤矿山安全生产工作态势稳定。共检查企业80余家次，出动检查人员200余人次，发现隐患80余条，下达现场处理措施决定书20份、责令限期整改指令书4份。对7家取得安全生产许可证的非煤矿山企业进行风险等级划分，并绘制电子地图。配合国土资源、环境保护等部门对全县非煤矿山生产点进行4次大清查大排查，取缔28家非法开采企业。

【危化经营企业监管】 按照自治区、市、县安全生产专项整治文件精神，牢固树立安全发展理念，会同消防、商务部门及各乡镇安监站对全县非法加油点进行查封，排查出各乡镇非法加油点19家，全部予以查封。聘请专家对全县25家危险化学品经营企业逐一进行全方位、无死角的安全生产大检查，共提出整改意见105条，全部整改。协调公安机关检查七台镇火车站附近储存氧气、乙炔罐，发现氧气、乙炔罐100余瓶，责令及时运输到安全存放地点。协调质监局查封1家非法储存氧气、乙炔瓶站点，发现氧气、乙炔瓶共300余瓶，已责令运送回原氧气、乙炔充装站。查封七台镇、小海子镇、三大顷乡、屯垦队镇园区内5家危险化学品生产窝点，拆除设备，对原料及成品进行无害化处理。对烟花爆竹零售点进行规范，从安全距离到设施配置，严格按照相关法律法规的要求及标准执行，彻底改变以往零售点混乱的状况。

【职业健康监管工作】 扎实组织开展职业卫生基础建设活动，对各行业750余名一线工人进行职业健康体检。对53家企业进行职业危害因素检测。对5家企业工作现场进行整治。在应急管理工作方面，协助商都县龙鑫矿业建立一支矿山应急救援队。对13家企业进行应急预案备案。对10余家企业进行有针对性的应急演练，推进安全生产与职业卫生一体化监管。

【安全生产宣传培训】 5月16—18日，11月13—15日，县安监局邀请乌兰察布市名升培训学校举办两期商都县2018年生产经营单位主要负责人、安全管理人员、安全员、特种作业人员安全培训班，培训各类从业人员353人。在“安全生产月”活动期间，县安监局在现场发放安全生产宣传书籍3000余本、宣传扇2800多个、围裙2000多个、宣传单1万多份；12月，县安监局聘请专家对全县企业负责人、安全员及安全委员会成员单位负责人进行安全知识培训。

【精准扶贫工作】 2018年，全县结对帮扶、驻村入户、精准扶贫工作取得一些成效。县安监局在人员不足的情况下，抽出包括1名副局长在内的6名干部，在西井子村派驻村工作队、在苏集村派第一书记，所有驻村干部都按要求与单位工作脱钩，做到专人专职扶贫，打好脱贫攻坚战。坚持既扶贫，又扶志，积极做好政策宣传与群众思想工作。在财力不足的情况下，积极筹措资金，为村集体经济发展和农民脱贫出资出力。年内，为西井子镇西井子村、苏集村农户出资1.5万元购买鸡苗、饲料，帮助农户发展庭院经济。出资1万元，为两个村建立爱心超市。出资2万元，帮助西井子村发展村集体经济。

【安全监管队伍建设】（1）着力提高队伍整体素质，切实推进作风效能建设。针对年初县巡视组提出的全局学习不足的问题，完善学习制度，将每周五上午定为全局学习日。通过狠抓学习教育，不断提高队伍的政治素质和业务水平，切实增强安监队伍整体素质。（2）增强为民服务理念，努力提高服务质量和效能。认真帮助群众和企业解决在安全生产方面遇到的急需解决的实际问题，不敷衍塞责。加强部门之间、科室之间的沟通与协调，坚决杜绝“推诿扯皮”现象。（3）推进政务公开，切实转变机关工作作风。充分利用微信、报刊等传播媒体公开安监机构的工作职责，及时发布各类安全生产信息，让全社会及时了解安全生产工作。公布“规范执法”举报电话，进一步拓宽安全生产举报的渠道，构建群众监督、舆论监督和民主监督的社会监督机制。全方位、多渠道接受社会监督，有效地防止不作为和乱作为的现象。（4）进一步完善制度建设，发挥制度的整体功效。2018年，根据单位实际情况，局领导班子提出首先把单位的各项制度建立起来。结合县安监局实际，出台学习、会议、考勤、检查报备、业务办理、档案管理、办公用品、车辆管理、财务管理等十项基本制度，有效地规范单位内部运作机制。为完善民主决策制度，制定《安监局“三重一大”决策制度》，对巩固班子团结，确保民主集中制落到实处起到积极作用。为提高机关效能，明确各部门工作职责，制定《安监局岗位责任制》，切实解决工作中存在缺位、错位、越位等现象。

【党风廉政建设】 坚持党内政治生活，坚持“三会一课”制度、“两学一做”学习教育、中心组学习，切实加强党员政治理论学习，全面提高党员素质，严格按照要求开展“清风干部”评选工作、党员“评星定级”工作，召开组织和民主生活会议，扎实推进党的建设。制定《安监局落实党风廉政建设党组织主体责任和纪检组监督责任实施办法》，明确党组织的责任以及纪检和党支部在党风廉政建设上的责任；加大对党风廉政建设的责任考核和责任追究，进一步完善党风廉政建设责任体系。

【重要事件】 3月3—20日，县安监局联合各相关部门在全县范围内开展全国两会期间安全生产大检查。

6月16日，商都县安委办在祥和广场举行“安全生产月”咨询日活动。县委常委、常务副县长郭玉广出席活动并讲话。县安委办主任、安监局局长武建斌以及县公安、国土、住建、交通、交警、消防等部门领导和有关企业负责人参加活动。

12月18—20日，全县企业负责人、安全管理人员进行集中培训学习；全县科（局）单位主要负责人、分管领导进行道路交通、消防安全培训。

（供稿　刘　光）

食品药品监督管理

【概　况】 在机构设置上，分别成立以县、乡政府主要负责人为主任的食品药品安全监督委员会；食品药品监督管理局内设办公室（食药安办）、食品流通监管科、餐饮科、食品生产监管科、药品监管科（包括化妆品、保健食品、医疗器械）；下设稽查大队（投诉举报中心）、食品药品检验检测所（药械不良反应监测中心）2个二级单位和10个乡镇食品药品监管派出机构。按照“一乡镇一所”的原则，组建10个乡镇食品药品监管所，每个乡镇核定副科级领导职数各1人。全局在职干部职工98人，党组成员5人。其中，局机关49人（离岗待退1人）、乡镇食药所49人。

【餐饮服务环节监管】 2018年，推行明厨亮灶和量化分级管理，餐饮企业建档率达100%，持证率达94%，创建率达94%，达标率达92%。重点对餐饮企业许可审查、从业人员健康、食材采购验收、食材储存、食品留样、加工制作、清洗消毒等关键环节进行排查治理。认真推行集体聚餐备案制度，及时掌握办宴动态，随时检查，消除隐患。尤其农村集体聚餐，因其条件简陋、食材来源广、从业人员素质低、就餐人员意识差等原因，造成食品安全风险较高。各乡镇食药所充分发挥村级协管员的作用，及时沟通信息、掌握情况，按照县食品药品监督管理局制发的《农村集体聚餐备案登记管理办法》和《商都县食品流动售货车备案登记管理办法》进行检查登记。2018年，共备案城镇集体用餐25家、农村集体聚餐516家、流动售货车71辆。做好网络订餐工作，约谈美团外卖网络订餐平台地区负责人并召开网络订餐净网专题会议，开展净网专项行动，重点解决无证经营、食品经营者许可证过期以及其他不规范行为，保证餐饮单位线上线下一致。要求美团外卖依法落实第三方主体责任，严把入网关，落实好送餐洗消、送餐人员健康证明及餐盒封签等制度，推动网络订餐工作的规范化。与县旅游局联合对县内主要旅游景点的餐饮企业进行检查，共检查2家，出动执法人员4人次。

【食品生产加工环节监管】 对所有生产企业进行规范管理，严格落实进货查验、生产过程控制、出厂检验、从业人员健康管理等制度，确保做到信息可查、过程可控、责任可追，逐步建立和完善追溯体系。按照《内蒙古自治区食品生产加工小作坊和食品摊贩管理条例》和《内蒙古自治区食品生产加工小作坊登记及监督管理办法（试行）》的要求，开展小作坊全面登记工作。2018年，全县小作坊的登记率达100%，备案率达77%。

【食品流通环节监管】 继续对食品配送车辆进行备案登记，统一喷涂标识。对县外送货车辆加强监管，加大源头控制。对婴幼儿奶粉、乳及乳制品、肉及肉制品、儿童食品和酒类等重点品种，水产店、经营性冷库、批发仓库等重点行业开展重点监管。积极推进“放心肉菜超市”建设，建成放心肉菜超市1家。在农村，继续开展“四打击四规范”（严厉打击无证无照行为，规范食品生产经营者的主体资格；严厉打击销售、使用无合法来源食品和原料的违法行为，规范食品生产经营者的采购活动；严厉打击生产经营侵权仿冒和“五无”食品违法行为，规范食品包装标签标识管理；严厉打击生产经营“两超一非”等劣质食品行为，规范食品生产经营过程）行动，积极开展农村假冒伪劣食品集中整治行动。

【药化流通使用环节监管】 加强对麻醉药品、一二类精神药品的管理。按照修订后的《疫苗流通和预防接种管理条例》，履行食药部门应尽的监管职责。将获证个体门诊纳入监管，登记建账。药品流通企业继续以打击“挂靠走票”“药品回流”“委托配送做假”“远程审方做假”等违法违规行为为重点，促进规范经营。严格实施医疗器械生产和经营质量管理规范，重点开展无菌和植入类医疗器械、需冷链运输贮存类医疗器械、角膜接触类医疗器械等重点类型的专项整治，增强检查的针对性和实效性。进一步完善化妆品经营使用单位台账，真正做到情况明、底数清，加强化妆品高风险品种的监管力度，督促企业认真履行不良反应上报义务。

【食品药品监管保障】 做好抽检和快检工作。2018年，商都县承担500批次食品快检任务，完成快检515个批次，上报ADR 41例。做好食药安全宣传和培训工作，努力提高食品药品安全知识社会知晓率。2018年，举办“12331”宣传活动，协助其他部门举办“3·15”“全国安全月”“全国卫生月”等活动，以横幅、展板、发放宣传材料、现场咨询等形式，进一步拓宽和畅通群众举报的渠道。做好调查统计工作。为便于开展监管服务工作，局工作人员经过近半年时间认真摸底统计，截至2018年6月，全县共有食品药品生产经营使用企业（单位）2677家。其中，食品生产企业（包括小作坊）284家，食品流通企业（包括酒类）1138家，餐饮服务企业（包括机关学校幼儿园食堂）762家，药械经营使用单位（包括兼营、专营医疗器械）146家，医疗机构（包括村级卫生室）297家，化妆品经营使用企业50家。另外，还备案流动餐车33辆，流动食品售货车65辆。通过调查统计，基本上摸清全县“四品一械”（药品、餐饮食品、保健食品、化妆品、医疗器械）加酒类生产经营使用企业（单位）基本信息，做到底数清、情况明，同时印制《商都县食品药品监管服务对象统计手册》，为搞好监管服务工作提供第一手资料，为了解全县食品药品从业状况提供较为真实的依据。

【非洲猪瘟疫情防控】 2018年，印制严格落实非洲猪瘟疫情防控措施、加强餐厨垃圾和泔水流向控制的通告1200份，逐户发放；通过微信对600

多户餐饮企业进行宣传；在政府网站、商都报和水漩公园大屏幕刊发和播发，引起相关企业及从业人员重视。与县城镇管理局共同印发《关于餐厨垃圾统一回收处置的通告》1200份。约谈9家大中型超市负责人，建立餐厨垃圾（泔水）处置登记制度，认真查清每个餐饮服务企业泔水流向。

【党建工作】 全面贯彻落实党风廉政建设的主体责任。5月，召开全局党建工作部署会，并在会上签订党风廉政建设工作责任书。按照上级文件精神，召开整治形式主义、官僚主义“十种表现”安排部署会议、“党的建设质量提升年”动员部署会、“六大纪律”专题教育活动动员会、“好人主义”专项整治工作动员部署会等，并组织落实。严格执行“三会一课”制度，组织开展民主生活会、党风廉政教育谈话活动。认真落实“三重一大”制度，建立健全“三重一大”议事规则、规定，领导班子认真落实集体领导和个人分工相结合的制度，凡属重大事项决策坚持集体领导、民主集中、个别酝酿、会议决定的原则，由集体讨论作出决定。在选人用人方面，采取民主推荐、考试考核的形式选任科室负责人；在干部职工年终考核上，推荐先进个人都要通过全体干部职工测评选定，避免暗箱操作；在大额资金使用方面，都要经党组会议研究决定；在重要案件的审定上，要由案审委员会集体研究，作出行政处罚决定。加强意识形态工作的开展，完善各种制度。在单位内部管理上，严格单位职工外出请销假制度及考勤制度，制定执法用车管理制度，行政执法过错责任追究制度，没收物品库管等多项制度。在执法工作管理上，要求人员必须着装持证上岗，亮证执法，谨言慎行，依法监管、秉公办案。认真开展主题党日活动，严格按照要求，在每个月第一个星期五以党支部为单位组织开展活动。

（供稿　张晶晶）

招　商

【概　况】 商都县招商局内设机构：办公室、综合科、信息科、外商投资服务科。人员编制：核定编制10人，实有人员9人。

2018年，按照县委、县政府的决策部署，依托商都县无污染的环境资源、纯天然的农畜产品资源、丰富的矿产资源和充足的土地储备、低廉的电价和劳动力优势，全力开展招商引资。重新组建3个招商小分队，由县级领导带领招商小分队到京津冀、珠江三角洲地区、长江三角洲地区、环渤海等发达地区进行招商引资和承接产业转移工作50多次，发放投资指南宣传册5000多份，新签约招商项目18个（高于全市平均签约项目数13个），协议总投资50.34亿元。新实施招商项目23个，项目总投资40.67亿元，累计完成投资12.2亿元。

【北京商都企业商会年会暨招商洽谈会】 1月20日，县委书记靳前斌，县委副书记、县长曹凯宏，县委常委、副县长陈耀，工商联、招商局及部分企业负责人参加在北京召开的北京商都企业商会2017年年会暨2018年商都县招商洽谈会。

会上，北京商都企业商会会长李夺首先就2017年商会开展的工作进行总结，并就商会2018年工作计划进行阐述。县委书记靳前斌在致辞中首先代表县委、县政府向北京商都企业商会2017年取得的成绩和2018年商都县招商引资洽谈会成功举办表示热烈祝贺，对商会及关心热爱商都的朋友们所做的贡献表示感谢。提出为如期打赢脱贫攻坚战，一是要加大供给侧改革，以投资拉动、项目带动为动力，加大招商引资力度。借助外力拉动，实现经济增长。二是要打好绿色、资源、区位“三张牌”。三是要延伸丰富“一粒薯、一袋糖、一篮菜、一瓶酒、一头牛、一口猪”“六个一”绿色农字号产业和品牌，实现以企业发展带动产业，以产业发展带动就业，以就业带动脱贫，走良性循环的路子。并在优化投资环境的基础上，县委、县政府提出“雁归行动”，把商都县走出来的优秀企业家、人才吸引归来，为家乡发展贡献出力。希望商会进一步发挥好桥梁纽带的作用，把优秀的北京企业、全球企业承接回来。商都县委、县政府将竭尽全力当好服务员，以更加务实的作风、更加优质的服务为所有投资者创造良好的发展环境，实现更高层次、更宽领域的合作共赢。

曹凯宏在会上作推介发言，介绍商都县的经济社会发展概况和历史发展情况，并就商都县近年来围绕打好绿色、资源、区位“三张优势牌”，延伸丰富“一粒薯、一袋糖、一篮菜、一瓶酒、一头牛、一口猪”“六个一”绿色农字号产业和品牌，培育发展新材料、新能源、新兴服务业“三大产业”的发展思路进行详细介绍。此外，对商都县营商环境和投资政策优势方面进行细致说明，对企业提出的有关问题进行一一解答。并恳请与会的商会领导、会员、企业界朋友一如既往地关心商都、支持商都，多到商都参观指导、考察投资、建言献策，共享机遇、共促双赢、共谋发展。

【重要事件】 1月21日，县委书记靳前斌，县委副书记、县长曹凯宏率县委常委、副县长陈耀，县招商局部门负责人就汽车试验场项目进行推进。

3月21—22日，乌兰察布市委书记杜学军带队到浙江杭州考察，商都县委常委、常务副县长郭玉广及招商工作负责人随同并出席由浙江省内蒙古商会主办的“乌兰察布市2018长三角企业家交流会”。浙江省山东商会、浙江省江苏商会、浙江省安徽商会3家异地省级商会的会长或执行会长、长江三角洲地区的20多家知名企业的主要负责人参加交流会，共同了解乌兰察布的产业布局、资源优势和招商优惠政策，寻找企业发展的机会。

3月25日，县委常委、常务副县长郭玉广在石家庄市与河北地坪行业协会会长史有明就在商都县建设地坪产业进行进一步对接。郭玉广详细介绍商都县的基本情况和招商引资优惠政策，并邀请地坪行业协会领导尽快到商都县进行选址，争取项目早日落地开工。河北地坪行业协会会长史有明表示近期计划组织10多家地坪企业到商都县调研，确定投资意向。

3月27日，县委常委、常务副县长郭玉广在北京地坪协会与协会秘书长全毅进行座谈，秘书长全毅介绍地坪行业的发展前景，并就地坪行业现在面临的环保压力以及外迁的问题进行说明，表示计划组织一批地坪企业近期到商都县进行考察。

5月2日，县委书记靳前斌率县委常委、副县长李晓军，副县长商德勇，北大井村委会、泉脑子村委会第一书记都吉波，县经信商务局及北京商都企业商会人员到钢铁研究总院就多（单）晶硅项目和碳化硅项目进行调研。5月3日，在北京韩江自动化玻璃机械设备有限公司进行考察和项目对接。县经信商务局负责人在北京博坤再生资源开发有限公司、北京金都实业集团下属的钢纤维厂和橡胶厂进行项目对接。

5月3日，县委常委、常务副县长郭玉广率县林业局、县招商局负责人在山东潍坊市与潍坊滨海旅游集团有限公司总经理吴明远、山东柽霖生态科技股份有限公司总经理就在商都县种植2000亩岩松项目进行座谈。山东柽霖生态科技股份有限公司总经理表示通过对商都县的实地调研，结合当地土壤和气候环境条件，决定在商都县一期投资建设2000亩岩松林下经济示范基地，在种植岩松的造林坑根系密集区接种种植伴生植物肉苁蓉。同时参观潍坊滨海岩松种植基地。

5月4日，县委常委、常务副县长郭玉广在山东招远市与山东招金集团有限公司党委书记、董事长翁占斌（商都籍人士）进行座谈。郭玉广详细介绍商都县近年各项事业的发展情况、招商引资优势和投资环境，热诚邀请翁占斌常回家乡看看，并希望能借助其的人脉资源关系把有意向投资的企业介绍到商都。翁占斌表示计划利用集团的发展资源为家乡做出贡献。

5月5日，县委常委、常务副县长郭玉广在山东淄博市与山东民业机械制造有限公司、山东民业保温材料有限公司就在商都县投资1.2亿元建设8条硅酸铝纤维生产线和硅酸铝纤维板材生产项目进行座谈。山东民业保温材料有限公司负责人表示，公司作为制造硅酸铝纤维生产线的企业，与商都发展硅酸铝纤维产业的思路正好融合，通过多次对商都的调研，希望商都县能为该项目选择距变电站较近的厂址，减少公司对供电线路的投入。是日，与淄博内蒙古商会部分副会长进行座谈。郭玉广详细介绍商都县的基本情况、招商引资优惠政策以及陶瓷产业、耐火材料产业的发展现状，希望商会通过其桥梁纽带作用将一些符合商都县产业发展的外迁企业介绍到商都投资兴业。

5月21日，县委书记靳前斌率县委常委、副县长陈耀及县招商局负责人在北京与中国能源企业联盟负责人就在商都县建设自生釉陶瓷项目进行对接。22日，在山东东营与山东大海集团有限公司就建设生产单晶硅项目进行对接。在座谈会上，县委书记靳前斌详细介绍商都县矿产资源、电力、劳动力、招商引资扶持政策等基本情况。山东大海集团有限公司负责人对商都县承接环境表示满意，双方达成初步合作意向。会后，考察山东大海集团有限公司旗下的相关企业。23日，在山东青岛与青岛昌盛日电太阳能股份有限公司就在商都县建设光伏扶贫项目进行对接。

5月28日，温岭市人大常委会党组成员陈刚，温岭市政协党组副书记、副主席林文鹤，温岭市委统战部副部长、工商联党组书记王琳，温岭市工商联办公室主任张棋及相关7家企业负责人考察团一行到商都县考察调研。

县委书记靳前斌，县委副书记、县长曹凯宏，县人大常委会主任叶旺，县政协主席吕生金，县委常委、副县长陈耀，政府办、工商联、经信商务局、园区管委会、发改局、招商局部门负责人陪同考察。是日，县委副书记、县长曹凯宏主持召开座谈会，曹凯宏详细介绍商都县近年来经济社会发展思路、产业发展、资源概况及招商引资扶持政策等基本情况。考察团一行对商都县经济社会发展取得的成绩及发展思路予以高度肯定，指出商都县区位优越、资源富集，加之纯天然、无污染的环境构造出得天独厚的投资环境，希望双方能进一步加强联系，依托各自优势，在产业合作等方面可以进一步深化，实现优势互补、互利共赢的局面。

6月5日，在北京市平谷区挂职的商都县委常委、县委办公室主任闫军，县委改革办常务副主任范伟成，县发改委副主任、招商局局长安永光，县发改委副主任刘洋，在平谷区经信委副主任孙士民及区发改委相关负责人陪同下，到北京华通恒盛电气设备有限公司进行考察并座谈。座谈会上，商都县领导就当地产业优势和招商优惠政策进行详细介绍，该公司负责人就企业发展方向和规划进行阐述，并就下一步投资有了一定意向，对下一步企业转型升级落户商都表现出浓厚兴趣。会后，商都县领导实地参观该公司。

9月11日，浙江格亚电气有限公司董事长潘晓光、总经理钱乐丹到商都县考察，该公司计划在商都县投资生产新能源产品、一站式发电和分布式发电系统，该公司自主研发的光伏储能一体柜应用广泛，国内外市场前景广阔。县委副书记、县长曹凯宏，县委常委、副县长陈耀参加会谈。

9月11日，副县长商德勇率县招商局负责人到北京参加北京对口帮扶内蒙古自治区贫困旗县项目对接会，现场共发放商都县招商投资指南200册，并与多家企业代表进行洽谈。12日，与天津大站集团有限公司和天津中天证照印刷有限公司进行项目对接，就天津大站集团有限公司阀门生产项目搬迁事宜进行对接。15日，参加北京红领巾文化发展中心在北京举办的“爱心助力团助力乌兰察布脱贫攻坚公益行动暨马铃薯精准扶贫北京现场订货会”，商都县鑫磊蔬菜专业合作社负责人随同参会。

9月22日，北京荣涛食品有限公司董事长张涛到商都县调研，进行项目选址并参观粮食储备库。县委常委，副县长李晓军及相关部门负责人陪同。

9月28日，全国汽车行业生产力促进中心组织中国汽车后产业合作交流团到商都县就全地形车赛事基地建设项目进行对接活动。交流团对商都县大库伦乡进行地理情况考察。县委常委、副县长陈耀，县招商局负责人陪同考察。

10月12日，内蒙古自治区中医药研究所教授李旻辉、北京绿源恒业科技有限公司总经理蒋济鸿带队到商都县就黄芪中药材种植项目及肉牛养殖项目进行考察调研。县委副书记、县长曹凯宏，副县长张日高，县农牧业局、县招商局负责人陪同考察并进行座谈。

10月11—15日，县委常委、常务副县长郭玉广，副县长呼群，县发改局、县工业园区管委会、县内蒙古银行相关人员一行7人到山东青岛昌盛东方实业集团有限公司、山东东营山东大海集团有限公司和中乾（天津）电力设备有限公司进行实地考察。在青岛昌盛东方实业集团有限公司就关于当地扶贫光伏项目进行融资事宜进行相互对接。双方一致表态在共同努力下短时间内完成该项工作。在山东东营山东大海集团有限公司就关于扶贫光伏项目的建设和光伏设备组件项目的推进进行相关对接，计划12月底前完成光伏项目建设工程，春节前尽量完成光伏组件项目的设备安装工程。在中乾（天津）电力设备有限公司就关于电动车发动机配件磷化处理项目进行实地考察，该公司负责人表示近期将生产工艺、技术资料提供给商都县相关部门。

10月17日，商都县挂职北京市平谷区的干部在平谷区经济和信息化委员会产业审批科负责人陪同下，先后深入北京康安利丰农业有限公司和北京味食源食品科技有限责任公司进行对接座谈。座谈会上，康安利丰农业有限公司负责人就下一步与商都合作建设冷链项目的初步方案进行详细介绍，还与味食源食品科技有限责任公司的负责人就助力商都建设扶贫车间进行沟通交流。

10月18日，商都县人民政府与山东大海集团有限公司举行太阳能光伏板组件厂项目签约仪式，县委书记靳前斌，县委副书记、县长曹凯宏，县委常委、常务副县长郭玉广以及县发改局等部门出席签约仪式。县委副书记、县长曹凯宏与山东大海集团有限公司总经理刘德杰就投资合作框架意向协议进行签约。根据协议，山东大海集团有限公司计划在商都县投资建设太阳能光伏板组件厂，项目计划投资1000万元，该项目厂址位于商都县长盛工业园孵化产业园，首期建设太阳能光伏板组件生产线一条，建设期6个月。

10月18日，县委常委、副县长陈耀与内蒙古北方陆港国际物流有限责任公司董事长赵占亮在北京与中国轻工业品进出口集团有限公司党委书记、董事长进行会谈，就中轻公司深度参与乌兰察布市“一带一路”倡议、带动商都县外向型经济发展进行沟通。

11月1日，县委常委、副县长陈耀，县招商局负责人到北京华夏幸福集团就商都县绿色有机农畜产品进入航空食品领域进行调研。

11月2日，县招商局负责人到黑龙江黑河正兴磨料有限公司就生产碳化硼冶炼项目进行考察。同时调研黑河冬季汽车试验场。3日，到辽宁开原川顺食品加工有限公司就生产建设速冻玉米、果蔬深加工食品项目进行调研。4日，到大连正兴磨料有限公司进行碳化硼系列产品生产线项目进行考察。

11月5日，交通部司长刘凯、市政府副秘书长祁国梁等一行5人到商都县就有机肥项目进行调研，对商都县中地牧场、科都薯业等相关企业进行考察。县委常委、副县长陈耀，县农牧局、招商局负责人陪同考察。

11月12日，县委副书记、县长曹凯宏率县发改局、招商局负责人到北京佳华泰科技有限公司就在商都县建设新型保温膜结构日光温室生产线项目进行考察洽谈。13日，到山东潍坊，对山东汇富盛生物科技有限公司进行考察，并就宠物饲料、生物有机肥、牲畜无害化处理项目进行对接。座谈会上，县长曹凯宏就商都县基本情况进行详细介绍，邀请企业负责人到商都县实地考察。14日，到山东大海集团有限公司调研，就光伏组件、扶贫电站项目进行推进。15日，到山东淄博民业机械制造有限公司，就在商都县投资1.2亿元建设硅酸铝纤维耐火板项目进行推进。16日，到山东省平度市考察有机高效生态设施农业项目，就在商都县种植有机葡萄和芦笋事宜进行对接。17日，到石家庄对接陶瓷产业园项目，公司负责人对商都县丰富的陶瓷矿产品资源有极大的兴趣，并表示计划近期到商都县调研。同时到北京中国环境科学研究院中韩环境合作中心就污水处理项目进行考察。

11月26日，县委书记靳前斌率相关部门拜访军事医学科学院，并就商都县绿色农畜产品进入该院食堂事宜进行对接。

11月27日，县委书记靳前斌率县委常委、副县长陈耀，县卫生和计划生育局、扶贫办、民政局、招商局、县医院、中医院、北京商都企业商会等相关负责人一行到北京电力医院就京蒙对口帮扶工作进行对接。下午，靳前斌一行分别到中国通用技术集团、通用环球医疗集团有限公司就中国通用技术集团对商都县卫生事业，特别是对县域内两所公立医院的帮扶项目进行考察对接。集团党组书记、董事长许宪平，党组副书记、总经理陆益民，党组副书记、副总经理谭星辉出席会见，双方就进一步加强对口帮扶、脱贫攻坚工作进行交流。集团办公厅、发展总部、运管总部、财务总部、党群部、总务部负责人参加会见。28日，到交通部公路科学研究院就汽车试验场项目进行推进；与北京康安利丰农业有限公司负责人会见，就商都县小海子农牧业园冷链物流、净菜加工建设项目进行推进。29日，到中国轻工业品进出口总公司进行调研，并与工信部军民结合司就对口帮扶事宜进一步推进。

12月3日，商都县委副书记、县长曹凯宏带领相关部门负责人和各乡镇镇长到北京市平谷区对接扶贫协作工作。县委常委、县委办主任闫军，县委常委、副县长李晓军参加。4日，考察组在平谷区委常委、常务副区长吴小杰及区有关部门领导陪同下，先后到平谷区生活垃圾综合处理厂、沱沱工社、北京平谷味食源食品科技有限责任公司进行实地参观考察。4日，到北京德青源农业科技股份有限公司就蛋鸡养殖全产业链项目进行考察；与中国建筑材料联合会地坪产业分会就在商都县建设地坪项目进行对接。5日，到共青团中央青年志愿者行动指导中心，就商都县招募西部计划志愿者支教事项与指导中心领导进行汇报交流，拜访中国少年儿童发展服务中心副主任赵继新，并慰问商都县在行动指导中心挂职的两位干部。6日，到山东淄博考察煤焦油加工项目。7日，到广东调研黄芪种植项目。8日，到东莞市就凯金公司在商都县投资建设二期项目进行对接推进。9—11日，到云南调研奥力克医疗设备有限公司、云南三鑫医疗科技股份有限公司、云南省医疗器械行业协会、云南腾药制药股份有限公司、云南白药集团、云南好迪医疗器械有限公司。12日，到郑州市博翔新能源有限公司就在商都县建设锂电池负极材料及物流园项目进行对接。

与雏鹰农牧集团就在商都县建设养鸡项目进行推进。与北京金驴生物科技有限公司就驴养殖及生产驴奶产品项目进行对接。

12月8—10日，县委常委、副县长陈耀率县招商局负责人到杭州参加首届全球蒙商与新浙商协作峰会暨内蒙古（杭州）招商推介会。该次活动由内蒙古自治区工商联、乌兰察布市人民政府、锡林郭勒盟行政公署主办，由浙江省内蒙古商会承办，旨在引导更多浙江客商参与内蒙古创新发展建设，推动促进两地“资源共享、优势互补、互利共赢”。会上，副县长陈耀与多家企业进行洽谈，邀请企业家到商都县考察，并发放招商引资宣传册50多册。

12月11日，张家口嘉康农业科技食品有限公司一行4人到商都县就康师傅脱水蔬菜加工项目进行调研，先后对商都县恒汇热电有限公司、内蒙古东盛硅藻土科技创业产业园有限公司、商都县同丰农贸综合物流园区及长盛工业园孵化产业园区就项目蒸汽动能、用地事宜进行考察。县委书记靳前斌，县委常委、副县长陈耀，县委常委、办公室主任闫军及县发改局、经信商务局、园区管委会、国土局、环保局、农牧局、招商局负责人参加座谈。

12月13日，县招商局负责人到河北乾信牧业股份有限公司就肉鸡养殖项目进行考察。并就张家口嘉康农业科技食品有限公司脱水蔬菜、冷冻蔬菜项目进行考察。

12月20—21日，北京荣涛食品有限公司董事长张涛一行4人在北京市平谷区经信委副主任孙士民及区扶贫办相关负责人陪同下到商都县就豌豆种植加工项目进行推进。县委常委、副县长李晓军，县政府办、发改局、经信商务局、园区管委会、招商局负责人陪同，就项目厂址、苏蒙科技孵化园进行实地考察，并召开座谈会进一步详谈合作细节。

（供稿　张　雨）

审　计

【概　况】 2018年，县审计局有在职干部职工20人，内设5个职能股室：办公室，财政、外资、行政事业审计股，社保、农业与资源环保审计股，经贸和经济责任审计股，固定资产投资审计股，负责对全县10个乡镇、65个县直部门的审计监督。

2018年，围绕县委、县政府的工作中心，以推进供给侧结构性改革为主线，以服务高质量发展为目标，聚焦打好“三大攻坚战”，突出审计重点，创新审计理念和方法，坚持依法审计、客观求实、尽职尽责，在维护县域经济安全、人民群众利益、推进廉政建设、深化改革等方面发挥积极作用。

【审计成果】 2018年，县审计局根据年初县委、县政府下发的审计工作安排，对重点领域、重点部门、重点资金加强审计监督。全年完成审计项目29个。其中，预算执行审计17个、财政决算审计1个、固定资产审计8个、行政事业审计2个、专项审计1个。共查出违规资金3999万元，管理不规范资金3708万元，为全县经济又好又快发展和廉政建设发挥重要作用。

【预算执行审计】 围绕规范政府预算管理和财政资金使用绩效，开展预算执行审计。按照年初审计项目计划，对县本级预算执行和财政局、地税局、团县委、林业局、规划局、司法局、经信商务局、教育科技体育局、高级中学、第一中学共10个预算组织和预算执行单位进行审计。对审计中发现的本级预算执行存在部分项目预算执行率低、非税收入未按规定级次入库、预决算公开执行不规范以及部分预算执行单位应缴财政收入不及时、固定资产账实不符、内控制度不健全、财务核算不规范等问题，分别向县政府、县人大常委会提交本级预算执行审计结果报告和工作报告，并针对问题提出有效的整改意见和建议。责令限期整改。通过审计，提高本级预算编制的透明度，促进政府资源配置的公平、公正和效率性，保证财政收支的真实性和完整性，更好地为县委、县政府宏观经济决策提供可靠的参考依据。

【政策跟踪审计】 围绕推进国家重大政策措施的落实，开展政策跟踪审计。以推动中央重大政策的贯彻落实、促进经济平稳运行、健康发展和转型升级为目标，第一季度，对全县持续推进供给侧结构性改革专项转移支付资金管理使用情况进行跟踪审计。审计抽查5个单位、4个项目，抽审资金总量2303万元。通过审计，促进政令畅通，推动政策落实。

【经济责任审计】 围绕加强对权力运行的监督制约，开展经济责任审计。认真开展党政机关领导干部经济责任审计。年初，受县委组织部委托，按照统筹兼顾、突出重点、经济责任审计与其他审计项目有机结合的原则，确定2018年经济责任审计项目7个（对屯垦队镇、大黑沙土镇、卯都乡3个乡镇，对县林业局、县规划局、商都县驿商农牧业有限责任公司、乌兰察布市商宇旅游有限责任公司4个县直单位党政领导干部经济责任履行情况进行审计）。截至年底，完成县林业局原局长、规划局原局长、商都县驿商农牧业有限责任公司原经理、乌兰察布市商宇旅游有限责任公司原经理的离任经济责任审计。通过审计，客观评价领导干部任职期间经济责任履行情况，一定程度上规范被审计单位的财务核算行为，增强领导干部守法守规尽责意识。

认真组织村级"两委"班子负责人任期经济责任审计。为确保该项审计工作的顺利开展，3月12日，组织对参加村级"两委"班子负责人任期经济责任审计人员从审计程序、审计范围、审计主体、审计内容等方面进行业务培训。4月底，对全县10个乡镇212个村级党支部书记和村民委员会主任任期经济责任审计工作全部完成。对村级财务收支、债权债务和民主理财方面存在的问题，提出切实可行的审计建议6条，为进一步规范农村财务管理、确保村级"两委"换届的顺利进行奠定基础。

【政府投资审计】 围绕优化投资管理和提高效益，开展政府投资审计。按照审计署的统一要求，2018年，转变投资审计方式方法，对政府重点工程重点项目审计提前介入、跟踪监督。为确保政府投资合理合规使用，以工程造价审计为重点，主动作为，把开展政府投资审计作为一项重要任务来抓，先后审计城乡居民服务中心等8个项目。2018年，政府投资项目审计工作按照压实建设单位主体责任、审计履行监督责任的思路，公开招聘15家社会中介机构，参与政府投资项目的审计监督中。通过多措并举，进一步规范建设单位基本建设程序，提升政府投资项目审计质量。

【扶贫、环保、政府债务化解审计】 围绕打好"三大攻坚战"，配合上级审计机关开展扶贫、环保、政府债务化解审计。

认真安排部署自治区、市两级扶贫审计的整改落实工作。整改过程中，商都县编制责任单位（人员）明确、整改措施得力、整改时间具体的审计整改实施方案，并对问题整改情况及时进行督查，确保问题按时整改到位，截至6月末，自治区、市两级扶贫审计的整改落实全部到位，其中，督促有关部门将拨付滞留的扶贫资金到位和及时使用2.59亿元，归还原资金渠道50万元，追回各类违规享受补贴资金76.5万元，取消违规享受的扶贫贴息贷款255万元，移送县纪检委案件线索7件，涉及追究相关人员责任的7个问题9名相关责任人受到党纪政纪处分。

2018年，分别在抽调6名业务骨干赴兴和县、凉城县开展扶贫资金审计的同时，积极配合市审计局对商都县2017年9月至2018年3月底的扶贫资金进行审计，对审计组发现的11个扶贫资金管理使用等方面的问题，现场审计期间全部得到整改。在6月市审计督查整改组的督查中，对自治区、市审计发现问题的整改工作全部给予肯定。

按照市局的要求和统一安排，对县环保局2018年环境保护专项资金进行审计。针对审计发现的滞留专项资金、个别项目未及时实施等问题提出整改意见和建议，并督促整改到位。

配合市局对商都县新增政府债务情况和2018年上半年政府债务化解情况开展审计。

【党建工作】 2018年，围绕全面提升党的建设质量这一主题，继续深入开展主题党日活动、“两学一做”学习教育、“不忘初心、牢记使命”主题教育和“六大纪律”专题教育活动，以思想引领、责任延伸、制度落实、能力提升和工作推进为重点，进一步增强责任意识，突出主业主责，真正把党建和审计工作有机结合起来，不断提升局机关党建工作水平。

抓班子建设，认真落实党建工作责任。牢固树立“抓好党建是本职，不抓党建是失职，抓不好党建是不称职”的意识，抓班子、带队伍、善作为、敢担当，聚力抓党建，种好责任田。抓好示范引领，充分发挥班子集体的“旗帜”作用。全年召开党组会议8次，支部委员会议4次，确定党组成员构成，调整领导分工和股室设置及人员安排，全局重大事项、重大资金使用情况集体决策，有效坚持民主集中制原则。带好队伍，确保各项工作有序开展。严格落实好“三会一课”制度，召开党员大会8次，组织召开县审计局党员组织生活会、党建工作推进会，讲党课2次，认真接受县委组织部党建工作督查，并对督查出的问题积极有效做出整改，确保党建工作规范有序开展。按照县委组织部统一安排，扎实做好主题党日活动集中学习，加强机关党员的理论素质，增强“四个意识”，坚定理想信念。落实党组意识形态工作责任制，认真做好单位宣传思想政治工作，切实增强网络信息安全教育和防控措施，力求意识形态管理工作健康发展。

【党风廉政建设】 抓两个责任，全面加强党风廉政建设。始终将党风廉政建设工作与审计业务同部署、同落实、同检查、同考核，形成党组统一领导、党政齐抓共管的工作格局。出台《审计局2018年党建和党风廉政建设工作要点》，明确工作任务，层层分解责任并层层签订党风廉政建设责任书，压实责任、传导压力。继续开展党风廉政教育，学习《中国共产党章程》《中国共产党廉洁自律准则》《中国共产党纪律处分条例》和《中华人民共和国监察法》，教育党员干部把纪律和规矩挺在前面，增强拒腐防变能力，推进审计人“能做事，做成事，不出事”的工作目标建设。认真规范行政执法行为，筑牢审计人员的思想和行为底线。强化对审计人员“四严禁”（严禁违反政治纪律和政治规矩，不严格执行请示报告制度；严禁违反中央八项规定及其实施细则精神；严禁泄露审计工作秘密；严禁工作时间饮酒和酒后驾驶机动车）和“八不准”（不准由被审计单位和个人报销或补贴住宿、餐饮、交通、通讯、医疗等费用；不准接受被审计单位和个人赠送的礼品礼金，或未经批准通过授课等方式获取报酬；不准参加被审计单位和个人安排的宴请、娱乐、旅游等活动；不准利用审计工作知悉的国家秘密、商业秘密和内部信息谋取利益；不准利用审计职权干预被审计单位依法管理的资金、资产、资源的审批或分配使用；不准向被审计单位推销商品或介绍业务；不准接受被审计单位和个人的请托干预审计工作；不准向被审计单位和个人提出任何与审计工作无关的要求）工作纪律的执行和检查，认真落实责任制，做到讲看齐、重担当、做表率，带头履行主体责任。全面加强审计全过程监督，在审计机关形成风清气正，扎实干事的良好氛围。

【队伍建设】 抓队伍建设，不断提升审计干部素质。严格执行好干部标准，注重培养专业能力、专业精神，着力增强审计干部队伍适应新时代中国特色社会主义发展新要求的能力，努力建设信念坚定、业务精通、作风务实、清正廉洁的高素质审计干部队伍。采取多种形式，积极对审计人员开展经常性的思想教育，切实纯洁干部思想，筑牢思想防线。不断健全完善党风廉政建设和各项监督制约机制，并抓好制度的严格落实，使大家有章可循，按章操作，切实以制度管人、管事。继续加强监督制约。完善落实廉政风险防控日常管理工作，加强对重点岗位、重点环节、重点工作的监督和防范。加强队伍作风建设。以规范审计执法，提升队伍素质为重点加强作风建设，严格监督制约，提升执法服务水平，努力树立审计队伍务实、清廉、服务大局的良好形象。

【脱贫帮扶工作】 按照县委、县政府及上级审计机关的统一安排部署，县审计局全力投入脱贫攻坚工作，努力推动该项政治工程、民心工程，切实将县委、县政府的行动部署落到实处。继续选派2人常年蹲点帮扶村，担任驻村工作队长和队员，沉下心、扑下身，驻守基层，贴近群众，积极开展所驻村精准扶贫各项工作。机关所有干部职工人人结对帮扶贫困户，每月不定期由局领导班子成员带领干部职工深入卯都乡泉子沟村，认真听取贫困户意见和愿望，因户施策，与帮扶贫困户一起细化脱贫规划和帮扶措施，切实帮助帮扶户理清思路、算好账，如实填写《贫困户帮扶手册》，确保他们如期脱贫。投资10万元，为帮扶村新建60平方米加工作坊1处，解决泉子沟村长期无生猪屠宰和莜麦炒制场所的问题。

（供稿　孙雪野）

统　计

【概　况】 商都县统计局核定行政编制8个、工勤事业编制3个。下属2个事业单位：商都县地方社会经济调查队，核定事业编制5人；商都县统计执法大队，核定事业编制3人。

2018年，商都县统计局深入学习贯彻中共十九大精神，以习近平新时代中国特色社会主义思想为指导，牢固树立“四个意识”，加强机关党建、意识形态和党风廉政建设，改进机关工作作风，推进统计法治建设，夯实统计基层基础，不断提高统计数据质量，围绕县委、县政府经济发展目标，提供优质统计服务，各项经济指标稳中有增，经济运行总体平稳，全县统计事业取得较好成绩。

【主要经济指标统计】 2018年，完成各项统计工作，有效监控经济社会发展指标。努力克服工作人员少、专业多、业务量大等困难，及时、高质量地上报工业、能源、投资、农牧业、贸易、服务业等相关专业的统计调查工作，有效监控经济社会发展指标。2018年，全县地区生产总值完成47.37亿元，同比增长1.9%；规模以上工业增加值增长0.1%；500万元以上项目固定资产投资完成22.03亿元，同比增长26.8%；社会消费品零售总额完成37.96亿元，同比增长7.3%；公共财政预算收入完成1.51亿元，同比增长–3.0%；城镇居民人均可支配收入为27796元，同比增长7.7%；农村居民人均可支配收入为10127元，同比增长9.4%。

【重大国情国力调查】 按照国务院部署，2018年，开展第四次全国经济普查，普查前期准备工作有序开展，经费预算获批并拨付到位50万元；组建县、乡（镇）两级普查机构；采用多种形式对第四次全国经济普查进行广泛宣传和动员；选聘普查指导员51人、普查员252人；划分并绘制普查区233个、普查小区252个，并绘制普查小区电子地图；举办单位清查摸底、正式登记、数据处理等培训工作会议；组织完成清查底册单位的行政区划补码工作，有效单位清查对象2704个，核查率达100%，上报个体经营户1.27万户，上报率达203.42%；顺利完成查遗补漏、行业代码编码工作，商都县第四次全国经济普查进入正式登记阶段。截至年底，商都县第四次全国经济普查一套表底册数1662家，已上报828家，未上报834家，上报率为50%；一套表38家，已上报38家，上报率为100%；个体抽样（含交通运输户）底册675家，已上报659家，未上报16家，上报率为97.6%。登记上报率全市第一。

【名录库建设】 基本单位名录库建设初见成效，统计改革深入推进。以“放管服”改革为契机，采用月度更新，构建基本单位名录更新机制，名录库维护工作向及时性、真实性、准确性方向迈进，2018年，新入规工业企业3家，退库工业企业2家、商业企业1家、服务业企业3家；企业一套表调查单位申报手续进一步简化，企业申报更加便捷；启动“十三五”新型城镇化进程监测试点工作。

【统计服务】 2018年，统计局不断创新，多种形式地打造统计精品，提供优质服务，为县委、县政府的正确决策提供有力的统计信息支持。及时整理发布年度国民经济和社会发展统计公报；编辑出版质量高、布局合理、内容实用的《商都统计年鉴》；抢救整理编印《商都县统计数据汇编（1991—2012年）》《第一、二次全国经济普查，第二次全国农业普查主要数据汇编》等综合性统计资料，用大量翔实的统计数据反映全县经济社会发展现状，同时展示商都县建县100周年成就；对发展中的热点、难点问题进行监测分析并编写《季度经济运行分析报告》；加强对经济发展的监测、预警，挖掘深层次原因，提出合理的对策建议并撰写统计分析、信息、简报、调研报告100多篇，及时向县委、县政府领导提出意见和建议。

【“双基”建设】 “双基”（基层统计网络和基层工作）建设卓有成效，统计法治化步入正轨，数据质量全面提高。2018年，统计局以提高统计数据质量为核心，把加强统计基层基础建设作为统计工作的重中之重。各乡（镇）设置统计工作站，配齐专（兼）职统计工作人员，明确统计主管领导，统计专网畅通；强化基层统计人员的业务培训，安排2人次到国家统计培训基地参加国家统计局组织的基础班学习、公文写作提升班学习；组织在岗基层统计人员定期分批参加全区统计人员继续教育培训学习，不断更新、丰富统计工作人员的统计业务知识，切实适应新时期统计工作需要；统计执法大队工作人员考取自治区行政执法证，分管领导考取国家统计局统计执法证。编印《中华人民共和国统计法》《中华人民共和国统计法实施条例》《全国经济普查条例》《全国农业普查条例》以及宣传标语、宣传画和宣传展板，采取各种形式进行统计法律法规知识的宣传教育活动；建立双向签收制度，确保源头数据质量。基层所有统计报表严格执行单位盖章、分管领导签字、统计员送达，统计局专业人员亲收的规范制度，从而保障统计源头数据质量。

【精准脱贫工作】 精准脱贫工作开展以后，统计局按照县委要求下派驻村第一书记和工作队，并建立驻村工作队办公室，配备办公、生活设施；驻村第一书记和工作队一直遵守县委有关驻村工作纪律，经常性地进行实地调研、落实帮扶措施并全程参与扶贫规划制订、动态调整管理、贯彻脱贫政策以及各项档案软件的建设；局领导带队，组织全体帮扶责任人每月至少一次深入西水泉行政村所辖5个自然村贫困户家中了解基本情况、查找贫困原因、探索致富途径，宣讲扶贫政策、填写扶贫手册、规范扶贫档案、落实脱贫措施。2018年，为西水泉村委会购置葵花播种机3台、葵花脱粒机2台及部分易损件，从根本上解决贫困户向日葵种植、收获的燃眉之急，为行政村集体经济“清零递增”行动起到一定的助推作用；驻村第一书记和工作队以及帮扶责任人通过书写驻村日志、帮扶日记，及时全面地录入贫困户信息，“帮扶通”使用率位于全县前列；帮扶责任人全部在社会扶贫网注册为爱心人士，1名帮扶责任人“七一”期间被评为优秀帮扶责任人。

驻村第一书记和工作队5次接受商都电视台、乌兰察布广播电视台、内蒙古新闻网记者的采访，在“商都新闻联播”、乌兰察布广播电视台《公众视窗》《内蒙古新闻网》以《“第一书记”为群众干实事解难题》《商都县社会保障兜底包扶，保障贫困群众生活》《值得我们点赞的人，他们是谁？》《我是脱贫代言人》为题报道驻村第一书记兼工作队长张文海履职以来为村民办实事解难题的先进事迹，2018年7月，张文海被县委评为“优秀第一书记”，上报“自治区级优秀第一书记”并通过考核、申报。

【党风廉政工作】 2018年，县统计局以习近平新时代中国特色社会主义思想为指导，深入学习宣传贯彻中共十九大精神，全面落实新时代党的建设总要求，以“不忘初心、牢记使命”主题教育为主线，继续推进“两学一做”学习教育常态化制度化，不断增强党员干部“四个自信”和“四种意识”，严守“六大纪律”，坚定理想信念，勇于担当作为，认真落实“主体责任”制度，把机关党建、意识形态和党风廉政建设工作与统计工作同部署、同落实、同检查、同考核，并实行支部书记负总责、班子成员各负其责的“第一责任人”和“一岗双责”制度，充分发挥党组织战斗堡垒作用和党员先锋模范作用，为统计工作服务商都县经济社会发展提供坚强的政治、思想、组织、作风、纪律和制度保障。

【政治思想建设】 加强政治思想建设，树立“四个意识”，坚持“两个维护”，增强党组织的凝聚力和战斗力。坚决维护习近平总书记中共中央的核心、全党的核心地位，维护中共中央权威和集中统一领导；坚决执行党的路线、方针和政策；遵守政治纪律和政治规矩，牢固树立“四个意识”，在思想上政治上行动上同以习近平同志为核心的中共中央保持高度一致；深入贯彻从严治党“1+3”制度文件精神，推进示范引领工作。持续开展包扶西水泉村脱贫攻坚工作，在示范引领工作中坚持问题导向，针对西水泉村实际问题实施扶贫项目，引导村民发展农牧业经济、走脱贫致富之路；落实“三会一课”制度，严肃党内政治生活步入常态化。每月按时召开一次支委会和党员大会已成惯例，以新、旧《中国共产党纪律处分条例》，“不忘初心、牢记使命，做‘五个过硬’的党员干部”为题的支部书记讲党课活动开展3次；年初，召开以“认真学习领会习近平新时代中国特色社会主义思想，坚定维护以习近平同志为核心的党中央权威和集中统一领导，全面围绕全面贯彻落实中共十九大各项决策部署”为主题的专题民主生活会，按时召开学习优秀党员组织生活会；通过各种教育活动的开展，让全体党员干部学知识、受教育，坚定政治立场，树立“四个意识”；领导班子成员能够主动查找问题，开展批评与自我批评，深刻剖析原因，提出整改措施；开展“评星定级”活动，充分调动和激发党员干部干事业的积极性主动性。认真开展“两学一做”学习教育、“不忘初心、牢记使命”主题教育和“六大纪律”专题教育，着力推进“党的建设质量提升年”工作。按照县委的安排部署，及时召开“党的建设质量提升年”动员会，做好贯彻落实工作，切实提高党员干部的思想认识水平，从而提高机关党的建设整体水平。以“两学一做”学习教育常态化制度化为契机，组织党员干部学习领会习近平新时代中国特色社会主义思想，原汁原味、原原本本研读中共十九大报告、新修订的《中国共产党章程》，重点学习《习近平谈治国理政》第二卷和《党的十九大报告辅导读本》、《中国共产党章程》、《习近平总书记系列重要讲话读本》（2016年版）、《中国共产党纪律处分条例》、《李纪恒书记在参加自治区十三届人大一次会议乌兰察布代表团审议时的重要讲话》，采取集中学习、自主学习、专题讲座、支部书记讲党课等多种方式扎实抓好学习教育工作，使学习教育常态化。聘请县委党校老师史丽萍为全体党员、干部作“不忘初心、牢记使命，奋力开创新时代”的专题讲座，进一步增强党员、干部爱党、拥党、护党之心和对习近平新时代中国特色社会主义思想的理解和认同，并写下《我是党员怎么做》的心得体会。支部书记2次以新、旧《中国共产党纪律处分条例》为题讲党课，助推“六大纪律”专题教育，使全体党员、干部自觉遵循廉洁自律规范，恪守“六大纪律”，坚持理想信念宗旨“高线”，守住纪律“底线”。每月第一个星期五，组织所有党员开展主题党日活动，严格按照县委组织部提示以及“四个一”的要求，并2次参加市统计局主题党日活动，2人在“中国梦·统计梦”主题党日演讲活动中分别获得二、三等奖；结合“两学一做”学习教育常态化制度化和每月主题党日活动，组织党员干部集中学习中共中央总书记习近平在全党新闻舆论工作座谈会、全国宣传思想工作会议、全国宗教工作会议上的重要讲话精神，教育党员干部要以习近平新时代中国特色社会主义思想和中共十九大精神为指导，增强“四个意识”、坚定“四个自信”，自觉承担起举旗帜、聚民心、育新人、兴文化、展形象的使命任务，旗帜鲜明讲政治，筑牢信仰之基、补足精神之钙、把稳思想之舵；宣传中国共产党的民族政策，揭露民族分裂主义和宗教反动势力的本质，综合运用各种宣传阵地宣传中共十九大精神，引导党员干部切实增强认同、增强自信，凝聚起“撸起袖子加油干”的强大合力。机关单位组建“机关网络学习交流群”，宣传传播正能量，党员干部通过“北疆先锋”“共产党员”“乌兰察布党建”“商都党建”“活力商都”“北疆理论风景线”等网络平台了解组织动态，接受理论教育。

【组织纪律作风建设】 加强组织纪律建设，改进工作作风，提高服务群众能力，创建学习型党组织。加强支部标准化建设，努力创建“六型十好”党组织。按照党支部标准化、规范化建设标准，将多功能视频会议室作为组织阵地打造成党员活动、学习和培训中心，室内图板齐全，功能健全；利用阵地组织党员进行政治理论学习，学习中共十九大精神和《中国共产党章程》，深刻理解习近平新时代中国特色社会主义思想和中国共产党的纲领，引导党员尊崇党章、遵守党章、维护党章，坚定理想信念，对党忠诚；学习党内法规《中国共产党廉洁自律准则》《中国共产党纪律处分条例》等，让党的纪律成为党员干部的日常习惯和自觉遵循，增强纪律规矩意识，切实把“数据真实”作为统计调查工作的首要政治纪律，坚决反对数字腐败和弄虚作假，不越“底线”，不碰“红线”，营造风清气正的政治生态；学习焦裕禄、杨善洲、牛玉儒等先进典型，用廖俊波这个身边人的事迹激励党员，以实际行动书写对党和人民的忠诚；组织集中学习、讲党课和专题辅导报告，保障学习质量和时间；通过组织学习、举办专题报告、上党课等多种形式，加强全局党员干部政治理论和专业知识的学习培训，努力打造一支思想正、观念新、业务精、能力强、作风硬的统计干部队伍。

每月召开支委会议、党员大会，支部书记每半年讲党课1次，“三会一课”制度不断完善；主题党日活动实现常态化；党费收缴工作实行年初核算、按标准按月交纳；注重党员队伍建设，在培养2名入党积极分子的基础上，接收1名为中共预备党员；配备专职党务工作者做好支部日常工作。召开机关廉政工作会议，及时传达上级有关党风廉政建设和反腐败工作精神，实行落实主体责任“签字背书制度”，支部书记与领导班子成员、分管领导与股室站队负责人签订“党风廉政建设责任书”，切实履行“主体责任”“第一责任人”和“一岗双责”制度；认真落实“四个亲自”要求，确保党风廉政责任制真正落到实处；做到对党负责，对本单位的政治生态负责，对干部健康成长负责；严格执行中央八项规定精神和自治区党委、市委、县委有关规定；未发生公款旅游，公款吃喝，公车私用，私车公养，借生日、升学庆典敛财，出入私人会所等突出问题；“三重一大”事项都经党组讨论决定并制订《统计局“三重一大”议事决策事项清单》；严格控制“三公”经费，严格执行公务接待有关规定；清明节等节假期重要节点开展廉政谈话会，通过手机短信等平台向党员和党员干部发送廉政警示语，做到廉政风常拂、廉政钟常敲，机关工作作风得到改善；进一步健全完善《商都县统计局制度汇编》相关制度，重点在人、财、物等内部管理制度上的规范完善，切实打造出“知守规定、照章办事、规范有序”的工作氛围；真正做到靠制度管人、管事，规范从政行为，做到从严治党、从严治统；营造“风清气正”的统计局面。严格按照廉政风险防控规程清理规范职权，排查廉政风险、确定风险等级、制定防控措施、加强防控监管。

【荣　誉】 2018年，商都县统计局被评为全市“第三次全国农业普查先进集体”。

（供稿　刘生庆）

国家统计调查

【概　况】 国家统计局商都调查队是国家统计局的派出机构，既是政府统计调查机构，也是统计执法机构，依法独立行使统计调查、统计监督的职权，独立向国家统计局、内蒙古调查总队以及乌兰察布调查队上报调查结果，并对上报的调查资料的真实性负责。同时，承担地方政府委托的各项统计调查任务。全队核定编制数为9个，在职干部9人。

商都调查队现承担的调查专业有城乡住户调查、全国月度劳动力调查、农作物面积遥感测量和农产量调查、农产品价格调查、农产品中间消耗调查、畜禽监测调查、农民工监测调查、贫困监测调查、小微企业调查等国家抽样调查任务，同时承担完成上级调查队和地方党政布置的临时性或一次性调查任务。

【城乡住户调查】 2018年，新一轮住户样本运行后，队领导、专业人员和包点干部每月深入住户，查看记账情况，现场面对面辅导记账户规范记账，督促记账户按时记账，夯实基础工作，确保源头数据质量。积极推行电子记账，年内开展电子记账户的摸底、开户、培训工作，全年电子记账户占全部住户样本户的40%，达到上级队对全年电子记账推广率的要求。

根据城乡住户调查，2018年，商都县全体居民人均可支配收入为16167元，较2017年增长8.9%，增速位于全市第三位。其中，城镇居民人均可支配收入为27796元，较2017年增长7.7%，增速位于全市第三位；农村居民人均可支配收入为10127元，突破万元，较2017年增长9.4%，增幅高于全国0.6个百分点，增速位于全市第二位。

【局队业务分工调整】 2018年，商都调查队积极贯彻落实《国家统计局关于印发〈地方统计局与国家调查队部分业务分工调整优化方案〉的通知》文件精神，按照总队及市队的统一安排部署，成立由主要领导担任组长的局队业务分工调整优化工作领导小组，主动与县统计局主要领导沟通，坚持全区统计调查“一盘棋”思想，沟通协调、相互支持、密切配合，步调一致。3月14日、3月29日、5月22日，与商都县统计局完成规模以下工业调查、限额以下商业调查和规模以下服务业调查交接工作。在业务交接期间，本着“扶上马送一程”的工作理念，在双方业务人员交接完报表和相关资料之后，局队分管领导和业务人员深入样本调查企业，与企业负责人以及统计人员见面交接，做好与样本企业后续工作安排，在统计局接收后开展业务工作时，调查队从事专业人员协助配合接收后的初期工作，做到业务交接工作平稳有序，确保工作到位、数据衔接。

【统计调查服务】 积极推进“服务增效工程”，按照“快、准、新、深”要求搞好信息咨询服务工作。2018 年，商都调查队撰写的分析报告被内蒙古调查总队内网采用 5 篇，业务信息被采用 10 篇，政务信息（包括调查风采）被采用 19 篇，党廉信息被采用 16 篇。其中《关于进一步推广电子记账的思考》《新形势下进一步做好农村住户调查工作的探索》和《商都队严把“五关”夯实住户调查基础工作根基》3 篇政务类信息分别被国家统计局内网《统计研究》栏目和《工作交流》栏目采用。其中 1 篇被《中国信息报》采用。

【精准扶贫工作】 按照商都县委的安排部署，从 2016 年起，商都调查队承担包扶乡镇村、户的精准扶贫工作任务，2017 年组建驻村扶贫工作队，承担商都县十八顷镇东营子贫困村和小庙子嘎查的包扶工作，2018 年县里调整驻村工作队后，承担十八顷镇二号村驻村工作任务。5 月，按照商都县委印发的《商都县关于进一步加强驻村工作队选派管理工作的实施意见（试行）》文件要求，经队委会研究决定副队长闫旭岗和干部陈建兵与单位脱钩全身心投入脱贫攻坚工作，经向县领导请示及乡政府领导协商后，队长可“跑村”参加包扶工作，在不耽误单位正常工作开展情况下，利用工作日内闲暇时间和周末休息日深入包扶村协助开展扶贫工作。驻村扶贫干部积极落实好总队领导指示和县委要求，驻村队员全力坚守岗位，深入贫困户开展帮扶工作，入户宣传中国共产党的扶贫政策，帮助乡镇、村干部落实扶贫措施，完善建档立卡软件，开展春耕帮扶以及节日慰问送温暖等活动。

年内，除对所包扶的贫困户进行慰问走访活动以外，放眼全县的扶贫工作，队领导积极联系自治区有关单位开展扶贫活动。通过多次沟通联络，联系到内蒙古自治区人民医院和自治区民革委联合举办“送医送药送健康义诊”扶贫送温暖活动，7 月 13 日，内蒙古自治区人民医院民革党派人士组成的医疗队一行 14 人到商都县七台镇东坊子村送医送药，并宣传普及农村常见病多发病的防治和用药知识，医疗专家就甲状腺肿瘤外科、医学检验科、骨关节科、急诊医学科、消化内科、超声医学科、临床营养科等开展义诊，为该村 223 名村民进行诊疗，并向村民赠送价值 1.5 万多元的药品。

【重要事件】 1 月 16 日，乌兰察布调查队纪检组组长赵金玉、法规科科长杜淑英到商都县调查队进行年终考核，同时督导组织生活会。

2 月 1—2 日，县调查队队长李永杰到呼和浩特市参加全区统计调查工作会议。

3 月 2 日，全队干部职工在视频会议室参加国家统计局举办的全国统计部门党风廉政建设工作视频会。

3 月 20 日，乌兰察布调查队副队长杨国枝、纪检组组长赵金玉、办公室副主任张俊杰到商都县调查队例行财务检查，同时对办公室、党建、纪检廉政工作进行检查，提出建议。

4 月 17—18 日，内蒙古自治区统计局、国家统计局内蒙古调查总队联合组成的督查组深入商都县调查队开展局队部分业务分工调整优化督查工作。

4 月 21 日，内蒙古调查总队法规制度处副处长高志农、副调研员王凤英商都县调查队调查研究基层统计调查工作现状，乌兰察布调查队副队长杨国枝陪同。

5 月 10—11 日，国家统计局内蒙古调查总队总队长刘湛菁一行到商都调研指导工作，并听取商都调查队近几年工作情况汇报，乌兰察布调查队队长梁俊利陪同。

5 月 18—19 日，内蒙古调查总队第一审计组对商都调查队 2015—2017 年财务工作进行内部审计。

5 月 24 日，商都县总工会发出《关于成立国家统计局商都调查队工会委员会的批复》文件，商都调查队工会委员会正式成立。

6 月 5—6 日，内蒙古调查总队住户专项处副处长张永林一行到商都调查队检查指导住户调查工作，并深入西水泉村、七邓营村、西坊子村现场查看记账情况，乌兰察布调查队队长梁俊利陪同。

6 月 15 日，队长李永杰到小庙子嘎查主持村支委及支部书记换届选举党员大会。

6 月 19—21 日，队长李永杰到包头市参加国家统计局内蒙古调查总队党组理论学习中心组学习（扩大）会议。

6 月 26 日，全队人员在视频会议室参加国家统计局举办的统计部门深入学习贯彻习近平新时代中国特色社会主义思想党课视频会议。

7 月 4—7 日，纪检员闫建霞到呼和浩特市参加全区纪检监察会议。

7 月 9 日，乌兰察布调查队纪检组组长赵金玉一行执法检查组深入商都县中地牧业集团有限公司等三家企业开展统计执法检查。是日，乌兰察布调查队考核组对商都调查队 2017 年招录公务员高爽进行转正考核。

7 月 24—27 日，科员邢飞到集宁参加全区调查系统青年代表座谈会。

8 月 13—16 日，科员邢飞到呼和浩特市参加全区居民收支调查应用系统培训会议。

9 月 27—30 日，队长李永杰到呼和浩特市参加全区调查系统统计法治工作暨法治培训会议。

10 月 12 日，队长李永杰和纪检员闫建霞深入生猪养殖户开展“非洲猪瘟”疫情对生猪生产影响调查。

10 月 26 日，队委会成员在视频会议室参加国家统计局组织召开的统计部门警示教育视频会。

11 月 5 日，队长李永杰到呼和浩特市参加全区调查系统党建工作暨党支部书记培训会议。

11 月 22—24 日，商都调查队召开住户调查和农产量调查辅调员培训会。

12 月 7 日，商都调查队联合商都县统计局在祥和广场举办“12・8”《中华人民共和国统计法》颁布纪念日暨统计法治宣传活动。

【荣　誉】 国家统计局商都调查队在 2018 年全自治区县级调查队考核中获得良好等次，获 2018 年全市统计调查系统政务信息工作先进集体称号，获 2018 年全市调查系统业务技能大赛三等奖。

李永杰获 2018 年度优秀公务员三等功，邢飞获 2018 年度优秀公务员嘉奖。邢飞被评为 2018 年政务信息先进个人。

（供稿　邢　飞）

农　业

农牧业

【概　况】 商都县农牧业局全系统总编制326人，实有在职干部职工193人，有离休干部5人、退休人员202人。其中局机关按规定应设立内设机构8个，实际设置6个。行政编制16人，工勤编制3人，实有工作人员15人。下设二级单位18个，其中准科级全额拨款事业单位2个、股级全额拨款事业单位14个、差额拨款事业单位2个。

【种植业】 2018年，全县农作物播种面积156.25万亩，其中粮食作物播种面积80.65万亩，粮食产量0.635亿公斤。在粮食生产中，马铃薯种植面积10.8万亩，小麦播种面积43.35万亩。经济作物播种面积75.6万亩，其中甜菜26万亩、葵花34万亩。

【畜牧业】 2018畜牧年度，主要牲畜存栏48万只（口、头），出栏38.23万只（口、头）。其中生猪存栏3.5万口，出栏3.2万口；肉羊存栏40.2万只，出栏33.9万只；肉牛存栏3.3万头，出栏1.13万头；奶牛存栏0.8万头，基本与2017年持平。

【精准扶贫项目补贴】 进一步完善扶贫菜单，扩大产业扶贫覆盖范围。按照《商都县产业精准扶贫实施方案》和《关于2018年产业精准扶贫项目补贴的通知》，年初对补贴名录进一步完善，达到3类19项。对于超出部分按10%予以补贴的标准予以扶持，为1.07万户2.47万人强劳动能力和弱劳动能力贫困户发放扶持补贴2654万元；为4128户无劳动能力贫困户发放资产收益412.8万元。

【农企联结带动增收】 充分发挥龙头企业带动作用，不断紧密农企利益联结。依托农牧业龙头企业、种养殖合作社、家庭农场等各类新型经营主体，2018年，全县土地流转达43万亩，受益贫困户2393户5503人，常年和季节性务工贫困户3791人，人均增收8000元；发展甜菜、蔬菜、鲜食玉米等种植订单达30万亩，直接带动贫困户1.2万户。全县有贫困人口2.64万人，通过农企利益联结实现稳定增收。

【对口帮扶】 依托京蒙对口帮扶，进一步拓宽脱贫思路。根据商都县农牧业局与北京市平谷区农委签订的《携手奔小康助力打赢脱贫攻坚战对口帮扶合作协议》，结合商都县农产品销售渠道单一、种植技术更新不及时，尤其是贫困户缺乏技术的实际，经与北京市平谷区农委协调，10月中旬，商都县组织两批致富带头人、缺乏技术的贫困户代表共55人到北京市平谷区学习。11月初，北京市平谷区农委组织植保、推广专家到商都县对小海子镇10个贫困村的贫困人口进行对口培训。在平谷区农委的引荐下，2018年，商都县鑫磊蔬菜专业合作社、绿娃农业科技有限责任公司等价值300万元的农产品成功进入北京高端市场销售。

【科技扶贫】 发挥技术优势，协助贫困户早日脱贫致富。依托技术优势，发挥部门职能，农牧业局积极对贫困户农牧业生产中播种、病虫害防治、田间管理、肉羊育肥、品种改良等全过程开展技术指导、培训，全年下乡8000余人次。针对2018年5月、6月没有有效降水，且病虫害发生情况较严重的情况，县农牧业局采购总价值4.2万元电动喷雾器200台，及时送到包扶的贫困户手中。为鼓励贫困户发展肉羊育肥产业，9月底，县农牧业局集中采购价值36万元的饲草加工机具180台，发放到12个包扶村180户发展养殖业的贫困户。春节前夕，县农牧业局对重点包扶的10个行政村开展慰问，为农户送去价值16万元速冻蔬菜、大米和白面。

【土地确权】 2018年，土地确权各项工作基本完成。全县应开展土地确权工作的有10个乡镇、212个行政村（包括4个农村社区）、688个村民小组，应确权面积196.66万亩，承包方总户数8.80万户。在各乡镇、测绘公司及发包方等相关单位的积极配合下，经过近一年的努力，12月26日，商都县土地确权数据库顺利通过农村农业部的验收。

【农村集体产权制度改革】 2018年，推进农村集体产权制度改革。按照中央、自治区、市、县四级《关于稳步推进农村集体产权制度改革的意见》要求，根据“试点先行、有序推进”的方法，稳步推进产权制度改革工作，全县213个行政村全部完成清产核资工作，进入数据录入和成员身份认定阶段。

【国家农产品质量安全县创建工作】 商都县是自治区第二批创建国家农产品质量安全县试点县，2018年，县委、县政府高度重视，成员单位大力配合，创建工作稳步推进。对照国家102条验收标准，完善各项软件资料，建立档案室，对辖区内兽药、农药、生资门店、种养殖基地规范各项制度并张贴上墙。投资120万元，购置监控屏幕1组、高清摄像头105个等设备，建设农产品质量安全追溯平台，纳入追溯监管平台的有农资门店10家、兽药门店5家、屠宰加工企业2家、种植基地3家，养殖基地1家、乡镇监管站5家。投资40万元，建成并投入使用三大顷乡、小海子镇、七台镇、十八顷镇、玻璃忽镜乡5个乡镇监管站，为210个行政村（涉农社区）配备村级监管员，初步建成自上而下的监管体系，2018年11月底，顺利通过验收组的验收。

（供稿　李德林）

林　业

【概　况】 2018年，商都县林业局所属二级单位11个：森林公安局、园林局、规划验收办公室、林业工作站、种苗站、森林病虫害防治检疫站、森林草原防火指挥办公室、禁牧办、公益林站、机械化林场、中心林场。编制数172人，全体干部职工172人均在岗在编。

【林业生产】 2018年，坚定不移贯彻中共中央总书记习近平“绿水青山就是金山银山”的发展理念，持续推进生态修复，加快国土绿化步伐。完成经济林建设任务1.16万亩；重点区域商土公路两侧绿化1200亩；中心林场义务植树1000亩；完成京津风沙源治理二期工程5000亩；城镇绿化补植、补种各类苗木4.5万余株、榆树墙300延长米；庭院经济林建设2000亩。

【精准扶贫工作】 2018年，各乡镇在完成林业建设项目工程施工中，吸纳建档立卡贫困人口参与工程建设，通过劳务费收入带动贫困户实现脱贫。对10个乡镇所有管护岗位进行全面摸底排查，2018年，选聘公益林护林员1173人，全部由建档立卡贫困户中产生，通过护林员岗位带动1540户4000多人实现稳定脱贫。全县新一轮退耕还林任务全部安排在贫困乡镇，对符合条件的贫困户优先纳入退耕范围。退耕任务全部完成，第一批每亩500元的国家生活补助已全部发放到退耕农户，共发放补贴35万元。完成经济林1.16万亩、庭院经济林2000亩。引导项目乡镇探索“龙头企业+基地+合作社+农户”模式，在全县重点支持建成一批林果、林药等林业扶贫示范项目。先后建成玻璃忽镜乡二吉淖红枸杞1000亩示范产业园、小海子镇河柳村300亩黑枸杞产业园，7个乡镇落实2000亩以林业产业带动脱贫攻坚的庭院经济林产业示范园区。贫困户通过在企业打工取得“薪金”，未来企业收益好还可分得“股金”，实现多渠道稳定增收。为西井子镇贫困户免费发放果树苗5000多株发展庭院经济，全县发放5万多株。帮助西井子镇黑沙土村委会集体建起100亩示范黑枸杞种植基地，壮大村集体经济。

【林政资源管理】 按照内蒙古自治区关于公益林区划界定的相关要求，在2014年林地变更“一张图”基础上，把2014年至2017年期间的更新造林、林地采伐、征占用林地、森林灾害及规划调整等发生变化的地块调查、对比、核实、上图入库。区划界定工作全部完成，强化对商都县152.24万亩公益林的监管。严格实行种苗生产、经营市场准入制度，加强对工程造林用种“两证一签”（苗木检验证、苗木检疫证、苗木产地标签）的监督管理。森林公安机关组织警力开展“飓风一号”“春雷2018”“绿剑2018”“保护候鸟”等涉林违法犯罪专项行动，全年共出动警力5920人次，出动警车1480台次，发放禁种铲毒、森林防火宣传资料5万余份，禁种铲毒共踏查林地面积7000多亩，重点踏查可疑地块153处；共办理案件51起，其中林业行政案件33起，刑事案件18起，处理违法人员33人。

【森林病虫害防治】 2018年，预测林业有害生物发生面积8.63万亩，实际发生面积1.3万亩，成灾0.39万亩，成灾率0.35‰，测报准确率达90.4%；全年共防治8.04万亩，其中无公害防治7.09万亩，无公害防治率达88.24%；严密防范危险性外来有害生物的传入和传播，实施种苗产地检疫0.57万亩，种苗产地检疫率达99.3%。

【森林防火】 成立商都县森林防火办公室，组建30人的专业消防队伍，森林消防管护队遇有紧急情况，能够及时出动，出色完成任务。筑牢“源头严防、过程严控、后果严惩”三道防线，确保森林资源安全。出动宣传车辆1442辆次，发放宣传单3万余份、宣传手册1万余份、宣传品5000多份，刷写宣传标语87余处，插防火旗2000余面，耕防火隔离带3000延长米。

【禁牧工作】 禁牧办统一思想，加大宣传力度，营造浓厚的禁牧氛围，通过刷写固定标语、设立固定宣传牌及警示牌、挂横幅、发放传单、张贴广告、网络报道等各种形式广泛宣传禁牧政策。组织人员经常深入乡村督查，从严抓好禁牧工作。

【党建工作】 2018年，县林业局以中共中央总书记习近平系列重要讲话精神为指导，坚决贯彻落实中共十九大精神，坚决维护以习近平同志为核心的中共中央权威，切实把全面从严治党的新部署新要求落到实处，进一步提高党建工作科学化水平，为推进全县林业生态建设提供坚强保证。局党委理论学习中心组坚持每月至少1次、全年不少于12天专题学习。班子成员高度重视，深入基层，传达会议精神，宣讲中共十九大精神，上专题党课，积极撰写心得体会。开展林业大讲堂，共举办讲座、培训5期，累计培训300人次，局机关组织党员参观县党风廉政教育基地，开展向郑德荣等7名优秀共产党员先进典型学习活动。以支部为单位，每月固定一天开展活动，落实缴纳党费、重温誓词、诵读党章、学习讨论等内容。坚定理想信念，强化“四个意识”特别是核心意识、看齐意识，抓好《关于新形势下党内政治生活的若干准则》《中国共产党党内监督条例》的学习贯彻落实，坚持严肃认真的党内政治生活，持之以恒加强作风建设，坚定不移落实全面从严治党主体责任。

（供稿　曹正方）

水 利

【概　况】 2018年，商都县水利局在职干部职工134人，下设二级单位，分别为：商都县水土保持工作站、商都县水政水资源管理办公室、商都县水利管理站、商都县水利工作队（农村饮水安全工程管理站）、商都县地下水勘探队、商都县水土保持监督检查站、商都县水利防汛抗旱服务队、商都县八股地水库管理所、商都县三面井水库管理所、商都县不冻河水库管理所、商都县水利物质调动中心、商都县生态移民区供水管理所、商都县水库移民后期扶持政策工作办公室、不冻河水利风景区管理所。

【水利工程】 2018年，商都县水利局加快建设不冻河河道治理工程、饮水安全巩固提升工程、农业综合水价改革等项目。不冻河河道治理工程投资2640万元，治理不冻河上游11公里，该工程于2018年6月11日动工兴建，10月底工程全部完成，年底整理施工资料，准备验收。实施饮水安全巩固提升工程。2018年4月，商都县水利局把饮水安全巩固提升工程作为精准扶贫解决“两不愁、三保障”的一项重要措施来抓，采取各乡镇上报、组织专业技术人员下乡镇核实的方法，对历年实施的饮水工程现状做细致摸底，确保饮水工程全覆盖。2018年，全县共投资4400万元，新打机电井248眼，铺设供水管网60.23公里，建蓄水池5个，检修井263眼，盖井房212间，解决3.56万人饮水安全，其中覆盖贫困人口8183人。实施农业综合水价改革项目。2018年，商都县被列入自治区农业水价改革试点旗县，水价改革项目位于小海子镇和七台镇，项目区控制面积3.25万余亩，涉及项目区262眼机电井，按照“一井一表一卡”的原则，安装计量设施262套，机电井控制及农田取水控制系统80套，总投资1550万元。该工程于2018年6月10日开工建设，10月底全部完工。

【防汛抗旱工作】 着力做好汛前检查、汛中巡查、监测预警等基础性工作；进一步完善防汛抢险应急体系，修订《商都县城市防洪应急预案》以及10个乡镇的山洪灾害防御应急预案和调度方案，使各类预案方案指导性更科学、可操作性更强；严格落实防汛责任制，及时调整防汛各级指挥机构组成人员，落实防汛工作行政首长负责制，建立健全防汛值班以及雨情、汛情、灾情报送制度，严格落实汛期值班带班人员，细化基层信息员预警机制，确保信息传递畅通；积极筹措防汛抗旱资金，储备好应急物资以满足抢险救灾需要。2018年7月中旬以后，降水增多，发生罕见大暴雨，但没有发生一起大的人畜伤亡事件，防汛抗洪工作经受住严峻的考验。

【党风廉政建设】 以学习习近平新时代中国特色社会主义思想和中共十九大精神为全年学习内容，以“两学一做”常态化制度化学习教育，牢固树立“四个意识”、坚定“四个自信”、做到“两个维护”为载体，坚定自觉地在思想上、政治上、行动上同中共中央看齐，向中国共产党的理论和路线、方针、政策看齐，始终将这一主题全面准确深入地贯穿到各支部以及党员干部的学习和工作中去，在学习中增进理想信念，在工作中体现共产党员表率作用。2018年，商都县水利局开展“四个意识”，主题党日，“党的建设质量提升年”，“集中整治形式主义、官僚主义‘十种表现’”，中心组学习等主题教育活动，通过这些活动提高全局党员干部的拒腐防变能力、增强廉洁自律意识。局班子成员坚持“每月学习日”制度，每个季度制订学习计划，明确学习内容，认真做好学习笔记，撰写心得体会，积极参与研讨会，提高班子成员的综合素质。局党组将党风廉政建设纳入县水利局重要议事日程，成立由党组书记、局长任组长，党组成员、副局长任副组长，其他党组成员为成员的党风廉政建设工作领导小组。认真履行党建工作“第一责任人”制度，先后组织召开多次专题研究分析会议，为扎实开展党风廉政建设提供组织保证。局党组根据工作实际要求，制定《商都县水利局党风廉政建设和反腐败工作任务分解》《商都县水利局党风廉政建设工作实施方案》《商都县水利局2018年廉政风险防控工作方案》等，在局务会议上研究并下发各科室及二级单位。4月8日，召开商都县水利局水利工作暨党风廉政建设会议，局党组与各二级单位负责人签订《党风廉政建设目标责任书》，将全年党风廉政建设主要工作任务分解到各个部门，党风廉政工作切实做到有部署、有落实、有检查、有考核，层层压实责任。长效抓改进作风。2018年，县水利局集中整治形式主义、官僚主义“十种表现”，作为党风廉政建设的一项重要内容来抓。根据县纪委、县监委关于《2018年全县集中整治形式主义、官僚主义“十种表现”实施方案》的要求，结合全县水利工作实际，制订《商都县水利局集中整治形式主义、官僚主义“十种表现”工作方案》，局党组牵头抓总、督促检查、稳步推进、强化压力传导，局机关党委综合协调、及时汇总情况，同时强化日常监督，抓早抓小、超前防范，其他科室、单位各司其职、依据职责抓好工作落实。从而进一步改进机关作风，解决好服务民生服务群众“最后一公里”的问题。规范建设党组织。2018年，根据局机关及二级站所队支部及党员的年龄、学历等实际，及时地调整优化基层党组织，由原来的8个党支部合并成4个党支部，进一步优化结构、整合力量，提高二级党支部工作的能动性和战斗力。抓好党员发展工作，做好入党积极分子的培养、教育和考察工作，指定培养教育责任人，并按规定填写考察情况表，实行公示制和票决制，进一步规范发展党员工作流程，对党员信息管理系统中党支部和党员信息进行完善。2018年，县委组织部对县水利局入党积极分子2人进行考核，其中有1人通过考核，转为预备党员，为党组织增加新鲜血液。局党组作为党风廉政建设的主体，局领导带头践行《中国共产党廉洁自律准则》和中纪委《关于严格禁止利用职务上的便利谋取不正当利益的若干规定》，做到“四个不”（不插手水利工程项目，不变相操作，不准收受中标单位等服务对象的礼金、礼品，不接受宴请）。2018年，实施不冻河河道治理工程、水价改革项目、人饮安全提升工程，严格实施招投标制度，工程设计、施工、材料监督等都上平台。不变相操作，坚决杜绝借资质拆标、分标的违纪、违规行为。不准收受中标单位等服务对象的礼金、礼品，不接受宴请，保证各项工作的公平性、公正性。不准违反中央八项规定，公务接待没有超标，公车没有私用，精简各类会议，一会多主题，压缩文件。不准一个人掉队。局党组成员按照分管的二级站、队、所一岗双责，既抓好分管、所、队的党务廉政建设工作，又保证不让一个人掉队出现不廉不法行为，打造一支团结、廉洁、战斗的队伍。

（供稿　袁　昇）

农牧业机械管理

【概　况】 县农牧业机械管理局为正科级建制的参公事业单位，经费形式为财政全额拨款，核定事业编制46人，在职36人，其中正科1人、副科2人；参公人员9人，专业技术人员27人。内设机构4个，即办公室、农机技术推广站、农机监督管理站、农机产品质量投诉站。全局专科以上学历42人；高级工程师以上专业人员23人。全局退休人员共计34人（农机监理站1人）。商都县农机监督管理站为农机局所属的相当于股级事业单位，经费形式为全额拨款，核定事业编制17人，在职16人，其中参公人员15人、专业技术人员1人。

【农机化运行情况】 2018年，认真贯彻落实国家、自治区、市及县委、县政府关于农村经济工作和社会发展的方针、政策，研究制订全县农机化发展规划，不定时机动召开新机具、新技术演示会，试验、示范、积极推广保护性耕作技术，深入各乡镇广泛宣传国家农机惠民政策，组织农机经销商开展新机具展示推介活动，发放宣传资料，促进农机化工作的开展。制订并完善《全县基层农技推广补助项目实施方案》与《技术指导方案》，指导员进村入户，遴选科技示范户，通过科技示范户引导、示范基地观摩等，使农民基本掌握农牧业机械生产技术。国家、自治区农机购置补贴实施以后，积极组织开展农业机械购置补贴摸底、座谈、调研、制订补贴方案等工作，坚持突出补贴重点，推广节能环保、精准高效农机化技术，推进补贴范围，创新组织管理，严惩失信违规行为，实施补贴资金约8000多万元，无一漏洞。定期组织农机行政执法人员下乡督察，对全县农机维修网点进行专项检查。配合工商技术监督等部门打假活动，对农机维修点进行年审，对零配件经销商开展专项治理工作，查处假冒伪劣产品。依法受理全县的农业机械产品质量、维修质量、作业质量及售后服务质量等投诉系列案件，保障消费者的合法权益。

【农机装备总量和结构】 2018年，全县拥有农机总动力29.17万千瓦。拖拉机保有量达1.14万台。其中，20马力以上的拖拉机保有量4627台，比2017年增加297台。小型拖拉机保有量持续呈下降趋势，共6814台。大中型拖拉机配套机具达2.12万余台，比2017年增加48台。联合收获机保有量8台。

【农业机械化水平】 农作物主要环节的机械化水平和种植业综合机械化水平稳步提升。2018年，全县农作物机耕、机播、机收水平分别达97%、87.8%、72.7%。综合机械化水平达86.9%，耕、播、收水平保持增长。

【农机社会化服务】 2018年，全县拥有农机社会服务组织15个，其中，在工商部门注册的农机专业合作社15个，农机专业合作社作业服务面积达12万亩。全县完成10万亩深松整地任务，农机社会服务呈规模化作业特点，推动农牧业生产规模化经营、农业种植结构转变，甜菜种植面积增加。

（供稿 王惠远）

气 象

【概 况】 商都县气象局属国家一般站，始建于1959年。气象观测场位置：北纬41°34′、东经113°33′，海拔高度1385.2米。全局在职职工13人，退休职工9人。下设机构有商都县气象台、商都县气象灾害防御中心。

【气象工作机制】 2018年，认真落实自治区党委、自治区政府和乌兰察布市委、市政府一系列有关加快气象事业发展的政策措施，建立多元稳定的财政投入机制，保障气象现代化建设达到预期目标，商都县人民政府印发《关于2018年商都县人工影响天气工作计划的批复》《关于进一步加强人工影响天气工作的通知》。

2018年，成立全县全面推进气象现代化建设领导小组，负责各乡（镇）气象灾害应急处置的指挥、协调、指导和监督。全县各乡（镇）印发《气象灾害应急预案》，212个行政村印发《气象灾害应急行动计划》。2018年年初，县政府进一步完善商都县气象灾害应急预案；5月，重新调整商都县人工影响天气与气象灾害防御指挥部成员，由分管副县长任总指挥，由县气象局局长任副总指挥，有关单位主要负责人为领导组成员。初步形成“政府主导、部门联动、社会参与”的气象防灾减灾应急管理体系，气象灾害应急保障和处置能力显著提升。

【气象服务现代化建设】 全县共建有25个区域自动站，基本达到自动观测全覆盖，其中，每个乡（镇）有1套六要素观测站，共9套，行政村及易发性中小河流及山洪地质灾害区域共建有5套四要素站、1套两要素站、7套单雨站，3套自动土壤水分站，在全县气象灾害预警及防灾减灾中发挥至关重要的作用 。

汛期前后，县气象局组织有关技术人员对辖区内的25个区域自动站进行全面巡检维护，确保区域气象站数据的准确性、及时性，使防汛工作者能够在第一时间掌握雨情，为防汛抗灾工作提供确实可靠的决策依据。

进一步丰富气象服务内容和方式，形成集互联网、手机短信群发平台等为主要手段的气象灾害应急信息传播途径，气象信息覆盖面进一步延伸到每个乡（镇）、行政村。针对每次天气过程，组织业务人员，经过反复会商分析，及时向县提供气象决策信息及过程后的雨晴信息，县政府领导对气象部门在气象服务过程中的准确预报和及时发布预警信息提出多次表扬。

【防灾减灾】 2018年，商都县呈现先旱后涝、旱涝并存的天气状况。5月中旬至7月初，因旱情严重，气象局抓住有利形势，多次开展人工增雨，有效缓解当地旱情。在灾情发生后，县政府领导及有关部门负责人第一时间下乡调查灾情。7月中旬，出现洪涝灾害，县气象局提前通过多渠道及时准确预报，告知各部门及广大农户，让各部门及农户提前做好防范，无人员伤亡，最大限度地减少经济损失，完成气象服务工作。

【气象灾害监测预警】 进一步完善监测预报预警流程和规范，制订精细化预报服务方案，切实提高监测预警的时效性、准确性和有效性，精细化气象服务水平有效提升。预报预警服务及时准确性不断提高。在春运、汛期专门成立气象服务领导小组，坚持24小时值守班，预报预警服务做到及时主动。密切监视天气变化，做好监测、联防、气象预报预警和跟踪服务工作，每一次大的天气过程都及时向政府及相关部门发送重大气象信息专报，并通过预警信息平台发布气象灾害预警信号及手机短信预警，为政府做好灾害防御工作提供决策依据。

【专项气象服务】 通过预警信息平台和手机发布各类气象信息1.3万余条次，全年共发布预警信号27期，发布重大信息专报16期，发布春运预报40期、元宵节1期、春耕春播专题气象服务12期、适播期预报1期；“五一”、端午、高考预报各4期；生态与农业气象信息36期、森林草原防火气象服务212期、编写马铃薯墒情专项服务产品2期，空气污染气象条件预报212期，专项气象分析共186期，雨情公报17期，并通过预警信息平台及时向地方领导提供预报信息，服务内容及时有效，受到政府及有关部门一致好评。

【精准扶贫工作】 在多个扶贫村的地质灾害隐患点新建区域自动站、在农作物种植区新建土壤水分站，提高贫困地区气象灾害监测能力。通过多种手段、途径，建立气象预警信息发布传播体系，全县气象信息基本全覆盖，实现农村地区预警信息“最后一公里”传输取得明显成效。强化贫困地区农业产业气象服务，做到实时跟踪监测，进农田实地调查，在不同节气及时发布预报服务产品。积极履行社会责任，助力地方精准扶贫。成立扶贫组织，明确1名分管领导和1名联络员，抽调1名骨干任二号村第一书记，并制订帮扶计划。通过走访，充分了解贫困户致贫原因及脱贫需求，进一步落实帮扶举措，确保扶贫政策落地生根结果。按照精准扶贫要求，县气象局组织帮扶人员入户填写“商都县精准扶贫贫困户信息表”。县气象局职工共计帮扶38户贫困户。为进一步落实扶贫工作的时效性，主动协调水利部门为帮扶村打饮水井2口；协调电力部门为养殖户接通用电；购买8套广场健身器材及村委会办公室所用的全部办公用品，自筹资金累计支出3万余元。

【党风廉政建设】 制定“两个责任”清单，认真落实民主集中制，“三重一大”事项均上会讨论并按要求做好会议记录。全年未发生违反中央八项规定精神等违纪问题。开展局领导述职述廉活动，建立“三人决策”议事规则，深化“局务公开、财政监管、物资采购”三项制度，推进惩罚和预防腐败体系建设。局财务接受上级财务部门年度审计，并将结果向职工公布。深入学习贯彻中共十九大精神，制订学习计划，发布学习倡议书，开展集中学习，全体干部职工撰写个人学习心得并进行交流，利用讲党课，组织党员学习《中国共产党廉洁自律准则》和《中国共产党纪律处分条例》，多次进行教育。

（供稿　青德孟）

工业与交通

经济信息商务

【概　况】 商都县经济信息商务局内设综合办公室、经济运行与商务贸易流通股、信息产业与能源综合管理股、项目投资与行业管理股、外商投资与中小企业管理股。核定行政编制 15 人、工勤事业编制 8 人。科级领导职数 5 人。

2018 年，面对宏观经济下行压力增大、龙头企业生产效益下滑的不利局面，围绕县委、县政府年初既定的经济发展战略，开展招商引资工作，狠抓固定资产投资和项目建设，扶持帮助中小微企业健康成长，加强内贸流通基础建设，规范整顿市场秩序，提升管理服务水平，全县工商业经济保持稳中有增、提质运行的态势。

【工商业经济运行】 2018 年，商都县主要经济指标呈现结构调优、提质运行的发展态势，根据县统计局数据反馈结果显示，1—12 月，全县 27 家规模以上工业企业完成总产值 37.98 亿元，同比下降 1.69%，下降的主要原因是对硅鑫、众鑫等 5 家企业 11 台 1.25 万千伏安矿热炉进行淘汰，短期内影响全县工业产值的增长。但经过招商引资，有凯金、恒科、恒胜、申弘、丰彦骄等产值较大的锂电池类项目相继落地，陆续投产运营，计划 2019 年将快速促进工业产值的稳定增长。500 万元以上固定资产投资完成 22.5 亿元，同比增长 23%，增速位居全市第一。全县有商贸物流重点项目 10 家，社会消费品零售总额完成 35.47 亿元，同比增长 7.7%。

2018 年，商都县新增规模以上企业 2 家，分别是内蒙古商都县圆恒锰铬材料有限公司和内蒙古凯金新能源科技有限公司，新增工业产值将近 2 亿元，完成目标 3 家企业的 66.6%。

【工业重点项目建设】 2018 年，商都县实施 3000 万元以上重点工业项目共 16 项，计划总投资 43.84 亿元，固定资产投资 39.78 亿元，当年计划完成投资 24.69 亿元，截至 12 月底，完成投资 23.89 亿元。其中续建项目 4 项，总投资 9.57 亿元，固定资产投资 9.2 亿元，截至 12 月底，完成投资 3.7 亿元。分别是华盛绿能（乌兰察布）农业科技有限公司光伏农业项目，项目立项、环评、土地、规划手续已办理，设备安装调试中，已投入生产；内蒙古健坤农产品加工有限公司净菜加工项目，项目立项、环评、土地、规划手续已办理，正在试生产中；内蒙古同盛节能保温材料有限公司年产 6 万吨硅酸铝纤维针刺毯项目，项目立项、环评、手续已办理，土地、规划正在办理，一期两条生产线已投入生产，二期正在设备安装调试中；内蒙古华鑫硅材料科技有限公司年产 5 万吨高纯硅项目，项目立项、环评、土地、规划手续已办理，一条生产线已投入生产。新建项目 12 项，计划总投资 34.26 亿元，固定资产投资 30.58 亿元，截至 12 月底，完成投资 20.19

亿元。分别是内蒙古凯金新能源科技有限公司电池材料产业园及研究院建设项目，项目立项、环评、土地、规划手续已办理，一期两条生产线已正式生产，其他生产线种植设备安装调试中；商都县恒汇热电有限公司城镇热电联产项目，项目立项、环评、土地、规划手续已办理，一台锅炉已供热；商都县集美新碳材科技发展有限公司石墨化生产线节能减排扩规技改项目，项目立项、环评、土地、规划手续已办理，设备安装完毕，已投入生产；商都县富盛太阳能科技有限公司37.63兆瓦时光伏扶贫项目，项目立项、环评、土地、规划手续已办理，光伏板安装中；内蒙古全达农业科技开发有限公司年产20万吨生物质能固态燃料建设项目，项目立项、环评手续已办理，土地、规划未涉及（厂房租赁信邦粉体），设备安装调试完毕，已投入生产；商都县恒泰燃气有限公司天然气利用项目，项目立项、环评、土地、规划手续已办理，管道预埋完毕，气站建设完成；内蒙古实创精工科技有限公司年产8000台（套）高精度专用设备项目，项目立项、环评、手续已办理，土地、规划正在办理，设备安装完毕，已投入生产；内蒙古腾旭高新材料科技有限公司铁精粉球团加工项目，项目立项、土地、规划手续已办理，环评手续办理中，项目暂未开工建设；商都县琪昌保温材料有限公司硅酸铝陶瓷纤维项目，项目立项、环评、土地、规划手续已办理，设备安装调试完毕，已投入生产；内蒙古恒胜新能源科技有限公司锂离子电池材料产业建设项目，项目立项、环评、土地、规划手续已办理，一条生产线已试生产；内蒙古衡科特陶新材料有限公司军民两用特种陶瓷项目，项目立项手续已办理，环评手续在办理中，土地、规划手续工业园区正在办理，厂房建设及设备在安装中；内蒙古云算力网络科技有限公司大数据云计算区块链项目，项目立项、环评手续已办理，土地、规划未涉及（厂房租赁明辉钢构），设备安装调试完成，已试运营。

【工业项目备案】 2018年，备案的工业项目有17项，项目总投资11.19亿元。其中亿元以上项目4项，分别是内蒙古腾旭高新材料科技有限公司年产120万吨球团烧结项目、商都县丰彦骄新材料有限公司年产11万吨石墨新材料石墨增碳剂和1万吨锂电池负极材料加工项目、内蒙古恒科锂电池负极材料产业项目和内蒙古衡科特陶新材料有限公司特种陶瓷高新技术产业化项目。3000万元及以上项目6项，分别是内蒙古腾旭高新材料科技有限公司利用垃圾生物质及煤干法日制甲烷气5万立方米项目、内蒙古申弘新材料科技有限公司年产3.6万吨碳化硅项目、商都县晔兆冶金有限责任公司技改矿热炉尾气余热回收利用系统项目、内蒙古蒙德元农牧业有限公司每年10万只肉羊屠宰及深加工项目、内蒙古鼎鸿塑编新包装有限责任公司每年5000吨塑料编织吹塑项目和内蒙古腾旭高新材料科技有限公司年产5万吨精密机械配件铸造项目。500万元以上项目7项。

【重点商贸流通服务业项目进展】 2018年，全县重点商贸流通服务业项目共10个，计划总投资7.73亿元，固定资产投资6.63亿元，计划完成投资3.9亿元，截至年底，完成投资1.88亿元。其中续建项目4个，计划总投资4.8亿元，固定资产投资4.3亿元，计划完成投资1.9亿元，截至年底，完成投资0.93亿元。分别是农村电子商务体系建设项目，商都县巨弘宾馆建设项目，商都县巨弘3D影院、儿童乐园及青少年培训孵化园建设项目，商都县巨弘商业步行街项目。新建项目6个，计划总投资2.93亿元，固定资产投资2.33亿元，计划完成投资2.0亿元，截至年底，完成投资0.95亿元。分别是大唐电信商都服务外包基地项目、商都县七彩湖旅游商贸景区项目，商都县明忠惠民园项目，商都县解放村创新农业乡村旅游景区项目，易达小海子综合服务项目，商都县南湖生态园综合项目。

【用能管理节能降耗】 2018年，继续强化节能宣传。6月11—17日，全国节能宣传周，县经信商务局围绕“节能降耗 保卫蓝天”的主题，深入工商企业进行节能宣传教育，营造节能的浓厚氛围，悬挂横幅2幅，发放宣传手册及宣传画等共计500余本。推进节能管理。进一步推动冶金化工企业积极使用工业能源管理公共服务平台，加强金马、晔兆等重点耗能企业能源、电力消耗实时管理，帮助企业降低能耗和成本，提高市场竞争力。严格控制新增排放量，发展循环经济。积极引导企业发展低投入、低耗能、低污染、高效益的“三低一高”产业，严格控制不符合节能环保标准项目的备案审批。积极推进能源及工业废渣废料循环利用，引进商都县恒汇热电有限公司城镇热电联产项目建设装机总量3×20兆瓦热电机组，商都县琪昌保温材料有限公司利用煤矸石年产10万吨硅酸铝陶瓷纤维项目。积极开展工业企业节能监察。8月1—16日，县经信商务局积极配合兴安盟节能监察中心，针对商都县恒力水泥公司和民宇水泥一分公司开展的2018年国家重大工业专项节能监察，商都县两家被监察企业能耗未超限额。

【中小企业服务体系建设】 推进中小企业服务体系建设，促进经济发展增速提质。商都县共有中小微企业396家，其中工业企业128家。在抓经济发展的同时，始终把为企业服务摆在重要位置上。着力帮助企业解决融资难题。2018年，向腾博、绿娃、鑫旺通和嘉利农机4家企业发放助保金贷款1500万元，累计发放5017万元。加大对涉企行政事业性收费清理力度。严格执行《内蒙古自治区涉企行政事业性收费和政府性基金目录清单》，除自治区涉企行政事业性收费目录清单中所列收费项目外，其他涉企行政事业性收费一律废止，切实减轻企业负担。

【安全监管工作】 按照《商都县安全生产、环境保护专项大检查工作方案》精神，县经信商务局执法队定期不定期对所辖领域进行12次检查。对商场超市、宾馆饭店等人员密集场所和加油站共下达整改通知书32份，全面落实消防安全责任制，确保人民生命财产安全；对单用途商业预付卡成立专项整治领导小组，限期备案；向包括中石油、中石化、超市、汽车销售等企业转发《2018年商都县经济信息商务局执法领域秩序专项整治方案》；成立非洲猪瘟防控领导小组，积极配合各部门落实好各项防控措施，严防非洲猪瘟疫情的发生，确保全县生猪养殖安全。

【电子商务发展】 县经信商务局与内蒙古电视台经济频道签订合作协议，将商都县优质农畜产品的视频材料通过《绿色内蒙古 中国原产地》《都市全接触》两档热播栏目及多个网络平台进行播出，充分利用媒体的传播力和影响力推动特色农产品上行，进一步提高全县农特产品的知名度；自商都县国家级电子商务进农村综合示范项目开展以后，形成以商都县电子商务公共服务和物流仓储配送为中心、多家电商运营和物流快递企业聚集的电商公共服务中心，依托日趋完善的县、乡、村三级物流体系，推动全县电子商务的整体发展。全县共建成91个村级电子商务服务站点，电商直接从业人员245人。委托专业团队运营电子商务公共服务中心，培训乡镇干部、返乡农民工和大学生3000多人次，通过政府招标青岛小农丁做本地特色农产品的上行推广，2018年，全县涉及农村农产品交易件累计1394.42万单，上下行金额累计2.96亿元，基本实现“工业品下乡、农产品进城”的目的，顺利通过国家初验。

【党建工作】 以市委第十巡察组开展巡察为契机，认真贯彻学习中共十九大精神和习近平新时代中国特色社会主义思想，充分发挥领导班子核心作用。局党委通过认真周密制订学习计划，积极组织学习活动，组织基层支部深入开展学习活动等，切实增强纪律规矩意识，进一步提升班子的凝聚力；加强组织建设，成立以党委书记为组长的党风廉政建设领导小组，筑牢党委的战斗堡垒；执行民主集中制和“三重一大”决策时，坚决按照“集体讨论、民主集中、个别酝酿、会议决定”原则，广泛听取意见，妥善处理分歧，使干部任用、重大项目决策等经过充分酝酿、讨论，真正做到公平、合理、科学的决策；严格贯彻执行上级决策、工作部署的成效进一步提升；加强思想建设，贯彻“标本兼治、综合治理、惩防并举、注重预防”十六字方针，提升全局党员党性修养，形成“党委统一领导、班子成员分工合作、各股室负责人认真履职、干部职工爱岗尽责”的良好工作格局；狠抓作风建设，全面贯彻落实中央八项规定、自治区28项规定和市县22项相关配套规定文件精神，强化廉洁自律表率作用，对照巡察组的反馈意见和整改方案，制订完善各类规章制度10个，开展各类学习教育活动共计30余次；全局清退资金共计6745元。

【信访维稳工作】 2018年，县经信商务局成立以主要领导为组长的信访工作领导小组，建立信访档案和台账。涉及县经信商务局的信访案件有5起，共接访14批次200多人次，对于来访人员高度重视，由局长、副局长专门接待，耐心与来访人员交流，认真倾听他们的述求，并做好详细的记录，将了解到的情况及时准确地向上级领导反映，积极协调相关企业，及时有效地化解上访问题。全年没有一件因工作失误造成的越级非正常上访事件发生。

【精准扶贫工作】 县经信商务局包扶大库伦乡7个行政村，121户贫困户，共计252人。其中科级干部6人包扶31户，一般干部26人包扶90户。干部职工每人每月至少2次深入所包扶贫困户家中，对接了解情况，帮助他们理清发展思路，有针对性地解决实际困难。协调商都县远方电子商务有限责任公司负责人黄海鸥与三胜地的贫困户签订近1万公斤的小麦订单，明确约定以高于市场均价的价格收购后，在网上销售到广州、上海、北京等地；对子女在校就读的贫困户，县经信商务局积极与县教育科技体育局、扶贫办联系，按照有关政策，落实教育扶贫。对孤寡老人及失去劳动力者，干部职工自主捐衣捐物，为他们送去温暖。出资5万元对所包大库伦乡二股地、三胜地、大井子3个行政村380户村民进行节前慰问。协调内蒙古华腾环保材料有限公司为大库伦乡2个村各出资1万元，推进解决村集体经济清零工作，发展村集体经济，促进精准脱贫工作取得一定成效。积极开展京蒙对接，将商都县的土豆、马铃薯全粉、马铃薯营养醋、马铃薯无矾粉丝、莜面、胡油、亚麻籽油、葵花籽、贝贝南瓜、甜瓜、西瓜、白菜、洋葱、西芹等通过北京市平谷区商务委员会联系的超市、农贸市场、电商平台销售到北京地区。2018年，向北京地区供货9600多吨，价值1517万元，实现利润近200万元。与内蒙古电视台经济频道签订合作协议，将商都县优质农畜产品的视频材料通过《绿色内蒙古　中国原产地》《都市全接触》两档热播栏目及多个网络平台播出，充分利用媒体的传播力和影响力推动特色农产品上行，进一步提高全县农特产品的知名度。

自2016年10月实施电商进农村项目以后，县经信商务局负责商都县电商扶贫工作，在全县共建设运行乡村级服务站91个，培训农村电商人才432人次，其中建档立卡贫困户180多人次，电商直接从业人员245人。截至2018年12月，为全县1078户贫困户增收48.67万元，户均增收451.50元。2018年，全年新增442户，增收19.71万元，户均增收445.88元；电商服务站、电商运营公司带动贫困户季节性就业152户增收39.78万元，户均增收2616.84元。

（供稿　郭　军）

工业园区管理

【概　况】 商都县工业园区管理委员会于2011年

6月14日经县委常委会研究决定成立，属政府派出的正科级规格、财政全额拨款的事业机构。内设5个股室：综合办、财务室、规划建设部、招商服务部、生产运行部。核定事业编制18人。其中，专业技术人员编制12人、其他人员编制6人。核定科级领导职数2人（一正一副）。

【园区建设】 商都县工业园区包括集商路两侧的长盛工业区、城东冶金化工区、呼海通道北的马铃薯产业区、商张路北的小海子农牧产业区，即“一园四区”，园区总规划面积达64平方公里。

工业园区围绕水、电、路、讯、美化、绿化、亮化等基础设施建设，累计投入10亿多元，实现“五通一平”（通水、通电、通路、通信、通气、平整土地），具备各类企业的入住条件，已形成特色区域和园中园建设的新格局。培育出亚洲最大薯条加工（康家食品蓝威斯顿）、全国最大甜菜制糖之一（佰惠生糖业）、全国最大出口速冻蔬菜（乐耕食品）“三大企业”。

新兴产业区规划占地31.27平方公里，位于呼满通道南，商集公路两侧，地势平坦，交通便利。该园区的产业发展定位：以乐耕食品、奥淳酒业、溢源醋业、硅藻土产业园、腾旭矿业和医疗科技园为龙头，以建立制造产业集群基地为主，发展“三个特色产业”。突出发展绿色农畜产品加工、陶瓷及矿产品加工和高新医疗科技产业，打造乌兰察布市最大的绿色农畜产品生产加工输出基地。

冶金化工区位于呼满通道东，商张公路南北两侧，规划建设面积9.8平方公里。该园区是最早建立的园区，主要有冶金、建材等企业，产品有镍铁、碳素、水泥及熟料、新型保温材料等。当时依托电力优势，重点发展一些高耗电的矿热炉项目，曾经是全区最大的镍铁生产基地，年产能达40万吨。随着产业结构的调整，该园区主要以改造转型为发展方向，通过“腾笼换鸟”重点向循环经济领域迈进，如红阳保温材料、迈拓保温材料、内蒙古凯金新材料、内蒙古恒胜新材料等，努力达到国家节能减排和产业政策要求。

轻工科技区位于呼满通道北、集通铁路东，规划建设面积2.78平方公里，重点发展马铃薯精深加工业产业。有蓝威斯顿、希森薯业、科都薯业、富龙泰薯业入驻，这些马铃薯精深加工项目全部达产后，年生产、储藏能力可达40多万吨，今后计划努力把这一区域打造成以蓝威斯顿为主的马铃薯加工示范园区。

小海子农牧产业区位于小海子镇东，距县城25公里，规划建设面积20平方公里，该园区以绿色农畜产品加工转化、配套物流为载体，重点集聚一批规模大、带动力强、技术含量及附加值高的农牧业龙头企业。有佰惠生糖业、格丰元食品、天船农业、鑫都惠农等企业相继入园。2013年，小海子农牧产业园区被自治区科技厅评为“商都县现代农业科技示范园区”称号，该产业园的建设将对商都县农牧业产业化的发展和农民增收起到巨大的辐射和带动作用。

2018年，所有入园企业达到95家。全县工业总产值实现38亿元，园区总产值实现32.3亿元，占工业总产值的85%。

【园区基础设施建设】 2018年，重点推进建设园区固废渣场、集中供热项目。商都县长盛工业园区新渣场位于七台镇东大井村南3公里处，实占地80亩，已经建成4.9万平方米可容纳21万立方米固废渣场1处，总投资200万元，项目于5月10日开工建设，6月中旬投入使用，渣场由商都县晔兆冶金有限责任公司负责运营，县环保局监管，运行良好。

新上集中供热设施。商都恒泰天然气有限公司新建LNG气化站1座，建设园区中压管网约14.3公里，主管网已铺设完毕，正式投入运行，完全可以满足园区供热和生产需求。商都恒汇热电有限公司建设装机总量2.2万千瓦热电机组项目，已投入运行，设计供热面积500万平方米。

充分利用正在论证的商都县固废垃圾干馏法无害化处理及再生资源利用项目综合解决，该项目日处理生活、餐厨、医疗垃圾400吨，工业垃圾1000吨，建筑垃圾1000吨，农、果、蔬、畜垃圾500吨；日产可燃气26.72万立方米，用于日烧砖20万块（年烧砖8000万块），用于取暖60万平方米，用于日发电8.36万千瓦时。2018年，正在开展前期工作。

【园区服务工作】 2018年，继续为园区升级开展大量的对接和补充工作。在原有工作的基础上，重点推进园区水资源论证、园区环境风险防范和能力建设应急预案、新一轮土地集约节约利用评价等相关工作，进行大量的对接和补充工作，为园区升级奠定良好基础。

继续为内蒙古健坤农产品加工有限公司、内蒙古华鑫硅材料科技有限公司、内蒙古同盛节能保温材料有限公司、内蒙古正通材料科技有限公司、内蒙古实创精工科技有限公司、内蒙古云算力网络科技有限公司、内蒙古华腾环保材料有限公司、内蒙古利康酿造有限责任公司、内蒙古送心农业科技发展有限公司、内蒙古圣清科技有限公司、内蒙古衡科特陶新材料有限公司、内蒙古恒科新材料科技有限公司等公司项目建设做好协调和推进服务工作。

开展新一轮全县工业企业土地清理整顿和耕地占用税缴纳相关事宜。由园区管委会、县国土资源局、县税务局、县林业局、县规划局组成的领导小组正在开展工作。

【精准扶贫工作】 2018年，参与全县精准扶贫包扶工作，帮扶责任人积极开展自发自筹送温暖活动，为七台镇十大顷村民贾某珍主动上门帮助周转资金500元。为减轻低保贫困户李某宝因失火造成的损失，积极协调三大顷乡民政所，为其办理临时救助，解决实际困难。大山洼贫困户何某，身体弱，自身劳动能力不强，平时儿女都不在身边，帮扶责任人经常利用午休时间和晚上时间为其地里喷洒农药、清除杂草，帮助他家打扫卫生。

驻村工作队积极争取到县林业局的支持，为每户村民免费发放果树苗和梨树苗各1棵，帮助村民发展庭院经济。为做好贫困户危房改造工作，帮扶责任人积极配合村“两委”协助住建部门落实具体改造事宜，利用晚上时间入户走访调研，对危房改造政策进行细致的宣传和讲解，征求改造的意见和建议，并逐户登记备案，最终确定改造对象，推动该项工作的开展和落实。督促村委会落实由县园区管委会筹资为十大顷村打深层机井1口，解决村民生活用水难问题。

【党工委建设】 扎实开展“两学一做”和主题党日实践活动，全面落实党风廉政建设责任制和开展“双包双促”扶贫攻坚活动。“党建+”模式助力企业发展成效凸显，全年共发展中共党员3人，为党工委注入新鲜血液。

2017年10月，经商都县委批准，中共商都县工业园区工作委员会成立。园区内已组建企业党组织14个。党工委成立后，新组建党支部6个，共有党员80人。对暂不具备成立党组织条件的企业组建工会组织和共青团组织，并选派党建指导员入驻企业指导工作，保证企业党建工作落到实处、规范有序。

2017—2018年，投资20多万元打造党工委活动中心，总面积520平方米。该中心内设9个功能室，即多功能室（党建展示室、教育培训室、会议接待室、来宾会客室）、党建办公室、群团工作室、政策咨询室、农民工工资保障室、工伤民事纠纷调解室、沙盘室、产品展示室、文体活动室。其主要功能是指导和协调园区企业党组织开展工作，竭诚为园区党员群众与职工提供方便、快捷的服务，开展各类活动。

【质量工作考核】 1月16日，乌兰察布市质量工作考核组由市质监局副局长李建青带领，通过听取汇报、查验资料、交流座谈、实地考察、反馈会等形式，对商都县质量工作进行全面考核。考核组一行在副县长张晓玲和县工商质监局局长李德胜陪同下，深入内蒙古奥淳酒业有限责任公司就产品质量、标准化管理等工作进行实地考察。

反馈会上，考核组认为商都县高度重视质量工作，质量发展目标明确，亮点突出。考核组希望商都县严格按照上级要求，结合自身实际，认真落实质量工作的各项政策措施，形成齐抓共管的局面。进一步细化质量工作，完善相关资料，加大宣传培训力度，努力提升业务水平、产品质量、服务质量，以质量的提升推动商都县经济快速发展。

【新材料新能源产业培育发展】 2018年，商都县坚持打好“资源牌”，培育发展新材料新能源产业，推动“资源优势”向“产业优势”转化，加快构建多元发展、多极支撑的产业体系。（1）培育发展新材料产业。支持衡益公司加快建设军民两用特种陶瓷项目，推动国家“863”计划项目东盛硅藻土科技创新产业园开发二代产品，推进同盛公司年产6万吨硅酸铝纤维针刺毯项目、华鑫公司年产5万吨高纯硅项目、华腾公司宝珠砂二期生产项目、琪昌公司年产10万吨硅酸铝陶瓷纤维项目建设，加快建设凯金公司和恒胜公司电池材料产业园项目，支持集美公司石墨化生产线节能减排扩规技改项目建设，打造新材料产业基地。（2）培育发展新能源产业。依托乌兰察布市风电基地外送通道和商都县规划建设700万千瓦级风场，推动风电产业发展，逐步增加风电装机容量。推进“光伏领跑者计划”，综合治理西山矿山废弃地12平方公里，推动华盛绿能光伏农业项目尽快运营。推动内蒙古全达农业科技开发有限公司年产20万吨生物质能固态燃料项目和恒汇公司热电联产项目建成投产。

【重要事件】 4月13日，县委副书记、县长曹凯宏就中水回用及管网建设情况进行专题调研。副县长刘瑞及工业园区负责人陪同。

5月8日，副市长雷儒鑫一行到商都县调研指导污水处理厂建设运营等工作。县委副书记、县长曹凯宏，副县长刘瑞陪同调研。

10月12日，县委副书记、县长曹凯宏深入恒汇热电、南明热力、欣安热力、华泰热力、恒胜热力、紫瑞热力等企业就城镇供热情况进行调研，现场查看各企业供热设备出水温度、流量、压力等数据，详细了解机组运行、供热管网等情况。

（供稿　韩世虎）

供　电

【概　况】 乌兰察布电业局商都供电分局担负着商都地区6个镇、4个乡、212个村委员会、688个行政村，以及兴和县105个自然村、1.8万人和察右后旗10个自然村、3200人口的用户。供电面积约4500平方公里，供电人口约36万人。乡、村、户通电率均为100%。

商都供电分局共有各类用工340人，其中，正式职工178人（主要业务175人、多种经营3人），劳务派遣工116人（主要业务111人、多种经营5人），业务外委托46人。

供电分局下设职能部室6个、生产班组6个、供电所8个、独立核算的多种经营企业1个。

【管辖用电设备】 管辖110千伏变电站1座，主变5万千伏安/1台；110千伏输电线路1条，线路长15.74公里；35千伏变电站10座，主变14.22万千伏安/17台；35千伏输电线路15条，线路长324.1公里；10千伏线路76条，10千伏线路长2459.06公里；配电变压器46.46万千伏安/3962台，0.4千伏线路976条，0.4千伏线路长1245.75公里。

【管理用户用电】 总用户数16万余户，用电量6.40亿千瓦时。其中，居民生活用户14.25万户，用电量8636.39万千瓦时；一般工商业用户1.08

万户，用电量5503.56万千瓦时；农业生产用户3177户，用电量1.15亿千瓦时；大工业用户193户，用电量3.33亿千瓦时。

【主要经济指标完成情况】 供电量：全年累计完成6.40亿千瓦时，同比增长36.97%；售电量：全年累计完成6.00亿千瓦时，同比增长37.49%。综合线损率（不含专线）：累计完成9.84%，比计划下降0.01%，同比上升1.98%。平均售电单价：完成0.39元/千瓦时，上年同期完成0.41元/千瓦时，同比降低0.02元/千瓦时。电费回收：全年累计应收电费2.42亿元，电费回收率99.55%。供电可靠率99.89%，综合电压合格率97.43%。

【供电安全工作】 全面强化安全基础，电网保持稳定运行。坚持以“保人身、保电网、保设备”为底线，通过开展春查、秋查、检修、迎峰度夏、防洪防汛、安全生产月、安全生产大检查等活动，强化安全管理。全年未发生一般电网、设备事故；未发生职工轻伤、有责任的农网触电重伤及以上事故；未发生负主要责任的交通火灾事故。截至12月31日，连续安全生产天数达3074天。完成各类重大活动保电、农灌保电工作。结合分局各类保电文件及方案，全过程、全方位的跟踪检查，确保各类保电工作顺利有序进行，以优质的服务和供电保障能力受到当地政府和各类用户的高度赞扬。

2018年3月5日至11月5日，对所辖输、变、配电设备进行全面细致的春、秋查检修工作，对2421公里10千伏高压配电线路，1245公里低压配电线路，1145座变台进行消缺，春秋查共投入人力742人次、车辆215车次，修剪对线路影响的树木1023处，消除鸟巢412处，第一种工作票50张，第二种工作票14张。发现设备缺陷75处，消缺75处，消缺率100%。

结合开展落实安全月、安康杯活动，制订活动实施方案，举行升安全旗和安全生产月系列活动启动仪式，组织开展以“生命至上、安全发展”为主题的大型签名活动。通过组织全员参加安全培训、观看事故警示教育、安全生产知识竞赛、填写“十个一”（开展一次安全签名活动，加强安全意识教育；读一本安全生产的书或学习一项安全生产规章制度，拓展安全知识面；查一起事故隐患或一起违章行为，认真寻找安全工作中的薄弱环节，重点检查习惯性违章和整改措施的落实情况；看一场安全生产录像片，加强安全意识；班组以上安全员提一条“安全金点子”合理化建议，增加安全系数；忆一次事故教训，有关人员现身说法，提高员工对事故危害性深刻的理解，举一反三防事故；做一件预防事故的事，使安全工作做深、做细达到临危不乱；当一天安全检查员，人人争当安全监督员；接受一次安全生产知识培训，做到安全工作不放松；开展一次安全生产大讨论，以提高职工对做好安全工作的主动性和安全意识）活动档案、电力安全进校园活动、电力安全进社区、电力安全进扶贫点，邀请交通、消防教员进行专题培训、组织消防逃生演练等活动。

配电网二批改造、老旧计量改造工程是2018年的一项重点工作，为保障各类工程的顺利开展，分局严格审查所辖的施工单位的资质、施工机械、车辆、人员的资质、健康证明及安全意识进行全面细致摸排，发现一处整改一处，对达不到要求的施工单位一律不准进入工作现场，从第一环节就严把安全关。不定时、不通知地对各类现场进行检查，从“两票三制”（工作票、操作票，交接班制、巡回检查制、设备定期试验轮换制）和“两措一案”（劳动保护措施和反事故措施，技术方案）严格管控，查隐患、查人员安全意识、查“三违”（违章指挥、违章操作、违反劳动纪律）现象，扎扎实实地筑牢安全基础。

【电网建设】 电网建设扎实推进，各类工程项目顺利实施。2018年，认真落实公司“大规划、大建设、大发展”工作要求，结合地区经济发展和电网建设实际，有序推进主网、配网、小型基建等前期工作。持续强化前期工作深度、细度，规范各类核准支持性文件的办理，确保工程按期核准，依法合规建设。2018年，商都县老旧计量改造工程第一部分，计划投资2748.24万元。老旧计量改造工程第二部分，计划投资4790.91万元。2018年，商都县第二批10千伏及以下配电网建设改造工程（城区低压部分），计划投资97.62万元。2018年，机井通电低压配套工程：计划投资738.70万元；2018年，第二批10千伏及以下配电网建设改造工程，计划投资7123.16万元；以上工程年底完工结算。在基建工程方面，协调林业、国土、规划、园区管委会、乡镇，按照里程碑计划完成商都轻工业园区110千伏输变电线路工程协调清障工作，办理规划、土地及林业相关手续。完成汗海500千伏变电站—化德康德220千伏变电站输电线路途经商都县七台镇及十八顷镇共计107基塔基进行清障、清赔工作。

【营销管理】 强化市场营销管理，增供扩销成果显著。推进营销集抄化管理，利用农网项目和老旧计量改造加快台区和户表集抄工程进度，全力推进信息化建设，2018年，老旧计量改造共改造户表4.2万户，变台1200余台，截至12月末，分局共有用电户13.50万余户，集抄12.42万户，集抄率92%，其中，大工业165户，已集抄132户，集抄率80.00%；一般工商业9486户，已集抄7581户，集抄率79.92%；农业生产464户，已集抄313户，集抄率67.46%；农业排灌2358户，已集抄2147户，集抄率91.05%；居民用户12.26万户，已集抄11.40万户，集抄率92.99%。

各基层供电所成立农灌保电小分队，一方面延伸供电服务到田间地头，另一方面规避农灌用户私拉乱接的安全风险，切实把安全工作和服务有效结合起来。推广社会多样化便民服务方式，加强优质服务规范化建设。6月底，分局“95598”服务热线成功与公司对接，并成立快响中心，集咨询、服务、抢修为一体，打造全方位服务体系，全力推进网格化管理，深入各社区、各村委会推行区域经理、台区经理负责制；提高服务标准，始终将优质服务工作置于广大客户的监督之下，利用公共媒体扩大业务、公告宣传力度，广泛听取客户的意见建议，在人口集中区公布电价和每月发行的电量、电费，让人一目了然，切实让老百姓用电明白电、放心电、满意电。

【党建工作】 加强党总支班子建设，齐心协力抓好党建工作。学习党章、党规党纪和中共中央总书记习近平系列重要讲话精神，严格执行“三会一课”、中心组学习和“六个一”学习制度，开展专题讲座、主题党日活动、党总支成员、支部书记讲党课、专题培训学习、中共十九大精神宣讲、微信平台学习等活动，引导广大党员在工作中发挥先锋模范作用。

开展形式多样的党组织活动，7月6日，党总支组织全体党员在集宁战役馆举办纪念中国共产党建党97周年主题党日暨第五届“蒙电杯”竞赛活动启动大会，参观战役馆、党史馆，讲解人的讲解为党员上了一堂生动的党史教育课，通过一系列活动增强党员干部的宗旨意识和党性修养，为企业改革发展提供坚强的政治思想和组织保障。成立青年志愿者服务队、神鹰服务队，多次深入农村、学校、幼儿园和贫困户家中进行电力安全知识宣传、帮助孤寡老人打扫卫生、更换家中破损电线、开关等，通过活动，激发青年员工积极奋进、爱岗敬业的工作热情。

通过各类新闻报道对分局发展状况、安全生产情况、精准扶贫情况、优秀人物、先进事迹等进行宣传报道，以正确的舆论引导人、鼓舞人。2018年，共在报刊、网络发表文章145篇。

【精准扶贫工作】 2018年，按照县委、县政府精准扶贫安排部署，帮扶人员积极与当地乡镇政府和驻村第一书记沟通，深入了解贫困户实际情况和贫困户致贫原因，制订相应的脱贫计划、措施，按照政策开展有效的帮扶工作。协调县水利局、钻井队为八苏木柳家沟村打吃水井1口，整修送水管道，解决该村多年人畜共用、吃水困难的问题，组织全局职工进行扶贫募捐，为帮扶户购置大米、化肥等生产生活用品。包扶23户，至2018年年底，脱贫21户。

（供稿　孙世国）

交　通

【概　况】 商都县交通运输局（以下简称县交通局）内设综合办公室、工程技术规划股、运输股、计财股、安监办。机关行政编制8人，工勤编制8人。

2018年，商都县交通运输局按照县委、县政府统一部署，以服务全县经济建设为中心，以脱贫攻坚统揽全局，按照全县交通规划工作总体思路和任务目标，加快实施以农村公路攻坚行动为重点的交通基础设施建设，狠抓运输管理，确保安全稳定，提升行业形象，各项工作均取得突破性进展。

【农村公路工程建设】 2018年，利用扶贫整合资金，计划新建农村公路及深度贫困村街巷硬化61公里，其中村级道路46公里、街巷硬化14.4公里。9月上旬完成招标，年内完成部分路段路基铺筑工程，完成投资366万元。计划2019年6月底前完成路面铺筑及标志标识安装工作。

【农村公路养护和安保工程】 年内，完成15条农村公路灌缝4.61万延长米，处理翻浆1873平方米，修补油面1800平方米，修复过水路面1处，维修水泥路面2052平方米，整修路肩9万米，修复水毁路段26处，累计完成投资300万元。县、乡、村道路畅通，保障农民群众生产物质运输、生活便利出行。在S595线K1+000—K22+000段增设标志标识牌，完成投资140万元。

【路产、路权维护】 2018年，鉴于超限超载绕道县、乡、村道现象严重，投资50多万元，新增限高架8座，改造限高架5座。路政大队、交管大队联合加强执法力度，制止超载车辆驶入和引导超载车辆驶出，有效地保护农村公路。加大路产保护，分组对全县境内县道进行日常巡查，发现问题及时处理。

【重点交通扶贫项目推进】（1）旅游道路。2018年9月底，通过发改系统申报商都县不冻河旅游景区至巴达木图庙29公里三级沥青混凝土路和商都县冰川石林地质公园至不冻河旅游景区23.5公里三级沥青混凝土路。每公里造价按300万元预算，地方需配套50%。等待批复。（2）商都—大黑沙土三级公路改造项目。路线全长60公里，由原来的三级低标准提高为三级标准，即路基由原来的7.5米变为8.5米，路面由原来6米变为7米，增加桥涵，优化线型，自治区交通厅口头答复2019年可开工建设，利用交通扶贫资金每公里投资140万元。（3）村级道路及街巷硬化建设。通过县扶贫办申请2019年在较大自然村连接线以及与主干道连接，计划新建村道178.33公里，投资1.4亿元，涉及近120个村；计划街巷硬化53公里，投资2120万元，涉及近20个村。

【路网工程项目推进】（1）“商都—集宁”一级公路建设项目。该项目是市管项目，全长约55公里，拟采用PPP模式进行建设。截至2018年年底，完成可研，待市政府初审。需落实社会资本投资方，确保在2019年6月1日前将开工前一切手续办妥。（2）“商都—尚义”高速公路建设项目。该项目是市管项目，在商都境内约40公里，拟采用PPP模式进行建设。交通厅已纳入“十三五”规划，市交通局已与张家口市交通局对接，待尚义境内确定线位，张家口市履行程序，上报河北省交通厅调整规划。（3）“商都—张北”二级公路提标改建项目。该项目是市管项目，全长38公里，自治区拟投资每公里150万元，改建后将于河北段标准一致。市交通设计院已完成测设，等待开工建设。（4）“商都—乌兰哈达”三级公路改建工程。该项目是市管项目，全长31公里。该项目已于2017年批复按二级公路标准建设，但由于地方配套资金不能到位，项目迟迟不能开工。2018年年底，市交通局向自治区交通厅申请调整建设标准，改为三级公路，利用厅补助每公里140万元进行建设。（5）223省道“商都—镶黄旗”段建设项目。该项目是市管项目，全长86公里，设计为二级公路标准，自治区商都扶贫项目推进会后，该项目还处于论证阶段。（6）省际通道改建高速公路项目。该项目是厅管项目，积极配合自治区高路公司开展征地拆迁，推动项目早日开工建设，商都县境内建设里程46公里，其中新开线里程18公里。

【驻村扶贫工作】 积极协调县水利局，为屯垦队行政村打机井2眼解决全村人畜饮水问题，投入慰问金1.38万元；积极支持屯垦队行政村发展集体经济，与佰惠生制糖、奥淳酒业两家公司合作，将村集体发展生产资金一部分投入企业，年底，集体经济收入5万元。通过积极工作，争取到与佰惠生公司签订4000亩糖菜种植收购合同，争取到与内蒙古希森马铃薯种业有限公司签订1000亩马铃薯种植收购合同。县公路管理段帮助七台镇郭家村建成百亩集体果园。2018年，针对公路线段长、养护人员少的实际，在卯都乡推行“委托养护”的模式，聘用当地贫困户和村组干部26人，人均负责4公里左右，年均工资按保洁员工资3600元标准执行。该模式强化公路养护和日常监管，为贫困户脱贫提供了稳定的收入。

（供稿　韩　旭）

通 信

邮政管理

【概　况】 2016 年 12 月，商都县邮政业发展中心成立，为全额拨款副科级事业单位，编制 6 人，实有编制内工作人员 3 人，其中主任 1 人、办公室工作人员 1 人、行业管理股工作人员 1 人，缺编 3 人。主要职责是贯彻执行国家邮政、快递行业的方针政策、监管本地区邮政、快递企业的运行情况和服务质量以及推进当地邮政、快递行业发展的相关工作。办公地点设在县委党校四楼。

2017 年 9 月起，经国家邮政局、自治区邮政管理局批准，成立乌兰察布市商都邮政管理局，成为全区获批的 7 个旗县级邮政管理局之一。属于市邮政管理局的派出机构。按照中央和地方双重管理体制，由乌兰察布市邮政管理局和商都县政府双重管理，上级邮政管理部门负责业务管理和指导，在法定权限内以市邮政管理局名义依法开展行政执法活动。

【邮政普遍服务业务】 2018 年 1—9 月业务量统计：收寄普通包裹 1677 件、特快 2.85 万件、快递包裹 24.69 万件、平信 4.50 万封、挂号 1866 封；投递杂志 3.56 万余份、挂刷 447 件、约投挂号 3968 件、快递包裹 24.69 万件、国际快递 426 件、港澳快递 157 件、报纸 123.87 万余份。

建制村通邮情况：商都县邮政分公司共有 238 个建制村，截至 2018 年 10 月全部通邮，并全部达标，七台镇辖内建制村每周投递 3 次，兴和县赛乌素辖内建制村不属于边远地区每周投递 3 次，其余乡镇建制村都每周投递 1 次。

乡镇网点运行情况：商都县邮政分公司在乡镇共有 6 个支局、4 个补建网点，全部运行正常，信箱、门头牌、室内牌匾、防毒面具、应急灯全部配齐，各项业务正常办理，通过突击检查，不存在积压情况。

【快递行业业务】 全县共有品牌快递企业和注册分支机构名录的企业 13 家。2018 年，商都县快递企业业务总量 157.74 万票，其中上行 18.81 万票、下行 138.93 万票，较 2017 年同期增长 3.8 万票，增长率达 2.47%。

（供稿　宋　强）

邮　政

【概　况】 商都县邮政分公司在职干部职工 86 人（其中中共党员 11 人；男职工 36 人、女职工 50 人）。共设市场部、办公室、金融业务部、保险业务部、集邮业务部、速递业务部、发投部、函件业务部、电子商务部。

【网点分布】 城内自有储蓄网点 6 处：新安街（综合）、生态广场（综合）、新风路、京蒙都山、新北路、新民路；乡镇支局 6 处：大库伦支局、屯垦队支局、玻璃忽镜支局、十八顷支局、大黑沙土支局、赛乌素支局；委代办8处：高勿素、四台坊、二道沟、章毛勿素、八股地、卯都、钦宝营、五一。

【投递段道】 共计41条。其中，城内普邮投递7条、乡邮投递11条、工业园区投递1条、特快专送投递1条、乡镇支局投递13条、委代办投递8条。发改局投资的3个邮政空白网点（小海子、卯都、西井子）已全部营业，2018年9月，全县212个行政村全部通邮，实现农村邮政全覆盖。

【邮政业务】 2018年，业务收入1706.91万元，完成计划1778万元的96%。邮政储蓄余额7.67亿元，年增9913.48万元，市场占有率达16%。

（供稿 朱树平）

移 动

【概 况】 中国移动商都县分公司在职员工38人，共设置2个自建营业厅、4个建制班组。

【市场经营】 2018年，按照分公司的工作部署，重点围绕移动市场、家客市场、政企市场和新业务发展，通过细分客户群体，利用“差异化、针对性、走出去”营销模式，提升市场发展能力，确保市场优势领先。分公司全年实现经营收入6333万元，通信用户达12.23万户。2018年，全年新增宽带用户2683户，累计达8300户；政企客户新增19家，累计达155家。在日常生产经营工作中，商都分公司重点落实核心渠道拓展工作，通过摸底、走访、激励，吸引公开渠道转为专营店，提升核心商圈内渠道份额。每月按照生产经营需要及时召开渠道会议，保证渠道对各类营销和酬金政策能及时知晓。4G客户规模明显提升。充分发挥渠道的效能，利用酬金激励，全年通过“合约+资费+流量”深度捆绑，多渠道拓展新增客户，提升4G客户规模。4G手机客户累计达75951户，渗透率62%，4G客户规模持续增长。

【网络建设】 无线网规模共有4G基站288个、共829个小区，其中城区49个、共144个小区，农村239个、共685个小区。2G基站108个。传输网规模共有干线机房1个，汇聚机房10个，其中城区汇聚机房2个、乡镇汇聚机房8个。综合业务区23个，其中城区综合业务区11个、乡镇综合业务区12个，包括光交73个，其中主干光交24个、辅配光交49个。传输OTN设备8套，PTN设备222套，SDH设备26套，OLY设备11套，BRAS 1台。本地网光缆2274.62皮长公里、干线230.2公里、城区内通信管道40.36公里、人井396个。商都分公司充分发挥旗（县）建维人员职能，积极与当地的铁通、铁塔以及代维公司沟通配合，加强管理、巡检、考核制度，细化维护流程。与代维公司针对故障处理及时性、退服率等内容召开周例会，解决维护工作中存在的问题。加强基站电费以及基站租赁费的管理和稽核，避免发生风险。在各类应急保障工作中，公司相关人员主动配合代维公司，合理调度，保障网络维护工作的及时性，网络维护能力明显提升，全年2G/4G网络退服率均达到挑战值。

【党建工作】 2018年，分公司深入推进“两学一做”学习教育常态化制度化，认真贯彻执行各级党委关于深化基层党建工作、加强两个责任落实的相关要求，严格履行基层党建工作“第一责任人”的职责，结合支部实际情况，坚持党建工作与生产经营深度融合，充分发挥基层党组织的战斗堡垒作用和党员的先锋模范作用，攻坚克难，推动各项生产经营工作顺利开展。2018年，加强党员队伍建设，商都分公司党支部预备党员2人转为正式党员，党员人数达到11人，占全体员工的28.9%。认真落实“三会一课”制度，坚持“两学一做”学习教育常态化制度化，2018年，共召开党员大会7次、支部委员会12次、支部书记讲党课3次、组织党员开展各类集中学习16次。2018年，分公司党支部被集团公司党委评为

2017—2018 年度“先进基层党组织”。

（供稿　朱志刚）

联　通

【概　况】 中国联通商都分公司内设综合支撑中心、政企客户营销中心、城区营销中心、驻地网营销中心、设备维护单元、线路维护单元、大黑沙土镇支局、十八顷镇支局、屯垦队镇支局、新安街营业厅、沃品牌店共 11 个职能部门。在岗员工 59 人，其中总经理 1 人、副总经理 2 人、网格经理 8 人、营业厅店长 2 人。

【通信服务】 2018 年通信服务收入预算完成率 97.3%，全市旗（县）排名第五；移动宽带业务发展 1.97 万余户、固网宽带业务发展 2456 户。

【渠道建设】 2018 年，加强渠道建设，合作厅、迷你厅增长至 94 家，其中改造、新建标杆厅 8 家；乡镇渠道渗透率达 91%，乡镇终端销售的市场份额达 51%。

【城区市场建设】 2018 年，推进社区沃店和核心门店建设，有效掌控城区市场。落实实名登记与黑卡治理工作，网上用户实名率达 99.87%。

【重点行业标杆项目】 2018 年，重点行业应用产品的规模实现突破，通过“智慧工地”“检务通、智慧酒店”标杆项目，带动移动业务发展。

【农村电缆村光缆改造】 快速推进农村电缆村光改进程，2018 年度，共对 12 个村进行光改，使 484 户村民享受到高速网络生活。全市农村支局现场会在商都县召开，支局工作走到全市前列。

【混合改造工作】 2018 年，推进混合改造工作，全面深化聚焦战略落地 2I2C 项目，腾讯王卡、蚂蚁宝卡等互联网业务迅速拉动业绩快速提升。

【党建工作】 2018 年，推进“两学一做”及中共十九大精神学习教育常态化制度化，推进重点领域廉洁风险防控工作，推进作风建设和反腐倡廉建设，聚焦 41 个关键点，完成制度梳理，党建工作受到自治区公司的表彰。

（供稿　冯　珅）

电　信

【概　况】 2008 年 10 月 1 日，中国电信股份有限公司乌兰察布商都分公司（以下简称中国电信商都分公司）成立，是经国务院授权投资的机构和国家控股公司下设的旗（县）分公司，主要经营国内各类电信网络设施，包括本地网络的语音、数据、图像及多媒体通信与信息服务。截至 2018 年，全公司人员 16 人，其中公司经理 1 人、渠道 2 人、营业前台 3 人、宽带安装 3 人、综合支撑 1 人、政企 3 人、社区店 2 人、农村渠道 1 人。

【电信业务】 截至 2018 年年底，商都电信新增移动用户 1.23 万户、宽带用户 8600 户。2018 年，整体覆盖城区用户数达 2.6 万余人。截至年底，实际完成营业收入 940 万元，较 2017 年增长 6%；移动出账用户达 1.22 万户，用户同比净增 308 户；宽带用户突破 8000 户，同比净增 674 户；IPTV 和天翼高清用户达 6700 户。

（供稿　马明霞）

城乡建设　环境保护

住房和城乡建设

【概　况】 商都县住房和城乡建设局（以下简称县住建局）核定行政编制8人，事业编制44人。下设二级单位3个，分别是商都县城镇水资源管理中心、商都县房产管理局、商都县市政建设开发中心。

【农村危房改造】 2018年，市下达商都县农村危房改造“四类人”户（建档立卡贫困户、低保户、农村分散供养特困人员和贫困残疾人家庭）4500户、一般户2169户，共计改造农村住房6669户。下达“四类人”户危改资金1.10亿余元，其中，中央每户补贴1.35万元，共6071.41万元；自治区每户补贴0.6万元，共2700万元；市、县每户各补贴1152元，共2304万元（政府债券）。一般户补贴资金3865万元，每户补贴1.78万元（政府债券），共计下达建设资金1.49亿元。为力求做到住房精准改造，县住建局与县直有关部门、各乡镇密切配合，按照“乡不漏村、村不漏户、户不漏房”的原则，以自然村为单位，见房见人见信息，先后3次开展农村住房普查鉴定工作，全县农村所有住房全部出具A级、B级评定书和C级、D级鉴定表（全县农村共有住房6.08万余户，其中A级、B级住房4.66万余户、C级、D级住房1.42万余户。在C级、D级住房中有常住户1193户，其中“四类人”731户、一般户462户），并建立县、乡、村、农户四级档案台账；及时起草《商都县2018年农村危房改造实施方案》及《商都县2018年农村危房改造实施方案补充通知》，并经县委常委会研究通过后，印发各乡镇、县直有关单位贯彻落实。设计制订《商都县2018年农村危房改造和附房、院墙整治工程施工图》《商都县2018年农村危房改造维修加固技术要求》《商都县2018年农村危房改造工程质量验收标准》及验收办法等技术标准文件；在农危改工程建设中，选派副局长1人、技术人员16人分片包乡、进村入户全过程参与危房改造工程基槽开挖、砌筑主体、挂檩压苫、内部装修、分户验收等环节的工程质量安全监管及技术指导工作，严把工程质量安全和材料关。年内，全县危房改造开工建设1万多户，已验收6427户，其中“四类人”户3324户、一般户3103户。

【重点市政工程建设】（1）七台镇供水水质提升改善工程。属于2017年度京蒙对口帮扶项目，预计总投资约3300万元，其中北京对口帮扶1000万元、自治区匹配1000万元、县财政贷款解决1300余万元。该工程采用反渗透膜工艺处理高氟水，日生产合格饮用水1.0万吨。2018年6月开工建设，已完成蓄水池、管网、厂房、设备安装等主体工程施工任务，春节前开始试运行，预计2019年6月底前交付使用，可使七台镇内三分之二以上的居民用上合格自来水。（2）七台镇棚户区改造基础设施配套工程。该项目属于自治区发改委2017年批复建设的项目，主要建设内容为新风路南、春明街西、棚户区拆迁改造回迁楼（平安家园）周边的供排水、雨水管网及道路硬化、亮化、绿化等工程，总投资7520万元，其中上级下达专项资金3200万元，已完成部分道路硬化、亮化、绿化、供排水、雨水等工程建设任务，完成投资额2000万元左右。（3）恒汇热电集中供热工程。属社会资本投资建设项目，已安装91兆瓦热水锅炉1台、130蒸吨汽轮发电锅炉2台，铺设供热主管道12公里，完成投资2亿多元，已有6家热力公司、3万户居民实现1处热源集中供暖。（4）恒泰供气工程。属社会资本投资建设项目，2018年在长盛工业园区建设3万立方米供气站1座，铺设供气管网6公里，接入用气企业4家；在城区铺设供气管道5公里，接入居民用气200多户，累计达到550户，接入用气学校1所，完成投资800多万元。（5）污水处理厂扩建工程。完成环评、稳评、施工设计、土地征用等前期工作，设计日处理污水1万吨，采取A2O工艺，出水水质达到一级A标准，可研总投资9668万元，其中自治区发改委下达专项资金3000万元；厂区道路、围墙等附属工程已开工建设，完成投资30余万元；主体工程将采取PPP模式实施，已完成初步方案编制及社会资本投资市场预测等工作，其他前期工作正在按程序推进。

【房屋建筑工程】 2018年，商都县开工建设房建项目9项，建筑面积21.9万平方米，年内完成投资2亿元。其中续建项目3项，建筑面积9.1万平方米，完成投资0.5亿元；新建项目6项，建筑面积12.8万平方米，完成投资1.5亿元。按照“全覆盖、零容忍、严执法、重实效”的总体要求，县住建局严格规范房地产开发建设程序，深入治理各类质量安全和安全生产隐患，依法惩治和查处建筑领域违法违规行为，共下达行政执法文书15份，质量整改通知书18份，全县建筑行业继续保持良好发展势头，连续多年未发生质量安全生产事故。

【农民工工资支付工作】 为切实抓好农民工工资治欠保支工作，县住建局成立以局长为组长，分管局长为副组长，各相关股室负责人为成员的农民工工资支付工作领导小组，先后制订印发《商都县住建局2018年保障农民工工资支付工作实施方案》《商都县住建局关于处置因拖欠工程款和农民工工资引发群体性事件应急预案》等多个文件，全面严格执行缴存农民工工资保证金、实名制管理、签订劳动合同、银行按月足额发放工资、分账管理等制度，加大日常监督检查频次，严厉查处未批先建、挂靠分包、层层转包等违法违规行为。2018年，全县市政和房屋建筑在建工程全部做到按比例缴存农民工工资保证金，共计缴存1958.2万元（其中现金800.1万元、抵押商品楼房产权折资1158.1万元）；全部做到进场签订劳动合同、基本信息登记造册、日常管理有考勤记录的实名制管理；全部做到单独设立农民工工资专账，由银行代发工资，月清月结，分账管理，未发生拖欠农民工工资问题。

（供稿　刘　光）

房地产管理

【概　况】 商都县房地产管理局为差额拨款事业单位，在职干部职工41人，内设机构：办公室、财务室、房屋产权产籍监理所、房屋产权交易管理所、房屋产权抵押登记所、住房保障办。

【房地产“去库存”】 按照上级“去库存”要求，2018年，进一步创新思路，与棚户区改造、异地移民搬迁、保障性住房相结合，加大商品房“去库存”力度，截至年底，全县社会消化库存商品住房504套、4.76万平方米，棚户区改造回购商品房672套、6.4万平方米。在房地产“去库存”工作中，结合棚户区改造，政府通过回购方式消化库存住房，按照国家出台的相关政策，对符合棚户区安置用房的小区签订房屋协议作为棚户区安置用房。开展房地产开发经营活动问题专项治理，成立房地产开发经营活动问题专项治理领导小组，根据房地产经营者的实际情况，对全县房地产开发经营企业进行清理整顿。回购房地产开发企业已具备入住条件的库存商品房抵顶有关税费，政府协助房地产开发企业办理相关手续，规范全县房地产开发经营行为，解决历年来遗留的“老大难”问题。

【公租房分配使用】 商都县保障性住房从2009年开始至2015年通过集中新建、回购等形式建设公租房（含廉租房）3322套，超任务数114套（按年度任务安排3208套）。其中，集中新建3064套，回购公租房258套，总建筑面积达15万平方米，总投资1.7亿多元。截至2018年，共分配公租房2499套，分配率达90.7%。（1）集中统一分配方式。在整个分配过程中，依据《内蒙古自治区人民政府关于进一步做好城镇廉租住房保障工作的通知》《乌兰察布市廉租房租售并举指导意见》和《商都县廉租住房和租赁管理实施暂行办法》的要求，按照“公开、公正、公平”原则，优先保障孤、老、病、残特殊家庭原则，分期分批、自愿申请分配原则、租售并举原则进行分配。在分配过程中，严格按照“三次公示、三次审核”的流程统一分配，邀请县人大代表、政协委员进行现场监督，真正体现分配的公平性。2018年8月，通过集中分配方式分配公租房124套。（2）结合棚户区改造项目对公租房进行分配。为加快全县城镇化建设步伐，改变城镇建设面貌，按照《商都县公共租赁住房建设管理办法实施细则》规定，属城市棚户区改造范围内的，凡在农村集体土地征收或国有土地上房屋征收后的安置对象和被征收人，只要无住房或家庭人均住房面积不足15平方米的，均可申请公租房，只有一套住房并经房屋鉴定部门鉴定属危房且出具危房鉴定证明的，可申请公租房，截至2018年年底，该项工作仍在进行当中。（3）扩大分配范围。按照《商都县公共租赁住房建设管理办法实施细则》，进一步扩大分配范围。对七台镇居住的低收入住房困难家庭可申请公租房；对在商都县就业的大中专院校、职技的毕业生可申请公共租赁住房；对在商都县稳定就业异地务工人员和农村进城就业人员可申请公租房。（4）按照住房城乡建设部、国家发展改革委、财政部、国土资源部《关于进一步做好公共租赁住房有关工作的意见》，为有效盘活政府投资公租房，政府可将公租房调整为扶贫搬迁、棚户区改造、救灾“双创”基地、文化教育、养老等重大项目的安置用房或周转用房，2018年，全县共盘活568套公租房。

【物业管理】 2018年，针对全县小区现状，全力实现物业管理全覆盖，聘请有资质的外地物业公司对规模在3万平方米以上的小区进行管理。成立物业管理所，配备相关工作人员，划片区对全县规模较小的小区进行物业管理监督和指导。结合全县“五城联创”活动，实行机关单位包联小区，实现物业管理全覆盖。发挥社区职能，提升参与配合管理能力。努力发展成立本地物业公司，全县成立物业公司5家。

【脱贫攻坚】 县房地产管理局包扶玻璃忽镜乡的头号、万昌元、宇宙村和城卜子4个自然村，共包扶贫困户50户（其中脱贫21户、未脱贫29户），包扶责任人21人，中共党员2人分别在头号村、瓜坊子村任第一书记，驻村工作队包扶头号村。扶贫工作围绕“两不愁、三保障”目标任务，聚焦建档立卡贫困户，把各项包扶、帮扶措施落实到位，做到真扶贫、扶贫真，各帮扶责任人认真履行帮扶职责、积极开展政策宣传、情况摸底、措施落实等工作，并尽自己能力向贫困户捐款捐物，单位拿出3万元为所包村解决生产生活实际存在的困难。

（供稿　李鹏飞）

城镇管理

【概　况】 商都县城镇管理局下设三队两室：办公室、城管监察执法大队、市容监察大队、广告监察大队、治安室。2012 年 7 月，撤销广告监察大队，将执法大队和环卫所以红旗街为界一分为二，按新城旧城分区域管理，新增设工业园区执法大队。2014 年 3 月，根据县委、县政府对城管工作的新要求，新增设两室两队，分别为法制办公室、环卫综合办公室、车辆管理大队和建筑管理执法大队。截至 2018 年 12 月，有干部职工 139 人。

【强降雪天气应对】 1 月 7 日，商都地区迎来 2018 年首场强降雪，积雪厚度达 10—15 厘米，城管局迅速启动二级清雪预案，由环卫机械管理队和环卫所牵头，采取机械作业和人工作业相结合的方式，开始对城区主干道（三横五纵共 8 条主要干道）积雪的清理工作。出动除雪车 1 辆、装载机 2 台、自卸车 4 辆、拉雪车 13 辆，泼洒融雪剂 24 吨，干部 32 人、环卫工人 134 人参与预案行动。在随后的几场降雪中，县城镇管理局坚持快速行动，为广大居民群众创造安全的出行环境。

【新型环卫作业模式创建】 2018 年，认真研究作业路线分布，合理调配环卫作业机械，将机械清扫能力发挥到最大，城区道路硬化总面积为 19.5 万平方米，清扫面积为 15.4 万平方米，镇内 10 条主要道路已实现机械清扫，清扫率达 79%；通过环卫人员的工作制度改革，改变环卫工人既扫又保的现状，借助环卫机械作业，整合人力资源，提高环卫工人工资待遇，明确责任路段及工作标准，实现全天候保洁。通过创建机械清扫为主、人工保洁为辅的“机扫人保”新型环卫作业模式，提高道路清扫保洁质量和效率。

【生活垃圾、餐厨垃圾日产日清】 2018 年，转变工作理念，变事后拉运为上门收集。为居民集中的小区配发制式垃圾桶，每天定时定点到小区收集垃圾，减轻道路垃圾清扫压力；主要街道垃圾箱、站布局合理，地段适宜，周围环境整洁，基本上达到全城区覆盖，垃圾收集率可达到 95% 以上；为了解决旧城区无下水设施、主街道两侧饭店泔水无处倾倒问题，在已有 1 辆大型餐厨垃圾回收车的基础上，新购置 6 辆电动脏水三轮收集车，划定路线，规定收集时间，上门收集，实现主街道两侧泔水收集全覆盖，有效地遏制乱泼脏水现象。为应对非洲猪瘟疫情，购置 2 辆餐厨垃圾车，将城区餐饮企业及学校机关食堂全覆盖，为巩固自治区卫生县城做实实在在的工作。生活垃圾和餐厨垃圾拉运车辆均配备苫布、密封盖，在实现垃圾日产日清的同时，做到运输过程中无遗漏、无遗撒物，以免对环境造成二次污染。

【公厕管理】 2018 年，完善公厕管理机制，实行专人管理，明确管理标准，强化社会监督；加强公厕设施维护，成立检查小组，定期对公厕内易损坏物件进行排查，发现损坏及时更新维修，保证公厕设施完好无损，正常运行；加大公厕保洁力度，对公厕进行全天、全方位保洁和消毒杀菌；优化公厕细节服务，在城区主干道醒目的位置设置免费公厕导向牌 27 块，方便市民如厕；在公厕内显著位置张贴注意卫生、节能等温馨提示宣传语，引导市民强化环保意识。

【街巷积存垃圾集中清理】 5 月 21 日开始，城管局对城区内各出入路口周边、城区铁路两侧和城乡接合部历年积存建筑垃圾进行全面摸排，根据摸排结果对每一处需要整治地点，制订整治计划，结合环保巡视反馈意见，制订科学合理的整改方案，明确每一处达到的治理目标。从 6 月 1 日开始，利用 4 周时间对城区周边铁路沿线两侧，呼海路东移民村北、城北变电站北、龙湾小区东、三中东、新汽车站西、新都家苑西和北、朱家村前、旧建材城内、振兴中路南、南菜园村南等地积存建筑垃圾进行综合整治，累计出动各类型车辆 4800 余台次，平整清理面积约 15 公顷，清理拉运建筑垃圾11.52万立方米。对背街小巷积存生活垃圾进行彻底清理，截至6月30日，共出动各类型车辆900余台次，清理生活垃圾8500吨。确保背街小巷垃圾不积存，由清运大队和机械大队负责到底，做到日产日清。通过清理整治，多年积存的建筑垃圾得到较为全面的清理。

【垃圾处理场基础设施建设】 投资20万元，对垃圾处理场入口、填埋区四周及办公区进行绿化，修整土地护坡10余亩，种植摆放花卉10余种，种植树木200多株，维修防飞散网200米，维修外围铁丝网600米左右，并对旧车库卷帘门和车间地沟进行维修，改善场区的生态环境。

【专业车辆路面清洗】 夏季来临，为除尘降燥，从6月8日开始，环卫机械管理大队调派2辆洗扫车和2辆清洗车，对城区内主要街道路面、路肩进行洒水和高压清洗，提高空气和环境质量。

【年前执法大行动】 为了做好元旦、春节两大节日的市容环境秩序工作，就交通情况、越门摆货情况和流动经营等问题开展年前执法大行动，加大对违规进城车辆和机动车违规停车的处罚力度，确保道路畅通，行人安全；规范商家店铺的经营区域，严禁占道摆放经营。

【非法营运专项整治】 春节后，为进一步规范全县客运市场秩序，惩治非法营运，遏制不正当竞争行为，维护城区良好的交通秩序，县城管局交通管理执法大队积极配合其他单位，依法对城区内非法从事载客业务的机动三轮车和电瓶车、无营运手续在城区内非法从事出租车业务的私家车和乱停乱放、占道经营等违法违规车辆进行集中整治。年内，共依法查扣违法车辆203辆。

【市容市貌综合整治】 2018年，为切实抓好《商都县关于开展市容市貌环境综合整治实施方案》的贯彻落实，县城管局制订《全县集中开展市容市貌环境综合整治实施方案宣传教育阶段工作安排》和《全县市容市貌环境综合整治执行方案》，就进一步抓好该项工作详细部署。2018年5月20日，在前期大量宣传工作的基础上，由县城管局、公安局、交警大队等12个单位共105人组成的全县集中开展市容市貌综合整治联合执法队，正式展开综合整治工作。经过连续工作，截至6月底前，共教育疏导自行改正违法行为30余家，责令改正120余家，依法清理违规设置落地牌匾、挂式小灯箱共57多块，依法清理占道经营60余起，清理占道“僵尸车”5辆和报废摩托车3辆，取缔广告宣传车，依法拆除违法建（构）筑物8处，依法进行先行登记证据物品58件，取缔露天煤炭市场2处，设立工程车辆停车场1处，打格画线，安排专人负责，规范客都、华林、蒙辉等大型商场门前非机动车辆的乱停乱放现象。通过这一阶段的集中治理，县城区市容市貌环境明显改善。为了使市容环境卫生管理提档升级，按照市执法局专项整治工作方案要求，从8月7日开始，进行第二轮联合集中整治活动，推动创城工作常态化管理。

【城管进社区工作方案】 为强化城管网格化管理绩效，达到城管网格化管理与社区辖区社会化管理有机结合，实现与社区管理的共通共管共享机制，畅通民意参与城镇管理的渠道，县城管局研究制订《城管进社区工作方案》，征求意见后进一步完善。

【城市管理综合执法】 为进一步完善城市管理行政执法机制体制，明确各级主体责任，强化城市管理工作，逐项落实《商都县深入推进城市执法体制改革，改进城市管理工作实施方案》。截至2018年年底，机构名称已决定，单位牌子已挂，执法队员按国家规定全部统一着装。为了实现城管执法正规化，5月，由市城市管理执法局组织，分两批赴乌兰察布市参加执法培训，队、所、室负责人19人全部参加培训；11月，由自治区住建厅统一组织，副科级以上城管领导分三批调训，县城管局领导3人参加。通过培训，执法队员的思想观念有了大的转变，基本掌握适应新时代的执法理念，清晰城市管理、服务、执法之间的关系和重要性，为今后优化管理和严格执法奠定坚实基础。

【党风廉政建设】 2018年，县城管局认真学习习近平新时代中国特色社会主义思想，贯彻落实中共十九大和中央、自治区、市、县纪委全会精神，全面落实党风廉政建设责任制，自觉扛起党风廉政建设主体责任，推动党风廉政建设和反腐败工作深入开展。（1）加强组织领导。进一步完善廉政领导体系，全面贯彻“单位领导、组织协调、党组负责、党员干部参与”的廉政工作领导体制和运行机制。制定《商都县城管局2018年党风廉政建设工作计划》《商都县城管局党风廉政建设工作台账》，把责任分工、学习教育、监督执纪、队伍建设等任务分解到各部门，做到分工到岗、责任到人，促进工作责任落实。逐级签订《2018年党风廉政建设责任书》，把廉政建设任务与部门业务工作相结合，将廉政完成情况与个人考核项目挂钩，建立健全廉政责任体系和考核办法。（2）抓好作风建设。为深入贯彻落实中共中央总书记习近平关于进一步纠正“四风”、加强作风建设的重要批示精神，按照自治区纪委、市纪委和县纪委关于集中整治形式主义、官僚主义“十种表现”的部署要求，结合自身实际，制订《2018年度党风廉政建设工作计划》，强化责任落实，坚持问题导向，聚焦重点领域，将发现问题、查处问题、解决问题贯穿在集中整治工作始终。对苗头性倾向性问题，抓早抓小、提前防范。（3）强化权力制约和监督。切实贯彻民主集中制，规范领导干部决策行为，提高领导干部决策的科学化、民主化水平，进一步落实党风廉政建设党支部主体责任和纪检组监督责任，深化惩治和预防腐败体系建设，县城管局制订《商都县城管局“三重一大”事项集体决策制度（试行）》，健全完善“三重一大”事项决策制度，根据实际制定实施细则，进一步规范班子议事规则，合理确定全局“三重一大”具体事项，量化标准、规范程序、厘清责任。（4）加强反腐倡廉宣传教育和制度建设。为了全面落实党内廉政建设责任制，切实推进党风廉政建设工作，根据《中国共产党党内监督条例（试行）》《中国共产党纪律处分条例》和中共中央关于《建立健全教育、制度、监督并重的惩治和预防腐败体系实施纲要》以及《中共中央纪委关于严格禁止利用职务上的便利谋取不正当利益的若干规定》要求，结合党风廉政建设工作实际，县城管局制定《商都县城管局党风廉政建设责任制度》，以中共十九大精神和习近平新时代中国特色社会主义思想为指导，坚持惩防并举、注重预防的方针，建立健全教育、制度、监督并重的反腐保廉体系。

【党建工作】 2018年，县城管局党的建设工作坚持以习近平新时代中国特色社会主义思想为指导，坚决贯彻中共十九大精神和自治区党委、市委和县委决策部署，全面落实新时代党的建设总要求，以党的政治建设为统领，以“党的建设质量提升年”为抓手，深入开展“不忘初心，牢记使命”主题教育，统筹推进领导班子和干部队伍建设、党支部和党员队伍建设、人才队伍建设，提高政治站位、履行政治责任、强化政治担当，坚持稳中求进工作总基调，着力推动组织工作高质量发展，为全面建设小康社会、打赢脱贫攻坚战，提供坚强组织保证。（1）加强支部组织建设。按照《商都县委组织部2018年工作要点》要求，推进“基层党建提质增效”行动，县城管局以“评星定级”和主题党日为总抓手，推动各项工作全面进步。以服务为中心，狠抓城管“721”（70%的问题用服务手段解决、20%的问题用管理手段解决、10%的问题用执法手段解决）工作法；以建强队伍为重点，严格落实“强、转、树”三年规划。配备专职党务工作者，持续实施“活力党建”，提升党建工作质量。2018年度，“评星定级”参评中共党员69人，优秀15人，优秀率22%；合格54人，合格率78%；支部得星9个，缺“机关文化星”，属一类支部。年内，发展新党员2人，有6人递交入党申请书。（2）建设党建阵地，促进工作增效。县城管局建造党员活动室，开展主题党日活动，组织议事、学习交流等活动，运用“党建直通车”，推广“智慧党建”工作模式，组织开展“评星定级”等活动。认真落实“三会一课”组织生活制度，坚持“两学一做”常态化、制度化。（3）强化党组领导能力和领导责任。局党组带领广大党员群众，认真组织学习宣传贯彻习近平新时代中国特色社会主义思想和中共十九大各项政策部署，坚决维护中共中央权威和集中统一领导，牢固树立“四个意识”，坚定“四个自信”，做到“四个服从”，履行“一岗双责”，勇于担当作为，以求真务实的作风，把中共中央决策部署落到实处。为了增强党组织管理教育协助监督作用，将单位中心工作、业务工作、党建重点任务有机结合，开展“比、学、赶、超”和“党员示范岗”活动，收到良好效果。（4）抓紧抓好意识形态工作。局党组始终坚持把意识形态工作作为促进城管工作长远可持续发展的重要保障，充分认识意识形态工作的重大意义。年初，召开意识形态工作会议，全面部署意识形态工作责任，制订《商都县城管局党组关于落实意识形态工作责任制实施方案》和《意识形态责任落实督查年实施方案》，强化责任分工。8月，召开意识形态工作专题汇报会，通过《商都县城管局意识形态工作分析研判报告》，并听取各部门的问题汇报，制定《意识形态领域排查存在问题及整改措施》。通过严格实施，认真落实，完成预定任务，上访、信访事件化解率达100%。

【精准扶贫工作】 按照《商都县关于进一步加强驻村工作队选派管理工作的实施意见（试行）》文件精神，县城管局在大库伦乡章毛勿素、郭朋、赛书记、古城子、十二顷、一卜树共6个行政村派驻第一书记和工作队；县城管局帮扶责任人帮扶范围除以上6个行政村外，还涉及其他9个行政村，其中一卜树、古城子是2个重点贫困村，脱贫任务艰巨。（1）做好动态管理工作，提升结对帮扶效果。根据国务院扶贫办《关于做好2017年度扶贫对象动态管理工作的通知》、自治区党委第61次常委会和自治区《关于做好2017年度扶贫对象动态管理工作的通知》的要求，按照商都县《关于做好全县2017年扶贫对象动态管理工作的实施方案》《商都县关于进一步加强驻村工作队选派管理工作的实施意见（试行）》文件精神，县城管局及时召开关于做好扶贫对象动态管理的专项会议，传达上级部门相关要求，有针对性地做好工作安排。重新选拔任用驻村第一书记、工作队队长，把真正能干事、会干事、不出事的优秀年轻干部派到基层去开展工作，为脱贫攻坚注入新活力，经几次调整，共派出工作队员14人，各驻村工作队队长均为大学生年轻干部；针对帮扶责任人扶贫工作意识不强的情况，专门召开会议，传达系列文件精神，强调抓好精准扶贫工作的重要性，并梳理印发帮扶责任人应知应会知识点，使其提高思想认识，掌握扶贫政策，抓紧进村入户，宣讲各项政策，帮助贫困户早日脱贫。截至年底，全局共出动车辆80余辆次，帮扶责任人平均每月最少入户对接一次；严格按照识别标准、程序，通过感性认定、感性排除和收入判定等多种方法，开展全面摸底清查。2017年年底，7个行政村共有5户14人返贫，新识别99户贫困户；2018年5月底，6个行政村共新识别36户73人。（2）充分发挥党建引领作用，助推脱贫攻坚。县城管局党支部在开展脱贫攻坚工作中，始终把抓党建摆在突出位置，充分发挥党建的引领带动作用，切实做到抓党建与促脱贫互融共进。通过与村支部联合开展主题党日活动，与老党员谈心谈话，县城管局党员与村支部党员结对帮扶等多种形式，调动共产党员的积极性和主动性，将中国共产党的政策、方针宣传到田间地头，及时掌握分析脱贫工作中存在的问题，坚持问题在一线发现、在一线研究、在一线解决的“三个一线”工作法，致力脱贫攻坚。并通过开展节日慰问、赠送农资物品、牲畜饲料等“实心工程”，利用多种方式帮助贫困户脱贫致富。2018年，为大库伦行政村购葵花选种机投资5000元；为古城行政村购地埋管道投资2万元；为所包7个行政村捐资10万元，建立爱心公益超市；调购养殖饲料（马铃薯渣）240吨、大米600袋。截至2018年12月，派驻工作队帮扶大库伦乡5个行政村150户、325人实现正常脱贫，所包重点贫困村古城子行政村退出脱贫序列，实现脱贫。

（供稿 李 炜）

园 林

【概 况】 2015年12月，在撤销商都县原园林绿化管理办公室的基础上，组建成立商都县园林局，为准科级全额事业单位，隶属于商都县林业局，人员由县林业局内部和县城管局调剂组成。核定编制27人。县园林局有在职工作人员27人，其中局长1人、副局长2人，有专业技术人员8人，其中具有林业工程师职称的1人、园林工程师职称的1人。设职能部门6个，分别是办公室、街道绿化管理所、南湖公园管理所、水漩公园管理所、府前祥和广场管理所、不冻河水利风景管理所，其中办公室负责全县建成区园林绿化规划，5个绿化所负责园林绿化施工和养护管理等工作。

【园林管护工作】 坚持园林绿化三分种、七分养，养护是关键的理念。为提高园林绿化养护管理水平，针对商都县绿地养护面积大、费用高与有限资金投入的矛盾，积极创新园林养护模式，采取建成区内园林养护由本单位组织实施的模式，力争将有限的资金用在刀刃上。经过三年的养护管理，商都县园林景观效果有较大改观，并且极大地节约养护资金，经估算，是采取招投标方式养护所需资金的七分之一左右。

【精准扶贫工作】 2018年，县园林局扎实落实县委、县政府关于精准扶贫的相关指示精神，在做好具体业务工作的同时，认真组织实施精准扶贫工作，强化措施，狠抓落实，全年做到业务工作和扶贫工作两不误。县园林局帮扶的乡村比较分散，全局干部27人帮扶75户贫困户，分别所属4个乡镇、12个自然村。截至2018年年底，成功脱贫60户。

【党建工作】 2018年年初，召开“两学一做”动员会以后，党支部将该项工作列为党建工作重中之重，积极组织全局党员干部进行学习，重点学习党章党规、中共中央总书记习近平系列重要讲话，坚持每周星期五下午组织集体学习活动，每月的第一个星期五开展主题党日活动。

（供稿 曹 洁）

城乡规划

【概 况】 商都县规划局有职工35人，其中中共党员12人。2012年成立，2019年3月合并于商都县自然资源局。

2018年，商都县规划局深入贯彻实施《中华人民共和国城乡规划法》及《内蒙古自治区城乡规划条例》，以商都县总体规划为基础，坚持高起点规划，着力加强各类规划的编制与实施，不断改进和强化规划管理，切实履行城市规划职能，积极推进城市化进程。以新区开发和旧城改造建设项目为重点，抓好城乡规划管理工作，充分发挥城乡规划的调控与引导作用。深入贯彻中共中央总书记习近平系列重要讲话，认真落实市、县的决策部署，围绕全县2018年度的重点工程，加强规划的编制和管理工作，广大干部职工群策群力，各项工作稳步推进。

【控规修编工作】 《商都县七台镇总体规划》编

制完成6年，根据总规编制完成《商都县七台镇控制性详细规划》，城市框架逐渐拉开，城市公共服务配套设施及基础设施建设逐步完善，城镇人居环境发生质的变化，推进招商引资的发展，促进城镇经济社会有序发展，总体规划、控制性详细规划的地位和作用得到充分发挥。但由于总规、控规编制受当时编制时间和资源的限制，近些年全县经济持续增长、城市化进程快速推进，城市的发展动力及发展机制产生变化，特别是棚户区改造以后，旧城区的城区规模、土地布局等都发生较大变动。2018年年初，由自治区、市、县组成的专家团队对《商都县七台镇总体规划》进行评估，根据评估结果，县规划局委托内蒙古自治区城市规划市政设计研究院对《商都县七台镇控制性详细规划》进行修编，对主城区的总体布局、空间结构、道路交通、给水排水、基础设施等进行修编，截至是年年底，控规修编完成。

【棚户区修建性详细规划】 商都县旧城棚户区改造采取“政府主导、市场运作、公司开发”的模式，先后投资建成回迁安置楼、巨弘商业广场、巨弘商业步行街、巨弘标准酒店、大唐数据呼叫中心等建筑群，城市空间进一步拓展，道路交通、给水排水等设施逐步完善，城区的总体布局已趋于科学合理，旧城面貌焕然一新。棚户区的环境质量、广告和标志、建筑之间的过渡处理与整体性、街道景观、景观设计等均有待提高，人居环境有待改善。以旧城区城市环境提升为重点，注重旧城区城市景观的提升，组织编制完成旧城区2平方公里修建性详细规划，结合商都县自然、经济、社会条件和七台镇驿站文化，对2平方公里进行整体设计，重点建设有特色的小街、小广场和街景景观，着力打造精品，引导旧城区改造的健康发展。

【特色小镇规划】 在2017年成功申报小海子镇为内蒙古自治区特色小镇的基础上，2018年，组织编制完成《商都县大黑沙土镇特色小镇规划》，借助专家顾问技术力量实施好新型城镇化、特色村镇等领域的规划设计和运营管理，让商都县城镇更具品位、农村更有韵味。《商都县大黑沙土镇特色小镇规划》编制完成，后期县规划局计划积极主动到自治区住建厅、市规划局申报特色小镇，为大黑沙土镇的发展提供契机。

【美丽宜居乡村建设规划】 为加强乡村规划建设、统筹城乡发展、改善农村群众居住环境、崇尚现代文明，2018年，按照建设美丽宜居乡村的要求，组织编制《商都县小海子镇八十五号村美丽宜居乡村建设规划》，截至2018年年底，编制完成并实施。

【地形图测量】 棚户区改造以后，旧城区的城区规模、土地布局、空间结构等发生较大变动，为此，2018年，县规划局组织人员连续一个多月对旧城区10平方公里地形进行测绘，商都县地形图基础数据更加精准、完善。

【乡村振兴战略规划启动】 为贯彻落实中共十九大提出的乡村振兴战略，描绘好战略蓝图，强化规划引领，科学有序推动乡村产业、人才、文化、生态和组织振兴，2018年，县规划局组织工作人员对大黑沙土镇、小海子镇重点村进行修补测量工作，12月底完成。

【规划审批】 2018年，县规划局在审批制度建设、强化服务意识方面采取有效措施，以总规、控规为依据，实行“两级例会”的审批制度，即局务会议初审、规划委员会审批。对内简化审批环节和审批程序，缩短审批时间。建立限时办结和督办、催办、专人承办制度，加强与项目单位的联系与沟通，对项目单位进行主动服务。截至年底，县规划局以新区开发和旧城改造建设项目为重点，严格按照规划全程监督管理，依法审批“两证一书”，共核发“建设项目选址意见书”33处，核发“建设用地规划许可证”44宗、“建设工程规划许可证”52宗，“两证一书”全部完成归档，保证每个项目有案可查。

【规划监察】 为提高全民规划意识和法律意识，增强规划的透明度和知晓率，形成全社会关心、了解、支持城乡规划，2018年，县规划局强化宣传工作，利用各种机会，争取多种形式宣传城乡规划方面的法律法规，让大家知法、懂法、守法，打下一个良好的社会基础。2018年，通过张贴标语、派出宣传车等方式在城区范围内连续两个月进行宣传。县规划局派出监察队监察，采取规划监管人员分片负责管理方法，并严格实行岗位制、巡查制、集中专项检查制、责任追究制度和“白加黑、五加二”的制度，保证在七台镇主城区全天候的监察，设立举报电话，做到规划工作全程管理，杜绝私搭滥建的发生。对县城区主要街道进行外部造型控制，群众反映良好，特别是建设路造型控制，使整体驿站文化风貌得以更好地呈现。2018年，县规划局监察队下发责令停止建设通知书116份、责令限期改正通知书20份、限期拆除决定书10份，制止违章建筑余70宗，强制拆除18宗，拆除面积6000余平方米。

【群众来信来访解决】 县规划局认真接待和处理群众来信来访，做到件件有回告，切实解决实际问题。2018年，共答复涉及规划信访案件10起，群众来访60余起，主要涉及遮光、挡路等纠纷问题，已全部处理，拉近与群众之间的距离，为各项工作的顺利开展奠定坚实基础。

【规划测量工作】 2018年，县规划局测量队先后为棚户区改造测量，为长盛工业园区的十几家企业厂房放线，并为全县10个乡镇10余个村的村容村貌进行航拍。

【精准扶贫工作】 2018年，认真贯彻落实县委、县政府关于包扶、精准扶贫工作的各项要求，采取有力措施，切实抓好单位包扶工作，正确履行自己的职能，局干部职工经常性地到大黑沙土镇、大库伦乡进行结对帮扶。为大黑沙土镇小黑沙土村安装25机太阳能路灯；为大库伦乡三喇嘛村新建挡雪墙130米；为新农村新牧区建设示范村小海子镇丰韩村路肩硬化4000平方米，新建花篮墙6000米，安装垃圾桶8个。

（供稿　魏　东）

房屋征收与补偿管理

【概　况】 商都县房屋征收与补偿管理办公室内设3个机构：综合办、监察队、财务科。共有领导1人，工作人员6人。

【主要工作】 2018年，商都县棚户区（城中村）改造共实施2400户，占地面积29.8万平方米，征拆面积20.43万平方米，总投资6.08亿元，分2个项目实施。（1）商都县红星街西棚户区（城中村）改造项目，共征拆改造1550户，占地面积18.2万平方米，征拆面积12.36万平方米，总投资3.79亿元，其中965户为货币化安置，585户为异地集中安置。（2）商都县庆云巷北棚户区（城中村）一期改造项目，共征拆改造850户，占地面积11.6万平方米，征拆面积8.08万平方米，总投资2.29亿元，全部采用货币化安置。

（供稿　赵钦武）

住房公积金管理

【概　况】 2018年，商都县住房公积金管理部按照市中心工作要求，抓制度强管理，优服务树形象，转作风提效能，控风险保安全，谋发展惠民生，继续尽职尽责地做好全县住房公积金各项工作，在管好人、管好事、管好钱、服务好的同时，实现用足用好住房公积金的工作目标。坚持以科学发展观为指导，以服务民生为根本，以资金安全为核心，以规范管理为基础，以扩大公积金覆盖面为重点，立足围绕市中心工作，服务发展大局，调整工作思路，突出工作重点，加大工作力度，推动住房公积金事业快速健康发展，各项工作取得显著成绩。

【主要业务指标完成情况】截至2018年年底，全县事业单位累计为158个事业单位缴存住房公积金3526万元，财政补缴3658万元，全部到位。为18个企业单位缴存住房公积金。全县累计提取住房公积金本金4719万元，提取利息12万元。提取金额合计4732万元，提取人数1034人。累计为事业单位职工发放住房公积金贷款208户4057万元。2018年9月之前以装修贷款为主，9月取消装修贷款以后，以购买自住住房贷款为主。

【管理改革工作】以优化政策为抓手，进一步提高住房公积金使用率。继续在规范业务运行上下功夫，将规范化管理落到细节、落到实处，做到减少审批环节但不降低管理标准。2018年9月，取消住房装修提取和住房装修贷款，增加偿还商业贷款的提取，并以改革创新为契机，全面提升信息化建设主导作用。完善住房公积金综合服务平台，通过运用“互联网+公积金”信息化平台，开通手机App和微信公众号的线上查询业务，职工自己可以通过手机注册登录到公积金查询平台，实时查询个人公积金的缴存情况及贷款情况，为广大职工提供便利的服务。在乌兰察布住房公积金管理中心（以下简称市中心）的筛查监督管理下，管理部先后清理一大批个人信息不正确的职工，如身份证信息和联系电话等信息，完善职工系统内的个人资料，为职工以后的缴存、提取、贷款业务办理节省成本，职工公积金缴存情况、结息情况及扣款情况都做到及时短信通知。在市中心的统一改革下，新开通税票查询业务和婚姻单身情况的后台查询。该业务的开通，提高公积金业务的办理效率，为职工节省提交资料和办事时间。将汇缴业务延伸到缴存单位，由单位经办人全权办理所在单位职工的公积金缴存业务，封存业务及信息更改业务，减轻职工往返跑路和大厅前台的工作压力。

（供稿　辛素娟）

环境保护

【概　况】商都县环境保护局内设综合办公室（规划财务股）、监督监察股、污染控制股、自然生态股。核定行政编7人、工勤编5人。下设环境监察大队编制10人，环境监测工作站编制8人。有领导干部在职职工26人，退休6人，其中本科15人、大专14人、高中2人、中专1人。

【大气污染防治】（1）加强工业企业的大气污染防治工作。以冶金园区集中整治为重点，加强铁合金、水泥等重点行业大气污染防治工作。以产业结构调整为抓手，对产能低、设备不符合国家产业政策的铁合金冶炼企业矿热炉实行强制淘汰。以蓝天保卫战为契机，开展园区企业全面达标排放专项整治行动，加强对现有生产企业的日常监察力度，确保其除尘器等污染防治设施正常稳定运行，实现污染物稳定达标排放。（2）加大老旧小锅炉的淘汰力度。县政府成立小锅炉淘汰整治工作领导小组，编制工作计划，明确部门责任分工。（3）加强原煤散烧治理工作。县政府成立城镇建城区原煤散烧治理工作领导小组，统筹推进全县城镇建成区原煤散烧治理工作。加快推进七台镇旧城棚户区拆迁改造进度，坚持把棚户区拆迁改造作为治理城镇散烧煤污染的一项重要举措，切实减少燃煤散烧量；引进恒汇热电联产项目，统一整合高效利用供热管网资源；提高清洁能源使用比重，积极推进“煤改气”，商都县恒泰燃气有限公司建成加气站一处，方便出租车、公交车加气。建成长盛工业园区气化站并投入运行，煤气管网覆盖园区所有企业。通过上述工作的实施，商都县环境空气质量实现稳中有升。空气自动监测站数据显示，2018年，有效监测天数356天，优良天数317天，占比达89%，全县空气质量属优良状态。

【水污染防治】2018年，贯彻落实《水污染防治行动计划》，以水源地监管和水污染防治为重点。

在饮用水安全方面，加强饮用水源地保护监管，把群众饮水安全作为环保工作的重中之重，编制完成《商都县七台镇集中式饮用水水源地保护区划分调整方案》，及时停用存在污染隐患的春明北街水源地，调整不冻河水源地保护区范围，对新建索玉明地集中式饮用水水源地划定保护区范围。在城镇饮用水源地保护区范围内增设明显的地理界标、公告牌和警示牌。在污水处理方面，以污水处理达标率和城乡黑臭水体治理为重点，加强对各涉水企业污水处理设施运行管理。县污水处理厂、蓝威斯顿等 5 家企业，污水处理及排放通过环保验收和在线监控设施验收，领取排污许可证，基本实现污水达标排放。加强城乡黑臭水体的治理。对田士沟村北黑臭水体进行全面整治，动用挖掘机、装载机及污水车，拉污水、拉土，平整低凹聚污水地面。加大对涉水企业监管力度，对污水处理不达标的马铃薯加工企业和选矿企业等，依据环保法律法规采取行政处罚、停产整治措施。做好加油站地下油罐防渗漏和“单改双”工作。

【土壤污染防治】 组织开展重点企业地块信息调查（土壤污染普查），对辖区内废渣及污染隐患进行全面排查。商都县工业废渣主要是铁合金企业产生的冶炼渣，除部分综合利用外，其余都填埋到新渣场进行处置。各乡镇医疗点、医疗废物按照区域划分，统一交县中医院或县医院，最后集中到乌兰察布市固体废物管理中心进行安全处置。生活垃圾全部由县垃圾填埋场进行处置，有效防止各类污染物对土壤的污染。积极配合市环保局对企业地块污染信息进行调查，为下一步土壤污染状况监测布点、监测实施打下坚实基础。加大非煤矿山清理整顿力度，重点整治私挖滥采和违法开采。经多次专项行动，采取现场拆除变压器、发电机、扣押装载机等措施，依法惩治私采乱挖、破坏生态环境的违法行为。

【精准扶贫工作】 全力做好精准扶贫工作，听民意、摸实情、解民忧，全力用心、用情协调解决贫困户生产生活中存在的困难和问题。详细了解扶贫户的发展养殖业能力和发展意愿后，和辖区内淀粉厂联系，由县环境保护局出运费免费为帮扶贫困户送去薯渣，解决贫困户发展养殖业冬季草料短缺的问题。春节期间开展送温暖活动，为十八顷镇大洼、马栈、新村等自然村送去大米和白面。

【重要事件】 6 月 5 日，在祥和广场开展主题为“美丽中国，我是行动者”的世界环境日环保宣传活动，各重点企业负责人及县环保局全体工作人员参加活动。

2018 年，制订《商都县第二次全国污染源普查工作方案》，成立商都县污染普查工作领导小组，确立指导员 1 人、普查员 13 人，积极开展第二次全国污染源普查工作。

根据《全市环境污染矛盾纠纷排查化解专项行动工作方案》的通知要求，县环境保护局积极行动、全面部署，切实履行环保职责，在辖区内开展环境污染矛盾纠纷排查化解专项行动。

（供稿　谷建军）

商　贸

供销合作

【概　况】2018年，商都县供销合作社联合社以中共十九大精神为指导，围绕服务“三农三牧”（农业、农村、农民，牧业、牧区、牧民）工作大局，积极推进供销社改革，努力把供销社改造成为农牧民经济合作的带动力量、农业合作服务体系建设的骨干力量、农村牧区现代流通的主导力量，把供销社打造成为为农服务的生力军和综合平台。

2018年，完成商品销售总额1.54亿元，其中，农资商品供应额完成3030万元、农副产品购销额完成7050万元、日用品购销额完成5320万元。完成大小化肥供应9700吨，其中，复合肥5400吨、二胺2000吨、碳铵尿素2000吨、地膜300吨。领办、创办各类农牧民专业合作社10个。改造恢复空白基层社5个，新建综合服务社1个。完善电商运营工作，线上销售农副产品300万元。

【基层经营服务组织和网络体系构建】（1）加快基层供销合作社建设步伐。围绕全县经济和新农村新牧区建设，坚持扩大覆盖与提升质量并重，改造与创新发展并举，全面打造布局合理、产权明晰、机智灵活、功能齐全、运行规范的新型基层供销社。按照自治区供销社下发的《全区空白苏木乡镇基层供销合作社恢复建设实施方案的通知》文件精神，恢复重建5个基层供销社。（2）强化基层供销社合作经济组织属性。按照合作制原则依法制定章程，不断完善治理结构，进一步健全社员代表大会、理事会、监事会制度，强化民主管理、民主监督，提高农牧民社员在经营管理事务中的参与度和话语权。建立健全入股分红、利润返还分配机制。（3）加强对基层供销合作社发展的扶持。县社资源更多地投入到基层社建设与管护。（4）发展村级综合服务社。为了顺应新农村新牧区建设及新型城镇化和农牧民生活社区化的趋势，实施“综合服务社提质扩面工程”，采取政府扶持，供销合作社领办与乡镇和村“两委”联办，组织社会经营户加盟共建的方式完善综合服务社，2018年，新建综合服务社1个。（5）领办创办农牧民专业合作社。依托商都县主导产业和特色产品，通过共同出资、共创品牌、共享利益的方式，领办、创办一批管理民主、制度健全、产权明晰、带动能力强的各类农牧民专业专业合作社10个。

【社有企业支撑的经营性服务体系构建】（1）推进社有企业组建与发展。县社依托“新网工程”在农资、农畜产品、日用消费品、再生资源、电子商务领域兴办一批供销合作社全资、控股和参股，服务功能完善、产业突出、市场竞争力较强的社有骨干企业。打造好农畜产品领域，县社参股建成内蒙古蒙都农牧业有限责任公司；在农资产品领域，县社全资建成商都县新盛商贸有限公司；在电子商务领域，县社全资建成内蒙古商都县携农电子商务有限公司。县社参与的农牧业综合开发项目有：商都县鑫磊蔬菜专业合作社、商都县屯垦队德胜种植专业合作社、商都县腾博养殖专业合作社。（2）创新社有企业管理制度。县社按照产权明晰，责权明确，社企分开，管理科学的总体要求，优化联合社内部的机构设置，职能配置，强化行业指导，政策协调，资产监管等职责，密切层级联系，搞好上级对下级的服务，不断健全社有企业风险机制、激励机制、约束机制和监督机制。（3）强化社有企业经营服务功能。为了推动供销合作社由流通服务向农牧业社会化服务延伸，拓展服务领域，履行为农服务职责，县社建设农资配送中心和“放心农资店”，形成统一标准、统一配送、统一价格、统一规范、统一服务标准的农资连锁经营网络，覆盖全县农村牧区。为了拓展销售渠道，构建新型市场，县社推进电子商务建设，县社内蒙古商都县携农电子商务有限公司建立自己的网络，创建“供销携农”品牌。为了广泛宣传和线上交易，方便县城居民，该公司推出携农商城，居民可以足不出户通过手机微信和电脑直接下单订购商品。（4）补齐经营服务短板。2018 年，县社针对全县农产品特点和农业生产规模和习惯，力争补齐商都县域蔬菜保鲜冷藏不足和空缺，强化电商和信息服务网络平台建设，投资 865 万元，开始“为农服务中心”前期招标等准备工作。

【党建工作】 县社共有中共党员 17 人，其中离退休党员 9 人、在职党员 8 人。党支部书记，作为党建工作的“第一责任人”，抓好党建工作是党支部书记应尽之职，县社党支部书记始终坚持自觉落实责任，把党建工作作为一项十分重要的工作来抓，做到一级抓一级，层层抓落实。并结合县社实际情况认真贯彻执行上级党组织关于基层党建工作的方针、政策和部署。主持召开支部党员大会，研究制订《2018 年商都县供销社党风廉政建设工作计划》，并完善各项规章制度。结合班子其他成员分管领域，明确党建工作分工，对分管领导进行督促和指导，严格落实“加强和规范党内政治生活推进年”活动的各项工作任务，深入推进“两学一做”制度化常态化教育活动的开展。

【中共十九大精神学习贯彻活动】 根据上级组织对中共十九大学习教育活动的指导和部署，县社全体党员干部认真研读中共十九大报告原文，深入理解、学精学深，以中共十九大精神统领思想、指导工作。结合开展的主题党日活动，2 月 2 日，开展学习中共十九大精神、慰问困难党员的主题党日活动，党支部书记领学中共十九大报告全文，就中共十九大报告的主题、理论、目标、党的建设等内容作出详细解读，县社全体党员铭记中共十九大会议精神，以中共十九大精神为指导，把坚定理想信念作为党的思想建设的首要任务，教育引导全体党员牢记党的宗旨，并结合县社实际就如何贯彻落实中共十九大精神明确具体措施。将学习贯彻中共十九大精神作为“两学一做”学习教育常态化制度化和“三会一课”的主题内容，通过学习讨论交流，确保广大中共党员全面领会、准确把握中共十九大的精神实质。开展专题学习讨论，抓落实促发展。集中学习研讨，实现全员覆盖，不断深化对中共十九大精神的理解和把握。全体党员干部紧密围绕中共十九大决策部署，不断深化对习近平新时代中国特色社会主义思想的理解和认识，促进县社供销事业的发展。

【“两学一做”学习教育】 根据《关于印发〈2018 年商都县“两学一做”学习教育常态化制度化工作督导方案〉的通知》文件精神，结合“党的建设质量提升年”活动，县社制订《商都县供销社推进“两学一做”学习教育常态化制度化工作方案》《商都县供销社 2018 年“两学一做”学习教育计划》。推进“两学一做”学习教育常态化制度化，推进思想建党、组织建党、制度治党，不断加强党的思想政治建设。县社在推进“两学一做”学习教育常态化制度化过程中，坚持融入日常、抓在经常，学做结合、落细落小、务求实效。工作中，坚持常抓不懈、落细落小。以理论学习中心组学习、民主生活会、“三会一课”、“评星定级”、主题党日等制度为主要抓手，把“两学一做”作为党员教育的基本内容，长期坚持、形成常态。2018年，县社认真落实“六个一”学习机制，党员干部牢固树立“四个意识”坚持学思践悟、知行合一，不断增强党组织和党员政治意识、大局意识、核心意识、看齐意识，不断增强党内政治生活的政治性、时代性、原则性、战斗性，不断增强党员自我净化、自我完善、自我革新、自我提高能力，更加自觉地在思想上政治上行动上同以习近平同志为核心的中共中央保持高度一致，做到在思想上衷心拥护核心、在政治上坚决维护核心、在组织上自觉服从核心、在行动上始终紧跟核心。进一步用中共中央总书记习近平系列重要讲话和中共十九大精神武装党员干部思想，确保县社党员更加紧密地团结在以习近平同志为核心的中共中央周围。

【抓党建促脱贫攻坚】 2018年，县社党支部为深入贯彻落实扶贫工作会议精神，牢牢把握扶贫工作要点，紧密结合县委、县政府工作部署，开展一系列扶贫帮扶工作。（1）成立领导小组。由党支部书记任组长，班子成员任组员的精准扶贫工作领导小组，负责精准扶贫工作的组织领导和研究协调解决扶贫工作中出现困难和问题。（2）派驻村工作队。县社派出扶贫工作队深入屯垦队村卯都图村开展帮扶工作，工作队负责制定扶贫工作规划和扶贫措施落实情况的督促检查，了解摸清贫困户基本情况、收入情况、就业情况和主要诉求，分类建档立卡，按照“一类一政策、一户一办法”的要求，精准制定并落实各项帮扶措施。深入开展精准扶贫工作，强化党建引领，夯实贫困村基层基础建设。（3）严格工作程序。按照精准扶贫总体要求，帮扶责任人多次深入帮扶户，严格按照程序摸清扶贫工作底数，全面了解群众在吃水、行路、住房、上学、就医、增收等方面的困难。（4）建立结对帮扶制度。建立党员干部包户脱贫和领导带头结对帮扶制度，帮扶对子结成后，工作队和责任人对贫困户进行精准识别、了解贫困状况、分析贫困原因，逐村逐户理清思路、制订规划、细化措施，落实帮扶责任，明确工作时限，实现结对帮扶工作常态化、制度化。要求每个帮扶责任人每月至少进村入户2次，并按规定使用“帮扶通”认真完成网上签到和基本情况录入，摸清帮扶贫困户基本情况，找准帮扶办法，制订帮扶脱贫计划，按照“不脱贫不收队”的工作要求进行帮扶。

【基层党建重点任务落实】 自“北疆先锋”工程启动以后，县社党支部扎实开展基层党建工作，为推动“三农三牧”发展提供全面保障，助力脱贫攻坚事业全面发展。县社党支部以脱贫攻坚为抓手推进基层党建工作。把优秀党员干部选派到脱贫攻坚第一线，派出驻村工作队，县社主要领导每人帮扶4户贫困户，一般干部每人帮扶2户贫困户。在“北疆先锋”工程的实施中，县社党支部着力强化组织能力、政治功能，统筹推进基层党建工作开展，积极开展扶贫政策宣传，推进党的主张、贯彻党的决定，实现基层党建与重点工作的融合，实现党群干群的融合。

2018年，坚持把加强党建工作的领导和指导作为一项重要政治任务来抓，充分认识抓好党建工作的重大意义，不断加强政治理论学习和党性锻炼，以强烈的政治责任感和使命感，切实抓好县社党建工作。在认真调研分析的基础上，制订党建工作目标，并将各项责任、目标、计划层层分解落实到各股室，进一步明确党建工作分工，形成党支部书记负总责，支部委员具体抓、专项抓，各股室密切配合、齐抓共管的党建工作格局。通过开展党支部中心组学习、召开组织生活会、班子成员述职述廉等活动，切实加强党支部自身建设。

（供稿　段永成）

烟草专卖

【概　况】 1984年，商都县烟草专卖局（卷烟营销部）成立，经过30多年发展，在业务经营、专卖管理、精神文明建设上都取得很大进步。单位下设办公室、专卖管理股、客户服务部、内管派驻组4个职能股室，在职职工20人，承担全县829个卷烟零售户的卷烟配送和服务工作。

2018年，商都县烟草专卖局（营销部）认真贯彻落实中共十九大精神，遵照自治区和全市烟草工作会议精神，努力践行“责任文化”新理念，教育和引导广大干部员工筑牢责任意识，落实落细“五大责任”（政治责任、发展责任、安全责任、廉政责任、岗位责任）考核办法，细化工作目标，对照岗位压实责任，使员工对号入座，找准工作定位，明确责任标准，各项工作得到稳步推进。

【卷烟销售】 2018年，切实抓好经济运行调控工作，促实发展责任。按照市局（公司）下达的任务指标，全面做好稳销量、提结构、降库存、增税利各项工作，推动经济发展在良性轨道上运行。全力稳销量，积极推进卷烟供给侧结构性改革，立足全县卷烟市场，努力减少低端供给，扩大中高端供给，尽力实现供需动态总体平衡，采取有效措施，提高电子结算率；突出优化销售结构，努力提高卷烟销售结构，立足全县市场需求在一类到三类卷烟销售工作上做文章，科学合理安排投放，保证结构有效提升；着力加强品牌培育，坚定不移贯彻“品牌要做大、规格要做精、价格要上扬”的工作要求，加快构建科学合理的品类架构；发挥零售自律互助小组的作用，共建成44个小组，基础户600户，核心户143户，占总户数的89.52%。通过自律互助小组建设，卷烟零售价格稳定，卷烟零售毛利由原来的5%提升到16%。零售户店内形象有大的改善，消费者再购率提升，零售户经营卷烟的积极性高涨。2018年11月20日，全区烟草基层单位负责人一行到商都县卷烟市场进行观摩学习，零售户自律互助小组建设受到与会者的一致好评。

2018年，共销售卷烟9113箱，完成全年目标8600箱的105.97%，比2017年8316箱增长9.58%；完成销售额2.28亿元，完成全年目标2.17亿元的105.07%，比2017年1.99亿元增长14.57%。单条均价实现每条100.22元，较年度计划每条100.93元减少0.71元。电子结算成功率达98.13%，较计划98%增长0.13%。

【安全管理】 加大安全管理力度，压实安全责任。认真贯彻落实全国、全区烟草行业安全工作电视电话会议精神，始终把安全管理工作作为全局工作的重心，高度树立安全责任意识。在对安全重点部位检查的基础上，积极开展“11341”安全工作法，进一步消除隐患，保证安全生产经营。2018年，共召开安委会6次，自查和整改安全隐患18处，投入安全经费1.4万多元，安全基础设施得以明显加强，大大提高单位的安全防范能力。

【党建工作】 全面落实从严治党新要求，夯实政治责任。2018年，商都县烟草专卖局（营销部）以党建工作为统领促进全面工作开展，深入学习中共十九大精神和习近平新时代中国特色社会主义思想，积极推动党建与业务工作深度融合。2018年7月，局党支部被县委评为先进基层党支部，在全县纪念中国共产党建党97周年大会上受到表彰。

切实抓好基层党的建设，有效发挥党支部的战斗堡垒作用。坚持民主集中制原则，积极抓好班子的凝聚力和向心力，发挥好“头雁效应”。按时过好组织生活，按时召开“三会一课”，提升党员基本素质。全年共召开党员大会18次、支部委员会12次、党小组会28次、专题组织生活会1次，讲党课活动2次。认真开展好党员培训学习，在坚持每月集中学习2次的基础上，开展党员手抄党章活动，组织党员观看纪录片《厉害了，我的国》等教育影片，充实党的理论知识。

推进党群“一对一”结对互进活动，切实带动干部职工队伍素质的提高。通过结成的13个党群对子，每月不少于4次的谈心谈话，发现工作上和思想上的问题和难点，共同提出解决方法。把思想动态、心得体会和取得的成效详细记录在结对表上，双方签字留存。进一步筑牢党员和职工群众的岗位责任意识，向党员和先进看齐成为党员群众的共识，为企业发展注入发展动力。

切实推进“责任意识年”活动的开展。进行动员部署，就开展“责任意识年”的重要意义、目标任务和方法步骤，提出具体要求，全体干部员工思想上达成共识。严格分部门和岗位详细制订“责任意识年”岗位责任工作清单，明确岗位职责、主要任务、完成时限、预期成果、责任领导部门以及责任人。要求职工对照岗位认真履行清单，明确岗位标准和要求，严格按照时间进度要求，切实提高工作水平。制作一批特色鲜明的责任文化图板、标语，营造责任文化氛围。

【廉政建设】 加强廉政责任建设，营造风清气正的工作氛围。按照市局（公司）党组的工作部署，从抓党风廉政建设责任制入手，把握“责任分解、制度建设、检查考核、责任追究”四个关键环节。加强对各个环节领导干部的监督，层层签订从严治党责任书。进一步加强政风行风建设，以解决群众反映的问题为落脚点，采取便民利民措施，促进服务质量和服务水平不断提高。

【岗位责任落实】 把责任意识转化为推动“岗位责任”落实的动力。通过宣贯和细化岗位责任目标，利用各种形式营造出勇于承担责任氛围，让干部职工清楚自身承担的责任，从工作的小事做起，形成责任共担的干事创业风气。不断强化市场监管力度，通过开展各类专项整治活动，形成市场监管的高压态势，为卷烟销售创造良好的市场秩序。全年共查获各类案件177起，其中无证经营案件77起，未在当地烟草专卖批发企业进货案件46起，销售非法生产的烟草专卖品案件52起，无证运输案件2起，查获各类涉案卷烟33.08万支，其中真品卷烟28.7万支、假冒卷烟3.97万支、走私烟0.36万支、涉案总金额30.1万元，其中真品卷烟案值22.8万元、假冒卷烟案值7.07万元、走私烟案值0.18万元。依法加强专卖内管，筑牢法制烟草建设的根基。结合具体工作提出新的要求，对一线员工的具体工作流程进行严格规范，对工作中可能出现的工作漏洞进行及时纠正和告诫，让每一名干部员工明白规范经营的底线和高压线，严肃纪律约束。全面加强干部队伍的责任文化建设，通过挖掘典型事迹材料，使模范带头作用成为引领职工前进的有效共识。用身边的人和事开展责任意识教育，让干部职工学有榜样、比有事例，从而把责任转化为自觉遵守的行为准则，营造出人人负责的责任文化氛围。

（供稿　王学军）

石油经营

【概　况】 商都石油经营部有人员74人，其中，经营部领导2人、经营部工作人员5人、加油站工作人员67人。经营部在县加油站二楼。正常运营加油站5座，分布在省际通道、县乡村主干道及城区中心地区，成为商都地区成品油供应主渠道。

【轻油及非油销售】 2018年1—12月，成品油销售总量完成1.56万吨，完成年度任务1.79万吨的87%；同比1.63万吨减少700吨。汽油完成8260.13吨，完成任务9009吨的92%，比上年同期的8858.77吨减少598.64吨。柴油完成7012.73

吨，完成任务8416吨的83%。纯枪销量完成1.53万吨，完成年度纯枪任务1.74万吨的87.9%。直销完成304吨，同比401.1吨减少97.1吨，减少24%。润滑油零售66万元，完成零售任务66吨的100%。比上年同期的38万元增长28万元，增幅74%。非油品业务总收入258万元，完成年度任务255万元的101%。

【经营管理】 分公司在新一届领导班子的带领下，全面开展深入基层调查研究工作，强化基层管理，坚持降本增效，促进规范经营，优化网络建设，理性开拓市场，加大稽查力度，提升服务水平，确保市场供应，狠抓维稳工作，集中精力完善体制、机制，下大气力加强“管理人员、技术人员、操作服务人员”三支队伍建设。不断改善经营环境，认真履行三大责任，努力实现商都经营部又好又快和谐发展，为把商都经营部建设成为一流的现代化销售企业做贡献。

【荣 誉】 2018年，经营部的各项工作得到分公司的认可，被分公司评为先进基层单位。

（供稿 杨 艳）

盐业配送

【概 况】 商都县盐业配送中心有工作人员3人。

【盐业经营】 主要开展以食盐配送为中心的经营工作，服务全县城乡人民生活、服务全县工农业生产发展，把食盐发送到城乡各地各销售点，特别是偏僻边远地区，不留死角，不漏一处。保证有足够的储备，至少有3个月的食盐库存量，全力保障全县食盐供应，确保应急突发之需要。继续深入贯彻执行《食盐专营办法》，杜绝和查处假冒产品，防止不法分子为牟取暴利而贩卖私盐行为，加强市场秩序整顿，惩治违法活动，依法监管，与有关部门通力协作，维护和稳定市场。

2018年，购进各类盐910吨，其中，小包装食用盐450吨、工业盐200吨、肠衣用盐60吨、食用工业盐200吨。销售各类盐950吨，其中，小包装食用盐500吨、工业盐170吨、肠衣用盐50吨、食用工业盐230吨。

（供稿 刘体平）

财政　税务

财　政

【概　况】商都县财政局内设4个准科级建制机构，即金融工作办公室、政府采购办公室、农业综合开发办公室、农村综合改革办公室，设19个股室、10个乡镇财政所。

【财政收支】2018年，全县一般公共预算收入完成1.51亿元，完成年初预算1.64亿元的92%，同比减少467万元。完成上报调整预算收入任务1.53亿元的99%。全县一般公共预算支出累计完成29.28亿元，同比增加1.79亿余元，增长6.5%。

【专项补助资金】2018年，累计争取上级各类专项补助资金19.44亿元，为县域经济社会持续发展提供有力支撑。

【民生投入】2018年，财政八项民生累计支出23.34亿余元，比2017年同期21.86亿元增加1.48亿元，增长6.8%。

【财政监管】切实做好财政信息公开，严格落实新《中华人民共和国预算法》(以下简称《预算法》)规定，实现县级部门预算全公开。强化支出预算执行管理，根据中央、自治区、市关于推进财政资金统筹使用和强化支出预算执行管理的相关规定，保障全县重点项目支出及民生政策的足额落实。强化财政监管职能，充实财政投资评审职能，将政府采购货物类项目及服务类项目纳入评审范围，2018年，累计评审项目106个，送审金额3.63亿元，审减金额1888.74万元，审定金额3.44亿元；完成政府采购152批次，采购预算金额为5.14亿元，采购实际金额为4.78亿元，比预算金额节省3593.99万元。严格控制“三公”经费、会议费、培训费等一般性支出，2018年，全县部门“三公”经费预算1637万元，实际支出1547万元，同比增加1.8%。

【政府债务化解】(1)全县政府债务化解情况。2018年，全县共化解债务8.68亿元，完成2018年计划化解债务任务总额8.23亿元的105.5%。具体为：政府债券化解本金0.62亿元、利息0.51亿元，合计1.13亿元，完成计划的100%；银行贷款化解本金1.79亿元、利息0.98亿元，合计2.77亿元，完成计划的87.7%；工程欠款化解本金4.78亿元，完成计划的121.5%。(2)“十个全覆盖”债务化解情况。全县共计化解“十个全覆盖”工程债务2.9亿元(其中十项工程偿还0.8亿元、扩面工程偿还2.1亿元)，完成2018年计划化解债务任务总额2.65亿元的109.4%。政府债券化解本金0.29亿元、利息0.12亿元，合计0.41亿元，完成计划的100%；银行贷款化解本金0.08亿元、利息0.34亿元，合计0.42亿元，完成计划的97.7%；工程欠款化解本金2.9亿元(其中十项工程0.8亿元、扩面工程2.1亿元)，完成计划的109.4%。

【扶贫资金拨付】2018年，共收到上级下达扶贫专项指标3.76亿余元，全部拨付到项目主管单位。2018年，县级用于扶贫项目配套资金2817万元。按照相关文件精神，2018年度计划整合资金2.03亿元，已整合2.03亿元，全部拨付。

【扶贫资金监管】（1）严格执行财政专项扶贫资金管理制度。严格执行《预算法》《乌兰察布市财政专项扶贫资金管理办法》《乌兰察布市财政专项扶贫资金绩效评价办法》《乌兰察布市人民政府办公室关于印发〈进一步加强扶贫资金管理的意见〉的通知》等扶贫资金管理有关规定，规范扶贫资金分配、使用、管理全过程，确保资金精准投放、精准使用。（2）建立资金分配联动机制。县财政局收到上级扶贫指标文件后，在3日内，发文告知项目主管部门，项目主管部门严格按照招投标、政府采购等相关规定，完善项目前期工作，执行相关程序，及时提出资金分配意见，按相关程序审批后，按照国库集中支付等有关规定及时足额支付资金。项目主管部门将分配意见抄送县纪委监委、审计局。（3）建立扶贫资金专户专账管理、专项调度制度。为有效杜绝挤占、挪用扶贫资金现象的发生，县财政局在人民银行地方财政库款下设立财政扶贫资金子账户，专门用于管理财政扶贫专项资金。县财政局根据业务主管部门的资金申请，在3日内，专户调度资金，进一步明确扶贫资金“怎么来、怎么用”，加强扶贫资金流向、支付进度、结余存量的实时监控。（4）建立健全扶贫项目资金公告公示制度。全县扶贫资金的管理、分配、使用全部实行全程公告，即对扶贫项目的安排、扶贫资金分配和资金使用情况进行公告；在项目实施完成后，将年度项目实施完成情况和资金使用情况进行公告，跨年度项目，将是年实施完成情况和资金使用结果进行公告。乡村两级主要利用政府网站、乡村便民服务中心和政务公开公示栏、项目公示牌等便于群众及时知晓的方式，将扶贫资金使用和扶贫项目安排、实施等情况在项目实施地点和项目收益范围内进行公告公示（到村到户项目公告张贴到自然村），特别是做好项目资金对贫困村和建档立卡贫困户扶持情况的公告公示。

【精准扶贫工作】 县财政局高度重视精准扶贫工作，通过局党组会议研究，规定包扶责任人每年下乡次数不得低于24次。年初，全村摸底统计种植养殖情况，通过统计数据，发放备付金，以奖励的形式提高贫困户发展生产积极性。积极协助村委会开展党建工作，组织学习中共十九大精神、两会精神和中共中央总书记习近平系列重要讲话精神，以党建引领开展扶贫各项工作。为董家村种植经济林75亩，其中李子树30亩1000株，“123”果树45亩1600株。与原有的田园山庄连成片区，打造旅游和采摘于一体的旅游景区，带动村民经济发展。为增加村民经济收入，积极协调引进藜麦和蒙菊两种经济作物。邀请商都县“梦之恋”老年健身协会在三大顷乡董家村进行慰问义演，宣传扶贫政策。帮助唐贡沟贫困户魏某销售西瓜4250公斤。组织全局干部职工进行爱心捐款，所得捐款用于慰问包扶村的支出和包扶村爱心超市建设支出。对包扶的三大顷乡董家村进行慰问，为贫困户每户送2袋大米、非贫困户每户送1袋大米；为贫困户、非贫困户每户送蔬菜1袋。

【党建工作】 县财政局把学习中共十九大精神作为中国共产党的理论武装工作重点任务，作为加强意识形态建设重要抓手，深入学习习近平新时代中国特色社会主义思想、中共十九大和中共十九届二中、三中全会精神和党章法规。制订《商都县财政局2018年意识形态工作责任制实施方案》，局主要负责人和班子成员带头学、带头讲，充分发挥示范表率作用。推进“两学一做”学习教育常态化制度化，确保学习教育与本职工作“两不误、两促进”。落实党建工作责任制，将党建工作纳入年度工作计划，与财政工作同部署、同落实、同考核，党组书记带头并督促班子成员履行“一岗双责”。严格“三会一课”制度，进一步规范党内组织生活，坚持每月第一个星期五开展主题党日活动，扎实开展“党的建设质量提升年”活动，充分调动全体党员积极参加党建活动。全力推进基层党建工作，进一步加强基层党组织标准化建设，强化党建工作管理，不断提升党建工作科学化水平，加强党员日常管理，按照《中国共产党章程》及有关规定整改2018年度民主生活查摆的突出问题和督查反馈的基层党建工作问题。全面落实“两个责任”，局党组认真履行全面从严治党主体责任和党组书记第一责任人责任，年初逐项分解党风廉政建设工作内容，细化量化到分管领导和各股（所），签订党风廉政建设责任制“一岗双责”责任书和廉洁从政承诺书。召开专题会议听取党风廉政建设工作情况汇报，做到党风廉政建设与业务工作同部署、同落实、同检查、同考核。严格执行廉政各项规定，自觉贯彻执行中央八项规定和自治区、市、县的有关规定精神，坚持民主集中制。定期检查、落实和报告职责范围内的党风廉政建设，强化党内监督责任，深入学习贯彻《中国共产党党内监督条例》，严明党的政治纪律和政治规矩。开展警示教育和廉政文化活动，组织党员干部参观建县100周年纪念展览，观看纪录片《永远在路上》《厉害了，我的国》《马克思是对的》等影片，接受革命传统教育和爱国主义教育，营造讲纪律、守规矩、风清气正的良好政治生态。完善廉政风险防控机制，推进党务公开，拓展监督渠道，自觉接受社会各界监督。认真开展集中整治形式主义、官僚主义“十种表现”活动、“六大纪律”专题教育活动及“好人主义”专项整治活动，制订切实可行的实施方案，积极开展自查自纠工作。持续抓好作风建设，着力整治慵懒散拖、不作为、慢作为、乱作为等问题，切实改变工作作风。进一步加强执纪监督，坚持抓早抓小，在监督执纪上下功夫，坚决“零容忍”，发现问题，严肃查处。

（供稿　冯　东）

税　务

【概　况】 商都县税务局内设职能机构13个，派出机构5个，事业单位1个。职能机构：办公室、法制股、税政一股、税政二股、社会保险费和非税收入股、收入核算股、纳税服务股、征收管理股、风险管理股、财务管理股、人事教育股、机关党委（党建工作股）、商都县税务局纪检组；派出机构：第一税务分局、第二税务分局、七台镇税务所、小海子镇税务所、屯垦队镇税务所；事业单位：信息中心。截至2018年12月，全局共有在职干部145人，离退休人员50人。

2018年，商都县税务局以习近平新时代中国特色社会主义思想为指导，深入学习贯彻中共十九大和中共十九届二中、三中全会精神，贯彻落实国税地税征管体制改革各项要求，紧抓党的建设、机构改革、组织收入、纳税服务、税费征管、队伍建设、精准扶贫等重点工作，为税制改革全面纵深推进，为地方经济社会发展做出积极贡献，做到“两不误、两促进”。

【税费收入】 局党委高度重视组织收入工作，领导班子成员带领征管部门，深入征收一线，加强税源摸底测算，实时掌握收入运行和税源状况，确保重点税源。2018年，商都县税务局累计组织入库各项税收4.38亿余元。其中，增值税1.99亿余元、消费税309万元、企业所得税1.07亿余元、个人所得税2772万元、车辆购置税1393万元、营业税460万元、资源税377万元、城市维护建设税1148万元、房产税828万元、印花税391万元、城镇土地使用税1984万元、土地增值税175万元、车船税831万元、耕地占用税548万元、契税644万元、环境保护税80万元、非税收入1209万元，为商都县经济社会发展提供可靠的财力保障。2018年，累计清理欠税2522万元，进一步加大清理陈欠的工作力度，严控新欠的产生，提高税收征管质量和效率。

【党建工作】（1）不断强化党委班子建设。严格党内政治生活，严格执行民主集中制、“三重一大”工作机制、党员谈心谈话制度、民主生活会制度、民主评议党员制度，先后12次主持召开中心组（扩大）学习会，召开2018年民主生活会和国税地税征管体制改革专题民主生活会，开展机构改革谈心谈话活动150余次，为顺利推进国税地税征管体制改革提供强大的组织保障。（2）持续提高党员干部素质。相继组织开展贯彻习近平新时代中国特色社会主义思想大学习大讨论专题知识竞赛、学习中共十九大精神知识测试、税务系统干部职工思想状况调查等活动。邀请县委党校教师作题为“新时代·新思想·新使命”的中共十九大精神宣讲报告，组织税务干部观看《厉害了，我的国》专题片，开展“岗位大练兵、业务大比武”活动，不断提高广大党员干部的理论素养、业务本领和工作能力。（3）夯实党建基础建设。以提升组织力为重点，突出政治功能，成立机关党委，整合党支部，加强群团组织建设，不断优化基层党组织设置；提高发展党员质量，新发展预备党员3人，继续将1名税务干部列为重点培养对象，新确定3名税务干部为重点培养对象，开展12次丰富多彩的主题党日活动。

【机构改革】 2018年按照市局党委和商都县委、县政府的统一部署，国家税务总局商都县税务局顺利挂牌成立，“三定”（定机构、定职能、定编制）工作平稳落地，税费业务系统整合顺利，完成上级部署的各项改革任务。（1）坚决落实上级改革部署。改革工作始终以中共中央办公厅、国务院办公厅《国税地税征管体制改革方案》为总遵循和总任务书，严格遵守中办机构改革“六项纪律”（政治纪律、组织纪律、机构编制纪律、干部人事纪律、财经纪律、保密纪律），全面落实国家税务总局“五个一”（一要制定一个具体行动方案，二要解决一批重大安全问题，三要开展一次异地执法检查行动，四要问责一批责任单位和责任人，五要进行一次安全警示教育）、“四个确保”（一是确保干部队伍稳定，确保在机构合并的关键时期，秩序不乱、队伍不散、工作不断、力度不减；二是确保收入平稳增长，坚决做到“四个不放松”，落实“四个坚决”要求；三是确保征纳关系和谐；四是确保干部遵规守纪，坚决用制度管人管事）要求和乌兰察布市局党委、商都县委部署，有组织、有纪律、有步骤地推进改革。7月20日，商都县税务局挂牌，新班子及时组建，人员全部到位。（2）积极赢得多方大力支持。在改革前期和改革推进过程中，注重向地方党委、政府请示汇报，多次与乡镇党委和政府沟通协调，得到大力支持和积极配合。税务所办公地址符合在乡镇政府所在地设立原则，办公面积符合相关规定。小海子镇税务所协调解决办公院落一处（独门独院）、办公室、宿舍2间（每间25平方米），镇政府便民服务大厅提供办公窗口3个。屯垦队镇税务所解决办公室、宿舍4间（每间20平方米），镇政府提供便民服务窗口2个。2个税务所税务干部都在镇食堂用餐，办公室和宿舍的水、电、暖等均由各乡镇政府解决。（3）全力稳定干部队伍思想。严格按照自治区局、市局做好干部思想政治工作的要求，在县局“三定”落地前后，开展3轮谈心谈话，先后与145名税务干部谈心交流，及时掌握干部思想动态，倾听干部心声，化解思想包袱，以人心“稳”推进改革“稳”。

【纳税服务】 机构整合挂牌后，县税务局办税厅标识由国税地税综合服务办税服务厅变更为办税服务厅，纳税人到税务机关申请办理的各类涉税事项，办税服务厅均能受理、办理。全局实现“一厅通办”第三阶段，有6个窗口配置一机三系统（包括社保系统），可以实现“一窗通办”。设置纳税人权益保护室、涉税难点解答室和更衣室；大厅设置彩色显示屏，及时宣传税收政策；配备叫号机、导税人员及预审人员，导税台增设资料预审功能，对纳税人未携带的资料一次性告知；设置“清税注销业务专窗”，摆放专窗标识，对符合即办、容缺制办理条件的纳税人及时出具清税证明；配置个人所得税疑难问题专岗，专门处理个人所得税的咨询答疑工作；推行纳税人“二次优先卡”服务，节省纳税人因重复排队而浪费的时间成本。

【干部队伍融合】（1）以教育宣传引导舆论。对内做好思想政治工作，及时了解税务干部思想动态，化解矛盾纠纷，制造和谐有序的工作环境；对外及时回应社会关切，不发表不利于改革的言论，最大限度凝聚共识，为深化国税地税征管体制改革营造良好的社会舆论环境。（2）以饱满热情推进工作。弘扬“忠诚担当、崇法守纪、兴税强国”的中国税务精神和“吃苦耐劳、一往无前”的蒙古马精神，组织税务干部学唱《中国税务之歌》，挑选优秀税务干部参加乌兰察布市税务局“践行中国税务精神，弘扬改革主旋律”演讲比赛，凝聚商都税务独具特色的“水漩精神”，创建全市“模范职工之家”。（3）以多彩活动促进融合。局党委加强工会、共青团、妇委会等群团组织建设，由妇委会举办“创先争优做表率，巾帼建功促发展”演讲比赛；由团支部举办“弘扬五四精神、展示税务风采”青年税务干部联欢会；由青年志愿者协会联合商都县武警中队共同举办迎“八一”“传承军人精神，点燃税务激情”军税联谊联欢会；由机关党委牵头，举办“同心聚合力，携手促发展”迎新年“税地企”联谊会；由工会牵头举办迎新春文体活动等，通过系列活动，加快人员融合，密切党群、干群关系，为顺利开展征管体制改革奠定良好的基础。（4）以温暖关怀呵护职工。登门探望患病职工，看望慰问生育女职工，积极协助干部职工同县医保中心协调完成审核、报销等工作；提升职工膳食水平，为外地单身职工过生日，解决其住宿问题；定期走访慰问老党员、老干部。

【精准扶贫工作】 商都县税务局帮扶地点为屯垦队镇梁家村、北井子村、乌彦沟村、六盆地村，大库伦乡大库伦村、勇进村、十二顷村和平地泉村。2018年，共派驻下乡任第一书记7人，派驻长期定点帮扶党员6人，合计直接投入帮扶资金39.65万元，实现脱贫户数553户（建档立卡总贫困户836户），实现脱贫群众1171人（建档立卡总贫困群众1812人），已脱贫户数占帮扶户数的66%，已脱贫群众占帮扶群众的65%。

（供稿　屈佩菏）

金融

乌兰察布银监分局商都县办事处

【概　况】 乌兰察布银监分局商都县办事处有职工 1 人。主要职责根据银监分局的授权，负责商都县的银行业金融机构的监管工作，收集商都县有关金融风险的信息并向上级机构报告。

【存贷款余额】 2018 年 12 月末，全县人民币存款 80.85 亿元，其中储蓄存款 62.82 亿元；各项贷款 28.22 亿元，其中农业贷款 15.35 亿元。

【贷款业务】 支持地方经济发展方式转变和经济结构调整，重点加大对"三农"、中小微企业、创业就业、扶贫扶困等产业信贷支持。截至 2018 年年末，商都县银行业金融机构共发放精准扶贫贷款 944 户、金额 4414.14 万元，有力地发挥金融扶贫作用，其中，商都县农业银行发放精准扶贫贷款 276 户、金额 1311 万元。

【重要事件】 2018 年 10 月，内蒙古银行乌兰察布商都支行正式挂牌营业，给商都县经济发展增添新的金融支持力量。

（供稿　薛　峰）

商都县金融办

【概　况】 2018 年，商都县金融办围绕全县重大经济社会发展思路和工作目标，灵活运用国家金融政策，优化金融发展环境，引导金融业加大对实体经济的支持力度，主动创新作为，务实改革担当，积极开展金融改革创新和企业金融风险化解工作。全县金融工作、金融业保持平稳发展态势。深入推进金融扶贫工程，多渠道增加对贫困人口的信贷投入，全面改进和提升金融服务的质量，金融助推脱贫攻坚工作有序开展、扎实推进。

【金融扶贫】 2018 年，商都县共为 1492 户贫困户发放扶贫小额贷款 6401 万元。其中，农业银行发放 135 户、673 万元；信用联社发放 1357 户、5728 万元。全部执行人民银行贷款基准利率 4.35%，推荐获贷率达 96%。

【县域金融工程推进】 2018 年，商都县被自治区金融办批准列为自治区第二批县域金融工程试点旗县。内蒙古利康酿造有限责任公司、内蒙古健坤农产品加工有限公司、商都县鑫漩农业科技发展有限责任公司于 2018 年 11 月底在内蒙古股权交易中心展示板挂牌。2018 年 10 月，内蒙古银行乌兰察布商都支行正式成立并挂牌运营。

【金融风险处置防控】（1）全面开展非法集资风险排查工作。为切实推进非法集资风险排查工作，县处置非法集资工作领导小组，专门召开全县打击和处置非法集资工作会议，传达自治区、市处非办非法集资风险排查工作的有关文件精神，研究部署开展非法集资风险排查工作。在开展处非宣传月活动期间，进村 53 余次；进社区 18 次；进工厂 17 次；发放宣传资料、印有宣传标语手提袋 1 万多份；在县主要街道及各乡村（社区）内，悬挂宣传横幅 32 条；在全县金融机构家营业场所电子屏幕进行滚动播放防范和打击非法集资公益广告。（2）推进金融机构不良资产处置工作。2018 年，全县各金融机构共清收不良贷款 1.53 亿余元，同比多化解 3498 万元。其中清收公职人员不良贷款 2388.27 万元，占公职人员不良贷款总金额的 54%。

【小额贷款公司和担保公司监管工作】 在日常监管工作中，商都县坚持以防范社会风险为底线，以引导民间融资健康发展为目标，积极开展日常监管工作。（1）建立信息报送制度。要求小额贷款公司按月报送业务报表，按季报送财务报表，年末报送经中介机构审计的财务报表、经营报表和融资情况报告，重大事项定期和即时报备。（2）加强非现场监管。指定专人对公司报表进行分析、评价，及时反馈监管意见，进行风险提示，加强经营指导，发现问题及时纠正。（3）定期组织巡检。现场检查相关账目、传票、单证及计算机数据系统，必要时到开户行及贷款企业了解资金流向，询问有关情况，做延伸检查。

（供稿　王晓晖）

中国人民银行商都县支行

【概　况】 中国人民银行商都县支行内设三部两室：综合业务部、金融管理部、保卫部、综合办公室、纪检监察室，有人员 34 人，其中正式职工 28 人、合同制员工 2 人、劳务派遣工 4 人；女职工 9 人、男职工 25 人。

【存贷款余额】 2018 年，继续贯彻落实稳健的货币政策，增强货币实施效果，截至年底，全县人民币存款 80.85 亿余元，各项贷款 28.22 亿余元。

【金融精准扶贫工作】 2018 年，商都农村信用联社全方位加大金融扶贫力度。信贷投量大，不断加大扶持力度。2018 年 11 月末，联社累计发放各类贷款 11.16 亿元，其中涉农贷款累计发放 5.46 亿元，余额 11.76 亿元；小微企业累计发放 1.34 亿元，余额 1.55 亿元。截至 11 月末，为建档立卡贫困户累计发放 4996 万元，余额 4313 万元，有效支持 4098 户精准脱贫。

农业银行不断加大服务“三农三牧”力度，助力农村牧区经济发展。全力推进“金融扶贫富民工程”并投放贷款，覆盖全县 10 个乡镇和 154 个嘎查村。截至 11 月末，发放精准扶贫贷款 885 万元，支持建档立卡贫困户 238 户。积极进行农村支付服务环境建设，在县域以下地区布放各类电子机具 145 台。

包商银行因地制宜，开设两家“村口银行”。包商银行依托支农主力军，深化与乡村主体合作，实现资源互换和多方共赢，综合推进，暂时确定以十八顷、大库伦为基点，构建涉农综合服务平台，“村口银行”业务拓展以旗县为龙头，以镇为圆心，村社为半径，辐射周边，服务农牧民，实行整村推进，整村授信，为农牧民提供全方位的金融服务。从根本上解决农民结算难、贷款难问题，传播和推广农村金融产品和服务方式，让更多农民群众享受到安全便捷的金融服务。

农业发展银行继续以易地搬迁及棚户区改造扶贫贷款为发力点。截至 11 月末，易地扶贫搬迁贷款余额 2.38 亿余元，支持易地扶贫搬迁项目涉及商都县 10 乡镇、2250 户、6761 人，搬迁人口中包含建档立卡贫困人口 4060 人（其中列入“十三五”易地扶贫搬迁的建档立卡人口 813 人），同步搬迁人口 2701 人。

（供稿　宋永东）

中国农业银行商都县支行

【概　况】 2018 年，中国农业银行商都县支行深入贯彻落实乌兰察布市分行党委年初工作会议精神的工作要求，明确重点、强补短板、精准发力，着重做好各项业务经营、“双基”管理和风险管控以及持续抓好党建、党廉、“三线一网格”（以党建工作为统领、纪检监督为保障，以运营风控为重点，以网格化管理为抓手，确保“两个责任”落实和提升“双基”管理为目标的管理模式）和员工行为管理等工作。

【各项存款余额】 2018年年末，全行各项存款余额为15.38亿元，较年初增加6860万元，增幅12.08%，同业占比21.8%，位居第三。其中，个人存款余额11.16亿元，较年初增加4552万元，增幅9.85%，余额同业占比43.49%，位居第二；对公存款余额4.22亿元，较年初增加2307万元，增幅21.8%，余额同业占比36.3%，位居第二。

【各项贷款投放】 截至2018年年末，全行人民币各项贷款余额1.75亿元，较年初增加1.49亿余元。余额同业市场占比9.04%，居同业第二位，增量居同业第四位。其中，人民币对公贷款（不含贴现）余额8000万元，较年初下降1.22亿元，余额较同业第二位；人民币个人贷款余额9458万元，较年初下降2843万元，同业市场占比6.89%，余额市场占比居同业第二位。

【中间业务收入】 截至2018年年末，全行实现中间业务收入243.59万元，同比少收12万元，位列同业第一位。完成市分行计划的106.34%。

【利润收入】 截至2018年年末，实现拨备前利润2349万元，完成市分行计划的79.57%，拨备后利润–2169万元，完成市分行计划的67.69%。

【不良资产质量】 截至2018年年末，全行不良贷款余额912万元，较年初增加513万元。不良贷款占比5.21%，较年初增加3.98%。

（供稿　赵晓丽）

中国农业发展银行商都县支行

【概　况】 中国农业发展银行商都县支行内部机构设置：信贷业务部、会计结算部和办公室，全行有人员编制15人。

【存贷业务】 截至2018年12月末，支行各项贷款余额6.06亿元，比年初增加1956万元；各项存款余额4.49亿元，比年初减少4911万元；各项经营指标均超额完成乌兰察布分行下达的目标任务。

【服务地方经济发展】 全力保障政策性收储资金需求，加强粮食库存监管，确保库贷挂钩，保证国家粮食安全。充分发挥金融扶贫先锋行地位，2018年，监管拨付易地扶贫搬迁专项资金9472万元，累计支付生态脆弱地区移民搬迁项目贷款2.11亿余元，积极支持地方脱贫攻坚任务顺利推进。继续保持棚户区改造主力行地位，2017年审批商都县红星街西（城中村）棚户区改造项目贷款2.98亿元，其中，2017年，发放棚户区改造贷款2亿元，2018年，发放棚户区改造贷款9800万元，支持棚户区改造1550套，全面推进商都县棚改任务完成。

【荣　誉】 2018年，商都县支行被总行、内蒙古自治区分行、乌兰察布市分行评为“先进基层党组织”；被内蒙古自治区分行评为“经营绩效二十强支行”；支行渠志刚被乌兰察布市分行党委评为“优秀共产党员”。

（供稿　张志俊）

商都县农村信用合作联社

【概　况】 商都县农村信用合作联社内设党委办公室、纪检监察室、办公室、后勤服务部、人力资源部、计划财务部、信贷管理部、业务发展部、科技信息部、稽核审计部、风险合规部、安全保卫部、资金市场部、不良资产处置中心、考核办15个职能部门，下辖27个营业网点，在岗员工 293 人。

2018 年年末，商都县农村信用合作联社资产总额 45.22 亿元，负债总额 43.59 亿元，所有者权益 1.62 亿元。各项存款 41.59 亿元，各项贷款 16.15 亿元。各项收入 2.16 亿元，税前利润 5045 万元。

【信贷投放】 全年累计发放贷款 14.34 亿余元，其中，涉农贷款 7.91 亿元、小微企业贷款 1.39 亿元、精准扶贫小额贷款 6223.24 万元，有力地保障“三农”投入，增强市场活力，促进全县经济发展，支持脱贫攻坚。

【存款组织】 针对利率市场化深入推进、国有银行机构下沉、同业竞争加剧和互联网金融冲击，全面加强存款组织工作。通过一系列措施，全年增存 2.6 亿元。

【清收盘活】 通过加强组织领导，加大考核奖惩力度，突出重点，分类处置，综合运用责任清收、岗位清收、依法清收、续贷重组等一系列措施，全年累计清收化解不良贷款 1.49 亿余元。

【内控管理】 通过整章建制，强化制度执行力，加强重点领域合规检查，加大执纪问责力度，加强安全防卫工作，增强信息科技应用能力和科技保障能力，流程简约、管控方便、运转高效、风险可控、监督有效的内控运行机制基本建立，重点领域和薄弱环节的风险控制能力得以持续加强，确保全年安全无事故。

【基础建设】 通过“标杆”网点建设，强化对一线的后勤保障能力，开展临柜人员业务技能提升培训，严格员工日常行为管理，保证合规建设工作有序推进，促进全社服务水平大幅提升。商都县农村信用合作联社良好的社会形象和公众口碑得以不断巩固和提高。

【荣　誉】 2018 年，商都县农村信用合作联社获得乌兰察布市“2017 年度支持脱贫攻坚突出贡献奖”。

（供稿　张少鹏）

中国工商银行商都支行

【概　况】 2013 年 1 月，中国工商银行商都支行成立，内设行长 1 人、副行长 1 人、专职纪检员 1 人、营业室人员 7 人、营销人员 4 人。在职干部职工 14 人。

【业务经营】 2018 年年末，各项存款余额 5.81 亿元，其中，储蓄存款 3.10 亿余元、对公存款 2.71 亿元。各项贷款余额 7569.88 万元，中间业务收入 365.6 万元，净利润 419.75 万元。个人有效客户数量 3.47 万户，金融资产 20 万—100 万元的 380 户、占比为 1.09%；100 万—800 万元的 43 户、占比为 0.12%；800 万元以上 1 户，占比为 0.002%。

【普惠金融推广】 2018 年，商都支行新增 POS 机及二维码商户各 305 户，发放信用卡 2.03 万张，代发工资 2902 户，销售理财产品共计 20.33 亿元，信用卡分期 3052 万元，现金分期 4525 万元，分期付款 4382 万元，E 分期 585 万元。

【荣　誉】 2018 年度，商都支行被评为全区零售业务旺季营销营业网点三十强；被中国工商银行内蒙古自治区分行评为 2018 年度“先进职工小家”。

（供稿　秦立军）

包商银行乌兰察布商都支行

【概　况】 2018 年，包商银行乌兰察布商都支行内设市场部、财务客户服务部、会计部，在册员工 16 人。

2018 年，包商银行乌兰察布商都支行坚持以业务经营服务为中心，以支持城镇中小企业、农村农牧民发展为主要对象，不断强化内部经营管理，狠抓规章制度的贯彻落实，从源头上防范和化解金融风险，确保各项业务活动健康、稳健、安全运行，取得显著的内部效益和社会效益，为商都经济发展做出积极贡献。

【资产业务】 截至 2018 年 12 月末，各项贷款余额为2.18亿余元，比年初增加7459万元。其中，小微经营贷款2.07亿余元、个人消费贷款1142万元。1—12月，累计发放贷款2.24亿余元，累计收回贷款1.49亿余元。

【负债业务】 2018年12月末，各项存款余额4.83亿余元，比年初增加2.10亿余元。理财销售余额1.93亿余元，基金销售578万元，代理保险899万元。

【小微企业及“三农”贷款】 积极发放贷款，全力支持城镇中小企业及“三农”经济发展。坚持以服务中小企业、“三农”为己任，以高效、快捷、便利的服务方式，服务百姓“育、医、娱、寿”。支持百姓创业，截至2017年12月末，累计发放贷款2.18亿余元。在确立经营目标的基础上，组织信贷部门认真做好贷款的营销工作，确保信贷经营指标的完成。年初春耕为农村合作社、农牧民的发展注入信贷资金，为促进地区经济发展做出积极贡献。

努力防范和化解信贷风险，确保信贷资产安全。快速推动信贷业务的发展，确保信贷资产安全运行。从贷款受理开始到贷款发放，严格按照信贷管理规定执行，按信贷业务操作规程发放贷款。对信贷业务进行实地调查，坚持双人调查超百万的贷款项目，支行长把关，搞好贷款选项。

坚持市场定位和经营方向，积极支持小微企业、“三农”经济的发展。涉农贷款快速向农村各乡镇推进，在机构网点少，信贷人员不足的情况下，克服各种困难，业务发展到5个乡镇，覆盖乡镇面达77%。业务范围涉及农业种养业、林业、设施农业、旅游观光农业、商业服务业等领域。

【存款业务扩大措施】 调动一切因素，组织存款。为更好支持地区经济发展，不断壮大银行经营势力，全面实现年内经营目标，始终坚持“存款立行、贷款兴行”的经营理念，不断扩大存款业务。（1）开展存款竞赛活动。新年伊始，银行制定《商都支行2018年度存款考核办法》，组织储蓄存款阶段竞赛活动。通过竞赛活动掀起组织存款工作新高潮，形成千斤重担人人挑，人人肩上有指标的新局面，并取得显著效果。（2）提高优质服务水平，加大攻关力度。通过鼓励职工通过专业服务质量去吸引客户。支行领导率先垂范。通过增加业务品种，创新服务功能，有效地拓展银行业务的辐射触角，开掘新的存款资源，带来新的效益增长点，产生良好社会效应，深受社会各界好评。

【规章制度落实】 2018年，加强会计基础工作，抓好规章制度的贯彻落实。在继续不断完善规章制度的同时，银行注重狠抓规章制度的落实，抓好规范化管理，使各项工作都有规可循，有章可依，逐步实现规范化。进一步提高银行内控和案防制度执行力，扎实推进案防工作有效开展，促进各项业务活动安全稳健运行。

【员工知识培训】 2018年，抓好职工培训工作，迅速提高职工素质。为适应银行业务经营发展的需要，迅速提高员工的综合素质，更好地应对市场经济的挑战，打造一支高素质、专业化的员工队伍，先后举办3期新职工强化培训班。通过强化培训，新职工基本上了解和掌握涉及金融法律法规知识、业务知识、业务技能等。

（供稿　贾丽娟）

内蒙古银行乌兰察布商都支行

【概　况】 2018年10月，内蒙古银行乌兰察布商都支行成立，是乌兰察布分行设的第十一家支行，第四家旗县支行。按照内蒙古银行经营管理及内控体系规定，内蒙古银行商都支行为一级支行，实行内蒙古银行乌兰察布分行授权、行长负责制。

内设营业厅、营销部、办公室、24小时自助厅。截至2018年年底，全行共16人，全部为大学本科学历，其中支行领导2人、营业厅7人、营销部6人、办公室1人。

【业务发展情况】截至2018年12月31日，各项存款余额8055万元（其中，对公存款1175万元、储蓄存款6880万元）；各项贷款余额1391万元，营销储蓄卡913张、信用卡（含公务卡）195张，电子渠道新增725户；理财2365万元。

【支持当地经济发展】为支持地方经济，2018年，支行共办理农户贷款32户，发放金额441万元，为商都特色企业商都县绿娃农业科技有限责任公司、内蒙古嘉利农牧业装备有限责任公司、内蒙古红宇高岭土科技有限公司、内蒙古恒科新材料科技有限公司等公司办理贷款，合计金额2650万元，帮助县政府为项目扶贫企业富盛太阳能科技有限公司办理3000万元委托贷款。

【经营策略】2018年，因地制宜、一户一策，紧盯冷链蔬菜等特色产品、行业，并结合“三农三牧”、脱贫等项目，运用好“金伙伴”30余种服务品牌，加大信贷投入力度，基本满足企业、农户及个体不同的融资需求，助力地方经济建设。

充分发挥特色产品“蒙存宝”起存低、利率高、存期灵活的优势，宣传骏马信用卡、公务卡等信用卡产品、理财产品，以及手机银行、微信银行、网上银行等多种免费电子渠道产品，让商都人民存得放心，用得舒心。

（供稿　赵　敏）

中国邮政储蓄银行商都县支行

【概　况】2014年4月30日，中国邮政储蓄银行商都县支行成立，为城市社区和广大农村地区居民提供基础金融服务，充分依托和发挥邮政网络优势，完善城乡金融服务功能，以零售业务和中间业务为主，与其他商业银行形成互补关系，支持商都县新农村建设，为构建社会主义和谐社会做贡献。

【经营项目】吸收公众存款，办理汇兑、银行卡业务，代理收付款项、发行、兑付，承销政府债券，买卖、代理买卖外汇，代理政策性银行、商业银行及其他金融机构特定业务，办理协议存款，买卖政府债券、金融债券，办理个人存款证明服务，提供保管箱服务，办理网上银行、银团贷款、小额贷款、基金代销业务，办理国内外结算、票据承兑与贴现，从事同业拆借。

【业务经营】中国邮政储蓄银行商都县支行成立以后，吸纳存款6000多万元，累计发放贷款2亿多元。截至2018年年末，商都支行储蓄余额6577万元，贷款余额1.11亿元。

（供稿　王　飞）

中国人寿保险公司商都县支公司

【概　况】中国人寿保险商都县支公司下设个险部、客服中心、办公室，正式员工8人，营销人员129人。

【保险业务】2018年，承保人数6.91万余人，其中新承保人数1.82万余人。保险总额9127万元。意外险266万元，寿险4874万元，合计保费5140万元。个人营销保费4795万元。年内，意外险赔付金额961万元，退保金额213万元。

（供稿　王金波）

财产保险公司商都县支公司

【概　况】财产保险公司商都县支公司下设承保部、理赔部，有员工7人。

【保险业务】2018年，保费总收入1655.71万元。其中，车险保费813.83万元、非车险保费317.5万元、农险保费524.38万元。年内，综合赔付率84.09%。其中，车险37.82%、非车险207.96%、农险71.43%。

（供稿　张海龙）

安华农业保险商都支公司

【概　况】 安华农业保险商都支公司设立经理室、农险部、承保部、理赔部，有工作人员6人。

【保险业务】 2018年，承保大田种植面积134.66万亩、保费收入2845.01万元，承保露地蔬菜面积1.36万亩、保费收入46.31万元。理赔大田面积16.1万亩、赔付金额1909.69万元，理赔蔬菜面积426亩、赔付金额14.12万元。

（供稿　曹德志）

教育　科技　体育

教　育

【概　况】 商都县教育科技体育局内设办公室、计划财务股、教育股、督导室、师资管理股、学校安全管理股、体育卫生艺术股、科技股8个职能股室，设招生办、教研室、资助中心、电教站、勤工办、科技成果推广转化中心6个二级单位，负责全局的各项工作。

2018年，县教育科技体育局全面贯彻落实中共十九大精神，坚持以习近平新时代中国特色社会主义思想为指导，严格按照县委、县政府的决策思路，坚持稳中求进的工作总基调和高质量发展根本要求，不断深化教育改革，推进教育公平，发展素质教育，加快教育现代化，各项工作取得较好业绩。

【教育综合改革】 稳步推进校长职级制改革，细化校长职级评定办法和校长任期考核制度，稳步实施校长挂职锻炼和培训学习活动。全面实施乡村教师支持计划和“国培计划”送教下乡活动，建立名师培养梯队，成立名师工作室，顺利完成2018年“中国通用技术集团教育奖励基金”名优教师和优秀学生的评选及表彰工作。规范学校用人制度，通过引入第三方机构，着力解决随意聘用代课教师和临时工的问题。通过设立报账中心，积极实行“校财局管”制度。联合多个部门开展校外培训机构综合治理工作，进一步规范中小学生校外培训行为。公开招聘教师37人，高层人才引进19人，与免费定向师范生10人签约，接收退伍大学生士兵7人在教育系统调训。深入开展课堂教学改革、教学评比、校长论坛、励志讲堂等活动，借助《中国教师报》第二轮课改培训机遇，推进课堂教学改革全员、全学科覆盖。在全市“第四届课堂教学改革好课堂大赛”活动中，商都县获得中学组第三名。召开全县课堂教学改革暨教学质量总结表彰大会，对课堂教学改革先进集体、教学质量先进集体和课堂教学改革好课堂大赛获奖个人给予表彰；召开全县教育系统德育工作会议，对在德育工作中涌现出来的5个先进集体、27名先进个人进行表彰。认真完成各级各类师资培训任务，全年累计投入资金44.67万元，完成培训5559人次。

2018年，全县教育系统获市级优秀教师20人、优秀教育工作者2人、优秀校长1人、“十佳优秀教师”1人（提名奖1人）、优秀班主任26人；县级优秀教师30人、优秀教育工作者10人、师德标兵10人、优秀班主任15人、课改带头人32人、初中教学能手32人；“中国通用技术集团教育奖励基金”名优教师32人、优秀教师20人。

【教育教学水平】 全面实施学前教育三年行动计划，重点对普惠性资源供给不足、幼儿教师数量短缺、保教质量参差不齐和无证办园行为及幼儿园安全不达标等问题加大解决力度，关闭不符合办园条件的幼儿园10家。开展市县级先进班集体、三好学生、优秀学生干部和文明班级、文明校园创建活动，全年获得市级先进班集体20个、三好学生15人、优秀学生干部7人和县级文明单位4个。严格执行国家、自治区课程计划，确保学校开足开齐各类课程，特别是体音美和思想教育。严格规范学校办学行为，全面实施划片招生和阳光分班政策，坚决控制小学和初中起始年级班容量。巩固提高普通高中教育教学水平，加强特色建设，促进内涵发展，坚持走优质特色多样化发展办学模式，全面提升办学质量水平。积极构建“学校＋基地＋企业＋行业＋园区”职教集团化办学的人才培养模式，不断加强实习实训基地建设，努力提高“双师型”教师比例，积极开展现代“学徒制”试点工作。建立广覆盖、多层次、多终端的终身教育资源网络，努力提升成人教育水平。10月12日，商都县创建第四批国家级农村职业教育和成人教育示范县迎检工作，顺利通过教育部验收。努力促进特殊教育发展，认真落实适龄残疾儿童“一人一案”、随班就读和送教上门工作，多渠道、多形式扩充教育资源，努力做好教育资源室建设。

2018年，商都县中考、高考、职业学校对口招生考试再创历史佳绩，其他年级学科测试成绩均比2017年有所提高。其中普高本科上线158人，本科上线率24.88%，比2017年增长2.28%；职高本科上线50人，本科上线率17.92%，占全市上线总人数的60.2%，升学率蝉联全市十六连冠。

【教育督导评估】 2018年，全力做好春秋两季开学检查工作，对全县27所中小学、幼儿园进行开学工作大检查。全面完成校长任期目标考评工作。顺利完成2018年“加快中西部教育发展评估监测系统”数据填报工作，全面开展学校年度目标管理考核。

【平安校园创建】 2018年，把安全工作摆在各项工作之首，层层签订责任状，制订学校安全网络图，完善各项安全制度，制订各类安全预案，严肃责任追究制度。每季度召开一次安全工作调度会，对本季度安全工作进行统一部署。扎实开展“平安校园”创建及校园周边环境综合治理，及时排查整改安全隐患，重抓“三防”（人防、物防、技防）、食堂食品卫生管理及普法禁毒宣传等安全工作，有效遏制校园安全事故的发生。积极开展校园安全教育，定期举办逃生演练、安全知识培训等活动，发放影像资料1000余套、安全宣传资料8000多份，书写宣传标语100多条。有计划、有比例地创建区、市、县三级“平安学校”。

【教育信息化建设】 2018年，全县各学校共建成同频互动教室18间、录播教室8间，多媒体配备达到100%，网络覆盖率100%，带宽达100兆，城域网已接入11所学校，师机比和生机比均达到均衡发展要求。全县各中小学积极开展“一师一优课，一课一名师”网上晒课活动，推动信息技术与各学科课堂教学的深度融合。全年上传课件451节，其中获得市级优秀奖32节、获得自治区级优秀奖4节。在全市第三届中小学实验教学说课活动中，上报教师11人，获奖8人，其中一等奖1人、二等奖4人、三等奖3人。在第十九届全国中小学电脑制作活动中，世纪小学学生2人分获自治区级小学组一等奖和二等奖。不断加大信息技术与学科教学融合应用培训和同频互动管理员培训工作，认真做好学校信息化工作报送与学校信息化季报工作，有效带动学校信息化学科与信息技术深度融合。

【教育帮扶合作】 与北京市平谷区教育委员会签订2018年帮扶合作协议，并定期开展交流研讨和教师培训活动。进一步推进商都高级中学、职业技术学校、第三中学、宗申小学、第二幼儿园与北京市平谷区5所校（园）开展“一对一”帮扶活动。通过各种帮扶形式，逐步推进集团化办学、委托管理、联盟办学的“强校＋弱校”的办学体制改革。

2018年，京蒙两地累计联系对接45次，对接人数2410人次。其中商都县派出干部、教师1826人次，北京市平谷区选派干部、教师584人次。年内，县教育科技体育局分别组织新聘教师37人和西部计划志愿者教师29人赴北京市平谷区开展跟岗实践培训；各对口帮扶园校累计派出干部、教师127人次，赴北京市平谷区对口学校开展培训学习、交流研讨等活动5次；职业技术学校共选派建档立卡贫困生80人分两批赴北京市平谷区职中进行交流访学；北京市平谷区累计派遣干部、教师151人次到商都县开展学科指导、专题讲座、教学研讨、管理培训和听评课等活动28次，累计为商都县培训干部、教师1495人次，同时派遣各科教师15人对商都高级中学、职业技术学校、第三中学开展为期1个月、2个月、半年和1年支教工作。北京市平谷区向商都县捐助教育扶贫资金59.62万元，用于义务教育阶段建档立卡贫困生的资助。

【对外合作交流】 2018年，育苗小学在北京海淀区棒垒协会的资助下建立全区第一支小学棒球队；商都高级中学与清华大学附属中学结为友好学校；职业技术学校分别与内蒙古大学满洲里学院中专部、包头钢铁职业技术学院、包头职业技术学院、燕太片区38所学校联盟签订联合办学协议，与北京商鲲教育控股集团、内蒙古实创精工科技有限公司、北京金源万博科技有限公司、中国通用技术集团下属海经公司、江苏苏中江人力资源服务有限公司进行校企合作。

【教育扶贫资助】 继续做好发展教育脱贫一批工作。全年累计发展教育脱贫一批学生5757人次，资助金额1297.82万元。积极开展国家开发银行生源地信用助学贷款和自治区城乡低保家庭子女、建档立卡贫困家庭子女普通高校新生入学资助工作。年内，帮助学生1064人办理国家开发银行生源地信用助学贷款821.94万元；资助自治区城乡低保家庭子女和建档立卡贫困家庭子女普通高校新生587人，资助金额611万元。加大落实普通高中和职业高中国家助学金的管理与发放。普通高中按在校生30%确定受助人数，按每生每学年2000元标准资助。职业高中涉农专业学生和家庭贫困一年级、二年级学生按每生每学年2000元标准资助，其他一年级、二年级学生按每生每学年1500元标准资助。普通高中和职业高中国家助学金的资助对象着重向建档立卡贫困家庭学生倾斜，实现建档立卡贫困家庭学生助学金的全覆盖。稳步推进义务教育阶段控辍保学工作，重视加强特殊教育学生的救助与关爱，切实做好困境儿童和困境家庭儿童的帮扶与资助，确保全县适龄儿童入学率、巩固率、初中毕业率达到国家要求标准。在秋季学期放假前，组织精干力量对全县义务教育阶段学生就学情况开展全面摸排工作，建立义务教育阶段离校学生和三残儿童台账，针对每个学生未能入学情况，采取相应措施，确保义务教育阶段学生全部接受义务教育。2018年，累计为义务教育阶段的残疾儿童54人发放补助资金36.9万元，为151人次困境儿童和困境家庭儿童减免在校所需生活费和代收费25.31万元。通过中央专项彩票公益金励耕计划、润雨计划和滋蕙计划，资助特困家庭中小学教师22人，资助金额22万元；资助特困家庭幼儿园教师3人，资助金额3万元；资助普通高中建档立卡贫困家庭学生160人，资助金额32万元。建立教师包扶贫困学生制度，开展"大家访"活动。通过对贫困学生在学业上和生活上给予有效帮助，解决贫困学生学困问题，解决贫困学生生活上存在的实际困难，真正起到治贫治愚作用。全力提升农村学校办学条件，巩固和扩大义务教育均衡发展成果。依托校安工程、薄改工程、全面改薄工程、地方债券义务教育项目及中央预算内计划投资项目等资金，加大对农村学校的建设力度，全县乡村学校教师周转宿舍基本实现全覆盖。不断加强农村教师队伍建设。通过免费定向师范生培养计划与大学本科师范生10人签约（毕业后到商都县农村学校从教），进一步拓宽农村教师补充渠道。实施农村支教和教师培训计划，继续选调优秀教师5人到农村支教，借助共青团中央2018年大学生志愿服务西部计划，安排西部计划志愿者30人到农村学校支教1年至3年。利用“国培计划”支教下乡活动，分4次培训农村教师772人次；举办全县推普脱贫攻坚农村教师普通话培训活动，培训农村教师173人；推荐选派校长3人参加“国培计划”2018年边远贫困地区农村校长助力工程培训、校长2人参加京蒙对口帮扶小学校长赴京跟岗研修；选派农村教师65人参加2018年“国培计划”内蒙古中小学、幼儿园教师访名校和团队研修培训。加大农村教师在评优晋级方面的倾斜力度，提前一年聘任乡村教师的岗位职称；乡村教师享受每月300元（村校或教学点400元）的乡村生活补贴和每月200元加农村工作工龄×20元的农村工作补贴；对公开招聘的农村教师享受每月2000元的生活补助。

【精准扶贫脱贫】 按照县委、县政府的统一部署，2018年，全系统抽调非一线教师76人，深入全县脱贫攻坚主战场，积极开展脱贫攻坚工作，其中72人任驻村工作队队员，4人充实到乡镇扶贫工作站工作，为助力全县脱贫摘帽发挥作用。常年组织局机关干部职工80人深入所包扶的屯垦队镇3个行政村、14个自然村、241户贫困户家中，开展包扶对接和走访慰问送温暖活动。年内，为大五号行政村出资5万元，打深层井1眼（114米）并配套，解决全行政村人畜饮水问题；为黄家梁行政村出资2.3万元新建杀猪房1处，方便当地群众生产生活；为刘家坊村委会出资7000元，拉上自来水；为二号村委会购置1套（14件）健身器材。按照局党委发出的倡议，局机关干部职工为刘家坊、大五号、黄家梁3个行政村共捐资2.25万元（每个行政村7500元），用于发展公益事业和村集体经济。

【教育基础建设】 2018年，全年涉及各项工程项目12个，总计投资约1亿元。其中，已投入使用工程项目4个，即春明小学分校教学楼、第二中学教学楼及辅助用房、大黑沙土镇中心校教师周转宿舍、育苗小学体育馆项目。在建工程项目8个，即通用小学综合楼项目，已完成主体工程；职业技术学校实训基地、通用小学气膜馆、公共体育场田径跑道足球场、全民健身中心项目进展顺利，均已完成基础工程；东升幼儿园（第八幼儿园）、高级中学风雨活动室、世纪小学风雨活动室项目，均已完成招投标工作，预计2019年5月初开工建设。

【党建和党风廉政建设】 2018年，加强理论学习，充分发挥思想浸润作用，成立由13名党员干部、教师组成的宣讲团，在全系统开展巡回宣讲，持续兴起学习习近平新时代中国特色社会主义思想和中共十九大精神“大学习、大讨论”热潮。深入推进“两学一做”学习教育常态化制度化，相继开展“千名干部大调研、万名教师大家访”等一系列形式多样的主题党日活动。充分利用每周一集体学习会、周五主题党日和党组织书记上党课活动的机会，努力增强党员干部党性修养和思想觉悟。建立党委中心组理论学习制度，理论学习12次；建立机关干部每周一学习制度，组织学习39次。通过学习促使党员干部不断增强“四个意识”、坚定“四个自信”、坚决维护中共中央总书记习近平的核心地位和中共中央权威与集中统一领导。坚持将党风廉政建设和监督执纪问责纳入年度工作考核，确保“一岗双责”落细落实。建立常态化督查机制，全年共开展2次专项督查，有效提升基层党组织党建工作的规范化。以树立“一个意识”、开展“三个教育”、推进“九个行动”、提高“七个质量”为重点，制订印发《商都县教育科技体育系统“党的建设质量提升年”实施方案》，按照方案精神积极落实相关工作。深入推进“六有”党组织建设和“评星定级”工作，严格落实“三会一课”和主题党日活动制度，逐级抓好党员队伍建设，进一步规范发展党员和党费缴纳程序，充分利用全国党员信息管理系统，加强党员管理精准化。全面落实党员管理“十条红线”制度，积极发挥党员示范作用。重点围绕脱贫攻坚、债务化解、资金管理、党内政治生活、基础管理“五个领域”26个问题和“四种行为”21种表现，集中开展“六大纪律”（政治纪律、组织纪律、廉洁纪律、群众纪律、工作纪律、生活纪律）专题教育和推进监督执纪“零容忍”、治理“雁过拔毛式”腐败问题、落实“制度执行落地见效”等专项行动。切实加强意识形态统一领导，进一步完善建章立制，重点突出“一把手”在意识形态工作中的主体责任，不断加强网络意识形态阵地建设，坚持意识形态报备制度和意识形态“双周报”制度。建立健全意识形态领域风险隐患防范预警机制，认真做好意识形态舆情信息管理工作。注重加强民族团结教育和宗教信仰工作，严防非法宗教势力向学校渗透。坚决做好信访维稳和扫黑除恶工作，重点解决民办教师信访事项，为3792人发放补助金2001.85万元。坚持把纪律和规矩挺在前面，以纪为尺，严肃问责，切实践行好监督执纪“四种形态”。制订《教育科技体育局纪委深入开展查处发生在群众身边不正之风和腐败问题专项治理工作方案》《商都县教育科技体育局“三重一大”决策制度》《商都县教育科技体育局议事规则和决策程序》及《商都县教育科技体育局贯彻落实“三重一大”事项集体决策制度实施办法（试行）》。针对自治区党委第八巡视组和市委第十巡察组提出的巡视巡察反馈意见，局党委切实提高政治站位和政治觉悟，把整改落实工作作为重大政治责任和重大政治任务，先后召开相关专题会议，传达学习巡视巡察反馈会议精神，及时进行整改工作的研究部署，专设巡视巡察反馈意见整改落实领导小组和办公室，全面负责整改落实工作。立行立改的全部整改完成，长期坚持的已建章立制，力求整改落实工作持续抓好抓实。

【重要事件】 1月4日，职业技术学校与商鲲高铁（北京）教育科技有限公司举行联合办学签约仪式。

1月5日，召开全县中小学教务主任工作会议，就教务主任职责、课程设置编排、学籍档案建设、招生情况、控辍保学等工作作出详细安排。

1月14日，举行全县幼儿教师主题教育活动演讲比赛。

1月15—16日，举办第四期中小学校长大讲堂，5位校长分别围绕“课改与质量”作专题讲座。

2月9日，召开全系统集中整治形式主义、官僚主义“十种表现”工作动员会。

2月28日，召开2018年春季开学校长工作会议，对新学年各项教育工作部署安排。

3月15日，召开2017年课堂教学改革暨教学质量总结表彰大会，对全县课堂教学改革先进集体和第三届中小学课堂教学改革好课堂大赛获奖个人及2017年全县教学质量先进集体和个人给予奖励。

3月30日，《中国教师报》专家组深入商都县评估诊断指导课改工作。

4月9日，召开乌兰察布市第十巡察组巡察商都县教育科技体育局工作动员会议。

4月15日，全县各学校举办“全民国家安全教育日”宣传活动。

4月26日，召开2018年教育科技体育系统党建工作暨“党的建设质量提升年”动员会。

5月7日，举行教育科技体育系统“千名干部大调研，万名教师大家访”启动仪式。

5月7日，举行2018年职业教育活动周启动仪式。

5月11日，召开“中国通用技术集团教育奖励基金”名优教师和优秀学生表彰会。

5月11—13日，举办“中华英才培养计划”第六届学员遴选暨内蒙古商都夏令营活动。

5月21—28日，县教育科技体育局联合多部门开展校园及周边环境综合治理专项活动。

5月22—23日，组织全县2018年高中招生物理和化学实验操作考试。

6月1日，全县各学校幼儿园开展庆“六一”活动。

6月6日，召开2018年普通高校招生考试考前动员暨培训会议。

7月2日，举办首届中小学汉字听写大赛。

7月3日，县教育科技体育局与北京市平谷区教委签订京蒙对口帮扶协议。

7月5日，举行商都县职教扶贫就业推进会。

9月7日，召开庆祝第34个教师节座谈会。

9月11日，举行第21届全国推广普通话宣传周启动仪式。

9月14日，举行2018年商都县西部计划志愿者支教团动员部署会议。

10月15日，召开“大学习、大讨论”交流研讨会。

10月17日，县教育科技体育局机关党支部和屯垦队镇大五号行政村党支部联合开展“全国扶贫日”主题党日活动。

10月18日，召开关于整改落实市委第十巡察组巡察反馈意见专题民主生活会。

11月9日，通用小学气膜综合运动场一期工程顺利完工。

11月16日，对全县各学校幼儿园开展安全生产与环境保护专项检查。

11月21日，自治区教育厅督导室深入商都县第六幼儿园进行规范化办园行为督导评估验收。

11月27日，召开2018年全县教育系统德育工作会议。

11月30日，县教育科技体育局教研室主办全市同频互动教研活动。

12月12日，完成2019年普通高校招生报名工作。

12月12—14日，举办全县推普脱贫攻坚乡村教师普通话培训班。

12月24日，召开2018年度基层党组织书记抓党建工作述职评议考核会议。

【荣　誉】 在全市“第四届课堂教学改革好课堂大赛”活动中，商都县获得中学组第三名。

全系统获市级优秀教师20人、优秀教育工作者2人、优秀校长1人、“十佳优秀教师”1人（提名奖1人）、优秀班主任26人；县级优秀教师30人、优秀教育工作者10人、师德标兵10人、优秀班主任15人、课改带头人32人、初中教学能手32人；“中国通用技术集团教育奖励基金”名优教师32人、优秀教师20人。

获市级先进班集体20个、三好学生15人、优秀学生干部7人，县教育科技体育局及3所学校获县级文明单位称号。

成功创建第四批国家级农村职业教育和成人教育示范县。

职业技术学校高考升学率蝉联全市十六连冠。

在教育部组织开展的“一师一优课，一课一名师”网上晒课活动中，上传课件451节，其中32节获得市级优秀奖，4节获得区级优秀奖。

在全市第三届中小学实验教学说课活动中，上报教师11人，获奖8人，其中一等奖1人、二等奖4人、三等奖3人。

科　技

【概　况】 商都县教育科技体育局内设科技股、科技成果推广转化中心，专门从事全县科技事业促进、科技成果推广转化工作。

【科技示范指导】 2018年，成立商都县科技精准扶贫专家服务团队，培训和指导贫困户进行农业生产。累计举办各种培训56次，培训人数达3.68万人次，其中建档立卡贫困户占60%。以中国科学院微生物研究所、中国科学院地理科学与资源研究所、中国科学院过程工程研究所、南京农业大学、河北农林科学院、内蒙古自治区农牧业科学院等为技术依托，加大力度建设产业扶贫现代农业科技试验示范基地。扩大在蔬菜上运用海洋寡糖素降解农药残留示范种植面积8000亩，农药降解率达97.4%，基本保证蔬菜绿色生产。试验甜菜种子带高垄直播示范4410亩，平均亩产量3.1吨，最高亩产量4.1吨，每亩节约种植费用220元、增产0.43吨、增收447.9元。通过实施由公司统一供种、贫困户育苗、公司统一采摘并收回产品的模式，示范种植新品种薄皮尖椒5500亩，每亩纯收入3300元。引进抗癌白菜新品种1个，降糖尖椒新品种1个，降糖黑小麦新品种1个，大葱新品种2个，瓜类新品种6个。年内，共有科技特派员工作76人在精准扶贫生产第一线，在三大类22个科技项目中进行科技指导工作。年内，形成发明专利5项，在国家级农业杂志上发表科技专业论文6篇。

体　育

【概　况】 商都县教育科技体育局体育卫生艺术股，专抓学校体育、卫生、艺术工作和群众体育活动。

【学校体卫艺工作】 2018年，举办第四届商都县青少年校园足球日系列活动和“县长杯”校园足球联赛，6所中小学申报国家级校园足球特色学校。举办全县中小学生风筝比赛、田径运动会、校园文化艺术节和第二届幼儿才艺大赛等大型文体活动。在全市第五届中学生运动会中，获得团体总分第四名和唯一的优秀组织奖；在全市第六届中小学生艺术展演活动评选中，取得小学组艺术表演节目一等奖2个、二等奖4个、三等奖6个，中学组艺术作品一等奖4个、二等奖2个、三等奖3个，教师组一等奖1个、三等奖1个，县教育科技体育局获优秀组织奖；在自治区纪念改革开放四十周年合唱展演中，商都县教师合唱团获最佳合唱奖，县教育科技体育局获最佳优秀组织奖。努力加强校园文化建设，充分发挥国学经典文化、红色文化、科普文化、行善文化优势，推动社会主义核心价值观进教材、进课堂、进学生头脑。全县有4所中小学申报全区第二批中小学美育特色学校。积极落实《国家学生体质健康标准》测试工作，建立学生体质健康方案，对全县中小学生进行健康体检，并针对性地开展艾滋病和结核病预防控制专项教育活动。科学有效实施农村义务教育学生营养改善计划，确保9所学校1084名学生享受每生每天4元的营养膳食补助。

【群众体育活动】 广泛开展全民健身活动，举办“迎十四运”2018年全民健身启动仪式暨全县健身操展演活动，来自10乡镇、16个社区共50支代表队参加展演活动。强化社会体育指导员队伍建设，竞技体育实力有效提升。积极组织推荐报送各级各类社会体育指导员的培训，重点培养锻炼指导型、技能型社会体育指导员，做好社会体育指导员的信息管理系统工作。积极组队参加各级各类赛事，在全市“迎十四运”“体彩杯”健身气功、太极拳、广场舞大赛中，商都县代表队获团体优秀奖；在全市体育系统“迎十四运”首届职工乒乓球、羽毛球比赛中，商都县代表队获羽毛球团体第一名和乒乓球团体第六名；在全市“迎十四运”“体彩杯”乒乓球、羽毛球选拔赛中，商都县代表队获乒乓球团体第一名、羽毛球男子双打第二名。

【重要事件】 3月8日，商都县2018年“青少年校园足球日”公益活动暨“五人制”校园足球和啦啦操联赛启动仪式在商都高级中学体育场举行。

4月23日，举行全县中小学生“迎十四运”

风筝比赛。

5月18日，召开2018年全县中小学生田径运动会。

5月23—25日，举行2018年初中毕业生升学体育考试。

5月31日，举办商都县第二届幼儿才艺大赛。

11月20日，举办2018年三级社会体育指导员培训班。

【荣 誉】在全市第五届中学生运动会中，获得团体总分第四名和唯一的优秀组织奖。

在全市第六届中小学生艺术展演活动评选中，取得小学组艺术表演节目一等奖2个、二等奖4个、三等奖6个，中学组艺术作品一等奖4个、二等奖2个、三等奖3个，教师组一等奖1个、三等奖1个，县教育科技体育局获优秀组织奖。

在自治区纪念改革开放四十周年合唱展演中，商都县教师合唱团获最佳合唱奖，县教育科技体育局获最佳优秀组织奖。

4所中小学申报为全区第二批中小学美育特色学校。

在全市“迎十四运”乒乓球、羽毛球选拔赛中，获女子团体第一名，单打甲组、乙组两个第一名。

在全市体彩杯太极拳、气功比赛中，获一项第一名、两项第二名，获团体第一。

在全市第五届“常青杯”中老年乒乓球交流活动中，获团体第五名，女子单打第一名。

在全市健身舞大赛中，获团体第三名。

在内蒙古“体育基金杯”第九届百县万人乒乓球联赛乌兰察布分区赛中，获男子单打第八名。

在“四省八城市”成年羽毛球公开赛中，获团体第三名。

在呼和浩特站全国传统武术邀请赛中，获集体第一名，个人第一名、第二名、第三名。

（供稿 李瑞鹏）

文化　旅游　传媒

文化、旅游

【概　况】 根据自治区编委会《关于文化体制改革涉及盟市以下机构调整的通知》精神，2013年9月，商都县文化局、商都县广播局合并为商都县文化广播电影电视局。2015年4月3日，合并县旅游局，成立商都县文化旅游新闻出版广电局。2018年，县文化旅游新闻出版广电局内设5个职能股室、6个二级单位。局机关编制24个，其中行政编制9个、工勤事业编制15个，实有人员21人。6个二级单位事业编制71个，实有人员71人。

【城镇公共文化建设】 全面提升公共文化活动场馆（图书馆、美术馆、博物馆）建设与服务水平。2018年，商都县基层数字图书馆服务平台正式上线。该平台汇集3000册中文电子图书、1000册红色连环画、200种优质期刊、2500集视频资源；资源内容覆盖农林牧渔、医药健康、创业就业、法律咨询、少儿学习等领域。用户可以通过电脑端和手机端两种途径检索和阅读该平台的各类资源。2018年，县图书馆图书杂志、期刊、少儿读物、地方文献的采编、借阅等不再是传统的手工记录，全部实现电脑化管理。全年，县图书馆及乡村“草原书屋”共订购中文图书1.4万册、成人期刊95种、儿童期刊29种、报纸8份，建立地方文献、乌兰察布市图书馆分馆、司法普法、最新图书4个图书专架。6月28日，乌兰察布市图书馆商都县分馆在县图书馆正式挂牌与读者见面。县分馆的建立，将有效地统筹资源、提高效能、健全网络、全面覆盖，增加公共文化产品总量，提高公共文化供给能力。挂牌开放后，市图书馆为县图书馆赠送价值1万元的图书。2018年，县图书馆为全县10个乡镇20个深度贫困村、31个重点村配送图书1.3万余册、书柜80余节，丰富全县人民群众的精神文化生活。县美术馆将博物馆原馆藏库房进行重新改造建设，办公室、创作室及展厅面积达700多平方米。馆藏各类美术、书法作品350余幅。新增李魁文学艺术创作室、刘巨德美术工作室。2018年，县美术馆积极开展各类艺术家艺术研究、美术作品创作工作，为繁荣商都的艺术创作创造一定条件。

【基层综合性文化服务中心建设】 认真落实国务院办公厅《关于推进基层综合性文化服务中心建设的指导意见》、自治区人民政府《关于进一步推进公共文化服务体系惠民工程的实施意见》精神，不断夯实基础，提升功能，健全机制，创出特色。基层综合性文化服务中心建设在“建、管、用”等方面取得明显成效。2018年，县文旅新广局落实上级文化部门实施的“百县万村”基层综合文化服务中心建设工程，在全县乡镇、行政村和城镇社区，新建或改建集宣传、文化、党员教育、科学普及、普法教育、体育健身各公共服务“六位一体”，资源充足、设备齐全、服务规范、保障有力、群众满意度较好的基层综合性公共文化服务中心（或场所）37个。基层综合文化服务中心打造成为党和政府联系群众的桥梁和纽带，成为基层党组织凝聚、服务群众的重要载体。

【公益电影放映工作】 按照全市电影工作会议及县委宣传部脱贫攻坚“六进村”实施方案文件精神的部署，商都县积极开展2018年电影管理工作及农村牧区公益电影放映工作，全年13个放映队放映2600余场次。

【春晚节目展示】 2018年2月5日（农历腊月二十）晚，在县青少年活动中心举行2018年商都县春节联欢晚会。原创歌舞《吉祥中国年》《不冻河，我的母亲》《狗娃闹春》《云在飞》《春之声》等轮番上演。第二章“塞外草原，神驹出世”等六幕歌舞情景剧，向观众深情回望茶马古道、古驿商都历经沧桑、走向兴旺的感人历程。商都籍晋剧表演艺术家梁云丽演唱戏曲《大登殿》，以扎实的唱功、丰富的表情为观众再现晋剧这门“非遗”艺术经久不衰的感人魅力；县乌兰牧骑演员陆进宇演唱的《西口情》再现西口人浓浓的乡愁和缕缕塞外情；说唱表演《夸商都》将舞蹈、快板、方言巧妙糅合在一起，以演员诙谐幽默的表演，讴歌在脱贫攻坚过程中县委、县政府带领全县人民振兴商都、发展商都，商都面貌和商都人的精神风貌大改观的骄人业绩。

【群众文化活动】 2018年，深入开展“百团千场”“草原红色文艺轻骑兵”“全区戏曲进乡村”系列文化惠民演出活动，组织创作编排一批反映时代特征、贴近农村实际、富有生活情趣、群众喜闻乐见的文艺节目。承办2018年商都县春节联欢晚会、第二届中国商都马铃薯美食节暨建县100周年等系列文化活动；开展乌兰牧骑、文化馆以及由政府购买的民间艺术团，戏曲进乡村下基层走进幸福院、光荣院、农村、工厂、警营、校园等慰问演出，全年累计180余场，其中进农村演出150余场，观众5万余人次。县文化馆积极开展群众文化辅导服务工作，帮助七台镇南门社区、大库伦乡勇进村、玻璃忽镜乡玻璃忽镜村等10个乡镇成立乡村业余秧歌队、舞蹈队130多支。各项文化活动的举办丰富了人民群众的精神文化生活。

【乌兰牧骑建设】 围绕中共中央总书记习近平2017年11月21日对乌兰牧骑事业发展的重要指示精神，加快推进乌兰牧骑的建设和发展。2018年，县乌兰牧骑升格为副科级事业单位；自治区文化厅为乌兰牧骑配发44座大巴车一辆；争取自治区乌兰牧骑补助资金70万元用于设备购置和演出费用；协助县委宣传部制订并实施乌兰牧骑演职人员招聘计划，并于2018年年底开始组织实施，计划2019年招聘3人；2018年，全市事业单位高层次人才引进乌兰牧骑聘用人员1人，政策性安置大学生士兵3人。县乌兰牧骑在参加全市第二届冰雪艺术节文艺会演中，获得最佳演出奖并获奖金5万元。在第二届内蒙古地方戏曲展演暨第五届二人台艺术节获得优秀组织奖，获得市级以上创作奖金5万元。6月，县乌兰牧骑在第二届全区蒙古语、汉语小品小戏比赛中，选送的《乡里乡亲》获得三等奖；参加全区第五届二人台艺术节展演活动中获优秀组织奖，选送的节目《赞商都》获得优秀奖、《乡里乡亲》获得三等奖。

【民族艺术精品工程】 2018年，围绕重要时间节点抓精品创作，全县精品剧目创作形式多样，地方艺术创作丰富活跃。创作各类舞台艺术作品10余部，其中2018年春晚新创歌舞情景剧《古道新风　商道长歌》，获全市第七届精神文明建设“五个一工程”入选作品奖；二人台小戏表演唱《赞商都》，获自治区级地方戏曲展演优秀奖并获得奖金1万元；新编二人台小戏《乡里乡亲》，获全区第二届蒙、汉语小戏小品大赛三等奖并获得奖金3万元。商都县小燕子蓝天东路二人台艺术团和商都县商道情传媒演艺有限责任公司的5部小戏《离婚到底坑了谁（上、中两部）》《蜕变》《好干部》《管事宽》《富裕之后》入选自治区文化厅第一批、第二批全区戏曲进乡村剧（节）目目录。内蒙古音乐家协会会员、商都县音乐人宋强作词、作曲，曾由县乌兰牧骑杨景泽演唱的《快递小哥》，以男生四重唱的表演形式，代表自治区邮政局参加自治区直属机关庆祝改革开放40周年职工文艺“嘉年华”会演。

【“草原书屋”及图书馆建设】 创新特色，改善服务，2018年，按照《“草原书屋”建设标准及要求》，对全县10个乡镇的“草原书屋”，开展抽查摸底工作。对管理不善、未达到“草原书屋”建设标准和要求的“草原书屋”，按照标准认真加以整改，补充各类图书1.4万余册、书柜81节。为全县215个“草原书屋”配送《习近平谈治国理政》（第一卷、第二卷）、《习近平新时代中国特色社会主义思想三十讲》1500余册。通过积极申请，市图书馆捐赠商都县“草原书屋”书籍3000余册，弥补部分“草原书屋”藏书的不足。

通过积极争取，商都县实施国家数字图书馆服务平台上线工程。

【美术会展】 县美术馆以“文化艺术传播传承的阵地、文化产业繁荣经营的市场、县域对外宣传的窗口”为目标，开展多项美术笔会及展览活动。县美术馆全年共接待参观人员6000余人次，举办大型书画笔会10次。邀请中央教育电视台《水墨丹青》栏目，内蒙古文化中心书画院名誉院长、少将王印清，书画院院长、中国书法家协会会员贾耀，中国美术家协会会员、荣宝斋教授马海方，中国山水画研究院副院长高家俊等书画名家及专家学者，在美术馆进行书画交流及采风。组织全县书画名家，积极开展“迎新春”送春联进村入户送祝福活动，筹组商都县书林苑书法家6人，到包扶的三十四号、水泉梁行政村，共书写各类春联、斗方500余副，送给各家各户，受到当地村民欢迎。

参与由内蒙古自治区党委宣传部、自治区文学艺术界联合会联合主办，内蒙古美术家协会协办的“弘扬乌兰牧骑精神——内蒙古乌兰牧骑主题美术作品展览”在内蒙古美术馆开展。主办方从创作的300余幅作品中精选出80余幅作品参与展览。参展作品分为中国画，油画，版画，水彩画，雕塑等。县美术馆朱建丰创作的油画《草原舞者》成功入展。

【文物考古遗产保护工作】 2018年9月，配合内蒙古自治区文物考古研究所对商都县卯都乡、大库伦乡进行新石器时期早期遗址田野考古调查工作。配合中国人民大学历史考古系、文博系主任、教授魏坚率领的考古调查队，对商都县境内7个古城址进行详细调查与准确断代，提出商都县公主城址的形制结构与元上都城址结构完全相同的看法。为提高文物保护管理水平，派文物管理所副所长秦双成赴西北大学文化遗产学院参加为期一个月的“内蒙古文物义务骨干人才培训班”，并取得结业证书。配合内蒙古“万里茶道”申遗项目调查组，对商都县阿尔泰军台第五、六、七、八台的台址进行调查。投资22万元，对全县县级以上重点文物保护单位树立保护标志20余座。长城保护方面，聘用长城管理员11人，申请重点文物保护项目大库伦乡十二顷段金界壕抢险加固工程112万元，上报大库伦金界壕保护工程设计编制方案，申报编制费60万元。树立金界壕文物保护标志牌5块，树立长城界桩200余根。全年征集文物与资料30件套。扩大馆舍周边监控力度，安装完善报警系统；对接供水、供电、消防等部门，编制消防管道安全方案，进一步完善馆内消防安全设施。

【古驿七台民俗历史博物馆建设】 投资180余万元，对水漩公园内的古驿七台民俗历史博物馆进行装修、改建和修缮，博物馆陈展面积1000平方米，展览的文物是从民间征集到的解放初期各行业生产工具、农耕用具和红色革命历史文物，体现商都不同时期经济社会发展情况和农牧业发展情况、人民群众生产生活情况以及商都革命历史进程，博物馆的开放为广大人民群众了解和熟悉商都历史发展进程提供一个很好的学习参观场所，为提升商都县文化大县的形象打开一个良好的对外宣传窗口。全年共自主举办展览5个，分别是商都县第一次可移动文物普查成果展、商都县全国第三次文物普查成果展、乌兰夫事迹展、百年商都图片展、迎接中共十九大胜利召开图片展。专门修建重温入党誓词阵地，为全县各单位开展主题党日活动提供平台，全年共接待各单位和社会各界观众13.4万余人次。

【非物质文化遗产的传承和保护】 认真贯彻落实《中华人民共和国非物质文化遗产法》，建立健全工作机制，扎实开展非物质文化遗产项目普查调查、资料整理、项目申报、建立保护体系等工作。2018年5月8日，文化和旅游部网站公布第五批国家级非物质文化遗产代表性项目传承人，商都县的高乐美被评为“东路二人台”国家级“非遗”传承人，实现商都县国家级“非遗”传承人零的突破。截至2018年年末，全县有国家级“非遗”传承人1人高乐美，自治区级非遗传承人1人郭有山，市级非遗项目及传承有白醋、笼萝、打铁技艺、二人台、门楼调、刺绣、剪纸、古乐曲8个项目，县级非遗项目及传承有木雕、核雕等5个项目。

【文化新闻出版市场管理】 2018年，根据上级部门的统一部署，县文化市场综合执法大队扎实开展“清源”“净网”“护苗”“秋风”“固边”等一系列“扫黄打非”专项行动，开展“扫黄打非”进基层活动，成立“扫黄打非”乡镇工作站3个、行政村37个。配合全县扫黑除恶专项活动，开展文化市场领域扫黑除恶工作，所有文化经营场所悬挂“扫黄打非”、扫黑除恶横幅，印发宣传资料2.4万余份。在全县范围内组织开展“4·26”知识产权宣传周及“扫黄打非”进校园以及焚烧非法出版物、地面接收设施查缴专项行动。焚烧盗版图书580余册，盗版光盘1800余盘，全年共出动执法人员4554人次，日常检查、随机抽查文化旅游市场经营场所1031次，吊销“网络经营许可证”2家，办结案件30起，上报信息51期。确保全县文化市场意识形态安全和健康发展。

【广播电视安全播出】 争取上级资金195万元，以政府采购形式，购回“户户通”设备5000套，用于补充全县农牧民“户户通”设备的不足，全县农村用户全部能收听收看到各级电视节目，实现“户户通”全覆盖。在安装维修“户户通”过程中，创造性地在乡镇一级设立“户户通”维修维护点，方便农牧民群众就近维修维护“户户通”设备，受到农牧民群众的欢迎，该做法被自治区新闻出版广电局在全区推广并作经验介绍。

争取到中央预算资金155万元，用于七台镇、十八顷、大库伦3个转播台站基础设施建设改扩建工程。加强“村村响”建设，自筹资金购买大喇叭配件90套，用于补充全县损坏的214套“村村响”喇叭，全县各行政村都能正常收听广播。购置U盘280个，录制播放国家扶贫政策和商都自编自创歌曲，增长农民的扶贫知识，丰富农牧民的业余文化生活。配合内蒙古广播电视网络集团有限公司完成10个乡镇、197个行政村的光纤入户、有线电视网络覆盖任务和乡镇视频会议室的建设。

【文化旅游工作】 申报五星级农家庄园3处：水上人家、山水家园、德力海草原度假村，四星级农家庄园1处：金洼“农家乐”。打造全国乡村旅游扶贫重点村4个：东营子村莲花山牧家乐，水泉梁乡村旅游项目，永顺堡大型采摘大棚和养殖园区，大青沟坊子万亩苗圃，并为每个村拨付15万元项目资金，增加村集体收入。成功申报不冻河西苑生态国家AAA级旅游景区升级项目，贴息补助资金80万元。内蒙古福城餐饮投资管理有限公司投资3400万元建设南湖生态园，一期工程已完工并开始营业。新建5座AAA级旅游厕所并验收通过。积极对接北京市平谷区旅游局进行旅游帮扶，为商都县出资20万元，编制田园山庄国家AAA级旅游景区规划。加强旅游宣传推广，制作大型旅游宣传牌10块，发放旅游宣传册3万余册。积极参加旅游展会推广活动，在北京旅游休闲大会上，商都县获得休闲农业二等奖。旅游景区景点解决90户240人建档立卡贫困户的就业问题，为贫困户增加收入。投资24万元，完成七彩湖的上电工程；投资30万元，对七彩湖旅游码头进行维修加固。投资4万余元，对田园山庄旅游景区进行有线电视和无线宽带覆盖。

【精准脱贫工作】 按照中共中央、国务院决策部署，坚持精准扶贫、精准脱贫基本方略，根据县委脱贫攻坚工作推进会议精神的要求及安排，发挥文化在脱贫攻坚工作中“扶志”“扶智”作用，积极推动文化建设快速发展。明确主体责任，成立扶贫工作队。主要领导为精准扶贫第一责任人，成立局扶贫办，派驻扶贫工作队2个、第一书记4人，共10人。重点包扶小海子镇三十四号、水泉梁2个村。扶贫工作与单位脱钩，一切以精准扶贫工作为主。在三十四号、水泉梁、六号地、西大井4个村购置床被，常年吃住在村，与乡村干部、群众共同搞好精准扶贫工作。深入调研，专题研究，制定脱贫措施。局领导带头，全局干部职工深入所包村、户进行深入调研，不少于24次以上，宣传扶贫政策，把上级对贫困户的一切惠民帮扶政策，及时送到贫困户的家中。每月度听取工作队的扶贫工作汇报，至少召开12次以上专题会议研究精准扶贫工作，制订精准扶贫工作方案。以产业扶贫为主，文化惠民为辅进行帮扶。以贫困户发展生产，增加收入为主，结合单位自身的特点，由文化馆、乌兰牧骑牵头，组织各社区、乡镇文艺爱好者，为全县乡村送去不低于100场次文艺节目，利用流动图书车、文化服务车为群众进村免费送书、送文化服务，进贫困村专项演出。2018年，公益电影放映3600余场。全力帮助贫困户解决实际困难。根据贫困户的致贫原因，解决实际困难，共谋出路。为包扶村所有贫困户每户统一购置化肥2袋，价值170元；春节期间送米面慰问品，每户价值150元。联系企业订单60余份，帮助促销葵花等农产品28余次，联系附近企业村民打工400余人次，帮助因病致贫的农户报销医疗费用22余次，办理兜底低保、直补的10人次。切实为贫困户解决一些实际问题，多渠道为贫困户增加收入。节约单位办公经费，给予村委会以物资帮助。结对包扶三十四号村、水泉梁村，投资20多万元，为三十四号村建文化小广场1处，并重新修缮村委会，购置办公桌椅、档案柜，制作图板，书写宣传标语等；帮扶水泉梁村1万元，重新装修村委会。投资2万元，为三十四号、水泉梁建立爱心超市各1处。为三十四号、水泉梁两村捐赠科技图书1000余册，“户户通”100余套。增加村文化室的设施配备，使其功能更加完善和齐全。

【重要事件】 1月2日，商都县乌兰牧骑收听自治区主席布小林在全区乌兰牧骑工作会议暨乌兰牧骑建立60周年表彰大会上的讲话。

1月3日，为迎接2017年度国家级精准扶贫交叉考核，县文旅新广局局长王利、副局长王岭对驻村工作队进行精准扶贫精准脱贫流程等培训。

1月7日，水漩志愿者协会“恒力水泥杯”2018年迎新年公益晚会在国际大酒店举行，现场对县域各类部分优秀贫困学生进行资助。

1月9日，在2017—2018年度《星光梦想秀》总决赛中，商都县乌兰牧骑演员陆进宇经过五轮比拼，一举夺冠。

1月11日，县文旅新广局副局长王岭主持召开全县“百团千场”下基层惠民演出活动调度会。会议决定：小燕子民间艺术团、一撮毛艺术团，通过政府购买文化服务的方式，走村入户，开展下基层惠民演出，计划演出10场，每场2000元。

1月18日，县美术馆举办“迎新春、送春联”进村入户送祝福活动，书法家进入包扶行政村三十四号村，把祝福与吉祥化成一副副对联，送给乡亲们，共写各类春联300余幅。

1月21日，内蒙古自治区乌兰牧骑下乡惠民演出大巴车配发仪式在内蒙古乌兰恰特广场举行。自治区党委常委、宣传部部长白玉刚出席仪式。自治区文化厅党组书记、厅长佟国清讲话并宣读配发演出大巴车名单。自治区党委、政府为全区75支乌兰牧骑配发下乡惠民演出大巴车，商都县乌兰牧骑在配送之列。

1月22—24日，由内蒙古自治区文化厅主办、内蒙古自治区文化馆承办的内蒙古自治区“阳光工程”中西部农村文化志愿服务培训班在呼和浩特举办。2016年全国“阳光工程”中西部农村文化志愿服务行动计划典型获得者、商都县的王喜梅参加培训。

2月5日农历腊月二十晚，主题为“放歌新时代，展现新作为”的2018年商都县春节联欢晚会在县青少年活动中心举行。

2月5日至3月2日，乌兰察布第二届冰雪艺术节以“激情冰雪草原，畅享乌兰察布”为主题，在集宁新区金雕广场举行。商都县以乌兰牧骑队员为主要阵容的劲演团队，带着全县34万人民嘱托，放歌新时代，展现新作为。2月7日、8日下午展演2场，受到市府集宁观众的一致好评。

2月7日晚，“春暖新时代”——乌兰察布市春节电视文艺晚会在集宁举行，商都县优秀演员刘玉兰，商都籍歌手欧阳文宸，2017年度内蒙古自治区“梦想星光秀”总冠军、县乌兰牧骑演员陆进宇，以及优秀主持人姚轶慧，携市级非遗传承项目刺绣传承人张梅梅等5人，应邀共同参与演出。

2月12日，在祥和广场举办的大型灯展、街头景观装饰展、乌兰牧骑下基层惠民演出、首届庙会暨冰雪嘉年华——县政务中心冰雪节、山水家园“农家乐”冰雪节和不冻河生态园旅游冰雪节，同时向社会开放。至2月26日，冰雪嘉年华春节旅游突破13万人次，旅游收入34万余元，同比增长21%。

2月14日，在新春佳节来临之际，商都县小燕子民间艺术团到玉泉区综合社区福利中心开展春节慰问活动。

2月24日，“文化送温暖，享乐幸福年”——商都县乌兰牧骑“百团千场”走进祥和广场惠民演出。演员们冒严寒、顶风雪，以天为幕、以大地为舞台，用接地气、传得下、留得住的剧（节）目，为老百姓演出。

3月2日元宵节，卯都乡政府在卯都文化站举办卯都乡元宵节联谊会。联谊会上节目丰富多彩、红红火火，有二人台对唱、三句半、独唱、联唱晋剧清唱等节目。

3月6日，商都县图书馆首次开启服务两会窗口，为全县代表、委员们近距离开展文化便民服务。县图书馆充分利用馆藏文献信息资源、电子书借阅机等方式为两会代表、委员撰写提案、议案提供文献信息咨询服务。提供专题资料汇编、信息查询、馆藏文献检索、征求代表、委员信息需求等服务，在现场还为两会代表、委员免费办理图书借阅卡、复印、打印等服务，把图书馆的服务最大化的延伸到两会驻地。

3月14日，县文旅新广局社会文化艺术科张自丰、非遗传习所王化林被商都县道路交通安全工作领导小组评为2017年度交通安全服务工作先进个人。

3月15日，全县“3·15”国际消费者权益日大型宣传活动在祥和广场举行，县人大常委会副主任张丽霞、政协副主席张占英出席活动，张丽霞发表讲话。该次宣传活动的主题为“品质消费　美好生活”。活动现场为6家获得2017年度县级“诚实守信”称号的企业颁发奖状。局文化市场综合执法大队全体执法人员和传习所的演员参加活动。

4 月 3 日，县乌兰牧骑冒着大风、沙尘天气，组织全体队员到小海子镇河柳村、单坝营村进行惠民慰问演出，把歌声送到百姓的家门口。

4 月 17 日，由文化部、财政部为商都县配送的流动文化车开回县文化馆。流动文化车配送工程是继流动舞台车配送工程、流动图书车配送工程、流动乌兰牧骑演出大巴车之后，中央对国家级贫困县和连片特困地区的又一文化惠民工程。流动文化车是专门为基层文化馆设计，融政策宣传、文艺演出、展览展示、数字资源播放等为一体的综合性文化服务车辆，内设有电脑、电视、投影仪、影音系统、空调等设备，堪称流动的文化馆。

4 月 18 日，“梦想星光秀”2017—2018 年度总冠军商都县乌兰牧骑演员陆进宇，应约在河套老窖总部巴彦淖尔市杭锦后旗北方第一窖窖藏车间演出。

4 月 23 日，举办第 18 个“4 · 26”世界知识产权日和知识产权宣传周活动，副县长张晓玲出席活动并讲话。活动的主题为“倡导创新文化、尊重知识产权”。

是日，第 23 个“世界读书日”到来之际，县文化旅游新闻出版广电局、县图书馆共同举办“书香内蒙古 · 共筑中国梦”2018 草原阅读季启动仪式暨“倡导全民阅读　共建书香商都”系列活动。活动的目的是促进全民阅读，进一步掀起学习宣传《中华人民共和国公共图书馆法》的热潮。

是日，县图书馆与县第二幼儿园联合举办“亲子阅读　共享图书”主题阅读活动。以书香“七进”（全民阅读进农村、进社区、进家庭、进学校、进机关、进企业、进军营）系列活动为重点内容，通过增加全民阅读基础建设、扩大阅读群体，与幼儿园的社会实践活动相结合，不断提高少年儿童的阅读水平。图书馆为每一位小朋友免费办理图书借阅卡。

4 月 24 日，由市文化和旅游局艺术科朱利民、王刚等组成的全区第七次乌兰牧骑评估考核组对乌兰牧骑各项工作进行细致评估。公布结果显示，县乌兰牧骑被评为全区三级乌兰牧骑。

4 月 24—25 日，县文旅新广局助力精准扶贫、精准脱贫行动。局机关全系统干部职工，捐资 28350 元购买二胺化肥 189 袋，第一时间分发到贫困户手中，助力春耕备战。县乌兰牧骑还为帮扶村送去精彩的文艺节目。

是日，自治区中西部边境和贫困旗县苏木乡镇文化站长培训班在鄂尔多斯市举办，近 140 人参加培训。商都县玻璃忽镜乡、西井子镇、屯垦队镇 3 个乡镇的文化站站长参加培训。

4 月 26—27 日，由市文化和旅游局副局长王永鑫带队的全市田野非物质文化遗产名录普查督查组到商都县进行普查。专家们先后到卯都乡张梅梅刺绣作坊、县“非遗”新项目——木雕、县百年老店白源酿醋厂和笼萝手工作坊刘笼社进行实地考察。

5 月 6 日，“琴瑟和鸣　乐享人生”2018 第二届“心声杯”琴筝大赛在新天外天大酒店举行，6 个参赛小组，设一、二、三等奖和优秀奖若干名，奖金分别为 300 元、200 元、100 元和 50 元。

5 月 7 日，根据全市小戏小品作品申报工作安排，商都县举荐由 5 家演出单位创作的《乡里乡亲》、《赞商都》（快板）、《十字路口》、《交通安全进万家》、《离婚坑了谁》、《蜕变》、《好干部》、《富裕之后》、《婚庆的昨天》、《新时代、新征程》（快板）共 10 部二人台小戏（快板），上报市文化和旅游局社文科，参加全市优秀作品评比活动。

5 月 8 日，根据文化和旅游部《关于公布第五批国家级非物质文化遗产代表性项目代表性传承人的通知》，在文化和旅游部确定的第五批国家级非物质文化遗产代表性项目代表性传承人大名单（1082人）中，商都县东路二人台非物质文化遗产项目传承人高乐美入选。

5月12日，市级非物质文化遗产传承人张梅梅在各级领导关怀帮助下，创办的“梅梅刺绣班”在南门社区正式开班。张梅梅的刺绣以蒙古刺绣为基调，结合晋绣、苏绣融于一体的刺绣绘画风格，分为山水墨画、水彩画两类。采取底色、图色全部刺绣的技艺，在蒙古族绘画的基础上，通过刺绣的独特技艺，加以深化、美化，针脚细腻、平滑、巧夺天工，活灵活现，动感十足。“梅梅刺绣班”开班，不收学费，由她亲自传授，广大刺绣爱好者报名学习。

5月15日，县东路二人台传习所应县卫生和计划生育局邀请参与“5·15”国际家庭日主题宣传纪念活动，共同关注贫困母亲，关注贫困家庭。文化志愿者为乡亲们表演精彩的节目。

是日，由中国国际文化艺术发展协会、中国中老年文化艺术交流中心、北京盛世夕阳红组委会举办的第二十届中国文化艺术交流大赛举行，商都县七台镇由南文述带领的南门社区青松艺术团演唱的《洪湖水、浪打浪》《茉莉花》获得银奖，并获得奖金1000元。

是日，由商都县小天使舞蹈学校组织的少儿舞《欢乐童年》，在内蒙古电视台“童乐隆冬锵”“六一”大型儿童晚会录制完成。

5月18日，由县文旅新广局主办、县博物馆承办的2018年“5·18”国际博物馆日专项行动启动仪式在民俗博物馆举行。副县长张晓玲，县文旅新广局等有关领导出席仪式。商都高级中学学生80人参观县博物馆的实物与图片展，进一步认识商都的历史，充分了解革命先烈所做出的奉献和牺牲，学习先辈们精神，做有担当、敢作为的新时代青年。

5月23日，由市委宣传部主办，市文新广局、文联、书画院共同承办的“乌兰牧骑主题美术写生创作活动”在察右后旗乌兰牧骑进行采风创作活动。采风组一行参观察右后旗乌兰牧骑展厅、器乐排练室、舞蹈排练室及办公室设施，详细了解乌兰牧骑的发展历程，观看乌兰牧骑的日常排练。商都县美术创作者朱建丰参加该次活动。

5月26日，全市公安交管系统第三届“平安杯”羽毛球比赛在商都县体育馆举办。县文新广局社文科科长张自丰、乌兰牧骑队长杨景泽、指导员刘玉兰演艺的《不冻河，我的母亲河》《心中的交警》，受到运动员和现场观众的高度好评。

5月26—28日，由自治区党委宣传部、自治区文学艺术界联合会主办，自治区音乐家协会、自治区文化馆、自治区音乐家协会合唱联盟承办，内蒙古文化音像出版社、无线内蒙古新媒体推送平台协办的“永远的春天”——内蒙古自治区纪念改革开放四十周年合唱展演在呼和浩特乌兰恰特剧院举行。全区共有40支合唱团体入围，近2000人参加。商都县教育科技体育局选送的“水漩之声”教师合唱团应邀参加比赛并位列第二十六位，获得最佳合唱奖。县教育科技体育局获最佳优秀组织奖。

5月29日，县人大常委会副主任李生智带领的人大调研组一行9人对全县文化市场管理、文物博物保护和非物质文化遗产保护等工作进行调研。

5月31日，在乌兰察布市文学艺术界联合会2018年度工作会议上，市文学艺术界代表、县政协委员赵润林剪纸《祥和草原》被评为乌兰察布市文艺创作发展基金三类资助作品，赵润林被市委宣传部、市文艺联合会评为2017年度乌兰察布市文艺工作先进个人。

6月9日，由县文旅新广局主办、县文化馆非遗办承办的2018年“文化和自然遗产日”宣传活动启动仪式在祥和广场举行。活动现场，重点宣传《中华人民共和国非物质文化遗产法》《中华人民共和国公共文化服务保障法》。县文化馆决定：在2018年“文化和自然遗产日”举行非物质文化遗产宣传展示活动，与乌兰牧骑、东路二人台传习所协同合作。配合乡村振兴、精准扶贫等重点工作，进一步弘扬优秀传统乡土文化，促进乡村文化兴盛，推动乡村振兴。安排从6月9日开始到6月底，分别在七台镇金三角等7个社区，卯都乡卯都村等7个乡村，举行非物质文化遗产展示、展演和辅导等活动。

6月13日，自治区文化厅举办2018全区文化系统政务信息工作会议暨信息员（网评员）培训班，会议决定对全区24个先进单位、38名先进个人进行通报表彰。县文旅新广局被评为自治区级政务信息报送先进单位，闵文被评为先进个人。

6月15日，全区第二届蒙古语、汉语小品小戏比赛在锡林郭勒盟职业学院落幕。商都县乌兰牧骑选送10个小戏（快板）参赛，经过层层选拔，新创作的小戏《乡里乡亲》获得汉语小戏表演三等奖、作曲奖、编剧奖3个大奖。

6月22—23日，北京市平谷区旅游委副主任路大勇、中国旅游协会民宿客栈与精品酒店分会会长张小军等一行6人，到商都县就乡村旅游扶贫、旅游市场营销推介工作进行对接。副县长张晓玲陪同。路大勇一行实地查看商都县旅游景点、乡村旅游项目，详细了解商都县旅游资源规划发展情况后表示，平谷区旅游委愿意联动各方，在乡村旅游规划、旅游市场营销等方面助力商都县旅游业更好更快发展。

6月下旬，商都县七台镇南门社区青松艺术团参加中国音乐家协会合唱联盟、北京夕阳秀中老年文化事业发展基金会举办的全国中老年合唱专家论坛·交流·研讨会暨2018民族合唱大会，获“金老梅金奖”。

7月6—10日，首期“内蒙古乌兰牧骑培训班”在中央民族大学开班。全区75支乌兰牧骑的60名代表参加开班式，商都县乌兰牧骑指导员刘玉兰参加培训，并在培训汇报展演中将自己的原创歌曲《爱在商都》向全体师生汇报。

7月14日，商都县商道情二人台培训中心揭牌仪式举行。市群众艺术馆馆长梁云丽、内蒙古西部民间艺术学校校长霍伴柱和县文旅新广局分管局长王岭为该中心揭牌。

7月19—20日，第二届中国商都马铃薯美食节暨建县100周年庆祝活动举行，县文旅新广局承担和参与文艺演出、建县100年成就展和观赏马铃薯采风三项活动。

7月30日，《西迁戍边察哈尔人》三集纪录片开机仪式在十八顷镇小庙子嘎查举行，县乌兰牧骑的队员们载歌载舞，与牧民们一道共同参与《西迁戍边察哈尔人》纪录片开机仪式。

7月底至8月初，商都县“梦之恋”老年健身协会到三大顷乡董家村、玻璃忽镜乡瓜坊子村慰问演出，协会以舞蹈、歌曲、地方二人台为主，为董家村、瓜坊子村发展村集体经济，脱贫攻坚加油鼓劲。县文化馆、乌兰牧骑免费提供艺术辅导和演出音乐等技术支持。

8月3日，县文旅新广局启动“百部千场电影下基层”暨“励志电影进贫困嘎查村”主题展映季仪式。展映持续两个月，到9月底结束，全县有20万人受益。

8月12—19日，由自治区文化厅、巴彦淖尔市人民政府主办，自治区文化馆、自治区非物质文化遗产保护中心、巴彦淖尔市文化新闻出版广播电视局、乌拉特前旗人民政府承办的“魅力乌拉特”第四届中国西部民歌会在巴彦淖尔市乌拉特前旗举办。来自新疆、青海、甘肃、陕西、西藏、贵州等18个西部省（自治区）及内蒙古自治区12个盟市200多名演出人员参加歌会。乌兰察布市群众艺术馆选送的集宁区孙占彪、兴和县毛俊丽、四子王旗乌日嘎、商都县乌兰牧骑学员任旺东4名选手参加该次大赛。市群众艺术馆获优秀组织奖，任旺东获得最佳风采奖。

8月26日，知名表演艺术家盖春来、高国梁到商都县举行师生座谈会。20世纪60年代，盖春来和其先生高国梁一起到商都县从事戏曲教学事业，为商都县培养出一大批优秀学生，贾凤梅、赵丽英、李素兰、马丽英、秦玉梅等都是两位老师在商都县教授的优秀弟子。座谈会上，91岁高龄的盖春来深情地回忆在商都度过的美好年华，感谢县文旅新广局领导提供一个好的平台，能够与阔别50多年的学生们再次相聚，一起怀念青春，重温旧情。随后，盖春来赠送自传画册，参观县美术馆。县政协副主席张占英等领导出席座谈会。

8月26—27日，惠民工程——乌兰牧骑巡演进村、进军营活动在小海子镇油坊村、县武警中队举行，队员们进村入户，用身边的事演身边的人，把最好的精神食粮送到基层、送到农牧民身边。在武警中队，队员们又恰逢部分战士退伍季，一首首歌曲送给将离开军营的战士，感恩他们在部队的辛勤奉献，祝福他们未来工作顺利。

8月27日，经国家文物局批准，继2017年度由自治区文物考古研究所主持实施的“乌兰察布阴山北麓新石器时代早期文化考古与研究”合作考古项目，2018年继续进行，商都县文物管理所所长、文博副研究馆员田少君，副所长秦双成应约参与该项目考察与发掘工作。

9月2日，第二届内蒙古地方戏曲优秀剧目展演暨第五届二人台艺术节优秀剧目及小型剧（节）目展演在包头市落下帷幕。商都县乌兰牧骑选送的二人台小戏《乡里乡亲》、说唱表演《赞商都》在参演的5台地方大型优秀剧目和41个小戏、小品、歌舞类节目中，分获三等奖和优秀奖；县乌兰牧骑获得区级优秀组织奖。

9月6—20日，县乌兰牧骑深入玻璃忽镜乡押地坊村、头号村，十八顷镇板申图、范家村、三洼村，二号村、侯家村，屯垦队镇屯垦队村、陈家村等，进行“不忘初心、牢记使命”宣传贯彻中共十九大精神暨精准扶贫献爱心惠民演出。

9月9—13日，举办由市文化新闻出版广电局主办、市群众艺术馆承办的全市第四届“艺苑秋韵”群众小戏小品展演活动，来自11个旗县市区文化馆及民营团体的40多个节目参演。商都县商道情二人台培训中心的《管事宽》获优秀剧目奖；商都县小燕子蓝天东路二人台艺术团的《好干部》获优秀表演奖；商都县文化馆的《家话贫富》获优秀风采奖；商都县文化馆获优秀组织奖。

9月28日，在全区“纪念改革开放四十周年内蒙古地方戏曲折子戏优秀唱段展演”演出中，由商都睿甫演绎传媒有限责任公司（小燕子蓝天东路二人台艺术团）王志芳演唱的《秀姑劝夫》获铜奖。

9月29日，据内蒙古自治区政府采购网公告，内蒙古华恒建设工程项目管理有限公司受内蒙古自治区文化厅委托，于2018年9月19日就全区送戏曲进乡村服务入围项目NMHH-2018-08-07中标结果进行公告。全区西部招投标采购的中标（成交）共选5个业余剧团，乌兰察布市入选3个剧团，分别为兴和云慧艺术团、商都睿甫演绎传媒有限责任公司（小燕子蓝天东路二人台艺术团）、凉城双山道情业余剧团。

10月15日，由乌兰察布市老龄委办公室、市民政局主办，市老干部局、市民族歌舞团、市老年健身协会承办的全市庆祝老年节暨老年人文艺会演在市府集宁举行，商都县在县民政局、老干部局组织带领下，由县非遗传习所组成的中老年文艺表演队参加该项活动，获全市老年人文艺会演金奖、银奖和优秀组织奖。

10月20日，由市委老干部局主办、乌兰察布市老龄工作委员会办公室协办、市老年大学和各旗县市区委老干部局承办、内蒙古绿康源生态农业有限公司赞助的“桑榆添彩重阳情·同心共筑中国梦”全市老年大学文艺会演在广播电视台演播大厅举行。商都县非遗传习所组成的代表队获最佳表演奖。

11月10日，商都县水漩志愿者协会走进十八顷镇中心校，为32名小学生送去冬季校服、学习文具、书包等。

11月11日，由自治区党委宣传部、自治区文明办主办，内蒙古广播电视台少儿节目组承办的“童心向党把歌唱——小小乌兰牧骑会演”节目在内蒙古电视台演播大厅录制完成。商都县育苗小学由40名女学生组成的合唱节目《游击队之歌》，以小小乌兰牧骑身份参与该次节目录制。

11月13—14日，商都县京韵水漩2018年度助学金发放仪式在商都县宗申小学、高级中学、一中和二中等举行，志愿者们为4所学校贫困学生27人共计捐款5.35万元。协会副会长邓少峰参加活动。

11月13—15日，县文旅新广局与北京市平谷区文化委、旅游委开展对口支援交流对接工作。县文旅新广局局长王利一行，分别参观平谷区文化委上宅文化陈列馆、平谷区博物馆、华东乐器城和骏龙美术馆，双方就文化场馆建设和运行管理等方面进行经验交流；观看以平谷调、平谷元素原创小戏、原创歌曲为亮点的平谷特色文艺演出。座谈会上，双方就2019年文化交流与合作达成三点意向：（1）平谷区助力商都县春晚文艺演出，为当地量身打造并演出特色节目；（2）在平谷区2019京东文化庙会暨第三届平谷文化庙会上为商都县提供3个展位，并在庙会中举办商都县专场演出；（3）继续加强文化人才培训工作，助力商都县打赢脱贫攻坚战。在与平谷区旅游委的交流活动中，参观平谷区3个旅游景点的建设情况，了解旅游区运营管理方式，座谈会上就商都县田园山庄国家AAA级旅游景区提升及旅游资源开发达成一致意愿。平谷区到商都县挂职副县长李晓军及商都县在平谷区挂职干部参加对接交流。

11月19日，“弘扬乌兰牧骑精神，到人民中间去”全市乌兰牧骑展演2017—2018年度获得自治区以上奖项的文艺作品、全市第七届精神文明建设“五个一工程”奖表彰奖励暨乌兰牧骑工作30年以上的队员表彰颁奖晚会在乌兰察布市电视台举行。商都县乌兰牧骑创作的二人台小戏《乡里乡亲》获2017—2018年度自治区文艺作品奖励“三等奖”，获得创作鼓励资金3万元；说唱表演《赞商都》获2017—2018年度自治区文艺作品奖励“优秀奖”，获得创作奖励资金1万元；2018年春晚创作的情景剧《古道新风　商道长歌》获乌兰察布市第七届精神文明建设“五个一工程”入选作品奖。“弘扬乌兰牧骑精神，到人民中间去”全市乌兰牧骑文艺展演，由全市11支乌兰牧骑及乌兰察布市直属乌兰牧骑共同完成。商都县乌兰牧骑选送的说唱表演《大美家乡》赢得现场观众和全市300多名乌兰牧骑队员的高度好评。

11月23日，第七届中国剪纸艺术节暨全国剪纸优秀作品征集活动共收到来自全国报送的剪纸作品近500（组）幅，最终评选出87（组）幅作品进入复评，商都县市级剪纸非遗传承人赵润林创作的《二十四孝》名列其中。12月，作品《二十四孝》入选第七届中国剪纸艺术节暨全国剪纸优秀作品展，作品被中国蔚县剪纸博物馆、蔚县博物馆作为“三级收藏作品”收藏。

12月8—9日，全县庆祝改革开放40周年暨迎新年文艺展演在青少年活动中心举行。活动由县委宣传部主办、县文化旅游新闻出版广电局承办，历时两天，来自全县各乡镇、社区、民间团体等41支代表队展演80多个节目，节目内容丰富多彩，形式多样。有器乐合奏、舞蹈、广场舞、快板、旗袍走秀、戏曲合唱、二人台小戏、表演唱等。各参赛队伍用各种形式的表演为改革开放40周年献礼喝彩。经过两天精彩激烈的展演，七台镇南门社区、二人台传习所等10个单位获得优秀表演奖，西井子镇朝阳、小海子镇麻尼卜等31个单位获得优秀组织奖。

12月10日，由自治区文学艺术界联合会、内蒙古美术家协会主办的“弘扬乌兰牧骑精神——内蒙古乌兰牧骑主题美术作品展览”在内蒙古美术馆开展。该次画展从创作的300余幅作品中精选出80余幅作品进行展览。参展作品分为中国画，油画，版画，水彩画，雕塑等。商都县美术馆朱建丰创作的油画《草原舞者》入展。

12月12日，庆祝改革开放40周年全区职工文艺“嘉年华”文艺会演在直属机关工委礼堂举行。活动由内蒙古自治区直属机关工作委员会、内蒙古自治区总工会主办，内蒙古电影集团有限责任公司、内蒙古文化音像出版社等部门承办，商都县音乐人宋强作词、作曲，曾由县乌兰牧骑杨景泽演唱的《快递小哥》，以男生四重唱的表演形式，代表自治区邮政局，参与该次文艺会演。该次会演是通过全年系列演出的展示，选出部分优秀节目，特举办自治区直属机关庆祝改革开放40周年职工文艺“嘉年华”会演。

是日，驻大库伦乡勇进村扶贫工作队特邀县文化馆邱培生、赵全勇、东路二人台传习所王喜梅、郭建芳到勇进村为村民培训广场舞，切实做到提高全民文化自信，助力精准扶贫。

12月13日，商都县水上人家、山水家园两家被内蒙古自治区文化和旅游厅列入2018年度内蒙古自治区乡村（牧区）五星级旅游接待户。

12月中旬，为展示全区群众文艺创作成果，挖掘优秀业余文艺作品，由自治区文化和旅游厅主办、自治区文化馆承办、呼和浩特市群众艺术馆协办的全区第二届“群星奖”优秀节目集中评选活动在呼和浩特市举办。商都县小燕子蓝天东路二人台艺术团演出东路二人台小戏《好干部》，获全区第二届“群星奖”入围作品。

12月26日，商都县老年大学举行迎新年座谈会暨教学成果汇报展演。市委组织部副部长、市委老干部局局长孔庆英，各兄弟旗县老干部局负责人应邀参加座谈会并观看展演。县委副书记、统战部部长王再华，县委常委、宣传部部长熊威，县委常委、组织部部长王倩影，县人大常委会副主任高加林、李生智，政协副主席任笑春等四大班子领导出席并观看展演。演出有器乐合奏、舞蹈、二人台联唱、花伞走秀、表演唱、扇子舞、太极综合表演、京剧旗袍综合表演、小合唱、瑜伽表演、二人台快板等节目，学员用才艺和真情展示商都县老年大学的办学成果，博得全场一次次热烈的掌声。

【荣　誉】 集体荣誉。

2月，商都县文旅新广局组队参与全市第二届冰雪嘉年华艺术节，获最佳表演奖，获组委会奖励5万元。

5月，在由中国国际文化艺术发展协会、中国中老年文化艺术交流中心、北京盛世夕阳红组委会举办的第二十届中国文化艺术交流大赛中，由南文述带队的县七台镇南门社区青松艺术团演唱《洪湖水、浪打浪》《茉莉花》，获得银奖，并获得奖金1000元。6月下旬，该团参加中国音乐家协会合唱联盟、北京夕阳秀中老年文化事业发展基金会举办的全国中老年合唱专家论坛·交流·研讨会暨2018民族合唱大会，获“金老梅金奖”。

6月，县文化旅游新闻出版广电局被自治区文化厅评为2017—2018年度全区文化系统政务信息工作先进单位。

6月，县乌兰牧骑在第二届全区蒙古语、汉语小品小戏比赛中选送的《乡里乡亲》获得三等奖。

8月，县乌兰牧骑在第五届二人台艺术节展演活动中获优秀组织奖。县乌兰牧骑在第五届二人台艺术节活动中选送的《乡里乡亲》获得三等奖，《赞商都》获得优秀奖。

9月，县业余乌兰牧骑小燕子蓝天东路二人台艺术团在参加纪念改革开放40周年内蒙古地方戏曲折子戏优秀唱段展演中，被内蒙古自治区文学艺术界联合会、呼和浩特市委宣传部评为优秀组织奖。

11月，县小燕子蓝天东路二人台艺术团选送的《离婚到底坑了谁》《离婚到底坑了谁（中部）》《蜕变》《好干部》，商都县商道情传媒演艺有限责任公司选送的《管事宽》《富裕之后》，被自治区文化厅列入第二批全区戏曲进乡村剧（节）目推荐目录。

12月，县文旅新广局选送的由商都县小燕子蓝天东路二人台艺术团演出的东路二人台小戏《好干部》，列入全区第二届"群星奖"入围作品名单。

个人荣誉。

6月，县文旅新广局闫文被自治区文化厅评为2017—2018年度全区文化系统政务信息工作先进个人。

8月，县乌兰牧骑任旺东在2018年度西部民歌会获最佳风采奖。

9月，县业余乌兰牧骑小燕子蓝天东路二人台艺术团演员王志芳在参加纪念改革开放40周年演出内蒙古地方戏曲折子戏优秀唱段《秀姑劝夫》表演中，被内蒙古自治区文学艺术界联合会、呼和浩特市委宣传部评为三等奖。

12月，县文化市场综合执法大队张建亮获2018年度全区"扫黄打非"先进个人称号。

（供稿　王振杰）

广播电视网络

【概　况】 内蒙古广播电视网络集团有限公司商都分公司前身为内蒙古商都广播局有线台，有线电视使用同轴电缆作为介质传送电视节目到用户电视，在商都已存在多年，由于传输频道多，节目丰富，图像清晰，受到广大用户的喜爱，模拟信号时期最高峰大约有用户6500户左右。为适应国家及自治区经济和信息化发展的需要，2001年8月，成立内蒙古广播电视网络集团有限公司，以广播电视节目传输为主业，兼营相关产业。公司成立后积极对全区有线电视资源进行整合，实现全省一网，统一规划、统一建设、统一管理、统一运营。

【电视网络发展】 2017—2018年，分公司开始建设国家电信普遍服务项目。为全县10个乡镇和209个行政村通广播电视信号和宽带，平均宽带速度达到20兆。至2018年年底，建设完成。

2018年，公司开始建设公共文化服务项目，为乡镇开通党建直通车和视频会议系统，为各行政村用户通广播电视和宽带，让村民用上和城市居民一样的4K智能机顶盒，提高村民生活质量。

（供稿　孙飞虎）

新华书店

【概　况】 商都县分公司内设教材教辅发行部、门市部，在职人员13人。

【业务工作】 2018年，按照图书发行的政策、法规，确保"课前到书、人手一册"，为全县15所小学、4所初中、1所高中、1所职业高中发行教材及教辅材料。强化书店建设，倡导全民阅读，加强一般图书、政治读物发行。

2018年，发行高中、初中、小学教材、教辅材料274种、30.32万余册，销售额达421.76万元。

（供稿　景　端）

卫生　计划生育

卫　生

【概　况】2018年，县直医疗单位：县医院、中医院、疾控中心、卫生监督所、妇幼保健计划生育服务中心，实有人数302人。乡镇卫生院：小海子镇、十八顷镇、大黑沙土镇、屯垦队镇、西井子镇、三大顷乡、玻璃忽镜乡、卯都乡、大库伦乡中心卫生院，实有人数105人。社区卫生服务中心：隆盛社区卫生服务中心和京蒙都山社区卫生服务中心，实有人数16人。县卫生和计划生育局内设机构：办公室、财务股、规划统计股、医政股、医管股、科教股、宣传股、流动人口股、药具股、药政股、基层股、爱卫办、应急办、疾控股、家庭发展股、中蒙医药管理股、计划生育服务管理股。2017年，县卫生和计划生育局领导共7人（正科级1人、副科级6人），其中，实职领导5人、副主任科员2人；现有干部职工55人（下派乡镇4人），离退休人员38人。

商都县有医疗卫生机构277家，其中县级医院2家（综合医院1所、中医院1所）、基层医疗卫生机构269家（乡镇卫生院17所、社区卫生服务机构16所、村卫生室213所、诊所及其他基层医疗机构23家）、专业公共卫生机构3所、民办专科医院2所、单采血浆站1所，一体化管理的乡村医生341人。全县基本公共卫生服务工作主要由乡镇卫生院（社区卫生服务中心）和村卫生室（社区卫生服务站）承担。

2018年，商都县卫生计生工作坚持以中共中央总书记习近平新时代中国特色社会主义思想为指导，认真贯彻落实中央、自治区、市和县委重大决策部署，以健康扶贫、医药卫生体制改革、健康商都建设、落实全面两孩政策为核心，以落实健康扶贫措施、提高医疗服务质量、加强健康促进和教育、改革完善计划生育服务管理为重点，抓基层、强基础，各项工作取得明显成效。全县医改工作以建立健全分级诊疗制度、现代医院管理制度、基本医保制度和药品供应保障制度等为重点内容，完善措施，深化改革，稳步推进。

【健康扶贫“三个一批”行动】2018年，实施“三个一批”行动计划，即大病集中救治一批、慢病签约服务管理一批、重病兜底保障一批，确定县医院和县中医院为大病集中救治定点医院。对自愿到两所公立医院就诊的贫困大病患者，两所公立医院在充分发挥自身诊疗水平的基础上，充分利用京蒙对口支援、外聘专家和远程会诊等方式给予救治。年内，共救治建档立卡贫困人口5749人次，其中县域内集中救治4791人次、县域外共救治建档立卡贫困人口958人次。

慢病签约管理一批，全县组建以县级医疗机构医技人员为支持、乡镇卫生院医生为医疗指导和乡村医生为具体责任人的“1+1+1”模式家庭医生签约服务团队236个，为乡村居民提供签约服务，2018 年贫困人口签约服务达到全覆盖。对签约贫困户进行每月 1 次的履约服务，并对在 36 种慢性病范围内的贫困患者给予送医送药上门服务。年内送医送药累计 6145 人、3.54 万人次，药费 207 万元。

重病兜底保障一批，对重病贫困患者，将他们全部纳入民政救助范围，进一步提高救助水平。统筹基本医保、大病保险、商业医疗保险，实行联动报销，提高综合保障能力。重病患者医药费在各项政策报销后比例仍达不到 90% 的，由政府爱心基金兜底报销，补足到 90%。

【贫困患者住院结算服务】 对贫困患者住院实行“先诊疗、后付费”和“一站式”结算服务。按照自治区、乌兰察布市相关政策，在县内定点医疗机构住院的贫困患者，实行“先诊疗、后付费”服务模式，患者住院无须交押金便可得到及时治疗。好转出院时，个人只需交纳医疗费用的 10%。在县域外医疗机构住院治疗的贫困患者可到城乡居民服务大厅医保窗口进行“一站式”结算报销，所报费用先由县医保局用政府爱心基金一次性结算给个人，然后再由县医保局和民政局、商业保险公司报销结算，结算完再把所报医药费补回到政府爱心基金。

【贫困人口免费体检】 对建档立卡贫困人口进行免费体检。2018 年，重点对动态调整新识别的贫困人口和鉴定成慢性病的贫困人口进行体检，全县共体检 7210 人。

【健康扶贫宣传】 加大宣传力度，使健康扶贫政策知晓率不断提高。以乡镇为单位组成宣传小组，在全县 212 个村委会（包括 4 个农村社区）分别举办 1 次健康扶贫政策和健康素养知识培训班。通过培训，每个贫困户有 1 个健康政策知识“明白人”。在全县每个自然村醒目位置张贴 1 张健康扶贫的政策宣传图板，县卫生和计划生育局自办的每月 1 期《商都卫计之声》宣传小报和微信公众号登载健康扶贫政策知识，发布到贫困户当中。印发健康扶贫宣传资料 5 万份，达到户均 1 份。每个自然村刷写 1 条健康扶贫宣传标语。在进村入户宣传的同时，各乡镇卫生院利用装有高音喇叭的救护车，巡回各村普遍宣传 1 次。通过多种形式的宣传活动，健康扶贫政策知晓率达 90% 以上。

【分级诊疗制度】 健全完善分级诊疗制度。出台《商都县开展分级诊疗工作实施方案》，规定建档立卡贫困患者如果需转到上级医院就医的，必须有下一级医疗机构出具的转诊证明，否则降低报销比例，并不再享受政府兜底保障政策。以医联体建设为抓手，印发《商都县建立城乡医疗联合体实施方案》及相关配套文件，指导各级医疗机构落实功能定位。县医院与屯垦队镇等 5 个卫生院建立医联体；县中医院与小海子镇等 5 个卫生院建立医联体，医务人员经常深入所联系的卫生院开展诊疗活动，形成基层首诊、双向转诊、急慢分治、上下联动的就医格局。

【现代医院管理制度】 健全完善现代医院管理制度。积极推进医疗服务价格调整。按照“总量控制、结构调整、有升有降、逐步到位”的原则和《内蒙古自治区医疗服务项目价格（试行）2012 版》要求，商都县医疗机构逐步调整医疗服务项目价格。积极推进薪酬制度改革。2 所县级公立医院均按照医院全成本核算管理办法（扣除管理、运行等成本后的结余）发放绩效工资。开展县级公立医院绩效考核工作，将公益性质、运行效率、社会满意度等作为考核指标，由县公立医院管理委员会按照已量化的评分标准对公立医院的绩效进行考核。进一步健全医院财务资产管理制度，两所公立医院均设置总会计师岗位。推动两所公立医院实行全面预算管理、成本核算、财务报告、第三方审计和信息公开等管理制度。年内，县中医院被确定为内蒙古自治区首批蒙医中医名院。县医院被评为临床路径管理标杆医院、远程医疗标杆医院，县医院远程会诊室被评为远程医疗标杆科室，眼科被评为临床路径标杆科室。

【基本医保制度】 健全基本医保制度。积极推进按病种收付费改革。将单病种付费及总额控费制度纳入医疗机构年度目标管理考核指标，按病种收付费病种数达到40种。加强临床路径管理。全县二级以上公立医院全部实施临床路径管理，年内，县医院临床路径管理率为75%左右。

【药品供应保障制度】 2018年，完善药品供应保障制度。积极推进药品采购“两票制”。出台《商都县公立医疗机构药品网上采购实行“两票制”工作实施方案》，全县公立医疗机构药品采购全面执行“两票制”。努力降低药品和医用耗材费用，出台《商都县改革完善短缺药品供应保障机制的实施意见》。坚决落实基本药物制度，两所公立医院基本药物配比使用达48%；乡镇卫生院达100%。全县各级医疗机构采购药品均实行自治区限价挂网采购。

【卫生计生综合执法监管】 加强卫生计生综合执法监管。进一步加强卫生计生综合执法监管，2018年，对县自来水公司进行日常监督检查，下达卫生监督文书6份；对乡镇8家自建设集中供水单位进行水卫生监测，下达卫生监督文书16份；对农村10个监测点、城镇6个住宅小区、所有中小学校分枯水期、丰水期两次进行监测。开展对民营安康医院和单采血浆站的质量检查。

【健康商都建设】 2018年，县委、县政府启动创建自治区健康促进县建设工作，成立创建自治区健康促进县建设领导小组，制订《商都县创建自治区健康促进县工作方案》，将健康商都建设任务指标纳入各乡镇及有关部门的年度考核之中，加强健康商都建设。开展创建健康机关、健康学校、健康社区、健康家庭、健康企业和健康医院建设。抽取6个乡镇12个村委会1800余人，完成健康素养调查任务。抽组健康巡讲专家42名，成立健康巡讲小组21个，深入乡村、社区、机关、学校和企业开展巡讲活动，全县共巡讲236场次，受培训人数达1.5万人次，发放宣传资料3万余份。在祥和广场建设健康主题广场1处，设置以“居民健康素养66条”为主要内容的宣传橱窗40余座；在南湖公园建设健康步道3.5公里。通过多种形式的宣传教育和促进，2018年，全县居民健康素养达15.1%。

认真落实免疫规划工作，对全县报告的819名新生儿，普遍进行规范的计划免疫接种，接种率达99%，漏种儿童补种率达99%。积极开展各类重大传染病的监测和防控工作。2018年结核病定点医院接诊初诊患者438例，查痰率达100%。按照防治结合的工作模式建立专治医院、乡、村“三位一体”的重型精神病管理治疗网络。全县纳入管理的严重精神疾病患者992人，发现率为4.3‰，服药率达83%。全县发现高血压患者1.2万余人，纳入管理的1.2万余人，管理率为100%，规范管理率达70%。发现糖尿病患者3838人，纳入管理的3838人，规范管理2690人，规范管理率70%。对全县5个乡镇16个行政村进行人间布病血清学筛查，共流调1480人，血检503人，对调查发现的阳性患者75人进行规范治疗。

【党建工作】 加强领导班子建设。党委中心组坚持每月学习一次，并规定自学时间，通过深刻的理论学习，使班子思想政治觉悟进一步提高。深化“两学一做”教育常态化，努力提升党的建设质量。年内，对所属支部“三会一课”落实情况进行督导检查，对发现落实不到位的问题及时提出整改要求，有效推动各总支和支部“三会一课”制度落到实处。各支部按期召开支委会、党员大会和组织生活会，定期组织上党课，会议记录和党员学习笔记记录完整，党的建设质量明显提升。抓制度落实，促进党风廉政建设。通过组织党员学习有关党内法律法规，开展党的各项活动，使广大党员特别是领导干部从思想上廉洁自律，抵制腐败；制定《“三重一大”决策制度》《日常办公开支审批制度》《公务用车管理制度》《干部日常工作管理制度》和《干部上下班签到签退制度》。在建立制度的基础上，纪检组定期、不定期地深入各支部督促检查落实情况，发现问题及时谈话提醒或予以处理，有效防止重大事项、重要问题的决策失误和腐败现象的发生。

商都县医院

【概　况】 1952 年，商都县医院成立，是一所集医疗、教学、预防、康复、保健、急救为一体的二级甲等综合医院。2017 年 10 月 20 日，搬迁至新院区，新院区占地面积 3.69 万平方米，总建筑面积 3.53 万平方米。建有门诊综合楼、住院楼以及附属楼。设置床位 466 张。有职工 450 人，其中，医生 110 人、护士 165 人、医技 69 人；大专及以上学历占 80% 以上。医院有科室 46 个，其中，临床科室 21 个，医技科室 12 个，职能科室 13 个。成立危重孕产妇急救中心、新生儿急救中心、卒中防治中心、胸痛中心、创伤中心 5 个急救中心，承担着全县及临近旗县约 50 万人口的医疗保健任务，担负对高危急重症、车祸病人的院前急救和院内急诊救治工作，以及公共卫生突发事件的医疗救治工作，是全县城镇职工医疗保险和新型农村合作医疗的定点医院。2018 年，业务收入达 9511 万元。

【公立医院改革】 全面落实国家公立医院薪酬制度改革精神，2018 年，第三方绩效考核项目正式启动，商都县医院成为内蒙古自治区首家实行按劳分配绩效工资旗县医院。注重人才培养，采用“走出去、请进来”等方式提高自身技术水平。2018 年上半年，安排护士长 16 人分 4 批到北京电力医院进修学习，内科、手术室等 5 人分别到内蒙古自治区人民医院、内蒙古自治区中医医院进修学习，更新诊疗及护理技术和理念；全年举办医护人员自主招聘会 5 场，招聘临床、医技、药剂、护理等专业优秀毕业生共计 37 人。推进医疗服务，规范医疗行为，控制医疗费用不合理增长、取消药品加成，实行药品采购“两票制”、销售零差价。2018 年，该院药物占比 22.27%，基本药物占比达 51%，医疗占比达 65%，临床路径执行率达 67.5%。住院次均费用控制在 5326.5 元左右，床位周转率达 86%，平均住院天数降至 7 天，药品及耗材实行阳光采购，网下采购率不到 5%。实行总会计师制度和总药剂师制度，逐步规范全院财务管理和药品采购。

【专业学科建设】 在北京电力医院帮扶和自治区内医联体医院的带动下，2018 年 12 月，县医院胸痛中心、卒中中心正式挂牌启动；2018 年 7 月，县医院心脏介入内科成功开展冠脉造影技术及心脏支架植入手术，填补该院心脏介入诊疗技术的空白。8 月，成功开展该院首例永久性心脏起搏器植入术。12 月，县医院心脏介入团队独立完成 1 例心脏冠脉造影。2018 年，呼吸消化内科在北京电力医院及包头医学院第一附属医院专家团队的技术支持下，无痛胃肠镜检查成功完成近百例。外科超越传统修补方式，采用腹腔镜技术，成功为 5 名患者进行腹腔镜手术。体检科共计体检 4465 人次，业务量达 310 万元。中医科穴位贴敷，三伏贴、三九贴治疗 1200 余人次。

康复医学科快速发展。针对卒中患者的偏瘫、言语障碍、吞咽障碍、颈椎腰腿疼痛、骨科术后康复、骨性关节炎、肩周炎、面瘫以及带状疱疹等疾病，科室配备电动站立床、下肢机器人、四肢联动、康复跑台、平衡训练仪、言语训练、熏蒸、蜡疗、针灸、艾灸、中低频周波治疗仪、脉冲磁等先进国内外康复仪器，配合科内专业康复训练医师的专业医学训练，给 350 名康复患者带去新的生活希望。

2018 年，与“大医精诚”合作后，知名妇科专家张新梅长期技术支援，救助妇科患者 48 人。是年，内分泌内科加入基层糖尿病分级诊疗技术平台，管理 4 个社区服务站、糖尿病患者

88人。口腔科实现树脂贴面。县医院作为全国“光明行动”白内障定点医院，眼科全年共进行白内障手术90台，并为白内障贫困患者16人进行免费手术。

【医疗服务质量】 2018年，成立临床路径管理委员会，各临床科室成立以科主任任组长的临床路径实施小组，负责各科室路径病种的选择、路径文本的制订，各小组设立1名个案管理员。临床路径病种数达85种。全年完成临床路径9490例，占全院出院总人数的68%。2018年9月，率先在全市第一家正式启动配液中心，并设定专门的药剂师对医生开出的用药处方进行审查，从源头保证患者用药安全。2018年，开展白内障，包茎、包皮过长，皮肤肿物3个病种的日间手术。2018年，远程会诊中心正式启动，与北京协和医院、北京肿瘤医院、中国人民解放军总医院、北京电力医院、内蒙古自治区人民医院、内蒙古自治区肿瘤医院等自治区内外医院建立合作关系，远程医疗的开展从根本上解决患者看病贵的问题，实现不出县看名医。2018年，多次组织该院内科、外科、骨科、妇科、心电图、B超等多个科室的医务人员入社区、下乡镇，前往光荣敬老院为孤寡老人进行慢病筛查义诊。8月23日，与乌兰察布市中心医院医师举行“科技助力乡村，振兴商都精准扶贫专家旗县行”活动。9月11日，携手包头医学院第一附属医院专家团在祥和广场开展2018年“服务百姓健康行动”大型义诊活动。2018年年底，县医院官网“12320”网上预约挂号全面启用。

【精准扶贫工作】 县医院派驻长期驻村第一书记1人，驻村工作队员1人，中共党员22人帮扶三大顷、李家村、红海子等8个村的50个贫困户，帮扶责任人定期下乡进行慰问，送医送药，及时解决贫困乡亲的生产、生活需要。2018年，帮扶的贫困户80%脱贫。在贫困患者就医诊疗时实行“一站式”服务，取消住院押金，出院自付总费用的10%，严格控费及限制过度检查。

【对口帮扶】 2018年，县医院与北京电力医院、北京市平谷区医院、包头医学院第一附属医院保持密切联系。2018年，北京电力医院先后两次向该院捐赠2台飞利浦MP5心电监护仪、1台西门子血气分析仪和6台吸痰机。全年分11个批次派内科、外科、骨科、产科、急诊科等科室47名专家对县医院重点科室进行技术帮扶。2018年，北京市平谷区医院派外科副主任张宇飞到县医院进行长期挂职帮扶。2018年，包头医学院第一附属医院捐赠1台旧奥林巴斯电子胃镜、2台心电图机。全年带教完成无痛胃肠镜87例和腹腔镜手术6台次。

【设备增加更新】 2018年，手术室更新骨科手术大型C型臂X光机1台，麻醉机1台，可视软性喉镜2台，心电监护仪2台。血液净化中心增加透析机4台，血滤机1台。ICU新增心电监护仪11台，无创呼吸机2台，有创呼吸机2台。

【文化建设】 成立杏林读书社，设立院内健身房、阅览室。2018年“五四”青年节之际，组织“我爱我院”为主题的诗歌朗诵；“5·12”护士节之际，组织弘扬南丁格尔精神的文艺演出；12月，组织诗歌朗诵、拔河等比赛。开展一系列活动丰富医院职工的业余生活，激发大家积极进取、团结奋进的精神。

【党建工作】 2018年，开展“党的建设质量提升年”活动，将每个月第一个星期五作为主题党日活动日。全体党员以主题党日为载体，以学党章、党规为根本，开展多种形式活动，进一步增强党组织的凝聚力和战斗力。将党风廉政建设工作与业务工作同部署、同检查、同考核，与科室负责人签订《廉洁行医责任状》，落实党风廉政建设责任制，定期召开民主生活会开展批评与自我批评活动，并实行挂牌上岗制，设置意见箱，有专人负责，保证良好的就医秩序和环境。开展“评星定级”活动，2018年，党员优秀率达80%，合格率达100%。吸收一批优秀医护人员、优秀中层干部加入到党员队伍中，2018年，转正党员4人。

【荣 誉】2019年3月，商都县医院被内蒙古医院协会分别授予2018年度“远程医疗制度标杆医院”“远程医疗制度标杆科室”“临床路径管理制度标杆医院”“临床路径管理制度标杆科室”称号。

（供稿 包立敏）

商都县中医院

【概 况】2018年，商都县中医院有员工292人，其中卫生技术人员223人，正高级职称9人、副高级职称19人、中级职称14人、初级职称143人；院部设院办、党办、医务科、护理部、院感科、信息科、后勤科、财务科、统计室9个行政职能科室。开设有内科、外科、妇科、儿科、骨伤科、皮肤科、肛肠科、急诊科、麻醉科、心血管介入治疗科、康复医学科、眼科、口腔科、糖尿病专科、风湿病专科、烧伤科、耳鼻喉科等18个临床科室；有医学检验科、CT、（MRI）核磁科、医学影像科、彩超室B超室、机能科（心电图、C14呼气试验、肺功能测试）、胃镜室共7个医技科室。住院部设内一病区，内二病区，普外骨伤病区，康复4个病区。开放床位267张。

【医疗设备】医院拥有大型医疗设备有西门子64排128层CT机、磁共振成像（MRI）机、三星全自动DR机（具有脊柱、四肢智能拼接功能）、GE双排螺旋CT、64排CT，飞利浦彩超、多普勒彩超、全自动生化分析仪、全自动血液分析仪、STORZ（史托斯）腹腔镜、奥林巴斯电胃肠镜检查系统、智能数字放射成像系统（型号GC80）、动态DR（型号DT570）、口腔X射线数字化体层摄影系统、数字肠胃机、韩国怡友口腔CT机（可进行口腔CT断层扫描及口腔曲面全景扫描）、奥林巴斯电子胃肠镜、胶囊胃镜、乳腺X射线机、高端智能彩色超声系统、移动式C型臂X射线系统、宫腔镜系统等先进医疗设备。

【专业学科建设】医院重点特色科室有内蒙古自治区重点学科建设——康复医学科；与北京同仁医院开展超声乳化治疗白内障手术；与北京市安贞医院合作开展心脏冠脉造影及介入治疗术；与北京市航空总医院妇科专家开展腹腔微创治疗、宫腔镜手术治疗等；骨科开展的有全膝关节置换术、全髋、半髋关节置换术；外科开展的有腹腔镜胆囊切除术、腹腔镜腹股沟疝修补术等普外科微创手术。

【业务指标完成情况】2018年，医院业务额达9116.80万元，比2017年的7467万元增加1649.80万元。门诊急诊达9.57万余人次，比2017年的9.35万余人次增加2224人次；住院人次9478人次，比2017年的8674人次增加804人次。2018年，健康管理（治未病）中心全年完成体检人数1323人次，完成评残2465人次。2018年，全年（2017年12月25日至2018年12月31日）完成手术1470台次，其中骨科686台次、外科238台次、妇科97台次、眼科441台次（白内障428例、胬肉手术7例、其他6例）、烧伤科8台次。2018年，床位使用率达到96.12%。

2018年，实现“四降四升”。“四降”，即2018年，次均住院费用5833.9元，较2017年的6266.9元下降6.9%；2018年，平均住院日8.0天，较2017年的8.38天缩短0.38天；2018年，药占比（不含中草药）为29.83%，较2017年下降6.5%；2018年，百元医疗收入（不含药品收入）消耗的卫生材料费用为25.85元，较2017年下降1.08元。“四升”，即2018年，门急诊次均费用228.7元，较2017年的221.47元增长3.26%；2018年，医疗服务收入（不含药品、耗材、检验、检查收入）占业务收入比为36.4%，较2017年的30.5%提升5.9%；2018年，基本药物配备使用金额占比为42.37%，较2017年的35.9%提升6.47%。截至2018年12月底，“两票制”药物执行品种达346种，占总品规数的82.97%，较2017年的71%提升约12%。

【党建工作】2018年，加强党建示范引领，积极探索医院党建新模式，实现党建工作与医疗业务相融互促。院党支部深入学习宣传贯彻中共十九大精神和习近平新时代中国特色社会主义思想，全面落实全县“党的建设质量提升年”要求，以“医院党建工作质量提升年和行风建设加强年”为主线，加强支部班子建设，调整和充实党建工作力量，规范党建文书管理，严格党日主题活动、“三会一课”、中共十九大精神学习活动的学习纪律，做到月月有安排、日日写笔记的良好学习氛围。紧密围绕医疗核心任务，充分发挥党建示范带动作用，做到“规定动作不走样、自选动作有特色”，医院党建工作和行风建设取得新成绩、迈上新台阶。

【医院综合实力】2018年，本着强基固本，坚持以患者为中心，注重内引外联，借助名院名医技术力量，强强联手，协同发展，全面提升医院综合实力。县中医院与北京同仁医院开展超声乳化治疗白内障手术，2018年，完成白内障手术428例，比2017年的408例增加20例，累计完成白内障手术1578例。与北京市安贞医院合作开展心脏冠脉造影及介入治疗术，2018年，完成冠脉造影88例，较2017年的67例增加21例；置入支架29例，较2017年的17例增加12例。与北京市航空总医院妇科专家开展腹腔微创治疗、宫腔镜手术治疗等，2018年，完成妇科手术93台次，较2017年的64台次增加29台次。2018年，外科手术室全年完成手术1409台次，其中骨科完成手术675例，与北京专科医院开展全膝关节置换术、全髋、半髋关节置换术94台次；外科开展腹腔镜胆囊切除术、腹腔镜腹股沟疝修补术等普通外科微创手术229台次，较2017年增加30例。

【护理管理能力】2018年，护理工作在抓好常规护理工作的基础上，全面开展以中医药特色为主的中医护理技术推广，新开展热庵包、耳穴埋豆、中药穴位贴敷、中频电子中药导入以及在原有冬病夏治的基础上，开设冬病冬治中药穴位贴敷治疗项目。新技术新项目的开展，有效地填补商都县相关专业技术空白。2018年6月初，与内蒙古自治区中医医院正式启动对口帮扶工作，内蒙古自治区中医医院护理部主任张晓兰挂职县中医院副院长，专题主讲中医护理技术的应用与开展，县中医院专门派出护理部主任及病区护士长3人到内蒙古自治区中医医院学习中医护理操作技术，把县中医院中医护理工作推上新的台阶。

【重点特色科室建设】2018年，医院重点打造的康复医学科再创新的佳绩，诊疗业务水平全面提升，服务质量进一步改善，硬件建设不断完善，新购置康复器材和儿童康复治疗设备，包括PT床、物理因子治疗床、训练用PT器材、综合OT训练器材、中医定向透药治疗仪等高端康复治疗设备，拓展治疗项目，添补康复治疗空白。2018年，全科全年门诊接诊624人次，住院511人次，床位使用率达92.93%，治愈率达50%，患者满意为98%。全年业务额达925.59万元，比2017年同期的600万元增加325.59万元。

【医改任务落实】2018年，医院顺势而为，全力推动医改任务有效落实，释放医改红利，让利患者群众。医院继续深化与北京、自治区等地多家知名医院的医联体合作，扩大医联体建设范围，提升全方位合作质量，分级诊疗和双向转诊机制初步形成；创新上级医师定期帮扶方式，推进远程会诊和远程医疗，使患者在商都县便可享受国内知名专家高效便捷、权威优质的诊疗服务；继续推动落实临床路径管理、单病种付费、日间手术、全面取消药品耗材加成等医改任务，医院收入药占比、患者平均住院日、住院病人次均医药费用、住院患者抗菌药物使用率、住院患者抗菌药物使用强度、国家基本药物使用比例、甲级病历率、临床路径完成率、单病种付费病种数、日间手术、百元医疗费用耗材占比等主要业务指标和医改监测指标均达到近年来最好水平。

【对口帮扶工作】2018年，按照内蒙古自治区卫生计生委《内蒙古自治区三级医院对口帮扶贫困旗县医院工作管理办法（试行）》文件精神，积极开展对口帮扶工作，内蒙古自治区中医医院对口帮扶县中医院工作于2018年6月2日正式全面启动，双方制订工作计划和方案，签订对口帮扶协议书。截至9月中旬，内蒙古自治区中医医院支援县中医院共派医师34人，义诊208人次，开展学术讲座（包括远程）共3次，业务培训200余人次，推广中医适宜技术6项，开展肛肠疾病3项特色技术，肛肠手术7人次，会诊及疑难病例讨论7人次。县中医院派护士长4人到支援医院学习中医特色护理技术操作，派信息科人员1人到支援医院学习信息化建设。

北京市平谷区对口支援商都县，县中医院与平谷区中医医院进行对接，双方就医院的医疗技术及科室管理进行多次探讨和沟通，达成几方面的协议，帮助县中医院开展中医药特色科室医疗服务，派驻专业管理人员加强康复医学科的管理，代培技术人员，拓展中医服务项目。

【队伍建设】2018年，从大中专院校新招医技人员8人，其中本科生3人、专科生5人；医技人员累计人数达到109人，招录专科学历护士8人，护士累计人员达到106人。医护人员共计215人。医院的医护人员年龄、学历等结构得到有效改善。

（供稿　何庆彤）

计划生育

【计划生育管理】制订方案，保证责任落实。2018年，出台《关于落实全面两孩政策完善计划生育服务管理的实施意见》，明确鼓励生育的相关政策措施，并专题研究制订《商都县乡镇、村级健康扶贫和卫生计生工作规范化管理实施方案》，明确各乡镇重新组建的乡镇卫生计生办职责和村级健康扶贫及卫生计生专管员职责和考核办法，把健康扶贫和计划生育工作作为重点内容列入其中。印发《商都县坚持和完善计划生育目标管理责任实施方案》，2018年年初，召开全县计生工作会议，对计划生育工作进行部署，县主要领导与各乡镇主要领导签订责任状，各乡镇与各村居委员会签订责任状，通过责任落实促进工作落实。

【孕妇幼儿保健】切实加强孕妇幼儿保健工作。县卫生和计划生育局成立危重孕产妇、新生儿母婴安全领导小组，县医院下设产儿科管理办公室，设立危重孕产妇和新生儿救治中心，开通孕产妇、新生儿救治“绿色通道”，制定孕产妇高危筛查、危重孕产妇及新生儿转诊和高危孕产妇追踪随访等制度。推行孕产妇网格化管理制度，推广使用全市统一的母子保健手册，年内，共发放母子保健手册687本。孕产妇产前筛查率达65%，新生儿遗传代谢病筛查率达81.6%，新生儿听力筛查率达100%。年内，实施婚前医学检查925例，婚检率达95%；孕前优生健康检查1098人，发放叶酸635人份，发放营养包1152人份。

【计生奖励扶助】认真落实计生奖扶政策。年初，由计生协会牵头，组织人员深入村户审核确认新增奖扶对象976人，特别扶助对象20人，少生快富4人。2018年，共发放优惠政策资金580.53万元。其中，奖励扶助4598人、441.41万元，特别扶助45人、87.9万元，“三民”爱心保险1417人次、资金4.25万元，独生子女父母奖励1480户、奖励资金22.25万元，手术并发症13人、3.12万元，计划生育特殊家庭一次性补助19户31人、21.6万元。全面落实计划生育特殊家庭基本信息档案和联系人制度，建立计划生育伤残家庭档案，为每个家庭确定1名联系人，及时了解计生特殊家庭存在的困难和问题，为他们提供力所能及的帮助。

（供稿　冯亚伟）

商都县计划生育协会

【概　况】商都县计划生育协会（以下简称县计生协会）为正科级建制，核定编制6人，会长由县处级领导担任，设常务副会长1人，其中常务副会长为法人代表，秘书长1人，办事员4人。内设办公室，财务室，生育关怀办。

【“三项制度”实施】2018年，商都县计生协会指导全县各乡镇、村居认真落实国家计划生育“三项制度”（农村计划生育家庭奖励扶助制度、计划生育家庭特别扶助制度、长效节育措施奖励制度），不折不扣地实施计划生育奖励扶助政策。5月8日，组织各乡镇秘书长在县卫生和计划生育局六楼会议室召开会议，培训“三项制度”的实施及年度工作的安排，对三项制度的实施提出具体要求。此后，各乡镇立即行动，公开公正地实施各项奖励扶助政策，对扶助对象进行公示；认真建立目标人群档案，仔细核对信息，对目标人群做到心里有数；掌握组合家庭子女数情况，合并计算子女数，对于不符合政策的一律不纳入扶助。

【新家庭计划活动】2018年，商都县开展新家庭计划建设工作，以综合改革为动力，以健全完善家庭发展政策体系、提高家庭发展能力、提高家庭发展能力、保障家庭健康水平为目标任务，围绕“文明、健康、优生、致富、奉献”主题，全面开展新家庭计划试点工作，健全完善以计划生育家庭为主体的家庭发展政策体系，提高家庭的发展保障能力，满足人民群众的多层次、多样化需求，使家庭发展得到更多政策支持，家庭文明观念进一步巩固。（1）加强领导，高度重视，推动活动有序开展。商都县高度重视幸福家庭创建和新家庭计划试点工作，将该项活动纳入重要议事日程，始终将其作为加强和创新社会管理、完善公共服务体系、推进计划生育综合改革、提高群众生活质量的重要任务，统筹谋划，整体推进。县、乡两级均成立活动领导小组，明确职责分工，确保活动工作责任层层落实，活动有序开展。将活动纳入卫生计生目标管理考核内容，层层靠实责任，定期督促检查，确保责任到位、措施到位、落实到位。明确新家庭计划项目试点，确立“新家庭计划—家庭发展能力建设”项目试点工作实施方案，制定商都县卫生和计划生局关于开展家庭科学育儿机构试点工作、促进和加强3周岁以下幼儿托育服务的决定等一列措施。制订下发《2018年全县“幸福家庭示范户”“健康家庭示范户”评选活的通知》，表彰幸福家庭示范户10户，确定10个乡镇社区的10个行政村为新家庭划试点单位。通过开展活动，逐步改善计生家庭的生产、生活、生育、健康状况，提高家庭发展能力和典型幸福家庭示范，逐步带动所有家庭参与到该项活动中来。（2）宣传引导，营造氛围，促进活动健康发展。持续加大宣传力度，利用展板、条幅、发放宣传资料等宣传形式，把开展该项活动贯穿于计划生育工作的全过程，营造全社会关怀计划生育家庭的浓厚氛围和社会环境，开展活动的意义、内容、目标、任务和要求家喻户晓，通过多层次、多形式的宣传，基本形成舆论先行、组织有序、上下协作、群众积极参与活动的良好局面。有效地发挥互联网、微信、App等新媒体作用，增强群众对该项活动的知晓度、关注度和参与度。利用“5・15”国际家庭日、“7・11”世界人口日等主题纪念日，组织开展形式多样的家庭文化、家庭健康等宣传活动营造有利于家庭发展的良好社会氛围挖掘宣传典型示范，发现、培育、树立、培育一批幸福家庭典型，扩大创建“幸福家庭示范户”“健康家庭示范户”评选活动的影响力。（3）强化措施、创新方式，丰富活动的阵地建设。为全面深入贯彻中共十九大精神，进一步推进全县家庭建设工作，促进健康家庭和谐幸福，以计划生育家庭需求为导向，落实“坚持预防为主，深入开展爱国卫生运动，倡导健康文明生活方式，预防控制重大疾病”的决策部署。各级卫生计生委以“健康家庭行动”和“幸福家庭创建活动”为载体，不断提高家庭健康水平和家庭发展能力，进一步增强人民群众的获得感，提升基层计划生育家庭发展能力。

【早期教育行动】 2018年，商都县计划生育协会确定小豆豆早教中心作为全县幼儿托育服务机构试点单位。以试点起步，规范引导、加强监管、优化服务，逐步建立健全托育服务工作管理的体制机制。通过小豆豆早教中心开展童话王国课程——环球旅行系列活动，提升家长科学育儿的能力和水平，使更多人体会到早期教育的重要性和必要性。

【幸福工程项目】 实施幸福工程，救助贫困母亲。7月4日，内蒙古自治区计划生育协会幸福工程项目在商都县启动，参加启动仪式的有县卫生和计划生育局局长王雪海，县卫生和计划生育局副局长、计生协会常务副会长王誉芳、七台镇副镇长武忠，七台镇南湖社区书记武凤宝，幸福工程项目点、商都县绿娃农业科技有限责任公司总经理武占江，50多位在商都县绿娃农业科技有限责任公司打工的工人和10位受助的贫困母亲。内蒙古自治区为商都县幸福工程捐赠10万元，商都县绿娃农业科技有限责任公司又拿出10万元配套资金，商都县幸福工程的第二个项目点正式在商都县绿娃农业科技有限责任公司启动。10位贫困母亲每人获得2万元救助款，用于发展农业瓜菜种植项目。

【特殊家庭健康促进活动】 2018年，商都县计生协会实施国家特殊家庭健康促进计划，9月17日，开展特殊家庭健康促进活动，商都县副县长张晓玲、乌兰察布市计生协秘书长刘树辉、商都县卫生和计划生育局局长王雪海和活动特邀讲师李永繁、王天芳参加。活动期间，健康讲师李永繁为特扶家庭讲解健康知识，普及合适膳食营养均衡、如何在生活中预防疾病的发生等。老师王天芳和特扶家庭互动，让参与活动的家庭成员从内心的快乐感受到幸福，教会他们如何接纳现在的生活、排遣生活中的不如意，感受到自身的幸福。特扶家庭进入商都县幸福工程救助贫困母亲采摘基地——商都县绿娃农业科技有限责任公司进行采摘活动，免费领取绿娃品牌瓜果一箱。

【走访慰问活动】 11月20日，商都县对全县独生子女伤残死亡的家庭开展为期半个月的走访慰问，深入各乡镇各村居，为每户计生特殊家庭送去500元慰问金以及1套养生锅。在入户过程中，与计生特扶户亲切交谈，询问他们的生活状况，了解每一户的近况。勉励他们振作精神，坚强面对生活中的坎坷和挫折，乐观向上。县计生协会对全县156人、97户计生特殊家庭开展走访慰问活动，充分体现中国共产党和政府对计划生育家庭的抚慰和关怀，切实维护村（社区）居民群众的合法权益，确保让奖扶特扶对象应享尽享和应享即享。春节前夕，县政府副县长、县计生协会会长张晓玲，商都县卫生和计划生育局局长王雪海、县计生协会常务副会长王誉芳一行对全县13户计生特殊困难家庭走访慰问。

【健康扶贫培训】 11月1日，商都县举办健康扶贫和卫生计生专管员业务知识培训班暨第二个健康促进月启动仪式，安排部署健康促进月活动各项工作，动员各乡镇及相关部门迅速行动起来，扎实开展好第二个健康促进月活动。应邀出席培训会议的有自治区卫计委家庭发展处副处长闫立杰，乌兰察布市卫计委副主任赵文亮，商都县副县长、计生协会会长张晓玲，乌兰察布市卫计委宣传科科长郭维华，乌兰察布市卫计委基层科科长刘静，乌兰察布市卫计委家庭发展科科长李连芳，县健康促进月活动成员单位负责人、县卫生和计划生育局有关领导和股室负责人；各乡镇分管卫计工作的副乡镇长、卫生计生工作站站长、计生协会秘书长、乡镇卫生院院长，各村委会健康扶贫和卫生计生专管员，以及化德县卫生和计划生育局股长一行6人参加培训会。共计300余人参加全县健康扶贫和卫生计生专管员业务知识培训班。自治区卫计委家庭发展处副处长闫立杰讲授计划生育三项制度政策。市卫计委基层科科长刘静讲了如何做好基层计划生育服务和管理工作。培训以完善卫生计生服务管理和实现人口的全面发展为出发点，进一步加大力度，提升基层卫生和计生公共管理服务能力和水平，健全完善基层卫生计生管理服务体制，实现基层卫生计生整体工作的持续、稳定、健康发展，深入实施健康扶贫工程，促进商都县脱贫攻坚任务如期完成。

【青春健康教育培训】 2018年，陆续开展青春健康教育成长之道“我的生涯规划”培训活动和青春健康教育“沟通之道”亲子互动培训、青春健康教育志愿者系列培训。县计划生育协会在商都高级中学高二年级1708班举行青春健康教育“成长之道”生涯规划活动之后，该年级其他班级班主任老师主动去1708班观摩学习，并邀请县计生协会在各班举行培训活动。学生和家长共同参加培训，在相互沟通、相互理解的基础上，促进学生健康成长，促进青春健康教育发展。

【重要事件】 1月，县计划生育协会联合七台镇社区管理中心对七台镇的祥和社区、鹿王社区、七台社区等14个社区开展“健康家庭行动系列巡讲进基层”活动。为了进一步推进全县家庭建设工作，促进居民健康、家庭和谐幸福，县计划生育协会开展为期8天的系列巡讲进社区活动，特邀请中国营养学会科普讲师李永繁授课，社区受益居民600余人。

4月16—20日，商都县卫生和计划生育局以“新时代·新健康·新促进”为主题的第30个爱国卫生月活动暨创建自治区健康促进县正式启动，县卫生和计划生育局副局长王誉芳带队，老师李永繁深入七台镇、小海子镇、十八顷镇、大黑沙土镇、屯垦队镇为基层干部及部分居民开展“爱国卫生月·健康家庭行动”健康巡讲进基层活动，旨在以第30个爱国卫生月活动为契机，以宣传计划生育奖励优惠政策、普及健康素养66条为重点，全面提升干部、居民健康素养水平和奖励优惠政策知晓率。

5月9—17日，开展为每位计划生育特别困难家庭成员进行一次高级别的免费体检活动，体检项目包括内科、外科、五官科、大生化、血常规、彩超、尿常规、心电图、DR胸片等15项常规检查。参加体检人员全部集中到县医院四楼体检中心，共为88户特殊困难家庭成员145人进行体检，及时了解他们的身体状况，对体检结果详细记录，并解答体检对象提出的各种问题，对他们的日常保健给予指导与建议。

5月13日，商都县计生协会在青春健康教育基地举行题为“我的生涯规划”的沟通之道家长培训活动，商都高级中学高一年级学生34人和家长34人参加。

5月15日，第24个“国际家庭日”，县计生协会启动“健康家庭行动”活动和“健康家庭行动系列巡讲”活动，在商都县6所小学开展健康知识科普讲座，系列活动主要围绕实施“新家庭计划”和创建幸福家庭活动，营造人人健康、家家幸福的氛围。

6月1日，小豆豆早教中心特邀知名早教专家、金雅教育首席讲师曲娇，以“早教的重要性”为题，为商都县关心早期教育的婴幼儿家长讲课，引导和帮助婴幼儿家庭，掌握科学育儿知识，对婴幼儿实施科学的早期教育的重要性，使每个婴幼儿家庭都能培养出一个健康聪明的孩子，为增强家庭发展活力，提高家庭幸福指数，奠定良好的基础。

9月12日，在商都高级中学高二年级1708班举行“微生活需要大关注”暑假生活分享参与式培训活动，分享活动分为“学习篇”“生活篇”“旅游篇”“兴趣篇”四个部分。

9月27日，青春健康教育“成长之道”参与式培训在商都县第五中学八年级58班启动，参与的学生 33 人。

9 月 27 日至 10 月 17 日，在商都高级中学高二年级 1708 班举办青春健康教育成长之道“我的生涯规划”培训 7 次，参加学生 49 人，引导学生准确评估自己的现状，明确自己的目标，增强学习的动力。

10 月 14—23 日，县计划生育协会在 1709 班为 50 名同学开展青春健康教育“成长之道”生涯规划活动参与式培训。

10 月 17—23 日，青春健康教育教育“成长之道”参与式培训在商都高级中学心理工作室举行，1708 班住宿生 27 人参加。

10 月 23 日，商都县计划生育协会开展青春健康教育志愿者第二期培训活动。

11 月 10 日，商都县计划生育协会举办青春健康教育家长座谈会，以参与体验的方式促进亲子沟通和家校沟通。

11 月 13 日，县计划生育协会在青春健康教育基地开展“沟通之道”亲子培训，培训对象为第五中学八年级 58 班的家长。

11 月 15 日，为号召志愿者多读书、读好书，养成终身学习的良好习惯，提高年轻志愿者的主持水平，在现场培训活动中掌握更多的实际操作技巧，青春健康工作室成功举办第一期读书分享会。

11 月 20 日，县计划生育协会举办青春健康工作室第二期读书分享会。

（供稿　赵晓慧）

乡 镇

七台镇

【概　况】 七台镇是商都县委、县政府所在地，地处集二线边缘，集通铁路、呼满省际大通道平行横贯全镇，道路四通八达。全镇辖地面积283.72平方公里，其中城区建筑面积36.44平方公里、耕地面积15.61万亩（其中水浇地3.3万亩）、林地面积12.5万亩（其中退耕还林地4.9万亩）、天然草场面积21.5万亩。有大小畜2.5万头（只）。全镇有15个村委会、49个村民小组、20个社区居委会。总户数4.03万户，总人口8.04万人，约占全县总人口的四分之一。在全镇人口中，以汉族居民为多数，有蒙古族、回族、满族、藏族等少数民族居民。

七台镇机构设置党政综合办、社会事务办、经济发展办、人口计划生育服务站、农业综合服务站、林业工作站、畜牧兽医工作站、文化科技服务站、水利工作站、劳动和社会保障事务所、国土资源所，编制总人数镇机关118人，社区198人。

【重大风险防范化解】 规范政府举债融资行为，停建、缓建一批政府投资项目，积极解决拖欠民营企业工程款及农民工工资问题，全年共化解政府债务325万元，完成年度化债任务。

【精准脱贫攻坚】 2018年，围绕到2019年国家现行标准下全镇农村贫困人口实现脱贫、贫困村出列、2020年巩固提升的总目标，聚焦“两不愁、三保障”目标，按照“五个一批”“六个精准”要求，下足“绣花”功夫。健全完善驻村工作队和第一书记派驻管理体制，针对因病、因学、缺少发展资金等主要致贫原因，认真落实扶贫政策，为实现既定脱贫任务目标打下良好基础。2018年，全镇15个村集体经济收入全部达到5万元以上，脱贫退出238户、564人，喇嘛板、二号、北大村、马鞍桥4个贫困村实现整村退出，贫困发生率下降至1.15%。

【污染防治整改】 牢固树立“绿水青山就是金山银山”的发展理念，继续加强生态建设，提高环境承载能力，积极配合县委、县政府完成全年的植树造林工程，深入开展农村环境卫生集中整治，农村人居环境持续改善。扎实开展非煤矿山整治工作，成立综合服务管理大队，常年在全镇辖区内开展环境监察及禁牧防火工作，依法惩治人畜毁林毁草不法行为，真正实现全镇辖区内全面禁牧，有效地保护生态建设成果。

【现代农业发展】 坚持以新发展理念谋篇布局，全面推动农牧业发展。依托希森、蓝维斯顿等马铃薯加工企业，发展马铃薯种植，种植面积达2.7万亩。全镇的蔬菜种植围绕提质提效这一目标，支持农民发展绿色蔬菜种植，深入推广日光温室、大棚等设施农业建设。全镇累计建成大棚9986座，共2900亩。依托佰惠生糖业甜菜深加工企业，加快冷凉蔬菜种植基地建设，全镇糖菜种植面积达2.48万亩，东坊子、西坊子、二号、三个井4个村委会冷凉蔬菜种植面积达2.5万亩。

【建设型畜牧业】 建设型畜牧业迈出新步伐。立足奶牛、肉羊、生猪、肉鸡等优势畜种，推进标准化规模养殖小区建设，实现相对集中经营管理。积极帮助中谷奶牛养殖园进行标准化园区建设。动物疫病防控体系建设得到加强，确保畜牧业健康发展。

【土地确权颁证】 聚焦“一村一策”，着力推进确权颁证取得新成效。严格执行土地确权相关政策和操作流程，紧扣目标，精心组织，扎实推进，全镇农村土地承包经营权确权登记颁证工作取得阶段性成果。全镇完成54个自然村土地测绘工作，完成测绘承包地块5508块，面积11.72万亩。所有村委会农户均提交申请书，需要办理委托书的农户均办理委托书。52个村民小组进行第二轮公示、并且建立数据库，公示面积为11.2万亩，占全镇土地确权的97.17%，全面完成土地承包合同的签订和档案整理工作。截至年底，完成9个自然村1253户制证工作，后续工作正在持续进行。

【民生事业】 聚焦“办实事、增福祉”，民生事业再上新台阶。始终把人民对美好生活的向往作为奋斗目标，着力保障和改善民生，努力将发展红利转化为实实在在的民生福祉。社会保障工作持续完善，认真落实农村和城镇最低生活保障制度，扎实推进“以户施保”，进行动态管理，实现“应保尽保”；认真做好特困人员供养、社会救助工作，完善重大疾病救助和教育救助制度，切实保障困难家庭和弱势群体的基本生活。2018年，共救助城镇低保6932户、8792人，农村低保3092户、4316人（以户施保2172户、3293人），对城镇特困人员100人、农村特困人员241人进行救助供养。

【文化事业】 突出地方特色，特别是加强村、社区文化阵地建设，开展各种文化、体育、娱乐活动，广泛开展全民健身运动，不断满足群众日益增长的精神文化需求，提高群众的健康水平。2018年，全镇共有各类文化活动队伍70余支，先后参加全国、自治区、市各类比赛演出6次，并获得优异成绩。

【卫生健康工作】 实施“三个一批”行动计划，全面放开“二孩”政策，实施计划生育服务工作，继续推行奖励扶助政策，倡导生殖健康，宣传人口和计生法律法规，加强“两非”（严禁任何机构和个人利用超声技术和其他技术手段进行非医学需要的胎儿性别鉴定或者选择性别的人工终止妊娠）和孕前优生检测工作。

【社会治理】 2018年，积极培育和践行社会主义核心价值观，开展“商都好人”等精神文明创建工作，加强对宗教及宗教思想传播管理。下大气力化解一些信访突出问题，从源头上预防和减少矛盾，认真落实领导信访接待日制度，继续实行领导包案“一岗双责”制，提升信访工作整体水平。全年共受理各类信访案件62起，化解50起，正在解决12起。深入开展“七五”普法宣传，全力排查化解矛盾纠纷，严格执行社会治安综合治理领导责任制和目标管理责任制，完善社会治安防控体系，依法惩治各类违法犯罪行为，制订应急预案，加强演练，提高突发事件应急处置能力，切实维护社会安全稳定。

【党风廉政建设】 聚焦“新时代、新思想”，政府效能、自身建设再上新水平。坚持以习近平新时代中国特色社会主义思想为指导，牢固树立“四个意识”，坚定“四个自信”，做到“两个维护”（坚决维护习近平总书记党中央的核心、全党的核心地位，坚决维护以习近平同志为核心的党中央权威和集中统一领导），坚决贯彻中央八项规定及实施细则，驰而不息纠正“四风”，政府意识形态和党风廉政建设得到加强。扎实开展“党的建设质量提升年”活动，严格执行“三重一大”集体研究和财政预决算、“三公”经费公开等制度，政府公信力和执行力持续提升。领导班子自身建设得到强化，政府决策的民主化、科学化、规范化水平进一步提高。

（供稿　任建波）

小海子镇

【概　况】小海子镇位于商都县东南部，镇政府所在地距县城15公里。全镇共辖28个村委会、97个村民小组。全镇有社会户数1.24万户、社会人口3.57万余人，其中种地户数7150户，种地人口2.16万余人。全镇辖地面积452.04平方公里，耕地面积16.5万亩，其中水浇地12万亩，林草地29万亩。

内设行政机构：党政综合办、社会事务办；事业机构：农业综合服务站、人口和计划生育服务站、林业工作站、文化科技信息服务站、畜牧兽医站、国土资源所、水利服务站、食品药品监督管理所、财政所。

2018年，坚持农牧业优先发展，乡村振兴战略实现良好开局；始终将保障和改善民生放在和谐社会建设的突出位置，不断提升全镇人民的幸福指数。

【农牧业发展】种植业继续推进“两菜一薯”等主导产业的发展。2018年，全镇蔬菜、糖菜、马铃薯播种面积达到10.1万亩，占总播种面积的44%，其中糖菜种植面积8.2万亩、蔬菜种植面积0.8万亩、马铃薯种植面积1.1万亩。畜牧养殖方面，以突出生猪、肉羊和蛋鸡三大产业为主，在禁牧舍饲的基础上，加快规模养殖建设步伐，加大畜种改良力度，加快出栏周期，努力促进农民增收。年内，全镇肉羊存栏保持在4.6万只左右，蛋鸡饲养量达2.7万羽。加大招商引资力度，加强对农牧业产业园区的硬件建设，巩固完善“企业+基地+农户”的产业格局。

【林业生态建设】坚持把生态和基础设施建设作为改善农牧业生产条件、增加农民收入和实现可持续发展的根本大计来抓，实现经济发展和生态恢复“双赢”的目标。认真落实县委、县政府禁牧政策要求，加大禁牧舍饲和林草管护力度，群散乱牧现象得到有效遏制，依法保护生态建设成果。

【农村基础建设】认真落实危房改造和农村三年人居环境整治工作等建设工程，2018年，全镇共新建房屋1401户，维修666户；易地移民197户，进城安置34户；新修乡村公路43公里，街巷硬化33.6万平方米；农网改造更换线路204公里，新打人饮井28眼，维修6眼，铺设管道3.2万米，新上变压器181台。

【医疗卫生】继续坚持“预防为主、防治结合”的原则，健全和完善镇、村两级服务网络，增强服务效果，群众就医条件和医疗服务满意度得到明显提高，2018年，新农合参合人数2.96万余人，参合率达98%。

【文化事业】实现“广播电视”村村通、喇叭“村村响”，农村书屋、文化活动室全覆盖，进一步丰富群众文化生活；科技工作以推广应用适用技术为重点，全年共举办各类培训班培训2000多人次。

【党风廉政建设】坚持把政治建设放在首位，深入推进政府系统党风廉政建设和反腐败斗争。认真落实中央八项规定和自治区配套规定，持之以恒整治“四风”。加大政务公开力度，主动深入基层、走进群众、体察民情、了解民意，把群众反映的热点难点问题及时转化为政府决策和工作重点。加强机关内部管理，严格各项规章制度，切实改进工作作风，加强政府各部门效能建设。

（供稿　杨　刚）

十八顷镇

【概　况】十八顷镇辖25个村委会、2个农村社区，共61个村民小组，全镇社会人口1.17万余户、2.70万余人，常住人口4128户、9587人。辖地面积436.56平方公里，有耕地面积19.48万亩，其中水浇地6.57万亩；林地面积24.56万亩，其中公益林24.32万亩，商品林面积2421亩，退耕还林面积6.22万亩。全镇种植业以甜菜、葵花、玉米、马铃薯为主，年均种植面积5.8万亩，占总耕地面积29.78%。土地流转共2.87万余亩。养殖业以肉羊为主。

内设行政机构：党政综合办、社会事务办；事业机构：农业综合服务站、人口和计划生育服务站、林业工作站、文化科技信息服务站、畜牧兽医站、国土资源所、水利服务站、食品药品监督管理所、财政所。

【产业发展】以促农增收致富为目标，狠抓产业发展。始终以农业强、农村美、农民富为目标，认真落实高产创建、高效节水等科技措施，依托商都县境内的美国蓝威斯顿、希森薯业等企业，继续加强马铃薯规模化种植基地建设。确保全镇马铃薯种植面积稳定在3万亩以上；依托佰惠生糖业企业，发展糖菜种植达4.3万亩，蔬菜、葵花等优势作物面积3.4万亩，确保农民稳定增收；借助项目扶持，加快节水灌溉工程建设，铺设地埋管道2.8万延长米。狠抓品种改良、疫病防控等重要环节，引导农户发展以羊、牛、猪、鸡、兔为主的畜禽产业，促进群众增收致富；为了保护全镇畜牧业的健康发展，在防控非洲猪瘟疫情十分严峻形势下，全镇干部群众上下一心，通过全面细致的排查、切实有效的消毒防控，严防死守，画地为牢，取得防控非洲猪瘟工作的阶段性胜利。

【生态建设】坚持把生态工程建设作为改善农牧业生产条件、增加农民收入和实现可持续发展的根本大计来抓，实现经济发展和生态恢复“双赢”目标。在巩固生态建设成果的基础上，完成上级下达到全镇的林草种植任务。加大禁牧管护力度，新选聘村级管护人员，充实管护队伍，认真抓好禁牧工作，确保全年全面禁牧；对选聘的管护人员加强考核，落实奖惩措施，依据管护情况兑现工资，切实提高管护人员责任意识；突出抓好林草地防火工作，严格监控野外用火，杜绝失火毁林毁草事件的发生，有力地保障生态建设成果。

【贫困状况精准识别】以实现精准脱贫为要务，狠抓扶贫工作，扎实推进扶贫攻坚。全镇共对4128户、9587人农村常住人口的信息进行摸底清查，并完成分类研判、民主评议、信息比对、两次公示、县级公告、贫困告知和贫困村退出工作。将扶贫对象动态管理数据和清洗工作录入建档立卡系统，切实做到应纳尽纳、应扶尽扶、应退尽退。新识别贫困户52户、112人，其中，因病42户、88人，因学1户、5人，因缺劳力1户、2人，因残5户、10人，因住危房3户、7人。回退14户、37人，脱贫享受政策948户、2166人，脱贫不享受政策591户、1306人，清退24户、45人，自然变更增加25人，自然变更减少117人。截至年底，未脱贫贫困户为158户、362人，贫困发生率为3.8%。

【产业扶贫】2018年，共计为“点菜”贫困人口849户、2077人发放补贴资金204.6万元。对弱劳动能力贫困户，参照“菜单”名录，以发展产业项目扶持标准，即户均1500元，超出部分按照10%进行补贴，共计为贫困人口361户、927人发放差额补贴资金48.03万元；对无劳动能力贫困人口264户、474人通过资产收益的方式，按照每户1000元的标准，落实资产收益26.4万元。共为139户贫困户发放贴息贷款627.5万元。

【多措并举扶贫】采取易地移民搬迁、教育扶贫和医疗救助等方式扶贫。2018年，进城安置贫困户14户、40人，随迁户22户、66人，并发放异地搬迁后续产业资金托管收益184人、1.14万元。2018年，累计发放教育资助金58.79万余元，惠及学生267人次。积极推进健康扶贫，贫困人口住院取消押金，实行“先诊疗、后付费”和“一站式”结算，爱心基金补偿，彻底解决贫困群众看病难、看病贵的问题。深入实施“三个一批”行动计划，补助合作医疗费每人60元，共计1611人、9.66万余元；为新识别贫困户每人补助健康体检费175元，实现贫困人口免费体检全覆盖。积极推进“爱心公益超市”工作的落实，通过帮扶单位帮建、村集体自建等措施，在全镇建立27个“爱心公益超市”。

【“美丽乡村”建设】 以夯实基础设施为重点，狠抓项目建设。把抓基础设施建设作为改善民生实事的头等大事，以村组基础设施建设为主，2018年，按照全县的统一安排部署，对“美丽乡村”建设工程进行深入细致的规划。工程新建房屋737间，维修1458间，新建附房98间；新建院墙3.04万延长米；拆除外出闲置危房581间、附房532间；拆除院墙2.12万延长米，清理村边路边的生产、生活垃圾。通过“美丽乡村”工程的实施，实现村庄街巷的绿化、硬化、亮化、美化，为乡村振兴战略快速推进、有效落地奠定坚实的基础。

【社会保障体系】 以提升人民幸福指数为根本，狠抓民生保障。不断完善社会保障体系，深入推进惠民惠农财政补贴资金“一卡通”发放工作。完善城乡居民医疗保险制度，不断扩大城乡居民医疗保险覆盖面，参保人数达21378人，参保率为100%。完善低保救济机制，实行动态管理，应保尽保，累计发放农村低保金1344万元。做好医疗救助工作，发放大病医疗救助96万元。做好“双拥”优抚安置工作，发放入伍义务兵家属优待金16.3万元、农村籍退役士兵老年生活补助金15.1万元。做好残联、老龄工作，发放高龄补贴金75.6万元、重度残疾人护理补贴12.24万元、困难残疾人生活补贴12.58万元。做好救济救灾工作，发放特困人员供养金183.8万元。认真落实“两免一补”政策和义务教育阶段农村学生营养改善计划，继续加大对教育工作支持力度，改善办学条件，集中力量办好寄宿制小学，确保经济困难家庭、留守儿童平等就学。健全和完善镇、村两级卫生服务网络建设，提升医疗服务水平，加强对传染病、地方病的防控；抓好新型合作医疗政策落实，在方便群众方面有新举措；发挥镇文化站、“草原书屋”、户户通电视接收设备的作用，丰富群众文化生活，提高群众文化素养。

【社会治理】 以社会和谐稳定为基石，狠抓安全生产工作。有序推进扫黑除恶专项斗争，维护社会稳定，召开扫黑除恶专项斗争动员大会。为确保专项斗争“打”出声威，“打”出实效，以村为单位，宣传发动群众，做到人人皆知，围绕重点问题，动员社会各界力量分门别类、深挖细查，全方位、多领域排查掌握涉黑涉恶线索，确保做到排查“不留死角、全面见底”，群众的安全感明显增强。积极接待来访群众，全年化解信访事项367件次，有力维护和谐稳定的局面。严格落实“党政同责、一岗双责、齐抓共管”的安全生产责任体系，强化道路交通、学校、非煤矿山、企业等安全检查和隐患排查治理工作，开展安全宣传教育10余次，印发安全宣传单3500余份。认真贯彻落实“食品药品安全地方政府负责”“食品药品安全党政同责”工作要求，宣传农村自办宴席、食品药品安全管理规定，定期开展食品药品监督检查，及时发布食品安全预警公告，有效防范“舌尖上的安全事故”。

（供稿　刘浩哲）

大黑沙土镇

【概　况】 大黑沙土镇位于商都县城东部60公

里处，是全县最东部的一个镇。地处两省（内蒙古、河北省）五县（商都县、化德县、张北县、康保县、尚义县）交会点，北邻化德县朝阳镇，东与康保县、张北县毗邻，南与尚义县接壤，207省道依镇而过。全镇地势平坦，总辖地面积417.93平方公里（62.69万亩），有耕地面积23.6万亩，其中水浇地面积4.9万亩。全镇累计完成退耕还林（草）面积6.27万亩，完成农防林3300亩，人工种草3.07万亩，人工造林5000亩，飞播造林2400亩，围封自然草场1.45万亩，封山育林8000亩。全镇有石英石、煤炭、森林、盐等矿产资源。2018年，全镇辖29个村委会，56个自然村，总户数1.14万余户，社会人口3.4万人，户数共7051户、1.92万人，种地户数6473户、1.76万余人。常年居住1.73万余人，外出1.67万人。现有中心小学1所，另有卫生院、司法所、派出所、财政所、食药所、信用社、电信所、邮政所。

大黑沙土镇核定行政编制27人，事业编制30人，增加上划“两站一所”事业编制9人，核定科级领导职数7人、“三办”主任3人。

大黑沙土镇行政机构设置为“三办”，即党政综合办公室、经济发展办公室、社会事务办公室。事业机构设置为“三站”，即农业综合服务站、人口和计划生育服务站、文化科技信息服务站，上划“两站一所”，即林业工作站、动物疫病防控站、国土资源所。

【产业转型促进农业增效农民增收】 2018年，继续加强与企业合作，实现每个村集体经济5万元的目标。大黑沙土镇与12家企业合作，村集体经济收入119.7万元。建脱贫车间2处、鱼塘垂钓1处、经济林1处，实现集体经济和贫困户创收双赢的局面。以因地制宜、小投资大收益为原则，努力壮大村集体经济。充分依托资源优势，科学发展，以“两菜一薯一葵花”为主，努力做大做强特色产业。全镇农作物播种面积18.6亩，其中粮食作物面积6.8万亩，经济作物12万亩，经济作物占总种植面积的65%，同比增长5%，在哈北嘎、十一号、东升、西十大股4个村种植经济林510亩，全镇经济林总面积增至600余亩。年初，向县农牧业局积极争取养殖项目，分别为十一号、红帽营、小黑沙、红卫4个村争取订单鸡苗1.3万只，通过成鸡回购的方式，带动贫困户就业，以点带面，壮大村集体经济。依托雏鹰集团、恪青公司等农牧业龙头企业和合作社，推广订单合同式、流转聘用式和服务协作式等“龙头企业+合作社+农户”的发展模式。积极争取产业融合、精准扶贫资金，在磨石山、八角淖2个村新建饲养黑毛驴养殖场项目落成。抓住“中国薯都”马铃薯主粮化机遇，努力把小土豆做成大产业。马铃薯种植面积1.2万亩，其中水地种植面积4000亩。依托内蒙古佰惠生糖业有限公司，发展订单农业，糖菜种植面积稳定在1.5万亩。发展设施农业，冷凉蔬菜种植面积稳定在5000亩。以大营子村为中心，在蔬菜种植相对集中的芷芨滩、谭家营、杨柳湾等村加快推进中大型恒温库项目建设，提质扩能，蔬菜种植形成规模化。依托上级政府扶贫政策支持，加快推进雏鹰集团生猪养殖基地及早建成运营，拉动镇内现有8家生猪规模养殖企业发展。

【扶贫开发】 2018年，脱贫攻坚工作在精准识别的基础上，向精准帮扶、提高脱贫质量和稳定脱贫转变，按照“六个精准”“五个一批”要求，围绕“一收入、两不愁、三保障”目标，进一步完善分级负责，强化工作举措，精准发力、多点突破、点面并进，把脱贫攻坚各项工作抓精、抓准、抓实，各项工作有序推进。5月，在自治区“动态调整回头看”行动中纳入贫困人口382户、810人；户内调整增加49人，减少91人；因病、因学返贫回退30户、68人；调整后共有建档立卡贫困户2977户、6798人，低于国家扶贫标准1607户、3759人。

【产业扶贫】 2018年，采取龙头企业和合作社带动、“菜单式”扶持、光伏扶贫及村集体经济辐射四种模式，实现贫困人口产业全覆盖。（1）龙头企业和合作社带动模式。立足丰富的农畜产品资源优势，通过订单合同型、流转聘用型和服务协作型三种模式，构建紧密的农企利益联结机制，带动贫困人口347人稳定增收。其中，通过“龙头企业（合作社）+基地+贫困户”，将基地打造成企业的第一生产车间，带动贫困人口347人，人均增收2178元；通过土地流转和在企业务工，带动贫困人口185人，人均增收600元。（2）“菜单式”扶持模式。对有劳动能力的贫困户重点采取“菜单式”扶持，累计发放补贴资金506.37万元（其中预补资金432.3万元），扶持人数4194人。立足产业发展实际，采取“先建后补”“先种后补”和“先养后补”的方式，以每人1500元、每户不超4500元和种养殖超出部分10%的差异化给予补贴，满足贫困户产业发展多样化需求。全镇共有两次“菜单”，贫困人口4629人通过“菜单式”扶持发展种养业共17项（其中种植业10项、养殖业7项），发放菜单式补贴资金及差异化补贴资金506.37万元，发放无劳动能力贫困户资产收益金40.5万元。（3）脱贫车间模式。以脱贫车间助力贫困户发展。2018年，投资37万元的蒙之琪脱贫车间在芷芨滩村落地开花，脱贫车间主要生产高端羊绒棉裤，带动贫困人口7人增收，月均收入达3000元，为贫困人口脱贫致富增加动力。（4）村企合作模式。为深入贯彻落实上级党委扶贫决策部署，切实做好“村企合作”精准扶贫工作，坚持以“村级主导、市场主体，因地制宜、分类指导，培植典型、示范带动，整体联动、部门配合”为原则，积极壮大村集体经济。大黑沙土镇与12家企业合作，村集体经济收入119.7万元。建脱贫车间2处、鱼塘垂钓1处、经济林1处，带动贫困人口140人稳定就业。

【金融扶贫】 2018年，继续加大金融扶贫的放款力度，与农村信用社合作，简化贷款手续，实现农户零门槛无抵押贷款，共为88户农户发放金融扶贫贷款334.5万元，助力产业扶贫。

【教育扶贫】 对建档立卡贫困户在校学生565人，按要求及时落实各阶段住宿费、交通费、伙食费补贴等，对没有低保的贫困家庭大学生参照国家补助低保大学生的标准进行补助，对接受中等职业教育的贫困家庭学生依托“雨露计划”项目给予扶持。累计发放各类资金140.79万元。2018年，动态调整对象在校学生统计工作，稳步推进对符合条件贫困学生“金秋助学行动”和教育资助这两项教育扶持措施。

【健康扶贫】 继续落实好“一降四提五救助”保障政策，实施贫困人口大病救助基金和大病商业保险，采取贫困人口“慢病小药箱”送医送药和贫困人口免费体检等措施，全年共为611户贫困户进行免费体检，为慢性病者930人送家庭小药箱。全镇提高比例报销医疗费648人，发放住院津贴37.4万元，对符合条件的贫困人口3790人（其中动态调整512人）均享受新农合补助每人60元，累计发放补贴资金22.74万元。

【易地搬迁】 结合“美丽乡村”建设和小村整合，对生存条件恶劣、生态环境脆弱地区的贫困人口实施易地扶贫搬迁工程。2018年，对有搬迁意愿63户、195人（其中搬迁户54户、168人，同步搬迁户9户、27人）实施进城安置，全部按程序做好搬迁户档案整理工作。确保贫困户搬得出、稳得住、能致富。

【生态补偿】 根据国家级公益林生态效益补偿制度，将有劳动能力的贫困人口就地转为护林员等生态保护人员，帮助建档立卡贫困人口脱贫。全镇聘用建档立卡贫困人口124人担任护林员，每人每年工资3000元；贫困人口142人为村保洁员，每人每年工资4000元，护林员、保洁员二岗合一，主要职责为保洁工作，上半年岗位工资已全部发放。

【社会保障】 全镇共有建档立卡贫困人口社会保障兜底1445人（原有1321人、新增124人）、“五保”人员232人，全部落实贫困人口社会保障兜底政策。对符合条件的建档立卡贫困人口社会保障兜底1252人，按照上级有关文件精神实施“以户施保”政策，截至2018年年底，该项工作正在实施当中。

【集体经济壮大】 以因地制宜、小投资大收益为原则，努力壮大村集体经济。全镇共落实村集体经济收入66.2万元，其中，全镇土地确权中四台坊、磨石山等村流转土地集体经济收入达16.2万元；哈报沟村集鱼塘垂钓、采摘、农产品销售为一体的休闲庄园完成建设，预计获得集体经济收入5万—10万元。

【土地确权】 大黑沙土镇耕地面积23.6万亩，辖29个行政村、56个自然村，1.12万户、3.4万人。2018年，完成家庭信息采集核对、外业调查、内业制图等工作。完成一轮公示49个自然村，二轮公示20个自然村，11月底，全镇23.6万亩土地确权工作全部完成。

【“美丽乡村”建设】 统筹整合农村危改、一事一议和村容村貌“美丽乡村”建设等资金，2018年，全镇新建主房2212间、小房1023间、院墙1.52万米，维修235户、1837间；上半年，由于旱情严重，地下水位下沉，造成哈北嘎、东风、南大勿邓、古庙滩、东升5个村饮水难的问题。为了解决饮水难的问题，镇里及时召开党政联席会议并联系县水利局，为饮水困难的村打井，解决1000户、2300人饮水问题；加大全镇环境卫生整治力度，雇佣装载机、翻斗车各1辆及清扫车4台，对29个行政村、52个自然村的卫生进行彻底清理，在各个自然村配备垃圾箱共200余个，卫生环境初步改观。

【社会事业发展】 着力改善医疗卫生条件，村卫生所标准化建设率达100%，宣传倡导新型农村合作医疗，全年参合人数2.7万人，参合率达98%。计划生育工作通过落实奖励扶助优惠政策和创新优质服务，有效地稳定优生优育的低生育水平。教育工作认真落实“两免一补”政策，不断改善提高学校的软硬件建设；科技工作以推广应用适用技术为重点，举办各类技术培训，全年共培训800多人次；人武工作在加强基层民兵组织建设的同时，完成征兵任务，适龄青年光荣入伍。努力营造乡村文化，为12个行政村共发放秧歌服316套、扇子300把，为芷笈滩、杨柳湾等4个文化室配“草原书屋”图书35包、9组书柜。联系县文化局和小燕子蓝天东路二人台艺术团为四台坊子、大营子、磨石山3个村进行文化演出，组织大营子、十一号、哈北嘎广场舞队参加全县广场舞比赛及交流。全镇的文化体育、广播电视等社会事业取得长足发展，公共服务水平不断得到提升。

【社会治理】 社会管理规范有序，全镇大局和谐稳定。高度重视初信初访，全年共调解各类信访矛盾纠纷12起，调处率达100%，真正做到“小事不出村、大事不出镇”；安全生产常抓不懈，常态化开展安全生产大检查，全镇安全态势总体平稳；加强食品药品监管，对学校食堂、餐饮、食品店等负责人积极宣传《中华人民共和国食品安全法》，对全镇120个食品药品经营网点进行拉网式排查4次，监管农村集体性聚餐75次，食品药品安全得到有效保障；加强非洲猪瘟防疫控制，全镇设2个检查点，对进入镇域的活畜活禽进行检查。

【村“两委”换届选举工作】 按照县委统一部署，村“两委”换届选举工作在镇党委、政府的正确领导下，制订印发《大黑沙土镇村“两委”换届选举工作方案》，派出村“两委”换届督导组指导监督换届选举工作，确保换届选举公开透明，通过全镇上下共同努力，换届选举工作取得成功。共选举产生村主任29人，委员58人。村支部换届选举产生支部书记29人、委员81人，其中村“两委”交叉任职40人，总数比上届减少15人。为了把上级部门提出的书记、主任“一肩挑”的工作思路落到实处，多次召开党政联席会议，深入调查研究，统一思想，多次促膝谈心，分析利弊，有21个村实行“一肩挑”，选举工作受到县委、县政府主要领导的充分肯定。

【意识形态工作】 认真落实意识形态责任制，切实把意识形态工作摆上重要议事日程，各党组织主要负责人作为意识形态工作第一责任人，研究制订年度工作计划、学习教育计划，将意识形态工作有效落实在党委中心组学习、民主生活会、述职述廉等工作中。建立党组织负责人联系党员、谈心谈话制度，及时了解党员干部思想状况。全年召开意识形态工作形势分析会3次、中心组学习12次，学习宣传中国共产党的最新理论、方针、政策和国土资源法律法规，强化舆情研判和动态分析，通过个别谈心、耐心疏导、平等交流、民主讨论等方式，使意识形态入情入理，潜移默化。

【统一战线工作】 按照县委、县政府关于进一步加强基层民族统战工作的要求，不断巩固和壮大基层民族统战工作的基础，镇党委、政府始终坚持民族宗教无小事的思想，全面贯彻落实党的民族宗教信仰政策，建立统一战线工作领导小组和统战工作办公室，各行政村设立统战、宗教工作联络员。镇党委与29个行政村签订责任状。全年开展统战、宗教工作专题研究1次，集中学习2次，举办统战、宗教工作专兼职人员和村级联络员培训1次。为了加强对宗教工作的管理，摸底、排查全镇信教人员和私设聚会点情况，全面落实各级党组织主体责任，防止非法邪教和境外侵华势力的渗透。

【党风廉政建设】 全面落实各级党组织主体责任，贯彻中央和自治区、市、县部署要求，履行统一领导、直接主抓职责，健全一级抓一级、层层抓落实的责任体系，把主体责任延伸基层单位；各党组织书记切实履行“第一责任人”责任，班子其他成员切实履行“一岗双责”。把党风廉政建设和业务工作同部署、同检查、同落实、同考核，真正把“两个责任”扛在肩上。加强党员干部作风纪律整顿，规范党员干部工作行为。严厉整顿“四风”问题，积极查处损害群众切身利益的突出问题和腐败行为，全年召开党风廉政建设会议2次，安排部署工作2次，集中学习6次，班子成员对所分管范围内的党风廉政建设情况进行调研和督导检查12次。签订廉政责任状29份，签订廉政承诺书41份。开展纪律作风明察暗访6次，危房改造、扶贫开发、村务公开等工作监督检查30余次，廉政主体责任谈话29人，新任村干部任前谈话16人，组织全镇机关党员干部通过“学习讲堂”观看警示教育片3次，通过微信圈发送通报5次，节假日廉政短信提醒4次。结合扶贫领域监督执纪问责活动，对全镇各村开展监督执纪，党纪处分6人，提醒约谈8人，集体廉政谈话3次、300余人次，着力构建廉政防护堤坝，严肃村“两委”换届选举工作纪律，为全镇村“两委”换届选举工作奠定良好环境。

【党建工作】 2018年，以着力推进“党的质量提升年”工作为契机，进一步丰富基层党建载体，将党建与精准扶贫、重大项目建设等重点工作深度融合。结合巡视和上级党组织调研督查反馈问题和自查出的问题，全面加强整改；结合全面规范党建资料档案工作，推进构建基层组织，明确工作重点和方向；组织集体经济建设，着力结合实际不断壮大村级集体经济；扎实开展“不忘初心，牢记使命”主题教育、“两学一做”学习教育常态化制度化和“六大纪律”专题教育，进一步完善党政班子学习制度、全镇党员干部学习制度和村“两委”班子学习制度，达到综合提升的目标。镇党员干部开展集中学习33次，中心组学习11次，主题党日活动12次。全镇所有基层党组织都开展党组织书记上党课活动，并发放中共十九大报告、《习近平总书记系列重要讲话读本》等学习资料；严格党员日常管理，严格按照上级有关发展党员工作要求，结合镇党员发展工作实际，均衡各村党员力量，严把党员入口关，2018年，新发展党员4人；规范党员党组织关系转入转出，建立和完善党员档案；抓好村级党组织后备干部培养工作，选配复转军人和返乡大学生到村“两委”任职，有效解决2018年村“两委”换届后人员继乏问题。重视年轻干部管理和培养工作，着力营造工作有内容、肩上有责任、头顶有目标、身上有干劲的工作氛围。落实支部“评星定级”管理工作，对于评定为三星级及以下的基层组织采取措施进行整改，进一步提升党员和基层组织形象。

（供稿　张建英）

屯垦队镇

【概　况】 屯垦队镇地处商都县中北部，镇政府距县城25公里，东邻玻璃忽镜乡，南邻七台镇，西邻西井子镇，北邻大库伦乡，辖地面积580.81平方公里，共有27个行政村、105个自然村，全镇社会人口4.16万余人，其中常住人口1.17万余人。耕地面积20.78万亩，其中水地面积5.7万亩，水地中膜下滴灌2.8万亩，喷灌圈48个、近2.9万亩。2018年12月末，大小畜存栏5.26万余头（只），其中，大畜3911头、小畜（羊）4.51万余只、猪3601口。全镇退耕还林（草）面积22.73万余亩，补贴金额89.05万余元；农业支持保护补贴面积19.61万亩；农业保险参保面积30.7万亩，金额885.69万元。有寄宿制中心小学1所，有学生160人。

全镇干部及退休人员中，公务员29人，行政提前离岗3人，事业在岗32人，未上岗1人，离岗培训2人，提前离4人，离岗内退6人，提前退休55人，正常退休19人，遗属29人。2018年年初，镇党委、镇政府向上级有关部门争取资金，对建成后的公寓楼进行整体装修，改善干部职工的食宿。

2018年，屯垦队镇党委、镇政府以习近平新时代中国特色社会主义思想为指导，深入贯彻落实中共十九大精神及中共中央总书记习近平系列重要讲话精神，立足屯垦队镇实际，团结和依靠全镇各级干部和广大人民群众，围绕农业增效和农民增收，以结构调整和转变发展方式为主攻方向，发展马铃薯、糖菜种植业和肉羊、肉牛养殖业，继续完善“美丽乡村”基础建设及精准扶贫项目的落实，高度关注民情民意，推进全镇经济社会各项事业的全面发展。

【农村经济社会发展】 2018年，新增膜下滴灌2000亩；维护人工造林1.5万亩，封山育林5000亩，补植补种退耕还林地1.5万亩。全年完成农村危房改造1044户，新建房屋1828间，新建院墙4.12万延长米。全部完成人畜安全饮水工程项目的建设。新增低保户182户；全镇享受“五保”473人、低保7792人；全镇共有幸福院10处，运行正常。2018年，在二号村建成文化活动广场1处并投入使用，丰富群众的业余文化生活。在二号、壕欠、大补龙、小五号4个村建成标准化公共公厕6座。社会养老保险全面铺开，60周岁以上有7331人领取养老保险金，16—59周岁有1.2万人参加农村养老保险；全镇合作医疗参保人数3.18万余人，在村人口100%参入。2018年，镇卫生院为60周岁以上老人2312人进行免费体检，及时了解老人的健康状况，实现社会化的全覆盖。

【党建工作】 2018年，镇党委坚持“围绕经济抓党建，抓好党建促发展”的工作思路，与时俱进，创新载体，加强干部队伍建设和基层组织建设，切实提高党建工作的实效性，努力发挥好党组织的战斗堡垒作用，为经济和社会发展提供坚实的组织保障。以习近平新时代中国特色社会主义思想为指导、以中共十九大精神为主题，共召开党建专题会议5次，班子成员学习12次，坚持民主集中制原则，完善工作、议事和管理制度，增强党委班子对重大问题的科学决策能力，扎实开展主题党日活动，认真学习党章党规和中共中央总书记习近平系列重要讲话，增强干部的责任意识、大局意识、服务意识、纪律意识，加强机关效能建设。

【环保责任落实】 2018年，屯垦队镇结合精准扶贫工作，对具备劳动能力和有意愿的建档立卡贫困人口就地转成护林员、生态保护人员。生态管护人员定期在自己管辖的区域进行值班巡逻，开展生态保护和修复工作，全镇生态保护人员350人。镇政府组织农牧民群众开展环境保护知识宣讲5场，受教育群众3800人，把保护环境灌输到农牧民头脑中，让农牧民群众明白什么是环保，为什么要环保，怎样才能环保。成立河长制领导小组，镇党委书记为组长，镇党委副书记、镇长为副组长，对辖区河流进行分片管理，对辖区内的环境卫生，镇党委、政府同27个村委会签订承诺书，把责任落实到每一个基层组织。加强对镇、村领导干部的环保培训2场，受教育群众2105人。制订化肥等的科学使用计划，倡导良好的生活习惯，推广农村环境保洁，实行农村生活垃圾分类堆放，确保道路、河道清洁，转变农牧民生产和生活方式。

【精准扶贫工作】 2018年，在精准扶贫项目建设的基础上，逐步完善监管机制，并加大资金投入力度，保障扶贫工作稳步推进，确保为2019年全面实现脱贫奠定坚实的基础。在27个行政村建立“爱心公益”超市，提升村级公共性与公信力，推动农民群众日益增长的物质需求，有26户、71人稳定脱贫，487户、1152人正常脱贫，返贫62户、143人。

（供稿　王树文）

西井子镇

【概　况】 西井子镇距商都县城40公里，辖31个村民委员会、89个村民小组，社会户数1.61万户、3.47万人，在村4859户、1.07万人。形成以汉族为主体，蒙古族等民族并存的居住格局。全镇辖地面积493.99平方公里，总耕地面积19.2万亩（其中水浇地7000亩），有林地面积20.9万亩，林草覆盖率达43%。有中心小学1所，另有卫生院、司法所、派出所、食药所、信用社、电信所、邮政所。

镇下设党政综合办、社会事务办、经济发展办。事业单位包括国土资源所、动物卫生监督所、财政所、文化科技服务站、农业综合服务站、林业工作站、人口和计划生育服务站、水利服务站、扶贫工作站（2016年新增）。全镇有行政编制36人，事业编制41人。

【脱贫攻坚问题整改】 在全镇31个行政村89个自然村开展“拉网式全覆盖”问题排查集中整改专项活动，针对中央、自治区历次检查考评发现问题，通过召开会议、开展集中培训等方式，压实片领导、村书记整改责任，建立问题清单、任务销号清单、责任清单，明确时间表和路线图及责任人，实行台账管理。在责任落实方面，为严明纪律落实责任，对部分村的驻村第一书记和驻村工作队员进行调整，对一些工作不负责、不坚持到岗的第一书记和工作队员进行撤换。对重点村的干部队伍进行加强。在精准识别退出方面，按照“两不愁、三保障”标准，结合实际，综合评定，依程序将216户、409人进行识别。在精准施策方面，根据贫困户致贫原因，有无劳力和个人发展意愿，按户施策、因人施策、落实产业扶贫政策；在精准帮扶方面，制订《西井子镇精准扶贫培训工作实施方案》《西井子镇关于进一步加强贫困人口志智双扶工作实施方案》，并多次组织镇村干部、第一书记、驻村工作队员学习掌握扶贫政策，印发各类宣传资料 2 万余份，政策知晓率和贫困人口创业精神得到提升。

【贫困人口动态管理】 4 月 22 日至 5 月底，利用一个多月时间，在全镇范围内对扶贫对象开展动态调整。全镇新识别贫困户 216 户、409 人，其中因病 135 户、251 人，因学 16 户、50 人，因残 25 户、40 人，因房 38 户、64 人，缺资金 2 户、4 人；返贫 1 户、2 人，回退 6 户、12 人。2018 年 10 月开始动态管理，脱贫 549 户、1297 人，新识别 1 户、2 人，返贫 2 户、5 人。2018 年年底，全镇剩余未脱贫人口 226 户、462 人，贫困发生率下降到 1.12%，贫困村退出西井子、东井子 2 个村。累计实现 7 个贫困村全部出列。

【“菜单式”产业扶贫】 全镇对强劳动力 510 户、1345 人，按照每人 1500 元、每户不超 4500 元的标准；弱劳动力 1079 户、2454 人，按照每户 1500 元的标准采用先种后补、先养后补的方式，共计发放补贴金 322.96 万元，验收发放，10% 差异化补贴 33.03 万元已发放。无劳动能力 408 户通过资产收益户均 1000 元，已发放 40.8 万元。建起食用菌养菇基地，拟通过“车间 + 农户”方式，增加集体收入，培育贫困户产业脱贫新模式。

【金融保险扶贫】 进一步宣传落实全县金融扶贫信贷政策，对符合条件的贫困人口，实施金融扶贫，努力扩大扶贫贷款规模。镇农村信用社向种养殖贫困户发放 260 笔贴息贷款 940 万元，农行发放贴息贷款 37 户、185 万元。

【教育扶贫】 对建档立卡贫困户在校学生 565 人，按各阶段标准进行资助 125 万余元（其中小学生 196 人，每人每学期资助 1095 元；初中生 111 人，每人每学期资助 1230 元；高中生 87 人，每人每学期资助 2425 元；职高生 59 人，每人每学期资助 2175 元；大学专科 63 人，每人每学期 5000 元；本科 49 人，每人每学期 5000 元），通过“一卡通”全部补贴到户。全镇共有新入学大学生 27 人享受“泛海行动”救助，每人补贴 5000 元。

【健康扶贫】 2018 年，对新识别的贫困人口进行全面健康体检，按照“三个一批”扶持措施，实行贫困人口就医先诊疗、后付费、免押金和“一站式”结算，全面推广慢性病送药上门服务和医生签约服务。通过合作医疗、民政医疗救助、大病商业保险、大病救助“一站式”报销，贫困人口大病医药费报销比例达 90%。贫困人口合作医疗保险每人补贴 60 元，大病保险每人 100 元。

【危房改造及安全饮水】 按照商都县规定的危房改造标准，实施危房改造工程，新建 825 户、1368 间，维修 702 户。安全饮水涉及 26 个自然村，及时得到配套解决。

【易地扶贫搬迁】 坚持“政府主导，群众自愿”的原则，对有搬迁意愿、符合政策的建档立卡贫困户 68 户、201 人，实施进城易地搬迁安置。

【贫困人口社会保障兜底】 对建档立卡贫困人口实施社会保障兜底，符合条件的 2092 人（低保 1292 人、直补 722 人、“五保”78 人），将按照上级文件精神实施“以户施保”，落实贫困人口社会保障兜底政策。

【社会扶贫】 县林业局为新井子等 9 个行政村发放杏树苗、李树苗、果树苗共计 2982 株，帮助建设黑枸杞基地 2 个（黑沙图 110 亩、张家坊 110 亩）；县工商质监局为赛勿素等 5 个行政村 900 多户发放鸡仔 6856 只；县国土资源局为朝阳等 4 个行政村发放果树苗 1200 株，为大南坊行政村投资 20 万元建设 20 亩新型果园 1 处；县人社局为四顷湾、北渠子行政村购买鸡苗 3120 羽、饲料 3180 公斤、种兔 135 只；县安监局为苏集村发放鸡苗 1420 只；市国土资源局为元宝山行政村发放鸡苗 1500 羽、饲料 750 公斤，为七股地行政村发放果树苗 240 株，投资 143 万余元为缺水的 9 个行政村打人畜饮水井 9 眼。镇政府为后土城、大南坊 175 户养猪 2 口以上农户补贴购猪仔款 8 万元，积极鼓励养猪产业发展；为青石脑包村建设红枸杞基地300亩，为格化司台村建设红枸杞基地500亩。县政法委、发改局分别筹资3万元，支持七邓营养菇车间建设。

【贫困户就业】 在各村委会适时组织农民季节性打工的同时，村内设置公益性岗位，安置贫困人口，2018年，全镇有保洁员159人、护林员220人就业，年人均增收4000元。

【集体经济壮大】 通过为企业提供服务，新增3家企业为5个村委会集体经济发展增收11万元；5个乡镇联合建设肉牛养殖场，建成后租金50万元作为集体经济，覆盖25个村委会；七邓营村委会养菇基地，实现当年3万元集体经济收入。

【政府性债务化解】 按照县委、县政府关于进一步做好“十个全覆盖”工程政府性债务化解的要求，对2015—2017年“十个全覆盖”工程进行工程、项目、资金、资料整理和审核工作，切实做好“十个全覆盖”工程政府性债务化解工作。通过第三方审计核算，全镇“十个全覆盖”工程总投资为1.67亿元，通过历年工程结算，负债为3453.59万元。工程项目包括易地移民、危房改造、贫困村基础设施建设、一事一议、村容村貌整治等（其中包括道路硬化、村委会建设、基础设施建设等公建工程）。

【农村污染防治】 在大气污染防治方面，配合县相关部门，加强全镇各工矿企业监管力度，积极推进矿山违规开采排查，坚决消除安全隐患。为各村配备垃圾箱119个、人力清理垃圾车200辆，各村确定垃圾处理点，全面整治农村环境卫生。在水污染防治方面，严格地下水使用和管理，进一步规范饮用水源地管理，依法惩治在水源地、禁采区擅自开采地下水资源行为。在土壤污染防治方面，重点开展农牧业控肥、控药、控膜行动。加强生态建设与保护，依法惩治毁林毁草乱开乱垦行为，严格落实禁牧政策，草原防火管控得力。

【设施农业】 2018年，全年调购马铃薯籽种65万公斤，覆盖31个行政村，马铃薯良种率逐年提高。全镇种植马铃薯面积4万亩，其中旱作覆膜1万亩、水地膜下滴灌6000亩。通过强化服务，引导农民加大旱作覆膜种植面积，落实农牧局旱作农业技术推广项目，形成大南坊、朝阳、后土城联片种植1500亩芸豆种植示范区，逐年扩大覆膜稳产田种植，稳定增加农民收入。加大特色经济林和生态林建设力度，积极争取改造残次林项目，吸纳帮扶企业和合作社参股管理，发展林下经济，带动村集体和贫困户增加收益，实现经济效益和生态效益相统一。

【科学养殖】 全镇家畜饲养量达到13万头（只）。继续抓好牲畜疫病防治和科学饲养管理，强化布病防治工作，通过监测，扑杀布病羊数17只；镇、村两级干部加强猪瘟疫病宣传，采取群防群控的办法，秋防密度达100%，确保全镇没有发生非洲猪瘟疫情，促进畜牧业健康稳定发展。注重培育发展农村种养专业合作社，通过提供优惠政策，培育一批种养殖大户，积极扶持发展农畜产品加工企业，提高农牧业的组织化程度，提升农牧业的产业化水平。土地确权工作稳步推进，各村委会按照《西井子镇农村土地承包经营权确权登记颁证工作方案》的要求，因地制宜，因村施策，在充分尊重农民意愿基础上制订切实可行的工作方案。在镇、村干部的通力合作下，二轮公示走在全县前列，并全部完成。截至2018年年底，测绘公司正在推进合同签订和颁证工作，村委会与村民签订土地承包合同，合同签订率达80%。

【乡村振兴】 按照产业兴旺、生态宜居、乡风文明、治理有效、生活富裕的总要求，加快农村现代化建设。立足抓好产业兴旺这个重点，结合当地条件，引导农民开展牛、羊、猪、鸡养殖和马铃薯、杂粮杂豆种植，鼓励有能力的农户和返乡能人大户开展规模种养业，引进艾草、藜麦特色种植、庭院经济种植，发展庭院经济“农家乐”

项目，创新发展思路，拓宽增收渠道。努力发展村级集体经济，通过资金托管保本分红、村企合作、盘活闲置资产、土地流转等方式，增加村集体经济收入，集体经济收入达153万元，实现“清零递增”的目标。以党建为引领发展壮大集体经济，在黑沙图村种植黑枸杞200亩；在七邓营村采取“基地+农户”的模式，投资30万元，建成蘑菇种植示范大棚5个，前期培育取得成功，将有效增加集体经济收入，并在全镇起到典型示范带动作用。以健全自治、德治、法治相结合的基层治理体系为目标，重新编制村规民约，陈规陋俗得到扼制；充分发挥村务监督委员会的作用，全面实行“三务”公开，形成“大家事、大家议、大家管”的良好氛围。

【社会事业】 教育工作全面落实“两免一补”和贫困户扶持政策，积极开展爱心助学和对口帮扶活动，确保经济困难家庭、留守儿童及时就学；持续加大教育支持力度，集中力量办好寄宿制小学。民政工作完成“五保”、以户施保，力争做到应保尽保，全面规范农村保障体系建设。卫生工作继续坚持“预防为主、防治结合”的原则，加大对传染病、地方病的预防和控制，村级卫生室条件和服务水平明显增强，农民当地参合率达95%以上，因病致贫、因病返贫的现象显著降低。计划生育工作全面落实利益导向政策，积极宣传全面放开二胎生育的新政策；不断完善更新人口信息平台，加强对育龄人群服务与管理。在食品药品管理工作上，镇食药所干部经常深入各村，进行食品、药品监测，群众的食品、药品质量得到初步保障。调购新品种、推广新技术、应用大型农机具成为村民的共识，科技贡献率逐年提高。加强宣传思想文化建设。牢牢掌握意识形态工作的领导权、管理权、话语权，弘扬主旋律、传播正能量成为广大群众的共识。镇有文化站、村有文化室、户有户户通电视接收设备和无线网络设施，群众文化生活日益丰富多彩。完成夏季征兵工作，全镇适龄青年光荣入伍。切实加强民族宗教、妇女儿童权益保障和弱势群体的保障工作，促进经济社会全面协调发展。在综合治理方面，镇党委成立综治、信访工作领导小组，配齐配强综治信访干部，实行专事专人专办。班子成员实行信访接待制度，积极开展矛盾纠纷排查化解工作，力争做到小事不出村、大事不出镇，有效地维护全镇的和谐稳定局面。

【基层组织建设】 面对新形势新要求，镇党委认真学习中共十九大精神和习近平新时代中国特色社会主义思想，贯彻落实农村牧区基层党建工作会议和从严治党文件精神，深入推动“两学一做”学习教育常态化、制度化，以“党的建设质量提升年”为契机，定期组织各支部开展主题党日活动，并在活动中加强意识形态教育，突出在党建工作中的重要地位。进一步引导党员干部提高党性修养，增强“四种意识”，树立“五大发展理念”，践行“两个维护”，着力提升基层组织服务能力，打通联系服务群众的“最后一公里”。镇党委注重民主集中制建设，对党建重点工作、社会经济发展、“三重一大”事项采取党委会研究、班子成员共同商议的方式进行解决，实行班子成员集体领导和个人分工负责制，不搞“一言堂”，努力倡导一种既有民主，又有集中，既有自由，又有纪律，既有统一意志，又有个人心情舒畅、生动活泼的政治局面。注重班子团结，倡导互相支持不拆台、互相配合不推诿、和谐融洽的工作气氛。特别是对经济发展、干部任免等重大问题，坚持会前征求意见，个别酝酿，集体决定；坚持党管干部原则，贯彻落实《党政领导干部选拔任用工作条例》，坚持正确的选人用人机制，严把选人用人关，采取群众推荐、民主测评、认真考核的方式选优配强各站所负责人及驻村第一书记；在村级“两委”换届工作中，充分尊重各支部党员意见，注重配结构强实力，保持大稳定，注重引人才调活力，严把人员审核关，严把程序合法关，严把纪律严明关，选优配强村级“两委”班子成员，顺利完成31个村“两委”换届选举工作。选举产生党支部书记31人，“一肩挑”的共27人，“两委”成员146人，培养后备干部123人。狠抓从严治党，完善干部管理机制，对不作为、乱作为、慢作为进行专项整治，完善《镇党委会议事项决策制度》《“三重一大”议事制度》等12项制度。各支部严格执行“三会一课”制度，开展民主评议党员和党员“评星定级”，并出台处置不合格党员的意见。通过开展“评星定级”活动，共选出一类支部10个、二类支部21个；参加“评星定级”的党员370人，评出优秀党员150人、合格党员220人。2018年年底，经过层层把关，择优发展农民党员4人，其中致富能手3人、社会组织1人，转正党员12人，培养入党积极分子93人。严格规范党费收缴和党员教育管理工作。镇党委认真开展干部培训工作，组织开展村干部党建理论学习培训班2期，培训240人次，切实提高农村干部为民办事服务的能力。全镇严格落实党委主体责任和班子成员一岗双责，制定年度党风廉政建设和反腐败工作实施意见。按照县委的要求，在全镇开展“清风干部”评选活动，共评选出“清风干部”238人，其中标杆干部36人。党政一班人带头落实中央八项规定，以及自治区、市、县配套规定，全镇上下呈现出干群同心、协调发展的可喜局面。

（供稿　张明成）

大库伦乡

【概　况】 大库伦乡位于商都县北端，距县城45公里，北面分别与苏尼特右旗、镶黄旗接壤，东与卯都乡、西与西井子镇毗邻，南与屯垦队镇相连，该乡是由原大库伦、八股地、章毛勿素三乡合并而成。全乡辖地总面积524.82平方公里，境内有硅石、萤石等矿产资源。全乡有19个村民委员会、75个村民小组，社会总户数9962户，社会人口2.75万余人，其中常住户数2978户，人口8500人。全乡共有耕地面积12.9万亩，其中水浇地面积2.36万亩。

全乡设七站（农业综合服务站、水利服务站、林业工作站、文化科技服务站、外出务工站、扶贫工作站、畜牧兽医站）、三所（财政所、食药监督所、国土资源所）。在职人员52人，其中领导10人、非实职领导2人、一般干部40人。

【龙头企业和合作社带动脱贫】 2018年，积极引导龙头企业和合作社带动贫困人口增收致富。依托蓝威斯顿公司、希森马铃薯种业有限公司、佰惠生糖业公司、乐耕食品公司、奥淳酒业公司、中地乳业公司和雏鹰集团等8家农牧业龙头企业和31个合作社，共带动贫困户449户实现稳定增收。

【“菜单式”产业扶贫】 对贫困人口实行“菜单式”产业扶持。采取“先建后补”“先种后补”和“先养后补”的方式，对强劳动能力和弱劳动能力的贫困户，分别按照人均1500元、户均不超4500元和户均1500元的标准，在产业发展项目建设前期预付生产准备金，项目建成验收后按照超出部分10%据实补贴；对无劳动能力和有劳动能力但没有产业项目的贫困户，按照户均1000元的标准落实资产收益。2018年，共落实199.48万余元补贴资金，扶持951户贫困户直接参与产业发展。

【村集体经济发展】 2018年，发展村集体经济引领带动贫困人口发展产业。把发展壮大村集体经济作为产业脱贫的有力抓手，采取企业反哺型、资产盘活型、乡村旅游型等模式，多途径、多渠道推进村集体经济“清零递增”行动。截至年底，全乡村集体经济现金总收入98.09万元，19个村委会全部有集体经济收入，实现“清零”目标。村集体经济现金收入超过5万元以上的村有13个，占村委会总数的68%。

【危房改造】 自2015年开始，累计投入资金1.7亿元，完成2186户常住户危房改造任务，拆除危房4250间、院墙8.2万延长米。其中，2018年完成危房改造709户，新建主房1418间、附房709间、院墙4.25万延长米。村容村貌得到明显改观。

【易地搬迁】 2018年，全面落实国家易地扶贫搬迁政策和规范标准，充分发挥政府的主导作用，尊重群众意愿，因地适户、积极稳妥地组织实施好易地扶贫搬迁。2016年，搬迁8户、22人；2017年，搬迁15户、42人；2018年，搬迁138户、357人，随迁45户、100人。

【教育扶贫】 2018年，全乡共资助贫困学生240人，“泛海助学”行动对贫困大学生17人资助17万元。

【社会保障兜底】 2018年，实行两项衔接制度，将符合低保标准的贫困户全部纳入低保，将符合扶贫标准的低保户全部纳入建档立卡贫困户，实现“应扶尽扶、应保尽保”。将完全丧失劳动能力和部分丧失劳动能力且无法依靠产业就业帮扶脱贫的贫困人口350人，由社会保障来兜底。2018年，各项救助资金按时足额发放。

【土地确权工作】 2018年，按照县委、县政府的工作安排，依照土地确权工作流程，为加快土地确权工作，成立乡、村两级领导小组，并按照“一村一策”的办法，准确澄清现有的耕地面积，核准应确权的人数，因地制宜，因村施策，制订土地确权方案，稳妥化解处理确权中的各类矛盾纠纷，确保土地确权工作顺利完成。截至年底，在全部完成土地面积测绘的基础上，完成72个村的一轮、二轮公示和数据入库工作，完成比例占95%；与农户签订承包合同完成45个村，占比60%。共为2021户无地农户解决土地3万多亩。

【农牧业产业化建设】 2018年，发展现代农业，全乡喷灌面积9196亩，覆膜田5500亩，膜下滴灌面积3575亩。全乡共种植马铃薯1.05万亩，杂豆杂粮0.4万亩，蚕豆0.4万亩，葵花1.78万亩，优质牧草5600亩。结合禁牧工作，推行舍饲养殖。2018年，全乡舍饲养殖肉羊10.3万只，年出栏5万只，收入达到4000多万元。依托农业资源优势，突出优势农作物的种植规模，做大做强农牧业特色产业。在种植业方面，以葵花、马铃薯、甜菜三大优势作物为主，共种植1.6万余亩，占水地面积的68%以上，依托佰惠生糖业公司等龙头企业，订单销售，实现农业的增产增收。在养殖业方面，通过改良杂交、更新换代，提高畜种的繁育率和出栏率，养羊户户均增收5000多元。强化畜群防疫管理工作，重点开展以布病防控监测和非洲猪瘟防控稳控为重点的防疫工作，全年灌服羊布病疫苗8.9万支，对生猪进行全部监控，实行日报告和零报告，未发生猪瘟疫情。

【社会民生事业】 2018年，在计划生育工作中，深入开展“吉祥草原”惠民计生行动，全面兑现计划生育奖励扶助政策。计划生育工作实现监管与服务并重、奖励与处罚并举，逐渐从监管向服务过渡，有效地提高人口出生素质。在文化建设上，实施农村电影进万家活动和广播电视村村通工程，不断提高农民群众的文化生活。在卫生建设方面，改建扩建乡卫生院，引进先进的医疗设备，改善医疗条件，从根本上改变农民群众就医难的现状；全面实施农村新型合作医疗，全乡参合人数达2.07万余人，参合率达98%。截至年底，全乡共有“五保”328人、低保4142人，现金直补558人，扶贫直补57人，全年度共补发补助资金1563.1万元。在社会保障和改善民生方面，以社会救助为主，进一步加快建立完善的社会保障体系，着力解决好民生问题，重点抓乡民生服务大厅建设，配齐工作人员，配置大厅设备，制定工作职责和在岗值班制度，充分体现民生服务大厅面向群众、服务群众的宗旨，为广大农民群众的咨询和办理日常事务提供平台；做好社会福利事业，进一步提高集中供养和散居“五保”户的生活水平；进一步扩大种植业保险覆盖范围，最大限度地减少因自然灾害带来的农业损失，及时兑现生态建设、粮食直补等国家政策性补贴资金。

（供稿 冯 海）

玻璃忽镜乡

【概 况】 玻璃忽镜乡全乡辖地442.42平方公里，社会总户数1.03万余户，总人口2.83万人，常住户数3078户，常住人口6330人，辖区内14个村委会，62个村民小组。行政设置“三办”：党政综合办18人、经济发展办2人、社会事务办1人；事业设置“八站三所”：农业综合服务站12人、林业工作站2人、文化服务站2人、动物卫生监督站1人、食品药品监督管理所5人、国土资源所1人、外出务工人员综合服务站1人，扶贫工作站1人，文化科技服务站2人，财政所3人、水利服务站3人。

2018年，乡党委、政府团结带领全乡干部群众，认真学习并贯彻落实中共十九大精神，立足于全乡实际情况，加快转变经济发展方式，优化产能结构，完善各项配套基础设施，积极参与招商引资，带动人民群众共同致富。

【生态环境整治】 在生态环境整治工作上，乡党委、政府始终坚持“我们既要绿水青山，也要金山银山。宁要绿水青山，不要金山银山，而且绿水青山就是金山银山”的发展理念，抓好生态环境的改善与整治工作。2018年，全乡投入资金70万元，用于环境整治。其中，租用装载机、翻斗车进行垃圾转运，并投入13万元新购置垃圾箱10个、手推车110个、铁锹150把、扫帚150把、环卫服装100套等清运工具装备。安排环卫工人对62个自然村的街道、旱厕、牲畜排污口等环境卫生每天进行清理，垃圾及时转运，加大管理和督查力度，保持各村环境卫生整洁干净。乡党委、政府干部协同14个村委会的干部一起，对各村的街道等进行全面清理，包村、包户的干部积极帮助贫困户，进行村民室内卫生大扫除，各自然村村内环境焕然一新。

【“美丽乡村”建设】 2018年，在“美丽乡村”建设方面，切实加强领导、精心组织、务求实效、统筹推进，坚持“统筹规划、群众自愿、公开公正、分批实施”原则，农村危房改造工作进展顺利，全乡14个村委会危房改造共新建主房1283间，维修损坏的花栏墙1582米，并实施美化和绿化工程，改善村民生活条件。

【精准脱贫工作】 2018年，完成各项扶贫任务。全乡精细开展2018年扶贫对象动态调整工作，新识别贫困户94户、182人，返贫户33人，清退5户、15人。截至年底，全乡共有建档立卡贫困户1619户、3358人，未脱贫223户、465人。贫困发生率下降为1.6%，贫困人口2956人。全乡上下全力展开大走访大调研活动，严格识别程序，深入调查贫困户家庭状况，强化帮扶措施，提高帮扶工作的针对性。规范完善14个村委会贫困户的资料。开展扶贫政策宣传，分村分片召开扶贫政策讲解培训，提高政策知晓率。

为了能够让更多的贫困人口早日脱贫，采取多种措施以保证脱贫攻坚工作顺利开展，在产业扶贫方面，采取“菜单式”扶持及村集体经济辐射两种模式，实现贫困人口产业全覆盖；在金融保险方面，共发放金融扶贫贷款12.65万元，并全面推行糖菜保险工作；在教育扶贫方面，共资助贫困学生154人；在健康扶贫方面，深入实施“三个一批”行动计划，大病集中救治一批、慢病签约服务管理一批、重病兜底保障一批；在改善村民居住条件方面，共完成危房改造1283间；在易地搬迁方面，对生存条件恶劣、生态环境脆弱地区的贫困人口实施易地扶贫搬迁工程。

【信访维稳工作】 在化解矛盾与惩治非正常上访行为上，实行两手抓、两手硬的措施，大大减少闹访、缠访和非正常上访行为，使得信访维稳工作有序进行。把矛盾纠纷化解在萌芽状态，全年未发生越级非正常上访事件。

【正风肃纪工作】 2018年，加强监督检查和问责追究，开展“清风干部”评选活动，促进全乡干部进一步严明纪律、规范行为，改进作风、提升效能，得到县委、县政府的认可，并成为全县“清风干部”试点乡。

【党建工作】 抓好基层党组织建设质量工作，确保基层党组织战斗堡垒作用充分发挥。认真贯彻中共十九大精神、习近平新时代中国特色社会主义思想、党章党规党纪和中共中央总书记习近平系列重要讲话精神以及自治区、市、县重要会议精神；扎实开展大学习、大讨论、大调研活动及“党的建设质量提升年”学习活动。按照中共中央总书记习近平倡导的八个方面良好风气要求和对“两学一做”教育的深刻理解，坚持加强党风廉政制度建设和思想教育，对各部门负责人和党员干部定期和经常性约谈，对人、财、物等重要领域和重要岗位干部强化谈话提醒和警示教育，注重抓早抓小和压力传导，综合运用检查督导、廉政约谈等方式，强化全体班子和干部责任意识和责任落实。加强对重点领域、重要节点和关键环节的管理监督，组织开展“两个责任”落实情况专项检查，开展落实八项规定精神、反“四风”自查自纠整改和“三公”经费、婚丧喜庆、工作纪律等检查整治，依纪依规查处问题，倒逼“两个责任”落实。

【党风廉政建设】 落实党内政治生活准则和监督条例，强化党员教育监督管理，突出抓党内政治生活规范化，从思想、机制、责任、担当等方面查找解决突出问题，班子成员带头参加组织生活，认真开展批评和自我批评，严格执行各项纪律规定，自觉接受各方面监督。为加强党风廉政建设，积极推进全面从严治党，加强组织领导，坚持齐抓共管，将党风廉政建设列入班子和干部目标管理，与其他工作同部署、同落实、同检查、同考核，强化各层级“两个责任”和“一岗双责”的落实，切实抓好分管部门责任的党风廉政建设和反腐败工作，对分管部门、单位的党员干部进行经常性的党风廉政教育、遵纪守法教育，增强党员干部的拒腐防变能力。按照乡党委、政府党风廉政建设工作的部署，认真抓好分管范围的党风廉政建设和反腐败工作，完成分管范围的党风廉政建设目标。认真接待和处理来信来访，解决群众中反映强烈的热点难点问题。领导带头执行党员干部廉洁自律的各项规定，自觉接受群众监督。结合党风廉政突出问题，集中开展专项整治活动，强化整治，确保实效。成立整治工作领导小组，制订工作方案，认真按照方案开展集中专项整治活动；认真学习党章及相关法纪，照镜子、整衣冠，深入排查突出问题，积极支持纪委“三转”（转职能、转方式、转作风）和监督执纪问责，支持纪委履行职责、查办案件，及时听取汇报，协调解决困难和问题。

（供稿　曹旭晶）

卯都乡

【概　况】 卯都乡全乡辖地281.34平方公里，有社会户6609户，总人口1.67万余人，有村委会13个、自然村41个。

2018年，全乡在职人员37人，其中行政人员21人（包括乡纪委3人）、事业人员16人。乡领导11人（包括书记、乡长、人大主席团主席、副书记兼武装部部长、副乡长3人、组织委员、宣传委员、纪委书记、综合办主任）。行政设党政综合办、经济发展办；事业设农业综合服务站、人口和计划生育服务站、水利服务站、林业工作站、文化科技服务站、畜牧兽医站、国土资源所、食品药品监督管理所。

【脱贫攻坚工作】坚持把脱贫攻坚摆在突出位置，按照“六个精准”“五个一批”要求，认真落实各项扶贫措施，脱贫攻坚取得阶段性成果。2018年，贫困人口89户、223人实现稳定脱贫。积极开展扶贫对象动态管理，按照“村不漏户、户不漏人”要求，坚持实事求是、公开公正原则，全面彻底、从严从实开展扶贫对象动态管理各项工作，使建档立卡扶贫对象数据信息回归真实。通过扶贫对象动态管理，系统内未脱贫的贫困人口215户、433人。实施教育扶贫工程，对贫困学生263人给予资助，累计发放教育资助金113.62万元。深入推进健康扶贫工程，实施“三个一批”行动计划，大病集中救治贫困患者634人次，报销287.81万元；慢病送药上门服务2654人次，药品总金额12.29万元；家庭医生签约服务率100%。实现贫困人口免费体检和商业保险全覆盖。稳步推进易地扶贫搬迁工程，全面完成2018年126户、354人的易地扶贫搬迁工程。加大就业扶贫力度，全乡聘用贫困人口140人为护林保洁员，人均年收入4000元，共发放护林保洁员工资55.32万元。全乡社会保障兜底，其中低保513户、1096人，“五保”户13户、13人。突出抓好产业扶贫工程，鼓励种植大户流转土地发展种植业，全乡流转土地1.26万亩，涉及农户714户、1781人，其中贫困户185户、455人，人均收益1080元；分类实施“菜单式”产业帮扶，2018年，对有劳动能力的贫困人口750户、1789人共计发放生产补贴资金162.5万元，对无劳动能力和暂无产业增收项目的贫困人口187户、382人通过资产收益的方式，落实资产收益18.7万元。

【农牧业发展】围绕增加农民收入，发展农牧业生产。全乡主导产业以小麦、马铃薯为主，年种植面积达8.83万亩。其中，小麦种植面积达5.5万亩。依托佰惠生糖业公司带动，订单农业迈出新步伐，甜菜种植面积达575亩；畜牧业得到长足发展，规模养殖提质增效，光伦养殖专业合作社、七台营肉羊养殖场标准化、规模化水平不断提高，辐射带动能力明显增强。2018年度，全乡大小畜存栏2.8万头（只）。

【“美丽乡村”建设】围绕改善人居环境，扎实推进“美丽乡村”建设。2018年，全乡对679户（四类人员408户、一般户271户）进行危房改造，其中新建399户（四类人员203户、一般户196户），修缮加固280户（四类人员205户、一般户75户），截至2018年年底，工程均已完工。新建水源工程8处；卯都村新建30吨水窖和维修旧水窖工程已完工。

（供稿　戎记风）

三大顷乡

【概　况】2012年6月，经自治区人民政府批准，商都县部分行政区划进行调整，设立三大顷乡。全乡辖9个村民委员会，54个村民小组，总面积369.86平方公里，户籍人口6189户、1.42万人，常住户数1983户、3960人，耕地面积7.4万亩，其中水地面积3.4万亩。乡政府驻地二傍店，乡境南邻兴和县，北与察右后旗接壤，呼满通道、集通铁路穿境而过，集商公路紧靠乡政府，区位优越，交通便捷，是商都通向外界、外界了解商都的南大门。

三大顷乡行政机构设置为“三办”，即党政综合办公室、经济发展办公室、社会事务办公室。事业机构设置为“六站四所”，即农业综合服务站、文化科技服务站、林业工作站、动物卫生监督站、国土资源所、水利服务站、扶贫工作站、外出务工人员综合服务管理所、财政所、食品药品监督管理所。

2018年，乡党委、政府团结带领广大干部群众，深入学习贯彻中共十九大和中共十九届二中、三中全会精神，牢固树立“四个意识”，坚定“四个自信”，全面落实中央、自治区、市、县各项决策部署，积极应对各类困难和挑战，锐意进取，扎实工作，全乡经济社会各项事业取得显著成效。

【农牧业生产】 坚持把培育“两菜一薯”和规模养殖业作为促进农村经济快速发展的重要举措来抓，种植业和养殖业结构逐步趋于合理；依托佰惠生糖业公司带动，订单农业迈出新步伐，甜菜种植面积达到1万亩；设施农业和无公害蔬菜种植显著增效。畜牧业的标准化、规模化水平不断提高，全乡大小畜存栏4万头（只），饲养总量达到7.7万多头（只）。

【“美丽乡村”建设】（1）实施文化惠民工程。鼓励乡村文艺爱好者利用村级文化活动室阵地推出自编自演的文艺节目，全年开展广场舞、秧歌表演活动20余次，邀请县乌兰牧骑到村进行文化惠民演出9次。积极完善“草原书屋”、文化活动室、文化活动器材配备，村民文化生活得到有效改善。（2）实施人居环境综合整治工程。强化农村卫生管理，严格对保洁员进行考核，补齐农村垃圾处理、污水治理、厕所革命三项短板，全乡建设公共厕所46座，设置大型垃圾箱22个，环境整治成效显著。（3）实施产业富民工程。按照“一村一业、一村一品”的思路，立足各村实地条件和资源优势，培育发展优势特色产业。与柒玖山鼎种养殖专业合作社、内蒙古奥淳酒业有限责任公司、佰惠生糖业有限公司、希森马铃薯种业有限公司进行合作，通过出租联栋塑料大棚、第三方承包旅游景点获取租赁费、承包费等举措，不断增加各村集体经济收入，9个村委会村集体经济收入都达到5万元以上。

【民生改善】 始终把改善民生作为一切工作的出发点和落脚点，将有限的财力优先向民生工程倾斜。认真落实各项惠民政策，及时兑现退耕还林、粮食直补等各类惠农补贴，有效增加广大农民的政策性收入。坚持完善新型农村合作医疗制度，新农合参合人数达到1.07万人。积极开展低保对象清理整顿，全乡农村低保1937户、2725人，按户施保1651户、2396人，未按户施保286户、329人，按户施保率达87.9%。其中，建档立卡贫困户中低保户共有486户、795人。全乡“五保”户193人，高龄老人347人，困境儿童15人，孤儿12人，“三民”（城镇的低收入家庭、残疾人、孤寡老人）4人，1949年老中共党员1人，直补189人，全部得到关爱和救助。

【产业脱贫攻坚】 集中全部力量，深入推进扶贫各项政策的落实，脱贫攻坚取得显著成效。持续推进产业扶贫，对有劳动力的贫困户384户、932人和弱劳动力的贫困户206户、409人进行“菜单式”点菜扶贫；对无劳动能力和不种不养的279户贫困户，发放资产收益分红金。与县林业局、园林局等部门协调，为贫困户免费发放果树苗4500棵，着力培育发展庭院经济。积极组织引导农户流转土地实现增收，全乡共流转土地面积2.84万亩，占耕地总面积38.4%，其中152户贫困户流转土地近1万亩，户均增收1800元。与龙头企业、合作社、乡村旅游景点建立用工合作关系，就近吸纳贫困户打工就业。推进东西部对口帮扶工作，2018年，与北京市平谷区黄松峪乡进行对接，双方签订对口帮扶协议，在产业发展和资金帮扶方面达成意向。

【多措并举扶贫】 认真落实教育扶贫，共资助建档立卡贫困学生140人，解决贫困户子女的上学问题。重点抓好健康扶贫，全面实施“三个一批”行动计划，为所有建档立卡贫困户缴纳大病商业补充保险，为1875人补贴新农合保费，建档立卡贫困户的住院报销比例达90%。有效开展金融扶贫，为有发展产业意愿的建档立卡贫困户63户办理贴息贷款。积极完善社会保障兜底，2018年，新增建档立卡贫困低保户44户、79人，全乡建档立卡贫困户中低保户共有486户、795人，实现贫困人口应保尽保、按户施保、分类施保。

推进生态扶贫，累计聘用符合条件的建档立卡贫困户187人为护林保洁员，进行绩效考评和岗位补贴；不断加强生态环境的保护与治理，及时兑现退耕还林还草和公益林补贴。稳步推进易地扶贫搬迁，对符合条件的12户、35人进行易地扶贫搬迁，集中进城安置。并为易地搬迁进城的贫困户安排公益岗位。加快推进危房改造工程，着力解决在村常住户特别是贫困户的危房和无房问题。2018年，共改造危房102户，其中建档立卡贫困户53户。对过去已维修过的、农户又不愿意新建的房屋进行维修加固，共维修房屋114户、299间。实施安全饮水工程，积极协调水利局为全乡20个自然村新打水井，并维护更新10个村的自来水管道等配套设施。

【脱贫项目库档案建设】 积极推进项目库建设，按照全县脱贫攻坚项目库建设要求，围绕产业项目、基础设施建设和群众需求，对全乡项目进行申报，经乡扶贫站和县脱贫攻坚领导小组审核确认后，将入库的177个项目全部录入系统。全面规范扶贫软件档案，特邀市级档案专家对乡村两级干部就如何规范扶贫档案进行专题培训。乡扶贫站抽多名骨干深入各村进行业务指导，档案建设工作成功通过自治区、市和县各级考核组专项检查验收。做好问题整改工作，针对历次扶贫专项检查、督查和第三方评估反馈的意见，对号入座，及时梳理问题，成立整改工作领导小组，制订整改方案，明确整改时限，对存在问题全部进行整改，并建立起长效机制。

【社会治理】 严格落实领导包案和信访接访制度，全年化解信访案件8起，依法按政策解决群众的诉求。不断完善社会治安防控体系，以扫黑除恶工作为契机，在全乡范围内依法惩治各类违法犯罪活动，纠正损害群众利益的突出问题。将安全生产作为重点，加强对食品、药品的安全监管，有序推进非洲猪瘟疫情防控工作，多次对重点领域、人员密集场所进行专项检查，及时排除隐患。民族宗教、民兵预备役、妇女儿童等各项工作得到进一步加强，全乡和谐稳定的局面得到进一步巩固。

【党风廉政建设】 乡党委、政府团结带领全乡党员干部群众，切实开展乡村两级服务体系建设，建成谢家坊、田家卜和三虎地3个村级标准化便民服务站示范点；认真执行中央八项规定，落实党风廉政建设责任制和领导干部“一岗双责”，坚持把纪律和规矩挺在前面；扎实开展干部下基层引领活动，倾听群众呼声，办好群众实事；把马上就办、办就办好作为基本工作要求，集中精力、聚焦发展，使每一项工作、每一件任务落到实处、见到实效；加强对重大决策、重点项目的督查落实，提高政府执行力，营造想干事、会干事、干成事的浓厚氛围。

（供稿　王　飏）

附　录

全县机构和负责人名录

中国共产党商都县委员会

书记：靳前斌（2013.1—　）
副书记、县长：曹凯宏（2013.1—　）
副书记、统战部部长：王再华（2017.10—　）
副书记、政法委书记：王再华（2019.1—　）
副书记：宋国义（2018.8—　）挂职
常委、常务副县长：郭玉广（2015.12—　）
常委、副县长：张　美（2016.6—2018.6）
常委、纪委书记：李　震（2016.6—　）
常委、宣传部部长：熊　威（2013.5—　）
常委、组织部部长：王倩影（2016.6—　）女
常委、县委办公室主任：
　闫　军（2017.10—　）蒙古族
常委、政法委书记：
　荆　喜（2017.10—2019.1）
常委、统战部部长：荆　喜（2019.1—　）
常委、人武部部长：彭学奎（2017.7—　）
常委、副县长：陈　耀（2016.7—　）挂职
　　　　　　　李晓军（2017.3—　）挂职
　　　　　　　宗灵山（2018.8—　）挂职

中共商都县委办公室

主任：闫　军（2017.10—　）蒙古族
副主任：杨　凯（2017.7—　）
　　　　马晓强（2013.9—　）
　　　　赵宇飞（2017.7—　）
　　　　田俊楼（2018.3—　）
　　　　翁治军（2019.2—　）

商都县接待办

主任：付　军（2015.3—　）
副主任：郝治安（2014.11—　）
　　　　韩亚园（2016.12—　）女

商都县国家保密局

局长：肖建忠（2017.8—　）
副局长：吕彦平（2017.8—　）

商都县全面深化改革领导小组办公室

主任：闫　军（2017.10—　）兼
常务副主任：杨玉山（2015.3—2018.3）
　　　　　　范伟成（2018.3—　）
副主任：燕志军（2015.12—　）
　　　　燕　勇（2017.7—　）

中共商都县委组织部

县委常委、组织部部长：
　王倩影（2016.6—　）女
副部长兼编办主任：武学兵（2017.8—　）
副部长：盛韶军（2009.12—　）
副部长、机关党委书记：宋美军（2013.9—　）
副部长：郭剑峰（2017.10—　）
　　　　正科级组织员
副部长、人社局局长：赵亚弼（2013.9—　）
　　　　满族

副部长、老干部局局长：

姚淑芳（2016.12— ）女

中共商都县委宣传部

县委常委、宣传部部长：

熊 威（2013.5— ）

副部长：郭冬羽（2001.8— ）

郭玉宽（2016.11— ）

智文旭（2017.10— ）

中共商都县委统战部

县委副书记、统战部部长：

王再华（2017.10—2019.1）

县委常委、统战部部长：

荆 喜（2019.1— ）

常务副部长：杨玉山（2018.3— ）

副部长、工商联党组书记：

范伟成（2009.12—2018.3）

杜霄鹰（2018.3— ）

副部长：田俊楼（2009.12—2018.3）

中共商都县委政法委员会

县委常委、政法委书记：

荆 喜（2017.10—2019.1）

县委副书记、政法委书记：

王再华（2019.1— ）

副书记、综治办主任：

徐建源（2009.12— ）

副书记、防范办主任：

徐金兰（2013.6—2018.12）女，回族

副书记、维稳办主任：黄建军（2013.6— ）

副书记：王永春（2017.8— ）

商都县机构编制委员会办公室

主任：武学兵（2017.8— ）兼

副主任：王辉宇（2013.6— ）

商都县老干部局

局长：姚淑芳（2016.12— ）女

副局长：李玲芳（2014.11— ）女

商都县关心下一代工作委员会

常务副主任：张建民（2018.1— ）

副主任：康 宝（2002.9— ）

于加和（2018.1— ）

姚天苍（2018.1— ）

中共商都县委党校

常务副校长：郝 文（2015.12— ）

副校长：张志平（2006.4— ）

吴宏利（2015.3— ）女，蒙古族

商都县档案管理局

局长：薛银山（2013.9— ）

副局长：燕 军（2013.12— ）

门正达（2015.4— ）

中共商都县委党史领导小组办公室

主任：魏 兆（2007.7— ）兼

商都县人民代表大会常务委员会

商都县第十五届人民代表大会常务委员会

党组书记、主任：叶 旺（2017.12— ）

副主任、党组副书记：高加林（2017.12— ）

副主任、党组成员：李生智（2017.12— ）

张 云（2017.12— ）

副主任：张丽霞（2017.12— ）无党派，女

人大办公室

（内设规范性文件备案审查服务中心和计划预算审查服务中心）

主任：李雅东（2017.6— ）

副主任：赵利霞（2016.5— ）女

财政经济工作委员会

主任：忻船飞（2008.7— ）

副主任：苏布登花（2008.7— ）女，蒙古族

教育科技文化卫生工作委员会

主任：张瑞峙（2008.7—2018.5）女

姚 斌（2018.6— ）

副主任：张晓红（2015.3— ）女

法制工作委员会

主任：朱 根（2009.11— ）

副主任：吴晓霞（2008.7— ）女

选举任免代表联络工作委员会

主任：薛　美（2013.9— ）

副主任：姚　斌（2016.6— ）

郭利华（2018.6— ）

联合纪检二组

组长：何　荣（2015.3— ）女

商都县人民政府

县委副书记、县长：曹凯宏（2013.1— ）

县委常委、常务副县长：郭玉广（2015.12— ）

县委常委、副县长：

张　美（2016.8—2018.6）

陈　耀（2016.8— ）挂职

李晓军（2017.3— ）挂职

宗灵山（2018.6— ）挂职

副县长：张晓玲（2017.12— ）女，非党

刘　瑞（2011.12— ）

王晓东（2014.11— ）

张日高（2017.12— ）

韩天亮（2018.10— ）挂职

商德勇（2018.2— ）挂职

呼　群（2018.6— ）挂职

王光平（2018.12— ）挂职

商都县人民政府办公室

主任：郑　直（2013.9— ）

副主任：张　朝（2007.6—2017.7）兼

张飞鹏（2013.9— ）兼

王继永（2013.9— ）兼

王小平（2016.12— ）兼

赵瑞军（2009.12— ）兼

于建国（2016.11— ）兼

张树彬（2016.11— ）兼

许增强（2017.6— ）

张玉清（2017.8— ）

高立宁（2018.4— ）

闫武波（2018.4— ）

商都县政务服务中心

主任：张飞鹏（2013.9— ）

副主任：任效栋（2007.6— ）女

商都县公共资源交易中心

主任：刘建萍（2014.11— ）女

商都县信访局

局长：王小平（2016.12— ）

副局长：张奋龙（2016.12— ）

范　军（2016.12— ）

商都县人防办

主任：赵瑞军（2015.4— ）

县政府办副主任兼

商都县地方志编纂委员会办公室

主任：魏　兆（2004.7— ）兼

中国人民政治协商会议商都县委员会

中国人民政治协商会议商都县第十届委员会

主席：吕生金（2017.11— ）

党组书记：吕生金（2017.11— ）

副主席：任笑春（2017.11— ）女

张占英（2017.11— ）非党

刘瑞明（2017.11— ）非党

葛有旺（2017.11— ）

办公室

主任：郭存富（2013.8— ）

副主任：郭晓雯（2012.6—2018.2）女

李占建（2018.2— ）

提案委

主任：黄学文（2015.12— ）

副主任：王建峰（2015.12— ）

社会事务委

主任：刘蓉晖（2015.12— ）女

副主任：赵琰璞（2017.6— ）女

经济委

主任：王若筠（2015.12— ）女

副主任：武玉军（2015.12— ）

民族宗教和文史委

主任：穆　锴（2015.12—　）

副主任：李占建（2015.12—2018.2）

　　　　王　东（2018.2—　）

中国共产党商都县纪律检查委员会（监察局）

县委常委、纪委书记：李　震（2016.7—　）

县纪委副书记：高　鸿（2013.9—　）

　　　　　　　郭冬云（2014.11—　）

监察局局长：高　鸿（2013.9—2017.12）

监察局副局长：邢喜云（2014.11—2017.6）女

　　　　　　　侯学平（2012.6—2017.12）女

中共商都县委巡察工作领导小组办公室

主任：邢喜云（2017.6—　）女

副主任：王新利（2017.6—　）

商都县总工会

主席：曹利和（2014.11—　）

副主席：赵亚琼（2013.4—　）女，满族

　　　　边淑芳（2015.4—　）女

中国共产主义青年团商都县委员会

书记：杨雪林（2010.10—　）

副书记：吴　昊（2017.10—　）

　　　　李晓芳（2017.10—　）女

商都县妇女联合会

主席：常利琴（2004.6—　）女

副主席：郭　晏（2004.10—2018.3）女

　　　　李海东（2004.10—　）女

　　　　赵俊霞（2018.3—　）女

商都县科学技术协会

主席：姚学云（2006.4—　）女

副主席：尚兴业（2004.6—　）

商都县工商业者联合会

主席：张建国（2013.9—　）

党组书记：范伟成（2009.11—2018.3）

　　　　　杜霄鹰（2018.3—　）

副主席：翁立新（2004.10—2018.5）

　　　　于建国（2018.5—　）

商都县红十字会

常务副会长：杨德福（2013.9—　）

副会长：任春玲（2005.6—　）女

商都县文学艺术界联合会

主席、党支部书记：

　王爱贤（2007.6—2018.8）

　马占平（2018.8—　）

副主席：张晓霞（2017.8—　）女

商都县残疾人联合会

理事长：马占平（2017.8—2018.8）

　　　　田文生（2018.8—　）

副理事长：张少华（2006.4—2018.8）

　　　　　王素文（2010.2—2018.3）

　　　　　高　瑾（2018.3—　）

商都县计划生育协会

常务副会长：王誉芳（2008.7—　）女

商都县公安局

局长：王晓东（2014.11—　）

政委：闫　佩（2012.3—　）

副书记：李林祥（2002.8—　）

副政委：霍高俊（2007.6—　）

副局长：逯志远（2007.6—　）

　　　　景秀平（2007.6—　）

　　　　刘占斌（2008.7—　）

　　　　郭　震（2012.7—　）

　　　　索占坡（2013.9—　）

纪检书记：康杰峰（2005.11—　）

商都县公安交通管理大队

大队长：杜永旺（2016.3—　）

教导员：冀　刚（2016.4—　）

副大队长：樊　强（2016.4—　）

　　　　　孟庆滨（2016.4—　）

　　　　　李　娟（2016.4—　）女

商都县公安消防大队

（一）消防大队

教导员：银　春（2014.12—　）

大队长：张晓飞（2018.1— ）

（二）消防中队

指导员：张鑫源（2018.1— ）

中队长：郝志远（2014.12— ）

商都县人民检察院

党组书记、代检察长：

安世杰（2017.10—2018.2）

党组书记、检察长：安世杰（2018.2— ）

副检察长：谢　力（2007.6— ）

师占军（2010.7— ）

赵云宙（2010.7— ）

纪检组组长：韩　清（2010.7—2018.8）

张卓然（2018.8— ）

商都县人民法院

党组书记、院长：郭永国（2014.11— ）

党组副书记、常务副院长：

李建军（2012.9— ）

党组成员、副院长：孙国平（2008.6— ）

张怀宇（2013.5— ）

党组成员、纪检组组长：

刘祥云（2011.6—2018.8）女

韩　杰（2018.8— ）

商都县司法局

局长：薛丙文（2013.9— ）

副局长：张亚军（2006.6— ）

徐艳霞（2010.1— ）女

商都县人民武装部

部长：彭学奎（2017.7— ）上校

政委：吴长军（2017.7— ）上校

副部长：杨启武（2017.12—2018.11）中校

武警商都县中队

中队长：胡适其（2016.1—2018.3）

王　健（2018.4—2019.3）

指导员：刘金键（2016.5—2018.8）

冯文斌（2018.9— ）

商都县人力资源和社会保障局

局长：赵亚弼（2013.4— ）满族

副局长：刘建忠（2017.10— ）

王建彬（2008.7— ）

庞建平（2004.10— ）

纪检组组长：王雪亮（2013.6—2018.3）

商都县社会保险事业管理局

局长：张连江（2009.11— ）

副局长：郭和平（2004.6—2017.8）

孙志强（2007.6—2017.7）

商都县劳动就业服务局

局长：简立峰（2016.5—2018.5）主持工作

商都县医疗保险管理局

局长：王　权（2009.12— ）

副局长：张润珍（2009.12—2018.3）女

张莲珍（2012.8—2018.3）女

商都县扶贫开发办公室

主任：兰瑞新（2017.6— ）

副主任：王一鸣（2013.9—2018.4）

任明科（2013.9—2018.4）

刘润海（2018.4— ）

师培冬（2018.5— ）

商都县民政局

局长：任海清（2016.7—2019.2）

杨晓宇（2019.2— ）

副局长：张义军（1999.6—2019.2）蒙古族

刘宏斌（2008.6— ）

武　勇（2008.6— ）

商都县民族宗教事务局

局长：高　河（2013.9— ）蒙古族

副局长：胡利芳（2006.3— ）女

马登芳（2002.8— ）女，回族

商都县发展和改革局

局长、党委书记：燕志军（2015.12— ）

专职副书记：孙　涛（2013.4— ）

副局长：刘　洋（2017.10— ）

安永光（2018.5— ）

商都县国土资源局

党组书记、局长：逯吉元（2011.2— ）

党组成员、副局长：

张世平（2014.5—2018.8）

张建民（2003.8—2018.3）

王彦祥（2003.11—2018.3）

李晓东（2011.1— ）

纪检组组长：张春曦（2010.1— ）

商都县工商质监局

局长：李德胜（2015.3— ）

副局长：郝亚安（2007.3— ）

闫 志（2008.3— ）

刘向海（2011.11— ）

商都县安全生产监督管理局

局长：何 军（2016.1—2018.4）

武建斌（2018.5— ）

副局长：周树根 （2004.10— ）

曹 敏 （2004.10— ）

商都县食品药品监督管理局

局长：武 举（2014.11— ）

副局长：赵存爱（2012.10— ）

马晓宇（2011.6— ）

周 冰（2014.6— ）

商都县招商局

局长：安永光（2017.7— ）

副局长：王旭东（2012.4— ）

商都县审计局

局长：李 军（2017.10— ）

副局长：李 凯（2006.4— ）

李重阳（2007.7—2018.3）女

田宏斌（2012.5—2018.3）

鲍 有（2018.3— ）

纪检组组长：刘贵荣（2013.6—2018.3）

冯彦军（2018.3— ）

商都县统计局

局长：闫德民（2013.9— ）

副局长：张葆琳（2010.10—2017.7）女

李宝兵（2015.4— ）

国家统计局商都调查队

队长：李永杰（2014.9— ）

副队长：闫旭岗（2017.12— ）

纪检员：闫建霞（2017.12— ）女

商都县农牧业局

党委书记、局长：李 军（2013.9—2018.3）

马永平（2018.3— ）

副局长：赵凤仙（1996.6—2018.8）女

安秀丽（1996.6—2018.10）女

田玉林（2012.6—2018.3）

刘 忠（2016.6— ）

纪检书记：翁治军（2018.1—2019.2）

商都县林业局

局长、党委书记：王建喜（2012.6—2018.3）

李军光（2018.3— ）

副局长：翁 河（2012.6— ）

高春利（2015.3— ）女

纪检书记：翁治军（2016.10—2018.1）

商都县园林局

局长：张晔宇（2016.1— ）

副局长：曹淑平（2016.1— ）

郝 凯（2016.1— ）

纪检书记：田 虎（2016.1— ）

商都县水利局

局长：孙 庆（2017.10— ）

副局长：许 铎（2006.6— ）

赵保平（2006.8— ）

纪检组组长：王 政（2013.5—）

商都县农牧业机械管理局

局长：庞学峰（2002.8— ）

副局长：陈存金（2010.2— ）

赵宏广（2010.2— ）

商都县气象局

局长：张　豹（2017.6—　）

副局长：青德孟（2018.6—　）

兼台长（2016.8—　）

纪检书记：杨　军（2013.10—　）

商都县经济信息商务局

局长、党委书记：袁海宏（2016.6—　）

副局长：张燕飞（2015.3—　）

霍高云（2015.3—　）

高　瑾（2015.3—2018.8）

韩润平（2015.3—　）

商都县工业园区管理委员会

主任：李　智（2013.4—　）

副主任：赵海军（2012.6—　）

张晓霞（2011.7—2018.3）女，蒙古族

乌兰察布电业局商都供电分局

局长、党总支副书记：郑宏才（2016.9—　）

党总支书记、副局长：邓建忠（2016.9—　）

副局长：任志刚（2011.3—　）

张国飞（2015.5—2017.5）

（2017.5—2018.5，锡林郭勒盟超高压局挂职）（2018.5—　）

管　峰（2016.9—2018.8）

纪检书记、工会主席：肖东晔（2016.9—　）

商都县交通运输局

党总支书记、局长：赵江海（2017.10—　）

党总支成员、副局长、局机关党支部书记：

达林太（2013.11—　）蒙古族

党总支成员、副局长：张梓雨（2014.11—　）

商都县邮政管理局

局长：宋　强（2016.12—　）

商都县邮政分公司

经理：庄鸿斌（2013.2—2018.8）

荆　宇（2018.8—　）

副经理：温旭升（2011.10—2018.10）

邓永杰（2018.10—　）

中国移动商都县分公司

总经理：赵　丽（2015.9—　）女

副总经理：齐春雷（2015.2—　）

中国联通商都分公司

党支部副书记、总经理：

陈永刚（2014.6—2017.12）

党支部书记、副总经理：

艾仁俊（2014.6—2017.12）

党支部书记、总经理：马继军（2017.12—　）

副总经理：温俊杰（2013.9—　）

冯　珅（2015.12—　）

中国电信商都分公司

党支部书记、经理：

刘发才（2010.9—2019.2）

曹利杰（2019.2—　）

商都县住房和城乡建设局

党总支书记、局长：翁占斌（2009.11—　）

党总支副书记、总工程师：

纪忠义（2013.7—2018.3）

党总支委员、纪检组组长：

王尚一（2013.6—2018.3）

党总支委员、机关党支部书记、副局长：

杨亮山（2004.10—　）

党总支委员、副局长：宋海军（2012.6—　）

商都县房地产管理局

党支部书记、局长：李佃峰（2006.3—　）

副局长：张永红（2012.6—　）

商都县城镇管理局

局长：王继永（2013.9—）

副局长：韩　杰（2013.5—2018.10）

胡建文（2013.6—　）

张凤龙（2018.10—　）

商都县规划局

局长：李军光（2012.5—2018.3）

杨晓宇（2018.3— ）

副局长：朱旭升（2012.5— ）

商都县房屋征收与补偿管理办公室

主任：薛岩江（2014.3—2018.6）

兼，2018 年 6 月任政府办

主任科员、主持征收办工作

副主任：郭登龙（2013.6—2018.3）

商都县住房公积金管理部

主任：李文亮（2013.9— ）

商都县环境保护局

局长：田文生（2017.9—2018.8）

张世平（2018.8— ）

副局长：谷建军（2006.6— ）

丁凤武（2006.6— ）

商都县供销合作社

主任：吴全喜（2006.3— ）

副主任：张庆利（2008.2— ）

崔利芳（2008.2— ）女

内蒙古自治区商都县烟草专卖局乌兰察布市烟草公司商都县卷烟营销部

局长（经理）：邢世彪（2012.5—2018.7）

张拥军（2018.7— ）

副局长：张 忠（2006.5— ）

副经理：张建忠（2006.5— ）

中国石油内蒙古乌兰察布销售分公司商都经营部

经理兼书记：王城和（2015.12—2017.11）

王古朴（2017.11— ）

商都县盐业配送中心

经理：刘体平（2011.1— ）

商都县财政局

政协副主席、财政局局长：

金建民（2012.2— ）

副局长兼金融工作办主任：

张 彦（2013.5— ）

副局长兼农业综合开发办主任：

黄利程（2013.9— ）

纪检组组长：冯彦军（2013.6— ）

副局长兼政府采购办主任：

曹建军（2007.6— ）

商都县国家税务局

党组书记、局长：王 栋（2016.5—2018.2）

刘 庆（2018.2—2018.7）

党组成员、副局长：

李宏瑞（1994.12—2018.2）

任向东（1999.3—2018.7）

张 慧（2007.1—2018.7）

谢增平（2018.2—2018.7）

曹育淳（2018.2—2018.7）

党组成员、纪检组组长：

谢增平（2010.6—2018.2）

高岩重（2018.2—2018.7）

商都县地方税务局

党组书记、局长：

王春晓（2017.12—2018.7）

党组成员、副局长：

梁志忠（1999.4—2018.7）

王新光（2002.7—2017.11）

王国兵（2003.3—2018.7）

党组成员、纪检组组长：

贾 林（2009.6—2018.7）

国家税务总局商都县税务局

党委书记、局长：王春晓（2018.7— ）

党委副书记、副局长：刘 庆（2018.7— ）

党委委员、副局长：梁志忠（2018.7— ）

任向东（2018.7— ）

王国兵（2018.7— ）

张 慧（2018.7— ）

谢增平（2018.7— ）

贾 林（2018.7— ）

曹育淳（2018.7— ）

党委委员、纪检组组长：高岩重（2018.7— ）

乌兰察布银监分局商都县办事处

主任空缺、主持工作：薛　峰（2017.7—　）

商都县金融办

主任：张　彦（2009.12—　）

中国人民银行商都县支行

行长：宋永东（2015.3—　）

副行长：侯建军（2011.11—　）

樊秀琴（2012.9—　）女

纪检组组长：高庭勇（2013.7—　）

中国农业银行商都县支行

行长：张建平（2017.10—　）

副行长：李小军（2012.10—　）

赵炜峰（2015.9—　）

中国农业发展银行商都县支行

行长、党支部书记：

刘江虹（2015.1—2018.7）

张志俊（2018.7—　）

副行长、支部委员：

渠志刚（2015.8—2018.7）

李　强（2018.7—2019.2）

杨晨曦（2019.2—　）

邸学强（2019.2—　）

商都县农村信用合作联社

党委书记、理事长：高英龙（2014.2—　）

纪委书记、监事长：田海广（2015.12—　）

党委委员、主任：

彭国华（2015.12—2018.3）

党委委员、副主任：

李世革（2014.4—2018.3）

赵永宏（2015.12—　）

郭宏伟（2016.8—2018.10）

丁　慧（2016.8—　）

中国工商银行商都县支行

行长、党支部书记：秦立军（2017.3—　）

副行长、支部委员：

郑　龙（2016.7—2018.3）

许笑梅（2018.4—　）女

包商银行乌兰察布商都支行

行长：刘宏波（2015.1—　）

内蒙古银行乌兰察布商都支行

行长：王　冉（2018.5—　）

副行长：朱稷栋（2018.5—　）

中国邮政储蓄银行商都县支行

行长：孙　利（2014.4—2017.8）

乔兴旺（2017.8—　）

人寿保险公司商都县支公司

经理：王金波（2017.1—　）

副经理：赵迎春（2016.12—　）

财产保险公司商都县支公司

经理：张　斌（2012.5—2019.4）

张海龙（2019.4—　）

安华农业保险商都支公司

经理：罗燕青（2014.9—　）

副经理：曹德志（2016.6—　）

商都县教育科技体育局

党委书记、局长：贾益顶（2015.4—　）

党委副书记、常务副局长：

吕生宝（2015.4—　）

纪检书记：张立新（2015.4—　）

副局长：张志义（2015.4—　）

张　秀（2015.4—　）

史文娟（2015.4—2018.5）女

赵有亮（2015.4—　）

马　彪（2018.5—　）

商都县文化旅游新闻出版广播电影电视局

党总支书记、局长：王　利（2013.9—　）

党总支副书记、副局长：王日刚（2013.9—　）

副局长：王文涛（2013.9—2018.3）

王　岭（2016.6—　）

内蒙古广播电视网络集团有限公司商都分公司

经理：冯　涛（2013.1—　）

副经理：钱维平（2013.1— ）

商都县新华书店

经理：张 明（2010.3—2018.3）

张 雷（2018.3— ）

副经理：任永东（2010.3— ）

商都县卫生和计划生育局

局长：王雪海（2017.8— ）

副局长：姚建国（2016.3— ）

王誉芳（2016.3— ）女

马兰春（2016.3— ）

刘军强（2016.3— ）

谢 军（2016.3—2017.6）

王少云（2016.3—2017.12）

商都县医院

院长：褚全国（2016.8— ）

2018年5月任党总支书记

副院长：王 宏（2014.5— ）

潘小建（2014.5— ）

商都县中医院

院长：杜建民（2016.3— ）

副院长：张 启（2016.3— ）

毛润来（2016.3— ）

赵爱生（2016.3— ）

副书记：郅红军（2016.3— ）

七台镇

党委书记：张日高（2013.5—2018.3）

李振维（2018.3— ）

党委副书记、镇长：

李振维（2016.1—2018.3）

董福庆（2018.3— ）

人大主席团主席：董福庆（2016.1—2018.3）

葛 海（2018.3— ）

党委副书记：赵发平（2017.9— ）

兼武装部部长

纪委书记：院 浩（2015.3— ）

副镇长：赵 宽（2008.6—2018.5）

武 忠（2009.12— ）

柴金明（2012.2— ）

贾利国（2017.10— ）

姚雪峰（2018.8— ）

小海子镇

党委书记：陈亚明（2015.12— ）

党委副书记、镇长：李 广（2017.7— ）

人大主席团主席：周海军（2016.5— ）

党委副书记：闫新堂（2017.9— ）

兼武装部部长

纪检书记：屈少华（2015.3— ）

副镇长：高智慧（2012.5— ）

张步剑（2017.10— ）

张君华（2017.10— ）

十八顷镇

党委书记：赵 云（2012.6— ）

党委副书记、镇长：田振钢（2016.7— ）

人大主席团主席：李振英（2015.12— ）

党委副书记：赵 清（2016.5—2018.12）

李海泉（2018.12— ）

兼武装部部长

纪委书记：童 启（2015.3— ）

副镇长：李海泉（2016.5—2018.12）

高德雨（2011.6— ）

王进府（2017.10— ）

黄 科（2018.12— ）

大黑沙土镇

党委书记：叶世海（2018.1— ）

党委副书记、镇长：

武建斌（2018.1—2018.5）

李建霖（2018.5— ）

人大主席团主席：李建霖（2018.1—2018.5）

冯 冬（2018.5— ）女

党委副书记：朱继明（2016.5— ）

2016年10月兼

武装部部长

纪委书记：景　颂（2016.5—　）
副镇长：崔禄山（2012.6—　）
　　　　刘振燕（2017.10—　）
　　　　常　勇（2017.10—　）

屯垦队镇

党委书记：董　亮（2017.8—　）
党委副书记、镇长：马　科（2017.8—　）
人大主席团主席：王　建（2013.3—　）
党委副书记：张砚馨（2013.4—　）
　　　　2016年10月兼
　　　　武装部部长
纪检书记：刘振秀（2015.5—2018.6）
　　　　陈秀平（2018.6—　）
副镇长：李　强（2016.5—　）
　　　　祁建平（2012.4—　）
　　　　王志刚（2017.8—　）

西井子镇

党委书记：邢　福（2017.11—　）
党委副书记、镇长：张　祥（2017.11—　）
人大主席团主席：杜保山（2012.6—　）
党委副书记：鲍晓川（2017.10—　）
　　　　兼武装部部长
纪检书记：王茂文（2015.4—　）
副镇长：王一峰（2017.10—　）
　　　　尉培成（2017.11—　）
　　　　王登云（2017.10—　）

大库伦乡

党委书记：田　冰（2017.10—　）
党委副书记、乡长：冯满谦（2017.8—　）
人大主席团主席：宁　海（2017.8—　）
党委副书记：薛　海（2017.8—　）
　　　　兼武装部部长
纪检书记：贾淑军（2015.3—　）
副乡长：王进喜（2017.10—　）
　　　　乔　东（2015.4—　）
　　　　秦挥东（2017.10—　）

玻璃忽镜乡

党委书记：张　暐（2011.6—　）
党委副书记、乡长：古　洋（2017.10—　）
人大主席团主席：张　卫（2017.9—　）
党委副书记：何永来（2012.6—　）
　　　　2016年10月兼
　　　　武装部部长
纪检书记：王亚茹（2016.5—　）女
副乡长：薛　钦（2006.3—　）
　　　　王凤平（2012.6—　）
　　　　张　宝（2017.10—　）

卯都乡

党委书记：曹　军（2017.10—　）
党委副书记、乡长：乔瑞平（2017.8—　）女
人大主席团主席：皇甫军（2017.8—　）
党委副书记：戎记风（2017.8—　）
　　　　兼武装部部长
纪检书记：陈秀平（2015.5—2018.6）
　　　　刘振秀（2018.6—　）
副乡长：肖斌旺（2016.5—　）
　　　　闫　喜（2013.6—　）
　　　　崔爱平（2017.10—　）

三大顷乡

党委书记：翁彦君（2016.1—　）
党委副书记、乡长：李志伟（2017.10—　）
人大主席团主席：刘振建（2017.9—　）
党委副书记：冯　冬（2012.6—2018.5）女，
　　　　兼武装部部长
　　　　赵　宽（2018.5—　）
　　　　兼武装部部长
纪委书记：郭登龙（2017.10—　）
副乡长：郎富全（2012.9—　）
　　　　钮　杰（2013.4—　）
　　　　刘　飞（2017.10—　）

重要文件目录

一、中共商都县委2018年度重要文件目录

商党办发：

1. 2018年1月19日，商党办发〔2018〕5号关于印发《中共商都县第十三届委员会巡察工作规划（2017—2021年）》的通知。

2. 2018年2月3日，商党办发〔2018〕9号《关于召开商都县纪委十三届三次全体会议的通知》。

3. 2018年2月3日，商党办发〔2018〕10号关于印发《商都县乡镇村级健康扶贫和卫生计生工作规范化管理实施方案》的通知。

4. 2018年2月13日，商党办发〔2018〕12号关于《整合充实脱贫攻坚领导工作机构》的通知。

5. 2018年3月7日，商党办发〔2018〕18号印发《商都县扫黑除恶工作机制规定》的通知。

6. 2018年4月16日，商党办发〔2018〕30号关于印发《发展壮大村集体经济实施方案》的通知。

7. 2018年4月22日，商党办发〔2018〕36号关于印发《商都县2018年脱贫攻坚工作要点》的通知。

8. 2018年4月25日，商党办发〔2018〕37号印发《关于建立健全县级领导同志常态化包联指导乡镇、行政村和具体贫困户工作制度》。

9. 2018年5月6日，商党办发〔2018〕47号关于印发《商都县嘎查村“两委”换届选举工作方案》的通知。

10. 2018年5月10日，商党办发〔2018〕50号关于印发《商都县2018统筹整合使用财政涉农涉牧资金实施方案》的通知。

11. 2018年5月10日，商党办发〔2018〕51号关于印发《关于进一步延伸开展“贯彻落实习近平新时代中国特色社会主义思想”大学习大讨论活动》的通知。

12. 2018年6月25日，商党办发〔2018〕76号关于印发《中共商都县委法律顾问工作规定》的通知。

13. 2018年7月22日，商党办发〔2018〕85号关于《成立商都县分类推进事业单位改革工作领导小组》的通知。

14. 2018年7月23日，商党办发〔2018〕89号关于《开展“八一”建军节期间走访慰问活动》的通知。

15. 2018年8月17日，商党办发〔2018〕96号关于《进一步明确中央巡视“回头看”和自治区党委第八巡视组巡视乌兰察布市反馈意见整改落实工作有关事宜》的通知。

16. 2018年8月20日，商党办发〔2018〕98号关于印发《商都县农村集体经济产权制度改革清查核算实施方案》的通知。

17. 2018年9月14日，商党办发〔2018〕102号关于《创建自治区健康促进县实施方案》的通知。

18. 2018年9月27日，商党办发〔2018〕104号关于《成立全县特色产品进京销售工作领导小组》的通知。

19. 2018年10月30日，商党办发〔2018〕107号《关于加强和改进新形势下宗教工作的实施意见》。

20. 2018年10月31日，商党办发〔2018〕111号《关于加强民间信仰活动场所管理的意见》。

21. 2018年11月14日，商党办发〔2018〕114号关于《调整商都县创建自治区民族团结进步示范县工作领导小组》的通知。

22. 2018年11月23日，商党办发〔2018〕120号关于《2019年全县脱贫摘帽领导干部包乡镇包村及工作职责》的通知。

23. 2018年12月3日，商党办发〔2018〕123号关于印发《2018年度全县党组织书记抓基层党建述职评议考核工作方案》的通知。

24. 2018年12月13日，商党办发〔2018〕127

号关于《建立扶贫“爱心公益超市”助力脱贫攻坚推动乡村振兴实施方案》的通知。

25. 2018年12月29日，商党办发〔2018〕139号关于《进一步学习宣传贯彻党的十九大精神》的通知。

商党发：

1. 2018年1月26日，商党发〔2018〕7号关于印发《商都县2018年春节、元宵节文化活动方案》的通知。

2. 2018年3月7日，商党发〔2018〕11号印发《全县扫黑除恶专项斗争实施方案》的通知。

3. 2018年3月12日，商党发〔2018〕12号关于印发《商都县“党的建设质量提升年”实施方案》的通知。

4. 2018年5月2日，商党发〔2018〕16号关于印发《商都县2018年惩治和预防腐败工作要点》的通知。

5. 2018年6月26日，商党发〔2018〕28号关于《表彰全县脱贫攻坚先进集体和优秀个人》的决定。

6. 2018年8月20日，商党发〔2018〕39号关于印发《商都县贯彻落实习总书记重要讲话精神扎实推进民族团结和边疆稳固工作方案》的通知。

7. 2018年8月24日，商党发〔2018〕41号《关于调整十三届县委常委会分工的通知》。

8. 2018年9月7日，商党发〔2018〕43号《关于表彰2018年度优秀教师、优秀教育工作者、优秀班主任，师德标兵和课堂教学改革先进个人的决定》。

9. 2018年10月11日，商党发〔2018〕48号关于印发《商都县贯彻落实习总书记重要讲话精神扎实推进脱贫攻坚工作方案》的通知。

10. 2018年10月20日，商党发〔2018〕49号关于印发《商都县打好打赢脱贫攻坚三年行动的实施方案（2018—2020年）》的通知。

11. 2018年12月28日，商党发〔2018〕67号关于《深入宣传贯彻党的十九大精神的实施意见》。

二、商都县人民政府2018年度重要文件目录

2018年3月6日，商政发〔2018〕10号关于印发《商都县第二次全国污染源普查实施方案的通知》。

2018年3月13日，商政发〔2018〕18号关于印发《商都县2018年统筹整合使用财政涉农涉牧资金实施方案》的通知。

2018年3月21日，商政发〔2018〕20号《关于同意庆云巷棚户区城中村改造项目实施的批复》。

2018年3月29日，商政发〔2018〕25号关于印发2018年《政府工作报告》重点工作任务分解表的通知。

2018年4月4日，商政发〔2018〕26号《关于商都县2018年统筹整合使用财政涉农涉牧资金实施方案的报告》。

2018年4月25日，商政发〔2018〕33号关于印发《商都县化解地方政府债务实施方案》的通知。

2018年6月21日，商政发〔2018〕44号《关于中央环保督察“回头看”反馈进展情况的报告》。

2018年8月24日，商政发〔2018〕55号《关于印发商都县贫困村提升工程实施方案的通知》。

2018年8月25日，商政发〔2018〕56号《关于贫困村人居环境提升工程危房改造项目有关事项的通知》。

2018年8月30日，商政发〔2018〕58号《关于进一步完善农（牧）企利益联结机制推进办法的通知》。

2018年11月21日，商政发〔2018〕74号关于印发《商都县七台镇居民生活用水阶梯价格、调整污水处理费及明确水资源费改税政策实施方案》的通知。

2018年商都县规模以上企业简介

（排列不分先后）

商都佰惠生糖业有限公司

商都佰惠生糖业有限公司位于商都县小海子镇农牧产业园，公司注册资金5000万元，占地面积550亩，总投资3亿元，2013年10月，公司正式投产。2016年，公司投资1.3亿元，对制糖车间进行技术改造，新增原糖加工、砂糖生产线，新建4400平方米化糖间1座、4200平方米糖库1座。

公司主要产品为绵白糖、白砂糖、原糖，副产品为糖蜜及颗粒粕。项目设计能力为日处理甜菜4000吨，年加工甜菜50万吨，年加工原糖20万吨、年产绵白糖6.5万吨、颗粒粕3万吨、蜜糖3万吨。年可实现产值6亿元、利税近亿元，同时能解决600人就业问题。

公司实行董事会领导下的总经理负责制，下设“一室、六部、四车间”，即办公室、企管部、原料部、财务部、经营部、生产部、安保部、制糖车间、动力车间、颗粒车间、给排水车间。公司共有员工374人，其中工程技术人员47人，管理人员28人，技工110人。

公司始终坚持企业与农户共同发展的原则，树立和谐共赢的诚信经营理念。以“企业发展与带动农民脱贫致富、促进农业增效、壮大县域经济”为己任，加大科技种植、机械规范种植率，强化服务管理，提高服务水平，上联市场，下联农户，形成有完整竞争力的产业链。

2018年，产值4.73亿元，比2017年的6.35亿元减少25.5%。

国电商都县第二光伏发电有限公司

国电商都县第二光伏发电有限公司50兆瓦光伏电站位于内蒙古自治区乌兰察布市商都县十八顷镇梁家村，距商都县政府所在地32公里，距乌兰察布市125公里。经营范围为投资，建设，经营，管理光伏电站，新能源相关产业技术服务，信息咨询。

2014年9月8日，电站开工建设，当地太阳能水平面年总辐射量为1729.5千瓦时/平方米，平均年上网电量约7535.93万千瓦时，等效可利用小时1507.79时。每年可节约标准煤约2.52万吨，减排烟尘253.3吨，减少二氧化碳排放量约7.9万吨。

该电站替代燃煤电厂，充分利用可再生能源，减少化石能源消耗及对周围环境的污染，对当地环境起到保护作用。

2018年，产值6717.3万元，比2017年的7140.9万元减少5.93%。

国电商都县光伏发电有限公司

国电商都县光伏发电有限公司由国电内蒙古电力有限公司独资建设，2013年8月27日注册成立，注册资本7000万元。装机容量50兆瓦，2013年12月1日并网发电。

国电商都那日图光伏电站属大型地面并网太阳能光伏发电系统，项目总占地面积1.24平方公里，位于内蒙古自治区乌兰察布市商都县十八顷镇梁家村境内，距县政府所在地七台镇约39公里，海拔高程1277—1283米，设计利用小时数1451小时。2013年2月27日取得内蒙古自治区发改委核准文件，8月7日开工建设，12月1日并网发电。工程实现当年核准、当年开工、当年投产的目标。电站所有组件全部实现国产化，技术水平国内领先。按照国家产业政策可享受1元/千瓦时的优惠电价。2014年10月30日，项目取得国家能源局华北监管局发布的电力业务许可证。2016年9月，列入第六批国家可再生能源补助名录。

电站总规划容量100兆瓦，分两期实施。一期工程权属国电商都县光伏发电有限公司，建设规模为50兆瓦，共装设500千瓦逆变器100台，集电线路电压等级35千伏，电站内配套建设110

千伏升压站一座，同步建设电站至任家村110千伏变电站110千伏送出线路工程和对端变电站间隔扩建工程，线路总长12.5公里。光伏区按50个区布置，分为50个发电单元，每个发电单元为1兆瓦，由光伏组件、汇流箱、直流配电柜、逆变器、箱式变压器组成。各发电单元通过5回35千伏集电线路送入110千伏升压站的35千伏配电室内，经1台50兆伏安主变压器升压至110千伏，通过110千伏电线送至对端任家村变电站，并入蒙西电网。

自2013年12月1日并网发电以来，安全生产整体情况良好，设备运行稳定。未出现人身伤害、设备损坏等重大事故。

2018年，产值8393.3万元，比2017年的8785.7万元减少4.47%。

内蒙古红阳高温隔热材料科技有限公司

内蒙古红阳高温隔热材料科技有限公司是由山东红阳耐火保温材料股份有限公司于2014年6月注册成立的有限责任公司，地址位于商都县长盛工业园区，注册资本5000万元，法人代表：孙选。公司项目占地面积200亩，预算总投资2亿元，其中固定资产投资1.3亿元，主要是利用煤矸石建设年产新型轻质隔热保温材料硅酸铝纤维和矿石棉各2万吨项目，实现工业废弃物的综合再利用。生产的硅酸铝纤维产品具有高效保温、隔热的性能，广泛应用于冶金、化工、建材、航天、造船等领域。

公司项目建设分三期进行。一期项目工程于2014年4月开工建设。项目建成达产运营后，可实现年销售收入2亿元，利税2000万元，安排就业360多人。公司一期项目于2014年11月建设完工，建设完成4条设备先进、工艺国内领先的生产线，依托总公司成熟的生产工艺和先进的管理理念，快速投产，并生产出优质的陶瓷纤维产品，产品一推向市场，得到市场的一致好评。

随着公司的生产规模和销售规模不断扩大，公司也非常重视生产技术的创新研发和产品开发，公司从成立开始就成立了研发团队，组织有关科技人员进行创新研究和技改研发，通过科技人员的努力，共申请6项新型使用专利，并开发出多种产品，对公司的发展起到有力的推动作用。通过不断创新发展，2016年12月，公司被评为高新技术企业。

2016年，公司在生产、销售规模不断扩大的情况下，继续扩大项目投资，新建成大型车间1个，仓库1个，新增加两条甩丝毯生产线、两条喷吹棉生产线，产品生产结构也更加合理，为公司今后的大发展奠定良好的基础。2016年，公司共生产陶瓷纤维制品9500吨，实现销售收入2400万元，实现利税220万元，安排就业工人75人。

公司将在今后继续加大投资力度，扩大经营规模，取得更大效益。

2018年，产值8690.8万元，比2017年的7102万元增加22.37%。

商都县集美新碳材科技发展有限公司

商都县集美新碳材科技发展有限公司创建于2008年3月，位于商都县七台镇工业园区，占地面积66亩，注册资金1400万元，分别于2012年新建第二条，2017年新建第三条石墨化加工生产线，总投资达亿元。现有员工108人，石墨化炉26台，年加工能力7000吨。2010年，公司通过ISO 9001质量管理体系认证。

公司属于乌兰察布市高新技术成长型企业，符合国家产业政策，是一家专业从事石墨化热处理的企业。拥有安全成熟的高温提纯工艺技术，可加工中间相碳微球类、针状焦类、石油焦类系列的锂离子电池负极材料，各相同性高端石墨材料，航空、航天碳碳复合材料，核石墨材料。质量指标稳定可靠，处于国内领先地位。

公司立足国内市场，在保持行业领先的同时，加强与其他企业和行业合作，是国内及内蒙古自治区最佳的石墨化综合加工基地。

2018年，产值1.89亿元，比2017年的7809.3万元增加142%。

内蒙古嘉利农牧业装备有限责任公司

2012年，内蒙古嘉利农牧业装备有限责任公司成立，占地面积227亩，建筑面积约1.8万平方米。位于商都县七台镇轻工业园区，南邻省际通道，北靠外环南路，交通十分便利。公司现有员工120人，而且拥有雄厚的技术力量。是一家集农牧机械及节水灌溉设施研发、生产、销售、施工安装、售后服务于一体的专业公司。

其产品严格按照国家标准生产，并获得ISO 9001质量管理体系认证、ISO 14001:2015环境管理体系、内蒙古自治区农业机械推广鉴定证书等。主要产品有DYP78–456型电动圆形喷灌机、82WDG–50型滴灌设备、各种规格的农业地膜、单翼迷宫式滴灌带、内镶贴片式滴灌带、PE输水软管、PVC–u给水硬管以及多种配件，产品销往乌兰察布市、呼和浩特市、赤峰市、通辽市、包头市、巴彦淖尔市、兴安盟、锡林郭勒盟、山西省、河北省、东北三省等地，部分产品出口蒙古国。常年回收和加工废旧滴灌带、地膜。

公司产品严格按照国家标准生产，并且已经获得ISO 9001质量管理体系认证、内蒙古自治区农牧业机械试验鉴定站推广鉴定证书等相关资质。主要产品:“啊咪啦”商标的DVP–325型电动中心支轴圆形喷灌机、8JLD–50型滴灌设备、单翼迷宫式滴灌带、内镶贴片式滴灌带、PE输水软管、PVC–u给水硬管;“牧喜”商标的DYP–523型电动中心支轴圆形喷灌机、8LWDG–50型滴灌设备、风光互补发电系统、太阳能提水设备、马铃薯系列农机具、牲畜暖棚、贮草棚等。公司产品覆盖内蒙古、山西、陕西、甘肃、宁夏、黑龙江、吉林、辽宁等地，深受广大农牧民信赖。公司严把产品质量关，产品具有生产效率高、可靠性好、易于操作等优点，质量达到国家及行业标准，获得内蒙古自治区农牧业厅颁发的“农业机械推广鉴定证书”，多项产品入选内蒙古自治区“农机产品补贴目录”。2016年，公司第一生产车间被中华全国总工会评为“工人先锋号”。

2018年，产值3872.8万元，比2017年的4322.6万元减少10.41%。

内蒙古凯金新能源科技股份有限公司

内蒙古凯金新能源科技股份有限公司是一家以研发、生产和销售锂离子电池负极材料的高新技术企业。锂离子电池负极材料属于新能源材料领域，受到国家政策的大力扶持。2017年7月，内蒙古凯金新能源科技有限公司成立，是东莞市凯金新能源科技股份有限公司全资子公司，注册资金1亿元，投资总额10亿元，分5期投资建设，第一期投资2亿元，占地面积2万平方米，预计职工人数600人，未来可年产5万吨锂离子电池负极材料，销售额将达25亿元以上。

凯金公司拥有国际化的高层管理团队与高端研发团队，其核心团队成员来自行业资深人士及著名院校精英，拥有多项自主知识产权，拥有国内外领先的锂离子电池负极材料。研究开发中心以客户需求为导向，为国内外各锂离子电池厂商研究、开发、生产各种性能要求的负极材料，并掌握丰富的OEM制造和管理经验。

内蒙古凯金新能源科技有限公司具有独特的锂离子负极材料制造资源优势及研发资源优势，计划建设打造公司及其相关产业链的全部建设，将形成国内产能规模最大、产值最高、技术领先的动锂离子电池材料上下游的生产工业园，推进中国新能源和可再生能源产业向前发展，促进内蒙古科技产业结构进一步升级，必将成为内蒙古战略性新兴产业的成功典范。

2018年，产值1.32亿元，新入规模以上企业行列。

商都县科都薯业有限责任公司

商都县科都薯业有限责任公司是一家以“质

量求生存，品牌求发展”的农副产品加工企业。公司现有员工80人，有马铃薯精淀粉生产流水线2条、生产车间3000平方米、成品库1500平方米、污水处理厂1700平方米、马铃薯储库2000平方米、综合办公楼1000平方米、职工宿舍1100平方米、化验室及生产用房400平方米。

商都县科都薯业有限责任公司建于2006年，是以马铃薯为原料加工马铃薯精淀粉主要农副产品企业。经过10余年时间建设发展，成为开发、生产、销售一体模式。公司产品已销售全国各地，市场网点有100多家。

公司以现代化管理、科学发展、高定位自律、坚持与农民兄弟和广大种植户紧密联合，努力提升产品技术含量，实现公司与农民双赢，为广大消费者提供绿色、环保、放心的产品。公司注册资金300万元，固定资产6000万元，年生产马铃薯精淀粉1万吨，成为同行业生产规模较大的新型技术知名企业。

公司落户商都县轻工业园，2007年建设完工并投入生产，年生产马铃薯精淀粉2000吨；2008—2011年，公司不断进行技术改造，2011年，年生产马铃薯精淀粉4000吨。2012年，投入资金购入马铃薯渣烘干和研磨设备，把下游的废料变废为宝供应给饲料行业。2014年，为响应国家环保治理，公司投入1000多万元建设污水处理厂，2015年追加300万元建成污水处理厂并正常投入运行，达到“绿色环保，造福人类”的绿色环保企业。2015年，生产马铃薯精淀粉4000吨。2016年，公司根据“科都”牌马铃薯精淀粉在市场上影响力不断提升的需求，为打造乌兰察布市“薯都”荣誉称号，公司又投入大量资金购入国内最先进的马铃薯精淀粉全自动生产线，达到年生产马铃薯精淀粉1万吨。并在9月正式投入运营，生产马铃薯精淀粉6000吨。2017年，生产马铃薯精淀粉9000吨。2018年达到1万吨。

2018年，产值2474.2万元，比2017年的3805.7万元减少34.99%。

商都县科智华远风电有限责任公司

商都县科智华远风电场有限责任公司于2014年9月开始输送电，一期49.5兆瓦工程位于商都县西坊子乡境内，风电场平均海拔高程1380米。科智华远常胜梁风电场一期建设规模49.5兆瓦。拟安装25台2000千瓦的风力发电机组（其中1台限制出力为1500千瓦）同期建设1座110千伏的变电站。一期工程经测算年上网电量为1.059亿千瓦时，本次风电场同期建设110千伏升压变电站1座。

按2012年第一季度的价格水平计算，风电场工程动态总投资4.33亿元，工程静态总投资4.15亿元，单位千瓦动态投资8757元/千瓦，资本金占总投资的25.3%，其余由业主单位采用融资或银行贷款形式解决。预计销售收入5000万元。

2018年，产值3387.5万元，比2017年的2755.4万元增加22.94%。

蓝威斯顿商都（太美）工厂

2014年7月，美国蓝威斯顿公司正式收购太美薯业有限公司，蓝威斯顿薯业（内蒙古）有限公司成为蓝威斯顿在美国本土和欧洲以外的第一家生产工厂，也成为蓝威斯顿全球第22家工厂。通过历时两年半的升级改造，对原有安全生产设施、消防安全设置、质量控制设施、环保设置、原料及成品存贮设施进行了全面改造。

太美薯业有限公司已经成功通过麦当劳、肯德基两大餐饮连锁机构的多次审核，成为其冷冻薯条产品供应商，并因优质稳定的产品质量广受客户好评。

蓝威斯顿薯业（内蒙古）有限公司在商都县的发展有利于带动地方就业、拉动地方经济、提升地方财政收入，对提升地方在全国范围内的影响力、稳定地方人文社会环境都有积极作用。

公司聘用商都县当地员工300余人，员工工资水平领先当地其他企业员工平均水平，同时为每位员工上缴五险一金。公司已经有从前是城镇居民最低生活保障的员工20多人摆脱贫困，不再拿低保。公司对聘用员工进行各项专业技能培训，提升专业技能。聘用有学历、有专业技术特长的员工，为商都县留住人才、改善就业人群专业水平比例做出贡献。

2018年，产值3.08亿元，比2017年的3.34亿元减少7.78%。

内蒙古商都蕾强工贸有限公司

2015年2月，内蒙古商都蕾强工贸有限公司成立，总投资5000万元。公司位于商都县七台镇工业园区，现有矿热炉2台，总容量达4.88万千伏安，年产高硅硅锰6万吨，工业产值5亿元。

公司经过辛勤运作，与国际锰矿供应商建立长期合作伙伴关系，原料供应稳定。公司本着双赢、遵循市场经济规律的原则，与政府、客户均建立良好的合作关系，和南京钢厂、中天钢厂、河南青山金汇钢厂、西南不锈钢厂、浦项不锈钢厂、东方特钢厂、荣盛机械制造厂多家客户合作。公司产品各项指标符合国家标准，发展空间巨大。

2018年，产值4.04亿元，比2017年的4.02亿元增加0.50%。

内蒙古蒙都农牧业有限责任公司

内蒙古蒙都农牧业有限责任公司始建于2006年8月，注册资本800万元。公司位于乌兰察布市商都县七台镇红星街27号，现有职工120人。2006年8月，公司只有1间10吨急冻库、3间储藏能力不到300吨的恒温库，占地面积仅有3000平方米。2008年，收购原商都县外贸公司，占地3.5万平方米，各类建筑面积3000平方米，有2000吨恒温库1间、日冻结能力60吨急冻库2间，日加工3000头牛羊标准化屠宰流水线1条和5000亩天然草场及肉羊养殖基地各1处。企业总资产达3000余万元，其中固定资产1035万元，年生产能力3000吨，产值可达1.2亿元。公司开发新产品，打造绿色品牌，主要产品有“蒙普”羔羊卷肉、羔羊后腿肉、元宝肉等30余种，产品远销北京、天津、河北、上海、山西、江苏等国内20多个大中城市。

为了加快企业发展步伐，2010年，公司投资200多万元改建扩建育肥羊基地1处，基地占地面积1万平方米，年育肥羊能力达1.5万只、牛1000头。2011年，注入资金200多万元在原厂址（原外贸）新建30吨急冻库和1000吨恒温库各1座，并对现有生产设备进行技术革新和改造，公司的收储能力有了较大提高。

2011年，公司以2000万元兼并内蒙古中泰东邦农牧业有限责任公司，占地200多亩，注册资本1250万元。公司投资3000万元新建商品营业大楼两栋，建筑面积1万平方米，蔬菜恒温库及蔬菜批发交易市场已经建成并投入使用。

2018年，产值1351.2万元，比2017年的2221.9万元减少39.19%。

商都县民宇水泥有限责任公司

商都县民宇水泥有限责任公司建于2005年6月，位于商都县工业园区。主要生产PSA32.5、PO42.5及道路缓凝水泥。产品主要销往内蒙古二连浩特、镶黄旗及河北省张家口等地，并出口到蒙古国。2010年，生产水泥4.2万吨，销售收入1184万元，实现利润202万元。

2009年，公司投资4.4亿元，建设日产2500吨水泥的熟料生产线2条，第一条生产线于2009年6月开工建设，完成投资1.7亿元，2011年6月年底投入生产；第二条生产线在2011年8月开始建设。与此配套的60万吨水泥粉磨生产线也已开工建设，2011年9月竣工投产。以上项目全部建成后，预计年产水泥熟料150万吨，年产各种标号水泥100万吨，年销售收入达4.5亿元，创利税4500万元，能安排300余人就业。

公司根据市场发展前景，继续做大做强，决定再上两条日产5000吨水泥熟料生产线，该项目可研、能评、环境评价、项目前期工作基本完成，待核准后可进行融资实施。项目完成后，年销售收入达9亿元，创利税9000万元，增加就业岗位350人。

2018年，产值2.15亿元，比2017年的7210.3万元增加198.66%。

内蒙古奥淳酒业有限责任公司

内蒙古奥淳酒业有限责任公司是于1999年由原商都县酒厂改制成的有限责任公司。现有员工142人，年产4000吨普通白酒，属于中型酿酒企业。2003年年初，公司完善法人治理机构，把所有权与经营权分离，引进职业经理人进行运作，市场规模比以往扩大两倍。2006年，公司在原酒厂基础上又投资3000万元购买设备、新建节能环保阳光浴酒窖，建立市场网络，拥有资产2.1亿元。

1999年刚成立的公司收购国有破产企业——内蒙古商都制酒厂，并对其进行大规模投资和改造，重新安置110名职工上岗，当年就实现赢利。2002年，投资500万元对原有酒厂进行技术改造。年产值从200万元到1.3亿元；被评为商都县纳税先进企业，自1999年11月公司正式营业开始，从未拖欠或逾期缴纳税款。

2012年6月，内蒙古奥淳酒业为积极响应商都县委、县政府新型城镇化与新型工业化互动发展的号召，结合《2012年奥淳集团发展规划》，在商都县规划的工业园区实施“奥淳清香酿酒基地”项目。该项目总投资预3.87亿元。其中，建设投资3亿元，流动资金6850万元，铺底流动资金2055万元，资金来源申请银行贷款1.5亿元，其余自筹；项目占地面积429亩；项目建设期3年。建成后年产清香原酒8000吨、成品名优酒1万吨；预计建成后平均年利润总额3亿元，可缴纳税金2亿元，税后内部收益率为48.45%，总投资收益率为109.99%。该项目结合技术进步和产品升级，充分利用公司自身优势，同时解决原厂区面积狭小、工艺布局不合理、酿酒基地过于分散（由于历史发展原因，奥淳在赤峰、呼和浩特市、宜宾等地都建有酿酒基地）等不利于企业增速发展瓶颈问题，实施整体搬迁、集中酿造，使集团在基础设施方面更加合理。

2018年，产值2180.2万元，比2017年的7159.5万元减少69.55%。

内蒙古京能商都风力发电有限责任公司

2008年7月，内蒙古京能商都风力发电有限责任公司成立，为法人独资有限责任公司，注册资本金2.07亿元，由北京能源投资（集团）有限公司全资子公司北京京能新能源有限公司投资建设，由北京京能新能源有限公司内蒙古分公司进行管理，公司现有员工19人。

京能商都吉庆梁风电场位于内蒙古自治区中部的乌兰察布市商都县境内，风电场中心位置距县政府所在地商都县七台镇约40公里，地理位置为北纬41° 49.6′、东经113° 23.3′。该地区地形西北高，东南低，是多山、多丘陵、少平川地区，场址位置位于较高的丘陵区，地形波状起伏，地势较为复杂，交通便利。场址属于温带大陆性季风气候。年平均气温3.7℃。平均海拔在1550米左右。年等效满负荷小时数为2560小时，预计年发电量1.26亿千瓦时。

内蒙古京能商都吉庆梁风电场规划容量300兆瓦，2008年7月3日，内蒙古自治区发展和改革委员会核准并同意吉庆梁风电场一期49.5兆瓦风力发电项目建设；2008年4月8日，得到内蒙古电力（集团）有限责任公司并网批复。一期总投资5.1亿元，采用广东明阳风电设备有限公司MY1.5se 1500千瓦风力发电机组33台，于2008年8月1日开工，2009年9月11日220千伏系统受电，9月22日首台风力发电机组并网发电，12月28日33台风力发电机组全部并网，2010年4月22日一期33台风机全部通过240小时试运行进入质保期。

二期49.5兆瓦风力发电项目于2010年8月

10日得到内蒙古自治区发展和改革委员会核准；2010年2月10日，得到内蒙古电力（集团）有限责任公司并网批复，二期工程总投资4.1亿元。二期工程采用锋电能源技术有限公司SPT1.5风力发电机组，单机容量1500千瓦，共计33台，建成后接入一期已建成的220千伏升压站，二期工程于2009年7月9日第一台基础开始进行基础混凝土浇筑，2009年8月22日进行首台风机塔筒吊装，2009年12月29日首台风机并网发电，2010年7月16日33台风机全部并网发电，2011年1月29日二期33台风机全部通过240小时试运行进入质保期。

2018年，产值8461.2万元，比2017年的1.19亿元减少28.9%。

内蒙古龙源新能源发展有限公司

内蒙古龙源新能源发展有限公司（以下简称公司）隶属于国家能源集团旗下龙源电力集团股份有限公司（以下简称龙源电力），主要负责龙源电力在内蒙古中西部地区的新能源开发与建设。龙源电力长期代表国家从事新能源技术研究与开发，是国内最早开发风电的专业化公司。2009年在香港主板成功上市，成为首家在境外上市的国有新能源发电企业。龙源电力发展成为一家以新能源为主的大型综合性发电集团，在全国拥有300多个风电场、8个光伏电站和2个火电企业，以及生物质、潮汐和地热等发电项目，业务分布于中国32个省市区和加拿大、南非等国家。截至2017年年底，公司各类电源总装机容量达2.05万兆瓦，其中风电控股装机容量1.84万兆瓦，继续保持全球最大风电运营商地位。基于良好的经营表现，公司先后获香港金紫荆“最佳公司治理上市公司”“‘十三五’最具投资价值上市公司”和“最具品牌价值上市公司”大奖，连续5年被评为“全球新能源500强”企业，并摘得中华全国总工会授予企事业单位的最高荣誉“全国五一劳动奖状”，被中央文明委授予“全国文明单位”荣誉称号。

2006年，公司正式落户内蒙古自治区，在原中国国电集团深入推进“一五五”发展战略及龙源电力争创国际一流新能源上市公司奋斗目标引领下，充分依托地区得天独厚的资源优势、政策优势、地域优势和区位优势，积极融入内蒙古新能源产业开发行列，历经多年创业发展，实现规模与效益同步发展。公司风电项目遍布内蒙古自治区中西部5个盟市9个旗县，12个项目公司同步运营，投产风电装机容量突破百万千瓦，资产总额近百亿元，为内蒙古经济发展和人民生活发挥着积极作用，成为地区新能源领域一支不可替代的重要力量。

商都风电场地处内蒙古自治区乌兰察布市商都县境内，海拔高度在1483—1553米之间，80米高度年平均风速约8.11米/秒，年平均风能功率密度约519瓦/平方米。三面井风电场始建于2011年8月26日，规划总装机容量100兆瓦。在自治区各级政府和电网公司的大力支持下，风电场建设顺利推进，一期项目装机容量48兆瓦，共安装16台联合动力UP3000-108-ⅡA（低温型）双馈型并网发电机组，2014年12月3日全部投产发电。三面井风电场可研年上网电量约1.27亿千瓦时，与同等规模的燃料发电厂相比，每年可以节约标煤4.17万吨、节水约21.38万吨，每年可减少粉尘排放约63.74吨、二氧化碳约12.96万吨、二氧化硫约505吨、氮氧化合物约335吨，生态效益显著。三面井风电场落户商都县以来，与当地农牧民和谐相处，共谋发展，实现共赢，为当地经济发展和人民生活提供绿色能源，为改善地区生态环境发挥积极作用，取得良好的经济效益、生态效益和社会效益。

2018年，产值4731.9万元，比2017年的4262.9万元增加11%。

商都宏盛热力有限责任公司

2002年10月，商都宏盛热力有限责任公司成立，位于商都县七台镇府左路。公司占地面积为8985.5平方米，现有职工28人，下设职能科室三部四室（财务部、安全部、管网部，收费室、修理室、化验室、警卫室），供热管网有主管网总长度12公里左右，支线网15公里左右，供热面积70万平方米，供热区域58个小区，50个单位，338家商业，5150多户居民，锅炉总吨位为180吨。80吨锅炉1台，40吨锅炉2台，20吨锅炉1台，换热站1个。

2011年，以总价1180万元购得商都宏盛热力有限责任公司后，以提高供热服务质量、强化服务意识、转变经营观念为主导思想，使企业逐步向现代化企业管理的方向稳步迈进。加大不热旧楼房改造力度，全面提高供热质量，更好地为用户服务。对供热辖区9栋因年久结垢、系统老化、设计不合理的供热系统进行全面改造，提高供热辖区的供热质量，受到广大热用户的广泛肯定。对公司锅炉及供热管网就进行大规模改造，全部锅炉为新建，并改造8公里主管网、10公里支线管网，新建换热站1个。

2012年，公司着眼于长远发展，在2011年建立各种管理制度的基础上，进一步完善经营管理及成本考核制度，将公司效益与职工利益连在一体，调动全体员工的工作积极性，经济效益明显提高。

2015年，公司加大环保投入，努力提高企业的社会效益。重新改造大烟墩，建成储煤大棚，配套脱硫设施。共计投资环保改造资金180多万元。2016年年底，公司集中供热工程环评全面通过自治区环保专家验收，全部达到国家最新颁布的环保排放标准，为商都县创优发展和投资环境做出巨大贡献，取得明显的社会效益。

随着公司不断发展，2017年担负着商都县新城区供热辖区近80%的供热负荷，根据商都县发展规划和环保力度进一步加大，11家供热企业不符合环保要求，县政府决定让供热企业整合兼并，为公司集中供热的持续发展创造市场条件，年内，公司收购2家供热企业。

商都宏盛热力有限责任公司借国家西部大开发之东风，乘乌兰察布市经济一体化之巨轮，通过加强企业内部管理，拓展经营思路，吸收高素质经营管理人才，与全国各优秀企业充分合作、交流，为企业集团化发展和扩大经营思路拓宽道路，通过内抓管理，提高服务质量和服务水平，以供热市场为主体，不断扩大经营，向多元化、集团化方向发展。

2018年，产值1100万元，比2017年的4170.8万元减少73.63%。

商都县鸿远轨枕有限责任公司

商都县鸿远轨枕有限责任公司原名商都县房桥轨枕有限责任公司，成立于2011年5月，位于商都县七台镇红旗街北，占地面积为3.15万平方米，注册资金为600万元，是一家主要经营轨枕、预应力混凝土桥梁、混凝土预制构件、金属结构件、机械配件的制造销售公司。公司员工为150人。

公司是一家生产具有质量稳定可靠特点的长模生产工艺的企业，具有完善的生产、检测设备，所有关键工序均采用最先进的设备，在同行业中具有领先优势。如全自动控制混凝土搅拌系统、全自动蒸汽养护系统、全自动预应力拉伸设备等，依靠先进的设备确保产品的质量。公司采用国内先进的生产技术，采用节能设备，污染少、能耗低，产品的质量达到国内先进水平，可以满足下游市场对产品的质量要求，未来内蒙古铁路市场的发展潜力巨大。

公司所在地拥有丰富的资源、稳定的电力资源和劳动力资源，毗邻火车站，交通运输方便，能保持企业的平稳发展，对地方经济发展起到积极的推动作用，轨枕的生产符合国家的相关政策，是国家鼓励发展的项目，产品市场前景广阔，经济效益、社会效益显著，符合国家质量标准。

2018年，产值3218.6万元，比2017年的1350.1万元增加138.4%。

商都县瑞泰冶金有限公司

商都县瑞泰冶金有限公司占地面积170亩，总投资1.8亿元，新建2×2.55万千伏安镍铁矿热炉及附属工程。

该项目于2013年6月开工，建设的主要工程有：2×2.55万千伏安镍铁矿热炉，2600平方米综合办公楼及附属设施。已建成1台矿热炉并生产。

项目全部建成达产后，年可实现销售收入7.5亿元，利税8000万元，安排就业300多人。

根据生产运行情况，该公司于2016年年底被列入县规模以上企业行列。2017年，为全县工业经济增加新的经济增长点，确保规模以上工业增加值顺利完成。

2017年，产值2.28亿元；2018年停产。

商都县天汇太阳能有限公司

商都县天汇太阳能有限公司是北京天润新能投资有限公司为开发商都县太阳能资源在商都注册成立的项目公司，北京天润新能投资有限公司已在商都县投资近10亿元，建设两期风电项目，装机容量9.9万千瓦，均已并网发电。

光伏发电项目总投资2.58亿元，场址位于屯垦队镇，建设规模20兆瓦，安装峰值功率为240瓦多晶硅光伏电池板8.36万块，年发电量2924.26万千瓦时，等效满负荷利用小时为1457.47时。

项目建成并网发电后，年销售收入达6.29亿元，实现利润2.19亿余元，税金844.15万元。

项目与相当规模火电厂相比每年可为国家节约标准煤9300吨，减少CO_2（二氧化碳）排放量2.28万吨，减少污染物排放量SO_2（二氧化硫）233.94吨/年，烟尘97.59吨/年，同时节约大量水资源，项目产生良好的经济、社会和生态效益。

2018年，产值2541.4万元，比2017年的2582.9万元减少1.61%。

商都县天润风电有限公司

商都县天润风电有限公司（以下简称商都天润公司）位于内蒙古乌兰察布市商都县屯垦队合兴公村东，距商都县城约42公里。成立于2007年9月28日，是北京天润新能投资有限公司（以下简称北京天润）的全资子公司，2011年12月，与中国三峡新能源公司（以下简称三峡新能源）签订股权转让协议，三峡新能源持有商都天润50%的股权，2012年5月底，双方完成财务交接工作，2012年6月30日，北京天润将商都县天润风电有限公司剩余的50%的股权转让给三峡新能源，三峡新能源拥有商都县天润风电有限公司100%股权。注册资本8500万元，主要负责风力发电项目的开发、投资、建设、经营和管理。

商都天润公司设置综合管理部和电力运营部共2个职能部门。公司共有从业人员31人，其中在册职工22人，劳务派遣员工5人，借调内蒙古分公司4人。

2018年，产值9485.3万元，比2017年的1.21亿元减少21.61%。

商都县新太铁合金有限公司

2013年9月12日，商都县新太铁合金公司成立，公司建设地点位于商都县工业园区内，占地面积100亩，将两台2.55万千伏安矿热炉改造为两台2.64万千伏安矿热炉，通过乌兰察布市环保局组织的环境保护验收及批复，通过市安全生产监督管理局安全生产标准化评定为三级企业备案、通过市经信局批复。并建有28平方米烧结机1套。公司共有员工260余人。隶属于新钢联冶金有限公司，该公司是国内铬铁规模最大，集生产、技术开发、销售为一体的跨地区型民营铁合金生产企业，年产值约65亿元的大型集团企业。

商都县新太铁合金公司主要从事高碳铬铁产品的冶炼生产。项目总投资7801.97万元。其中国定资产总投资5489.86万元，启动流动资金2312.10万元，全部由企业自筹。公司设计产能10万吨，年用电量4亿千瓦时。年产量达8万吨，产值6亿元。

2018年，产值4.83亿元，比2017年的4.94亿元减少2.22%。

商都中建金马冶金化工有限公司

商都中建金马冶金公司现有4台1.25万千伏安矿热炉，两座3.5万千瓦变电站。公司于2004年6月成立，具有独立法人资格，公司注册资金1500万元，公司净资产1.6亿元，位于内蒙古商都县工业园区，距火车站3公里，距省际大通道200米。交通条件十分便利。

中建金马公司主要生产高镍合金，也是我国最早生产镍合金公司之一，经过多年生产实践，自主研发5项专利，都在生产中得到应用。直接节能降耗达22%。产品优质，根据用户的需求可生产含镍达20%左右的合金，磷控到0.02%左右。

公司日生产高镍合金160吨、年产高镍合金5.28万吨，年需要镍矿80万吨；日产渣1000吨、年产渣33万吨。产品主要供于华迪钢业集团和太钢集团公司。公司年收入可达12亿元、利税8000万元，并为当地解决下岗人员420多人的再就业问题，有良好的经济效益和社会效益。

公司拥有国家二级实验室1个，为研发与节约成本创造有利条件。公司员工420人，其中高级工程师11人、中级工程师18人、技师32人。

2012年，公司在商都县委、县政府的大力支持下，利用自主创新发明的一种利用合金废渣为原料制造矿棉保温材料的方法的工艺技术（专利号：20092101434172）生产矿棉保温材料，产品广泛应用于电力、冶金、石油化工、轻工、管道容器保温以及屋面、墙体面积保温隔热，项目技术属于国内先进水平。同时解决当地废渣排放，减少二次污染，充分利用废渣的热能，节能减排，降低成本，增加企业经济效益，实现全部机械自动化，全面提高社会效益。

公司生产设备配套，技术先进，工艺合理，产品质量稳定。已通过ISO 9001—2000质量认证，并建立严格的质量认证体系。优质的产品质量、诚实的商业信誉，使公司步入跳跃式发展的阶段。

2018年，产值1.62亿元，比2017年的1.03亿元增加57.28%。

鑫盛太阳能科技有限公司

青岛昌盛日电太阳能科技股份有限公司是行业领先的太阳能光伏综合利用解决方案服务商。公司现有员工1500人，年营业收入30亿元，拥有占地516亩、建筑面积21万平方米的生产基地；占地130余亩、建筑面积8万平方米的研发中心；占地16亩、建筑面积3万平方米的企业总部以及占地3000多亩的太阳能光伏生态农业示范基地，总资产超过20亿元。

昌盛日电拥有一支行业领先的光伏系统工程及组件研发生产技术团队，以其强大的光伏系统工程规划、设计、建设能力与光伏组件的研发、生产制造能力，为实现整体光伏综合利用解决方案提供不竭的动力。公司现有专业技术人员215人，工程人员近百人，其中硕士以上学历超过40人，累计获得100多项专利，其中发明专利30余项，实用新型专利20余项，国际专利2项。

依托先进的技术优势与业务模式创造力，昌盛日电积极开拓市场，为分布式光伏屋顶电站、光伏农业科技大棚、光伏幕墙发电系统等创新的业务模式提供整体光伏综合利用解决方案。截至2012年年底，昌盛日电共成功申报17个国家金太阳示范项目和光电建筑一体化示范项目，总装机容量达130兆瓦，累计申请国家财政补贴资金7.72亿元。在全国已建设30余项的光伏系统工程，总装机容量超过150兆瓦。

凭借一流的技术研发实力，昌盛日电根据分布式光伏发电系统、光伏农业科技大棚等光伏工程的特殊需求，积极研发生产系统定制化专业型光伏组件产品，如：针对光伏幕墙发电系统设计的中空型光伏组件，专为光伏农业科技大棚研发定制的双玻透光型组件，以及其他普通光伏组件。昌盛日电研发生产的光伏组件产品获得国家建筑行业3C强制认证、中国质量认证中心CQC认证、鉴衡认证中心“金太阳”认证、德国TUV认证等多项权威认证，广泛应用于光电建筑一体化、光伏农业科技大棚等多种光伏工程。

秉承“泽沐阳辉，昌盛社会”的企业理念，昌盛日电将坚持不懈地贯彻“创新、通变、人本、质胜”的企业精神，不断加强光伏综合利用解决方案的开拓，为全球持续提供绿色清洁能源，改善能源危机，为推动绿色能源行业的进步而持续努力。

2018年，产值2485.4万元，比2017年的2312.6万元增加7.47%。

商都县晔兆冶金有限责任公司

商都县晔兆冶金有限责任公司地处商都县七台镇工业园区，于2012年4月6日在商都县工商管理局注册成立，公司所处地理位置优越，距离天津港口仅400余公里，原材料运费经济合理，且电力资源充足，利于降低生产成本，在市场上具备一定的竞争能力。

公司经营宗旨是“以质量求生存，以信誉求发展”，通过多年经营创建了一支素质较高、敬业实干的员工队伍，同时汇聚了一批优秀的铁合金生产、经营、管理人才，形成一整套成熟的生产系统和灵活的物流渠道。

2015年，公司决定技改转产高碳铬铁，并于2016年5月4台1.65万千伏安矿热炉全部顺利投产，以及新建、改造配套的生产辅助系统，通过严格的管理，过硬的冶炼技术，实现年产高碳铬铁10万吨，产值10亿元，创利税1000万元，安置下岗职工、农民工、再就业人员300多人。

2018年，产值5.78亿元，比2017年的6.48亿元减少10.80%。

内蒙古商都县圆恒锰铬材料有限公司

2016年5月，内蒙古商都县圆恒锰铬材料有限公司成立，是一家以生产低微铬铁等合金添加剂为主的制冶企业。公司位于内蒙古自治区乌兰察布市商都县七台镇工业园区内，占地315亩，距离天津市港口480公里、呼和浩特市220公里、乌兰察布市68公里，是北接内蒙古、东连京津冀地区的交通枢纽，毗邻G6高速公路和内蒙古省际交通干线，优越的区域优势及便利的交通运输为该企业蓬勃发展提供了极大的助推动力。

内蒙古商都县圆恒锰铬材料有限公司在岗职工96人，采用3台9000千伏安环保节能型冶炼铬铁的工业电炉生产，配套建设除尘、电力、引风机、工业鼓风机等设备。企业是商都县区域内唯一有能力生产低微铬铁的制冶企业，年生产低微铬铁达3万吨，为商都县众多冶炼企业发展拓展新的市场。

2018年，产值1.17亿元，新入规模以上企业行列。

中广核鼎盛风电场

中广核鼎盛风电场位于内蒙古自治区乌兰察布市商都县县城东北方向约7公里处，西距二号村约2.3公里，北距长顺堂村约1.9公里，风电场中心坐标为北纬41° 39′、东经113° 37′，海拔1480米。商都县属高原地区，常年多风，特别是冬春两季，风多而大且持续时间长，是中国北部最强的西风带，也是我国风能资源最好的地区之一。属中温带大陆性季风气候，光资源丰富，干燥少雨，地下水富集。年平均气温为4.6℃，无霜期150天左右，年均降水量约300毫米。

中广核鼎盛风电场远期规划建设规模为200兆瓦，一期建设总装机容量为49.5兆瓦，33台新疆金风科技有限公司生产的低温型GW82/1500千瓦型风力发电机组，同时建设220千伏升压站。220千伏升压站通过220千伏鼎旗线接入内蒙古电网乌兰察布电业局旗台220千伏变电站，导线型号LGJ-2*240/35，距离10.28公里。

该工程在可研制作、初设、批准、投标、施工准备、工程实施和初步验收等各个阶段，严格按照国家和行业的相关法律法规和工程规范标准履行程序，力求做到批准程序严密、准备工作充分，工程建设规范、监督管理严格，全面实现整体工程安全、环保和质量优良，全力打造内蒙古地区高电压等级风力能源的样板工程。

2018年，产值4488.8万元，比2017年的4694.4万元减少4.38%。

（供稿　张　云）